니시다 기타로(1870~1945)　근대 일본 철학자

이시카와현 니시다 기타로 기념철학관　아래, 건물 내부 사색의 공간. 미로와 같이 복잡한 건물 내를 산책하며 스스로 '생각하면서' 다음으로 가는 길을 찾아내도록 의도하여 지어졌다.

니시다 기타로 기념철학관 전시실

◀니시다 기타로의
생가터　이시카와

▼교토대학교
기타로는 이 대학
선과를 나와 철학
교수로 재직했다.

니시다 기타로의 두 번째 무덤 가마쿠라. 그의 화장된 유골은 세 곳에 묻혔는데 첫 번째는 가족묘지(이시카와)에, 세 번째는 묘신지의 영운원에 묻혔다.

▲철학의 길 가을
풍경

철학의 길은 일본
교토 동쪽에 있
는 은각사~남선
사까지의 약 2km
의 산책로. 교토
대학교 철학과 교
수였던 니시다 기
타로가 이 길을
사색하면서 산책
했다 해서 철학의
길이라 이름이 붙
었다. 봄 벚꽃, 가
을 단풍이 특히
아름답다고 한다.

◀철학의 길 겨울
풍경

철학의 길 봄 벚꽃 풍경

철학의 길 시비

이황(1501~1570) 표준영정 조선시대 학자·문신. 호는 퇴계

▲도산서원 유교학
원 전경
안동시 도산면 토
계리에 있는 서
원. 1574년 이황의
학적을 추모하기
위해 그의 제자들
과 유림이 세웠다.

◀옥진각
퇴계의 유물전시관

퇴계 이황 동상   서울 남산도서관

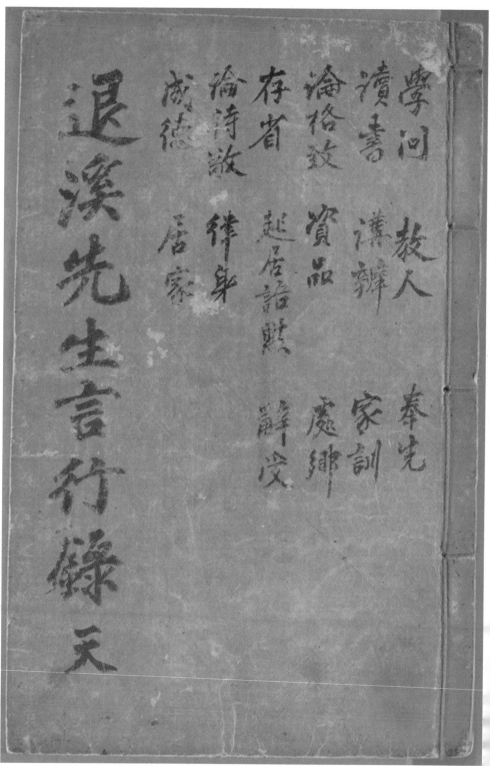

退溪先生言行錄 天

學問　教人　奉先
讀書　講辨　家訓
論格致　資品　處鄉
存省　起居語黙　辭受
論詩敎　律身
盛德　居家

《퇴계선생언행록》(1733) 표지　퇴계 후손 이수연이 권두경의 화산본을 대폭 수정하여 도산서원에서 간행한 것.

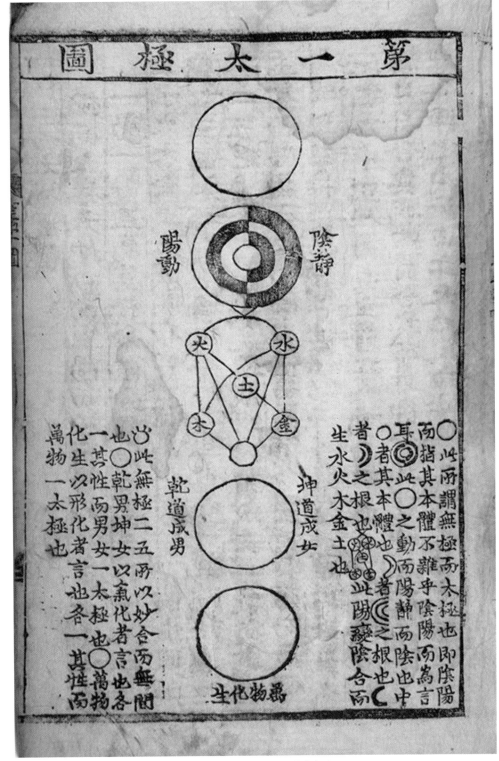

《성학십도》 중 제1 태극도 유교 철학 주요 체계 10가지를 도식으로 나타낸 것.

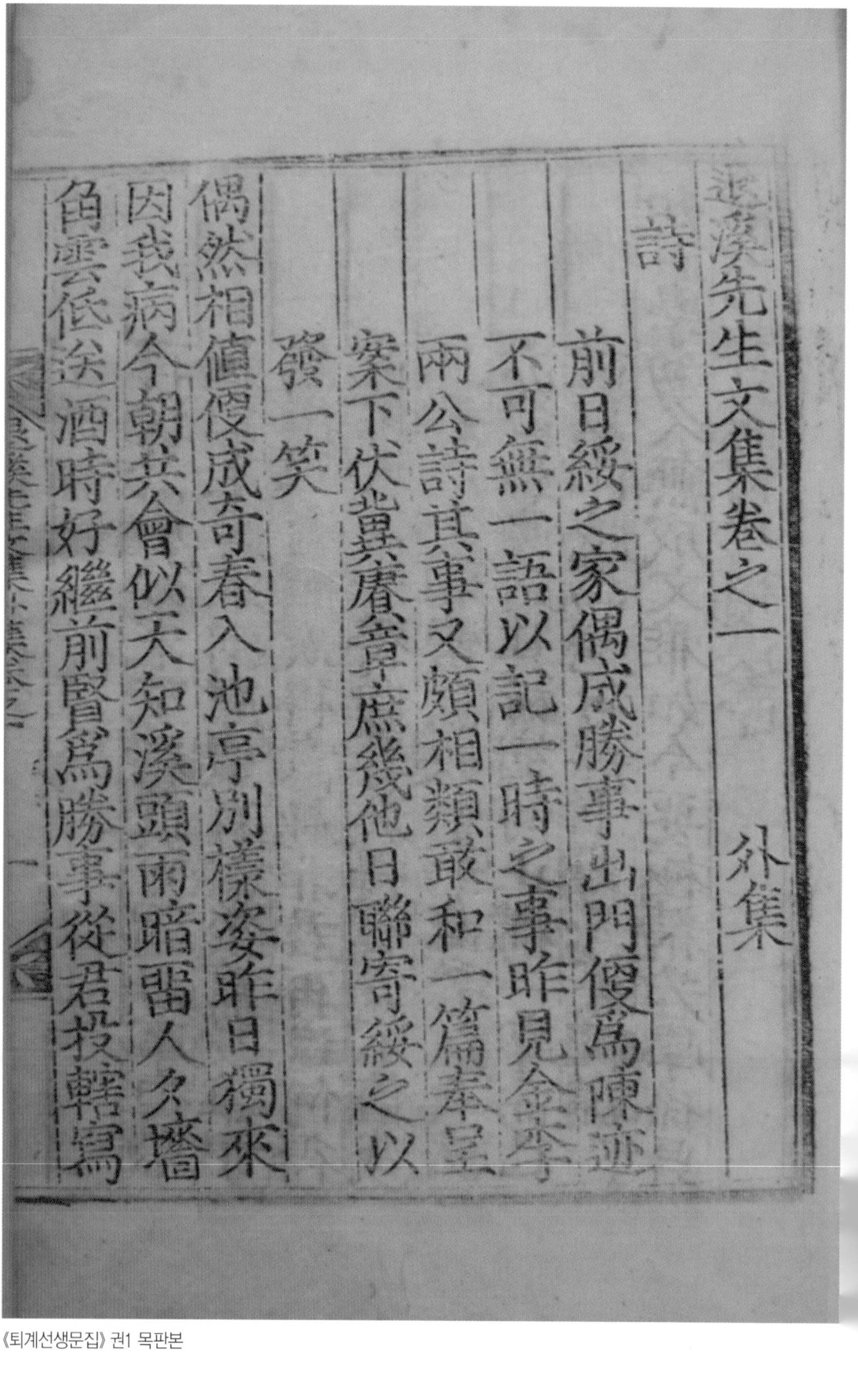
退溪先生文集卷之一　外集

詩

前日綴之家偶成勝事出門便爲陳迹不可無一語以記一時之事昨見金季兩公詩其事又頗相類敢和一篇奉呈案下伏冀賡章庶幾他日聯寄綴之以發一笑

偶然相值便成奇春入池亭別樣姿昨日獨來因我病今朝共會似天知溪頭雨暗留人久檐角雲低送酒時好繼前賢爲勝事從君投轄寫

《퇴계선생문집》 권1 목판본

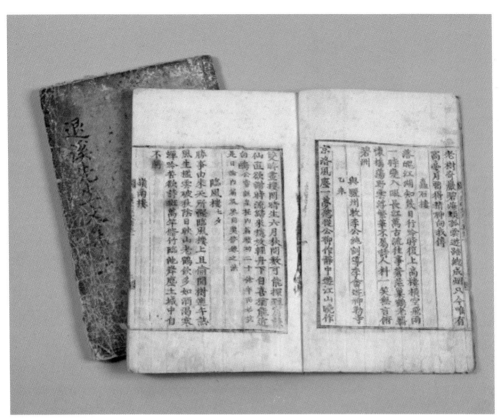

《퇴계선생문집》 초간본

《퇴계선생문집》 초간본 목판

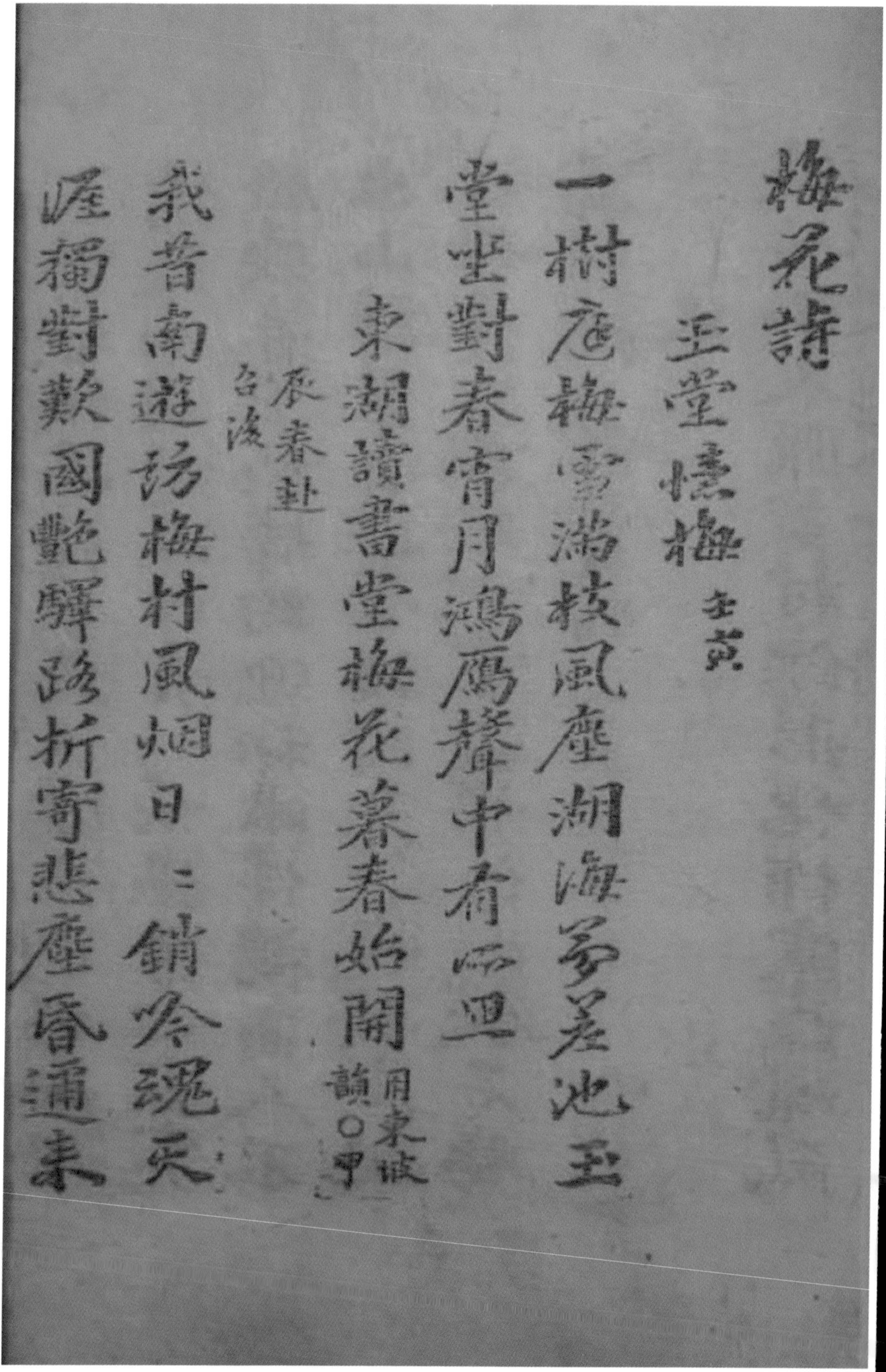

一樹庭梅雪滿枝風塵湖海夢差池玉
堂坐對春宵月鴻鴈聲中有所思

我昔南遊訪梅村風烟□日二銷冷魂矣
嶧獨對歎國艷驛路折寄悲塵昏邊來

梅花詩

玉堂懷梅 玉黃

堂坐對春宵月鴻鴈聲中有所思

東湖讀書堂梅花暮春始開 韻○甲

辰春赴
召還

World Book 116

西田幾多郎/高橋 進

善の研究/李退溪と敬の哲學
선의 연구/퇴계 경철학

니시다 기타로/다카하시 스스무/최박광 옮김

西田幾多郎

동서문화사

디자인 : 동서랑 미술팀/표지그림 :「風景文樣帷子」

선의 연구/퇴계 경철학
차례

선의 연구

니시다 기타로

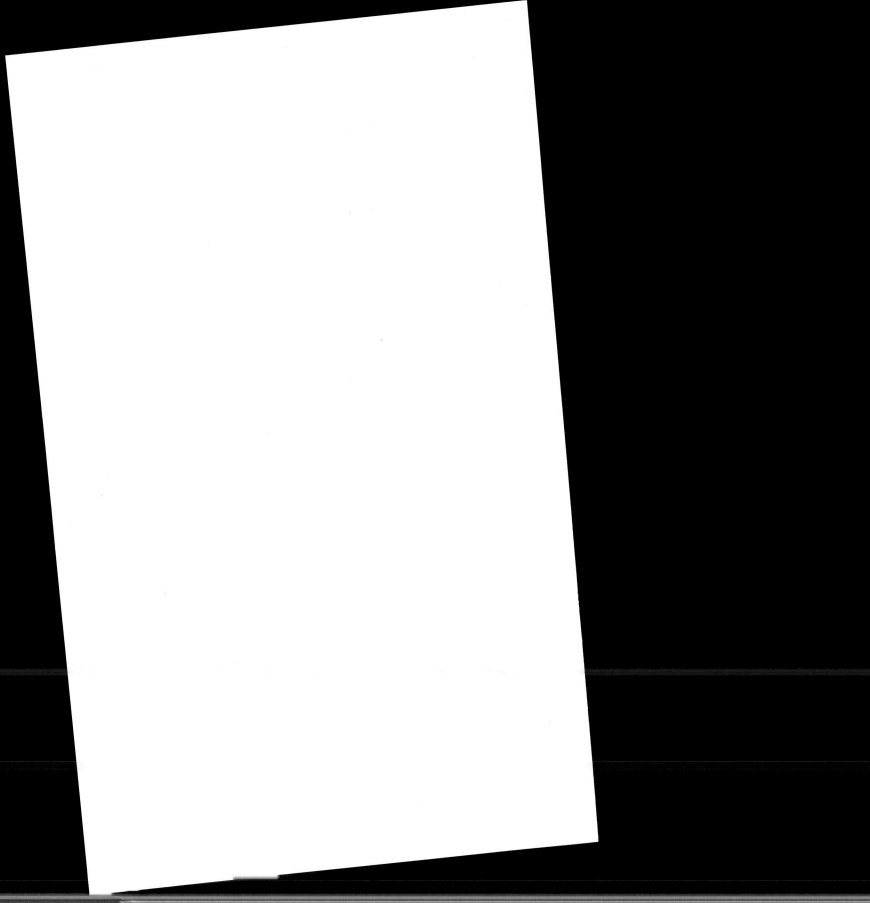

서문

이 책은 내가 오랜 세월, 가나자와(金澤) 제4고등학교 교직에 있을 때 쓴 글이다. 처음에는 이 책 가운데 특히 실재(實在)에 관한 부분을 세밀히 논술하여 바로 세상에 내놓을 생각이었으나, 질병과 여러 사정 때문에 그 뜻을 이루지 못하였다. 그렇게 몇 해가 지나가면서 내 사상도 어느 정도 변하고, 따라서 내가 뜻하는 바를 쉽사리 완성되기 어렵다는 것을 느끼게 되어, 이 책 먼저 출판해야 되겠다고 마음먹게 되었다.

선의 연구는 제2편과 제3편이 먼저 되고, 제1편과 제4편이라는 순서로 다음에 덧붙인 것이다. 제1편은 내 사상의 근본인 순수 경험의 성질을 밝힌 것이지만, 처음으로 읽는 독자는 이것을 생략하고 나아가는 것이 좋다. 제2편은 내 철학적 사상을 설명한 것으로, 이 책의 핵심이라고 해야 되는 것이다. 제3편은 제2편의 생각을 기초로 선(善)에 관하여 논할 셈이었는데, 이것을 독립적인 윤리학으로 보아도 상관없다고 생각한다. 제4편은 내가 예전부터 철학의 종결이라고 생각하고 있는 종교에 대하여 내 생각을 말한 것이다. 이 편은 내가 병중에 쓴 것으로 불완전한 곳이 많지만, 어쨌든 이것으로 내가 말하고자 하는 것을 끝까지 다 이룬 셈이다. 이 책을 특히 《선의 연구》라고 이름붙인 까닭은, 철학적 연구가 그 전반(前半)을 차지하고 있음에도 불구하고 인생의 문제가 중심이고 종결이라고 생각하였기 때문이다.

순수 경험을 유일한 실재로서 설명해 보려는 것은, 내가 꽤 오래 전부터 가지고 있던 생각이었다. 처음에는 마하[1] 등을 읽어 보았는데, 어쩐지 만족할 수가 없었다. 그런 동안에 개인이 있고 경험이 있는 것이 아니라 경험이 있고 나서 개인이 있는 것이다, 개인적 구별보다 경험이 근본적이라는 생각

---

1) 마하(Ernst Mach, 1838~1916) : 오스트리아의 물리학자, 철학자. 근대 실증주의 철학의 대표자. 속도단위(마하)로 유명하다.

에서 독아론(獨我論)[2]을 벗어날 수가 있었고, 또 경험을 능동적으로 생각하게 됨으로써 피히테 이후의 초월 철학[3]과도 조화를 이룰 수 있을 것같이 생각되어 마침내 이 책의 제2편을 집필하였으나, 그 불완전함은 말할 것도 없다.

사색 따위나 하는 녀석은 푸른 들에서 마른 풀을 뜯는 동물처럼[4] 메피스트에게 비웃음을 당할지도 모르지만, 나는 철리(哲理)를 생각하듯이 벌을 받고 있다고 한 철학자(헤겔)도 있듯이, 한번 금단의 과일을 먹은 인간에게는 그런 고뇌가 있는 것은 도리가 없는 일이다.

1910년 1월 교토에서
니시다 기타로(西田幾多郎)

---

2) 독아론(獨我論, Solipsism) : 유아론(唯我論), 독재론(獨在論)이라고도 한다. 실재하는 것은 자기와 그 의식 내용뿐이며, 다른 사람이나 사물은 자기의 의식 내용에 불과하다는 사고방식을 말한다. 버클리나 피히테, 슈티르너의 철학이 자주 독아론이라는 말을 듣는다.

3) 피히테 이후의 초월 철학 : 피히테, 셸링, 헤겔로 이어진 독일 관념론철학을 가리킨다. 선험철학(先驗哲學)이라고도 한다. 칸트가 자기의 인식이론을 초월철학(Transzendental Philosophie)이라고 부른 이래, 그의 정신을 이어받은 철학이나 그것과 유사한 철학을, 일반적으로 초월론철학 내지는 선험철학이라고 부르게 되었다.

4) 초판부에는 '뮌스터베르크의 심리학과 헤겔의 논리학에 힘입었다고 생각했으나, 이제 와서 생각하면 좀 성급하게 낡은 사상과 타협한 것 같은 느낌이 든다'고 적었다.

재판 서문

이 책을 출판한 지 어느덧 10여 년의 세월이 지났지만, 이 책을 쓴 것은 그보다도 몇 해 전의 일이었다. 교토에 와서부터 오로지 독서와 사색을 할 수 있게 되어, 나도 어느 정도 내 사상을 세련되고 풍부하게 할 수 있었다. 따라서 이 책에 대하여 성에 차지 않은 생각이 들어 마침내는 절판을 하려고 마음먹었다. 그러나, 그뒤 많은 사람으로부터 이 책의 출판을 권유받고, 내가 이 책과 같은 형태로 내 사상의 전체를 말할 수 있는 것은 아직 몇 해 뒤가 될 것으로 생각되어, 다시 이 책을 세상에 내놓기로 하였다.[1]

1920년 1월
니시다 기타로

---

1) 《선의 연구》는 1910년에 고도칸(弘道館)에서 출판되었으나, 10년 뒤인 1920년에 이와나미(岩波) 서점에서 재판되었다.

새판을 내면서

이 책이 수없이 인쇄를 거듭함에 따라 글자들이 적잖이 선명하지 못하게 되었기 때문에, 이번에 판을 새로 짜게 되었다. 이 책은 내가 다소나마 내 생각을 정리하여 세상에 내놓은 최초의 저술이며, 젊은 날의 생각에 지나지 않는다. 나는 이번에 이 책의 여러 점에 가필을 하고 싶었는데, 사상은 그때 그때에 살아 있는 것이라, 몇 10년이나 지났으니 붓을 댈 방법이 없다. 이 책은 이 책 그대로 둘 수밖에 없다.

오늘날 보면 이 책의 입장은 의식의 입장[1]이고, 심리주의적[2]이라고도 생각할 수 있을 것이다. 그러나 비난을 받아도 할 수 없다. 그렇지만 이 책을 썼던 시대에도, 내 생각의 깊은 밑바닥에 숨은 것은 단지 그것만은 아니었다고 생각한다. 순수 경험의 입장은 '자각에서의 직관적 반성'에 이르러, 피히테의 사행(事行)[3]의 입장을 거쳐 절대 의지의 입장으로 나아가고, 더욱이 '움직이는 것에서 보는 것으로'의 후반에 있어, 그리스철학을 거쳐 한 바퀴 돌아 '장소'의 생각에 이르렀다. 거기에서 나는 내 생각을 논리화하는 실마리를 잡았다고 생각한다. '장소'의 생각은 '변증법적 일반자'로 구체화되고, '변증법적 일반자'의 입장은 '행위적 직관'의 입장으로 직접화되었다. 이 책에서 직접 경험의 세계라든가 순수 경험의 세계라든가 하는 것은, 이제는 역사적 실재의 세계라고 생각하게 되었다. 행위적 직관[4]의 세계, 포이에시스[5]

---

1) 의식의 입장 : 넓은 뜻으로는, 의식은 경험을 의미하지만 물적인 것, 신체적인 것, 객관적인 것에 대하여 심적인 것, 정신적인 것, 주관적인 것을 의미한다.

2) 심리주의(Psychologism) : 사상을 심적·주관적인 체험이나 과정으로 환원하여, 이런 것을 심리학적 요소나 법칙에서 도출하려고 하는 입장을 말한다.

3) 사행(事行, Tathandlung) : 피히테의 근본사상. 자아의 근원적 활동을 나타낸 용어. 자아란 자기를 정립하는 활동이며, 자아에서는 그 활동(Handlung)과 그 결과(Tat)가 동일하다. 피히테는 그것을 사행(Tathandlung)이라고 표현하였다.

4) 행위적 직관 : 후기 니시다철학의 주요 개념. 언뜻 보면 모순·대립적인 행위와 직관, 움직이는 것

의 세계야말로 참다운 순수 경험의 세계인 것이다.

페히너(Fechner)는 어느날 아침 라이프치히의 로젠타르 의자에 앉아 쉬면서, 화창한 날 꽃향기 그윽하고 새소리 지저귀는 소리를 들으며 나비가 춤추는 봄의 목장을 바라보면서, 빛깔도 없고 소리도 없는 자연과학적인 밤을 보는 것에 반하여, 있는 그대로가 진실인 낮을 보는 데 열중했다고 스스로 말하였다. 나는 무슨 영향을 받았는지는 모르지만, 일찍부터 실재는 현실 그대로가 아니면 안 된다. 이른바 물질의 세계라는 것은 앞으로 생각나는 것에 불과하다는 생각을 가지고 있었다. 또 고등학교 학생이던 시절, 가나자와의 거리를 거닐면서 꿈을 꾸듯이 생각에 빠졌던 일이 지금도 생각난다. 그 무렵의 생각이 이 책의 기초가 되기도 했다고 생각한다. 내가 이 책을 발간하던 무렵, 이 책이 그렇게까지 오랫동안 많은 사람들에게 읽히고, 내가 이렇게 오래 살아서, 이 책의 중판을 보게 되리라고는 꿈에도 생각하지 않았던 일이다. 감개무량할 따름이다.

1936년 10월 저자

과 보는 것과 사이의 상즉적(相卽的)·상보적(相補的) 관계를 표현하는 용어.

5) 포이에시스(Poiēsis) : 예술적 제작. 니시다는 그의 행위적 직관의 사상을 설명하면서, 곧잘 포이에시스를 예로 들었다.

제1편 순수 경험

제1장 순수 경험

1. 경험이라는 것은 사실 그대로를 안다는 뜻이다. 자기의 얕은 지식을 모두 버리고 사실에 따라 아는 것이다. 순수라고 하는 것은 보통 경험이라고 하는 것도 실은 무엇인가 사상이 섞여 있기 때문에, 조금도 사려분별을 더하지 않은, 참된 경험 그대로의 상태를 말하는 것이다. 예를 들면 빛깔을 보고 소리를 듣는 찰나에 이것이 아직 바깥 사물의 작용이라든가, 내가 이것을 느끼고 있다든가 하는 생각이 없을 뿐만 아니라, 이 빛깔 이 소리는 무엇이라는 판단조차 더해지기 전을 말하는 것이다. 그래서 순수 경험은 직접 경험[1]과 같다. 자기 의식 상태를 바로 밑에서 경험할 때, 아직 주도 없고 객도 없는 지식과 그 대상이 완전히 하나로 합치고 있다. 이것이 가장 순수한 경험인 것이다. 물론 보통으로는 경험이라는 말의 의미가 분명하게 정해지지 않고, 분트[2]는 경험에 의해 추리되는 지식까지도 간접 경험이라 하고, 물리학, 화학 등을 간접 경험 학문이라고 불렀다. 그러나 이런 지식은 올바른 의미의 경험이라고 할 수 없을 뿐만 아니라, 의식현상[3]이라도 남의 의식은 자기에게 경험이 될 수 없다. 자기의 의식이라도 과거에 대한 기억, 눈앞에 있어도 이것을 판단할 때는 이미 순수한 경험은 아니다. 진정한 순수 경험은 아무런 의미도 없는 사실 그대로의 현재 의식이 있을 뿐이다. [4]

---

1) 직접 경험 (direct experience, unmittelbare Erfahrung) : 주체에 의하여 보이든가 들리는 대로의 경험을 말함. W.분트는 이와 같은 직접 경험을 심리학의 대상으로 생각하고, 이것에 대하여 자연 과학의 대상은 간접 경험이라고 하였다.

2) 분트(Wilhelm Wundt 1832~1920) : 독일의 심리학자, 철학자. 실험심리학의 창시자. 1879년 라이프치히 대학에 세계 최초의 심리학 실험실을 개설. 주저는 《심리학 강요》《논리학》.

3) 의식현상 : 통상적으로는 물리적 현상에 대하여 정신적 현상을 말하지만 니시다는 의식 현상을 순수 경험과 같은 뜻으로 쓰고 있다.

2. 위에서 말한 것과 같은 의미에서 어떤 정신현상이 순수 경험의 사실인가. 감각이나 지각이 여기에 속한다는 데는 아무도 이론이 없을 것이다. 그러나 나는 모든 정신현상이 이 형태로 나타나는 것으로 믿고 있다. 기억에 있어서도 과거의 의식이 즉시 일어나는 것도 아니고, 따라서 과거를 직각하는 것도 아니다. 과거로 느끼는 것도 현재의 감정이다. 추상적 개념이라고 해도 결코 초경험적인 것이 아니고, 역시 일종의 현재 의식이다. 기하학자가 한 개의 세모꼴을 상상하면서 이것을 가지고 모든 삼각의 대표로 삼는 것처럼, 개념5)의 대표적 요소라는 것도 눈앞에서는 일종의 감정에 불과한 것이다 (James, The Principles of Psychology, Vol.1, Chap.Ⅶ). 그밖에 이른바 의식의 가장자리 fringe6)라는 것을 직접 경험의 사실 속에 넣어 보면, 경험적 사실 사이의 여러 가지 관계의 의식까지도 감각, 지각과 마찬가지로 모두 이 속으로 들어오는 것이다(James, A World of pure Experience). 그렇다면 정의(情意)의 현상은 어떤가 하면 유쾌와 불쾌의 감정이 현재 의식이라는 것은 말할 것도 없고, 의지도 그 목적은 미래에 있다고 하더라도 우리는 항상 이것을 현재의 욕망으로 느끼는 것이다.

3. 자, 이렇게 우리는 직접으로 모든 정신현상의 원인인 순수 경험이란 어떤 것인가, 지금부터 조금 그 성질을 생각해 보자. 우선 순수 경험은 단순한 것인가, 아니면 복잡한 것인가 하는 문제가 제기된다. 똑바른 순수 경험이더라도 이것이 과거의 경험으로 구성된 것이라든가, 또는 다음에 이것을 단 하나의 요소로 분석할 수 있다는 점에서 볼 때 복잡하다고 해도 될 것이다. 그러나 순수 경험은 아무리 복잡해도 그 순간에 있어서는 언제나 단순한 하나의 사실이다. 설사 과거 의식의 재현이라 해도 현재의 의식 중에 통일이 되고, 이것이 한 요소가 되어 새로운 의미를 얻은 때에는 이미 과거의 의식과 동일

---

4) '진정한 순수 경험은……현재 의식이 있을 뿐이다' : 진정한 순수 경험은 아무 가치판단도 가하지 않은 직접 경험의 상태를 가리키고 있으므로 '아무 의미도 없는 사실 그대로의 현재 의식'으로 표현되고 있다.

5) 개념의 형성에 있어 필요한 것은 같은 경험을 재인식하는 것이고, 이것을 쉽게 말하면 '이것도 마찬가지'라든가 '아아, 또 그것이야' 하고 느끼는(감정) 것이다.

6) 가장자리 : 심상을 둘러싸고 있는 광배(光背 ; halo), 또는 반영부(半影部 ; penumbra). 쉽게 말하면 의식의 주변부 또는 반의식적 부분을 말한다.

하다고 할 수 없다. 이와 마찬가지로 현재의 의식을 분석할 때에도 그 분석된 것은 이미 현재의 의식과 똑같지 않다. 순수 경험상으로 보면 모두가 종별적이고 그 경우마다 단순하고 독창적인[7] 것이다. 다음으로 그런 순수 경험의 종합은 어디까지 미치는가. 순수 경험의 현재는 현재에 대하여 생각할 수 있을 때, 이미 현재가 아니라고 하는 듯한 사상상의 현재는 아니다.[8] 의식상으로 사실로서의 현재에는 어느 정도의 시간적 계속이 없으면 안 된다(James, The Principles of Psychology, Vol. I, Chap. XV). 의식의 초점이 항상 현재로 되는 것이다. 그래서 순수 경험의 범위는 자연히 주의(注意)의 범위와 일치하게 된다. 그러나 나는 이 범위를 굳이 하나의 주의 아래 한정된다고는 생각하지 않는다. 우리는 조금의 사상도 섞지 않고, 주객을 나누지 않은 상태로 주의를 돌릴 수가 있다. 예를 들면 열심히 벼랑을 기어오를 경우와 같이, 음악가가 익숙한 곡을 연주할 때처럼, 완전한 지각의 연속 perceptual train이라고 말해도 된다(Stout, Manual of Psychology, p.252). 또 동물의 본능적 동작에도 반드시 그와 같은 정신상태가 수반될 것이다. 이런 정신상태에서는 지각이 엄밀한 통일과 연락을 유지하고, 의식이 하나로부터 딴 데로 옮겨가지만, 주의는 시종 사물로 향하게 되어 앞의 작용이 저절로 후자를 야기하여 그 사이에 사유가 끼어들 만한 균열은 조금도 없다. 이것을 순간적 지각과 비교하면 주의의 추이, 시간의 장단이야 있지만, 그것이 직접으로 주객 합일의 점에서는 조금의 차별도[9] 없는 것이다. 특히 이른바 순간 지각이라고 하는 것도 실은 복잡한 경험의 결합으로 이루어진 것이라고 한다면, 뒤의 두 가지 구별은 성질의 차이가 아니고, 단지 정도의 차라고 해야 될 것이다. 순수 경험은 반드시 단일감각[10]에 한한 것은 아니다. 심리학자가 말하는 것과 같은 엄밀한 의미의 단일 감각과는 학문상의 분석 결과로서 가상한 것이며, 사실상 직접의 구체적 경험은 아닌 것이다.

---

7) 독창적 : 여기에서는 개성적이라든가 창조적인 의미로 사용되고 있다.

8) 논리적으로 말하면, 시간은 한 순간에 생기고 한 순간에 사라져 가는 것이므로, 현재에 대하여 생각할 때에는 그 현재는 이미 사라져 과거가 되어 있다.

9) 차별 : 차이와 구별을 말함. 또는 분열적 측면. 니시다는 자주 이와 같은 표현을 하였다.

10) 단일감각 : 시각, 청각, 후각, 미각, 피부감각, 운동감각, 평형감각, 내장감각을 말함. 피부감각은 또 촉각, 압각, 온각, 냉각, 통각으로 나누어진다. 내장감각이란 공복, 갈증, 요의, 변의, 구역질 등 내장기관에서 일어나는 감각들을 말한다.

4. 순수 경험이 직접적이며 순수한 까닭은 단일이고 분석을 못한다든가 순간적이라는 것에 있는 것은 아니다. 오히려 구체적 의식의 엄밀한 통일에 있는 것이다. 의식은 결코 심리학자의 이른바 단일의 정식적 요소의 결합으로 이루어진 것이 아니고, 원래 하나의 체계를 이룬 것이다. 갓난아이의 의식의 경우는 밝고 어둠조차 분명하지 않은 혼돈의 통일일 것이다. 이런 가운데서 다양한 갖가지 의식상태가 분화 발전하여 온 것이다. 그러나 아무리 세밀하게 분화하여도 어디까지나 그 근본적인 체계의 형태를 잃는 것은 아니다. 우리에게 직접인 구체적 의식은 항상 이 형태로 나타나는 것이다. 순간적 지각 같은 것이라도 결코 이 형태에 배반하는 일은 없다. 이를테면 한눈에 사물 전체를 지각한다고 생각하는 경우라도, 자세히 연구하면 눈의 운동과 함께 주의는 저절로 추이하여, 그 전체를 알게 되는 것이다. 이렇게 의식의 본래는 체계적 발전이며, 이 통일이 엄밀하며, 의식이 저절로 발전하는 동안 우리는 순수 경험의 입각지를 잃지 않는다. 이 점은 지각적 경험에서도 표상적 경험에서도 동일하다. 표상[11]의 체계가 저절로 발전할 때는 전체가 곧 순수 경험이다. 괴테가 꿈속에서 직각적으로 시를 지었다는 것은 그 한 사례이다. 혹은 지각적 경험으로는 주의가 바깥에서부터 지배되기 때문에 의식의 통일이라고는 할 수 없는 것같이 생각될지도 모른다. 그러나 지각적 활동의 배후에도 역시 어떤 무의식 통일력[12]이 작용하고 있지 않으면 안 된다. 주의는 이것에 의하여 이끌리는 것이다. 단 이것에 반하여 표상적 경험은 아무리 통일이 되어 있어도 반드시 주관적 행위에 속하며 순수한 경험이라고는 할 수 없을 것같이 보인다. 그러나 표상적 경험이라도 그 통일이 필연이고 스스로 결합될 때에는 이것을 우리는 순수한 경험으로 보지 않으면 안 된다. 이를테면 꿈에서와 같이 밖으로부터 통일을 무너뜨리는 것이 없을 때에는 완전히

---

11) 표상 : 의식에 나타난 대상의 모습은 말한다. 여기에는 여러 가지 종류가 있어, 크게는 지각에 의한 대상의 상(지각표상), 기억에 의한 대상의 상(기억표상), 상상에 의한 대상의 상(상상표상)으로 분류하는데, 여기에서 니시다는 지각표상 이외의 기억표상과 상상표상을 가리켜 표상이라 부르고 있다.

12) 어떤 무의식 통일력 : 낱낱의 순수 경험의 기초 또는 배후에 있다고 생각되는 보편적 의식을 말함. 다음에 설명한 것같이, 니시다는 이런 보편적 의식도 일종의 순수 경험이라 생각하고 낱낱의 순수 경험을, 이 보편적 의식이 체계적으로 발전하여 가는 과정에서 여러 양상과 모습을 드러낸, 더 정확히 말하면 그 분화 발전의 극한이라고 생각하였다.

지각적 경험과 혼동을 일으키게 된다. 원래, 경험에 안팎의 구별이 있는 것은 아니고, 이것을 순수하게 만드는 것은 그 통일이며 종류에 있는 것이 아니다. 표상이라도 감각과 엄밀히 결합하고 있을 때에는 곧 하나의 경험이 된다. 다만 이것이 현재의 통일을 벗어나 다른 의식과 관계될 때는 이미 현재의 경험이 아니라 의미[13]가 되는 것이다. 또 표상뿐이었을 때에는 꿈에서와 같이 완전히 지각과 혼동을 일으키게 된다. 감각이 언제나 경험이라고 생각되는 것은 그것이 항상 주의를 끄는 초점이 되어 통일의 중심이 되기 때문일 것이다.

5. 이제 좀더 세밀하게 의식통일의 의미를 정하여 순수 경험의 성질을 밝히려고 한다. 의식의 체계라는 것은 모든 유기물과 같이 통일적인 어떤 것이 질서있게 분화 발전하여, 그 전체를 표현하는 것이다. 의식에 있어서는 먼저 그 한쪽이 나타남과 동시에 통일작용은 경향의 감정으로서 이것을 따른다. 우리의 주의를 지도하는 것은 이 작용이며, 통일이 엄밀한가 아닌가는 밖으로부터 방해를 받지 않을 때에는 이 작용은 무의식이지만, 그렇지 않을 때에는 따로 표상이 되어 의식으로 나타난다든가, 곧 순수 경험의 상태를 벗어나게 되는 것이다. 즉 통일작용이 이루어지는 동안은 전체가 현실이며 순수 경험이다. 그래서 의식은 모두 충동적이고, 주의설[14]에서 말하듯이 의지가 의식의 근본적 형식이라고 말할 수 있다면 의식 발전의 형식은 곧 넓은 뜻으로는 의지 발전의 형식이고, 그 통일적 경향이란 의지의 목적이라고 하지 않으면 안 된다. 순수 경험이란 것은 의지의 요구와 실현과의 사이에 조그만 틈도 없는, 그 가장 자유롭고 활발한 상태이다. 물론 선택적 의지[15]에서 본다

---

13) 의미 : 일반적으로는 기호나 표현 등에 의하여 나타내는 내용을 말하지만, 니시다는 가치나 판단과 마찬가지로 반성적 사유의 소산이라고 생각하였다. 따라서 순수 경험의 대립개념의 하나이다.

14) 주의설(主意說 ; voluntarism) : 주의주의. 일반적으로 지성적인 것보다도 의지적인 것을 근본이라고 생각하는 입장. 주지설, 주지주의(intellectualism)의 반대어.

15) 선택적 의지 : 보통은 자유의지와 같은 뜻으로, 몇 가지의 선택지 중에서 자기가 하고 싶은 것을 자유로 선택하는 의지를 말하지만, 니시다는 의지를 의식적인 의지와 무의식적인 의지로 나누어, 전자를 선택적 의지, 후자를 충동적 의지라고 불렀다. 따라서 통상의 용법과는 달리, 여기에서 선택적 의지는 도리어 의지가 자유를 상실한 상태라고 생각하고 있다.

면 그와 같은 충동적 의지에 의하여 지배되는 것은 도리어 의지의 속박인지도 모르지만 선택적 의지란 이미 의지가 자유를 상실한 상태이므로 이것이 훈련될 때에는 또 충동적으로 되는 것이다. 의지의 본질은 미래에 대한 욕구의 상태에 있는 것이 아니고, 현재에 있어서의 현재 활동에 있는 것이다. 원래 의지에 따르는 동작은 의지의 요소는 아니다. 순 심리적으로 보면 의지는 내면에 있어서 의식의 통각작용[16]이다. 그래서 이 통일작용을 떠나 따로 의지라는 특수 현상이 있는 것이 아니고, 이 통일작용의 정점이 의지이다. 사유도 의지와 같이 일종의 통각작용이지만 그 통일은 단지 주관적이다. 그런데 의지는 주객의 통일이다. 의지가 언제나 현재인 것도 이 때문이다 (Schopenhauer, Die Welt als Wille und Vorstellung, g). 순수 경험은 사실의 직각 그대로이며, 의미가 없다고 한다. 그렇게 말하면 순수 경험이란 어쩐지 혼돈 무차별의 상태인 것같이 생각될지 모르지만 갖가지 의미라든가 판단이라고 하는 것은 경험 그 자체의 차별로부터 생기기 때문에 후자는 전자에 의하여 주어진 것이 아닌, 경험은 스스로 차별상을 갖춘 것이 아니면 안 된다. 예를 들면 하나의 빛깔을 보고 이것을 푸르다고 판정하였는데, 원색각(原色覺[17])이 이것에 의하여 분명해진 것은 아니고, 다만 이것과 같은 종래의 감각과의 관계를 따르게 하였을 뿐이다. 또 지금 내가 시각으로서 나타난 한 경험을 가르켜 책상이라 하고, 이것에 대하여 갖가지 판단을 내려도 이것에 의하여 이 경험 자체의 내용을 풍부하게 하는데 아무 보탬이 안 되는 것이다. 요컨대 경험의 의미라든가 판단이라는 것은 다른 것과의 관계를 보이는 데 불과하기 때문에 경험 자체의 내용을 풍부하게 하는 것은 아니다. 의미 또는 판단 가운데 나타난 것은 원 경험보다 추상화된 그 일부이며 그 내용에서는 이것보다도 빈약한 것이다. 물론 원 경험을 상기할 적에 앞에서 무의식이었던 것이 다음에 의식이 되는 것 같은 것도 있지만, 이것은 앞에서 주의하지 않은 부분에 주의를 한 결과이고, 의미나 판단에 의하여 전에 없었던 것이 보태진 것은 아니다.

---

16) 통각(統覺)작용 : 다양한 경험이나 감각을 종합 통일하는 작용.

17) 원색각 : 본시의 색각. 색각이란 정확하게는 색채 감각(color vision)을 말하며, 가시광선 가운데 빛의 파장의 차이를 색의 차이로서 식별하는 기능을 말한다. 색조, 포화도, 광도의 세 가지 속성에 의하여 특징지어진다.

6. 순수 경험은 그렇게 저절로 차별상을 갖춘 것이라고 한다면 여기에 가해지는 의미나 판단이라는 것은 어떤 것일까, 또 이것과 순수 경험과의 관계는 어떻게 될까. 보통으로는 순수 경험이 객관적 실재에 결합될 때, 의미가 생기고 판단의 형태를 이룬다고 한다. 그러나 순수 경험설의 입각지에서 보면 우리는 순수 경험의 범위에서 밖으로 벗어날 수 없다. 의미나 판단이 생기는 것도 결국 현재의 의식을 과거의 의식에 결합하는 데서 일어나는 것이다. 즉, 이것을 큰 의식 계통 속에 통일하는 통일작용에서 비롯되는 것이다. 의미나 판단이라는 것은 현재 의식과 다른 것과의 관계를 가리키는 것으로, 의식 계통 중에서 현재 의식의 위치를 나타내는 것에 불과하다. 예를 들면 어떤 청각에 있어서 이것을 종소리로 판단할 때는 다만 과거의 경험 중에서 이것이 위치를 정한 것이다. 그래서 어떤 의식이라도 그것이 엄밀한 통일의 상태에 있는 동안은, 즉 다른 것과의 관계에 들어갔을 때는 의미가 생기고 판단이 내려지는 것이다. 우리는 직접으로 나타나는 순수 경험에 대하여 곧 과거의 의식이 작용하여 오기 때문에, 이것이 현재 의식의 일부와 결합하여 일부와 충돌하고, 여기에 순수 경험의 상태가 분석되어 파괴당하게 된다. 의미라든가 판단이라든가 하는 것은 이 불통일의 상태이다. 그러나 이 통일, 불통일이라는 것도 잘 생각해 보면 필경 정도의 차인, 완전한 통일도 없으며 완전한 불통일의 의식도 없을 것이다. 모든 의식은 체계적 발전이다. 순간적 지식이라도 갖가지 대립과 변화를 함축하고 있듯이 의미라든가 판단이라든가 하는 그런 관계의 의식 배후에는 이 관계를 성립시킨 통일적 의식[18]이 없으면 안 된다. 분트가 말했듯이 모든 판단은 복잡한 표상의 분석에 의하여 일어나는 것이다(Wundt, Logik, Bd.l. Abs. Ⅲ Chap·1). 판단이 점점 훈련되어 그 통일이 엄밀하게 되었을 때에는 완전히 순수 경험의 형태로 되는 것이다. 예를 들면 기예를 배우는 경우에 처음에는 의식적이던 것도 이제는 익숙해짐에 따라 무의식으로 되는 것이다. 또 한 걸음 나아가서 생각해 보면 순수 경험과 그 의미 또는 판단과는 의식의 양면을 나타내는 것이다. 즉 같은 사물을 보는 방법의 차이에 불과하다. 의식은 일면 통일성을 가짐과 동시에 또 한편으로는 분화 발전의 방면이 없으면 안 된다. 더욱이 제임스[19]가 '의

---

18) 통일적 의식 : 이것도 '통일적 어떤 것'이나 '어떤 무의식적 통일력'과 마찬가지로 보편적 의식의 다른 이름으로 생각된다.

식의 흐름'에서 설명하였듯이 의식은 그 나타난 곳에 붙어 있는 것이 아니고, 함축적으로 다른 것과 관계를 가지고 있다. 현재는 언제나 큰 체계의 일로 볼 수 있다. 이른바 분화 발전이라는 것은 더 큰 통일의 작용이다.

7. 그런 의미라는 것도 큰 통일의 작용이라면 순수 경험은 그런 경우에 자기의 범위를 초월하는 것인가. 이를테면 기억에서 과거와 관계되고 의지에서 미래와 관계될 때, 순수 경험은 현재를 초월한다고 생각할 수 있을까. 심리학자는 의식은 물질이 아니고 사건이다. 그렇다면 시시각각으로 새로워져 동일한 의식이 재생하는 일은 없다고 한다. 그러나 나는 그런 생각은 순수 경험설의 입장에서 본 것이 아니고 도리어 과거는 다시 돌아오지 않는다. 미래는 아직 오직 않았다는 시간 성질로부터 추리한 것이 아닌가 생각한다. 순수 경험의 입장에서 보면 같은 내용의 의식은 어디까지나 동일한 의식이 되지 않으면 안 된다. 예를 들면 사유 또는 의지에 있어서 하나의 목적 표상[20]이 연속적으로 작용할 때, 우리는 이것을 하나의 것으로 보지 않으면 안 되는 것처럼, 설사 그 통일작용이 시간상으로는 끊어져 있어도 하나의 것으로 생각하지 않으면 안 된다고 생각한다.[21]

---

19) 제임스(William James 1842~1910) : 미국의 철학자, 심리학자. 프래그머티즘(실용주의)의 제창자. 그 만년에 《근본적 경험론집(Essays in Radical Empiricism)》(1911)을 출판하여, 거기에서 '순수 경험(pure experience)'을 유일 실재로 하는 형이상학적 인식론을 전개하였다. 《선의 연구》의 시기에 니시다가 가장 영향을 받은 철학자의 한 사람. 주저는 《심리학 원리》, 《프래그머티즘》.

20) 목적 표상 : 행위의 목표에 관한 심상.

21) 설사, 취침할 때에 어떤 것을 열심히 생각하고, 다음날 아침 기상과 동시에 또 그것을 두루 생각한다고 하는 경우, 시간적으로는 간격이 있어도 이것을 하나의 것으로 생각해야 될 것이라는 말이다.

제2장 사유

1. 사유라는 것은 심리학에서 보면, 표상 사이의 관계를 정하여 이것을 통일하는 작용이다. 그 가장 단순한 형태는 판단이고, 즉 두 표상의 관계를 정하여 이것을 결합하는 것이다. 그러나 우리는 판단에 있어 두 가지의 독립한 표상을 결합하는 것이 아니고, 도리어 어떤 하나의 완전한 표상을 분석하는 것이다. 예를 들면 '말이 달린다'는 판단은 '달리는 말'이라는 한 표상을 분석하여 생기는 것이다. 그래서 판단의 배후에는 언제나 순수 경험의 사실이 있다. 판단에 있어 주객 두 표상의 결합은 실로 이것에 의해 이루어지는 것이다. 물론 언제나 완전한 표상이 먼저 나타나서 이것으로부터 분석이 시작된다는 것은 아니다. 먼저 주어 표상[1]이 있어, 이것으로부터 일정한 방향으로의 여러 가지 연상을 일으켜서 선택한 다음 그 하나로 결정하는 경우도 있다. 그러나 이 경우에도 마침내 이것을 결정할 때에는 먼저 주객 두 표상을 포함하는 완전한 표상이 나타나지 않으면 안 된다. 요컨대 이 표상이 처음부터 함축적으로 작용하였던 것이, 현실이 되는 데에서 판단을 얻는 것이다. 그렇게 판단의 근본에는 순수 경험이 없으면 안 된다는 것은 단지 사실에 대한 판단의 경우뿐만 아니라, 순리적 판단이라는 것에 있어서도 마찬가지이다. 예를 들면 기하학의 공리 같은 것도 모두 일종의 직각(直覺)에 바탕을 두고 있다. 설사 추상적 개념이라 해도 두 가지 것을 비교하여 판단하려면 그 근본에 있어 통일적 어떤 것의 경험이 없으면 안 된다. 이른바 사유의 필연성이라는 것은 여기에서 나오는 것이다.[2] 그러므로 혹시 앞에서 말한 것처럼 지각과 같은 것뿐만 아니라, 관계된 의식까지도 경험이라고 부를 수 있는 것이 되려면 순리적 판단의 근본에도 순수 경험의 사실이 있다고 할 수 있는 것이다. 또 추리의 결과로서 생긴 판단에 대하여 보아도, 로크가 논증

---

1) 주어 표상 : 주어의 관념 내지 심상(心像)
2) '설사 추상적 개념이라 해도……여기에서 나오는 것이다' : 예를 들어 'A는 B이다'라는 판단과 'A는 B가 아니다'는 판단을 비교할 때, 그 바탕에는 'A는 B임과 동시에 B가 아니다라고 할 수 없다'는 직각이 없으면 안 된다. 그래서 만일 'A는 B이다'라는 판단이 진실하다면 'A는 B가 아니다'라는 판단은 거짓말이고, 만일에 반대로 'A는 B이다'라는 판단이 거짓말이면 'A는 B가 아니다'라는 판단은 필연적으로 진실인 것이다.

적 지식에서도 한 걸음 한 걸음 직각적 증명이 없으면 안 된다고 말한 것처럼(Locke, An Essay Concerning Human Understanding, BK.Ⅳ, Chap.11,7), 연쇄성을 가진 각 판단의 바탕에는 항상 순수 경험의 사실이 없으면 안 된다. 여러 방면의 판단을 종합하여 단안[3]을 내릴 경우에도, 설사 전체를 통일하는 사실적 직각은 없다 하더라도, 모든 관계를 종합 통일하는 논리적 직각이 작용하고 있다(이른바 사상의 3법칙[4] 같은 것도 일종의 내면적 직각이다). 이를테면 갖가지 관찰로 미루어 볼 때 지구가 움직이지 않으면 안 된다는 것도, 결국 일종의 직각애 근거한 논리법에 의하여 판단된 것이다.

2. 이제까지 전통적으로 사유와 순수 경험과는 전혀 종류가 다른 정신작용이라고 생각하여 왔다. 그러나 이제 모든 독단을 버리고 직접으로 생각한, 제임스가 〈순수 경험의 세계[5]〉라는 제목으로 쓴 소논문에서 말한 바와 같이, 관계의 의식도 경험 속에 넣어 생각해 보면 사유의 작용도 순수 경험의 일종이라 할 수 있다고 생각한다. 지각과 사유의 요소인 심상과는 밖에서 보면 하나는 외부에서 오는 말단신경의 자극에 기인하고, 하나는 뇌피질의 자극에 기인한 것으로 구별할 수 있고, 또 안에서 보아도 우리는 통상 지각과 심상을 혼동하는 일은 없다. 그러나 순심리적으로 생각할 때, 어디까지나 엄밀하게 구별할 수 있느냐 하면, 그것은 매우 어렵다. 결국 강도의 차라든가 그 밖의 여러 관계가 다른 데서 오기 때문에 절대적 구별은 없는 것이다(꿈, 환각 등에서 우리는 종종 심상을 지각과 혼동하는 일이 있다). 원시적 의식에서 그런 구별이 있었던 것이 아니고, 다만 여러 가지 관계에서 구별을 하게 되었을 것이다. 또 일견, 지각은 오직 하나이고 사유는 복잡한 과정인 것같이 보이지만 지각이라고 해도 반드시 단일은 아닌, 지각도 구성적 작용[6]이다. 사유라 하여도 그 통일의 방면에서 보면 하나의 작용인, 어떤 통일자[7]

---

3) 단안(斷案) : 최종적인 생각을 결정하는 일, 또는 최종적인 안, 논리학에서는 '결론'을 가리킨다.

4) 사상의 3법칙 : 사고의 원리라고도 한다. 동일의 원리, 모순의 원리, 배중(排中)의 원리.

5) '순수 경험의 세계'(A World of Pure Experience 1904년) : 제임스의 근본적 경험론의 입장을 본질적으로 밝힌 중요한 논문. 종래의 경험론에서는 경험은 낱낱이 뿔뿔이 흩어진 것으로 생각하고, 이런 경험을 잇는 것은 사유의 작용이라고 생각하여 왔는데, 제임스는 이 논문에서 경험과 경험을 연결시키는 관계 그 자체도 하나의 경험이라고 생각하였다.

6) 구성적 작용 : 서로 통일되어 있지 않은 다양한 것을 결합하여 일정한 통일을 이루게 하는 작용.

의 발전이라고 볼 수 있다.

3. 이렇듯 사유와 지각적 경험 같은 것을 동일한 종류로 생각하는 것에 대하여 여러 가지 이론도 있을 것이므로, 나는 이제부터 조금 이런 점에 대하여 논하고자 한다. 보통으로는 지각적 경험은 수동적으로 그 작용은 모두 무의식이고 사유는 이와 반대로 능동적이며 그 작용은 모두 의식적이라고 생각하여 왔다. 그러나 그렇게 분명한 구별이 어디에 있겠는가. 사유에 있어서도 그것이 자유롭게 활동하고 발전할 때에는 거의 무의식적 주의하에서 이루어지는 것이다, 의식적이 되는 것은 도리어 이 진행이 방해를 받는 경우이다. 사유를 진행시키는 것은 우리의 수의(隨意)작용이 아닌, 사유 자체가 스스로 발전하는 것이다. 우리가 완전히 자기를 버리고 사유의 대상 즉 문제에 몰입되어 일체를 이루었을 때 비로소 사유의 활동을 보게 되는 것이다. 사유에는 스스로의 사유 법칙이 있어 스스로 활동하는 것이다. 우리의 의지에 따르는 것이 아니다. 대상과 완전히 일체가 되는 것, 즉 주의를 돌리는 것을 유의적(有意的)이라고 한다면 그렇게 말할 수 있겠지만, 이 점에서는 지각도 동일할 것으로 생각하는, 우리가 보고자 하는 사물에 자유롭게 주의를 돌려 볼 수 있다. 물론 사유에 있어서는 지각의 경우보다도 통일이 느슨하고, 그 추이가 의식적인 것같이 생각되기 때문에 앞에서 이것을 가지고 그 특징이라 하였지만 엄밀히 생각해 보면 이 구별도 상대적이며, 사유에서도 한 표상으로부터 한 표상으로 추이하는 순간에서는 무의식이다. 통일작용이 현실로 작용하고 있는 동안은 무의식이 아니면 안 된다. 이것을 대상으로 하여 의식할 때에는 그 작용은 이미 과거에 속하는 것이다. 이렇듯 사유의 통일작용은 전연 의지와는 상관없는 것이지만, 다만 우리가 어떤 문제에 대하여 생각할 때, 여러 방향이 있어 그 취사가 자유인 것같이 생각되는 것이다. 그러나 그런 현상은 지각의 경우에도 없는 것은 아니다. 조금 복잡한 지각에 있어서는 어떻게 주의를 돌리는가는 자유이다. 예를 들면 한 족자의 그림을 보는 데도 모양에 주의할 수도 있고, 또 색채에 주의할 수도 있다. 그밖에 지

---

7) 어떤 통일자 : 낱낱의 순수 경험의 배후에 있다고 생각하고 있는 보편적 의식의 딴 이름. 앞에서 말한 '통일적인 어떤 것'이라고 부른 것과 같은 뜻. 제1장 5 참조.

각에서는 우리가 외부로부터 영향을 받고, 사유에서는 내부로부터 영향을 받는다고들 하지만, 안팎의 구별이라는 것도 요컨대 상대적인 것에 불과한, 다만 사유의 재료인 심상은 비교적 변동하기 쉽고 자유롭기 때문에 그렇게 보이는 것이다.

4. 다음으로, 보통으로는 지각은 구상적 사실의 의식이고, 사유는 추상적 관계의 의식이므로 서로 종류가 전연 다른 것 같이 생각되고 있다. 그러나 순수한 추상적 관계라고 하는 것은 우리가 이것을 의식할 수 없고, 사유의 운행도 어떤 구상적 심상을 빌어 이루어지고 있는 것이다. 심상이 없이 사유는 성립되지 않는다. 예를 들면 삼각형의 모든 각의 합계는 두 직각이라는 것을 증명하는 데도 어떤 특수한 삼각형의 심상에 의지하지 않으면 안 되는 것이다. 사유는 심상을 떨어져 독립한 의식이 아니고, 이것에 따르는 한 현상이다. 고어(Gore)는 심상과 그 의미와의 관계는 자극과 그 반응과의 관계와 똑같다고 주장하였다(Dewey, Studies in Logical Theory[8]). 사유는 심상에 대한 의식의 반응이고, 그리고 또 심상은 사유의 실마리이다, 사유와 심상은 딴 것이 아니다. 어떤 심상이라도 결코 독립은 아니다, 반드시 모든 의식과 어떤 관계를 가지고 나타난다. 그러나 이 방면이 사유에 있어서의 관계 의식이다. 순수한 사유라고 생각된 것도 단지 이 방면의 뚜렷한 것에 지나지 않는 것이다. 그럼 심상과 사유의 관계를 이상과 같이 생각하여도, 지각에 있어서는 그와 같은 사유적 방면이 없는가 하면 결코 그렇지는 않다. 모든 의식현상처럼 지각도 하나의 체계적 작용이다. 지각에 있어서는 그 반응은 도리어 현저하며 의지로 되어 동작으로 나타나지만, 심상에 있어서는 단지 사유로서 내면적 관계에 그치는 것이다. 그렇다면 사실상의 의식에는 지각과 심상과의 구별은 있지만 구상과 추상과의 구별은 없는, 사유는 심상간의 사실의 의식이다. 그래서 지각과 심상과의 구별도 전에 말한 것과 같이 엄밀한 순수 경험의 입각지로부터는 어디까지나 구별할 수가 없는 것이다.

5. 이상은 심리학상으로 보아 사유도 순수 경험의 일종임을 논한 것이지만,

---

8) 고어(Willard Clark Gore) 〈논리에서의 심상과 관념〉, 존 듀이편 《논리학설연구》(1909) 193쪽.

사유는 단지 개인적 의식상의 사실은 아니고 객관적 의미를 가지고 있는 사유의 진가로 삼는 것은 진리를 나타내기 위하여 스스로 자기의 의식현상을 직각하는 순수 경험을 하는 경우에는 진망(眞妄[9])은 아니지만 사유에는 진실과 허위의 차이가 있다고도 할 수 있다. 이런 점을 밝히는 데는 이른바 객관, 실재, 진리 등의 의의를 자세히 논할 필요가 있는데, 극히 비판적[10]으로 생각해 보면 순수 경험의 사실 외에 실재는 없고, 이런 성질들도 심리적으로 설명할 수 있다고 생각한다. 전에도 말한 바와 같이 의식의 의미라는 것은 다른 것과의 관계에서 생기는, 말을 바꾸면 그 의식이 끼어든 체계에 의하여 정해진다. 동일한 의식이라도 그 끼어든 체계가 다름에 따라 갖가지 의미가 생기는 것이다. 예를 들면 의미의 의식인 어떤 심상이라도 다른 것에 관계없이 오직 그것만으로 볼 때에는 아무 의미도 없는 단순한 순수 경험의 사실이다. 이에 반하여 사실의 의식인 어떤 지각도 의식체계상으로 다른 것과 관계를 가진 점에서 본다면 의미를 가지고 있다. 다만 많은 경우에 그 의미가 무의식인 것이다. 그렇다면 어떤 사상이 진실이고 어떤 사상이 거짓인가 하면 우리는 언제나 의식체계 중에서 가장 유력한 것, 즉 최대로 가장 깊은 체계를 객관적 실재[11]로 믿고, 이것에 맞는 경우를 진리, 이것과 충돌한 경우를 허위라고 생각한다. 이 생각에서 보면 지각에도 옳다든가 잘못이라든가 하는 것이 있다. 즉 어떤 체계에 의하여 보고, 그 목적에 잘 맞을 때가 옳고 이것에 반할 때는 잘못인 것이다. 물론 이런 체계 중에는 종종 의미가 있기 때문에 지각의 배후에 있는 체계는 실천적인 것이 많지만 사유의 체계는 순 지식적이라는 구별도 가능할 것이다. 그러나 나는 지식의 궁극적 목적은 실천적이 되도록 의지의 근본에 이성이 숨어 있다고 할 수 있을 것으로 생각한다. 이것은 다음에 의지에 대하여 논하려고 하는데, 그런 체계의 구별도 절대적이라고 할 수는 없다. 또 같은 지식적 작용이라도 연상이라든가 기억이라든가 하는 것은 단지 개인적 의식 내의 관계 통일이지만, 사유만은 초개인

---

9) 진망(眞妄) : 진실과 허망(거짓). 진리와 허위.

10) 비판적 : 충분히 음미 검토하는 것. 독단적의 반대. 니시다는 이 말을 '과학적' 또는 '학문적'과 거의 같은 뜻으로 쓰고 있다.

11) 객관적 실재 : 보통 '객관적'이라는 말은 '주관적'이라는 말과 반대어로 쓰는데, 여기에서는 오히려 '참'이라든가 '보편적'이라는 말과 같은 뜻으로 쓰고 있다.

적인 것으로 일반적이라고 할 수도 있다. 그러나 그런 구별도 우리의 경험 범위를 무리하게 개인적으로 한정하는 데서 생기기 때문에 순수 경험 앞에서는 도리어 개인이라는 것이 없는 것으로 생각할 수는 없다(의지는 의식 통일의 작은 도구이며, 이성은 그 심원한 요구이다).

6. 지금까지는 사유와 순수 경험과를 비교하여, 보통으로는 이 두 가지가 전혀 종류를 달리하고 있다고 생각하는 점도 깊이 생각해 보면 일치되는 점도 있다는 것을 말하였지만, 이제는 조금 사유의 기원과 귀추에 대하여 논하고, 또 위의 두 가지 관계를 분명히 하려고 생각한다. 우리의 의식의 원시적 상태 또는 발달한 의식이라도 그 직접의 상태는 언제나 순수 경험의 상태라는 것은 누구나 동의할 것이다. 반성적 사유의 작용은 부차적으로 이것에서 생기는 것이다. 그렇다면 어째서 그와 같은 작용이 생기는가 하면, 앞에서 말한 바와 같이 의식은 원래 하나의 체계인, 스스로 자기를 발전 완성하는 것이 그 자연의 상태이고, 더욱이 그 발전의 행로에 있어 여러 체계의 모순 충돌이 일어나 반성적 사유는 이 경우에 나타나는 것이다. 그러나 일면에서 보면 그와 같이 모순 충돌하는 것도, 다른 면에서 보면 한결더 대단한 체계적 발전의 실마리가 된다. 바꾸어 말하면 엄청난 통일의 미완성 상태라고도 할 만한 것이다. 예를 들면 행위에 있어서나 또는 지식에 있어서나 우리의 경험이 복잡해지고 갖가지 연상이 나타나, 그 자연의 행로를 방해할 때 우리는 반성적이 된다. 이 모순 충돌의 이면에는 은밀히 통일의 가능성을 의미하고 있으며 결의나 또는 해결시에 이미 대단한 통일의 단서가 성립하는 것이다. 그러나 우리는 결코 단지 결의나 해결이라는 것과 같은 내면적 통일의 상태에만 멈추는 것이 아니고, 결의는 이것에 실천이 따르도록 하는 것은 말할 것도 없고, 사상에 있어서도 반드시 어떤 형태의 실천적 의미를 가지고, 반드시 실행으로 나타나지 않으면 안 되는, 즉 순수 경험의 통일에 이르지 않으면 안 된다. 그렇다면 순수 경험의 사실은 우리 사상의 알파이자 오메가이다. 요컨대 사유는 대단한 의식체계의 발전 실현을 위한 과정에 불과하며, 혹시 대단한 의식 통일에 머물러 이것을 본다는 사유라는 것도 대단한 하나의 직각 위에서의 파란에 지나지 않는 것이다. 예를 들면 우리가 어떤 목적에 대하여 고민할 때, 목적인 통일적 의식은 언제나 그 배후에 직각적 사실

로서 작용하고 있는 것이다. 그래서 사유라고 해도 별로 순수 경험과 다른 내용이나 형식도 가지고 있지 않는, 다만 깊고 큰 미완의 상태이다. 다른 면에서 보면 진정한 순수 경험이란 다만 적극적이 아니고 도리어 구성적이고 일반적 방향을 가지고 있다. 즉 사유를 포함하고 있다고 해도 된다.

7. 순수 경험과 사유와는 원래 동일한 사실을 보는 방법을 달리한 것이다. 일찍이 헤겔이 힘을 다하여 주장하였듯이 사유의 본질은 추상적인 것에 있는 것이 아니고, 도리어 구체적인 것에 있다고 한다면[12], 내가 앞에서 말한 의미의 순수 경험은 거의 동일하게 되어진, 순수 경험은 바로 사유라고 해도 된다. 구체적 사유에서 보면 개념[13]의 일반성이라는 것은 보통으로 말하듯이 유사한 성질을 추상한 것은 아니고, 구체적 사실의 통일력인, 헤겔도 일반이란 구체적인 것의 영혼이라고 말하였다(Hegel, Wissenschaft der Logik, Ⅲ, S.37). 그래서 우리의 순수 경험은 체계적 발전이기 때문에 그 근저에 작용하고 있는 통일력은 바로 개념의 일반성 그 자체가 아니면 안 된다. 경험의 발전은 곧 사유의 진행이 된다. 즉 순수 경험의 사실이란 이른바 일반이란 것이 스스로 자기를 실현하는 것이다. 감각 또는 연상과 같은 것에서조차, 그 배후에 잠재적 통일작용[14]이 움직이고 있다. 이것에 반하여 사유에 있어서도 통일이 작용하는 순간에는, 앞에서 말한 바와 같이 그 통일 자체는 무의식이다. 다만 통일이 추상화되어 대상화된 때, 다른 의식이 되어 나타난다. 그러나 이 때는 이미 통일의 작용을 잃고 있는 것이다. 순수 경험이란 단일이라든가 소극적이든가 하는 의미라면 사유와 상반하기도 하겠지만, 경험이란 있는 그대로 안다는 뜻이라면 단일이라든가 소극적이라든가 하는 것은 오히려 순수 경험이라고

---

12) 예를 들면 《엔티클로페디》 164절에서 '사유는 추상적임과 동시에 구체적이고, 더구나 절대로 구체적인 것, 주체 그 자체이다. 절대로 구체적인 것은 정신적이다'라고 말하였다.

13) 개념 : 사물의 본질을 파악하는 사고의 형식이며, 보통 많은 사물에 공통된 내용을 추출하여, 낱낱의 사물에만 속하는 우연적인 성질을 버림으로써 성립하는 일반자(추상적 보편)로 생각하고 있으나, 헤겔은 개념을 스스로 특수화하는 것, 다른 것 속에 있으면서 자기 자신을 보존하는 주체(구체적 보편)이라고 생각하였다. 니시다도 이것을 구체적 사실의 근저에서 작용하고 있는 통일력으로 보았다. 앞의 이성과 거의 같은 뜻으로 쓰고 있다.

14) 잠재적 통일작용 : 이것도 '통일적 어떤 것'이나 '어떤 통일자'와 마찬가지로 낱낱의 순수 경험의 배후에 있으면서 이것을 통일하는 보편적인 의식의 딴 이름.

할 수 없는, 참으로 직접인 상태는 구성적이고 능동적이다.

8. 우리는 보통의 사유에 의하여 일반적인 것을 알고, 경험에 의하여 개체적인 것을 안다고 생각한다. 그러나 개체를 떠나서 일반적인 것이 있는 게 아니고, 참으로 일반적인 것은 개체적 실현의 배후에 있는 숨은 세력[15]이다. 개체 속에 있으면서 이것을 발전시키는 힘이다. 이를테면 식물의 씨앗 같은 것이다. 만일 개체로부터 추상되어 다른 특수와 대립하는 그런 것이라면, 그것은 진정 일반이 아니고 역시 특수이다. 그런 경우에는 일반은 특수 위의 자리를 차지하는 게 아니고, 이것과 동열로 나란히 있는 것이다. 예를 들면 색깔이 있는 삼각형에 대하여, 삼각형으로부터 보면 색깔은 특수하겠지만, 색깔로부터 보면 삼각이 특수하다. 이와 같이 추상적이고 무력한 일반이라면 추리나 종합의 근본이 되는 것은 불가능하다. 그래서 사유의 활동에 있어 통일의 근본인 진정으로 일반인 것은 개체적 현실과 그 내용을 같이하는 숨은 세력이 아니면 안 되며, 다만 그 함축적인 것과 뚜렷이 나타나는 것에 의하여 달라져 있는 것이다. 개체란 일반적인 것을 한정시키는 것이다. 개체와 일반과의 관계를 그와 같이 생각하면 논리적으로도 사유와 경험과의 차이가 없게 된다. 우리가 현재의 개체적 경험이라고 말하고 있는 것도 실은 그 발전의 도상에 있는 것으로 볼 수 있는, 즉 더욱 세밀하게 한정시켜야 되는 숨은 세력을 가지고 있는 것이다. 예를 들면 우리의 감각 같은 것도 더욱 분화 발전할 여지가 있을 것이다. 이 점에서 보면 아직 일반적이라고 할 수도 있다. 이에 반하여 일반적인 것이라도 발전을 거기에 한하여 본다면 개체적이라고 할 수도 있을 것이다. 보통으로는 공간 시간상으로 한정된 것에만 개체적이라 하고 있는, 그러나 그런 한정은 단지 외면적인, 진정한 개체와는 그 내용에 있어 개체적이 아니면 안 되는, 즉 유일한 특색을 갖춘 것이 아니면 안 되는, 일반적인 것이 발전의 극소에 이른 곳이 개체이다. 이 의미에서 본다면, 보통으로 감각 또는 지각이라고 하는 것은 극히 내용이 빈약한 일반적인 것으로, 깊은 의미로 충만한 화가의 직감 같은 것이 도리어 진정으로 개

---

15) 숨은 세력 : '통일적 어떤 것', '어떤 통일자', '잠재적 통일작용'과 마찬가지로 보편적 의식의 딴 이름. 이와 같이 낱낱의 '순수 경험'의 배후나 근저에 있는 보편자에 대하여, 이 시기에 니시다의 용어법은 일정하지 않았다. 그런 것이 다음에 '자각'이라는 말로 통일되었다.

체적이라고 할 수 있을 것이다. 모든 공간 시간상으로 한정된 단지 물질적인 것을 가지고 개체적이라고 하는 것은 그 근저에 있어 유물론적[16] 독단일 것으로 생각한다. 순수 경험의 입각지에서 보면, 경험을 비교하자면 그 내용을 가지고 해야 되는 것이다. 시간 공간 같은 것도 그런 내용에 근거하여 이것을 통일하는 하나의 형식에 지나지 않는 것이다.[17] 혹은 또 감각적 인상이 극히 분명한 것과, 그 마음과 밀접한 관계를 갖는 것이 이것을 개체적으로 여기에 하는 한 원인도 되겠지만 이른바 사상 같은 것도 결코 기분과 관계가 없는 것이 아니다. 억세게 마음을 움직이는 것이 특히 개체적이라고 생각되는 것은 정의(情意)는 지식에 비하여 우리의 목적 자체이고, 발전의 극치에 가깝기 때문일 것이다.

9. 이것을 요컨대 사유와 경험은 동일하며, 그 사이에 상대적인 차이를 볼 수는 있으나 절대적 구별은 없다고 생각한다. 그러나 나는 이것 때문에 사유는 단지 개인적이고 주관적이라는 것이 아니고, 전에도 말하였듯이 순수 경험은 개인 위로 초월할 수가 있다. 그렇게 말하면 몹시 이상하게 들리겠지만, 경험은 시간, 공간, 개인을 알기 때문에 시간, 공간, 개인 이상으로, 개인이 있고 경험이 있는 것이 아니고, 경험이 있고 나서 개인이 있는 것이다. 개인적 경험이란 경험 중에서 한정된 경험의 특수한 하나의 작은 범위에 불과하다.

---

16) 유물론적 : 일반적으로 관념적인 것이나 정신적인 것보다도 물질적인 것이 좀더 근원적이라고 생각하는 입장. 관념론적·유심론적에 반대되는 말.

17) 시간과 공간에 대하여는 이것을 뉴턴같이 실재로 생각하는 사고방식과 칸트처럼 현상을 질서를 세우는 형식으로 생각하는 사고방식이 있는데, 이 점에서 니시다의 생각은 칸트와 일치하고 있다.

제3장 의지

1. 나는 이제 순수 경험의 입각지에서 의지의 성질을 말하고, 지(知 ; 앎)와 의(意 ; 뜻)와의 관계를 밝히려고 한다. 의지는 대개의 경우에 동작을 목적으로 하며 또 이것이 따르지만, 의지는 정신현상이고 외계의 동작과는 자연히 딴 것이다. 동작은 반드시 의지의 요건이 아닌, 어떤 외계의 사정 때문에 동작이 일어나지 않았다 하더라도, 의지는 의지였던 것이다. 심리학자가 말하듯이 우리가 운동을 하고자 (의지)하면 그저 과거의 기억을 상기하면 족한, 즉 이것에 주의만 돌리면 되고, 저절로 운동은 여기에 따르는 것이다. [1] 그러나 이 운동 자체도 순수 경험에서 보면 운동감각의 연속에 불과하다. 모든 의지의 목적이라는 것도 직접으로 이것을 보면 역시 의식 안의 사실이다. 우리는 언제든지 자기의 상태를 의지하는 것이다. 의지에는 내면적과 외면적과의 구별이 없다.

2. 의지라고 하면 뭔가 특별한 힘이 있는 것처럼 생각하지만, 실은 하나의 심상[2]으로부터 다른 심상으로 옮기는 추이의 경험에 불과하다. 어떤 것을 하고자 '의지'하는 것은 곧 이것에 주의를 돌리는 것이다. 이것은 가장 분명하게 이른바 무의적(無意的) 행위 같은 것에서 볼 수 있는, 전에 말한 지각의 연속 같은 경우에도, 주의의 추이와 의지의 진행과는 완전히 일치한다. 물론 주의의 상태는 의지의 경우에 한한 것은 아니고, 그 범위가 넓은 것 같지만, 보통 의지라고 하는 것은 운동 표상의 체계에 대한 주의의 상태이다. 바꾸어 말하면 이 체계가 의식을 점령하여 우리가 거짓이 없이 순수한 경우를 말하는 것이다. 혹은 하나의 표상에 주의하는 것과 이것을 의지의 목적으로 보는 것과의 차이처럼 생각하겠지만 그것은 그 표상이 속하는 체계의 차

---

1) '우리가 운동을 하고자 (의지)하면……여기에 따르는 것이다' : 예를 들면 활로 표적을 맞히려고 할 때, 과거의 기억을 생각해 내어 거기에 주의를 돌리면 일련의 동작은 저절로 거기에 따라온다. 설사 우리가 일일이 그것을 의식하든가 자각하지 않는 경우에도 반드시 그렇게 하고 있는 것이다.

2) 심상(心像) : 표상. 이미지. 과거의 경험, 기억, 상상 등에 의하여 현실의 자극없이 생기는 직접적인 모습이라지만, 감각적 성질을 가지고 있는 것이 특징이다.

이다. 모든 의식은 체계적이고 표상도 결코 고독하게는 일어나지 않으며, 반드시 어떤 체계에 속해 있다. 동일한 표상이라도 그 속해 있는 체계에 따라서 지식적 대상이 되기도 하고 또 의지의 목적이 되기도 하는 것이다. 예를 들면 한 컵의 물을 상기하더라도 단지 외계의 사정을 연상할 때는 지식적 대상이지만, 자기의 운동을 연상시킬 때는 의지의 목적이 되는 것이다. 괴테가 '욕심을 모르는 하늘의 별은 아름답다[3]'고 한 말처럼, 어떤 것도 자기 운동의 표상의 계통으로 들어오지 않은 것은 의지의 목적이 될 수 없는 것이다. 우리의 욕구는 모든 과거의 경험을 상기함으로써 성립되는 것은 분명한 사실이다. 그 특징인 억센 감정과 긴장의 감각이란, 전자는 운동 표상의 체계가 우리에게 가장 강한 생활본능에 근거하는 것이고, 후자는 운동에 따른 근각(筋覺)과 다름없는 것이다. 또 다만 운동을 상기하는 것만으로는 아직 금방 이것을 의지한다고까지 말할 수는 없으나, 그것은 아직 운동 표상이 모든 의식을 점령하지 않았기 때문이며, 진정으로 여기에 순수하게 되면 즉시 의지의 결행이 되는 것이다.

3. 그렇다면 운동 표상의 체계와 지식 표상의 체계는 어떤 차이가 있을까. 의식 발달의 시초로 거슬러 올라가 보면 그와 같은 구별은 있는 것이 아니다. 우리의 유기체는 원래 생명의 보존을 위하여 여러 가지 운동을 하도록 만들어져 있다. 의지는 그와 같은 본능적 동작에 따라 발생하기 때문에 지각적이 되기보다도 충동적이 되는 것이 그 원시적 상태이다. 그런데 경험을 쌓는데 따라 여러 가지 연상을 할 수 있기 때문에, 마침내 지각 중추를 근본으로 하는 것과 운동 중추를 근본으로 하는 두 종류가 체계를 이루게 된다. 하지만 두 체계가 아무리 분화를 하더라도 전연 다른 종류의 것이 되는 게 아니다. 순 지식이더라도 어디엔가 실천적 의미를 가지고 있고, 순 의지이더라도 뭔가 지식에 근거하고 있다. 구상적 정신현상은 반드시 두 방면을 구비하고 있는, 지식과 의지가 동일 현상을 그 뚜렷한 방면에 의하여 구별하는 것에 지나지 않는다. 즉 지각은 일종의 충동적 의지이고 의지는 일종의 상기이

---

3) 괴테의 소곡 '눈물 속에 있는 위로(Trost in Tränen)'의 일절.
　　별을 잡으려고 하지 않으리/우리는 별빛을 즐기며/청명한 밤마다 하늘을 바라보고/크나큰 환희
　　를 몸에 느낀다.　　　　　　　　　　　　　　　　　　　　　　　《괴테 시집》에서

다. 뿐만 아니라 기억 표상의 순 지식적인 것이라도, 반드시 다소의 실천적 의미를 갖지 않는 것은 없는, 이에 반하여 우연히 일어난 것같이 생각되는 의지라도, 무엇인가 자극에서 비롯되는 것이다. 또 의지는 대개 속으로부터 목적을 가지고 진행한다고 하나, 지각이라도 미리 목적을 정하여 이것에 감관을 돌릴 수도 있는, 특히 사유와 같은 것은 모조리 유의적(有意的)이라고 해도 된다. 이에 반하여 충동적 의지와 같은 것은 완전히 수동적이다. 이상과 같이 생각할 때, 운동 표상과 지식 표상은 완전히 종류를 달리하는 것이 아니고, 의지와 지식의 구별도 단지 상대적이라고 할 수밖에 없을 것 같다. 의지의 특징인 고락의 정, 긴장의 감도 그 정도는 약하더라도 지적작용에 반드시 수반하고 있다. 지식도 주관적으로 보면, 내면적 숨은 세력의 발전이라고 볼 수도 있는, 전에 말한 것같이 의지나 지식이나 잠재적 어떤 것[4]의 체계적 발전으로 볼 수도 있는 것이다. 물론 주관과 객관을 나누어 생각해 보면 지식에서 우리는 주관이 객관을 따르지만, 의지에서는 객관이 주관을 따른다는 구별도 있을 것이다. 이것을 자세히 논하자면 주객의 성질과 관계를 분명히 할 필요도 있겠지만, 나는 이 점에서도 지와 의와의 사이에 공통되는 점이 있을 것으로 생각한다. 지식적 작용에 있어서 우리는 미리 하나의 가정을 품고 이것을 사실에 비추어 보는 것이다. 아무리 경험적 연구라 하더라도 반드시 먼저 가정을 세워야 되며, 이 가정이 이른바 객관과 일치할 때 이것을 진리로 믿는 것이다. 즉 진리를 알게 되는 것이다.[5] 의지적 동작에 있어서도 우리는 하나의 욕구를 가지고 곧 이것이 의지의 결행이 되지는 않고, 이것을 객관적 사실에 비추어 보아 그것이 적당하고 가능함을 알았을 때, 비로소 실행에 옮기는 것이다. 전자의 경우에 우리는 완전히 주관이 객관에 따르지만, 후자의 경우에는 객관이 주관을 따르게 할 수가 있을까. 욕구는 객관과 잘 일치해야만 실현될 수가 있다. 의지는 객관보다 멀어지면 멀어질수록 효력이 없고, 이것에 가까울수록 유효하게 되는 것이다. 우리가 현실과 떨어진 높은 목적을 실행하려고 할 때에는 여러 가지 수단을 생각하여, 이것

---

4) 잠재적 어떤 것 : 낱낱의 순수 경험의 배후에 있다고 생각되고 있는 보편적 의식의 딴 이름.

5) '지식적 작용에서……진리를 알게 되는 것이다' : 예를 들면 과학자는 어떤 가설을 세워, 그 가설이 객관적 사실과 일치하는가 아닌가를 실험이나 관찰에 의하여 검증한다. 그리고 사실과 일치하는 것이 검증되었을 때, 그 가설은 진리로 인정된다.

을 가지고 한 걸음 한 걸음 나아가야 된다. 그래서 그런 수단을 강구하는 것은 곧 객관과의 조화를 찾는 것이다. 이것에 따르는 것이다. 만일 도저히 그 수단을 찾아내지 못한다면 목적 자체를 변경하는 수밖에 없을 것이다. 이에 반하여 목적이 극히 현실에 가까울 때는, 먹고 자는 습관적 행위와 같이 욕구는 곧 실행하게 되는 것이다. 그런 경우에는 주관에 의해 움직이는 것이 아니라, 도리어 객관에 의해 움직이는 것으로 보이게도 될 것이다. [6)]

4. 그같이 의지에 있어서 객관이 완전히 주관을 따르게 하지 못하듯이, 지식에 있어서 주관이 객관을 따르게 하지는 못한다. 자기의 사상이 객관적 진리가 되었을 때, 즉 그것이 실재의 법칙이며 실재는 이것에 의하여 움직인다는 것을 알았을 때, 나는 내 이상을 실현하게 되었다고 할 수 없을까. 사유도 일종의 통각(統覺)작용[7)]이고, 지식적 요구에 근거한 내면적 의지이다. 우리가 사유의 목적을 이룬 것은 일종의 의지 실현이 아닐까. 단지 양자가 다른 것은 하나는 자기의 이상에 따라 객관적 사실을 변경하고, 하나는 객관적 사실에 따라 자기의 이상을 변경한 데 있는 것이다. 즉 하나는 작위(作爲)이고 하나는 발견이라고 해도 될 것이다. 진리는 우리가 작위해야 되는 것이 아니고, 도리어 이것에 따라 사유해야 된다는 것이다. 그러나 우리가 진리라고 말하고 있는 것은 과연 주관을 완전히 떠나서 존재하는 것일까. 순수 경험의 견지에서 본다면 주관을 떠난 객관이라는 것은 없다. 진리란 우리의 경험적 사실을 통일한 것이다. 가장 유력하고도 통괄적인 표상의 체계가 객관적 진리이다. 진리를 안다든가 이것에 따른다는 것은, 자기의 경험을 통일하는 것을 뜻한다. 작은 통일보다 큰 통일로 나아가는 것이다. 그리하여 우리의 진정한 자기는 이 통일작용 그 자체라고 한다면, 진리를 안다는 것은 큰 자기를 따르는 것이다. 큰 자기의 실현이다(헤겔의 말처럼 모든 학문의 목적은, 정신이 천지 사이의 만물에 있어 자기자신을 아는 데 있는 것이나). 지식이 심원해짐에 따라 자기의 활동이 커지는, 이제까지 자기가 아니었던 것도 자기의 체계 속으로 들어오게 된다. 우리는 언제나 개인적 요구를 중심

---

6) '이에 반하여 목적이……보이게도 될 것이다' : 마시든가 먹든가, 일어나든가 눕든가 하는 일상의 행위는 대개의 경우에 주체적으로 행한다기보다도 대상이나 객관 쪽의 재촉으로 이루어진다.

7) 통각작용(統覺作用) : 지각 표상과 경험 내용을 종합 통일하는 작용.

으로 생각하니까, 지식에 있어서 소극적인 것같이 느껴지지만, 만일 이 의식적 중심을 바꾸어 이것을 이른바 이성적 요구에 놓는다면, 우리는 지식에 있어서도 능동적이 되는 것이다. 스피노자의 말처럼 아는 것은 힘이다.[8] 우리는 항상 과거의 운동 표상을 환기시킴으로써 자유롭게 몸을 움직일 수 있다고 믿고 있다. 그러나 우리의 몸도 물체이다. 이 점에서 본다면 다른 물체와 다름이 없다. 시각으로 외물의 변화를 아는 것도 근각[9]으로 자기 몸의 운동을 느끼는 것도 마찬가지이다. 외계라고 하면 양자 모두에게 외계이다. 그런데 어째서 다른 것과 달리, 자기의 몸만은 자기 맘대로 지배할 수 있다고 생각할 수 있을까. 우리는 보통으로 운동 표상만은, 한편으로는 우리의 심상임과 동시에 한편으로는 외계의 운동을 일으키는 원인이 된다고 생각하지만, 순수 경험의 견지에서 본다면, 운동 표상에 의해 몸의 운동을 일으킨다 해도 어떤 예기적 운동 표상에 즉시 운동감각이 수반된다는 것에 불과하다. 이점에서는 모든 예기된 외계의 변화가 실현되는 것과 동일하다. 실제 원시적 의식의 상태에서는 자기 몸의 운동과 외물의 운동과는 같았을 것으로 생각된다. 다만 경험이 쌓여감에 따라 이 양자는 분화한 것이다. 즉 갖가지 약속하에 일어난 것이 외계의 변화로 보이며, 예기적 표상에 즉시 따르는 것이 자기의 운동이라고 생각하게 된 것이다. 그러나 본시 이 구별은 절대적이 아니기 때문에, 자기의 운동이라도 조금 복잡한 것은 예기적 표상에 즉시 따를 수 없다. 이 경우에 있어서는 의지의 작용은 뚜렷이 지식의 작용에 가까워지는 것이다. 요컨대 외계의 변화라고 하는 것도, 실은 우리의 의식계 즉 순수 경험 내의 변화이고, 또 약속의 유무라는 것도 정도의 차라고 하면, 지식적 실현과 의지적 실현과는 필경 동일한 성질의 것으로 된다. 또 의지적 운동에서 예기적 표상은 다만 이것에 앞서는 것이 아니고, 그 자체가 즉시 운동의 원인이 되는 것이지만, 외계의 변화에 있어서는 지식적인 예기 표상 자체가

---

8) 스피노자는 유고인 《지성개선론(Tractatus de intellectus emendatione)》(1677)의 제40절에서 다음과 같이 말하였다. '정신은 많은 것을 알면 알수록, 점점 자기의 힘과 자연의 질서를 잘 이해하게 된다. 그런데 정신은 스스로의 힘을 잘 이해하면 할수록 점점 용이하게 자기자신을 이끌고, 아울러 스스로를 위하여 여러 규칙을 세울 수 있으며, 또 자연의 질서를 잘 이해하면 할수록 점점 용이하게 스스로를 온갖 무익한 것으로부터 멀어지게 할 수 있다.'

9) 근각(筋覺) : 근육 감각의 약어. 근육의 수축과 긴장 등 변화에 의하여 생기는 감각. 위치, 저항, 운동, 중량 같은 감각에 관계한다.

변화의 원인으로 되는 것은 아닐지 모르지만, 원래 인과란 의식현상의 불변적 연속인, 가령 의식을 떠나서 완전한 독립의 외계라는 것이 있다고 하면, 의지에 있어서도 의식적인 예기 표상이 즉시 외계에서 운동의 원인이라고는 할 수 없는, 단지 두 현상이 평행하는 데까지 가지 않으면 안 된다. 그렇게 보면 의지적 예기 표상의 운동에 대한 관계는 지식적 예기 표상의 외계에 대한 관계와 동일하게 된다. 실제, 의지적 예기 표상과 신체의 운동과는 반드시 동반하는 것은 아니지만, 역시 어떤 약속 아래 함께하는 것이다.

5. 또 우리는 보통으로 의지는 자유라고 말한다. 그러나 이른바 자유라는 것은 어떤 것을 말하는가. 원래 우리의 욕구는 우리에게 주어진 것이며, 자유로 이것을 만들 수는 없다. 다만 어떤 주어진 가장 깊은 동기에 따라 작용할 때에는, 자기가 능동이었고 자유였다고 느껴지는 것이다. 이에 반하여, 그런 동기에 어긋나게 움직일 때는 강박을 느끼는 것이다. 이것이 자유의 참된 의미이다. 그래서 이 의미에서의 자유는 단지 의식의 체계적 발전과 같은 뜻이고, 지식에 있어서도 동일한 경우에는 자유라고 할 수가 있다. 우리는 어떤 일이라도 자유로이 욕구할 수 있는 것같이 생각하지만, 그것은 다만 가능할 따름이다. 실제의 욕구는 그 때에 주어지는 것이다. 어떤 하나의 동기가 발전하는 경우에는 다음의 욕구를 미리 알 수 있을지 모르지만, 그렇지 않으면 다음 순간에 자기가 무엇을 욕구하는지 이것을 예지할 수도 없다. 요컨대 내가 욕구를 한다고 하기보다는 오히려 현실의 동기가 곧 나이다.[10] 보통으로는 욕구 외에 초연한 자기이고 자유로 동기를 결정하도록 말하지만, 그와 같은 신비력이 없는 것은 말할 것도 없고, 혹시 그런 초연적 자기[11]의 결정이 있다면, 그것은 우연의 결정이지, 자유로운 결정이라고는 생각할 수 없는 것이다.

6. 앞에서 말한 바와 같이, 의지와 지식과의 사이에는 절대적 구별이 있는 것이 아니고, 그 이른바 구별이라는 것은 대개 밖에서 주어진 독단에 불과한

---

10) '요컨대……곧 나이다': 나라는 실체가 있어, 그 내가 무엇인가를 욕구하는 것이 아니고, 오히려 저마다 욕구의 동기가 이른바 나의 본체라는 것. 여기에도 나를 실체로 생각하는 사고방식에 대한 비판이 보인다.
11) 초연적 자기: 현실에서 동떨어진, 또는 현실 밖에 있는 자기.

것이다. 순수 경험의 사실로서는 의지와 지식과의 구별은 없다. 모두 일반적인 어떤 것이 체계적으로 자기를 실현하는 과정이며, 그 통일의 극치가 진리이고 또 겸하여 실행인 것이다. 예전에 말한 지각의 연속 같은 경우에는 아직 지와 의가 나누어지지 않은, 진정한 지즉행(知卽行)이다. 다만 의식의 발전에 따라 한 쪽에서 보면 여러 체계의 충돌 때문에, 또 한 쪽에서 보면 더 큰 통일로 나아가기 위하여, 이상과 사실과의 구별이 생기고, 주관계와 객관계로 나누어진다. 거기에서 주로부터 객으로 가는 것이 의(意)이고, 객으로부터 주로 오는 것이 지(知)라고 하는 생각도 나온다.[12] 지와 의와의 구별은 주관과 객관이 떨어져 순수 경험이 통일된 상태를 잃은 경우에 생기는 것이다. 의지에 있어서의 욕구도 지식에 있어서의 사상도 모두 이상이 사실과 떨어진 불통일의 상태이다. 사상이라는 것도 우리의 객관적 사실에 대한 일종의 요구이다. 소위 진리란 사실과 맞아 실현되어야 할 사상을 말한 것이다. 이 점에서 보면 사실과 맞아 실현되어야 할 욕구와 동일하다고 해도 되는, 다만 전자는 일반적이고 후자는 개인적인 차이가 있는 것이다. 그래서 의지의 실현이라든가 진리의 극치라든가 하는 것은 이 불통일의 상태에서 순수 경험의 통일 상태에 이르렀다는 뜻이다. 의지의 실현을 그렇게 생각하는 것은 분명하지만, 진리도 그렇게 생각하자면 다소 설명이 필요할 것이다. 어떤 것이 진리인가에 대하여는 여러 가지 의론이 있으나, 나는 가장 구체적인 경험의 사실에 가까운 것이 진리라고 생각한다.[13] 가끔 진리는 일반적이라고 한다. 혹시 그 의미가 단지 추상적 공통이라고 하면, 그런 것은 도리어 진리와 동떨어진 것이다. 진리의 극치는 여러 방면을 종합하는 가장 구체적인 직접의 사실 그 자체가 아니면 안 된다. 이 사실이 모든 진리의 근본이며, 이른바 진리란 이것으로부터 추상되어 구성된 것이다. 진리는 통일에 있다고 하는데, 그 통일이란 추상 개념의 통일을 말한 것이 아니고, 참다운 통

---

12) '거기서 주로부터 객으로……나온다' : 의지와 지성의 작용을 함께, 분열한 주관과 객관의 통일 작용으로 보는 경우, 개인적인 주관으로부터 나와 객관을 통일하려고 하는 방향이 의지이며, 역으로 일반적인 객관으로부터 나와 주관을 객관에 통일시키려고 하는 방향이 지성이다, 라고 일단 생각이 된다. 그러나 이와 같은 구별도 상대적이다.

13) '나는 가장 구체적인……진리라고 생각한다' : 니시다는 인식을 주관과 대상과의 일치라고도 생각하지 않으며, 주관에 의한 대상의 구성 작용이라고도 생각하지 않는다. 구체적인 사실의 직각이라고 생각하고 있다.

일은 이 직접의 사실에 있는 것이다. 완전한 진리는 개인적이고 현실적이다. 그러므로 완전한 진리는 언어로 표현해서는 안 되는, 이른바 과학적 진리 같은 것은 완전한 진리라고 할 수 없는 것이다.

7. 모든 진리의 표준은 밖에 있는 것이 아니고, 도리어 우리의 순수 경험 상태에 있는 것이다. 진리를 안다는 것은 이 상태에 일치하는 것이다. 수학과 같은 추상적 학문이라고 하는 것도, 그 기초인 원리는 우리의 직각 즉 직접 경험에 있는 것이다. 경험에는 여러 계급이 있다. 전에 말한 바와 같이, 관계된 의식까지 경험 속에 넣고 생각해 보면 수학적 직감과 같은 것도 일종의 경험이다. 그렇게 각가지 직접 경험이 있다면, 무엇으로 그 진위를 정하는가 하는 의문이 생기지만, 그것은 두 경험이 제3의 경험 속에 포용될 때, 이 경험에 의하여 이것을 결정할 수가 있다. 어쨌든 직접 경험의 상태에서, 서로 주객을 떠나 천지 유일의 현실, 의심하려도 의심할 수 없는 데에 진리의 확신이 있는 것이다. 한편 의지의 활동이라는 것을 생각해 보면 역시 그와 같이 눈앞의 직접 경험 즉 의식 통일의 성립을 말한 것에 불과하다. 하나의 목전의 욕구는 단지 목전의 표상과 같은 직접 경험의 사실이다. 갖가지 욕구가 다툼 끝에 하나의 결단이 내려지는 것은, 여러 가지 사려 후에 하나의 판단을 내리는 것과 같이, 하나의 내면적 통일의 성립인 것이다. 의지가 외계에 실현되었다고 할 때는, 학문상으로 자기의 생각이 실험에 의하여 증명되는 경우처럼, 주객의 구별을 타파하고 가장 통일된 직접 경험이 눈앞에 나타났음을 말한다. 혹은 의식 내의 통일은 자유이지만, 외계와의 통일은 자연에 따르지 않으면 안 된다고 하는데, 내적인 통일이라도 자유는 아니다. 통일은 모두 우리에게 주어진 것이다. 순수 경험에서 보면 안팎 같은 구별도 상대적이다. 의지의 활동이란 단지 희망의 상태가 아닌, 희망은 의식 불통일의 상태이며, 도리어 의지의 실현이 방해되는 경우이다. 다만 의식 통인이 이기할 동의 상태이다. 가령 현실이 자기의 진실한 희망과 어긋난다 하여도, 현실에 만족하여 이것에 꾸밈없이 순수할 때는 현실이 의지의 실현이다. 이것에 반하여 아무리 완비한 경우라도, 다른 여러 가지 희망이 있어 현실이 불통일의 상태였을 때에는 의지가 방해되어 있는 것이다. 의지의 활동이냐 아니냐는 순수한가 아닌가, 즉 통일과 불통일에 관한 것이다.

8. 예를 들면 여기에 한 자루의 펜이 있다. 이것을 본 순간은 지라고 할 것도 없고 의라고 할 것도 없는, 단지 하나의 현실이다. 이것에 대하여 갖가지 연상이 일어나, 의식의 중심이 옮겨, 전의 의식이 대상으로 보일 때, 전의 의식은 다만 지식적이 된다. 이에 반하여 이 펜은 글자를 써야 된다고 하는 연상이 일어난다. 이 연상이 아직 희미한 테두리처럼 이것에 부속되어 있을 때는 지식이지만, 이 연상적 의식 자체가 독립으로 기울 때, 즉 의식 중심이 이것으로 옮기려고 할 때는 욕구의 상태가 된다. 그래서 이 연상적 의식이 마침내 독립이 현실로 되었을 때가 의지이고, 겸하여 진정으로 이것을 알았다는 것이다. 무엇이든지 현실에서 의식체계가 발전하는 상태를 의지의 작용이라고 하는 것이다. 사유의 경우라도 어떤 문제에 주의를 집중하여 이것의 해결을 바라는 것은 의지이다. 이에 반하여 차를 마시고 술을 마시는 것도 이것만의 현실이라면 의지이지만, 그 맛을 시험한다는 의식이 나와서 이것이 중심이 된다면 지식으로 된다. 그리하여 이 시험한다는 의식 자체가 이 경우에 있어 의지이다. 의지라는 것은 보통의 지식이라는 것보다도 한결 더 근본적인 의식체계이며 통일의 중심이 되는 것이다. 지와 의와의 구별은 의식의 내용에 있는 것이 아니라, 그 체계 내의 지위에 의하여 정해진다고 생각한다. [14)]

9. 이성[15)]과 욕구와는 일견 서로 충돌하는 것같이 보이지만, 실은 양자가 동일한 성질을 가지고, 다만 크고 작고 깊고 얕은 차이가 있을 뿐이라고 생각한다. 우리가 이성의 요구라 말하고 있는 것은 더욱 더 큰 통일의 요구인, 즉 개인을 초월한 일반적 의식체계의 요구이고, 도리어 큰 초개인적 의지의 발현이라고도 볼 수 있다. 의식의 범위는 결코 이른바 개인 속에 한정되어 있지 않은, 개인과의 의식 속의 작은 체계의 하나에 불과하다. 우리는 보통으로 육체 생존을 핵으로 하는 작은 체계를 중심으로 하고 있지만, 혹시 더

---

14) '지와 의와의 구별은……생각한다' : 지와 의와의 구별은 의식 내용의 구별이 아니고, 의식체계에서 차지하는 위치나 발전의 방향 또는 주관과 객관과의 주종관계 등에 의하여 결정된다.

15) 이성 : 니시다는 여기에서 이성이라는 말을, 헤겔의 절대적 정신과 절대적 이성 같은 성격을 가진 것으로 사용하고 있다. 그것은 그 자신의 용어로 말하면, 근원적 통일력이나 숨은 세력에 해당된다고 생각한다.

큰 의식체계를 중추로 생각하여 본다면, 이 큰 체계가 자기이고 그 발전이 자기의 의지 표현이다. 예를 들면 종교가, 학자, 미술가와 같은 것이다. '그렇지 않으면 안 된다'는 이성의 법칙과, 단지 '나는 그렇게 하고 싶다'고 하는 의지의 경향과는 서로 전혀 다르게 보이지만, 깊이 생각하여 보면 그 뿌리가 같은 것이라고 생각한다. 모든 이성이나 법칙이라는 것의 근본에는 의지의 통일작용이 움직이고 있다. 실러 등이 논한 것처럼, 공리axiem 같은 것도 원래 실용상의 필요에 의하여 발달한 것이며, 그 발생의 방법에 있어서는 우리의 희망과 다르지 않다(Sturt, Personal Idealism, P.92). 돌이켜 우리의 의지 경향을 보면, 무법칙한 것 같기는 하지만, 스스로 필연의 법칙에 지배되고 있는 것이다(개인적 의식의 통일이다). 위의 두 가지가 다 의식체계의 발전법칙이고, 다만 그 효력의 범위를 달리하고 있을 뿐이다. 혹은 또 의지는 맹목이기 때문에 이성과 구별하는 사람[16]도 있으나, 어쨌든지 우리에게 직접의 사실인 것은 설명하지 못하고, 이성이라도 그 근본인 직각적 원리의 설명은 하지 못한다. 설명이란 것은 하나의 체계 속에 다른 것을 포용할 수 있는 것을 뜻한다. 통일의 중추가 되는 것은 설명하지를 못한다. 어쨌든 그 경우는 맹목이다. [17]

---

16) 쇼펜하우어(Arthur Schopenhauer 1788~1860)를 가리키고 있는 것으로 생각됨. 쇼펜하우어는 '맹목적인 삶에의 의지'를 세계의 근본원리로 생각하였다.
17) '합리적으로 설명할 수 없는 것', '비합리적인 것'이라는 정도의 의미일 것이다.

제4장 지적 직관

1. 내가 여기에서 지적 직관(intellektuelle Anschauung)이라고 하는 것은 이른바 이상적인, 보통으로 경험 이상이라고 말하고 있는 것의 직각이다. 변증적[1]으로 알아야 되는 것을 직각하는 것이다. 이를테면 미술가나 종교가의 직각 같은 것을 말한다. 직각이란 점에서는 보통의 지각과 동일하지만, 그 내용에 있어서는 훨씬 이보다 풍부하고 심원한 것이다.

2. 지적 직관이라는 것은 어떤 사람에게는 일종의 특별한 신비적 능력처럼 생각되고, 또 어떤 사람에게는 경험적 사실 이외의 공상처럼 생각되고 있다. 그러나 나는 이것과 보통의 지각과는 동일한 종류이며, 그 사이에 뚜렷한 분계선을 그을 수는 없다고 믿는다. 보통의 지각이라도 전에 말한 바와 같이 결코 단순하지는 않은, 반드시 구성적[2]인, 이상적 요소를 포함하고 있다. 내가 현재 보고 있는 것은 현재대로 보고 있는 것은 아니다. 과거 경험의 힘에 의하여 설명적으로 보고 있는 것이다. 이 이상적 요소는 단지 밖으로부터 가해진 연상이라고 하는 것 같은 것이 아니고, 지각 그 자체를 구성하는 요소로 되어 있는, 지각 자체가 이것에 의하여 변화된 것이다. 이 직각의 근저에 잠재한 이상적 요소는 어디까지나 풍부, 심원하게 될 수 있다. 각자의 천부에 따라, 또 같은 사람이라도 그 경험의 진보에 따라 달라지는 것이다. 처음에는 경험해 보지 못한 일, 또는 변증적으로 간신히 알게 된 것도, 경험의 진도에 따라 직각적 사실로서 나타나게 된다. 이 범위는 자기의 현재 경험을 표준으로 한정할 수는 없다. 자기가 할 수 없기 때문에 남도 못한다는 법은 없다. 모차르트는 악보를 만들 때에, 긴 악보에서도 그림의 입상처럼, 그 전체를 직시할 수 있었다는,[3] 단지 수량적으로 확대시킨 것이 아니고, 성질적

---

1) 변증적(辨證的) : 경험적이나 직각적인 지(知)와 달리, 개념적인 분석과 논리적인 판단에 의한 지를 말한다.
2) 구성적 : 여기에서는 '통일적' 내지 '체계적'과 거의 같은 뜻으로 사용되고 있다. 지각은 결코 단순한 것이 아니고, 복잡한 요소와 계기로 이루어지는 체계적이고 통일적인 것이라는 의미.
3) 이 대목은 약간, 기억의 문제가 있는 것같이 생각된다. 여기에서 니시다가 의거하고 있다고 생각된 《심리학 편람(A Manual of Psychology)》(1898)에 따르면 '모차르트는 14세의 소년 때, 극히 복잡한 어떤 곡을 단 한번 듣고 나서, 그것을 기억에 의해 적어 남길 수 있었다'고 한다.

으로 심원하게 되는 것이다. 예를 들면 우리의 사랑에 따라 피아(彼我) 합일의 직각을 얻을 수 있는 종교가의 직각 같은 그 극치에 달하는 것이리라. 어떤 사람의 초범적 직각이 단순한 공상인가, 아니면 진정 실재의 직각인가는 다른 것과의 관계 즉 그 효과 여하에 따라 정해진다. 직접 경험에서 보면 공상도 진정한 직각도 동일한 성질을 가진, 다만 그 통일의 범위에서 크고 작은 구별이 있을 따름이다.

3. 어떤 사람은 지적 직관이 그 시간, 공간, 개인을 초월하여 실재의 진상을 직시하는 점에 있어서 보통의 지각과 그 유를 달리한다고 생각한다. 그러나 전에도 말한 것같이, 엄밀한 순수 경험의 입장에서 보면, 경험은 시간, 공간, 개인 등의 형식에 구속되는 것이 아니고, 이런 차별은 도리어 이런 것을 초월하는 직각에 의해서 성립하는 것이다. 또 실재를 직시한다는 것도, 모든 직접 경험의 상태에 있어서는 주객의 구별이 없는, 실재와 각자가 상대하는 것이다. 홀로 지적 직관의 경우에만 한할 리가 없는, 셸링의 동일[4] (Identität)은 직접 경험의 상태이다. 주객의 구별은 경험의 통일을 잃은 경우에 일어나는 상대적 형식이다. 이것을 서로 독립된 실재로 보는 것은 독단에 지나지 않는 것이다. 쇼펜하우어의 의지 없는 순수 직관[5]이라고 하는 것도 천재의 특수한 능력은 아니다. 도리어 우리의 가장 자연스럽고 통일된 의식상태인, 천진난만한 영아의 직각은 모두 이 종류에 속하는 것이다. 그래서 지적 직관이란 우리의 순수 경험 상태를 한결 깊고 크게 하는데 불과한, 즉 의식체계의 발전상에 큰 통일의 발현을 말하는 것이다. 학자가 새로운 사상을 얻는 것도, 도덕가가 새로운 동기를 얻는 것도, 미술가가 새로운 이상을 얻는 것도, 종교가가 새로운 각성을 하게 되는 것도 모두 그런 통일의 발현에 근거하는 것이다(그러므로 모든 신비적 직각에 근거하는 것이다). 우리의 의식이 단지 감관적 성질의 것이라면, 보통의 지각적 직각의 상태에 그치

---

4) 동일(Identität) : 주관과 객관 내지는 정신과 자연과의 동일성. 셸링은 실재를, 주관과 객관 내지는 정신과 자연과 같은 구별이 없는 '무차별자' 내지는 '동일자'라고 생각하였다.

5) 의지 없는 순수 직관 : 쇼펜하우어는 현상계를 '맹목적인 생에의 의지'의 뚜렷한 표현이라고 하는 염세적인 세계관을 전개하였는데, 여기에서 말하는 '의지 없는 순수 직관'이라는 것은, 이와 같은 맹목적 의지에서 해방된(또는 해방하는), 세계와 그 본질에 대한 내적이고 직접적이며 직각적인 인식을 말한다.

고 말, 그러나 이상적인 정신은 무한한 통일을 추구하는, 그리하여 이 통일은 이른바 지적 직관의 모습으로 주어지는 것이다. 지적 직관이란 지각과 마찬가지로 의식의 가장 통일된 상태이다.

4. 보통의 지각이 단지 수동적이라고 생각되는 것처럼, 지적 직관 역시 단지 수동적 관조(觀照)의 상태로 여겨지고 있다. 그러나 진정한 지적 직관이라는 것은 순수 경험에 있어서 통일작용 그 자체이고 생명의 포착이다. 즉 기술의 핵심 같은 것, 한층 깊이 말하면 미술의 정신 같은 바로 그것이다. 예를 들면 화가가 흥이 일어나면 화필이 저절로 움직이듯이 복잡한 작용의 배후에 통일적 어떤 것[6]이 움직인다. 그 변화는 무의식의 변화가 아닌, 하나의 것이 발전 완성하는 것이다. 이것 하나의 터득이 지적 직관이며, 더욱이 그런 직각은 홀로 고상한 예술의 경우만이 아니고, 모든 우리의 숙련된 행동에서도 보게 되는 극히 보통의 현상이다. 보통의 심리학은 다만 습관이라든가, 유기적 작용이라고 말하겠지만, 순수 경험설의 입장에서 보면 이것은 실로 주객 합일, 지의(知意) 융합의 상태이다. 사물과 내가 서로 잇고, 사물이 나를 움직이는 것도 아니고, 내가 사물을 움직이는 것도 아닌, 오직 하나의 세계, 하나의 광경이 있을 따름이다. 지적 직관이라고 하면 주관적 작용처럼 들리지만, 실은 주객을 초월한 상태인, 주객의 대립은 오히려 이 통일에 의하여 성립한다고 해도 좋은, 예술의 신이 내려온 듯한 것은 모두 이 경지에 도달한 것이다. 또 지적 직관이란 사실과 떨어진 추상적 일반성의 직각을 말하는 것은 아니다. 그림의 정신은 그려진 하나하나의 사물과 다르더라도 이것을 떠나서 있는 것은 아니다. 일찍이 말한 것처럼, 진정한 일반과 개성과는 상반된 것이 아니고, 개성적 한정에 의해 도리어 진정한 일반을 나타낼 수 있는, 예술가의 정교한 한칼 한획은 전체의 진의를 나타내기 위해서이다.

5. 지적 직관을 위와 같이 생각하면, 사유의 근저에는 지적 직관이라는 것이 가로놓여 있는 것은 분명하다. 사유는 하나의 체계이다. 체계의 근저에는 통일의 직각이 없으면 안 된다. 이것은 작게는 제임스가 '의식의 흐름'에서 말

---

6) 통일적 어떤 것 : 하나하나의 순수 경험 배후에 (내지는 근저에) 있다고 생각되는 보편적 의식현상을 말하며, '근본적 통일력'이라든가 '잠재적 하나의 것'이라든가, 각가지 이름으로 부른다.

하였듯이, '골패의 한 다발이 책상 위에 있다'는 의식에 있어서, 주어가 의식되었을 때 객어가 은밀히 포함되어 있고, 객어가 의식되었을 때 주어가 은밀히 포함되어 있다. 즉 근저에 하나의 직각이 작용하고 있는 것이다. 나는 이 통일적 직각은 기술의 핵심과 동일한 성질의 것이라고 생각한다. 또 이것을 크게 하면, 플라톤,[7] 스피노자[8]의 철학같이 모든 위대한 사상의 배후에는 대단한 직각이 작용하고 있는 것이다. 사상에 있어서 천재의 직각이라는 것도, 보통의 사유라는 것도 다만 양에서 다르기 때문에 질에서는 다르지 않다. 전자는 새롭고도 심원한 통일의 직각에 지나지 않는 것이다. 모든 관계의 근본에는 직각이 있다. 관계는 이것에 의하여 성립하는 것이다. 우리가 아무리 종횡으로 사상을 회전시켜도, 근본적 직각을 뛰어넘을 수 없고, 이 위에 사상은 성립하는 것이다. 사상은 어디까지나 설명할 수 있는 것이 아니다. 그 근저에는 설명할 수 없는 직각이 있다. 모든 증명은 이 위에 쌓아 올려진 것이다. 사상의 근저에는 언제나 신비적 어떤 것이 숨어 있는 것이다. 기하학의 공리 같은 것도 이것의 일종이다. 가끔 사상은 설명할 수 있으나 직각은 설명할 수 없다고 하지만, 설명이라는 것은 또 근본적인 직각에 포섭하여 귀속시킬 수 있다는 의미에 불과하다. 이 사상의 근본적 직각이란 것은 한편으로는 설명의 근저가 되는 동시에, 단지 정학적(靜學的)인 사상의 형식이 아니라 한편으로는 사유의 힘이 되는 것이다.

6. 사유의 근저에 지적 직관이 있는 것같이, 의지의 근저에도 지적 직관이 있다. 우리가 어떤 것을 의지한다는 것은 주객 합일의 상태를 직각하기 때문에, 의지는 이 직각에 의하여 성립하는 것이다. 의지의 진행이란 이 직각적

---

7) 플라톤(Platon BC 427~347) : 그리스의 철학자. 소크라테스의 제자. 감각의 눈으로 포착할 수 있는 감각적 세계를 넘어서 정신의 눈으로 포착할 수 있는 이데아의 세계가 있다고 생각하여, 그것을 진정한 실재의 세계라고 생각하였다. 그리고 철학의 임무는 이 이데아의 세계를 관상하는 데 있다고 생각하였다. 저서 《국가》, 《향연》, 《파이돈》.

8) 스피노자(Baruch de Spinoza 1632~77) : 네덜란드의 철학자, 합리론자. 신을 유일한 실체로 생각하고, 모든 것이 신의 본성으로부터 필연적으로 생겨난다고 하는 일원론, 결정론적 세계관을 주창하였다. 또 그 신을 자연과 동일시하고 '신은 곧 자연이다'라고 범신론(汎神論)을 구축하였다. 그가 살아 있는 동안은 무신론자로 비판 받았으나, 죽은 뒤에 셸링과 헤겔에게 큰 영향을 주었다. 저서 《에티카》, 《신학정치론》.

통일의 발전 완성이며, 그 근저에는 시종 이 직각이 작용하고 있다. 그리하여 그 완성된 것이 의지의 실현이 되는 것이다. 우리가 의지에 있어 자기가 활동하려고 생각하는 것은 이 직각이 있는 까닭이다. 자기라고 해서 따로 있는 것은 아니다. 진정한 자기란 이 통일적 직각을 말하는 것이다. 그래서 고인도 온 종일 행하였지만 한 것이 없다고 하였는데,[9] 만일 이 직관으로 본다면 동중정(動中靜)이고, 하였지만 안 한 것이라고 할 수 있다. 그렇게 지와 의를 초월하여, 더욱이 이 둘의 근본이 되는 직각에서 지와 의와의 합일을 찾아낼 수도 있다.

7. 진정한 종교적 각오라고 하는 것은 사유에 근거한 추상적 지식도 아니고, 또 단순한 맹목적 감정도 아닌, 지식 및 의지의 근저에 가로놓인 심원한 통일을 스스로 깨달은, 즉 일종의 지적 직관인, 깊은 생명의 포착이다. 그러므로 어떤 논리의 칼날도 이것에 대항할 수 없고, 어떤 욕구도 이것을 움직일 수는 없는, 모든 진리와 만족의 근본이 되는 것이다. 그 형태는 여러 가지가 있지만 모든 종교의 바탕에는 이 근본적 지각이 없으면 안 된다고 생각한다. 학문 도덕의 바탕에는 종교가 없으면 안 된다. 학문 도덕은 이것에 의해 성립하는 것이다.

---

9) 《벽암록(碧巖錄)》 제16칙에 있는 '종일 행하였건만 전혀 하지 않은'이라는 말을 염두에 두고 한 말같이 생각된다.

제2편 실재(實在)

제1장 고구(考究)의 출발점

1. 세계는 이런 것, 인생은 이런 것이라는 철학적 세계관과 인생관, 인간은 이렇게 하지 않으면 안 된다. 그런 대목을 안심해야 된다는 도덕 종교의 실천적 요구와 밀접한 관계를 가지고 있다. 사람은 받아들일 수 없는 지식적 확신과 실천적 요구를 가지고 만족할 수는 없다. 예를 들면 고상한 정신적 요구를 가지고 있는 사람은 유물론에 만족할 수 없고, 유물론을 믿고 있는 사람은, 어느새 고상한 정신적 요구에 의문을 품게 된다. 원래 진리는 하나이다. 지식에서의 진리는 곧 실천상의 진리이고, 실천상의 진리는 곧 지식에서의 진리가 아니면 안 된다. 깊이 생각하는 사람, 진지한 사람은 반드시 지식과 정의(情意)와의 일치를 구하게 된다. 우리는 무엇을 해야 되는가, 어디에 안심해야 되는가의 문제를 논하기 전에, 먼저 천지 인생의 진상은 어떤 것인가, 진정한 실재란 어떤 것인가를 밝혀야 된다.

철학과 종교가 가장 잘 일치하는 것은 인도의 철학, 종교이다. 인도의 철학, 종교에서는 지즉선(知卽善)이고 미즉악(迷卽惡)[1]이다. 우주의 본체는 브라만(Brahman)이고 브라만은 우리의 마음 즉 아트만[2](Atman)이다.

---

1) 지즉선(知卽善)이고 미즉악(迷卽惡) : 지란 사물의 진리와 도리를 분별하는 것이고, 미는 그 반대로 무명(無明)을 말한다. 이 지와 미가 선과 악의 관념과 결부되어, 지는 선이고 미는 악이라고 한다. 인도인의 주지주의적 성격이 잘 나타나 있다. 또 이 생각은 '덕이란 지이다'라고 한 소크라테스의 생각과도 일치한다.
2) 아트만(atman) : 나. 원래는 숨과 호흡의 원리를 가리키는 말이었으나, 차차 개인의 본질과 영혼을 의미하게 되었다. 인도철학은 이 아트만과 브라만이 일여(一如)하다고 가르친다. 이것을 범아일여(梵我一如)라고 한다.

이 브라만이 곧 아트만임을 아는 것이 철학과 종교의 오의(奧義)였다. 그리스도교는 처음에 완전히 실천적이었으나, 지식적 만족을 요구하는 인심을 억누를 수 없어, 마침내 중세의 그리스도교 철학이라는 것[3]이 발달하였다. 중국의 도덕에는 철학적인 면이 몹시 빈약하지만, 송대(宋代) 이후의 사상[4]은 이 경향이 대단하다. 이와 같은 사실은 모두 인심의 근저에는 지식과 정의의 일치를 바라는 깊은 요구가 있다는 것을 증명한다. 유럽의 사상 발달에 대해서 보아도 고대의 철학에서 소크라테스, 플라톤을 비롯하여 교훈의 목적이 주류를 이룬다. 근대에 있어 지식의 쪽이 특히 장족의 진보를 이룸과 동시에 지식과 정의와의 통일이 곤란해지고, 이 두 방면이 서로 나누어지는 경향이 생겼다. 그러나 이것은 인심 본래의 요구에 맞는 것이 아니다.

2. 지금 만일 진정한 실재를 이해하고, 천지 인생의 진면목을 알려고 한다면, 의심할 수 있을 만큼 의심하여 모든 인공적인 가정을 없애고, 의심할래야 의심할 수 없는, 직접의 지식을 바탕으로 하여 출발하지 않으면 안 된다. 우리의 상식으로는 의식을 떠나서 외계에 사물이 존재하고, 의식의 배후에는 마음이 되는 것이 있어 여러 가지 작용을 한다고 생각한다. 또 이 생각이 모든 사람의 행동하는 기초로도 되어 있다. 그러나 물심의 독립적 존재라고 하는 것은 우리의 사유의 요구[5]에 의하여 가정한 것뿐이고, 얼마든지 의심하면 의심할 수 있는 예지가 있는 것이다. 그밖에 과학이라고 하는 것도 무엇인가 가정적 지식 위에 쌓아 올린 것으로, 실재를 가장 깊이 설명할 목적으로 한 것은 아니다. 또 이것을 목적으로 하고 있는 철학 중에도 충분히 비

---

3) 중세의 그리스도교 철학이라는 것 : 중세 철학은 그 전반은 '교부 철학'이라 하였고, 후반은 '스콜라 철학'이라고 부른다. 전자의 대표는 아우구스티누스(Aurelius Augustinus 354~430)이고, 후자의 대표는 토마스 아퀴나스(Thomas Aquinas 1225~74)이다. 그러나 좁은 뜻으로는, 중세의 그리스도교 철학이라고 하면 스콜라 철학을 가리킨다.
4) 송대(宋代) 이후의 사상 : 주자학(朱子學)과 양명학(陽明學) 등, 신(新) 유학이라고 부르기도 한다.
5) 사유의 요구 : 사유에 의한 가설 내지는 추측이라고 할 정도의 의미. 예를 들면 상기한다든가, 의욕한다든가, 느낀다가 하는 심적작용이 있다면, 그와 같은 작용의 주체 내지는 본체가 없으면 안 될 것이라고 생각하는 것.

판적이 아니고, 재래의 가정을 기초로 하여 깊이 의심하지 않는 것이 많다.

물심의 독립적 존재라고 하는 것이 직각적 사실인 양 생각하고 있지만, 조금 반성해 보면 곧 그렇지 않다는 것이 분명해진다. 지금 눈앞에 있는 책상이란 무엇인가. 그 색깔 그 모양은 눈의 감각이다. 이것에 닿아 저항을 느끼는 것은 손의 감각이다. 물건의 형상, 크기, 위치, 운동과 같은 것도 우리가 직각할 수 있는 것은 모두 물건 그 자체의 객관적 상태는 아니다. 우리의 의식을 떠나서 물건 그 자체를 직각하는 것은 도저히 불가능하다. 자기의 마음 그 자체에 대하여 보아도 다음과 같다. 우리가 아는 것은 지정의의 작용이며, 마음 자체는 아니다. 우리가 동일한 자기가 있어 시종 움직이는 것같이 생각하는 것도, 심리학에서 보면 동일한 감각과 감정의 연속에 지나지 않는다. 우리가 직각적 사실로 여기고 있는 물건과 마음도 단지 유사한 의식현상의 불변적 결합에 지나지 않는다. 다만 우리로 하여금 물심 그 자체의 존재를 믿도록 하는 것은 인과율의 요구이다. 그러나 인과율에 의하여 과연 의식 밖의 존재를 밀 수 있는가 없는가, 이것이 우선 구명되어야 할 문제이다.

3. 그렇다면 의심하려야 의심할 수 없는 직접의 지식이란 무엇일까. 그것은 오직 우리의 직각적 경험의 사실 즉 의식현상[6]에 대한 지식이 있을 따름이다. 목전의 의식현상과 이것을 의식한다는 것은 곧 동일한 것이며, 그 사이에 주관과 객관과를 가를 수는 없다. 사실과 인식 사이에 추호도 간극이 없다. 진정 의심하려야 의심할 수 없는 것이다. 물론 의식현상이라도 이것을 판정한다든다 이것을 상기한다든가 하는 경우에는 잘못을 저지를 수도 있다. 그러나 이 때는 벌써 직각이 아니고 추리이다. 다음의 의식과 전의 의식과는 다른 의식현상이다. 직각이라고 하는 것은 후자를 전자의 판단으로 보는 것이 아니라, 오직 있는 그대로의 사실을 아는 것이다. 잘못이라든가 잘

---

6) 의식현상 : 엄밀히 말하면, 니시다가 말한 의식현상은 직각적 경험이고, 따라서 순수 경험과 같은 뜻이다. 그러나 니시다는 자주 그것을 정신현상과 같은 뜻으로 쓰고 있어, 따라서 이 경우는 물체 현상에 대립하는 것으로 사용되었다 할 것이다. 여기에 용어상의 혼란이 보이므로 주의를 요한다.

못이 없다든가 하는 것은 무의미하다. 그와 같은 직각적 경험이 기초가 되어, 그 위에 우리의 모든 지식을 쌓아 올려야 한다.

철학이 전래의 가정을 벗어나 새로이 확고한 기초를 구할 때에는, 언제나 그와 같은 직접의 지식으로 돌아온다. 근대철학의 시초에 베이컨[7]이 경험을 가지고 모든 지식의 근본으로 삼은 것도, 데카르트[8]가 '나는 생각한다 그러므로 나는 존재한다'(cogito ergo sum)는 명제를 근본으로 삼고 이와 마찬가지로 명료한 것을 진리라고 한 것도 이것에 의거한 것이다. 하지만 베이컨이 경험이라고 한 것은 순수한 경험이 아니고, 우리는 이것에 의하여 의식 밖의 사실을 직각할 수 있다는 독단을 수반한 경험이었다. 데카르트가 '나는 생각한다 고로 나는 존재한다'는 것은 이미 직접 경험의 사실이 아니고, 이미 나는 존재하고 있음을 추리하고 있다. 또 명료한 사유가 사물의 본체를 알 수 있다는 것은 독단이다. 칸트 이후의 철학에서는 의심할 수 없는 진리로서 곧 이것을 받아들일 수 없다. 내가 여기에서 직접의 지식이라고 하는 것은 모든 이런 독단을 제거하여 곧 직각적 사실로서 승인하기 위해서이다(물론 헤겔을 비롯한 여러 철학사가들의 말과 같이, 데카르트의 '나는 생각한다 고로 나는 존재한다'는 추리가 아니라, 실재와 사유가 합치하는 직각적 확실성을 표현한 것이라면, 나의 출발점과 동일하다).

4. 의식상으로 사실의 직각, 즉 직접 경험의 사실을 가지고 모든 지식의 출발점으로 삼는데 반하여, 사유를 가지고 가장 확실한 표준으로 삼는 사람이 있다. 이런 사람은 사물을 진상과 가상으로 나누고 우리가 직각적으로 경험하는 사실은 가상이며, 오직 사유의 작용에 의해서만 진상을 밝힐 수 있다고 한다. 물론 이 중에서도 상식 또는 과학이라는 것은 완전히 직각적 경험을 배척하는 것은 아니지만, 어떤 일종의 경험적 사실을 가지고 진정한 사물로

---

7) 베이컨(Francis Bacon 1561~1626) : 르네상스 시대에 영국을 대표하는 철학자. 자연을 인식하는 방법으로서 경험(실험과 관찰)에 근거한 과학적 귀납법을 제창하였다. 저서 《노붐·오르가눔》, 《학문의 진보》.

8) 데카르트(René Descartes 1596~1650) : 진리에 도달하는 학문의 방법으로서 '회의'를 채용하였다. 그리고 일체의 것을 회의라는 채로 걸렀는데, 의심하여도 의심하여도 그 이상 의심할 수 없는 것으로서, 그렇게 의심하고 있는 자기자신의 존재에 도달, 그것을 '나는 생각한다 고로 나는 존재한다'(cogito ergo sum)는 명제를 남기고 있다. 저서 《방법서설》, 《성찰》.

보고, 다른 경험적 사실을 가지고 거짓이라 한다. 예를 들면 해와 달과 별은 작게 보이지만 실제는 대단히 큰 것이라든가, 천체는 움직이는 것처럼 보이지만 실제는 지구가 움직이는 것과 같은 일이다. 그러나 그와 같은 생각은 어떤 약속 아래 일어나는 경험적 사실을 가지고, 다른 약속 아래 일어난 경험적 사실로 미루어 일어나는 것이다. 저마다 그 약속 아래서는 움직일 수 없는 사실이다. 동일한 직각적 사실인데, 왜 그 하나는 진실이고 다른 것은 거짓일까. 그와 같은 생각이 일어나는 것은, 결국 촉각이 다른 감각에 비하여 일반적이고 또 실지로 가장 소중한 감각이기 때문에, 이 감각에서 오는 것을 사물의 진상으로 여기므로, 조금 생각해 보면 곧 그 시종에 일관성이 없음이 분명해진다. 어떤 일파의 철학자는 심지어 이와 달리, 경험적 사실을 가지고 완전히 가상이라 하여, 사물의 본체는 오직 사유에 의하여 알 수 있는 것이라고 주장한다. 그러나 가령 우리가 경험할 수 없는 초경험적 실재가 있다고 하더라도 그와 같은 것을 어떻게 사유에 의하여 알 수 있겠는가. 우리의 사유작용이라고 하는 것도 역시 의식에서 일어나는 의식현상의 일종이라는 것은 아무도 거부할 수 없는 것이다. 만일 우리의 경험적 사실이 사물의 본체를 알 수 없는 것이라고 한다면, 동일한 현상인 사유도 역시 이것을 할 수 없기 때문이다. 어떤 사람은 사유의 일반성, 필연성을 가지고 진정한 실재를 아는 표준으로 삼지만, 이런 성질도 결국 우리가 자기의 의식상으로 직각하는 일종의 감정이며, 역시 의식상의 사실이다.

우리의 감각적 지식을 가지고 모든 잘못을 저지르고, 오직 사유를 가져야만 사물의 진상을 알 수 있다는 것은 엘레아 학파[9]에서 시작하여, 플라톤에 이르러 그 정점에 달하였다. 근세철학에서는 데카르트 학파의 사람들이 모두 명확한 사유에 의하여 실재의 진상을 알 수 있는 것으로 믿었다.

---

9) 엘레아 학파 : BC 6세기 무렵, 엘레아에서 일어난 학파. 쿠세노파네스, 파르메니데스, 제논 등. 이 파의 대표자인 파르메니데스는, 사유만이 존재를 파악할 수 있는 것이고, 감각에 비친 변화나 운동은 가상에 불과하다고 주장하였다. 또 제자인 제논은, 감각에 비친 변화나 운동을 생각하면 모순에 빠지는 것을 '비시(飛矢) 부동론', '아킬레우스와 거북의 경쟁' 같은 역설을 가지고, 그것으로써 파르메니데스의 교설이 옳다는 것을 간접적으로 논증하려고 했다.

5. 사유와 직각과는 전혀 다른 작용처럼 생각되지만, 단지 이것을 의식상의 사실로서 볼 때는 동일한 종류의 작용이다. 직각이니 경험이니 하는 것은, 개개의 사물을 다른 것과 상관없이 그대로 직각하는 순수의 수동적 작용이며, 사유라는 것은 이에 반하여 사물을 비교하고 판단하여 그 관계를 정하는 능동적 작용으로 생각하고 있으나, 실지의 의식작용으로는 완전히 수동적 작용이라는 것이 있는 것은 아니다. 직각은 즉시 직접의 판단이다. 내가 전에 가정이 없는 지식의 출발점으로서 직각이라고 말한 것은 이 의미로 사용한 것이다.

위에서, 직각이라고 한 것은 단지 감각이라든가 하는 작용만을 말한 것은 아니다. 사유의 근저에도 항상 통일적 어떤 것[10]이 있다. 이것은 직각해야 하는 것이다. 판단은 이 분석으로부터 일어난다.

---

10) 통일적 어떤 것 : 여기에서 '통일적 어떤 것'은 모두 순수 경험의 배후에 있는 근원적 통일력(보편적 의식)이라기보다도, 낱낱의 경험적 사실의 전체 내지는 그 통일자라는 정도의 의미로 사용되고 있다. 이른바 상대적인 단계에서의 근원적 통일력(보편적 의식)이다.

제2장 의식현상이 유일한 실재(實在)이다

1. 조금의 가정도 두지 않은 직접의 지식에 근거하여 보면, 실재란 단지 우리의 의식현상 즉 직접 경험의 사실이 있을 뿐이다. 이밖에 실재라는 것은 사유의 요구로부터 나온 가정에 지나지 않는다. 이미 의식현상의 범위를 벗어나지 않은 사유의 작용에, 경험 이상의 실재를 직각하는 신비적 능력이 없음은 말할 것도 없고, 이런 가정은 결국 사유가 직접 경험의 사실을 계통적으로 조직하기 위하여 일어난 추상적 개념이다.

모든 독단을 배재하고, 가장 의심이 없는 직접의 지식으로부터 출발하려고 하는 매우 비판적[1]인 생각과, 직접 경험의 사실 이외에 실재를 가정하는 생각과는, 도저히 양립할 수 없다. 로크, 칸트와 같은 대 철학자라도 이 두 주의의 모순을 벗어날 수 없다. 나는 이제 모든 가정적 사상을 버리고 엄밀히 앞의 주의를 취하려고 생각하는 것이다. 철학사를 놓고 보면, 버클리, 피히테와 같은 이는 이 주의를 취한 사람으로 생각된다.

2. 보통으로 우리의 의식현상이라는 것은 물체계 가운데, 특히 동물의 신경계통에 수반되는 일종의 현상이라고 생각되고 있다. 그러나 조금 반성해 보면, 우리에게 가장 직접적인 원시적 사실은 의식현상이고 물체 현상은 아니다. 우리의 신체도 역시 자기의 의식현상의 일부에 불과하다.[2] 의식이 신체 중에 있는 것이 아니고, 신체가 도리어 자기의 의식 가운데 있는 것이다. 신경 중추의 자극에 의식현상이 따른다는 것은, 일종의 의식현상이 반드시 다른 일종의 의식현상에 수반하여 일어난다는 것에 불과하다. 만일 우리가 직접으로 자기 뇌 속의 현상을 알 수 있다고 하면, 이른바 의식현상과 뇌 속의

---

1) 비판적 : '독단적'에 대한 말. 원래 칸트로부터 유래한 말이지만, 여기에서는 '충분히 음미된'이라는 정도의 의미로 사용되고 있다.

2) '우리의 신체도 역시 자기의 의식현상의 일부에 불과하다' : 니시다의 생각에는, 의식현상만이 유일한 실체이고, 신체라는 것은 물체와 마찬가지로 우리의 의식현상 중, 비교적 객관적이고 불변적인 관계를 가진 것을 말한다. 따라서 의식(현상)이 신체 안에 있는 것이 아니라, 반대로 신체가 자기의 의식 속에 있다고 하는 것이다.

자극과의 관계는 마치 귀에는 소리로 느껴지는 것이 눈이나 손에는 실의 진동으로 느껴지는 것과 동일한 것이다.

　우리는 의식현상과 물체현상 두 가지의 경험적 사실이 있는 것처럼 생각하지만, 다만 한 가지 경험을 하였을 따름이다. 물체현상이라고 하는 것은 그 속에서 각자에게 공통으로 불변적 관계를 가진 것을 추상한 것에 불과하다.

3. 또 보통으로는, 의식 밖에 어떤 정해진 성질을 구비한 사물의 본체가 독립하여 존재하고, 의식현상은 이것에 근거하여 일어난 현상에 불과하다고 생각하고 있다. 그러나 의식 외에 독립 고정된 사물이란 어떤 것인가. 엄밀히 의식현상을 떠나서는 물 그 자체의 성질을 상상할 수 없다. 단지 어떤 일정한 약속 아래 일정한 현상을 일으킨 부지적인 어떤 것이라고밖에 할 수 없다. 즉 우리의 사유의 요구에 의하여 상상할 따름이다. 그렇다면, 사유는 어째서 그런 사물의 존재를 가정하지 않으면 안 되는가. 다만 유사한 의식현상이 언제나 경합하여 일어난다는 것에 불과하다. 우리가 물이라고 말하는 것의 참된 의미는 그와 같은 것이다. 순수 경험상으로 보면, 의식현상의 불변적 결합이라고 하는 것이 근본적 사실이며, 물의 존재라는 것은 설명을 위하여 만들어진 가정에 지나지 않는다.

　이른바 유물론자라는 사람들은, 물의 존재라는 것을 의심이 없는 직접 자명한 사실인 것처럼 생각하여, 이것을 가지고 정신현상까지도 설명하려고 한다. 그러나 조금 생각해 보면, 이것은 본말이 전도된 것이다. [3]

4. 그래서 순수 경험상으로 엄밀히 생각해 보면, 우리의 의식현상 외에 스스

---

3) 본래 순수경험설은 주객이 갈라지지 않은 '순수 경험'을 유일한 실재로 생각하는 입장이기 때문에, 유물론도 유심론도 아니고, 그런 2원론을 초월한 입장이지만, 이 대목에서 보이듯이, 《선의 연구》에는 유심론에 친근감을 나타낸 표현이 여기저기에 보인다. 예를 들면, 이 편 제9장에는 '실재는 정신에 있어 비로소 완전한 실재가 된다'고 말하고, 또 제4편 제3장에서는 '물체에 의하여 정신을 설명하려는 것은 그 본말이 전도된 것이라 하지 않을 수 없다'고 하였다.

로 온전하게 독립한 사실이 없고, 버클리가 말한 것처럼 진정으로 유즉지(有卽知 esse=percipi)이다. 우리의 세계는 의식현상의 사실로부터 짜맞춰진 것이다. 여러 철학이나 과학도 모두 이 사실의 설명에 불과하다.

내가 여기에서 의식현상이라고 하는 것은 자칫 오해를 낳을까 우려된다. 의식현상이라고 하면, 물체와 갈라져 정신만이 존재하는 것으로 생각될지도 모른다. 나의 참뜻은 진실재(眞實在)란 의식현상으로도 물체현상으로도 부를 수 없는 것이다. 또 버클리의 유즉지라고 하는 것도 내 참뜻과는 맞지 않는다. 직접의 실재는 수동적인 것이 아닌, 스스로 온전히 독립한 활동이다. 유즉활동(有卽活動)이라고 하는 편이 낫겠다. [4]

5. 위와 같은 생각은, 우리가 깊이 반성한 결과로서 어떻게든지 여기에 도달하지 않으면 안 되는 것이지만, 일견 우리의 상식과 대단히 어긋날 뿐만 아니라, 이것으로 우주의 현상을 설명하려 드는 여러 가지 난문에 봉착하는 것이다. 그러나 이런 난문은, 대개 순수 경험의 입각지를 엄밀히 지킨 데서 일어났다기보다도, 오히려 순수 경험 위에 가한 독단의 결과라고 생각한다.

그런 난문의 하나는, 만일 의식현상만을 실재라고 한다면 세계는 모두 자기의 관념이라는 독지론(獨知論)[5]에 빠지지 않을까. 그렇지 않더라도 또, 각자의 의식이 서로 독립된 실재라고 한다면, 어떻게 그 사이의 관계를 설명할 수 있을까 하는 것이다. 그러나 의식은 반드시 누군가의 의식이 아니면 안 된다는 것은, 다만 의식에는 반드시 통일이 없으면 안 된다는 뜻에 불과하다. 혹시 이 이상으로 소유자가 없으면 안 된다는 생각이라면, 그것은 분명히 독단이다. 그런데, 이 통일작용 즉 통각이라는 것은 유사한 관념 감정이 중추가 되어 의식을 통일한다는 것뿐이며, 이 의식통일의 범위라는 것이, 순수 경험의 입장에서 보면, 피아의 사이에 절대적 분별을 이룰 수는 없다.

---

4) 이 대목은, 니시다가 말한 의식현상이 버클리의 '유즉지'보다도, 오히려 '활동과 그 (활동) 소산으로서의 존재와의 일치'를 주장한 피히테의 '사행(事行 ; Tathandlung)'의 관념에 가깝다는 것을 나타내고 있다.

5) 독지론(獨知論) : solipsism. 일반적으로, 독아론(獨我論)이라고도 부르고 유아론(唯我論)이라고도 한다. 존재하는 것은 자아와 그 소산뿐이며, 타아(他我)나 물(物)은 자아의 의식 내용에 불과하다는 입장이다. 버클리와 피히테의 주관적 유심론은 자주 독아론이라고 비판을 받는다.

만일 개인적 의식에 있어 어제의 의식과 오늘의 의식이 독립의 의식이면서, 그 동일 계통에 속한다는 까닭으로 하나의 의식이라고 생각할 수 있다면, 자타의 의식 사이에도 동일한 관계를 찾아낼 수 있을 것이다.

우리의 사상 감정의 내용은 모두 일반적이다. 몇천 년을 경과하고 몇천 리가 떨어져 있어도 사상 감정은 서로 상통할 수가 있다. 예를 들면, 수리(數理)와 같은 것은 누가 언제 어디에서 생각하여도 동일하다. 그러므로 위대한 사람은 수많은 사람을 감화시켜 한 덩어리로 만들어, 동일한 정신을 가지고 지배한다. 이때에 이런 사람의 정신을 하나라고 할 수가 있다.

6. 다음으로, 의식현상을 가지고 유일한 실재라고 하는데 대한 해석에 고민하는 것은, 우리의 의식현상은 고정된 것이 아니고 시종 변화하는 사건의 연속이고 보면, 이런 현상은 어디에서 일어나고 어디로 사라져 가는가 하는 문제이다. 그러나 이 문제도 결국 사물에는 반드시 원인 결과가 없으면 안 된다는 인과율의 요구로부터 생기는 것이기 때문에, 이 문제를 생각하기 전에 먼저 인과율의 요구란 어떤 것인가를 공구(攻究)해야 된다. 보통, 인과율은 곧 현상의 배후에 고정되어 있는 사물 자체의 존재를 요구하는 것처럼 생각하지만 그것은 잘못이다. 인과율의 정당한 의의는 흄이 말한 것같이, 어떤 현상이 일어나는 데는 반드시 이것에 앞선 일정한 현상이 있어야 되고, 현상 이상으로 사물의 존재를 요구하는 것은 아니다. 한 현상으로부터 다른 현상을 낳는다는 것은, 한 현상이 현상 속에 포함되어 있었던 것도 아니고, 또 어딘가 밖에 숨어 있던 것이 끌려나온 것도 아니다. 단지 충분한 약속 즉 원인이 구비되면 반드시 어떤 현상 즉 결과가 나온다는 것이다. 약속이 아직 완비되지도 않았는데 이것에 따라야 할 어떤 현상 즉 결과라는 것은 어디에도 없다. 예를 들면, 돌을 때려서 불을 당기기 전에 불은 어디에도 없는 것이다. 혹은 이것을 만드는 힘이 있는 것이라고 할지 모르지만, 앞에서 말한 것처럼, 힘이라든가 사물이라든가 하는 것은 설명하기 위하여 만든 가정이고, 우리가 직접 아는 바로는, 다만 불과는 전혀 다른 어떤 현상이 있을 따름이다. 그래서 어떤 현상이 어떤 현상을 수반한다는 것이 우리에게 직접 주어진 근본적 사실이고, 인과율의 요구는 도리어 이 사실에 근거하여 일어난

것이다. 그런데, 이 사실과 인과율이 모순되는 것같이 생각하는 것은 결국 인과율의 오해로부터 일어난 것이다.

인과율이라는 것은, 우리의 의식현상의 변화를 근본으로 하여 이것으로부터 생긴 사유의 습관이란 것, 이 인과율에 의하여 우주 전체를 설명하려고 하면, 곧 자가당착에 빠지는 것만 보아도 알 수 있다. 인과율은 세계에 시작이 없으면 안 된다고 요구한다. 그러나 만일 어딘가를 시작으로 정한다면 인과율은 다시 그 원인은 어떤 것이냐고 묻는다.[6] 즉 스스로 자기가 불완전하다는 것을 밝히고 있는 것이다.

7. 끝으로, 무에서 유는 나오지 않는다는 인과율의 사고에 대하여 한마디하련다. 보통의 의미에 있어 물이 없다고 하여도, 주객의 구별을 타파한 직각으로부터 보면, 역시 무의 의식이 실재하고 있는 것이다. 무라는 것을 단지 말로가 아니고 이것에 어떤 구체적인 의미를 부여한다면, 한편에서는 어떤 성질의 결핍이라는 것인데, 한편에서는 무엇인가 적극적 성질을 가지고 있다(예를 들면, 심리학으로 말하면 흑색도 일종의 감각이다). 그래서 물체계에서 무에서 유를 낳는다고 생각하는 것도, 의식의 사실로서 보면 무는 진정한 무가 아니고, 의식 발전의 어떤 하나의 계기라고 볼 수 있다. 그렇다면 의식에서는 어떤가. 무에서 유를 낳을 수 있는가. 의식은 때, 장소, 힘의 수량적 한정 아래 서야 되는 것이 아니고, 따라서 기계적 인과율의 지배를 받아야 되는 것이 아니다. 이런 형식은 도리어 의식통일 위에 성립하는 것이다. 의식에 있어서는 모든 것이 성질적이고, 잠세적(潛勢的)인 하나가 스스로 자신을 발전시키는 것이다. 의식은 헤겔의 이른바 무한(das Unendiche)이다.[7]

여기에 일종의 색의 감각이 있다고 해도, 그 속에 무한한 변화를 품고

---

6) 그렇다면, 원인을 찾아 무한히 소원(溯源)하지 않으면 안 되기 때문에, 인과율은 원리로서는 파탄할 수밖에 없다. 사물의 제1 원인이라든가 궁극 원인이라는 관념은 여기에서 생긴다.

7) 의식은 헤겔의 절대적 정신 같은 것이며, 스스로 변증법적으로 전개하여 간다. 그리고 그 하나하나의 과정 내지는 극한이 우리의 의식이라고 생각되고 있다.

있다고 할 수 있는, 즉 우리의 의식이 아주 세밀하게 되어 가면, 일종의 색 중에도 무한한 변화를 느끼게 된다. 오늘날 우리의 감각의 차별도 그래서 분화되었을 것이다. 분트는 감각의 성질을 차원으로 늘어놓았는데 (Wundt, Grundriss der Psychologie, §5), 원래 하나의 일반적인 것이 분화하여 생긴 것이기 때문에, 그런 체계가 있다고 생각한다.

제3장 실재의 진경(眞景)

1. 우리가 아직 사유의 세공을 가하지 않은 직접의 실재란 어떤 것일까. 즉, 참된 순수 경험의 사실이라는 것은 어떠한 것일까. 이때에는 아직 주객의 대립이 없고, 지정의(知情意)의 분리도 없고, 다만 독립 자전(自全)의 순수 활동이 있을 뿐이다.

주지설의 심리학자는, 감각과 관념을 가지고 정신현상의 요소로 삼아, 모든 정신현상은 이런 결합에 의하여 이루어진다고 생각한다. 그렇게 생각하면 순수 경험의 사실이란, 의식의 가장 수동적인 상태 즉 감각이라고 하지 않을 수 없다. 그러나 그와 같은 생각은 학문상의 분석 결과로서 나온 것을, 직접 경험의 사실과 혼동한 것이다. 우리가 직접 경험한 사실에서는 순수 감각이란 것은 없다. 우리가 순수 감각이라고 하는 것도 이미 간단한 지각이다. 그러나 지각은, 아무리 간단하여도 결코 완전히 수동적이 아닌, 반드시 능동적 즉 구성적 요소를 포함하고 있다(이것은 공간적 지각의 예를 보아도 분명하다). 연상과 사유가 복잡한 지적 작용에 이르면 더욱더 이 방면이 명료하여지기 때문에, 보통으로 연상은 수동적이라든가, 연상에 있어서도 관념 연합의 방향을 정하는 것은 단지 외계의 사정뿐만 아니고, 의식의 내면적 성질에 의한 것이다.[1] 연상과 사유와의 사이에는 다만 정도의 차이가 있을 뿐이다. 원래 우리의 의식현상을 지정의로 나누는 것은 학문상의 편의에 의한 것이기 때문에, 실지에 있어서는 세 종류의 현상이 있는 것이 아니고, 의식현상은 모두 이 방면을 구비하고 있는 것이다(예를 들면, 학문적 연구와 같이 순 지적작용이라 하여도, 결코 정의를 떠나서 존재할 수는 없다). 그러나 이 세 방면 중에서 의지가 그 가장 근본적인 형식이다. 주의설의 심리학자가 말하듯이 우리의 의식은 시종 능동적이고, 충동으로써 시작하고 의지로써 끝나는 것이다. 그래서 우리에게 가장 직접인 의식현상은 아무리 간단해도 의지의 형태를 이룬다. 즉, 의지가 순수 경험의 사실이라고 하지 않을 수 없다.

---

[1] 일반적으로 연상은 '습관', '친근성', '선명도', '정서'가 원인이 되어 생기는 외에, 각자의 주의나 관심, 자유의지와 관계가 된다.

종래의 심리학은 주로 주지적이었으나 근래는 점점 주의설(主意說)이 세력을 차지하게 되었다. 분트 같은 학자가 그 거벽(巨擘)이다. 의식은 아무리 단순해도 반드시 구성적이다. 내용의 대조라는 것은 의식 성립의 한 요건이다. 혹시 참으로 단순한 의식이 있다면, 그것은 곧 무의식이 되는 것이다. [2]

2. 순수 경험에서는 아직 지정의(知情意)의 분리가 없고, 유일한 활동인 양, 그리고 또 아직 주관 객관의 대립도 없다. 주관 객관의 대립은 우리의 사유의 요구에서 나온 것이기 때문에 직접 경험의 사실은 아니다. 직접 경험상에는 단지 독립 자전의 사실이 하나 있을 따름이다. 보는 주관도 없지만 보이는 객관도 없다. 마치 우리가 미묘한 음악에 마음을 빼앗겨 몰아의 경지에서, 천지에 오직 유량(嚠喨)[3]한 음악 소리만 울리는 것처럼, 이 찰라 이른바 진실재(眞實在)가 눈앞에 있다. 이것을 공기의 진동이라든가, 자기가 이것을 듣고 있다는 생각은, 우리가 이 실재의 진경을 떠나 반성하고 사유함으로써 일어나기 때문에, 이때 우리는 벌써 진실재를 떠나 있는 것이다.

보통으로는 주관 객관을 따로따로 독립할 수 있는 실재인 것같이 생각하고, 이 양자의 작용에 의해 의식 현상이 생기는 것처럼 생각한다. 따라서 정신과 물체의 두 실재가 있다고 생각하고 있으나, 이것은 모두 잘못이다. 주관 객관이란 하나의 사실을 고찰하는 관점의 차이이다. 정신 물체의 구별도 이 관점으로부터 생기는 것이고, 사실 그 자체의 구별이 아니다. 사실상의 꽃은 결코 이학자가 말하는 그런 순 물체적 꽃은 아니다. 색깔과 모양과 향기를 구비한 아름답고 사랑스러운 꽃이다. 하이네가 조용한 밤의 별을 쳐다보고 창공에 자리한 금의 대갈못이라고 했지만, [4] 천문학자는 이 시인을 잠꼬대라고 일소에 붙이겠으나, 별의 진상은 도리어 이 한 구절

---

2) '혹시 참으로 단순한……무의식이 되는 것이다' : 의식은, 그것이 아무리 단순한 것이라 하더라도 그 속에 의지적·자발적 요소를 품은 것이다. 따라서 이미 그것은 의식이 아니고 무의식이다.

3) 유량(嚠喨) : 악기의 소리 같은 것이 맑고 흥겨운 상태.

4) 하이네의 시집 《북해》(Die Nordsee)에 수록되어 있는 시 〈밤의 선실에서〉에 있는 한 절.
  어리석은 자여/하늘은 드높고 그대의 팔은 짧다/별은 저렇게 높은 창공에/금의 대갈못으로 정지되어/동경도 허무하고 한숨도 소용없구나/고이 잠들어 있기에 다행이어라.

속에 나타나 있는지 모른다.

3. 그와 같이 주객이 아직 나누어지지 않은 독립 자전의 진실재는 지정의를 하나로 한 것이다. 진실재는 보통으로 생각되고 있는 것처럼 냉정한 지식의 대상은 아니다. 우리의 정의로부터 이루어진 것이다. 즉, 단순한 존재가 아니고 의미를 가진 것이다. 그래서, 만일 이 현실계에서 우리의 정의를 제거한다면, 이미 구체적인 사실이 아니고 단지 추상적인 개념이 된다. 물리학자의 말과 같은 세계는 너비가 없는 선, 두께가 없는 평면과 마찬가지로 실제로 존재하는 것은 안다. 이 점으로 보면 학자보다도 예술가쪽이 실재의 진상에 달하여 있다. 우리가 보는 것 듣는 것 가운데 모두 우리의 개성을 포함하고 있다. 동일한 의식이라고 해도 결코 참으로 동일하지는 않다. 예를 들면 같은 소를 보더라도, 농부, 동물학자, 미술가에 따라 각각 그 심상이 다르지 않으면 안 된다. 동일한 경치라도 자기의 기분에 따라 선명하고 아름답게 보이는 경우도 있고, 음울하고 슬프게 보이는 경우도 있다. 불교에서는 자기의 마음가짐에 따라 이 세계가 천당이 되기도 하고 지옥이 되기도 하는 것처럼, 결국 우리의 세상은 우리의 정의를 근본으로 하여 구성된 것이다. 아무리 순 지식의 대상인 객관적 세계라고 하여도, 이 관계에서 벗어날 수는 없다.

과학적으로 본 세계가 가장 객관적이고, 이 속에는 조금도 우리의 정의의 요소가 포함되어 있지 않다고 생각하고 있다. 그러나 학문이라고 해도 원래는 우리의 생존경쟁상 실지의 요구에 의하여 일어난 것이다. 결코 전연 정의의 요구를 떠난 관점은 아니다. 특히 예르잘렘[5] 등이 말한 것처럼, 과학적 관점의 근본의(根本義)인 외계에 갖가지 작용을 하는 힘이 있다고 하는 생각은, 자기의 의지로부터 유추한 것으로 보아야 된다 (Jerusalem, Einleitung in die philosophie, 6. Aufl. §27). 그러므로 태고의 만상을 설명하는 것은 모두 의인적(擬人的)이었다. 오늘날의 과학적 설명

---

5) 예르잘렘(Karl W, Jerusalem 1854~1923) : 오스트리아의 철학자. 스펜서와 뒤르켐의 영향을 받아, 인간의 정신적 활동을 생물학적·진화론적·사회학적 견지에서 고찰하였다. 저서 《철학 입문》, 《사회학 입문》.

은 여기에서 발달한 것이다.

4. 우리는 주관 객관의 구별을 근본적이라고 생각한 데서, 지식 안에서만 객관적 요소를 포함하고, 정의는 완전히 우리의 개인적 주관적으로 생기는 일로 생각하고 있다. 이 생각은 이미 그 근본적인 가정에 있어서 잘못이다. 그러나 가령 주관 객관의 상호작용에 의하여 현상이 생긴 것이라도, 색깔이나 형상과 같은 지식의 내용도, 주관적으로 보면 주관적이고, 개인적으로 보면 개인적이다. 이에 반하여 정의라는 것도, 외계에 그와 같은 정의를 일으킬 성질이 있다면 객관적 근거를 가져오는, 정의가 완전히 개인적이라는 것은 잘못이다. 우리의 정의는 서로 상통하고 서로 느낄 수가 있다. 즉, 초개인적 요소를 품고 있는 것이다.

우리가 개인이라는 것이 있어 희로애욕의 정의를 일으킨다고 생각하기 때문에, 정의가 순 개인적이라는 생각도 일어난다. 그러나 사람이 정의를 가진 것이 아니고, 정의가 개인을 만드는 것이다. 정의는 직접 경험의 사실이다.

5. 온갖 사물의 현상을 의인적(擬人的)으로 설명한다는 것은 태고적 인간의 설명법이었고, 오늘날에는 아직 천진난만한 어린아이의 설명법이다. 소위 과학자는 모두 이것을 일소에 붙여버리겠지만, 이 설명법은 물론 유치하기는 해도 한편으로 보면 실재의 진실한 설명법이다. 과학자의 설명법은 지식 쪽으로만 치우치는 것이다. 실재의 완전한 설명은 지식적 요구를 만족시킴과 동시에 정의의 요구를 도외시하면 안 된다.

그리스 사람들에게 있어서 자연은 모두 살아 있는 자연이었다. 천둥과 번개는 올림푸스 산상의 초이스[6]신의 분노이고, 두견새 소리는 필로멜라[7]

---

6) 초이스 : 최고신 제우스(Zeus)의 독일어 이름.

7) 필로멜라 : 아테네의 왕 판디온의 딸. 언니인 프로크네의 남편 펠레우스(형부)에게 겁탈당하고, 비밀이 새지 않도록 혀를 뽑혔으나, 다음에 복수를 한다. 신들은 그녀를 나이팅게일로 화신시켰다.

의 천고의 원한이었다(Schiller, Die Götter Griechenlands를 보라[8]). 자연스러운 그리스인의 눈에는, 현재의 진정한 뜻이 그대로 나타난 것이다. 오늘날의 미술, 종교, 철학, 모두 이 진의를 나타내려고 힘쓰고 있는 것이다.

---

8) 실러의 시 〈그리스의 신들〉의 한 절.
    저기 있는 월계수는 예전에 구원을 청하였다. /탄탈스의 딸은 이 돌 속에 고이 잠들고/실링크스의 한숨은 저 갈대의 틈새에서 울리며/필로멜라의 고통은 이 나무숲 깊숙이 들린다. /맞은쪽 작은 시내는 데메테르의 눈물을 받은/그것은 그녀가 페르세포네를 위해 흘린 것이다. /그리고 이 언덕에서 치텔레가 부르짖은/아아 억울하게도! 그녀의 아름다운 친구에게.

제4장 진실재는 항상 동일한 형식을 가지고 있다

1. 앞에서 말한 바와 같이, 주객을 묻어 버린 지정 합일의 의식상태가 진실 재이다. 우리가 독립 자전의 진실재를 상기하면 저절로 이 모양으로 나타난 다. 그와 같은 실재의 진경은 오직 우리가 이것을 자득해야 되는 것이며, 이 것을 반성하고 분석한 언어로 표현할 수 있는 게 아닐 것이다.[1] 그러나 우 리의 여러 가지 차별적 지식[2]이란 이 실재를 반성함으로써 일어나기 때문 에, 이제 이 유일한 실재가 성립하는 형식을 생각하고, 어째서 이것으로부터 갖가지 차별이 생겼는가를 밝히고자 한다.

진정한 실재는 예술의 참뜻과 같이 서로 전할 수 있는 것이 아니다. 전 할 수 있는 것은 단지 추상적 빈 껍질[3]이다. 우리는 동일한 언어에 의하 여 동일한 일을 이해하려고 생각하지만, 그 내용은 반드시 얼마간 다르게 된다.

2. 독립 자전한 진실재가 성립하는 형식을 생각해 보면, 모두 다 동일한 형 식에 의하여 성립하는 것이다. 즉 다음과 같은 형식에 의한 것이다. 우선 전 체가 함축적(implicit)으로 나타난다. 거기서부터 내용이 분화 발전한다. 그 리하여 이 분화 발전이 끝날 때 실재의 전체가 실현되어 완성되는 것이다. 한마디로 말하면 하나의 것이 스스로 발전 완성하는 것이다. 이 방식은 우리 의 활동적 의식작용에서 가장 분명하게 볼 수 있다. 의지에 대하여 보면, 먼

---

1) '그와 같은 실재의 진경은……표현할 수 있는 게 아닐 것이다' : 진실재(眞實在)는 주객 미분의 순 수 경험이다. 그런데 일반적으로 사물을 인식하는 것은, 인식하는 자기(주관)와 인식되는 사물 (객관)과를 나누어, 전자가 후자를 반성하고 분석하는 것이기 때문에, 그것에 의하여 얻어진 사 물은 이미 주객 미분의 진실재가 아니다. 주객 분열에 의해 대상화된 사물이다. 이 의미에서, 진 실재는 다만 직각되어야 하는 것, 내지는 스스로 얻어야 되는 것이며, 반성적 인식의 대상으로는 되지 않는 것이다. 대상으로서 인식된 순수 경험은 이미 순수 경험이 아니고, 그 빈 껍질에 불과 하다.
2) 차별적 지식 : 판단적 지식과 같은 뜻. 모든 대상의 인식은 판단에 의하여 생기지만, 판단과는 글 자 그대로 나누는 것이고 잘라버리는 것이다. 즉 사물을 구별하고 차별하는 것이다.
3) 추상적 빈 껍질 : 구체적인 내용이 빠진 빈 껍질. 피상.

저 목적 관념이라는 것이 있어, 이것으로부터 사정에 따라 이것을 실현하는 데 적당한 관념이 체계적으로 조직되고, 이 조직이 완성되었을 때 행위가 되고 여기에 목적이 실현되어, 의지의 작용이 종결하는 것이다. 단지 의지작용만이 아니라, 이른바 지식작용인 사유 상상 등에 대하여 보아도 이와 같다. 역시 먼저 목적 관념이 있어 이것으로부터 갖가지 관념 연합이 생기고, 정당한 관념 결합을 얻을 때 이 작용이 완성되는 것이다.

제임스가 '의식의 흐름'에 대하여 말한 것같이[4] 모든 의식은 위와 같은 형식을 이루고 있다. 예를 들면, 한 문장을 의식상으로 상기하더라도, 그 주어가 의식상으로 나타날 때 이미 문장 전체가 은연중 함축되어 있다. 하지만 객어가 나타날 때 그 내용이 발전 실현되는 것이다.

3. 의지, 사유, 상상 등이 발달한 의식현상에 대하여는 위의 형식이 분명하지만 지각, 충동 등에 있어서는 일견 즉시 그 전체를 실현하여, 위의 과정을 밟지 않도록 하는 것같이도 보인다. 그러나 앞에서 말한 것같이, 의식은 어떤 경우에도 결코 단순하고 수동적이 아닌, 능동적으로 복합된 것이다. 그래서 그 성립은 반드시 위의 형식에 의한 것이다. 주의설에서 말한 것처럼, 의지가 모든 의식의 원형이기 때문에 모든 의식은 아무리 간단해도 의지와 동일한 형식에 의하여 성립한다고 하지 않을 수 없다.

충동 및 지각과 의지 및 사유가 다른 것은 정도의 차이며 종류의 차는 아니다.[5] 전자에서는 무의식인 과정이 후자에서는 의식에 스스로를 나타내는 것이기 때문에, 우리는 후자로부터 미루어 전자도 동일한 구조가 아니면 안 된다는 것을 아는 것이다. 우리의 지각이라는 것도 그 발달로부터 생각해 보면, 갖가지 경험의 결과로서 생긴 것이다. 예를 들면, 음악을 들

---

4) 제임스 《심리학》 제11장 참조. 예를 들면, 우리가 어떤 문장을 읽는 도중에, 'however'라는 말을 만나게 되면, 곧 다음에 'yet'라든가, 'still'이라든가, 'nevertheless'라든가 하는 말이 오는 것을 예감한다. 그래서 미리 그 문장의 내용을 정확히는 몰라도, 마치 잘 이해하고 있는 것처럼 억양을 붙여 읽을 수가 있다.
5) 충동과 의지, 지각과 사유의 사이에는 본질적인 차이는 없고, 충동의 발전·완성이 의지이고, 지각의 발전·완성이 사유이다.

어도 처음에는 아무 느낌도 주지 않은 것이, 점점 귀에 익숙해지면 그 속에서 명료한 지각을 얻게 되는 것이다. 지각은 일종의 사유라고 해도 될 것이다.

4. 다음으로 수동적 의식과 능동적 의식의 구별로부터 일어나는 오해에 대하여도 한마디해야 되겠다. 능동적 의식에서는 위의 형식이 분명하지만, 수동적 의식에서는 관념을 결합한 것은 밖에 있고, 관념은 다만 외계의 사정에 의하여 결합되기 때문에, 어떤 완전한 것이 안으로부터 발전 완성하는 것이 아닌 듯이 보인다. 그러나 우리의 의식은 수동과 능동으로 뚜렷이 구별할 수가 없다. 이것도 필경 정도의 차이다. 연상 또는 기억과 같은 의식작용도 전연 연상의 법칙이라는 것과 같은 외계의 사정에 의하여 지배되는 것은 아니고, 각자의 내면적 성질이 그 주동력이다.[6] 역시 안으로부터 통일적 어떤 것이 발전한다고 볼 수가 잇다. 다만 이른바 능동적 의식에서는 이 통일적 어떤 것이 관념으로서 분명히 의식상에 떠 있지만, 수동적 의식에서는 이것이 무의식이든가 또는 일종의 감정이 되어 작용하고 있는 것이다.

능동 수동의 구별, 즉 정신이 안에서 작용하든가 밖으로부터 작용을 받는가 하는 것은, 사유에 의하여 정신과 물체와의 독립적 존재를 가정하고, 의식현상은 정신과 외물과의 상호작용에서 일어난다고 하는 데서 오기 때문에, 순수 경험의 사실에서의 구별은 아니다. 순수 경험의 사실에서는 단지 정도의 차이다. 우리가 명료한 목적 관념을 가지고 있을 때는 능동으로 생각되는 것이다.[7]

경험학파의 주장에 따르면, 우리의 의식은 모두 외물의 작용에 의하여 발달한다는 것이다. 그러나 아무리 외물이 작용하더라도, 안에서 이것에 응하는 선재적 성질이 없으면 의식현상은 생길 수 없다. 아무리 밖에서 배

---

6) 연상이나 기억은 단지 대뇌의 법칙에만 지배되고 있는 것이 아니고, 동시에 주체의 관심이나 의지라고 하는 유의적(有意的)이고 자발적인 내면적 성질에도 관계되어 있다. 제임스 《심리학》 제16장 및 제18장 참조.

7) 명료한 목적 관념을 가지고 있을 때는 능동이고, 갖지 않은 때는 수동이다. 의지나 사유가 능동적이라고 생각되고, 반대로 충동이나 지각이 수동적이라고 생각되는 것은 이것에 의해서이다.

양을 해도, 종자 자체에 발생의 힘이 없으면 식물이 발생하지 않는 것과 마찬가지이다. 원래부터, 반대로 종자만 있어도 식물은 발생하지 않는다고 할 수도 있다. 요컨대, 이 쌍방이 모두 한쪽만 보고 다른 쪽을 잊은 것이다. 진실재의 활동에서는 유일한 것의 자발자전(自發自展)이다. 안팎 능동 수동의 구별은 이것을 증명하기 위한 사유에 의하여 구성하는 것이다.

5. 모든 의식현상을 동일한 형식에 의하여 성립한다고 생각하는 것은 그다지 어려운 것도 아니라고 믿지만, 한 걸음 더 나아가서 우리가 흔히 외계의 현상이라고 하는 자연계에서 생기는 일 역시, 동일한 형식하에 넣으려고 하는 것은 매우 어려운 일로 생각될지도 모른다. 그러나 앞에서 말하였듯이, 의식을 떠난 순수 물체계라고 하는 것은 추상적 개념이다. 진실재(眞實在)는 의식현상 외에 없다. 직접 경험의 진실재는 언제나 동일한 형식에 의하여 성립한다고 할 수 있다.

　　보통으로는 고정된 물체라는 것이 사실로서 존재하는 것처럼 생각하고 있다. 그러나 실지에서의 사실은 언제든지 일어나는 일이다. 그리스의 철학자 헤라클레이토스가 '만물은 유전하고 어떤 것이나 멈추는 일이 없다' (Alles fliesst und nichts hat Bestand)고 말한 것처럼,[8] 실재는 유전하여 잠시도 머무는 일이 없는 사건의 연속이다.

　　우리가 외계에서 객관적 세계라고 하는 것도 우리의 의식현상 외에는 없고, 역시 어떤 일종의 통일작용에 의하여 통일이 된 것이다. 단지 이 현상이 보편적일 때 즉 개인의 작은 의식 이상의 통일을 유지할 때, 우리보다 독립된 객관적 세계라고 보는 것이다. 예를 들면 여기에 하나의 램프가 보인다. 이것이 자기에게만 보인다면, 혹은 주관적 환상으로 생각할 것이다. 객관적 독립의 세계라는 것은 이 보편적 성질로부터 일어나는 것이다.

---

8) 《소크라테스 이전 철학자 단편집》(H. Diels V. W. Kranz, Die Fragmente der Vorso Krati-ker) 제1권 22, 헤라클레이토스, 단편 12, 91 참조.

제5장 진실재의 근본적 방식

1. 우리가 경험한 사실은 여러 가지인 듯하지만 조금 생각해 보면 모두 동일한 실재였고, 동일한 방식에 의하여 성립되어 있는 것이다. 이제 그와 같은 모든 실재의 근본적 방식에 대하여 말해 보자.

우선 모든 실재의 배후에는 통일적 어떤 것[1]의 작용이 있음을 인정해야 된다. 어느 학자는 참으로 단순하고 독립된 요소, 예를 들면 원자론자의 원자(元子) 같은 것이 근본적 실재라고 생각한다. 그러나 그와 같은 요소는 설명하기 위해 만든 추상적 개념이었고, 사실로 존재할 수는 없다. 시험삼아 생각해 보자. 지금 여기에 뭔가 하나의 원자가 있다면, 그것은 반드시 무엇인가 성질 또는 작용을 가진 것이 아니면 안 된다. 전연 성질이나 작용이 없는 것은 무와 동일하다. 그런데 하나의 사물이 작용한다는 것은 반드시 다른 것에 대하여 작용하는 것이다. 그리하여 여기에는 반드시 이 두 사물을 결합하여 서로 작용하도록 하는 제3자가 없으면 안 된다. 이를테면 A라는 물체의 운동이 B로 전달되는 데는, 이 두 물체 사이에 힘이라는 것이 없으면 안 된다. 또 성질이라는 것도 하나의 성질이 성립하자면 반드시 다른 것에 대하여 성립하는 것이다. 예를 들어, 색깔이 빨강만 있다면 빨갛다는 색깔은 나타낼 수가 없다. 빨강이 나타나려면 빨갛지 않은 색깔이 없으면 안 된다. 그래서 하나의 성질이 다른 성질과 비교하여 구별이 되려면, 두 성질을 그 근저에 있어 동일하지 않으면 안 된다. 완전히 종류를 달리하고 그 사이에 무엇인가 공통되는 점을 갖지 않은 것은 비교하고 구별할 수가 없다.[2] 그와 같이 모든 사물은 대립에 의하여 성립한다고 하면, 그 근저에는 반드시 통일적 어떤 것이 숨어 있는 것이다.

---

1) 통일적 어떤 것 : 근원적 통일력과 같은 뜻. 하나하나 실재의 배후 또는 근저에 있는 보편적인 것. 여기에서는 낱낱의 실재를 서로 관계하도록 하는 매개자라고 말하는데, 지금까지 거듭 말하였듯이, 반대로 낱낱의 실재는 이 통일적 어떤 것의 여러 모습 내지는 펼친 모습으로도 생각할 수 있다.

2) 논리학에서는 이것을 이격(離隔)개념이라 하고 부등(不等)개념이라고도 한다. 이를테면 '덕(德)' 과 '삼각형'.

이 통일적 어떤 것이 물체현상에서는 이것을 외계에 존재하는 물력이라 하고, 정신현상에서는 이것을 의식의 통일력으로 돌리는데, 앞에서 말한 것과 같이 물체현상이든 정신현상이든 순수 경험상으로는 동일하기 때문에, 이 두 가지 통일작용은 원래 동일한 종류에 속해야 되는 것이다. 우리의 사유 의지의 근저에서의 통일력과 우주현상의 근저에서의 통일력은 바로 똑같은 것이다. 이를테면 우리의 논리, 수학의 법칙은 바로 우주현상이 이것에 의하여 성립될 수 있는 원칙이다.

2. 실재의 성립에는, 위에서 말한 것같이 그 근저에서의 통일이라는 것이 필요함과 동시에, 서로의 반대 곧 모순이라는 것이 필요하다. 헤라클레이토스가 싸움은 만물의 아버지라고 말한 것처럼,[3] 실재는 모순에 의하여 성립하는 것이다. 빨간 것은 빨갛지 않은 색깔에 대하여, 작용하는 것은 이것을 받는 것에 대하여 성립하는 것이다. 이 모순이 소멸함과 동시에 실재도 사라져 버린다. 원래, 이 모순과 통일과는 동일한 사항을 양 방면에서 본 것에 불과하다. 통일이 있으니까 모순이 있고, 모순이 있기 때문에 통일이 있다. 이를테면 흑과 백처럼 모든 점에서 공통이나, 다만 한 점에 있어 다른 것과 서로 가장 반대가 된다. 이에 반하여, 덕이나 삼각과 같이 명료한 반대가 없는 것은 또 명료한 통일도 없다. 가장 유력한 실재는 여러 가지 모순을 가장 잘 조화 통일한 것이다.[4]

통일하는 것과 통일되는 것과를 따로따로 생각하는 것은 추상적 사유에 의한 것이기 때문에, 구체적 실재에서는 이 두 가지 것을 떼놓을 수 없다. 한 그루의 나무란 지엽근간(枝葉根幹)의 여러 다른 작용을 하는 부분을 통일하여 존재하는데, 나무는 단지 지엽근간의 집합이 아닌, 나무 전체의 통일력이 없으면 지엽근간도 무의미하다. 나무는 그 부분의 대립과 통일로 존재하는 것이다.

---

3) 《소크라테스 이전 철학자 단편집》 제1권 22, 헤라클레이토스, 단편 53. '싸움은 만물의 아버지이고, 만물의 왕이다.'
4) 이 대목과 조금 전에 있는 '통일이 있으니까 모순이 있고, 모순이 있기 때문에 통일이 있다'라는 문장은, 분명히 후기 니시다 철학의 '절대 모순적 자기 동일'의 관념과 결부되어 있다.

통일력과 통일되는 것과 분리하였을 때에는 실재가 되지 않는다. 예를 들면, 사람이 돌을 쌓는 것처럼 돌과 사람과는 다른 것이다. 그런 때에 돌을 쌓는 것은 인공적일 뿐, 독립된 한 실재로는 되지 않는다.

3. 그래서 실재의 근본적 방식은 하나임과 동시에 다(多)이고, 다(多)임과 동시에 하나, 평등 속에 차별을 가지고, 차별 속에 평등을 갖춘 것이다.[5] 그러나 이 두 방면은 떼놓을 수 없는 것이기 때문에, 결국 하나의 것의 자가 발전이라고 할 수 있다. 독립 자전의 진실재는 항상 이 방식을 구비하고 있다. 그렇지 않은 것은 모두 우리의 추상적 개념이다.

실재는 스스로 하나의 체계를 이룬 것이다.[6] 우리로 하여금 확실한 실재라고 믿도록 한 것은 이 성질에 의해서이다. 이에 반하여 체계를 이루지 못한 것은, 이를테면 꿈 같은 것을 실재라고 믿을 수는 없다.

4. 위와 같이 참으로 하나이면서 다(多)인 실재는 자동 불식(不息)[7]이 아니면 안 된다. 정지의 상태란 다른 것과 대립하지 않은 독존의 상태이고, 즉 다른 배척한 하나의 상태이다. 그러나 이 상태로는 실재가 성립할 수는 없다. 만일 통일에 의하여 어느 하나의 상태가 성립한다고 하면, 곧 여기에 다른 반대의 상태가 성립하지 않으면 안 된다. 하나의 통일이 이루어지면, 곧 이것을 깨는 불통일이 성립한다. 진실재(眞實在)는 그와 같이 무한의 대립을 가지고 성립하는 것이다. 물리학자는 세력 보존 어쩌고 하면서 실재에 극한이 있는 것처럼 말하지만, 이것은 설명의 편의상 만든 가정이며, 그런 생각은 마치 공간에 극한이 있다는 말과 같이, 단지 추상적으로 한쪽만 보고 다른 쪽은 잊고 있는 것이다.[8]

---

5) 이것은 뒤에 일즉다(一卽多)·다즉일(多卽一), 평등 즉 차별, 차별 즉 평등이라는 용어로써 정식화된다. 또 그것은 대승불교의 사상과 대응하고 있다.
6) 니시다의 순수경험설은 이와 같이 진실재를, 체계적으로 자기를 전개하여 가는 것으로 생각하는 점에서, 순수 경험을 본질적으로 개인적인 것으로 생각한 제임스의 그것과는 다른 것이다. 제임스는 경험을 낱낱의 따로따로인 것으로 보고, 자기의 순수경험설은 '모자이크 철학'이라든가 '복수의 사실 철학'이라고 하였다. 논문 〈순수 경험의 세계〉 참조.
7) 자동 불식(不息) : 끊임없이 운동하며 쉬는 일이 없는 것.

살아 있는 것은 모두 무한의 대립을 포함하고 있다. 즉 무한의 변화를 낳는 능력을 가진 것이다. 정신을 활물이라고 하는 것은 시종 무한한 대립을 가지고 정지하는 일이 없기 때문이다. 만일 이것이 한 상태로 고정하여 다시 다른 대립으로 옮길 수 없게 되면 그때는 죽은 것이다.

5. 실재는 이것에 대립하는 것에 의하여 성립한다고 하지만, 이 대립은 다른 것에서 나오는 것이 아니고 자기 안에서 생기는 것이다. 앞서 말한 것같이 대립의 근저에는 통일이 있어, 무한의 대립은 모두 자기의 내면적 성질로부터 필연의 결과로서 발전하여 가기 때문에, 진실재는 하나의 것의 내면적 필연에서 일어난 자유의 발전이다. [9] 예를 들면, 공간의 한정에 의하여 각가지 기하학적 형상이 생기고, 이런 모양은 서로 대립하여 특수한 성질을 유지한다. 그러나 모두 따로따로 대립하는 것이 아니고, 공간이라는 하나의 필연적 성질에 의해 결합되어 있다. 즉 공간적 성질의 무한한 발전인 것과 같이, 우리가 자연현상이라고 하는 것에 대하여 보아도, 실제의 자연현상이란 것은 전에도 말한 것처럼 하나하나가 독립의 요소로부터 이루어진 것이 아니고, 또 우리의 의식현상을 떠나서 존재하는 것이 아니다. 역시 하나의 통일적 작용에 의하여 성립하기 때문에, 하나의 자연 발전으로 보아야 되는 것이다.

헤겔은 무엇이나 이성적인 것은 실재이고, 실재는 반드시 이성적인 것이라고 말했다. [10] 이 말은 숱한 반대를 받았음에도 불구하고 관점에 따라서는 움직일 수 없는 진리이다. 우주의 현상은 아무리 사소한 것이라도, 결코 우연히 일어나 앞뒤로 전연 아무런 관계도 갖지 않은 것은 없다. 반드시 일어나야 할 이유를 가지고 일어나는 것이다. 우리가 이것을 우연으

---

8) 공간은 자기 안에 무한한 대립을 가지고 있는 것이기 때문에, 극한이 있음과 동시에 없는 것이 아니면 안 된다.

9) 여기에서 니시다의 변증법적인 사고방식을 볼 수 있다. 변증법에서는, 모순과 대립은 사물의 밖으로부터 오는 것이 아니고, 반대로 사물의 안에 있는 것이며 동시에 그것은 모든 변화와 운동의 원동력이라고 생각된다.

10) 헤겔 《법철학》(1821년)의 '서문'에 있는 유명한 말. 보통, 그의 범이론(汎理論) 내지 범논리주의(Panlogism)의 입장을 명확히 표현한 말로 여겨진다. 더욱이, 범이론 내지 범논리주의란, 로고스(이성·논리)가 모든 사물에 내재하고 있다고 생각하는 입장을 말한다.

로 보는 것은 다만 지식의 부족에서 오는 것이다.

　보통으로는 뭔가 활동의 주체가 있어, 이것으로부터 활동이 일어나는 것으로 생각한다. 그러나 직접 경험에서 보면 활동 자체가 실재이다. 이 주체라고 하는 것은 추상적 개념이다. 우리는 통일과 그 내용과의 대립을 서로 독립의 실재인 것같이 생각하니까 그와 같은 생각을 하게 되는 것이다.

제6장 유일 실재

1. 실재는 앞에서 말한 것같이 의식활동이다. 그런데 의식활동이란 보통의 해석에 따르면 그때그때 나타났다 곧 사라져버리는 것으로, 동일한 활동이 영구히 연결될 수는 없다. 하고 보면, 작게는 우리 일생의 경험, 크게는 오늘에 이르기까지의 우주 발전, 이런 사실은 필경 헛된 환몽처럼 지리멸렬한 것이고, 그 사이에 아무런 통일적 기초가 없는 것일까. 그와 같은 의문에 대하여 실재는 서로의 관계에서 성립하는 것이며, 우주는 유일 실재의 유일 활동이라는 것을 말하려고 한다.

의식활동은 어느 범위 안에서는 통일에 의하여 성립한다는 것은 대개 설명했다고 생각하는데, 여전히 어떤 범위 이외에는 그런 통일이 있는 것을 믿지 않는 사람이 많다. 예를 들면, 어제의 의식과 오늘의 의식과는 완전히 독립된 것이며, 이미 하나의 의식으로는 볼 수 없다고 생각하는 사람이 있다. 그러나 직접 경험의 입각지에서 생각해 보면, 그와 같은 구별은 단지 상대적인 구별이며 절대적 구별은 아니다. 누구든지 통일된 하나의 의식현상으로 생각하고 있는 사유 또는 의지에 관하여 보아도, 그 과정은 각각 서로 다른 관념의 연속에 불과하다. 세밀하게 이것을 구별해 보면, 이런 관념은 따로따로 된 의식이라고도 생각할 수 있다. 그런데 이 연속된 관념이 개개의 독립된 실재가 아니고 하나의 의식활동으로 볼 수가 있다면, 어제의 의식과 오늘의 의식과는 하나의 의식활동으로 볼 수 없는 것은 아니다. 우리가 며칠이나 걸려 어떤 하나의 문제를 생각하고, 또는 하나의 사업을 계획하는 경우에는, 분명히 동일한 의식이 연속적으로 작용한다고 볼 수 있다. 다만 시간의 길고짧은 차이가 있을 뿐이다. [1]

> 의식의 결합에는 지각과 같은 동시의 결합, 연상 사유와 같은 계속적 결합 및 자각과 같이 일생에 걸친 결합도 모두 정도의 차이이며, 동일한 성질에서 성립하는 것이다.

---

1) 순수 경험의 범위는 시간의 장단이 아니라, 주의의 범위 즉 의식통일의 범위라는 것은, 이미 제1편 제1장에서 설명하였다.

2. 의식현상은 시시각각으로 옮겨가는 것이고, 동일한 의식이 다시 일어나는 일은 없다. 어제의 의식과 오늘의 의식과는 설사 그 내용이 같다 하더라도, 전연 다른 의식이라는 생각은 직접 경험의 입각지에서 본 것이 아니라, 도리어 시간이라는 것을 가정하고 의식현상은 그 위에 나타난 것으로 추론한 결과이다. 의식현상이 시간이라는 형식에 의하여 성립한 것이라고 하면, 시간의 성질상 한번 지나간 의식현상은 다시 돌이킬 수가 없다. 시간은 오직 한 방향을 가지고 있을 따름이다. 가령 완전히 동일한 내용을 가진 의식이라고 해도, 시간의 형식상 이미 똑같다고 할 수는 없게 된다. 그러나 이제 직접 경험의 근본으로 되돌아가 보면, 이와 같은 관계는 전혀 반대로 되지 않으면 안 된다. 시간이라는 것은 우리의 경험 내용을 정돈하는 형식에 불과하기 때문에,[2] 시간이라는 생각이 일어나려면 먼저 의식 내용이 결합되고 통일이 되어 하나가 되지 않으면 안 된다. 그렇지 않으면 전후를 연합 배열하여 시간적으로 생각할 수가 없다. 그러므로, 의식의 통일작용은 시간의 지배를 받는 것이 아니라, 도리어 시간이 이 통일작용에 의하여 성립하는 것이다. 의식의 근저에는 시간 외에 초월한 불변적 어떤 것[3]이 있다고 말하지 않을 수 없게 된다.

직접 경험에서 보면, 동일한 내용의 의식은 바로 동일한 의식이다. 진리는 어떤 사람이 어떤 시대에 생각해도 동일한 것같이, 우리의 어제 의식과 오늘 의식과는 동일한 체계에 속한 동일한 내용을 가지고 있으므로, 곧 결합되어 하나의 의식이 되는 것이다. 개인의 일생이라는 것은 그와 같은 한 체계를 이루는 의식의 발전이다.

이 점에서 보면, 정신의 근저에는 항상 불변적 어떤 것이 있다. 이것이 나날이 그 발전을 크게 하는 것이다. 시간의 경과란 이 발전에 따른 통일

---

2) 시간·공간이 순수 경험의 내용을 통일하는 형식에 불과하다는 것은, 이미 제1편 제1장에 설명되어 있다.

3) 불변적 어떤 것 : '통일적 어떤 것'이나 '근원적 통일력'과 같은 뜻으로 쓰고 있는 것 같다. 여기에서는, 변화무쌍한 개개의 의식현상 근저에 있고 그런 것을 통일시키는 근원적인 것이라는 의미로, '불변적 어떤 것'이라는 말을 쓴 것으로 생각되는데, 그것을 뭔가 정지된 실체 같은 것으로 생각하는 것은 잘못이다. 그 자체는 부단한 활동이다. 더욱이, 니시다는 '불변적'과 '보편적'을 같은 뜻으로 쓰고 있다.

적 중심점이 변하여 가는 것이다. 이 중심점이 언제나 '지금'이다. [4]

3. 위에서 말한 것같이, 의식 근저에 불변의 통일력이 작용하고 있다면 이 통일력이라는 것은 어떤 형태로 존재하는가, 어떻게 자기를 유지하는가 하는 의문이 생길 것이다. 심리학에서는 그와 같은 통일작용의 근원을 뇌라는 물질에 돌리고 있다. 그러나 전에 말하였듯이, 의식 외에 독립한 물체를 가정하는 것은 의식현상의 불변적 결합으로부터 추론한 것이기에, 이것보다도 의식 내용의 직접적 결합이라는 통일작용이 근본적 사실이다. 이 통일력은 어떤 다른 실재로부터 나온 것이 아니고, 실재는 도리어 이 작용에 의하여 성립하는 것이다. 사람은 모두 우주에 일정 불변의 이(理)[5]라는 것이 있어, 만물은 이것에 의하여 성립한다고 믿고 있다. 이 이란 만물의 통일력이고 겸하여 또 의식 내면의 통일력이다. 이는 물(物)과 심(心)에 의하여 소유되는 것이 아니고, 이가 물심을 성립시키는 것이다. 이는 독립 자존이며, 시간, 공간, 사람에 따라 다른 것이 아니고, 드러나는가 아닌가 작용하는가 아닌가에 따라 변하는 것도 아니다.

　　보통으로 이(理)라고 하면, 우리의 주관적 의식상의 관념 연합을 지배하는 작용이라고 생각한다. 그러나 그와 같은 작용은 이의 활동의 발자취이고 이 자체는 아니다. 이 자체는 창작적이며, 우리는 이것에 잘 맞춰 작용할 수 있지만, 이것을 의식의 대상으로서 볼 수는 없는 것이다.
　　보통의 의미로 물(物)이 존재한다는 것은, 어떤 장소 어떤 때에 어떤 행태로 존재하는 것이다. 그러나 여기에서 말하는 이의 존재라는 것은 이것과 유(類)를 달리한다. 그와 같이 한 곳에 속박되는 것이면 통일의 작용을 할 수는 없다. 그런 것은 살아 있는 참된 이가 아니다.

---

4) '시간의 경과란……'지금'이다' : 시간이 경과한다는 것은, 근원적 통일력의 발전에 있어 그 중심점이 변천하여 간다는 것이다. 그리고 변천하여 가는 그 순간순간의 중심점이 '지금'이고 '자기'인 것이다.

5) 이(理) : 중국 송대(宋代)의 철학에서는 '이'는 우주의 '본체', '원칙', '이법'으로 생각하였다. 그 것은 '이는 사물과 마음에 의하여 소유되는 것이 아니고, 이가 물심을 성립시키는 것이다'라는 말로 잘 표현되어 있다.

4. 개인의 의식이 앞에서 말한 것처럼 어제의 의식과 오늘의 의식이 즉시 통일되어 하나의 실재를 이루는 것같이, 우리 일생의 의식도 마찬가지로 하나로 볼 수 있는 것이다. 이 생각을 믿고 나아갈 때는, 단지 한 개인의 범위내일 뿐 아니라, 다른 사람과의 의식도 역시 동일한 이유로 연결하여 하나로 볼 수 있는 것이다. 이는 어떤 사람이 생각하여도 동일한 것처럼, 우리 의식의 근저에는 보편적인 것이다. 우리는 이것에 의해 서로 이해하고 서로 통할 수 있게 된다. 다만 이른바 보편적 이성이 일반 사람들 마음의 기저에 통할 뿐만 아니라, 어떤 한 사회에 태어난 사람은 아무리 독창성이 풍부하더라도, 모두 그 특수한 사회정신의 지배를 받지 않을 수 없다. 각 개인의 정신은 모두 이 사회정신의 한 세포에 지나지 않는 것이다.

앞에서도 말한 것같이, 개인과 개인과의 의식의 연결과, 한 개인에게 있어 어제의 의식과 오늘의 의식과의 연결은 동일한 것이다. 전자는 밖으로부터 간접으로 결합되고, 후자는 안으로부터 즉시 결합된 것처럼 보이지만, 혹시 밖으로부터 결합된 것같이 본다면, 후자도 어떤 일종의 내면적 감각의 부징(符徵 : ^{표시가 되는} _{기호, 부호})에 의하여 결합되기 때문에, 개인간의 의식이 언어 등의 부징에 의하여 결합되는 것과 동일하다. 만일 안으로부터 결합된 것같이 본다면, 전자에 있어서도 개인간에 원래 동일한 근저만 있다면 즉시 결합이 되는 것이다.

5. 우리의 이른바 객관적 세계라고 부르는 것도 몇 번이나 말한 것처럼, 우리의 주관을 떠나서 성립하는 것이 아니고 객관적 세계의 통일력과 주관적 의식의 통일과는 동일하다. 즉 이른바 객관적 세계도 의식도 동일한 이에 의하여 성립하는 것이다. 그러므로 사람은 자기 안에 있는 이에 의하여 우주 성립의 원리를 이해할 수 있는 것이다. 만일 우리의 의식 통일과 다른 세계가 있다고 하더라도, 그와 같은 세계는 우리와는 전연 통할 수 없는 세계이다. 적어도 우리가 알 수 있는, 이해할 수 있는 세계는, 우리의 의식과 동일한 통일력 아래 있지 않으면 안 된다.

제7장 실재의 분화 발전

1. 의식을 떠난 세계가 있다는 생각에서 본다면, 만물은 뿔뿔이 독립하여 존재하는 것이라고 할지 모르지만, 의식현상이 유일한 실재라는 생각에서 본다면, 우주 만상의 근저에는 유일한 통일력이 있고, 만물은 동일한 실재가 발현한 것이라고 하지 않으면 안 된다. 우리의 지식이 진보함에 따라 점점 이 동일의 이[1]가 있다는 것을 확신하게 된다. 이제 이 유일한 실재로부터 어떻게 여러 차별적 대립이 생기는가에 대하여 설명하기로 한다.

실재는 하나로 통일되어 있음과 동시에 대립을 품고 있지 않으면 안 된다. 여기에 하나의 실재가 있으면 반드시 이것에 대한 다른 실재가 있다. 그러나 그렇게 이 두 사물이 서로 대립하자면, 이 두 사물이 독립한 실재가 아니고 통일된 것이 아니면 안 된다. 즉 하나의 실재의 분화 발전이 아니면 안 된다. 그리하여 이 두 사물이 통일이 되어 하나의 실제로서 나타날 때에는, 다시 하나의 대립이 생기지 않으면 안 된다. 그러나 이때 이 양자의 배후에, 또 하나의 통일이 작용하고 있지 않으면 안 된다. 그리하여 무한한 통일로 나아가는 것이다. 이것을 반대로 생각해 보면, 무한한 유일의 실재가 작은 데서부터 큰 데로, 얕은 데서부터 깊이 자기를 분화 발전하는 것이라고 생각할 수 있다. 그와 같은 과정이 실재 발현의 방식이며, 우주현상은 이것에 의하여 성립하고 진행하는 것이다. [2]

그와 같은 실재 발전의 과정은 우리의 의식현상에서 분명하게 이것을 볼 수 있다. 예를 들어 의지에 대하여 보면, 의지란 어떤 이상을 실현하려고 하기 때문에 현재와 이상과의 대립이다. 그러나 이 의지가 실행되는 이상과 일치할 때, 이 현재는 다시 다른 이상과 대립하여 새로운 의지가 나

---

1) 동일의 이(理) : 우주의 근원적 통일력 발현의 방식, 법칙, 이법. 이 통일력은 자연현상과 정신현상의 구별을 묻지 않고, 완전히 동일하게 나타나기 때문에, 동일의 이라고 표현되어 있다.
2) 《선의 연구》에는 하나하나의 의식현상에서 출발하여, 그런 것들 상호간의 대립과 통일을 통하여 모든 사상을 설명하려고 하는 다원론적인 관점과, 반대로 통일적 어떤 것(근원적 통일력)에서 출발하여, 그 분화 발전의 여러 모습으로서 모든 사상을 설명하려고 하는 일원론적 관점이 병존하여 있고, 더구나 이 관점은 둘이 아니라고 생각하고 있다. 이 단락은, 이와 같은 두 관점과 그 서로의 관계가 잘 나타나 있다.

온다. 그리하여 우리가 살아 있는 동안은, 어디까지나 자기를 발전시켜 실현하여 가는 것이다. 다음으로 생물의 생활과 발달에 대하여 보아도, 그와 같은 실재의 방식을 확인할 수 있다. 생물의 생활은 실로 그처럼 끊임없는 활동이다. 다만 무생물의 존재는 조금 이 방식을 적용시켜 생각하기가 곤란한 것같이 보이지만, 이것에 대해서는 다음에 자연을 논할 때 말하기로 한다.

2. 자, 그렇다면, 앞에서 말한 실재의 근본적 방식으로부터, 어떻게 하여 여러 가지 실재의 차별이 생기는 것인가. 첫째, 이른바 주관 객관의 구별은 무엇에서 일어나는가. 주관과 객관이란 서로 떨어져 존재하는 것이 아니고, 한 실재가 서로 마주하고 있는 두 방면이다. 즉 우리의 주관이라고 하는 것은 통일적 방면이며, 객관이라고 하는 것은 통일되고 있는 방면이다. 나라는 것은 언제나 실재의 통일자이며, 사물과는 통일되는 것이다(여기에서 객관이라고 하는 것은 우리의 의식으로부터 독립된 실재라는 의미가 아니고, 단지 의식대상임을 의미한다[3]). 예를 들면, 우리가 어떤 것을 지각한다든가, 또는 사유한다든가 하는 경우에, 자기란 피차 서로 비교하여 통일하는 작용이며, 사물이란 이것에 대립하는 대상이다. 즉 비교 통일의 재료이다. 다음의 의식보다 앞의 의식을 볼 때, 자기를 대상으로서 볼 수 있을 것같이 생각하지만, 이 자기란 실은 진정한 자기가 아니고, 진정한 자기는 현재의 관찰자 즉 통일자이다. 이때는 앞의 통일은 이미 한번의 완결이고, 다음 통일의 재료로서 그 안에 포함된 것으로 생각해야 된다. 자기는 그와 같이 무한한 통일자이다. 결코 이것을 대상으로서 비교 통일의 재료로 삼을 수 없는 것이다. [4]

---

3) '여기에서 객관이라고 하는 것은……의식대상임을 의미한다' : 니시다는 여기에서 객관을, 우리의 의식으로부터 독립하여 존재하고 있는 것(실재)으로가 아니고, 우리의 의식 안에 대상으로서 나타나 있는 것(현상)을 생각하고 있다. 그것은 의식 밖에 있는 것이 아니라 의식 안에 있는 것이며, 의식에 의하여 구성되는 것이다. 니시다가 자연이라든가, 물이라든가 부르고 있는 것은 모두 이와 같은 성격을 가진 것이고, 따라서 그것은 '의식현상 일원론'이라고 부를 수 있을 것이다. 니시다가, 이 시기에 버클리의 생각에 친근감을 가진 이유는 여기에 있다.

4) 자기는 인식 주관이지만, 이 자기를 인식하려고 하면, 우리는 이것을 대상화하지 않으면 안 된다. 그러나 대상화된 자기는 객관으로서의 자기이며, 이미 주관으로서의 자기는 아닌 것이 되어 버린다. 그것은 '의식하는 의식'이 아니고, '의식된 의식'이 된다. 이 의미에서, 주관으로서의 자기는 결코 인식의 대상이 되지 않는 것이다. 마치 눈은 무엇이든지 볼 수 있지만, 자기자신을 볼 수는

심리학에서 보아도 우리들의 자기란 의식의 통일자이다. 그리하여 이제 의식이 유일한 진실재(眞實在)라고 하는 입각지에서 보면, 이 자기는 실재의 통일자가 아니면 안 된다. 심리학에서는 이 통일자인 자기란 것이, 통일되고 있는 것으로부터 떨어져 따로 존재하는 것처럼 말하지만, 그와 같은 자기는 단지 추상적 개념에 지나지 않는다. 사실에 있어서는, 사물과 떨어져 자기가 있는 것이 아니고, 우리의 자기는 곧 우주 실재의 통일력 자체이다. 5)

정신현상, 물체현상의 구별이라는 것도 결코 두 가지 실재가 있는 것은 아니다. 정신현상이라는 것은 통일적 방면 즉 주관 쪽에서 본 것이기 때문에, 물체현상과는 통일되고 있는 것 즉 객관의 쪽에서 본 것이다. 다만 동일한 실재를 상반된 두 방면에서 본 것에 지나지 않는다. 그래서 통일의 쪽에서 보면 모두가 주관에 속한 정신현상이고, 통일을 빼고 생각하면 모두가 객관적 물체현상이 된다(유심론, 유물론6)의 대립은 그와 같이 두 방면의 하나를 고집한 데서 일어난 것이다).

3. 다음으로, 능동 수동의 차별은 어디에서 일어나는가. 능동 수동이라는 것도 실재로 두 종류의 구별이 있는 것이 아니고, 역시 동일 실재의 두 방면이다. 통일자가 언제나 능동이고, 피(被)통일자가 언제나 수동이다. 7) 예를 들어 의식현상에 대하여 보면, 우리의 의지가 작용하였다는 것은 의지의 통일적 관념 즉 목적이 실현되었다고 하기 때문에, 곧 통일이 이루어진 것이다. 그밖에 모든 정신이 작용하였다는 것은 통일의 목적을 달성하였다는 것이고, 이것을 할 수 없게 되어 다른 것에 의해 통일이 되었을 때에는 수동이라

없는 것과 같이, 자기는 무엇이든지 알 수 있지만, 자기 자신을 알 수는 없다.

5) '우리의 자기는 곧 우주 실재의 통일력 자체이다' : 여기에서, 자기는 우주의 근원적 통일력의 단순한 발현도 여러 모습도 아니고, 근원적 통일력 그 자체라고 생각되고 있다. 자기라는 것이 가지고 있는 이와 같은 특이한 위치에 주목하지 않으면 안 된다. 분명히 거기에는 유심론적인 경향이 보인다.

6) 유심론, 유물론 : 대립하는 두 세계관. 진실재(眞實在)를 궁극적으로 정신적인 것으로 생각하는 입장이 유심론이고, 그 반대로 물질적인 것이라고 생각하는 입장이 유물론이다. 전자는 물질적인 것에 대하여 정신적인 것 쪽이 근원적이라고 주장하고, 후자는 그와 반대로 정신적인 것에 대하여 물질적인 것 쪽이 좀더 근원적이라고 주장한다. 또 오늘날은, 유심론 대신에 관념론이라는 말이 많이 사용되고 있다.

7) '능동'과 '수동'과의 관계가 '통일자'와 '피통일자'와의 관계로서 파악되고 있다.

는 것이다. 물체현상에서도 A의 것이 B에 대하여 작용한다는 것은, A의 성질 안에 B의 성질을 포함하고 통괄할 수 있는 경우를 말하는 것이다. 그와 같은 통일이 곧 능동의 진정한 의미이고, 우리가 통일의 위치에 있을 때는 능동적이고 자유이다. 이에 반하여 다른 것에 의해 통일되었을 때는 수동적이고, 필연법 아래 지배당하는 것이 된다.

보통으로는 시간상의 연속에 있어 앞선 것이 능동자라고 생각되고 있으나, 시간상으로 앞선 것이 반드시 능동자는 아니다. [8] 능동자는 힘을 가진 것이 아니면 안 된다. 그래서 힘이라는 것은 실재의 통일작용이라는 것이다. 예를 들면 물체의 운동은 운동력으로부터 일어난다고 한다. 그런데 이 힘이란 것은 결국 어떤 현상간의 불변적 관계를 가리키기 때문에, 곧 이 현상을 연결 종합하는 통일자를 말하는 것이다. 그리하여 엄밀한 의미에서는 오직 정신만이 능동이다.

4. 다음으로, 무의식과 의식과의 구별에 대하여 한마디하련다. 주관적 통일작용은 항상 무의식[9]이고, 통일의 대상이 되는 것이 의식 내용으로서 나타나는 것이다. 다만 이것을 반성해 볼 때, 이 통일작용은 하나의 관념으로서 의식상에 나타난다. 그러나 이때는 이미 통일작용이 아니고 통일의 대상이 되어 있는 것이다. 앞에서 말한 것처럼 통일작용은 언제나 주관이기 때문에, 따라서 언제나 무의식이 아니면 안 된다. 하르트만[10]도 무의식이 활동이라고 말한 것처럼, 우리가 주관의 위치에 서서 활동의 상태에 있을 때는 언제나 무의식이다. 이에 반하여, 어떤 의식을 객관적 대상으로서 의식한 때에는,

---

8) '시간상으로 앞선 것이 반드시 능동자는 아니다' : 인과법칙으로 보면, 운동 원인은 반드시 시간상으로 앞선 것이지만, 이상이나 목표 따위의 목적 원인은 시간상 최후에 실현된다.

9) 무의식 : '주관적 통일작용은 항상 무의식이다'라는 표현은 오해를 낳기 쉽다. '무의식'이라는 말은, 여기에서는 오히려 의식이 분열하지 않았다든가, 통일되어 있다든가, 주객이 분열하지 않았다는 정도의 의미로 사용되고 있다.

10) 하르트만(Karl Robert Eduard von Hartmann 1842~1906) : 독일의 염세주의자. 셸링의 적극 철학의 영향 아래, 헤겔의 '이성'과 쇼펜하우어의 '생에의 의지'를 종합한 절대자로서의 '무의식자'를 내세워, 그 부정과 자기 지양에 의한 자기 실현의 과정을 세계 과정이라고 생각하였다. 저서 《무의식의 철학》.

그 의식은 이미 활동을 잃은 것이다. 이를테면 어떤 예술의 수련에서도, 일일이 동작을 의식하고 있는 동안은 아직 진실로 살아 있는 예술은 아니다. 무의식의 상태에 이르러 비로소 살아 있는 예술이 되는 것이다.

심리학에서 보아 정신현상은 모두 의식현상이기 때문에, 무의식인 정신현상은 존재하지 않는다는 비난이 있다. 그러나 우리의 정신현상은 단지 관념의 연속이 아닌, 반드시 이것을 연결 통일하는 무의식의 활동이 있기에, 비로소 정신현상이 성립하는 것이다.

5. 최후로, 현상과 본체와의 관계에 대하여 보아도, 역시 실재의 두 방면의 관계로 보고 설명할 수가 있다. 우리가 사물의 본체라고 하는 것은 실재의 통일력을 말하는 것이고, 현상과 그 분화 발전되는 대립의 상태를 말하는 것이다. 예를 들면, 여기에 책상의 본체가 존재한다는 것은, 우리의 의식이 언제든지 어떤 일정한 결합에 의하여 나타난다는 것으로, 여기에서 불변의 본체라고 하는 것은 이 통일력을 가리키는 것이다.

그렇게 말하면, 진정한 주관이 실재의 본체라고 하지 않으면 안 되게 된다. [11] 그런데 우리는 통상적으로 오히려 물체[12]는 객관에 있다고 생각한다. 그와 같은 주관은 무력한 개념이고, 이것에 대하여 사물의 본체는 도리어 객관에 속한다고 하는 편이 지당하다. 그러나 진정으로 말하면, 주관을 떠난 객관이란 또 추상적 개념이며, 무력하다. 참으로 활동하는 사물의 본체라는 것은, 실재 성립의 근본적 작용인 통일력이며, 곧 진정한 주관이 아니면 안 된다.

---

11) '그렇게 말하면, 진정한 주관이 실재의 본체라고 하지 않으면 안 되게 된다' : 이 한 구절은 극히 유심론적이다. 물론 여기에서 말하는 유심론이란, 이른바 유물론에 대립하는 의미에서의 유심론이 아니고, 유물론이라든가 유심론이라든가 하는 이원적 대립을 지양한, 그리고 그런 대립을 두 가지 요소 내지 측면으로서 자기 안에 포용하고 있는 듯한 유심론이다. 이 의미에서, 그것은 '절대적 유심론'이라고 해도 될지 모른다.
12) 물체 : 처음 나온 잡지에는 '물당체(物當體)'로 되어 있다. 앞뒤의 문맥으로 미루어 '물(物)의 본체'라고 표현하는 편이 적절한 것같이 생각된다.

제8장 자연

1. 실재는 오직 하나가 있을 뿐이고, 그 관점이 다름에 따라 각가지 모습을 띄게 된다. 자연이라고 하면 우리의 주관으로부터 완전히 독립한 객관적 실재라고 생각되고 있다. 그러니 엄밀히 말하면, 그와 같은 자연은 추상적 개념이며 결코 진정한 실재는 아니다. 자연의 본체는 역시 아직 주객이 나누어지지 않은 직접 경험의 사실인 것이다. 예를 들면, 우리가 참으로 초목이라고 생각하는 것은, 싱싱한 색깔과 모양을 구비한 초목이고, 우리의 직각적 사실이다. 다만, 우리가 이 구체적 실재로부터 잠시 주관적 활동의 방면을 빼놓고 생각할 때는, 순 객관적 자연인 것처럼 생각되는 것이다. 그리하여 과학자의 이른바 가장 엄밀한 의미에서의 자연이란, 이 사고방식을 극단으로까지 밀고 나아간 것으로, 가장 추상적인 것 즉 가장 실재의 진경과 멀어진 것이다. [1]

자연이란, 구체적 실재로부터 주관적 방면, 즉 통일작용을 빼버린 것이다. 그러므로 자연에는 자기가 없다. 자연은 다만 필연의 법칙에 따라 밖으로부터 움직여지는 것이다. 자신에 의하여 자동적으로 작용할 수 없는 것이다. 그래서 자연현상의 연결 통일은 정신현상에서와 같은 내면적 통일이 아니고, 단지 시간 공간상에서의 우연적 연결[2]이다. 이른바 귀납법[3]에 의해 얻은 자연법[4]이란 것은, 어떤 두 종류의 현상이 불변적으로 연속

---

1) 근본적 실재는 주객이 아직 나누어지지 않은 순수 경험의 사실이다. 그리고, 이 순수 경험에는 '통일적 방면' 즉 주관적 요소와 '피통일적 방면' 즉 객관적 요소가 포함되어 있다. 이른바 자연이란, 이 근본적 실재론부터 '통일적 방면'을 사상(捨象)하여, '피통일적 방면'만을 추상한 것이다. 자연과학은 이와 같은 관점을 극단으로까지 밀고 나아간 것이고, 따라서 실재로부터 가장 멀리 떨어진, 가장 추상적으로 보는 방법이다.

2) 우연적 연결 : 앞에서 '자연은 오직 필연의 법칙에 따라 밖으로부터 움직여진다'고 하면서, 여기에서 자연현상을 '우연적 연결'이라고 한 것은 모순인 것같이 생각된다. 그러나 여기에서 '우연'이라고 한 말은, 정신현상과 같이 자발적인 내면적 통일을 결여하고 있다고 할 정도의 의미로 사용되고 있다.

3) 귀납법 : 일반적인 것으로부터 출발, 그 안에 포함되어 있는 특수적인 것을 도출하는 연역법에 대하여, 개개의 특수적 사실로부터 출발하여 이런 사실에 공통된 일반적인 원리나 법칙을 도출하는 추리의 방법. F. 베이컨에 의하여 기초가 쌓이고, J. S. 밀에 의해 대성하였다.

하여 일어나기 때문에, 하나는 다른 것의 원인이라고 가정할 수 있을 뿐, 아무리 자연과학이 발달하여도 우리는 이 이상의 설명을 할 수는 없다. 다만 이 설명이 세밀하고 또 일반적으로 될 따름이다.

2. 근자의 과학 추세는 되도록 객관적이 되려고 힘쓰고 있다. 그래서 심리현상은 생리적으로, 생리현상은 화학적으로, 화학현상은 물리적으로, 물리현상은 기계적으로 설명하지 않으면 안 되게 된다. 그와 같은 설명의 기초가 되는 순 기계적 설명이란 어떤 것일까. 순 물질이란 전혀 우리가 경험할 수 없는 실재이다. 적어도 이것에 대하여 뭔가 경험할 수 있는 것이라면, 의식현상으로서 우리의 의식 위에 나타나는 것이 아니면 안 된다. 그런데, 의식의 사실로서 나타난 것은 모두 주관적[5]이고, 순 객관적인 물질이라고는 할 수 없는, 순 물질이란 것은 조금도 포착해야 될 적극적 성질도 없는, 단지 공간, 시간, 운동과 같은 순 수량적 성질만 가진 것으로, 수학상의 개념처럼 완전히 추상적 개념에 지나지 않는 것이다.

물질은 공간을 채우는 것으로서 마치 이것을 직각할 수 있을 것처럼 생각하지만, 그러나 우리가 구체적으로 생각할 수 있는 사물의 연장이라는 것은, 촉각 및 시각의 의식현상에 불과하다. 우리의 감각에 크게 보여도 반드시 물질이 많다[6]고는 할 수 없다. 물리학상 물질의 다소는 결국 그 힘의 대소에 의하여 정해지기 때문에, 곧 피차의 작용적 관계로부터 추리하는 것이다. 결코 직각적 사실은 아니다.

3. 또, 위와 같이 자연을 순 물질적으로 생각하면, 동물, 식물, 생물의 구별도 없고, 모두 동일한 기계력의 작용이라고 할 수밖에 없어, 자연현상은 아

---

4) 자연법 : 자연법이라는 말에는 두 가지 의미가 있다. 하나는, 인간의 자연(본성)에 근거한 법칙 내지 규범의 뜻이고, 또 하나는, 자연의 사상간에 있는 사실적 관계의 법칙이란 뜻이다. 여기에서는 자연법이 후자의 의미로 사용되고 있다. 이른바 자연법칙과 인과법칙과 같은 뜻.

5) 주관적 : 이 '주관적'이라는 표현은 오해를 부르기 쉽다. 정확히는 '주관적 요소를 포함한 것'이라고 해야 될 것이다.

6) 물질이 많다 : 이 표현은 애매모호하다. '많은 물질로 구성되어 있다'는 의미일 것이다. '물질이 크다' 내지는 '큰 물질'과 거의 같은 뜻이라고 생각된다.

무런 특수한 성질 및 의미를 갖지 않은 것으로 된다. 인간도 흙덩이도 아무 다른 데가 없다. 그런데 우리가 실제로 경험하는 진정한 자연은 결코 그런 추상적 개념이 아니고, 따라서 단지 동일한 기계력의 작용도 아니다. 동물은 동물, 식물은 식물, ·금석(金石)은 금석, 저마다 특색과 의미를 가진 구체적 사실이다. 우리의 이른바 산천 초목, 충어(虫魚), 금수라는 것은 모두 그처럼 저마다 개성을 구비한 것으로, 이것을 설명하자면 여러 입각지로부터 각 가지로 설명할 수도 있으나, 이 직접으로 주어진 직각적 사실의 자연은 도저히 움직일 수 없는 것이다. [7]

　　우리가 보통으로 순 기계적 자연을 진정한 객관적 실재라 하고, 직접 경험에서의 구체적 자연을 주관적 현상으로 하는 것은, 모든 의식현상은 자기의 주관적 현상이라는 가정으로부터 추리한 생각이다. 그러나 몇 번이나 말한 것처럼, 우리는 전연 의식현상으로부터 떨어진 실재를 생각할 수는 없다. 만일 의식현상에 관계가 있으므로, '주관적이다'라고 한다면 순 기계적 자연도 주관적이다. [8] 공간, 시간, 운동이라는 것도 우리의 의식현상을 떠나서는 생각할 수가 없다. 다만, 비교적으로 객관적일 뿐 절대적으로 객관적인 것은 아니다.

4. 진정한 구체적 실재로서의 자연은, 완전히 통일작업 없이는 성립하는 것이 아니다. 자연도 역시 일종의 자기[9]를 갖추고 있는 것이다. 한 그루의 식물, 한 마리의 동물도 그 발현하는 각가지 형태 변화 및 운동은, 단지 무의미한 물질의 결합이나 기계적 운동이 아니고, 하나하나가 그 전체와 떨어지면 안 되는 관계를 가지고 있기 때문에, 결국 하나의 통일적 자기의 발현이라고 보아야 되는 것이다. 예를 들면 동물의 손발, 코, 입 등 모두 동물 하나하나의 생존 목적과 밀접한 관계가 있고, 이것을 떠나서는 그 의미를 이해

---

7) '이 직접으로 주어진······ 움직일 수 없는 것이다': 직접 경험한 사실의 세계는 결코 부정할 수 없는 세계이고, 움직이려야 움직일 수 없는 엄연한 사실이다.
8) 순수한 기계적인 자연이라 해도, 우리의 의식이 직접 경험의 세계로부터 '피통일적 방면'을 추상하여 만들어 낸 것이기 때문에, 그 의미에서는 주관적이다.
9) 일종의 자기 : '일종의 통일력'과 같은 뜻.

할 수가 없다. 적어도 동식물의 현상을 설명하자면, 그와 같은 자연의 통일력을 가정해야 된다. 생물학자는 모두 생활본능을 가지고 생물의 현상을 설명하는 것이다. 단지 생물에만 그와 같은 통일작용이 있는 것이 아니고, 무기물의 결정에도 이미 다소 이 작용이 나타나고 있다. 즉, 모든 광물은 다 특유한 결정형을 갖추고 있는 것이다. 자연의 자기 즉 통일작용은 그와 같은 무기물의 결정으로부터 동식물의 유기체에 이르러 점점 명료하게 되는 것이다(진정한 자기는 정신에 이르러 비로소 나타난다).

근자에 과학의 엄밀한 합목적 설명의 입각지에서 보면, 유기체의 합목적 발달도 필경 물리 및 화학의 법칙으로부터 설명되지 않으면 안 된다. 즉, 단지 우연의 결과[10]에 불과한 것이 된다. 그러나 그와 같은 생각은 너무나 사실을 무시하는 것이 되기 때문에, 과학자는 잠세적이라는 가정을 가지고 이것을 설명하려고 한다. 즉 생물의 알 또는 씨앗에는 저마다 생물을 발생시키는 잠세력을 가지고 있다는, 이 잠세력이 곧 지금의 이른바 자연의 통일력에 가까운 것이다.

자연을 설명하는데 있어, 기계력 외에 그와 같은 통일력의 작용을 허락하여도, 이 두 가지 설명이 충돌할 필요는 없다. 도리어 양자가 서로 어울려서 자연의 설명을 완전하게 할 수 있는 것이다. 예를 들면, 여기에 하나의 동상이 있다고 하자. 그 재료인 구리로서는 물리화학의 법칙에 따르기도 하겠지만, 이것을 단지 구리 한 덩어리로 볼 것이 아니라 우리의 이상을 나타낸 미술품이다. 즉, 우리의 이상인 통일력에 의하여 나타난 것이다. 그러나, 이 이상의 통일작용과 재료 자체를 지배하는 물리화학의 법칙과는 저절로 다른 범위에 속하여, 결코 서로 해를 끼치는 것이 아니다.

5. 앞에서 말한 것처럼 통일적 자기가 있고, 그리하여 다음에 자연적 목적이 있고, 의의가 있고, 비로소 살아 있는 자연이 되는 것이다. 그와 같은 자연의 생명인 통일력은 단지 우리의 사유에 의하여 작위하는 추상적 개념이 아니고, 도리어 우리의 직각상에 나타난 사실이다. 우리는 사랑하는 꽃을 보

---

10) 우연의 결과 : 이 '우연'이라는 표현은 모호하다. 여기에서는 '합목적'에 대한 말로 쓰고 있다. 요컨대 '목적'에 맞는 것은 아니다'라는 의미로 '우연의 결과'인 것이다.

고, 또 친밀감이 드는 동물을 보고, 곧 전체에 있어 통일적 어떤 것을 포착하는 것이다. 이것이 그것의 자기, 그것의 본체이다. 미술가는 그와 같은 직각에서 가장 뛰어난 사람이다. 그들은 한번 보고 사물의 진상을 간파하여 통일적 어떤 것을 포착하는 것이다. 그들이 나타내는 것은 표면의 사실이 아니라, 깊이 사물의 근저에 숨어 있는 불변의 본체이다.

괴테는 생물의 연구에 몰두하여 오늘날 진화론의 선구자가 되었다. 그의 설에 따르면, 자연현상의 배후에는 본원적 현상(Urphänomen)이라는 것[11]이 있다. 시인은 이것을 직각하는 것이다. 각가지 동물 식물은 이 본원적 현상인 본원적 동물, 본원적 식물의 변화된 것이라고 한다. 실제로 오늘날의 동식물 중에 일정 불변한 전형이 있다. 그는 이 설에 근거하여 모든 생물은 진화하여 온 것이라고 말한 것이다.

6. 그렇다면, 자연의 배후에 숨어 있는 통일적 자기란 어떠한 것인가. 우리는 자연현상으로서 우리의 주관과 관계없는 순 객관적 현상이라고 생각하기 때문에, 이 자연의 통일력도 우리가 전혀 알 수 없는 불가지적 어떤 것이라고 생각한다. 그러나 이미 논한 바와 같이 진실재(眞實在)는 주관 객관이 분리하지 않는 것이다. 실재의 자연은 객관적 일방과 같은 추상적 개념이 아니고, 주객을 구비한 의식의 구체적 사실이다. 따라서 그 통일적 자기는 우리의 의식과 아무 관계가 없는 불가지적 어떤 것이 아니고, 실로 우리 의식의 통일작용 그 자체이다. 그러므로 우리가 자연의 의의 목적을 이해하자면, 자기의 이상 및 정의(情意)의 주관적 통일에 의존하는 것이다. 예를 들면, 우리가 동물의 여러 기관과 동작의 근본에 가로놓인 근본적 의의를 이해하자면, 자기의 정의를 가지고 곧 이것을 직각하기 때문에, 자기에게 정의가 없다면 도저히 동물의 근본적 의의를 이해할 수가 없다. 우리의 이상과 정의가 깊고 커짐에 따라, 차차 자연의 진정한 의의를 이해할 수가 있다. 이것은 요컨대 우리의 주관적 통일과 자연의 객관적 통일력이 원래 동일하다는 것

---

11) 괴테의 《색채론(Zur Farbenlehre)》(1810)에서 전개하고 있는 사상. 오늘날은 《원(原) 현상》과 《근원현상》으로 번역되고 있다. 경험 세계의 근저에 있어, 다양한 현상을 안에 품은 근본적 현상을 말한다.

을 말해 준다. 이것을 객관적으로 보면 자연의 통일력이 되고, 이것을 주관적으로 보면 자기의 지정의(知情意)의 통일이 되는 것이다.

물력 같은 것은 우리의 주관적 통일에 전연 관계가 없는 것으로 믿어지고 있다. 물론 이것은 가장 무의미한 통일[12]이기도 할 것이다. 그러나 이것 역시도 전연 주관적 통일을 떠난 것은 아니다. 우리가 물체 중에 힘있고 여러 가지 작용을 한다는 것은, 결국 자기의 의지작용을 객관적으로 본 것이다.

보통으로는, 우리가 자기의 이상 또는 정의를 가지고 자연의 의의를 추단[13]한다는 것은 단지 유추[14]이고, 확고한 진리가 아니라고 생각되고 있다. 그러나 이것은 주관 객관을 독립으로 생각하여, 정신과 자연과를 두 종류의 실재로 하는 데서 일어난 것이다. 순수 경험상으로 말하면 즉시 이것을 동일하다고 보는 것이 지당하다.

---

12) 가장 무의미한 통일 : 주관적은 아니다, 객관적인 통일이라는 의미. 원래 의미나 가치는 주관적인 의식의 산물이라면, 물력은 그와 같은 의미나 가치로부터 가장 떨어져 있는 것이라는 의미로, '가장 무의미한 통일'이라는 표현이 사용되었다고 생각된다.

13) 추단(推斷) : 사태를 헤아려 판단을 내리는 것. 또는 추측에 의해 단정하는 것.

14) 유추(類推) : 유사점에 근거하여, 어떤 특수한 사물로부터 다른 특수한 사물을 헤아리는 것. 유비(類比) 추리.

제9장 정신

1. 자연은 일견 우리의 정신으로부터 독립된 순 객관적 실재인 것처럼 보이지만, 그 실은 주관에서 떨어진 실재는 아니다. 이른바 자연현상이야말로 그 주관적 방면 즉 통일작용 쪽에서 보면 모두 의식현상[1]이 된다. 예를 들어, 여기에 한 개의 돌이 있다, 이 돌을 우리의 주관으로부터 독립된 어떤 불가지적 실재의 힘에 의하여 나타난 것이라면 자연이 된다. 그러나 이 돌이란 것을 직접 경험의 사실로서 곧 이것을 본다면, 단지 객관적으로 독립된 실재는 아니고 우리의 시각 촉각 등의 결합이며, 즉 우리의 의식통일에 의하여 성립하는 의식현상이다. 그래서 이른바 자연현상이야말로 직접 경험의 근본으로 되돌아가 보면, 모든 주관적 통일에 의하여 성립한 자기의 의식현상이 된다. 유심론자가 세계는 내 관념이라고 하는 것은 이 입각지에서 본 것이다.

우리가 동일한 돌을 본다고 할 때, 각자가 동일한 관념을 가지고 있는 것으로 믿는다. 그러나, 실은 각자의 성질 경험에 따라 다른 것이다. 그러므로 구체적 실재는 모두 주관적 개인적이고, 객관적 실재라는 것은 없게 된다. 객관적 실재라는 것은 각자에게 공통된 추상적 개념에 지나지 않는다.[2]

2. 그렇다면, 우리가 통상 자연에 대하여 정신이라고 말하는 것은 무엇일까.

---

1) 의식현상 : 여기에서는 정확하게는 '정신현상'이라고 해야 된다. 자연현상과 상대되는 것은 정신현상이며, 의식현상은 이와 같은 분리 이전의 통일적 작용을 말한다. 의식현상도 정신현상도 함께 통일적 작용으로 생각되고 있기 때문에 양자는 혼동되기 쉽고, 실제로 니시다는 자주 혼동해서 쓰고 있으나, 정확히 말하면 주객 미분의 통일작용이 의식현상이고, 객관적 피통일자로서 자연현상에 상대하는 주관적 통일작용이 정신현상이다.
2) 통상적으로, 우리는 우리의 밖에, 우리의 의식과는 관계없이, 사물이 독립하여 존재하고 있다고 생각한다. 그리고 그들은 우리의 주관으로부터 떨어져 존재하기 때문에, 객관적 존재라고 한다. 그러나 순수 경험의 입장에서 보면, 우리의 주관으로부터 떨어져 객관적으로 실재하는 것은 존재하지 않는다. 일반적으로 객관적 실재라고 부르는 것은, 우리의 의식현상 안에서 각자에게 공통된 것을 추상한 것에 불과하다. 니시다의 용어를 빌려 말하면 '우리 의식현상의 불변적 결합'이라는 것이다.

즉, 주관적 의식현상[3]이란 어떠한 것일까. 이른바 정신현상이란 단지 실재의 통일적 방면, 즉 활동적 방면을 추상적으로 생각한 것이다. 전술한 바와 같이, 실재의 진경에 있어서는 주관, 객관, 정신, 물체의 구별은 없다. 그러나 실재의 성립에는 모든 통일작용이 필요하다. 이 통일작용이라는 것은 원래 실재를 떠나서 존재하는 것은 아니지만, 우리가 이 통일작용을 추상하여 통일이 되는 객관에 대립시켜 생각할 때, 이른바 정신현상이 되는 것이다. 예를 들어 여기에 하나의 감각이 있다. 그러나 이 하나의 감각은 독립하여 존재하는 것은 아니다. 반드시 다른 것과 대립함으로써 성립하는 것이다. 즉 다른 것과 비교하고 구별되어 성립하는 것이다. 이 비교 구별의 작용 즉 통일적 작용이 우리의 이른바 정신이라는 것이다. 그래서 이 작용이 진행과 함께, 정신과 물체와의 구별이 점점 뚜렷하게 된다. 아이 때에는 우리의 정신은 자연적이다. 따라서 주관의 작용이 미약하다. 그런데 성장함에 따라 통일적 작용이 왕성해져, 객관적 자연으로부터 자기의 마음이라는 것을 자각하게 되는 것이다.

보통으로 우리의 정신이라는 것은, 객관적 자연과 구별이 된 독립의 실재라고 생각하고 있다. 그러나 정신의 주관적 통일을 떠난 순 객관적 자연이 추상적 개념인 것처럼, 객관적 자연을 떠난 순 주관적 정신도 추상적 개념이다. 통일을 당하는 것이 있어야 통일하는 작용이 있는 것이다. 가령 외계에서 사물의 작용을 감수하는 정신의 본체가 있다고 하여도, 작용하는 것이 있고 느끼는 마음이 있는 것이다. 작용하지 않은 정신 자체는, 작용하지 않은 것 그 자체와 같이 불가지적이다.

3. 그렇다면 왜 실재의 통일작용이 특히 그 내용 즉 통일을 당해야 되는 것으로부터 구별되어, 마치 독립한 실재인 것처럼 나타나는 것일까. 그것은 의

---

3) 주관적 의식현상 : 여기에서는, 정확히는 '주관적 정신현상'이 아니면 안 된다. 객관적 자연현상에 상대하는 것은 주관적 의식현상이 아니고 주관적 정신현상이다.
다만 좀 무리한 해석이기는 하지만, 이 '주관적 의식현상'이라는 말을 '객관적 의식현상'에 상대되는 말로 이해하여, 전자는 정신현상을 가리키고 후자는 자연현상을 가리킨다고 이해한다면, 이 '주관적 의식현상'이란 말은 부적합한 것은 아니다.

심할 것도 없이 실재에서의 갖가지 통일의 모순 충돌로부터 일어나는 것이다. 실재에는 여러 체계가 있다. 즉 여러 가지 통일이다. 이 체계적 통일이 서로 충돌하고 서로 모순이 될 때, 이 통일이 분명하게 의식상으로 나타나는 것이다. 충돌 모순이 있는 곳에 정신이 있고, 정신이 있는 곳에는 모순 충돌이 있다. 예를 들면, 우리의 의지 활동에 대해서 보아도, 동기의 충돌이 없을 때에는 무의식이다. 즉 이른바 객관적 자연에 가까운 것이다. 그러나, 동기의 충돌이 뚜렷해짐에 따라 의지가 명료하게 의식되어, 자기의 마음이란 것을 자각할 수가 있다. 그렇다면 어디에서부터 이 체계의 모순 충돌이 일어나는가. 이것은 실재 그 자체의 성질로부터 일어난다. 예전에 말한 것처럼,[4] 실재는 한편에서는 무한한 충돌임과 동시에 한편으로는 또 무한한 통일이다. 충돌이 통일에서 빠지면 안 되는 반면(半面)이다. 충돌에 의하여 우리는 한결 더 큰 통일로 나아가는 것이다. 실재의 통일작용인 우리의 정신이 자기를 의식하는 것은, 그 통일이 활동하고 있을 때가 아니라 이 충돌이 일어날 때인 것이다.

우리가 어떤 한 가지 재주에 익숙해진 때, 즉 실재의 통일을 얻은 때는 도리어 무의식이다, 즉 이 자가(自家)[5]의 통일을 알지 못한다. 그러나 더 깊이 나가려고 할 때는, 이미 얻은 것과 충돌을 일으켜 여기에 또 의식적으로 된다. 의식은 언제나 그처럼 충돌로부터 생기는 것이다. 또 정신이 있는 곳에는 반드시 충돌이 있는 것은, 정신에는 이상이 따른다는 것을 생각해 보면 된다. 이상은 현실과의 모순 충돌을 의미하고 있다(그렇게 우리의 정신은 충돌에 의하여 나타나기 때문에, 정신에는 반드시 고민이 있다. 염세론자가 세계는 괴로운 세계라고 하는 것은 일면 진리를 품고 있다).

4. 우리의 정신이란 실재의 통일작용이다라고 하고 보면, 실재에는 모두 통일이 있다. 즉 실재에는 모두 정신이 있다고 하지 않을 수 없다. 그런데 우리는 무생물과 생물을 나누고, 정신이 있는 것과 없는 것을 구별하는 것은

---

4) 제1편 제2장 및 제2편 제7장 참조.
5) 자가(自家) : 자기. 자기자신.

무엇에 의해서일까. 엄밀히 말하면, 모든 실재에는 정신이 있다고 해도 좋다. 앞에서 말한 것처럼 자연에 있어서도 통일적 자기가 있다, 이것이 곧 우리의 정신과 동일한 통일력이다. 예를 들어, 여기에 한 그루의 나무라는 의식현상이 나타난다고 하면, 보통으로는 이것을 객관적 실재로서 자연력에 의하여 성립하는 것이라고 생각하고 있지만, 의식현상의 한 체계를 이루고 있다고 보면, 의식의 통일작용에 의하여 성립하는 것이다. 그러나 이른바 무심물(無心物)[6]에 있어서는, 이 통일적 자기가 아직 직접 경험의 사실로서 현실에 나타나지 않는다. 나무 그 자체는 자기의 통일작용을 자각하고 있지 않다. 그 통일적 자기는 다른 의식 중에 있으나 나무 자체 중에는 없다. 즉 단지 외면으로부터 통일을 당한 것으로, 아직 내면적으로 통일된 것은 아니다. 그러므로 아직 독립 자전(自全)의 실재라고는 할 수 없다. 동물에서는 이에 반하여 내면적 통일 즉, 자기라는 것이 현실로 나타나 있다, 동물의 갖가지 현상(이를테면 그 형태 동작)은 모두 이 내면적 통일의 발표라고 볼 수가 있다. 실재는 모든 통일에 의하여 성립하지만, 정신에 있어 그 통일이 명료한 사실로서 나타나는 것이다. 실재는 정신에 있어 비로소 완전한 실재가 되는 것이다.[7] 즉 독립 자전의 실재로 되는 것이다.

이른바 정신이 없는 것에 있어서는, 그 통일을 밖으로부터 주어졌기 때문에 자기의 내면적 통일이 아니다. 그러므로, 보는 사람에 따라 그 통일은 변할 수가 있다. 예를 들면 보통으로는 나무라는 통일이 된 하나의 실재가 있다고 생각하지만, 화학자의 눈으로 보면 하나의 유기적 화합물이며, 원소의 집합에 불과하다. 따로 나무라는 실재는 없다고도 할 수 있다. 그러나 동물의 정신은 그렇게 볼 수 없다. 동물의 육체는 식물과 같이 화합물로 볼 수도 있겠지만, 정신 그 자체는 보는 사람 맘대로 이것을 바꿀 수는 없다. 이것을 어떻게 해석하더라도, 어쨌든 사실상 움직일 수 없는 하나의 통일을 나타내고 있는 것이다.

오늘날 진화론에 있어 무기물, 식물, 동물, 인간이라고 하는 식으로 진

---

6) 무심물(無心物) : 마음이나 정신을 갖지 않은 것. 곧 뒤에 나온 '정신 없는 것'에 상응하는 말로 생각된다.
7) 이 표현에, 니시다 사상의 유심론적 경향이 뚜렷하게 나타난다.

화한다는 것은, 실재가 점점 그 숨겨진 본질을 현실로서 나타내고 있다고 할 수 있다. 정신의 발전에서 비로소 실재 성립의 근본적 성질이 나타나게 된 것이다. 라이프니츠[8]가 말한 것처럼 발전(evolution)은 내전(內展)(involution)이다. [9]

5. 정신의 통일자인 우리의 자기라는 것은 원래 실재의 통일작용이다. [10] 어떤 심리학파에서는 우리의 자기는 관념이나 감정의 결합에 불과하다. 이런 것을 빼놓고 달리 자기는 없다고 하는데, 이것은 단지 분석의 방면에서만 보고 통일의 방면을 잊은 것이다. 모든 사물을 분석하여 생각해 보면, 통일작용을 인정할 수는 없다. 그러나 이 때문에 통일작용을 무시할 수는 없다. 사물을 통일에 의하여 성립하는 것이다. 관념 감정도, 이것으로 하여금 구체적 실재가 되게 하는 것은 통일적 자기의 힘에 의해서이다. 이 통일력 즉 자기는 어디에서 왔는가 하면, 결국 실재 통일력의 발현이요 곧 영구불변의 힘이다. 우리의 자기는 항상 창조적이고 자유이며 무한한 활동으로 느껴지는 것은 이 때문이다. 앞에서 말한 것같이, 우리가 속으로 되돌아보고 어쩐지 자기라는 일종의 감정이 있는 것처럼 느끼는 것은 진정한 자기가 아니다. 그런 자기는 아무 활동도 할 수 없는 것이다. 오직 실재의 통일이 안에서 작용할 때에, 우리는 자기의 이상처럼 실재를 지배하고, 자기가 자유롭게 활동을 하고 있다고 느끼는 것이다. 그리하면 이 실재의 통일작용은 무한하기 때문에, 우리의 자기는 무한하며 우주를 포용하는 것같이 느껴지는 것이다.

---

8) 라이프니츠(Gottfried W. Leibniz 1646~1716) : 독일의 철학자, 수학자, 신학자. 미적분의 발견자로 알려져 있다. 모나드론과 예정조화설에 의하여 당시의 철학 및 신학상의 문제를 해결하려고 했다. 저서 《단자론》 《형이상학 서설》.

9) 이 말에 정확히 대응하는 구절은 라이프니츠의 저작에는 보이지 않는다. 이를테면 '부르게에게 보낸 편지'(1715년 8월 5일)에는, involutions(포장, 퇴화)와 evolution(전개, 진화)이라는 말은 나오지만, 말의 용법은 니시다의 문맥과는 사뭇 다르다. 오히려 내용적으로는, 라이프니츠의 《단자론》 73절, 74절, 75절 내지 《자연과 은총의 원리》 6절과 대응하고 있는 것같이 생각된다.

10) '정신의 통일자인 우리의 자기라는 것은 원래 실재의 통일작용이다' : 모든 정신현상의 통일자인 자기는 동시에 우주의 근원적 통일력 자체라고 생각되고 있다. 그래서 '원래 실재의 통일작용이다'라고 표현되어 있는 것이다. 우리의 자기는 정신현상의 통일자일 뿐만 아니라, 자연현상의 통일작용이기도 하다.

내가 앞서 출발한 순수 경험의 입장에서 보면, 여기에서 말하는 실재의 통일작용이라는 것은 단지 추상적 관념이며, 직접 경험의 사실은 아닌 것 같이 생각될지도 모른다. 그러나 우리의 직접 경험의 사실은 관념이나 감정이 아니고 의지활동이다. 이 통일작용은 직접 경험에 없으면 안 되는 요소이다.

6. 이제까지는 정신을 자연과 대립시켜 생각해 왔지만, 지금부터는 정신과 자연과의 관계에 대하여 조금 생각해 보기로 한다. 우리의 정신은 실재의 통일작용으로서, 자연에 대하여 특별한 실재인 것같이 생각되고 있지만, 실은 통일을 당하는 것을 떠나서 통일작용이 있는 것이 아니고, 객관적 자연을 떠나서 주관적 정신은 없는 것이다. 우리가 사물을 안다는 것은, 자기가 사물과 일치한다는 것에 지나지 않는다. 꽃을 볼 때는 자기가 바로 꽃이 된 것이다. [11] 꽃을 연구하여 그 본성을 밝힌다는 것은, 자기의 주관적 억단(臆斷)을 버리고, 꽃 자체의 본성에 일치한다는 뜻이다. 이를 생각하는 경우에도, 이는 결코 우리의 주관적 공상은 아니다. 이는 만인에게 공통일뿐 아니라, 실로 또 객관적 실재가 이것에 의하여 성립하는 원리이다. 움직일 수 없는 진리는, 언제나 우리의 주관적 자기를 버리고 객관적이 됨으로써 얻을 수 있는 것이다. 이것은 요컨대 우리의 지식이 심원하게 된다는 것은 곧 객관적 자연에 합치한다는 뜻이다. 단지 지식에서만 그런 것이 아니고, 의지에 있어서도 그와 같다. 순 주관적으로는 아무것도 할 수가 없다. 의지는 오직 객관적 자연에 따라야만 실현될 수 있는 것이다. 물을 움직이는 것은 물의 본성에 따르는 것이다. 사람을 지배하는 것은 사람의 본성에 따르는 것이다. 자기를

---

11) '꽃을 볼 때는 자기가 바로 꽃이 된 것이다' : '우리가 사물을 안다고 하는 것은, 자기가 그 사물과 일치한다는 것에 지나지 않는다'는 문장 바로 뒤에, 이 문장이 이어져 있다. 따라서, 앞의 문장과 다음 문장은 동격이고, 동일한 내용을 표시하고 있는 것같이 생각되지만, '자기가 사물과 일치한다'는 것과 '자기가 꽃이 된다'는 것과는 전혀 의미가 다르다. 전자에 있어서는 자기와 사물과는 별개의 존재이고, 이 별개의 두 가지 것이 일치한다는 의미이지만, 후자에 있어서는 자기와 꽃과의 대립 자체가 없어진다는 의미이다. 더 정확히 말하면, 이른바 자기라고 하는 것이 소실된다는 의미이다. 이 다음의 문장에서도 이해할 수 있듯이, 니시다는 여기에서, 우주의 근원적 통일력으로서의 자기가, 결코 주아적(主我的), 이기적인 자아는 아니라는 것을 말하려 하고 있다. 그것은, 이를테면 '나를 없애는 자 즉 자기를 버리는 자는 가장 위대한 자이다'라는 문장에서도 미루어 알 수 있을 것이다.

지배하는 것은 자기의 본성에 따르는 우리의 의지가 객관적으로 될수록 그만큼 유력하게 되는 것이다. 석가, 그리스도가 천년이 지나서도 만인을 움직이는 힘을 가진 것은, 참으로 그들의 정신이 용케도 객관적이었기 때문이다. 나를 없애는 자 즉 자기를 버리는 자는 가장 위대한 자이다.

보통으로는 정신현상과 물질현상과를 안팎으로 구별하여, 전자는 안에 후자는 밖에 있다고 생각한다. 그러나 그와 같은 생각은, 정신은 육체 속에 있다는 독단에서 일어나기 때문에, 직접 경험에서 보면 모두 동일한 의식현상이며, 안팎의 구별이 있는 것이 아니다. 무리가 단지 내면적인 주관적 정신이라 하는 것은 극히 표면적인 미약한 정신이다. 즉 개인적 공상이다. 이에 반하여, 광대하고 깊은 정신은 우주의 진리에 합치하는 우주의 활동 그 자체이다. 그래서 그와 같은 정신에는 저절로 외계의 활동을 수반하는 것이다. 활동을 하지 않으려고 해도 맘대로 안 되는 것이다. 미술가의 영감은 그와 같은 사례이다.

7. 마지막으로 사람 마음의 고락에 대하여 말하겠다. 한마디로 말해서, 우리의 정신이 완전한 상태 즉 통일의 상태에 있을 때가 쾌락이고, 불완전한 상태 즉 분열의 상태에 있을 때가 고통이다. 앞에서 말한 것처럼 정신은 실재의 통일 작용이지만, 통일의 이면에는 반드시 모순 충돌을 수반한다. 이 모순 충돌의 경우에는 항상 고통이다. 무한한 통일활동은 곧 이 모순 충돌을 벗어나 한결 더 큰 통일을 달성하려고 하는 것이다. 이때 우리의 마음에 갖가지 욕망이 생기고 이상이 생긴다. 그러나이 이 한결 더 큰 통일을 이루게 될 때 즉 우리의 욕망 또는 이상이 만족을 얻은 때는 쾌락이 되는 것이다. 그러므로, 쾌락에는 반드시 고통에 따르고, 고통의 일면에는 반드시 쾌락이 따른다. 그래서 사람 마음은 절대로 쾌락에 이르지는 못하지만, 되도록 객관적[12]이 되어 자연과 일치할 때에는 무한한 행복을 누릴 수가 있다.

심리학자는 우리의 생활[13]을 돕는 것이 쾌락이고, 이것을 방해하는 것이

---

12) 객관적 : 여기에서 말하는 '객관적'이란 주관에 대한 말이 아니고, 주아(主我)나 이기(利己, 에고)가 소멸하여 없어진 것 같은 상태를 가리키고 있다.

고통이라고 한다. 생활이란 생물의 본성의 발전이며, 곧 자기 통일의 유지이다. 역시 통일을 돕는 것이 쾌락이고, 이것을 방해하는 것이 고통이라는 것과 동일하다.

앞에서 말한 것같이 정신은 실재의 통일작용이며, 광대한 정신은 자연과 일치하기 때문에, 우리는 작은 자기를 가지고 자기가 될 때에는 고통이 많고, 자기가 크게 되어 객관적 자연과 일치함에 따라 행복하게 되는 것이다.

---

13) 생활 : 생존과 같은 뜻.

제10장 실재로서의 신

1. 이제까지 논한 것에 따라 보면 우리가 자연이라고 부르는 것이나, 정신이라고 부르는 것이나, 전혀 다른 종류의 두 가지 실재가 아니다. 요컨대 동일한 실재를 모은 관점의 차이에서 일어난 구별이다. 자연을 깊이 이해하면, 그 근저에서 정신적 통일을 인정하지 않을 수 없고, 또 완전하고 진정한 정신이란 자연과 합일된 정신이 아니면 안 된다. 즉, 우주에는 오직 하나의 실재만 존재하는 것이다. 그래서 이 유일한 실재는 전에 말한 것같이[1] 한편에서는 무한한 대립 충돌임과 동시에 한편에서는 무한한 통일이다. 한마디로 말하면 독립 자전인 무한의 활동이다. 이 무한한 활동의 근본이야말로 우리가 이것을 신이라고 부르는 것이다. 신이란 결코 이 실재의 밖에 초월한 것은 아니다. 실재의 근저가 바로 신이다. 주관 객관의 구별을 없애고 정신과 자연과를 합일한 것이 신이다.

어떤 시대, 어떤 인민이나 신이라는 말을 갖지 않은 일은 없다. 그러나 지식의 정도 및 요구의 차이에 따라 여러 의미로 해석되고 있다. 이른바 종교의 대다수는, 신은 우주의 밖에 있으면서 이 우주를 지배하는 위대한 인간 같은 것으로 생각하고 있다. 그러나, 그와 같은 신의 생각은 매우 유치하며, 다만 오늘의 학문 지식과 충돌할 뿐만 아니라, 종교상에서도 그와 같은 신과 우리 인간과는 내심에 있어 친밀한 일치를 얻을 수가 없다고 생각한다. 위에서 말한 것처럼 실재의 근저에는 정신적 원리가 있고, 이 원리가 곧 신이다. 인도 종교의 근본 취지처럼 아트만과 브라만[2]과는 동일하다. 신은 우주의 대 정신이다.[3]

---

1) 이 편의 제7장과 제9장 참조.
2) 아트만과 브라만 : 이 편의 제1장 참조.
3) 먼저 '실재의 근저가 바로 신이다. 주관 객관의 구별을 없애고, 정신과 자연과를 합일한 것이 신이다'라고 말하고 나서, 이번에는 '신은 우주의 대 정신이다'라고 하였다. 거기에 모순이 있는 것 같이도 생각되지만, 니시다는 실재의 근저 자신이 '정신적 원리'라고 생각하고 있다. 요컨대 니시다의 생각으로는, 실재의 근저 내지는 본체 자체는 정신적인 것이고 이 정신적인 것이, 그 내부적인 모순과 충돌함으로써, 정신적인 것과 물질적인 것으로 분리하는 것이다. 이 같은 생각에는, 괴테의 '사행(事行)' 사상처럼 주관적 관념적인 요소가 인정된다.

2. 예로부터 신의 존재를 증명하는데 많은 의론이 있다. 어떤 자는 이 세계는 무로부터 시작될 수는 없다. 누군가 이 세계를 만든 자가 없으면 안 된다. 그와 같은 세계의 창조자가 신이라고 한다. 즉, 인과율에 근거하여 이 세계의 원인을 신이라고 하는 것이다.[4] 어떤 자는 이 세계는 우연히 존재하는 것이 아니고 하나하나가 의미를 가진 것이다. 즉 어떤 일정한 목적을 향하여 조직된 것이라는 사실을 근거로 하고, 누군가가 그와 같은 조직을 준 자가 없으면 안 된다고 추론하며, 그와 같은 우주의 지도자가 곧 신이라고 한다. 곧 세계와 신과의 관계를 예술의 작품과 예술가와 같이 생각하는 것이다.[5] 이런 것은 모두 지식 쪽으로부터 신의 존재를 증명하여, 더욱 그 성질을 정하려고 하는 것인데, 그밖에도 완전히 지식을 떠나서 도덕적 요구를 가지고 신의 존재를 증명하려는 자가 있다. 이런 사람의 말에 따르면, 우리 인간에게는 도덕적 요구라는 것이 있다. 즉 양심이라는 것이다. 그런데 혹시 이 우주에 권선징악의 대 주재자(大主宰者)[6]가 없다고 하면, 우리의 도덕은 무의미한 것이 된다. 도덕의 유지자로서 꼭 신의 존재를 인정하지 않으면 안 된다는 것이다.[7] 칸트 같은 철학자가 바로 이런 논자이다. 그러나, 이런 논의는 과연 진정한 신의 존재를 증명할 수 있을까. 세계에 원인이 없으면 안 되기 때문에 신의 존재를 인정해야 된다는 것인데, 만일 인과율을 근거로 하여 그처럼 말한다면 왜 한걸음 더 나아가 신의 원인을 물을 수는 없는 것인가. 신은 시작도 없고 끝도 없어 원인 없이도 존재할 수 있다고 한다면, 이 세계도 어째서 그처럼 존재할 수 없다는 것인가. 또 세계가 어떤 목적에 따라 편리하게 조직되어 있다는 사실에서, 전지(全智)한 지배자가 없으면 안 된다고 추리하자면, 사실상 우주의 만물이 모두 합목적으로 만들어져 있다는 것을 증명해야 된다. 그러나 이것은 몹시 어려운 일이다. 만일 그와 같은 것을 증명하지 못한다면, 신의 존재를 증명할 수 없다고 한다면, 신의 존재는 매우 불확실하게 된다. 어떤 사람은 이것을 믿겠지만 어떤 사람은 이것을 믿지 않을 것이다. 또 이것이 증명되었다고 하더라도 우리는 이 세계가 우연

---

4) 만물을 일으키는 원인으로서 생각할 수 있는 신.
5) 우주에 있어 모든 목적이나 조화의 원인으로서 생각할 수 있는 신.
6) 권선징악의 대 주재자(大主宰者) : 널리 선을 권하고 악을 응징하는 우주의 중심 인물.
7) 도덕의 유지자로서의 신. 도덕신.

히 그렇게 합목적으로 되어 있는 것으로 생각할 수 있게 된다. 도덕적 요구로부터 신의 존재를 증명하려고 하는 것은 더욱더 박약하다. 전지전능한 신이라는 것이 있어 우리의 도덕을 유지한다고 하면, 우리의 도덕에 위대한 힘을 주는 것은 틀림없지만, 우리의 실행상 그런 사고방식이 유익하다고 해서, 그런 것이 없으면 안 된다는 증명은 되지 않는다. 그와 같은 생각은 단지 방편이라고 볼 수도 있다. 이런 설은 모두 신을 간접으로 밖에서부터 증명하려고 하기 때문에, 신 자체를 자기의 직접 경험으로 곧 이것을 증명한 것은 아니다.

3. 그렇다면, 우리의 직접 경험한 사실에서 어떻게 신의 존재를 구할 수가 있는가. 시간 공간의 사이에 속박된 작은 우리의 가슴 속에도 무한한 힘이 숨어 있다. 즉 무한한 실재의 통일력이 숨어 있다. 우리는 이 힘이 있기 때문에 학문에서 우주의 진리를 탐구할 수가 있고, 예술에서 실재의 참뜻을 나타낼 수가 있다. 우리는 자기의 마음 속으로 우주를 구성하는 실재의 근본을 알 수가 있다. 즉 신의 면목을 포착할 수가 있다. 사람 마음의 무한히 자재하는 활동은 곧 신 그 자체를 증명하는 것이다. 야콥 뵈메[8]가 말한 것처럼 뒤집힌 눈(Umgewandtes Auge)[9]을 가진 신을 보는 것이다.

신을 외계의 사실에서 구한다면, 신은 도저히 가정의 신이라는 것을 면하지 못한다. 또 우주의 밖에 세운 우주의 창조자라든가 지도자라든가 하는 설은 진정으로 절대 무한한 신이라고 할 수 없다. 아득한 상고시대의 인도 종교 및 유럽의 15, 16세기에 번성하였던 신비학파[10]는 신을 내심에

---

8) 야콥 뵈메(Jakob Böhme 1575~1624) : 독일의 신비주의 철학자. 자기의 신비 체험을 바탕으로 한 독자의 자연철학과 범신론을 결합한 사상을 전개하여, 셸링과 독일 낭만주의에 많은 영향을 끼쳤다. 저서 《서광》.

9) 뒤집힌 눈(Umgewandtes Auge) : 뵈메는 신성의 근원인 '무저(無底 : Ungrund)'를 우리의 자기 내부인 근저 내지는 근저의 중심이라고 생각하였다. 여기에서 '뒤집힌 눈'이라는 것은 자기의 속 깊이 향해진 눈이라는 뜻.

10) 신비학파 : 신·절대자 등의 궁극적 실재와 어떤 형태로 합치한다든가 융합한다든가 할 수 있다고 하는 학파. 15, 16세기 유럽에서는 니콜라우스·쿠자누스와 야콥 뵈메 같은 신비주의자가 있었다.

서의 직각으로 구하고 있다. 이것이 가장 깊은 신의 지식이라고 생각된다.

4. 신은 어떤 형태로 존재하는가. 한편에서 보면 신은 니콜라우스 쿠자누스[11] 등이 말한 것처럼 모든 것의 부정이다. 이것이다 하고 긍정해야 되는 것 즉 포착해야 되는 것은 신이 아니다. 혹시 이것이다 하고 포착해야 되는 것이라면 이제 유한하며, 우주를 통일하는 무한한 작용을 할 수는 없는 것이다(De docta ignorantia, Cap. 24[12]). 이 점에서 보면 신은 완전히 없는 것이다. 그렇다면 신은 결국 없는 것이냐 하면 결코 그렇지는 않다. 실재 성립의 밑바탕에는 역력하게 틀림없이 작용을 하고 있다. 실재는 실로 이것에 의하여 성립하는 것이다. 예를 들면, 삼각형의 모든 각의 합계는 2직각이라는 이치는 어디에 있는 것인가. 우리는 그 이(理) 자체를 볼 수도 들을 수도 없다. 더욱이 여기에 엄연히 움직일 수 없는 이가 존재하지 않는가. 또 한 폭의 명화(名畫)를 본다고 하자. 우리는 그 명화 전체의 운치가 한없이 넓고 깊어[13] 영기가 사람을 감동시키는 것을 본다. 더욱이 그 가운데 하나의 묘사나 배경에서 그럴 만한 까닭을 찾아내려고 해도 도저히 이것을 찾을 수 없다. 신은 이런 의미에서 우주의 통일자이다. 실재의 근본이다. 다만 능히 무이기 때문에 있지 않는 곳이 없고, 작용하지 않는 데가 없는 것이다. [14]

수리를 이해하지 못한 자에게는, 아무리 심원한 수리라도 지식에 조금

---

11) 니콜라우스 쿠자누스(Nicolaus Cusanus, 1401~64) : 독일의 신비주의 철학자, 성직자. 신 플라톤주의자. 신은 극대한 동시에 극소하기도 한 것처럼 모순의 통일자로서, 또는 '반대의 일치'라고 주장하였다. 저서 《지가 있는 무지》, 《신앙의 평화》.

12) 니콜라우스 쿠자누스 《지가 있는 무지》 제24장. 이 대목에서 쿠자누스는, 신을 '일체의 대립에 무한히 앞서 있는 무한한 하나의 성(性)으로서 파악, 그것은 어떤 긍정적인 말을 가지고도 규정할 수 없는 것'이라고 한다. 모두 긍정적인 말로 규정할 수 있는 것은 피조물뿐이고, 신은 부정적인 말에 의해서밖에 규정하지 못하는 것이다.

13) 운치가 한없이 넓고 깊어 : 예술작품 등 사람이 만들었다고는 생각되지 않는 듯한 훌륭한 취향.

14) '다만 능히 무이기 때문에 있지 않는 곳이 없고, 작용하지 않는 데가 없는 것이다' : 실재의 근본은 이미 있다는 것은 아니다. 왜냐하면 그것이 있다고 하면 벌써 그것은 한정된 것이 되기 때문이다. 그리고 한정된 것은 한정되어 있음이고 한정된 작용이다. 그러므로 신은 유무의 대립을 초월한 무이고, 무이기 때문에 있지 않은 곳에 없고, 또 무이기 때문에 작용하지 않는 데가 없다고 니시다는 말하는 것이다.

도 보탬이 되지 못하고, 미를 이해하지 못한 자에게는 아무리 교묘한 명화라도 아무런 감동을 주지 못하는 것처럼, 평범하고 천박한 인간에게는 신의 존재는 공상처럼 생각되어, 아무 의미도 없는 것같이 느껴진다. 따라서 종교 같은 것을 쓸데없는 것으로 본다. 진정한 신을 알고자 하는 자는 반드시 자기를 그만큼 수련하여, 이것을 알 수 있는 안목을 갖추지 않으면 안 된다. 그와 같은 사람에게는 우주 전체 위에 신의 힘이라는 것이, 명화 가운데서 화가의 정신처럼 약동하여, 직접 경험의 사실로서 느껴지게 되는 것이다. 이것을 견신(見神)[15]의 사실이라고 하는 것이다.

5. 앞에서 말한 것을 가지고 보면, 신은 실재 통일의 근본이라고 할 그런 냉정한 철학상의 존재이며, 우리의 따뜻한 정의의 활동과 아무런 관계도 없는 것같이 느껴질지 모르지만, 그것은 실제는 그렇지 않다. 앞에서 말한 것처럼 우리의 욕망은 큰 통일을 바라는 데서 일어나기 때문에 이 통일이 이루어질 때는 희열이다. 이른바 개인의 자애라고 하는 것도 필경은 그와 같은 통일적 요구에 지나지 않는 것이다. 그런데 원래 무한한 우리의 정신은 결코 개인적 자기의 통일을 가지고 만족하는 것은 아니다. 다시, 나아가 한결 더 큰 통일을 찾지 않으면 안 된다. 우리의 큰 자기는 남과 자기를 포함하는 것이기 때문에 남에게 동정을 나타내어 남과 자기와의 일치 통일을 찾게 된다. 우리의 타애라는 것은 그와 같이 일어나는 초개인적 통일의 요구이다. 그러므로 우리는 타애에 있어 자애에서보다도 한층 더 큰 평안과 희열을 느끼는 것이다. 그래서 우주의 통일인 신은 실로 그런 통일적 활동의 근본이다.[16] 우리의 사랑의 근본, 기쁨의 근본이다. 신은 무한한 사랑, 무한한 희열, 평안이다.

---

15) 견신(見神) : 신의 시현(示現)을 마음속에 감득하는 것.
16) 먼저 신은 실재 통일의 근본이라고 생각되었지만, 여기에서는 동시에 사랑의 근본으로 생각되고 있다. 요컨대, 신은 실재 통일력의 기초일 뿐만 아니라, 우리의 사랑과 기쁨과 편안함 같은 정의의 기초이기도 하다는 것이 설명되어 있다. 더욱이 이 장에서 말하고 있는 것은 제4편 '종교'에서 다시 부연하는 형태로 설명되고 있다.

제3편 선

제1장 행위(1)

1. 실재란 어떤 것인가 하는 것은 대략 설명했다고 생각하기 때문에, 이제부터 우리 인간은 무엇을 해야 되는가, 선이란 어떤 것인가, 인간의 행동은 어디에 귀착해야 되는가 하는 실천적 문제를 논하기로 한다. 그리하여, 인간의 갖가지 실천적 방면의 현상은 모두 행위라고 하는 것 가운데 총괄할 수가 있다고 생각하기 때문에, 이런 문제를 논하기에 앞서 우선 행위란 어떤 것인가 하는 것을 생각해 보려고 한다.

행위라는 것은 외면에서 보면 육체의 운동이지만 단지 물이 흐른다, 돌이 떨어진다는 그런 물체적 운동과는 다르다. 일종의 의식을 갖춘 목적이 있는 운동이다. 그러나 다만 유기체에서 나타나는 목적은 있으나, 전혀 무의식적인 여러 가지 반사운동이나, 좀 고등의 동물에서 보게 되는 목적이 있고 또 의식을 수반하지만 아직 목적이 명료하게 의식되어 있지 않은 본능적 동작과도 구별하지 않으면 안 된다. 행위란 그 목적이 명료하게 의식되어 있는 동작을 뜻한다. [1] 우리 인간도 육체를 구비하고 있기 때문에 여러 가지 물체적 운동도 하고 또 반사운동, 본능적 동작도 하지만, 특히 자기의 작용이라

---

1) '행위란 그 목적이 명료하게 의식되어 있는 동작을 뜻한다' : 여기에서 니시다는 운동을 물체적 운동과 반사운동과 본능적 동작과 합목적 행위로 분류하고 있다. 물체적 운동이라는 것은 무기적인 물질의 무의식적인 운동을 말하고, 반사운동이라는 것은 유기체가 가지고 있는 저차원의, 목적의 식이 없는 무의식적인 운동을 말하며, 본능적 동작이라는 것은 조금 고등의 유기체를 가지고 있는 합목적이고 의식적인 운동이기는 하지만, 아직 그 목적 자체가 충분히 의식되어 있지 않은 충동적 내지는 본능적인 운동을 말한다. 이것에 대하여, 행위란 그 목적이 명료하게 의식된 합목적, 의식적, 유의적 동작을 말한다. 인간의 동작에는 이 네 가지 운동의 어떤 것인가를 보게 되는데, 윤리나 도덕을 논할 적에 문제가 되는 것은, 최후의 합목적이고 유의적(有意的) 동작인 '행위'이다.

고 해야 되는 것은 이 행위에 한정되어 있는 것이다.

2. 이 행위에는 대개의 경우에 있어 외계의 운동 즉 동작을 수반하는데, 물론 그 중요한 것은 내계의 의식현상에 있기 때문에, 심리학상 행위란 어떤 의식현상인가를 생각해 보자. 행위란 앞에서 말한 것처럼 의식된 목적으로부터 일어나는 동작을 말하며 이른바 유의적 동작을 뜻한다. 단, 행위라고 하면 외계의 동작까지도 포함하여 말하는데, 의지라고 하면 주로 내면적 의식현상을 가리키기 때문에, 지금 행위의 의식현상을 논한다는 것은 곧 의지를 논하는 것이 된다. 그럼, 의지는 어떻게 해서 일어나는가. 원래 우리의 신체는 대체로 자기의 생명을 지키고 발전하기 위하여 스스로 적당한 운동을 하도록 만들어져 있고, 의식은 이 운동에 따라 발생하기 때문에, 처음에는 단순한 고락의 정이다.[2] 그런데 외계에 대한 관념이 차츰 명료하게 되고 또 연상작용이 활발해짐과 동시에, 앞의 운동은 외계 자극에 대하여 무의식으로 피어나지 않고 먼저 결과의 관념을 상기하여, 이제부터 그 수단이 돼야할 운동의 관념을 수반, 그리하여 다음 운동으로 옮겨간다는 식이 된다. 즉 의지라는 것이 발생하는 것이다. 그래서 의지가 일어나는 데는 우선 운동의 방향, 의식상으로 말하면 연상의 방향을 정한 육체적 또는 정신적인 소인이라는 것이 없으면 안 된다. 이건 의식상으로는 일종의 충격적 감정으로서 나타나게 된다.[3] 이것은 선천적인가 후천적인가를 불문하고 의지의 힘이라고 해야 되는 것으로, 여기에는 이것을 동기라고 명명하여 둔다. 다음으로, 경험에 의하여 얻는, 연상에 의해 야기되는 결과의 관념 즉 목적, 자세히 말하면 목적 관념이라는 것이 위의 동기에 따르지 않으면 안 된다. 이때에 겨우 의지의 형태가 성립하기 때문에, 이것을 욕구라고 이름붙인, 즉 의지의 첫 단계가 된다.

이 욕구가 하나였을 때에는 운동의 관념을 수반한 동작으로 나타나지만, 욕구가 둘 이상 있을 때에는 이른바 욕구의 경쟁이란 것이 일어나, 그중 가장 유력한 것이 의식의 중심을 차지하여 동작을 하게 된다. 이것을 결의라고 한다. 우리의 의지라는 것은 그런 의식현상의 전체를 가리키는데, 때로는 좁

---

2) 의식과 고락의 감정과의 관계에 대해서는, 제2편 제9장 '정신' 7을 참조.
3) 같은 취지의 말이, 제1편 제3장 '의지'의 첫 대목에 설명되어 있음.

은 의미에서 드디어 동작으로 옮기는 순간의 작용 또는 특히 결의 같은 것을 말하는 경우도 있다. 행위의 가장 중요한 부분은 실로 내면적 의식현상인 의지에 있기 때문에, 외면의 동작은 그 중요 부분이 아니다. 무엇인가 장애 때문에 동작이 일어나지 않았다고 하더라도, 훌륭한 의지가 있었다면 이것을 행위라고 할 수 있고, 이것에 반하여 동작이 일어났어도 충분한 의지가 없었다면 이것을 행위라고 할 수는 없다. 의식의 내면적 활동이 활발해지면, 처음부터 의식 안에서 생긴 일을 목적으로 하는 의지가 일어나게 된다. 그런 경우에 있어서도 물론 행위라고 말할 수가 있다. 심리학자는 안팎이라는 식으로 구별을 하지만, 의식현상으로서는 완전히 동일한 성질을 가지고 있는 것이다.

3. 위에서 말한 것은 단지 행위의 중심 부분인 의지의 과정을 적은 것에 불과하기 때문에, 이제 한 걸음 더 나아가 의지는 어떤 성질의 의식현상이며, 의식 중에서 어떤 자리를 차지한 것인가를 설명하겠다. 심리학에서 보면, 의지는 관념통일의 작용이다. 즉, 통각[4]의 일종에 속해야 되는 것이다. 의식에서 관념 결합의 작용에는 두 종류가 있어, 하나는 관념 결합의 원인이 주로 외계의 사정에 있고, 의식에 있어서는 결합의 방향이 분명하지 않아, 수동적으로 느껴지기 때문에 이것을 연상[5]이라 하며, 하나는 결합의 원인이 의식 안에 있어 결합의 방향이 분명히 의식되어 있고, 의식이 능동적으로 결합한다고 느껴지기 때문에 이것을 통각이라고 한다.

그런데 위에서 말한 것처럼 의지란 먼저 관념 결합의 방향을 정하는 목적 관념이라는 것이 있고, 이것으로부터 종래의 경험에서 얻은 여러 운동관념 중에서 자기의 실현에 적당한 관념의 결합을 구성하기 때문에, 완전히 하나의 통각작용이다. 그렇게 의지가 관념통일의 작용이라는 것은, 욕구 경쟁의 경우에 점점 명확하여진다. 이른바 결의라는 것은 이 통일의 종결에 지나지

---

4) 통각(統覺) : 여기에서는, 여러 지각이나 관념을 결합하여 통일하는 의식작용을 나타내는 말로 사용되고 있다.

5) 연상(連想) : 여기에서는, 여러 관념의 결합이나 통일이 외계의 사정에 의하여 수동적으로 일어나는 경우가 '연상', 반대로 그 결합이나 통일이 안쪽에 있는 원인에 의해 능동적으로 일어나는 경우가 '통각'으로 규정되어 있다. 그러나 니시다의 순수경험설에 따르면 이와 같은 능동적 수동적 구별은 상대적인 것이고, 정도상의 것밖에 되지 않는다.

않는 것이다.

4. 그렇다면, 이 의지의 통각작용과 다른 통각작용과는 어떤 관계에서 일어나는가. 의지 외에 사유, 상상의 작용도 같은 통각작용에 속하고 있다. 이런 작용에 있어서도 어느 통일적 관념이 근본이 되어, 이것으로부터 그 목적에 맞도록 관념을 통일하기 때문에, 관념활동의 형식에 있어서는 완전히 의지와 동일하다. 다만, 그 통일의 목적이 같지 않고, 따라서 통일의 법칙이 다르기 때문에, 각각 서로 다른 의식의 작용이라고 생각되고 있는 것이다. 그러나, 이제 한결 더 자세히 어떤 점에서 다르고 어떤 점에서 같은가를 생각해 보자. 우선 상상과 의지를 비교해 보면, 상상의 목적은 자연의 모의(模擬)이며 의지의 목적은 자신의 운동이다.

따라서, 상상에 있어서는 자연의 참다운 상태에 맞도록 관념을 통일하고, 의지에서는 자기의 욕망에 맞도록 통일하는 것이다. 그러나 세밀하게 생각해 보면, 의지의 운동 전에는 반드시 먼저 한번 그 운동을 상상하지 않으면 안 되고, 또, 자연을 상상하려면 자기가 먼저 그것이 되어 생각해 보지 않으면 안 된다. 다만 상상이라는 것은 아무래도 외물을 상상하기 때문에, 자기가 완전히 이것과 일치할 수가 없고 따라서 자기의 현실이 아닌 것 같은 느낌이 든다.

즉, 어떤 것을 상상한다는 것과 이것을 실행한다는 것과는 어쩐지 다른 것 같이 생각되는 것이다. 그러나 다시 한 걸음 나아가서 생각해 보면, 이것은 정도의 차이이지 성질의 차이는 아니다. 상상도 미술가의 상상에서 보는 것과 같이 입신(入神)의 경지에 도달하면, 완전히 자신은 그 가운데 함몰되어 자기와 일치됨으로써, 물(物)의 활동이 곧 자기의 의지활동이라고 느껴지게 되는 것이다. 다음으로 사유와 의지를 비교해 보면, 사유의 목적은 진리에 있기 때문에 그 관념 결합을 지배하는 법칙은 논리의 법칙이다. 우리는 진리로 여기는 것을 반드시 의지한다고는 할 수 없다. 또 의지하는 것이 반드시 진리라고는 생각하지 않는다.

뿐만 아니라, 사유의 통일은 단지 추상적 개념의 통일이지만 의지와 상상과는 구체적 관념의 통일이다. 이런 점에서 사유와 의지는 일견 분명히 구별이 있어, 아무도 이것을 뒤섞는 것은 아니지만 또 잘 생각해 보면, 이 구별도 그다지 명확하고 움직일 수 없는 것은 아니다. 의지의 배후에는 언제나 상당한 이유가 숨어 있다. 그 이유가 완전하지는 않더라도 이것에 반하여 왕양명[6]이 지행 동일(知行同一 : 지행 합일(知行合一)과 같음)을 주장한 것같이, 진실한 지식은 반드시 의지의 실행이 따르지 않으면 안 된다. 자기는 그렇게 사유하지만, 그렇게는 바라지 않는다는 것은 아직 제대로 알지 못한 것이다. 그렇게 생각해 보면, 사유, 상상, 의지 세 가지의 통각은 그 근본에 있어서는 동일한 통일작용이다. 그 가운데 사유와 상상은 물과 자기의 모든 것에 관한 관념에 대한 통일작용이지만, 의지는 특히 자기의 활동만에 관한 관념의 통일작용이다. 이에 반하여 전자는 단지 이상적 즉 가능적 통일이지만, 후자는 현실적 통일인 즉 통일의 극치라고 할 수 있는 것이다.

5. 이미 의지의 통각작용에서의 지위를 약술하였는데, 이번에는 다른 관념적 결합, 즉 연상과 융합과의 관계에 대해 말하겠다. 연상에 대하여는 앞에서, 그 관념 결합의 방향을 정하는 것은 외계에 있으며 내계에는 없다고 하였는데, 이것은 단지 정도상으로 논하였기 때문에, 연상에서도 그 통일작용이 완전히 안에는 없다고 할 수 없다.

다만 분명하게 의식상으로 나타나지 않았을 뿐이다. 융합에 이르러서는 관념의 결합이 더욱 무의식이고 결합작용마저 의식하지 않는 것이지만, 그렇다고 결코 내면적 통일이 없는 것은 아니다. 이것은 요컨대 의식현상이 모든 의지와 동일한 형식을 가지고 있어 모두 어떤 의미에서 의지라고 할 수 있다. 그래서 이런 통일작용의 근본이 되는 통일력을 자기라고 부른다면, 의지는 그중에서 가장 명확하게 자기를 발표한 것이 된다. 그리하여 우리는 의지활동에서 가장 분명하게 자기를 의식하는 것이다.

---

6) 왕양명(王陽明 : 1472~1528) : 중국 명(明)나라 때 유학자, 정치가. 양명학(陽明學)의 창시자. 《대학》에 있는 '격물(格物)'을, 주자처럼 '이를 깊이 연구한다'는 의미가 아니라, '마음을 바르게 한다'는 실천적 의미로 해석, 초기에는 '심즉리(心卽理)'설을 주장하였으나 만년에는 '치양지(致良知)'설을 주장하였다. 저서 《전습록(傳習錄)》, 《대학문(大學問)》.

제2장 행위(2)

1. 여기까지는 심리학상으로 행위란 어떤 의식현상인가를 논하였는데, 이제부터 행위의 근본인 의지의 통일력이라는 것이, 실재에 있어 이 힘은 어떤 의미를 가지고 있는가 하는 문제를 논하고, 철학상의 의지와 행위의 성질을 분명히 하려고 생각한다.

어떤 정해진 목적에 의하여 안으로부터 관념을 통일한다는 의지의 통일이란 과연 무엇에서 일어나는 것인가. 물질의 밖에 실재는 없다는 과학자의 견지에서 보면, 이 힘은 우리의 신체에서 밖에 일어날 수 없을 것이다. 우리의 신체는 동물의 몸과 같이, 하나의 체계를 이룬 유기체이다. 동물의 유기체는 정신의 유무와 상관없이, 신경계통의 중추[1]에서 기계적으로 여러 가지 질서 정연한 운동을 할 수가 있다. 즉 반사운동, 자동운동, 더욱 복잡한 본능적 동작을 할 수 있는 것이다. 우리의 의지도 원래는 이런 무의식 운동에서 발달하여 온 것으로, 지금도 의지가 훈련이 된 때에는 역시 이런 무의식 운동의 상태로 돌아가기 때문에, 결국 동일한 힘에 근거하여 일어난 일종의 같은 운동이라고밖에 생각할 수 없다. 그리하여 유기체의 여러 가지 목적은 모두 자기와 자기의 종속(種屬)에 있어 생활[2]의 유지 발전이라는 것으로 돌아가기 때문에, 우리의 의지의 목적도 생활 보존밖에 없을 것이다.

다만, 의지에 있어서는 목적이 의식되어 있으므로, 다른 것과 달리 보일 따름이다. 그래서, 과학자는 우리 인간에게 있어서 여러 고상한 정신상의 요구까지도 모두 이 생활의 목적으로부터 설명하려고 하는 것이다.

2. 그러나 그렇게 의지의 근본을 물질력에서 찾고, 미묘 유원(微妙幽遠)한 인생의 요구를 단지 생활욕으로부터 설명하려는 것은 매우 어려운 일이다. 가령 고상한 의지의 발달은 동시에 생활작용의 융성을 수반하는 것이더라도, 최상의 목적은 전자에 있지 후자에 있지는 않을 것이다. 후자는 도리어 전자의 수단으로 생각하지 않으면 안 될 것이다. 그러나 잠시 이런 논의는

---

1) 신경계통의 중추 : 신경계통을 제동하는 주요한 부분, 중심.
2) 생활 : 여기에서는 '생명'과 같은 뜻.

뒤로 하고, 혹시 과학자의 말처럼 우리의 의지는 유기체의 물질적 작용에서 일어나는 것이라고 한다면, 물질은 어떠한 능력을 가진 것이라고 가정을 해야 되는 것인가. 유기체의 합목적 운동이 물질로부터 일어난다고 하려면 두 가지 사고방식이 있다. 하나는 자연을 합목적인 것으로 보고, 생물의 종자에 있어서와 같이, 물질 속에도 합목적력을 잠세적(潛勢的)으로 품고 있지 않으면 안 되는 것이기 때문[3]이며, 하나는 물질은 다만 기계력만 가진 것으로 보고, 합목적인 자연현상은 모두 우연히 일어나는 것으로 하는 것이다. 엄밀한 과학자의 견해는 오히려 후자에 있는 것인데, 나는 이 두 가지 견해가 동일한 사고방식으로, 결코 그 근저까지 다른 것은 아니라고 생각한다. 후자의 견해로 하더라도 어딘가에 있는 일정 불변의 현상을 일으키는 힘이 있다고 가정하지 않으면 안 된다. 기계적 운동이 생기려면 이것을 생기게 하는 힘이 물체 속에 잠재한다고 가정하지 않으면 안 된다. 그렇게 말할 수 있다면, 왜 같은 이유에 의해 유기체의 합목적력을 물체 속에 잠재한다고 생각할 수 없겠는가. 또는 유기체의 합목적 운동 같은 것은, 그런 힘을 가정하지 않아도 더 간단한 물리화학의 법칙에 의하여 설명할 수 있는 것도 있을 것이다. 그러나 그렇다면, 오늘날 물리화학의 법칙도 한결 더 간단한 법칙에 의하여 설명할 수 있을지도 모른다. 아니, 지식의 발달은 무한하기 때문에 반드시 설명되지 않으면 안 된다고 생각한다. 그렇게 생각한다면, 진리는 단지 상대적이다. 나는 오히려 이 사고방식을 반대하고 분석보다도 종합에 무게를 두며, 합목적인 자연이 낱낱이 분립하는 것보다 종합으로 나아가, 단계를 밟아 자기의 참뜻을 발휘한다고 보는 것이 지당하다고 생각한다.

3. 또, 내가 앞에서 말한 실재를 보는 관점에 따르면, 물체라는 것은 의식현상의 불변적 관계로 부르는 명목에 불과하기 때문에, 물체가 의식을 낳는 것이 아니라 의식이 물체를 만드는 것이다.[4] 가장 객관적인 기계적 운동 같은

---

3) 예를 들면, 식물의 '종자'는 그 속에서 발아, 개화, 결실 등의 온갖 능력을 잠재적으로 품고 있는, 즉 내적 합목적성을 가지고 있다고 생각할 수 있다.

4) '물체가 의식을 낳는 것이 아니라 의식이 물체를 만드는 것이다': 보통, 물체가 발전하면 유기체가 되고, 유기체가 발전하면 의식을 갖게 된다고 생각한다. 그러나 이미 말한 것같이 니시다는, 물체란 의식현상 속에 있는 불변적이고 객관적인 관계를 추상화한 것에 지나지 않는다고 생각한다. 물체에서 출발한 입장과 의식현상에서 출발한 입장과의 차이를 명확하게 한 구절.

것도 우리의 논리적 통일에 의하여 성립하기 때문에, 결코 의식의 통일을 떠난 것은 아니다. [5] 여기에서 나아가 생물의 생활현상이 되고 더 나아가 동물의 의식현상이 되는 것에 따라, 그 통일은 점점 활발하여지고 다방면으로 되며 더욱 심원하게 되는 것이다. 의지는 우리 의식의 가장 깊은 통일력이고 또 실재 통일력의 가장 심원한 발현이다. 외면에서 보아 단지 기계적 운동이고 생활현상의 과정인 것이, 그 내면의 참다운 의미에서는 의지인 것이다. 마치 단지 나무이고 돌이라고 생각하고 있는 것이, 그 참다운 의미에서는 자비 원만한 불상이고, 패기가 넘치는 인왕인 것처럼, 이른바 자연은 의지의 발현이고, [6] 우리는 자기의 의지를 통하여 유현한 자연의 참다운 의미를 포착할 수 있는 것이다. 처음부터 현상을 안팎으로 나누고 정신현상과 물질현상이 전혀 다른 현상이라고 볼 때는, 위와 같은 설은 공상에 그치는 것으로 생각될지 모르지만, 직접 경험에서의 구체적 사실에서는 안팎의 구별이 없고, 그와 같은 생각이 도리어 직접의 사실인 것이다.

4. 위에서 말한 것은 물체의 기계적 운동, 유기체의 합목적을 가지고 의지와 근본을 하나로 하여 같은 작용을 한다고 보는 과학자의 말과 일치하지만, 그러나 그 근본으로 삼는 것과는 완전히 정반대이다. 그는 물질력을 가지고 근본으로 삼고, 이것은 의지를 가지고 근본으로 삼는 것이다.

이 생각에 따르면 먼저 행위를 분석하여 의지와 동작의 둘로 하였는데, 이두 가지의 관계는 원인과 결과와의 관계가 아니고, 오히려 동일한 것의 양면이다. 동작은 의지의 표현이다. 밖에서 동작으로 보이는 것이 안에서 보면 의지인 것이다. [7]

---

5) 기계적인 운동이라는 것은, 객관적 실재가 아니고 자연법칙 또는 인과율이라는 논리적인 통일 원리에 의해 자연을 통일한 것이다. 좀더 정확히 말하면 오히려 자연을 추상화한 것이다.

6) 자연과 의지는 전혀 별개의 존재인 것이 아니다. 의지는 실재의 근원적 통일력의 가장 심원하고 직접적인 발현이기 때문에, 따라서 자연이란 의지의 발현이라고 생각된다.

7) 여기에 니시다의 주의주의적 입장 또는 유심론의 입장이 명확하게 표명되어 있다.

제3장 의지의 자유

1. 의지는 심리적으로 말하면 의식의 한 현상에 불과하지만, 그 본체에 있어서는 실재의 근본임을 말하였다. 이제 이 의지가 어떤 의미에서 자유의 활동인가를 말해 보겠다. 의지가 자유인가, 아니면 또 필연인가는 오랜 세월 학자의 머리를 괴롭힌 문제이다. 이 논의는 도덕상으로 소중할 뿐만 아니라, 이것에 의하여 의지의 철학적 성질까지도 분명하게 할 수 있을 것이다.

우선 우리가 보통으로 믿는 바에 따르면, 누구나 자기의 의지가 자유라고 생각하지 않은 사람은 없다. 자기가 자기의 의식에 대하여 경험한 바로는, 어느 범위에서 어떤 것은 하는 것도 있고 되도록이면 또 하지 않는 것도 있다. 즉 어느 범위 안에서는 자유라고 믿고 있다. 이 때문에 책임, 무책임, 자부, 후회, 칭찬, 비난 등의 마음이 일어나는 것이다. 그러나 이 어느 범위 안이라는 것을 이제 조금 자세히 생각해 보자. 모든 외계의 사물에 속하는 것은 우리가 이것을 자유로 지배할 수 없다. 자기의 몸마저도 어디까지나 맘대로 다룰 수 없다고 한다. 수의근육(隨意筋肉)의 운동은 자유로운 것 같지만, 일단 병에 걸리기라도 하면 이것을 자유로 움직일 수가 없다. 자유로 할 수 있다는 것은 단지 자기의 의식현상이다. 그러나 자기의 의식 안의 현상이라 해도 우리는 새로 관념을 만들어 내는 자유를 갖지 못하고, 다시 한번 경험한 것을 언제든지 불러일으키는 자유마저 갖지 못한다. 참으로 자유라고 생각할 수 있는 것은 다만 관념 결합의 작용이 있을 따름이다. 즉 관념을 어떻게 분석하고 어떻게 종합하는가가 자기의 자유에 속한 것이다. 물론, 이 경우에도 관념의 분석 종합에는 움직일 수 없는 선재적 법칙[1]이라는 것이 있어 맘대로 할 수 있는 것이 아니고, 또 관념 사이의 결합이 유일하지만, 혹은 어느 결합이 특히 강성하였을 때에는, 우리는 어떻게든지 이 결합에 따르지 않으면 안 되는 것이다. 다만 관념 성립의 선재적 법칙의 범위 안에서, 더구나 관념 결합에 두 가지 이상의 길이 있고, 이런 결합의 강도가 강박적이 아닌 경우에만 완전한 선택의 자유를 갖는 것이다.

---

1) 선재적(先在的) 법칙 : 선천적 법칙. 예를 들면, 사고의 3법칙 즉 동일율, 모순율, 배중율(排中律) 등을 무시하고 관념을 분석한다든가 종합한다든가 할 수는 없다.

2. 자유 의지론을 주장하는 사람은 대개 이 내계 경험의 사실[2]을 근거로 논리를 세우는 것이다. 위의 범위 안에서 동기를 선택 결정하는 것은 순전히 우리의 자유에 속하고 우리 외에 이유는 없다. 이 결정은 외계의 사정 또는 내계의 기질, 습관, 성격으로부터 독립한 의지라는 하나의 신비력에 의한 것이라고 생각한다. 즉, 관념의 결합 외에 이것을 지배할 하나의 힘이 있다고 생각하고 있다. 이에 반하여, 의지의 필연론을 주장하는 사람은 대개 외계에서의 사실의 관찰을 근본으로 하여 이것으로부터 추론하는 것이다. 우주의 현상은 무엇 하나도 우연히 일어나는 것은 없다, 극히 사소한 일이라도 세밀하게 연구하면 반드시 상당한 원인을 가지고 있다. 이 생각은 모든 학문이라고 칭하는 것의 근본적 사상이며, 또한 과학의 발달과 함께 점점 이 사상이 확실하게 되는 것이다. 자연현상 속에서 종래 신비적으로 생각되었던 것도, 하나하나 그 원인 결과가 명료하게 되어, 수학적으로 계산을 할 수 있을 만큼 발전하였다. 오늘날 아직도 원인이 없다고 생각하는 것이 있다면 우리의 의지 정도이다. 그러나 의지라고 하여도 이 움직일 수 없는 자연의 대법칙 밖으로 벗어날 수는 없다. 오늘날 의지가 자유라고 생각하고 있는 것은, 필경 아직 과학의 발달이 유치하여 일일이 이 원인을 설명할 수 없기 때문이다. 그뿐만 아니라 의지적 동작도 개개의 경우에는 실로 불규칙하여 일견 정해진 원인이 없는 것 같지만, 많은 사람의 동작을 통계적으로 생각해 보면 의외로 질서적이다. 결코 일정한 원인 결과가 없다고 볼 수는 없다. 이런 생각은 점점 우리의 의지에 원인이 있다는 확신을 강하게 하고, 우리의 의지는 모든 자연현상과 마찬가지로, 필연인 기계적 인과의 법칙에 지배되는 것으로, 따로 의지라는 일종의 신비력은 없다는 단안[3]에 도달하는 것이다.

3. 자, 이 두 가지 반대론의 어느 쪽이 정당할까. 극단적인 자유의지론자는 위에서 말한 것처럼, 전연 원인도 이유도 없이 자유로 동기를 결정하는 하나의 신비적 능력이라고 한다. 그러나, 그런 의미로 의지의 자유를 주장한다면 그것은 완전히 오류이다. 우리가 동기를 결정할 때에는 무엇인가 상당한 이

---

2) 내계(內界) 경험의 사실 : 앞 절의 마지막 부분에서 보인 것처럼, 어느 일정한 범위 안에서 관념을 자유로 결합할 수 있다는 사실을 말한다.

3) 단안(斷案) : 결론과 같은 뜻.

유가 없으면 안 된다. 설사 이것이 명료하게 의식상으로 나타나지 않았더라도 의식하에서 무엇인가 원인이 없으면 안 된다. 또 혹시 이런 논자가 있듯이 아무런 이유없이 아주 우연하게 일을 결정하는 것과 같은 일이 있다면, 우리는 이때 의지의 자유를 느끼지 않고 도리어 이것을 우연히 일어난 일로서 밖에서 작용한 것으로 생각하는 것이다.[4] 따라서 이것에 대해 책임을 느끼는 것이 박약하다. 자유의지론자는 내계의 경험을 근본으로 하여 의론을 세운다고 하지만, 내계의 경험은 도리어 반대의 사실을 증명하는 것이다.

4. 다음에는, 필연론자의 의론에 대하여 조금 비판을 해 보겠다. 이런 생각의 논자는 자연현상이 기계적 필연의 법칙에 지배되기 때문에, 의식현상도 그대로 되지 않으면 안 된다는 것인데, 원래 이 의론에는 의식현상과 자연현상(바꾸어 말하면 물체현상)과는 동일하며, 동일한 법칙에 의하여 지배되어야 한다는 가정이 근거로 되어 있다. 그러나 이 가정은 과연 옳은 것인가. 의식현상이 물체현상과 동일한 법칙에 지배되어야 하는가 아닌가는 미정의 의론이다.[5] 그와 같은 가정 위에 서 있는 의론은 매우 박약하다고 해야 된다. 가령 오늘날 생리적 심리학[6]이 대단히 진보하여, 의식현상의 기초인 뇌의 작용이 하나하나 물리적 및 화학적으로 설명이 된다 하더라도, 이것에 의하여 의식현상은 기계적 필연법에 의해 지배되어야 하는 것이라고 주장할 수가 있을까. 예를 들면, 한 동상의 재료인 구리는 기계적 필연법의 지배 밖으로 나가지 못하지만, 이 동상이 나타내는 의미는 이 밖에 있는 것이 아닐까. 이른바 정신상의 의미라는 것은 보지 말고 듣지 말고 헤아리면 안 되는 것으로, 기계적 필연법 이외에 초연한 것이 있다고 하지 않으면 안 된다.

---

4) 아무 이유나 원인도 없이 행위를 결정할 수 있는 경우에, 그 행위는 우연히 일어난 행위이고, 그때 외계의 사정에 의하여 생긴 행위라고 할 것이다. 말을 바꾸면, 그것은 밖에서 결정된 행위이며 안에서 생긴 자유로운 행위라고는 할 수 없다. 자유라고 하는 것 안에는, 그것이 자기의 밖에서가 아니라, 자기의 안에서 결정되었다고 하는 의미가 어떤 형태로 포함되어 있지 않으면 안 된다.

5) 의식현상은 내적 현상이며 물체현상은 외적 현상이다. 이 내계와 외계에서 생기는 현상이 완전히 동일한 법칙에 의하여 지배되고 있는가 아닌가는, 매우 큰 의론의 여지가 있다. 예를 들면, 내계의 현상은 자유의지에 의하여, 또 내계의 현상은 자연법칙에 의하여 생긴다고 생각할 수도 있다.

6) 생리적 심리학 : 유기적인 행동을 생리학적인 구조나 기능과 관련시켜 연구하는 심리학의 한 부문. W. 분트나 뮌스터베르크 등의 심리학은 생리적 심리학이라고 한다.

5. 이것은 요컨대, 자유의지론자가 말하는 그런 원인도 이유도 전혀 없는 의지는 어디에도 없다. 그와 같은 우연한 의지는 결코 자유라고 느껴지지 않고 도리어 강박으로 느껴지는 것이다. 우리가 어떤 이유에서 움직일 때 즉 자기의 내면적 성질에 의하여 움직일 때 도리어 자유라고 느껴지는 것이다. 그러나 그 이른바 의지의 이유라는 것은 필연론자가 말하는 것처럼 기계적 원인은 아니다. 우리의 정신에는 정신활동의 법칙이 있다. 정신이 이 자기자신의 법칙에 따라 움직일 때가 참다운 자유인 것이다. 자유에는 두 가지 의의가 있다. 하나는 전혀 원인이 없는 즉 우연이라는 것과 같은 의미의 자유이고, 하나는 자기가 밖의 속박을 받지 않은, 자기자신이 작용하는 의미의 자유이다. 즉, 필연적 자유[7]라는 의미이다. 의지의 자유라는 것은, 후자의 의미인 자유이다. 그러나 여기에서 다음과 같은 문제가 일어나게 될 것이다. 자기의 성질에 따라 움직이는 것이 자유라고 한다면, 만물이 모두 자기의 성질에 따라 움직이지 않는 것은 없다. 물이 흐르는 것도 불에 타는 것도 모두 자기의 성질에 따른 것이다. 그런데 왜 다른 것을 필연으로 하고, 혼자의 의지만을 자유라고 하는가.[8]

6. 이른바 자연계에서 어떤 하나의 현상이 일어나는 것은 그 사정에 의하여 엄밀히 정해져 있다. 어떤 정해진 사정에서는 어떤 정해진 하나의 현상이 생길 뿐이며, 추호도 다른 가능성을 허락하지 않는다. 자연현상은 모두 그와 같이 맹목적 필연의 법칙[9]에 따라 생기는 것이다. 그런데 의식현상은 그저 생기는 것은 아니고 의식된 현상이다. 즉, 생길 뿐만 아니라 생긴 것을 스스

---

7) 필연적 자유 : 자유를 필연성과 대립하는 것으로는 생각하지 않고, 자기의 내적 본성의 필연성에서 생긴 행위를 가지고 자유라고 하는 것. 내적 자유라고도 한다.

8) 확실히 자기 본성의 필연성에서 생긴 행위를 자유라고 한다면, 물이나 불 뿐만 아니라, 모든 자연현상은 자기의 성질에 따라 생긴 것이기 때문에, 그 의미에서는 자유라고 할 수 있을 것 같다. 그런데, 그것을 기계적 필연이라고는 불러도, 자유라고는 부르지 않는 것은, 그런 것이 무의식의 작용이며, 의식적 작용은 아니기 때문이다. 또 의식적이라는 것은 다른 가능성을 포함한다는 것으로, 이 점에서 항상 기계적 필연성에 구속되어 있는 자연현상과는 다르다. 왜냐하면 의식에는 언제나 이상적 요소가 포함되어 있으나 애당초 이상이라는 것은 현실과는 다른 가능성에 다름없는 것이다.

9) 맹목적 필연의 법칙 : 기계적 필연의 법칙과 같은 뜻. 그것이 무의식적, 무감각적이라는 의미에서 맹목적 필연이라고 불렀을 것이다.

로 알고 있는 것이다. 그래서, 이 안다 하고 의식한다고 하는 것은 곧 다른 가능성을 포함한다는 것이다. 우리가 취하는 것을 의식한다는 것은 그 이면에 취하지 않는다는 가능성을 포함한다는 것을 의미한다. 더 자세히 말하면, 의식에는 반드시 일반적 성질의 것[10]이 있다. 즉 의식을 이상적 요소를 가지고 있다. 이것이 아니면 의식이 아니다. 그래서 이런 성질이 있다는 것은, 현실의 그렇게 일어나는 일 외에 또 다른 가능성을 가지고 있다는 것이다. 현실이며 또 이상을 품고, 이상적이면서 또 현실을 떠나지 않는다는 것이 의식의 특성이다. 진실을 말하면, 의식은 결코 다른 것의 지배를 받지 않으며 항상 다른 것을 지배하는 것이다. 그러므로 우리의 행위는 필연의 법칙에 의하여 생겼다 하더라도, 우리는 이것을 알기 때문에 이 행위 속에 군속(窘束)[11]되지 않는다. 의식의 근저인 이상 쪽에서 본다면, 이 현실은 이상의 특수한 하나의 예에 불과하다. 즉 이상이 자기 자신을 실현하는 한 과정에 지나지 않는다. 그 행위는 밖으로부터 온 것이 아니라 안으로부터 나온 것이다. 또 그처럼 현실을 이상의 한 예에 불과하다고 보기 때문에, 따로 얼마든지 가능성을 품게 되는 것이다.

7. 그래서 의식의 자유라고 하는 것은, 자연의 법칙을 깨고 우연적으로 작용하기 때문에 자유인 것은 아니다. 도리어 자기의 자연에 따르기[12] 때문에 자유인 것이다. 우리는 지식의 발달과 함께 점점 자유로운 사람이 될 수 있다. 사람은 남으로부터 압제를 받아도 이것을 알기 때문에, 이 억압 밖으로 벗어난 것이다. 한걸음 더 나아가 그것은 어쩔 수 없다는 까닭을 터득한다면, 억압이 도리어 자기의 자유로 된다. 소크라테스를 독살시킨 어젠스인[13]보다도 소크라테스가 자유인이라 할 것이다. 파스칼[14]도, '사람은 갈대처럼 약한 자

---

10) 일반적 성질의 것 : 그것이 일반화되고 보편화되어도, 그것에 의하여 불합리가 생긴다든가 모순에 빠지는 일이 없도록 하는 요소.

11) 군속(窘束) : 자유롭게 될 수 없는 상태. 위축되어 뻗어나지 않는 상태를 말한다.

12) 자기의 자연에 따르다 : '자기의 본성에 따르다'와 같은 뜻.

13) 어젠스인 : 아테네인.

14) 파스칼(Blaise Pascal 1623~62) : 프랑스의 철학자, 과학자. 과학자로서는 계산기의 고안과, 유체(流體)의 압력 전파에 관한 '파스칼의 원리'로 알려져 있다. 과학자·종교 사상가로서 신앙이 없는 사람을 그리스도교 신앙으로 이끄는 《그리스도교 변증론》의 구상에 착수하였다. 그것을

이다, 그러나 사람은 생각하는 갈대다, 전 세계가 그를 멸망시키려 해도 그는 자기가 죽는다는 것을, 스스로 알기 때문에 죽이는 자보다 고귀하다'고 하였다.

의식의 근저인 이상적 요소, 바꾸어 말하면 통일작용이라는 것은, 전에 실재의 편에서 말한 것같이, 자연의 산물이 아니고, 도리어 자연은 이 통일에 의해 성립하는 것이다. 이것은 실로 실재의 근본인 무한의 힘이고, 이것을 수량적으로 한정할 수는 없다. 완전히 자연의 필연적 법칙 이외에 존재하는 것이다. 우리의 의지는 이 힘의 발현이기 때문에 자유이다, 자연적 법칙의 지배는 받지 않는다.

위해 단편적으로 남긴 메모들을 정리한 것이 《팡세》이다.

제4장 가치적 연구

1. 모든 현상 또는 일어난 일은 보는데 있어 두 가지 점으로부터 할 수가 있다. 하나는 어떻게 일어났는가, 또 어째서 그렇게 되지 않으면 안 되는가 하는 원인 또는 이유의 고찰이고, 하나는 무엇 때문에 일어났는가 하는 목적의 고찰이다. [1] 예를 들어, 여기에 한 송이 꽃이 있다고 하자. 이것은 어떻게 만들어졌는가 하면, 식물과 바깥을 둘러싼 환경에 의하여, 물리 및 화학의 법칙에 따라 생긴 것이라고 하지 않으면 안 되고, 무엇을 위해서라고 하면 열매를 맺기 위하여 라는 것이 된다. 전자는 단지 사물의 성립 법칙을 연구하는 이론적 연구이고, 후자는 사물의 활용 법칙을 연구하는 실천적 연구이다.

이른바 무기계의 현상에서는, 왜 일어났는가라는 것은 있지만 무엇을 위하여라는 것은 없다. 즉 목적[2]이 없다고 하지 않을 수 없다. 단, 이 경우에도 목적과 원인이 동일하게 되었다고 할 수 있다. 예를 들면, 당구대 위에 있는 당구알을 어떤 힘을 가지고 어떤 방향으로 치면, 반드시 일정한 방향으로 굴러가지만, 이때 당구알에 무슨 목적이 있는 것은 아니다. 혹은 이것을 친 사람에게는 무슨 목적이 있을지 모르지만, 이것은 당구알 자체의 내면적 목적이 아니고, 외계의 원인에 의하여 필연적으로 움직여진 것이다. 그러나, 또 한편으로 생각하면, 당구알 자체에 그런 운동의 힘이 있었다면 그것은 일정한 방향으로 움직였을 것이다. 당구알 자체의 내면적 힘에서 말한다면, 자기를 실현하는 합목적 작용이라고도 볼 수 있다. 한 걸음 더 나아가 동식물에 이르면, 자기의 내면적 목적이라는 것이 명료하게 됨과 동시에, 원인과 목적이 구별되게 된다. 동식물에 일어나는 현상은 물리와 화학의 필연적 법칙에 따라 일어남과 동시에, 전연 무의미한 현상이 아니라 생물 전체의 생존 및 발달을 목적으로 한 현상이다. 그런 현상에 있어서는 어떤 원인의 결과로서 일어난 것이 반드시 합목적이라고는 할 수 없는, 전체의 목적과 일부의 현상과는 충돌을 가져오기도 한다. 그래서 우리는 어떤 현상이 가장 목적에 합당한가, 현상의 가치적 연구를 하지 않으면 안 된다.

---

1) 전자는 '동력인(因)' 내지 '작용인', 후자는 '목적인'이라고 부른다.
2) 통상적으로, 목적이라는 것은 사물에 있어 외적인 것, 즉 사물의 외부에 있다고 생각하지만, 이 경우는 사물 자체 안에, 사물의 내면적 성질에서 찾기 때문에 '내적 합목적성'이라고 한다.

2. 생물의 현상에서는 또, 그 통일적 목적이라는 것이 우리 인간의 밖에서 가하는 상상에 불과하다고 하여 이것을 제거하는 것도 할 수 없는 것은 아니다. [3] 즉, 생물의 현상은 단지 약간의 힘의 집합에 의하여 이루어진 무의미한 결합으로 볼 수도 있는 것이다. 오직 우리의 의식현상에 이르러서는 결코 그렇게 볼 수는 없다. 의식현상은 처음부터 무의미한 요소의 결합이 아니라 통일된 하나의 활동이다. 사유, 상상, 의지의 작용에서 그 통일적 활동을 제거한다면 이런 현상은 소멸하는 것이다. 이런 작용에 대하여는 어떻게 해서 일어났는가 하는 것보다도, 어떻게 생각하고, 어떻게 상상하고, 어떻게 해야 되는가를 논하는 것이 첫째의 문제이다. 여기에서 논리, 심미, 윤리의 연구가 일어난다. [4]

3. 어떤 학자 중에는 존재의 법칙으로부터 가치의 법칙을 도출하려고 하는 사람도 있다. 그러나 우리는 단지 이것으로부터 이것을 낳는다고 하는 것에서, 사물의 가치적 판단을 도출하는 것은 할 수 없다고 생각한다. [5] 붉은 꽃은 그런 결과를 낳고, 또는 푸른 꽃은 그런 결과를 낳는다는 원인 결과의 법칙으로 하여, 어째서 이 꽃은 아름다운데 저 꽃은 추한가, 왜 하나는 큰 가치가 있고 하나는 이것이 없는가를 설명할 수는 없다. 이런 가치적 판단에는, 이것이 표준이 되어야 할 딴 원리가 없으면 안 된다. 우리의 사유, 상상, 의지와 같은 것도, 이미 사실로서 일어난 이상은, 아무리 잘못된 사유라도, 나쁜 의지라도, 또 졸렬한 상상이라도, 모두 다 저마다 상당한 원인에

---

3) 예를 들면 생물의 수컷과 암컷의 교미는, 일반적으로 씨의 보존이라는 '통일적 목적'을 위한 행위라고 설명한다. 그러나 그와 같은 '통일적 목적'이라는 것은, 단지 외부의 인간이 상정한 것에 불과한 것이고, 생물 자체는 그 목적을 위하여 행위하는 것은 아니라, 오로지 자기의 내적 본능이나 충동에 의하여 움직이고 있을 뿐이다. 다만 결과적으로 그런 행위가 씨의 보존이라는 목적과 합치한다는 것에 불과하다고 설명할 수 있다.

4) 사유, 상상, 의지와 같은 의식현상은 어떻게 생각해야 되는가, 어떻게 상상해야 되는가, 어떻게 행위해야 되는가에 관련되는 통일적 활동이다. 그리고 거기에서 논리, 심미, 윤리 즉 진선미라는 목적 관념이 생긴다.

5) 존재 내지 사실에 관한 판단과 그 의미나 가치에 관한 판단은 다른 것이고, 전자로부터 후자를 도출할 수는 없다. 예를 들면, 어떤 사람이 쾌락을 찾고 있다는 사실에서, '쾌락은 바람직하다'든가 '쾌락을 바래야 된다'는 가치판단은 나오지 않는다. 그런데, 만일 이와 같은 사실(존재) 판단으로부터 가치(당위) 판단을 도출한 경우, '자연주의적 오류'를 범했다고 한다.

의하여 일어나는 것이다. 사람을 죽인다는 의지도, 남을 돕는다는 의지도 모두 어떤 필연의 원인이 있어 일어나고, 또 필연의 결과를 낳는 것이다. 이점에 있어서는 양자가 조금도 우열이 없다. 다만, 여기에 양심의 요구라든가, 또는 생활의 욕망이라는 것과 같은 표준이 있어, 처음으로 이 두 행위 간에 대단한 우열의 차이가 생기는 것이다. 어떤 논자는 큰 쾌락을 주는 것이 큰 가치가 있다는 식으로 설명하고, 이것에 의하여 원인 결과의 법칙으로부터 가치의 법칙을 이끌어낸 것처럼 생각한다. 그러나 어째서 어떤 결과가 우리에게 쾌락을 주고, 어떤 결과는 우리에게 쾌락을 못 주는가. 이것은 단지 인과의 법칙으로는 설명할 수 없다. 우리가 어떤 것을 좋아하고 어떤 것을 싫어하는가는, 다른 근거를 가진 직접 경험의 사실이다. 심리학자는 우리의 생활력을 증진시키는 것은 쾌락이라고 한다. 그러나 생활력을 증진하는 것이 어째서 쾌락인가. 염세가는 도리어 생활이 고통의 근원이라고 생각하지 않는가. 또 어떤 논자는 유력한 것이 가치있는 것이라고 생각한다. 그러나 인심에 대하여 어떤 것이 가장 유력한가, 물질적으로 유력한 것이 반드시 인심에 대하여 유력한 것이라고는 말할 수 없다. 인심에 대하여 유력한 것은 가장 우리의 욕망을 움직이는 것, 즉 우리에게 가치있는 것이다. 유력한가에 따라 가치가 정해지는 것은 아니다, 도리어 가치에 의하여 유력 여부가 정해지는 것이다. 모든 우리의 욕망 또는 요구라는 것은 설명할 수 없는, 주어진 사실이다. 우리는 살기 위하여 먹는다는, 그러나 이 살기 위하여라는 것은 다음에 덧붙인 설명이다. 우리의 식욕은 그런 이유에서 일어난 것은 아니다. 어린아이가 젖을 먹는 것도 그런 이유 때문이 아니다. 그저 먹기 위하여 먹는 것이다. 우리의 욕망 또는 요구는, 다만 그와 같이 설명할 수 없는 직접 경험의 사실일 뿐만 아니라, 도리어 우리가 이것에 의해 실재의 참뜻을 이해하는 숨은 열쇠[6]이다. 실재의 완전한 설명은, 다만 어떻게 하여 존재하는가의 설명만이 아니고 무엇 때문에 존재하는가를 설명하지 않으면 안 된다.

---

6) 숨은 열쇠 : 비밀의 열쇠, 비밀을 푸는 열쇠.

1. 이미 가치적 연구[1]란 어떤 것인가를 논하였기 때문에 이제부터 선(善)이란 어떤 것인가 하는 문제로 옮기려고 한다. 우리는 위에서 말한 바와 같이 우리의 행위에 대하여 가치적 판단을 내린다. 이 가치적 판단의 표준은 나변에 있는가, 어떠한 행위가 선이고 어떠한 행위가 악(惡)인가. 이런 윤리학적 문제를 논하려고 한다. 그런 윤리학의 문제는 우리에게 있어 가장 중요한 문제이다. 어떤 사람도 이 문제를 소외할 수는 없다. 동양에서나 또 서양에서나 윤리학은 가장 오래된 학문의 하나이며, 따라서 예로부터 윤리학에 갖가지 학설이 있기 때문에 이제 먼저 이 학문에서 주된 학파의 대강을 들어 또 이것에 비판을 가하여 내가 취하고자 하는 윤리학설의 입장을 분명히 하려고 생각한다.

고래의 윤리학설을 대별하면 대체로 두 갈래로 나눌 수 있다. 하나는 타율적 윤리학설[2]이라는 것으로, 선악의 표준을 인성 이외의 권력에 두려는 것과, 하나는 자율적 윤리학설[3]이라고 하여 이 표준을 인성 속에서 찾으려는 것이다. 그밖에 또 직각설이라는 것이 있다. 여기에는 여러 가지가 있어, 어떤 것은 타율적 윤리학설 중에 들어갈 수가 있으나 어떤 것은 자율적 윤리학설 중에 들어가지 않으면 안 되는 것이다. 이제 먼저 직각설부터 시작하여 순차적으로 다른 것으로 확대하여 가려고 한다.

2. 이 학설 중에는 여러 가지가 있으나 그 강령[4]으로 하는 것은 우리의 행위를 규제해야 될 도덕의 법칙은 직각적으로 자명한 것이고 다른 이유가 있는 것이 아니다. 어떤 행위가 선이고 어떤 행위가 악인가는 불은 뜨겁고 물은 차다는 것을 아는 것처럼 직각적으로 알 수가 있다. 행위의 선악은 행위 그 자체의 성질이며 설명해야 되는 것이 아니라는 것이다. 과연 우리의 일상 경험에 대하여 생각해 보면 행위의 선악을 판단하는 것은 이것저것 이유를 생

---

1) 가치적 연구 : '좋다'고 하는 성질에 관한 연구.
2) 타율적 윤리학설 : 선악의 기준을 인간의 본성 이외의 권위나 권력에서 찾으려는 입장.
3) 자율적 윤리학설 : 선악의 기준을 인간의 본성에서 찾으려는 입장.
4) 강령(綱領) : 중요한 대목. 안목.

각하는 것이 아니고 대개 직각적으로 판단하는 것이다. 이른바 양심⁵⁾이라는 것이 있어 마치 눈이 사물의 미추를 판단하는 것처럼 즉시 행위의 선악을 판단할 수 있는 것이다. 직각설은 이 사실을 근거로 한 것으로 가장 사실에 가까운 학설이다. 뿐만 아니라 행위의 선악은 이유를 설명할 필요가 없다는 것은 도덕의 권위를 유지하는 데 있어 매우 유효하다. ⁶⁾

3. 직각설은 간단하고 실천상으로 유효함에도 불구하고 이것은 윤리학설로서 얼마만큼의 가치가 있는 것일까. 직각설에 있어 직각적으로 명백하다는 것은 인성의 궁극적 목적이라는 것과 같은 것이 아니라 행위의 법칙이다. 물론 직각설 중에도 모든 행위의 선악이 각각의 경우에 있어 직각적으로 명백하다는 것과, 낱낱의 도덕적 판단을 총괄하는 근본적 도덕법⁷⁾이 직각적으로 명료하다는 것과 두 가지가 있는데, 어느 것이나 어떤 직접 자명한 행위의 법칙이 있다는 것이 직각설의 생명이다. 그러나, 우리가 일상의 행위에 대하여 내리는 도덕적 판단, 즉 이른바 양심의 명령과 같은 것 중에, 과연 직각론자가 말하는 것처럼 직접 자명하고 따라서 정확하고 모순이 없는 도덕법이라는 것을 찾아낼 수가 있을까. 우선 낱낱의 경우를 놓고 볼 때, 결코 그처럼 명확한 판단이 나오지 않는 것은 분명하다. 우리는 낱낱의 경우에 있어 선악의 판단을 망설이는 일도 있고, 지금은 옳다고 생각하지만 다음에는 잘못이라고 생각하는 일도 있으며, 또 동일한 경우라도 사람에 따라 선악의 판단을 크게 달리하는 일도 있다. 낱낱의 경우에 있어 명확한 도덕적 판단이 있다고 하는 것은 조금 반성적 정신을 가진 사람이라면 도저히 생각할 수 없는 일이다. 그렇다면 일반적인 경우에 있어서는 어떠한가. 과연 논자가 말한 것처럼 자명한 원칙이라는 것이 있는 것일까. 첫째로, 이른바 직각론자가 자명한 원칙으로서 내걸고 있는 것이 사람에 따라 다르고 결코 항상 일치하는

---

5) 양심 : 선악을 식별하여 선을 따르고 악을 물리치는 도덕적 의식.

6) '행위의 선악은 …… 매우 유효하다' : 행위의 선악에 대하여, 그것은 직각적으로 자명한 것이기 때문에 일일이 그 이유를 설명할 필요가 없다는 것은, 도덕의 권위를 유지한다는 점에서는 대단히 효과적이다.

7) 도덕법 : 도덕법칙, 도덕율이라고도 한다. 도덕적 행위의 기준이나 규범이 되는 법칙을 말함. 자연계를 지배하는 법칙인 자연법에 대하여 도덕계를 지배하는 법칙으로 여겨지는데, 자연법과 달리 명령의 형태를 취한다.

일이 없음이 일반적으로 인정해야 될 만큼 자명의 원칙이라는 것이 없다는 것을 증명하고 있다. 뿐만 아니라 세상 사람이 자명한 의무로서 승인하고 있는 것 중에서는 하나도 그런 원칙을 찾아볼 수가 없다. 충효[8]와 같은 것은 원래 당연한 의무이지만 그 동안에는 각가지 충돌도 있고, 변천도 있었으며 어떻게 하는 것이 과연 참다운 충효인가, 결코 명료하지 않다. 또 지용인의 (智勇仁義)[9]의 의의에 대하여 생각해 보아도 어떠한지 어떠한 용이 진정한 지용인가. 모든 지용이 선이라고는 할 수 없고, 지용이 도리어 악을 위하여 쓰일 때도 있다. 인(仁)과 의(義)와는 그중에서 가장 자명의 원칙에 가깝지만 인은 언제 어떤 경우에도 절대적으로 선(善)이라고 할 수는 없다. 부당한 인은 도리어 나쁜 결과를 낳을 수도 있다. 또 정의라고 해도 어떠한 것이 진정한 정의인가. 결코 자명하다고는 할 수 없다. 예를 들면, 사람을 대우하는데 있어서도 어떻게 하는 것이 정당한가. 다만 각각 평등하게 하는 것이 정의도 아니다. 도리어 각인의 가치에 따르는 것이 정의이다. 그런데, 혹시 각인의 가치에 따른다고 하면 이것을 정하는 것은 무엇인가. 우리는 우리의 도덕적 판단에 있어 하나도 직각론자가 말하는 것 같은 자명의 원칙을 가지고 있지 않다. 가끔 자명의 원칙으로 생각하는 것이 아무 내용이 없이 단지 같은 의미의 말을 되풀이하는 명제에 지나지 않는 것이다.

4. 앞에서 논한 바와 같이, 직각설은 그 주장처럼 선악의 직각을 증명할 수 없다면 학설로서는 가치가 몹시 떨어지게 되지만, 가령 지금 그런 직각이 있다고 치고 이것에 의해 주어진 법칙에 따르는 것이 선이라고 한다면, 직각설은 어떠한 윤리학설이 될 것인가를 생각해 보자. 순수하게 직각이라고 하면, 논자가 말하는 것처럼 이성에 의하여 설명할 수가 없다. 또 고락의 감정, 호오(好惡)의 욕구에 상관없이 완전히 직접이고 무의미한 의식이라고 할 수밖에 없다. 만일 그와 같은 직각에 따르는 것이 선이라고 한다면 선이란 우리에게 있어 무의미한 것이고 우리가 선을 따르는 것은 단지 맹종이다. 곧 도덕의 법칙은 인성에 대하여 밖으로부터 주어진 억압이 되고 직각설은 타율

---

8) 충효(忠孝) : 충성과 효행. 충성은 임금이나 국가에 대하여 성심을 가지고 봉사하는 것을 말하고, 효행은 어버이에게 공경을 다하는 것을 말한다.
9) 지용인의(智勇仁義) : 지혜와 용기와 자애와 정의. 유교에서 가장 존중하는 덕목.

적 윤리학과 동일하게 되지 않으면 안 된다. 그런데 많은 직각론자는 위와 같은 의미에서의 직각을 주장하지 않는다. 어떤 사람은 직각을 이성과 동일시하고 있다. 즉 도덕의 근본적 법칙이 이성에 의하여 자명한 것이라고 생각한다. 그러나 그렇다면 선이란 이(理)에 따르는 것이고 선악의 구별은 직각에 의하여 명료해진 것이 아니며, 이에 의해 설명할 수 있게 된다. 또, 어떤 직각론자는 직각과 직접의 쾌불쾌, 또는 호오라는 것을 동일시한다. 하지만 그렇게 생각하면 선은 일종의 쾌락 또는 만족을 주기 때문에 선이 되므로, 곧 선악의 표준은 쾌락 또는 만족의 대소로 옮겨가게 된다. 그처럼 직각이란 말의 의미에 따라, 직각설은 다른 여러 윤리학설과 접근한다. 물론 순수한 직각설이라고 하면 전연 무의미한 직각을 뜻하지 않으면 안 되지만, 그와 같은 윤리학설은 타율적 윤리학과 마찬가지로 왜 우리는 선을 따르지 않으면 안 되는가를 설명하지 못한다. 도덕의 근본은 완전히 우연한 것이며 무의미한 것으로 된다. 원래 우리가 실제로 도덕적 직각이라고 말하는 것 중에는 여러 가지 원리를 포함하고 있는 것이다. 그 가운데는 완전히 다른 권위로부터 온 타율적인 것도 있고, 이성으로부터 온 것 또는 감정과 욕구로부터 온 것까지 포함하고 있다. 이 이른바 자명의 원리라는 것이 갖가지 모순 충돌에 빠지는 까닭이다. 그런 혼잡한 원리[10]를 가지고 학설을 세울 수는 없는 것이 명백하다.

---

10) 혼잡한 원리 : 복잡한 원리. 갖가지 요소가 뒤섞여 있는 원리.

제6장 윤리학의 여러 설 22

1. 앞에서 직각설의 불완전함을 논하고, 또 직각의 의미에 따라 갖가지 서로 다른 학설로 변할 수 있다는 것을 말하였다. 이제 순수한 타율적 윤리학설, 즉 권력설[1]에 대하여 말하고자 한다. 이 파의 논자들은 우리가 도덕적 선이라고 말하고 있는 것이 일면에 있어, 자기의 쾌락 또는 만족과 같은 인성의 요구와 취향을 달리하고 엄숙한 명령의 의미를 갖는 데에 착안하여, 도덕은 우리에게 절대(絶大)의 위엄 또는 세력을 가진 자의 명령으로부터 일어나기 때문에, 우리가 도덕의 법칙에 따르는 것은 자기의 이해 득실을 위해서가 아니라, 다만 이 절대적 권력의 명령에 따르는 것이다. 선과 악은 첫째 그와 같은 권력자의 명령에 의하여 정해진다고 생각한다. 모든 우리의 도덕적 판단의 근본은 사부(師父)의 교훈, 법률, 제도, 습관 등에 의해 양성되는 것이기 때문에 그런 윤리학설이 생기는 것도 무리가 없는 일이고, 이 설은 마치 앞의 지각설에서 양심의 명령에 대신할 수 있는 외계의 권위를 가지고 한 것이다.

2. 이 종류의 학설에서 외계의 권력자로 생각될 수 있는 것은, 물론 스스로 우리에 대하여 절대의 위엄 세력을 가진 것이 아니면 안 된다. 윤리학사상에 나타난 권력설 중에는 군주를 근본으로 한 군권적 권력설과 신을 근본으로 하는 신권적 권력설 두 가지가 있다. 신권적 윤리학은 그리스도교가 더없는 세력을 가졌던 중세시대에 이루어졌기 때문에 둔스 스코투스[2] 등이 그 주장자였다. 그에 따르면 신은 우리에 대하여 무한한 세력을 가진 것이고 더욱이 신의 뜻은 완전히 자유이다. 신은 선하기 때문에 명하는 것도 아니고 또 이를 위하여 하는 것도 아니다. 신은 완전히 이런 속박 밖에 초월하여 있다. 선하기 때문에 신은 이것을 명하는 것이 아니라 신은 이것을 명하므로 선한

---

1) 권력설 : 선악의 기준을 인간 자신의 본성의 안에서가 아니고, 인간의 외부에 있는 권력이나 권위에서 찾는 윤리학설. 타율적 윤리학의 딴 이름.

2) 둔스 스코투스(Johannes Duns Scotus, 1266 무렵~1308) : 영국의 스콜라 철학자, 신학자. 프란체스코 수도사. 토마스주의와 대립. 이성에 대하여 의지의 우위를 주장하고 신의 의지를 도덕의 최고 원칙으로 삼았다.

것이다. 그는 극단으로까지 이 설을 추론하여 만일 신이 우리에게 명하기를 살육을 가지고 한다면, 살육도 선이 될 것이라고까지 말하였다. 또 군권적 권력설을 주장한 것은 근세의 초기에 나온 영국의 홉스[3]라는 사람이다. 그에 따르면 인성은 아주 악하며 약육강식이 자연의 상태이다. 여기에서 오는 인생의 불행을 벗어나는 것은 오직 각자가 모두 권력을 한 군주에게 맡기고 절대로 그 명령에 복종하는데 있다. 그래서 무엇이나 이 군주의 명에 따르는 것이 선이고 이것을 거역하는 것이 악이라고 하였다. 그밖에 중국에서 순자 (荀子)[4]가 모두 선왕의 도[5]에 따르는 것이 선이라고 한 것도 일종의 권력설 이다.

3. 위와 같은 권력설의 입장에서 엄밀히 논한다면 어떤 결론에 도달할까. 권력설을 가지고는 왜 우리는 선을 행하여야 되는가를 설명할 수 없다. 아니 설명할 수 없는 것이 권력설의 본뜻이다. 우리는 다만 권위이기 때문에 이것을 따르는 것이다. 무슨 어떤 이유 때문에 이것에 따른다면 이미 권위 그 자체를 위하여 따르는 것이 아니라 다른 이유 때문에 따르는 것이 된다. 어떤 사람은 공포라는 것이 권위에 따르도록 하는 가장 적합한 동기라고 한다. 그러나 공포라는 것의 이면에는 자기의 이해 득실이라는 것을 포함하고 있다. 하지만 혹시 자기의 이해를 위하여 따른다면 벌써 권위를 위하여 따른 것은 아니다. 홉스 같은 사람은 이 때문에 순수한 권위설의 입장에서 벗어났다. 또, 근자에 가장 재미있는 권위설을 설명한 키르히만[6]의 설에 따르면 우리

---

3) 홉스(Thomas Hobbes, 1588~1679) : 영국의 철학자, 정치 사상가, 유물론자. 자연상태를 '만인의 만인에 대한 싸움'의 상태라고 규정하고, 사람들은 이 최악의 상태에서 벗어나기 위하여 상호 계약에 의하여 각자의 자연권을 포기하고 주권을 국가에 위양하여 국가의 의지에 따름으로써 평화를 얻을 수 있다고 하는, 전제 군주제적 국가론을 주장하였다. 저서 《리바이어던》.

4) 순자(荀子, 기원전 298 무렵~235) : 전국시대의 사상가. 맹자가 성선설을 주장한데 대하여 순자는 성악설을 주장하였다. 저서 《순자》.
   '지금 삶의 본성은 나쁘지만 반드시 장차 성왕(聖王)의 다스림과 예의로 바뀜을 기다려 그런 연후에 모두 어진 정치의 다스림을 받으면 선에 합당하게 된다. 이것을 사용하여 이것을 보면 사람의 본성은 나쁜 것이 분명하고 그 선하다 함은 거짓이다'(《순자》 성악편 23).

5) 선왕의 도 : 요(堯)나 순(舜)임금 같은 성왕이 행하였던 도.

6) 키르히만(Jurius H.r. Kirchmann, 1802~84) : 독일의 법학자, 철학자. 모든 도덕의 기초는 절대의 힘을 가진 자에 대한 경탄의 마음이고, 이 절대의 힘이 의지를 갖는 경우에는 그것이 권력이

는 무엇이나 절대의 세력을 가진 것, 예를 들면 높은 산 큰 바다와 같은 것에 접할 때는 저절로 그 절대의 힘에 압도되어 경동의 정이 생긴다. 이 정은 공포도 아니고 고통도 아니고 자기가 외계의 웅대한 사물에 사로잡혀 여기에 굴복하여 몰입하는 상태이다. 그래서 이 절대의 세력자가 혹시 의지를 가진 자라면 스스로 존경의 마음이 우러나지 않을 수 없다. 곧 이 자의 명령에는 존경하는 마음으로 복종하게 된다. 그래서 존경하는 마음이라는 것이 권위에 따르는 동기라고 말한다. [7] 그러나 잘 생각해 보면 우리가 남을 존경한다는 것은 전연 까닭이 없이 존경하는 것은 아니다. 우리는 우리가 도달할 수 없는 이상을 실현한 사람이기 때문에 존경하는 것이다. 단지 사람 자체를 존경하는 것이 아니고 이상을 존경하는 것이다. 금수에게는 석가나 공자가 서푼어치의 가치도 없는 것이다. 그래서 엄밀한 권력설에는 도덕은 완전히 맹목적 복종이 아니면 안 된다. 공포라는 것도, 존경이라는 것도 전혀 아무 의미가 없는 맹목적 감정이 아니면 안 된다. 이솝의 우화 가운데 어느 날 사슴 새끼가 어미사슴이 개 짖는 소리에 놀라 달아나는 것을 보고 엄마는 몸집도 큰데 왜 작은 개 소리에 놀라 도망치느냐고 물었다. 그런데 어미사슴은 왠지 모르게 개 소리만 나면 무턱대고 무서우니까 도망친다고 했다는 이야기가 있다. [8] 그처럼 무의미한 공포가 권력설에 있어서는 가장 적당한 도덕적 동기라고 생각된다. 과연 그렇다면 도덕과 지식과는 완전히 반대가 되어 무지한 사람이 가장 착한 사람이다. 인간이 진보 발달하는 데는 하루라도 빨리 도덕의 속박을 벗어나지 않으면 안 되는 것이 된다. 또 어떠한 선행이라도 권위의 명령에 따른다는 생각없이 자기가 그 하지 않으면 안 되는 까닭을

되고 권위가 되어 그것에 대한 존경의 마음이 생긴다고 하여 이 권위나 권력에 따르는 것이 도덕적 행위라고 주장했다. 저서 《법과 도덕의 근본 개념》 《실재론의 원리에 대하여》.

7) 키르히만 《법과 도덕의 근본개념(Die Grundbegriffe des Rechts und der Moral)》(1873), 제3장 특히 50~51쪽.

8) 《이솝우화집》 제4부 351 '송아지와 사슴'. 니시다의 기억은 정확하지는 않은 것 같다. 아주 짧은 이야기이기 때문에 그 전문을 싣는다.

아무리 덩치가 크고 완강한 듯이 보여도, 타고난 겁쟁이는 말로 격려를 하여도 용기를 내지 못한다는 말. '너는 개보다도 몸집이 크고, 뛰어도 훨씬 빠르지 않아. 게다가 능히 막아낼 수 있는 뿔도 있고, 그런데 어째서 그렇게 개를 무서워하는 거야'라고 묻자, 사슴은 이렇게 말했다. '확실히 다 갖추고는 있어. 하지만 개 짖는 소리를 들으면 분별력이 흐려지고, 머릿속은 도망칠 생각만 나는 걸 어떡해.'

터득하여 행하는 것은 도덕적 선행이 아니라는 것이 된다.

4. 권위설로는 그처럼 도덕적 동기를 설명하지 못할 뿐만 아니라 이른바 도덕법이라는 것도 거의 무의미하게 되고, 따라서 선악의 구별도 전연 표준이 없게 된다. 우리는 다만 권위가 있기 때문에 맹목적으로 이것에 복종한다고 하면 권위에는 여러 가지 권위가 있다. 폭력적 권위가 있는가 하면, 고상한 정신적 권위도 있다. 그러나 어느 것을 따라도 권위에 복종하는 것이기 때문에 모두 마찬가지라고 해야 된다. 즉 선악의 표준을 전혀 세울 수 없다. 물론 힘의 강약 대소라는 것이 표준이 될 것같이 생각되지만, 힘의 강약 대소라는 것도 무엇인가 우리가 이상으로 삼을 것이 정해져야 비로소 이것을 논할 수 있는 것이다. 예수[9]와 나폴레옹[10]은 어느 쪽이 강한가. 그것은 우리의 이상이 정해지는 것에 따른다. 다만 혹시 세계에 존재하는 힘을 가진 자가 유력하다고 한다면 완력을 가진 자가 가장 유력하다고 할 수도 있다.

도덕의 위엄은 실로 그 헤아릴 수 없는 데에 있는 것이다. 권위설의 이 점에 착안한 것은 한편의 진리를 포함하고는 있지만, 이것을 위해 전연 인성 자연의 요구를 망각한 것은 크나큰 결점이다. 도덕은 인성 자연 위에 근거를 가진 것이고, 왜 선을 행하지 않으면 안 되는가 하는 것은 인성의 안으로부터 설명돼야 되는 것이다.

---

9) 예수(Jesus) : 중국 음역어 '耶蘇'를 일본어도 그렇게 썼다.
10) 나폴레옹(Napoléon Bonaparte, 1769~1821) : 프랑스의 황제. 코르시카 섬의 하급 귀족 출신. 1799년 통령 정부를 세워 제1통령이 됨. 1804년, 황제에 즉위. 영국을 제외한 전 유럽을 거의 제압하였다. 그러나 1812년, 모스크바 원정에 실패한 후, 프로이센·러시아·오스트리아 연합군에 패하여 14년에 퇴위, 엘바 섬에 유배되었다. 15년에 탈출하여 파리에 돌아와 제위에 복귀하였으나, 워털루싸움에 패하여 세인트 헬레나 섬에 유배되어 거기서 죽었다. 나폴레옹 법전의 편찬·산업 보호 등 프랑스 근대화에 공헌하였다.

1. 타율적 윤리학에서는 앞에서 말한 것처럼 어떻게든 왜 우리는 선을 행하지 않으면 안 되는가를 설명하지 못했다. 선은 전연 무의미한 것이 되는 것이다. 그래서 우리는 도덕의 근본을 인성(人性) 안에서 찾을 수밖에 없게 된다. 선은 어떤 것인가, 왜 선을 행하지 않으면 안 되는가 하는 문제를, 인성으로부터 설명하지 않으면 안 되게 되었다. 그와 같은 윤리학을 자율적 윤리학이라고 한다. 이것에는 세 가지가 있는데, 하나는 이성을 근본으로 하는 것으로 합리설 또는 주지설이라 하고, 하나는 고락의 감정을 근본으로 하는 것으로 쾌락설이라 하며, 또 하나는 의지의 활동을 근본으로 하는 것으로 활동설이라고 한다. 그럼 먼저 합리설부터 살펴본다.

　합리적 또는 주지적 윤리학(dianoetic ethics)이라는 것은, 도덕상의 선악정사(正邪)라는 것과 지식상의 진위(眞僞)라는 것을 동일시하고 있다. 물(物)의 진상이 곧 선이다. 물의 진상을 알면 스스로 무엇을 하지 않으면 안 되는가가 명백해진다. 우리의 의무는 기하학적 진리와 같이 연역[1]할 수 있는 것이라 생각하고 있다. 그래서 우리는 왜 선을 행하지 않으면 안 되는가 하면, 진리이기 때문이라는 것이다. 우리 인간은 이성을 구비하고 있기에, 지식에 있어 이성을 따르지 않으면 안 되는 것같이, 실행에 있어서도 이를 따라야 되는 것이다(조금 주의해야 할 것은, 이(理)라는 말에는 철학상 여러 가지 의미가 있지만, 여기에서 이라는 것은 보통 의미에서의 추상적 개념의 관계를 말한 것이다). 이 설은 한편으로는 홉스와 같이 도덕법은 군주의 의지에 따라 좌우될 수 있는 수의적인 것이라는 데에 반하여, 도덕법은 물의 성질로 영구 불변임을 주장하며, 또 한편으로는 선악의 근본을 지각 또는 감정과 같은 감수성을 찾을 때는 도덕법의 일반성을 설명할 수가 없어, 의무의 위엄을 없애 버리고 각자의 취향을 가지고 유일한 표준으로 삼지 않으면 안 되게 되는 것이 두려워, 이의 일반성에 근거하여 도덕법의 일반성을 설명하고 의무의 위엄을 세우려고 한 것이다. 이 설은 왕왕 앞에서 말한 직각설과 혼동되는 일이 많지만, 직각이라는 것은 반드시 이성의 직각에 한한 것은 아

---

1) 연역(演繹) : 추리의 일종. 일반적인 원리로부터 특수적인 것을 도출하는 것.

니다. 2) 이 두 가지는 둘로 나누어 생각하는 편이 좋다고 생각한다.

2. 나는 합리설의 가장 순수한 것은 클라크3)의 설이라고 생각한다. 그의 생각에 의하면, 모든 인사계에서 사물의 관계는 수리처럼 명확한 것이고, 이것에 의해 저절로 사물의 적당 부적당을 알 수 있다고 한다. 예를 들면, 신은 우리보다 무한히 우수한 것이므로 우리는 이것에 복종하지 않으면 안 된다든가, 다른 사람이 나에게 베푼 부정한 짓은 내가 다른 사람에게 하여도 부정한 것과 같다는 것이다. 그는 또 왜 인간은 선을 행하여야 되는가를 논하고, 합리적 동물은 이(理)에 따르지 않을 수 없다고 하였다. 때로는, 정의에 어긋난 짓을 하려는 자는 사물의 성질을 바꾸려고 하는 자라고까지 말하고, 완전히 '있다'는 것과 '있지 않으면 안 된다'는 것을 혼동하고 있다. 4)

3. 합리설이 도덕법의 일반성을 밝히고, 의무를 엄숙하게 하려는 것은 괜찮지만, 이것을 가지고 도덕의 전모를 다 말한 것으로는 볼 수 없다. 논자가 말하듯이, 우리의 행위를 지도하는 도덕법이라는 것이, 형식적 이해력5)에 의하여 선천적으로 알 수 있는 것인가. 순수한 형식적 이해력은 논리학의 이른바 사상의 3법칙과 같이, 다만 형식적 이해의 법칙을 제공할 수는 있지만, 내용은 아무것도 줄 수 있는 것이 없다. 논자는 기하학을 예로 드는 것을 좋아하나, 기하학에서도 그 공리라는 것은 단지 형식적 이해력에 의하여 밝혀진 것이 아니고 공간의 성질에서 오는 것이다. 기하학의 연역적 추리는 공간의 성질에 대한 근본적 직각에 논리법을 응용한 것이다. 윤리학에서도 이미 근본 원리가 명백해진 이상 이것을 응용하려면 논리의 법칙에 따라야 되는

---

2) 이 편 제5장에서, 직각적이라는 직각에는 이성의 직각, 예를 들면 도덕법칙이나 양심의 그것과, 쾌불쾌나 호오의 지각이 있음을 말하고 있다.

3) 클라크(Samuel Clarke, 1675~1729) : 영국의 철학자, 신학자. 같은 시대에 뉴턴의 사상으로부터 영향을 받아 그 일반화에 힘썼다. 신의 존재와 영혼의 불사나 의지의 자유 등 도덕적 문제에 관해서는 합리적·주지주의적 입장을 취하였다. 시간과 공간에 관한 라이프니츠와의 논쟁으로 알려지게 되었다. 저서 《신의 존재와 여러 속성의 증명》, 《인간적 자유의 교리》.

4) 이상의 클라크의 주장에 관해서는, 클라크 《신의 존재와 여러 속성의 증명(A Demonstration of the Being and Attributes of God)》(1998) 제12장, 83~92쪽 참조.

5) 이해력 : 여기에서 니시다가 '이해력'이라고 번역한 원어는 understanding, verstand라고 생각된다. 오늘날에는 그것을 '오성'이나 '지성'으로 번역한다.

것이지만, 이 원칙 자체는 논리의 법칙에 의하여 명료해진 것은 아니다. 이를테면 이웃을 사랑하라는 도덕법은 단지 이해력에 의하여 명백한 것일까. 우리에게는 타애의 성질도 있고, 또 자애의 성질도 있다. 그런데 어째서 그 하나가 낫고 다른 것은 못한 것일까. 이것을 정하는 것은 이해력이 아니고 우리의 감정 또는 욕구이다. 우리는 다만 지식상으로 사물의 진상은 알 수 있다고 해도, 이것으로부터 무엇이 선인가를 알 수는 없다. 클리크는 사물의 진상으로부터 적부적(適不適)을 알 수 있다고 하였으나, 적부적이라는 것은 이미 순수한 지식상의 판단이 아니고 가치적 판단이다. 무엇인가 찾고자 하는 것이 있어, 그런 다음에 적부적의 판단이 일어나게 되는 것이다.

4. 다음으로, 논자는 왜 우리는 선을 행하지 않으면 안 되는가를 설명하면서, 이성적 동물이므로 이를 따라야 한다고 했다. 이를 이해하는 자는 지식상으로 이를 따르지 않으면 안 되는 것은 당연하다. 그러나 단지 논리적 판단이라는 것과 의지의 선택이라는 것은 별개의 것이다. 논리의 판단은 반드시 의지의 원인이 되는 것은 아니다. 의지는 감정 또는 충동으로부터 일어나는 것이고, 단지 추상적 논리로부터 일어나는 것은 아니다. 내가 하고 싶지 않은 것을 남에게 시키지 말라는 격언도, 만일 동정이라는 동기가 없었다면 우리에 대하여 거의 무의미하다. 혹시 추상적 논리가 곧 의지의 동기로 될 수 있는 것이라면, 가장 추리를 잘하는 사람이 곧 가장 선한 사람이라고 해야 된다. 그런데 사실은 가끔 이것에 반하여 지(知)가 있는 사람보다도 오히려 무지한 사람이 한결 더 선한 사람이라는 것은 아무도 부정할 수 없다.

앞에서 합리설의 대표자로서 클라크를 예로 들었지만, 클라크는 이 설의 이론적 방면의 대표자이고, 실행적 방면을 대표한 것은 이른바 견유학파[6]일 것이다. 이 파는 소크라테스가 선과 지를 동일시하는데 근거하여, 모든 정욕 쾌락을 악이라 하고, 이것을 이겨내어 순리에 따르는 것을 유일한 선이라 하였다. 더욱이 이른바 이(理)라는 것은 다만 정욕에 반대할 뿐, 아무 내용이

---

6) 견유학파(犬儒學派) : 키닉학파. 소크라테스의 제자인 안티스테네스가 시작한 금욕주의적인 학파. 행복이란 외적인 조건에 좌우되지 않는 유력한 생활이며, 그것은 모든 욕망을 의지를 가지고 단절함으로써 달성한다고 하는 금욕주의의 입장을 취하였다.

없는 소극적인 이이다. 도덕의 목적은 다만 정욕 쾌락을 극복하고 정신의 자유를 유지한다는 것뿐이었다. 유명한 디오게네스[7] 같은 경우가 그 좋은 모범이다. 스토아학파[8]에 따르면, 우주의 유일한 이에 의하여 지배되는 것으로, 인간의 본질도 이 이성의 밖으로 나가지 못한다. 이에 따르는 것은 곧 자연의 법칙에 따르는 것이며, 이것이 인간에게 있어 유일한 선이다. 생명, 건강, 재산도 선이 아니고, 빈곤, 병사도 악이 아니다. 다만 내심의 자유와 평정이 최상의 선이라고 생각하였다. 그 결과 견유학파와 마찬가지로 모든 정욕을 배척하고 오직 무욕(Apathie)이 되려고 힘쓰게 되었다. 에픽테토스[9] 같은 자가 그 좋은 사례이다.

그런 학파처럼, 전적으로 정욕에 반대하는 순리를 가지고 인성의 목적으로 삼을 때에는, 이론상으로도 아무런 도덕적 동기를 부여할 수가 없듯이, 실행상으로도 적극적 선의 내용을 아무 것도 줄 수 없다. 키닉[10]이나 스토아학파에서 말하듯이, 단지 정욕을 이겨내는 것이 유일한 선이라고 생각될 수밖에 없다. 그러나 우리가 정욕을 이겨내지 않으면 안 된다는 것은 무엇인가 다른 큰 목적을 찾아야 될 것이 있기 때문이다. 단지 정욕을 극복하기 위하여 억제하는 것이 선이라고 한다면, 이것보다 불합리한 것은 없을 것이다.

---

7) 디오게네스(시노페의) (Diogenēs ho Sinōpeus, 기원전 404 무렵~323) : 키닉학파의 대표적인 인물. 안티스테네스의 제자. 일반에게 '통 속의 디오게네스'로 알려져 있다. 사회의 습관이나 문화는 반자연적인 것이라 하여, 이것을 배척하고 무소유의 간소한 자연적 생활을 이상으로 삼아 개와 함께 통 속에서 살았다. 많은 이상한 행동과 일화로 알려져 있다.

8) 스토아학파 : 헬레니즘시대에 키프로스의 제논이 시작한 금욕주의 학파. 제논이 스토아 보이킬레(회화가 있는 주랑)가 있는 건물에서 강의하였기 때문에 이 명칭이 붙게 되었다고 한다. 이성을 가지고 욕망을 억제하고 자연을 따르는 금욕적인 생활을 이상으로 삼았다. 다음에 로마의 현인들에게 계승되어, 또 그리스도교의 도덕에 기초가 되었다.

9) 에픽테토스(Epiktēos, 55 무렵~135 무렵) : 로마 제정기의 대표적인 스토아 철학자. 처음에 노예의 신분이었으나 다음에 해방되어, 로마에서 제자들에게 가르쳤다. 저서로서는 제자인 아리아노스가 정리한 《어록》과 《제요(提要)》가 있다.

10) 키닉(Cynics) : 그리스어 kynikoi의 영어 표기. 견유학파(키닉학파)를 말함.

제8장 윤리학의 여러 설 24

1. 합리설은 타율적 윤리학에 비하면 한걸음 더 나아가, 인성 자연 가운데서 선을 설명하려고 하는 것이다. 그러나 단지 형식적 이성을 근본으로 해서는, 앞에서 한 말처럼 왜 선을 행하지 않으면 안 되는가 하는 근본적 문제를 도저히 설명할 수가 없다. 그래서 우리가 깊이 자기 속에서 반성해 보면, 의지는 모든 고락의 감정으로부터 생기기 때문에 유쾌한 것을 찾고 불쾌한 것을 피한다는 것은 인정의 자연이며 움직일 수 없는 사실이다. 우리가 표면상 순전히 쾌락을 위하여 하지 않는 행위, 이를테면 옳은 일을 위해 목숨을 버린다는 경우에서도, 이 이면에 대하여 살펴보면, 역시 일종의 쾌락을 찾고 있는 것이다. 의지의 목적은 필경 쾌락 밖에 없고, 우리가 쾌락을 가지고 인생의 목적으로 한다는 것은 더 설명이 필요없는 자명한 진리이다. 그래서 쾌락을 가지고 인생 유일의 목적으로 하고, 도덕적 선악의 구별 역시 이 원리로부터 설명하려고 하는 윤리학설이 일어난 것은 자연의 추세이다. 이것을 쾌락설이라고 한다. 이 쾌락설에는 두 가지가 있는데, 하나를 이기적 쾌락설이라 하고 또 하나를 공중적 쾌락설[1]이라고 한다.

2. 이기적 쾌락설이란 자기의 쾌락을 가지고 인생 유일의 목적으로 삼아, 우리가 다른 사람을 위하여 행하는 경우에도, 그 설은 자기의 쾌락을 바라고 있다고 생각하며, 최대인 자기의 쾌락이 최대의 선이라고 여기는 것이다. 이 설의 완전한 대표자는 그리스에서의 키레네학파[2]와 에피쿠로스[3]이다. 아리

---

1) 공중적 쾌락설 : 원어는 universalistie hedonism. 이타적 쾌락주의. 사회 전체의 쾌락을 선으로 하는 입장.
2) 키레네학파 : 창시자는 아리스티포스. 북아프리카의 키레네에서 시작되었기 때문에 키레네학파라고 하였다. 감각주의의 입장에 서서, 우리가 믿을 수 있는 것은 개인적인 감각뿐이라 하고, 또 감각적인 쾌락을 선이라고 했다. 이 학파의 대표로서는, 초기의 아리스티포스 외에 후기의 테오도로스, 헤게시아스 등이 있다.
3) 에피쿠로스(Epikouros 기원전 341 무렵~270 무렵) : 데모크리토스의 원자론에서 영향을 받은 유물론자. 인생의 목적은 쾌락에 있다고 한 쾌락주의자였으나, 그가 말한 진정한 쾌락은 욕망의 충족이 아니고, 오히려 욕망에서 해방된 안정이었다. 저서로서는 서간과 단편을 모은 《에피쿠로스 교설과 편지》가 있다.

스터포스[4]는 육체적 쾌락 외에 정신적 쾌락이 있는 것은 허락하였으나, 쾌락은 어떤 쾌락이라도 모두 동일한 쾌락이다. 다만 큰 쾌락이 선이라고 생각하였다. 그러나, 그는 모든 적극적 쾌락을 존중하고, 또 일생의 쾌락보다도 오히려 순간의 쾌락을 중하게 여겼기 때문에, 가장 순수한 쾌락을 중하게 여겼기 때문에, 가장 순수한 쾌락설의 대표자라고 하지 않을 수 없다. 에피쿠로스는 역시 모든 쾌락은 모두 마찬가지라 하고, 쾌락이 유일한 선이며, 어떤 쾌락도 고통의 결과를 낳지 않는 이상은, 배척하면 안 된다고 생각하였으나, 그는 순간의 쾌락보다도 일생의 쾌락이 중하다 하여, 적극적 쾌락보다도 오히려 소극적 쾌락, 즉 고뇌가 없는 상태를 존중하였다. 그의 최대의 선이라는 것은 마음의 평화(tranguility of mind)라는 것이다. 그러나 그의 근본주의는 어디까지나 이기적 쾌락설이고, 그리스인의 이른바 네 가지 주덕(主德)인 예지, 절제, 용기, 정의와 같은 것도 자기의 쾌락의 수단으로서 필요하였다. 정의라는 것도, 정의 그 자체가 가치가 있는 것이 아니고, 각자가 서로 해롭게 하지 않고 행복을 누리는 수단으로서 필요한 것이다. 이 주의는 그의 사회적 생활에 관한 의견에서 가장 명료하게 나타난다. 사회는 자기의 이익을 얻기 위해 필요한 것이다. 국가는 단지 개인의 안전을 도모하게 위하여 존재하는 것이다. 만일 사회적 번잡을 피하고 더욱이 충분한 안전을 얻을 수가 있다면, 이것은 매우 바람직한 것이다. 그의 주의는 오히려 은둔주의라고 할 것이다. 그는 되도록 가족생활도 피하였다.

3. 다음에는 공중적 쾌락설, 즉 이른바 공리교(功利敎)에 대하여 말하겠다. 이 설은 근본적 주의에서는 완전히 앞의 설과 동일하지만, 다만 개인의 쾌락을 가지고 최고의 선이라 하지 않고, 사회 공중의 쾌락을 가지고 최고의 선이라고 하는 점에서 앞의 설과 다르다. 이 설의 완전한 대표자는 벤담[5]이

---

4) 아리스티포스(Aristipos 기원전 435 무렵~355 무렵) : 소크라테스에게 배운 뒤, 고향인 키레네에서 가르쳤다. 키레네학파의 창시자. 소피스트 특히 프로타고라스의 감각주의와 소크라테스의 행복주의를 혼합한 감각주의적인 쾌락주의를 주장하였다.

5) 벤담(Jeremy Bentham 1748~1832) : 영국의 철학자. 공리주의의 창시자. 쾌락과 고통을 가지고 인간 행위의 지배원리로 하는 쾌락주의를 출발점으로 하여, 이 쾌고의 원리를 공리성의 원리와 동일시하는, '최대 다수의 최대 행복'의 실현을 슬로건으로 공중적 쾌락주의를 주창하였다. 저서 《도덕 및 입법의 제원리 서설》.

다. 그에 따르면 인생의 목적은 쾌락이고, 선은 쾌락밖에 없다. 그래서, 어떠한 쾌락도 동일하고, 쾌락에는 종류의 차별이 없다(핀을 가지고 노는 놀이의 쾌락이나 고상한 시가의 쾌락이나 마찬가지이다). 다만 크고 작은 수량적 차이가 있을 뿐이다. 우리 행위의 가치는 직각론자가 말하듯이 그 자체에 가치가 있는 것이 아니라, 완전히 이제부터 생기는 결과에 의하여 정해지는 것이다. 곧 큰 쾌락을 낳는 행위가 선행이다. 그래서 어떤 행위가 가장 큰 선행인가 하면, 그는 개인의 최대 행복보다도 대다수의 최대 행복이 쾌락설의 원칙이므로 도리상으로 한결 더 큰 쾌락이라고 생각하지 않으면 안 되기 때문에, 최대 다수의 최대 행복이라는 것이 최고의 선이라고 한 것이다. 또 벤담은 이 쾌락설에 따라, 행위의 가치를 정하는 과학적 방법도 논하고 있다. 그에 따르면 쾌락의 가치는 대개 수량적으로 정할 수 있는 것이라, 이를테면 강도, 장단, 확실, 불확실 등의 표준에 따라 쾌락을 계산할 수 있다고 생각한 것이다. 그의 설은 쾌락설로서 참으로 조리가 잘 맞는 것이지만, 다만 한 가지 왜 개인의 최대 쾌락이 아니고, 최대 다수의 최대 행복이 최고의 선이 아니면 안 되는가에 대한 설명이 명료하지 않다. 쾌락에는 이것을 느끼는 주관이 없으면 안 된다. 느끼는 자가 있어야만이 쾌락이 될 수 있는 것이다. 그런데 이것을 느끼는 주체는 언제나 개인이 아니면 안 된다. 그렇다면 쾌락설의 원칙에서 볼 때, 어째서 개인의 쾌락보다도 다수인의 쾌락이 앞서야 된다는 것인가. 인간에게는 동정하는 마음이 있기 때문에 자기 혼자 즐기는 것보다는 남과 함께 즐기는 편이 한결 더 큰 쾌락일지도 모른다. 밀[6]은 이 점에 주목하였다. 그러나 이 경우에도 역시 동정에서 오는 쾌락은 다른 사람의 쾌락이 아니라 자기의 쾌락이다. 다름 아닌 자기의 쾌락이 유일한 표준인 것이다. 만일 자기의 쾌락과 다른 사람의 쾌락이 서로 충돌하는 경우는 어떨까. 쾌락설의 견지에서 볼 때, 그래도 자기의 쾌락을 포기하고 다른 사람의 쾌락을 찾아야 된다고 할 수 있을까. 에피쿠로스처럼 이기주의로 되는 것이 도리어 쾌락설의 필연적 결과일 것이다. 벤담도 밀도 극력 자

---

6) 밀(John Stuart Mill 1806~1873) : 영국의 철학자·경제학자. 철학의 영역에서는 영국 경험론을 계승하여 귀납법을 완성하고, 경제학의 영역에서는 영국 고전경제학 최후의 대표자였다. 윤리와 사회상의 영역에서는 벤담의 공리주의를 한걸음 더 나아가 이타적 방향으로 개량하려고 했다. 저서 《경제학 원리》, 《자유론》, 《공리주의론》.

기의 쾌락과 다른 사람의 쾌락이 일치하는 것이라고 역설하지만, 그런 것은 도저히 경험적 사실에 있어 증명할 수 없다고 생각한다.

4. 이제까지 쾌락설의 주요한 점을 대체로 설명하였기 때문에 앞으로는 그 비판을 하려고 한다. 우선 쾌락설의 근본적 가정인 쾌락은 인생 유일의 목적 이라는 것을 승인한다고 해서, 과연 쾌락설에 의해 충분한 규범을 제공할 수 가 있을까. 엄밀한 쾌락설의 견지에서 본다면 쾌락은 어떤 쾌락이나 다 같은 종류이며, 다만 크고작은 수량적 차이가 있을 따름이다. 만일 쾌락에 여러 가지 성질적 차이가 있어 이것에 따라 가치가 다른 것이라고 하면, 쾌락 외 에 다른 가치를 정할 원칙을 허락하지 않을 수 없게 된다. 즉 쾌락이 행위의 가치를 정하는 유일의 원칙이라는 주의와 충돌한다. 벤담의 뒤를 이은 밀은 쾌락에 여러 성질상의 차별이 있는 것을 허용하고, 두 가지 쾌락의 우열은, 이 두 가지를 다 경험해 본 사람은 쉽게 이것을 정할 수 있다고 생각하였다. 이를테면 돼지가 되어 만족한 것보다 소크라테스가 되어 불만족한 것은 누 구나 바라는 일이다. 그래서, 이런 차별은 인간의 품위의 감(sense of dignity)에서 오는 것으로 생각한다. [7] 그러나, 밀의 생각에는 분명히 쾌락설 의 입장에서 떠난 것으로, 쾌락설로 말하면 하나의 쾌락이 다른 쾌락보다 작 은 것과는 상관없이, 다른 쾌락보다도 고상한 것이라고 하는 것은 허락되지 않는다. 그렇다면 에피쿠로스, 벤담 등과 같이 순수하게 쾌락은 동일하며 다 만 수량적으로 다른 것으로서, 어떻게 쾌락의 수량적 관계를 정하고, 이것을 가지고 행위의 가치를 정할 수 있다는 것인가. 아리스티포스나 에피쿠로스 는 다만 지식에 의하여 변별할 수 있다고 하였을 뿐, 명료한 표준을 제시하 지 않았다. 벤담 혼자만이 위에서 말한 것같이 이 표준을 자세히 논하였 다. [8] 그러나 쾌락의 감정이라는 것은 한 사람에 있어서도 때와 경우에 따라 대단히 변화하기 쉬운 것이다. 하나의 쾌락보다 다른 쾌락이 강도에서 낮은 가는 몹시 명료하지 않다. 더욱이 얼마만큼의 강도가 얼마만큼의 계속에 상 당하는가를 정하는 것은 매우 곤란하다. 한 사람에 대해서조차 쾌락의 척도 를 정하기가 그렇게 어렵고 보면, 공중적 쾌락설처럼 다른 사람의 쾌락도 계

---

7) 밀 《공리주의론》 제2장 참조.
8) 벤담 《도덕 및 입법의 제원리 서설》 제4장 참조.

산하여 쾌락의 크고 작음을 정하려는 것은 더더욱 어려운 일이다. 보통으로는 육체의 쾌락보다 정신의 쾌락이 위라고 생각하고, 부보다 명예가 소중하며, 나 하나의 쾌락보다 대다수의 쾌락이 고귀하다는 둥, 전설적으로 쾌락의 가치가 정해져 있는 것 같지만, 그런 표준은 여러 방면의 관찰로부터 생긴 것으로, 결코 단순히 쾌락의 크고 작은 것에 따라 정하여졌다고는 생각되지 않는다.

5. 이상은 쾌락설의 근본적 원리를 옳은 것으로서 논한 것이지만, 그렇게 보아도 쾌락설에 따라 우리의 행위 가치를 정해야 될 정확한 규범을 얻기는 매우 어렵다. 이제 한걸음 더 나아가 이 설의 근본적 원리에 대하여 자세히 살펴보자. 모든 사람은 쾌락을 희망하고, 쾌락이 인생 유일의 목적이라는 것은 이 설의 근본적 가정으로, 또 모든 사람이 말하는 것이지만, 조금 생각해 보면 그것이 결코 진리가 아니라는 것은 분명하다. 인간에게는 이기적 쾌락 외에 고상한 타애적 또는 이상적인 욕구가 있다는 것을 허용하지 않으면 안 된다. 예를 들면, 자기의 욕구를 억제해서라도 사랑하는 사람에게 주고 싶다든가, 자기의 목숨을 잃어도 이상을 실행하지 않으면 안 된다는 그런 생각은 누구나 가슴속에 다소는 간직하고 있는 것이다. 때에 따라 이런 동기가 대단한 힘을 발휘한다든가, 남으로 하여금 뜻밖에 비참한 희생적 행위를 감행하도록 하는 경우도 적지 않다. 쾌락론자가 말하듯이 인간이 순전히 자기의 쾌락을 찾는다는 것은 몹시 파고든 진리 같지만 도리어 사실과 멀어진 것이다. 물론 쾌락론자도 이런 사실을 인정하지 않은 것은 아니지만, 인간이 이런 욕망을 가지고 이것을 위해 희생적 행위를 감행하는 것도 결국 자기의 욕망을 만족시키려는 것으로, 이면에서 보면 역시 자기의 쾌락을 찾는 것에 불과하다고 생각하는 것이다. 그러나 어떤 사람도 또 어떤 경우에도 욕구의 만족을 찾고 있는 것은 사실이지만, 욕구의 만족을 찾는 자가 곧 쾌락을 찾는 자라고는 할 수 없다. 아무리 고통이 큰 이상이라도 이것을 실행하였을 때에는 반드시 만족감이 따르는 것이다. 그래서 이 감정은 일종의 쾌락에는 다름없지만 이 때문에 이 쾌감이 처음부터 행위의 목적이었다고는 할 수 없다. 이와 같은 만족의 쾌감이라는 것이 일어나려면 먼저 우리에게 자연의 욕구라는 것이 없으면 안 된다. 이 욕구가 있어야만 이것을 실행하여 만족의 쾌감

이 생기는 것이다. 그런데 이 쾌감이 있기 때문에, 욕구는 모든 쾌감을 목적으로 한다는 것을, 원인과 결과를 혼동한 것이다. 우리 인간에게는 선천적으로 타애의 본능이 있다. 이것이 있기 때문에 남을 사랑한다는 것은 또한 우리에게 무한한 만족을 줄 수 있는 것이다. 하지만 이 때문에 자기의 쾌락을 위하여 남을 사랑했다고는 할 수 없다. 추호라도 자기의 쾌락을 위하는 생각이 있다면, 결코 타애로부터 오는 만족의 감정을 얻을 수 없는 것이다. 단지 타애의 욕구뿐만 아니라 순전히 자애적 욕구라고 하는 것도 다만 쾌락을 목적으로 하는 것은 없다. 예를 들면 식색(食色)의 욕구[9]도 쾌락을 목적으로 하는 것보다는, 오히려 일종의 선천적 본능의 필연에 쫓겨 일어난 것이다. 굶주린 자는 도리어 식욕이 있음을 슬퍼하고, 실연한 사람은 도리어 애정이 있음을 원망할 것이다. 인간이 혹시 쾌락이 유일한 목적이라면 인생 만큼 모순에 넘친 것은 없을 것이다. 오히려 모든 인간의 욕구를 끊고 사라지는 편이 도리어 쾌락을 찾는 방법이다. 에피쿠로스가 모든 욕심에서 벗어난 상태, 즉 마음의 평정을 가지고 최상의 쾌락이라 하여, 도리어 정반대의 원리로부터 출발한 스토익[10]의 이상과 일치한 것도 이 때문이다.

6. 그러나 어떤 쾌락론자는, 우리가 오늘날 쾌락을 목적으로 하지 않는 자연의 욕구라고 생각하고 있는 것도, 개인의 일생 또는 생물 진화의 경과에서 습관에 의하여 제2의 천성이 되었기 때문에, 원래는 의식적으로 쾌락을 찾는 자가 무의적이 된 것이라고 말한다. 즉 쾌락을 목적으로 하지 않은 자연의 욕구라는 것은, 결국 쾌락을 얻는 수단이었던 것이 습관에 의하여 목적이 되어 버렸다는 것이다(밀은 이것에 대하여 자주 금전의 예를 인용하고 있다).[11] 아닌게 아니라 우리의 욕구 중에는 그처럼 심리적 작용에 의하여 제2의 천성으로 된 것도 있을 것이다. 그러나 쾌락을 목적으로 하지 않은 욕구는 모두 다 그런 과정에 의하여 생긴 것이라고는 할 수 없다. 우리의 정신은 그 신체와 마찬가지로 태어나면서부터 활동적이다. 여러 가지 본능을 가지고 있다. 병아리가 태어나면서 모이를 먹고, 오리 새끼가 태어나면서부터 물

---

9) 식색(食色)의 욕구 : 식욕과 색욕.
10) 스토익(Stoic) : 스토아학파의 철학자.
11) 밀 《공리주의론》 제4장 참조.

로 들어가는 것도 같은 이치이다. 이런 본능이라는 것이 과연 유전에 의해 원래 의식적이었던 것이 무의식적 습관으로 된 것일까. 오늘날의 생물 진화설에 따르면 생물의 본능은 결코 그런 과정에 의하여 이루어진 것은 아니다. 원래 생물의 알〔卵〕이 구비한 능력이었고, 사정(事情)에 적응한 것이 생존하여 마침내 일종의 특유한 본능을 발휘하게 된 것이다.

위에서부터 논한 것처럼 쾌락설은 합리설에 비하면 한결 인성의 자연에 가까운 것이지만, 이 설에 따르면 선악의 판별은 다만 고락의 감정에 의해 정하여지게 되고, 정확한 객관적 표준을 제공하지 못하고 더욱이 도덕적 선의 명령적 요소를 설명하지 못한다. [12] 뿐만 아니라, 쾌락을 가지고 인생의 유일한 목적으로 삼는 것은 아직 진정한 인성 자연의 사실에 맞는다고 할 수 없다. 우리는 결코 쾌락에 의하여 만족할 수는 없다. 만일 다만 쾌락만을 목적으로 하는 사람이 있다면 도리어 인성에 어긋난 사람이다.

---

12) '이 설에 따르면……설명하지 못한다' : 쾌락주의는 선악의 기준을 쾌고(快苦)의 감정에서 찾지만, 원래 쾌고의 감정은 개인적인 것이기 때문에, 객관적인 표준을 제공할 수는 없다. 또 쾌락을 찾고 고를 피하는 것은, 원래 인간의 자연적 본성과 일치하기 때문에 거기에서 도덕적 명령은 나오지 않는다. 우리는 자기의 자연적 본성에 따라, 실제로 '쾌락을 찾고 고통을 피하라'고 명령하는 것은 불합리하다.

제9장 선(활동설)

1. 이미 선(善)에 대한 여러 가지 견해를 논하고 또 그 불충분한 점을 지적하였기 때문에, 은연중 선의 진정한 견해는 어떤 것인가 하는 것이 밝혀졌다고 생각한다. 우리의 의지가 목적으로 하지 않으면 안 되는 선, 즉 우리의 행위의 가치를 정해야 할 규범은 어디에서 이것을 찾아야 되는가. 전에 가치적 판단의 근본을 논한 데에서 말한 것처럼, 이 판단의 근본은 반드시 이것을 의식의 직접 경험에 구하지 않으면 안 된다. 선이란 오직 의식의 내면적 요구로부터 설명해야 되는 것이지 밖으로부터 설명해야 하는 것은 아니다. 다만 사물은 그렇게 있고 또 그렇게 해서 일어났다는 것으로부터, 그렇게 되지 않으면 안 된다는 것을 설명할 수는 없다. 진리의 표준도 결국은 의식의 내면적 필연으로, 아우구스티누스[1]나 데카르트처럼 가장 근본으로 돌아가 생각한 사람은 모두 여기에서 출발한 것처럼, 선의 근본적 표준도 역시 여기에서 찾지 않으면 안 된다. 그런데 타율적 윤리학 같은 것은 선악의 표준을 밖에서 찾으려 하고 있다. 그렇게 하면 도저히 선을 왜 행하여야 되는가를 설명할 수 없다. 합리설이 의식의 내면적 작용의 하나인 이성으로부터 선악의 가치를 정하려고 하는 것은, 타율적 윤리학설에 비하여 한걸음 나아간 것이라고 할 수는 있으나, 이는 의지의 가치를 정해야 하는 것은 아니다. 회프딩[2]이 '의식은 의지의 활동을 가지고 시작하여 그것을 가지고 마친다'[3]고 말한 것처럼, 의지는 추상적 이해의 작용보다도 근본적 사실이다. 후자가 전자

---

1) 아우구스티누스(Aurelius Augustinus 354~430) : 초기 그리스도교 최대의 교부(敎父) 철학자, 신학자. 그는 《삼위일체론》, 《자유의지론》, 《신국론》 등 저술로 그리스도교 교리와 역사철학을 확립하였다. 주저 《고백》.
  여기에서 니시다는 데카르트의 '나는 생각한다. 고로 나는 존재한다'는 원리를 염두에 두고 한 말 같은데, 이 아우구스티누스도 자기가 존재한다는 거에 대하여, 설사 속았다고 하더라도 속은 이상은, 자기는 존재하지 않으면 안 된다. 존재하지 않은 자는 속을 수도 없기 때문이라고 말했다 한다(《자유의지론》 제2권 제3장 참조).
2) 회프딩(Harald Höffding 1843~1931) : 덴마크 철학자. 키에르케고르, 칸트, 쇼펜아우어, 실증주의의 영향을 받아 심리학, 윤리학, 철학사에 관한 저작을 남겼다. 특히 《근세철학사》(전 2권)는 명저로 알려졌다.
3) 회프딩 《경험에 근거한 심리학 강요》(Psychologie in Umrissen anf Grundlage der Erfahrung) 독일어역 제3판, 1901, 제4장 7절, 134~135쪽 참조.

를 일으킨 것이 아니라, 도리어 전자가 후자를 지배하는 것이다. 그렇다면 쾌락설은 어떤가. 감정과 의지와는 거의 동일 현상의 강도 차이라고 해도 될 정도이지만, 앞에서 말한 것처럼 쾌락은 오히려 의식이 선천적 요구의 만족에서 일어난 것으로, 이른바 충동, 본능과 같은 선천적 요구가 쾌불쾌의 감정보다도 근본적이라고 하지 않으면 안 된다.

2. 그래서 선은 무엇인가의 설명을, 의지 자체의 성질에서 찾아야 된다는 것은 명백하다. 의지는 의식의 근본적 통일작용이며, 곧 또 실재의 근본인 통일력의 발현이다. 의지는 남을 위한 활동이 아니고 나 자신을 위한 활동이다. 의지의 가치를 정하는 근본은 의지 그 자체 속에서 찾을 수밖에 없는 것이다. 의지활동의 성질은 앞에서 행위의 성질을 논할 때 말한 것처럼,[4] 그 근저에는 선천적 요구(의식의 근본 원인)라는 것이 있어 의식 위에 목적 관념으로서 나타나, 이것에 의하여 의식을 통일하는데 있는 것이다. 이 통일이 완성되었을 때, 즉 이상이 실현되었을 때 우리에게 만족의 감정이 생기고, 이것이 어긋날 때는 불만족의 감정이 생기는 것이다. 행위의 가치를 정하는 것은 첫째로 이 의지의 근본인 선천적 요구에 있기 때문에, 이 요구 즉 우리의 이상이 잘 실현되었을 때에 그 행위는 선으로서 칭찬을 받고, 이것에 반할 때는 악으로서 비난을 받는 것이다. 그래서 선이란 우리의 내면적 요구, 즉 이상의 실현, 바꾸어 말하면 의지의 발전 완성이라는 것이 된다. 그와 같이 근본적 이상에 근거한 윤리학설을 활동설(energetism)[5]이라고 한다.

이 설은 플라톤, 아리스토텔레스로부터 시작하였다. 특히 아리스토텔레스는 여기에 근거하여 하나의 윤리체계를 만든 것이다. 그에 따르면 인생의 목적은 행복(eudaimonia)이다. 그러나 이것에 도달하려면 쾌락을 찾는데 있는 것이 아니고 완전한 활동에 의한 것이다.

3. 세상에서 소위 도덕가라는 사람은 대개 이 활동적 방면을 보지 못하고 있다. 의무라든가 법칙이라든가 하면서 공연히 자기의 요구를 억제하고 활동

---

4) 이 편 제2장 참조.
5) 활동설(energetism) : 의지설과 같은 뜻. 인간 정신의 본질을 지정의(知情意) 중 의지에서 찾아, 의지의 발전·완성을 최고 선이라고 하는 입장.

을 속박하는 것을 가지고 선의 본성으로 알고 있다. 물론 불완전한 우리는 자칫 활동의 진정한 의미를 이해하지 못하고 기로에 빠지는 경우가 많기 때문에 그런 경향이 생긴 것도 무리가 아니지만, 한결 큰 요구를 붙잡고 가야만 작은 요구를 억제할 필요가 생기는 것이다. 공연히 요구를 억제하는 것은 도리어 선의 본성에 어그러진 것이다. 선에는 명령적 위엄의 성질도 구비해야 되지만 이것보다도 자연이 좋아 즐기는 것이 더욱 필요한 성질이다. 이른바 도덕의 의무라든가 법칙이라든가 하는 것은, 의무나 법칙 그 자체에 가치가 있는 것이 아니라 도리어 큰 요구에 근거하여 생기는 것이다. 이 점으로보아 선과 행복과는 서로 충돌하지 않을 뿐만 아니라, 도리어 아리스토텔레스가 말한 것처럼 선은 행복이라고 할 수 있다. [6] 우리가 자기의 요구를 충족시키고 또 이상을 실현한다는 것은 언제나 행복이다. 선의 이면에는 반드시 행복의 감정을 따르게 할 필요가 있다. 다만 쾌락설에서 말한 것처럼 의지는 쾌락의 감정을 목적으로 하는 것으로 쾌락이 곧 선이라고 할 수는 없다. 쾌락과 행복과는 비슷하지만 다른 것이다. 행복은 만족에 의하여 얻을수 있고, 만족은 이상적 요구의 실현에서 생기는 것이다. 공자가 '검소하게 먹고, 물 마시고, 팔을 굽혀 베개를 삼아도, 즐거움이 또한 그 가운데 있다[7]'라고 말한 것같이, 우리는 경우에 따라 고통 속에서도 행복을 누릴 수있는 것이다. 진정한 행복은 도리어 엄숙한 이상의 실현에 의해 얻어야 되는것이다. 세상 사람들은 왕왕 자기의 이상 실현 또는 요구의 만족 등을 말하면 이기주의나 방임주의와 동일시하고 있다. 그러나, 가장 깊은 자기의 내면적 요구의 소리는 우리에게 큰 위력을 가진, 인생에 있어 이보다 엄숙한 것은 없다.

4. 자, 선이란 이상의 실현이요 요구의 만족이라고 한다면, 이 요구라 하고 이상이라고 하는 것은 무엇에서 일어나는 것이고 선이란 어떤 성질의 것인가. 의지는 의식의 가장 깊은 통일작용이며 곧 자기자신의 활동이므로, 의지의 원인이 되는 본래의 요구 또는, 이상은 요컨대 자기자신의 성질에서 생기

---

6) 아리스토텔레스 《니코마코스 윤리학》 제1권 제7장 참조.
7) 《논어》 술이(述而) 제7. '검소하게 먹고, 물 마시고, 팔을 굽혀 베개로 삼는' 그런 가난한 생활을 하여도, 진정한 즐거움은 그 속에 있고 잃을 것이 없다는 뜻.

는 것이다. 즉, 자기의 힘이라고 해도 좋은 것이다. 우리의 의식은 사유, 상상에서도 의지에서도 또 이른바 지각, 감정, 충동에서도 모두 그 근저에는 내면적 통일이라는 것이 작용하고 있기 때문에, 의식현상은 모두 이 하나의 것의 발전 완성이다. 그리하여 이 전체를 통일하는 가장 깊은 통일력이 우리의 이른바 자기이고, 의지는 가장 잘 이 힘을 나타낸 것이다. 그렇게 생각하면, 의지의 발전 완성은 바로 자기의 발전 완성이 되기 때문에, 선이란 자기의 발전 완성(self-realization)[8]이라고 할 수 있다. 곧, 우리의 정신이 여러 가지 능력을 발전시켜 원만한 발달을 이룬 것이 최상의 선이다(아리스토텔레스의 이른바 entelechie[9]가 선이다). 대는 대, 솔은 솔로서 저마다 그 천부적 재능을 충분히 발휘하도록, 인간이 인간의 천성 자연을 발휘하는 것이 인간의 선이다. 스피노자도 '덕이란 자기 고유의 성질에 따라 작용하는 뜻밖에 없다'[10]고 하였다.

5. 여기에서 선의 개념은 미의 개념과 근접하게 된다. 미란 사물이 이상대로 이루어지는 경우에 느껴지는 것이다. 이상대로 실현한다는 것은 사물이 자연의 본성을 발휘한다는 뜻이다. 그래서 꽃이 꽃의 본성을 나타낼 때 가장 아름다운 것처럼, 인간이 인간의 본성을 나타낼 때에 미의 정상에 도달하는 것이다. 선(善)은 곧 미(美)이다. 설사 행위 자체는 커다란 인성의 요구에서 보아 아무런 가치가 없는 것이라도, 그 행위가 진정 그 사람의 천성에서 나온 자연의 행위였을 때에는 일종의 미감을 유발하듯이, 도덕상으로도 한 가닥 관용의 정을 낳는 것이다. 그리스인은 선과 미를 동일시하고 있다. 이 생각은 플라톤에게서 가장 잘 나타난다.

또, 한편에서 보면 선의 개념은 실재의 개념과도 일치한다. 앞에서 논한 것같이, 한 사람의 발전 완성이라는 것이 모든 실재 성립의 근본적 형식이며, 정신도 자연도 우주도 다 이 형식으로 성립되어 있다. 그러고 보면, 자

---

8) 자기의 발전 완성(self-realization) : 흔히, '자기 실현'이라고 번역한다. 토머스 힐 그린의 윤리학설 등을 염두에 두고 있는 것으로 생각된다.

9) entelechie(엔텔레키아) : (완전 현실태(現實態)). 단순한 가능태에 대립하는 말로, 완전히 이루어진 행위라든가, 완성된 현실성이라든가 하는 뜻.

10) 스피노자는 '덕'(virtus)과 '능력'(potetia)을 동일시하여, '덕이란 자기 고유의 본성의 법칙에 따라 작용하는 것과 다름없다'라고 하였다. 《세티카》 제4부 정리18 참조.

기의 발전 완성인 선이란 자기의 실재 법칙에 따르는 것을 의미한다. 즉, 자기의 진실재와 일치하는 것이 최고의 선이라고 할 수 있다. 그래서 도덕의 법칙은 실재의 법칙 속에 포함되도록 하고, 선이란 자기 실재의 진성[11]으로부터 설명을 할 수 있게 된다. 이른바 가치적 판단의 근본인 내면적 요구와 실재의 통일력과는 하나이고 둘이 있는 것이 아니다. 존재와 가치를 나누어 생각하는 것은, 지식의 대상과 정의의 대상과를 나눈 추상적 작용으로부터 오기 때문에, 구체적 실재에서는 이 양자는 원래 하나인 것이다. 즉 선을 찾아 선으로 옮겨간다는 것은, 곧 자기의 진을 알게 되는 것이다. 합리론자가 진과 선과를 동일하게 본 것도 일면의 진리를 포함하고 있다. 그러나 추상적 지식과 선과는 반드시 일치하는 것은 아니다. 이 경우에 있어서 안다는 것은 이른바 체득의 의미가 아니면 안 된다. 이런 생각은 그리스에서는 플라톤, 또 인도에서는 우파니샤드[12]의 근본적 사상이며, 선에 대한 가장 깊은 사상이라고 생각한다(플라톤에게는 선의 이상이 실재의 근본이다,[13] 또 중세철학에서도 '모든 실재는 선이다'(omne ens est bonum)[14]라는 구절이 있다).

---

11) 실재의 진성(眞性) : 실재의 본성. 있는 그대로의 성질.
12) 우파니샤드 : 고대 인도의 철학을 한데 엮은 책. 브라만교의 성전 베다의 마지막 부분에 해당하는 베단타(베다의 끝)라고도 한다. 자기와 우주의 근본원리가 궁극적으로 한 몸이라고 한다.
13) 여기에서 '선의 이상'이라고 한 것은 '선의 이데아'를 말한 것 같다. 플라톤 《국가》 제6권 19절, 제7권 3절 참조.
14) 토마스 아퀴나스 《신학대전》 제1부 제5문 제3항.

제10장 인격적 선

1. 앞에서는 먼저 선이란 어떤 것이어야 되는가를 논하고, 선의 일반적 개념을 말하였으나, 여기서부터는 우리 인간의 선이란 어떤 것인가를 고찰하며, 이것의 특징을 밝히려고 한다. 우리의 의식은 결코 단순한 하나의 활동이 아니고, 갖가지 활동의 종합이라는 것은 누구에게나 분명한 사실이다. 그러고 보면, 우리의 요구라는 것도 결코 단순하지 않은, 다양한 요구라는 것이 당연하다. 그렇다면 이런 갖가지 요구 중에서, 어떤 요구를 충족시키는 것이 최상의 선인가. 우리의 자기 전체의 선이란 어떤 것인가라는 문제가 제기된다.

우리의 의식현상에는 하나도 고립된 것이 없다. 반드시 다른 것과의 관계 위에서 성립하는 것이다. 한 순간의 의식에서도 이미 단순하지 않다. 그 안에 복잡한 요소를 품고 있다. 그리하여 이런 요소는 서로 독립된 것이 아니라, 피차의 관계에서 일종의 의미를 갖는 것이다. 다만 일시적 의식이 그처럼 조직되어 있을 뿐만 아니라, 일생의 의식도 역시 그와 같은 한 체계이다. 자기란 이 전체의 통일로 이름지은 것이다. [1]

2. 그러고 보면 우리의 요구라는 것도 결코 고독하게 일어나는 것은 아니다. 반드시 다른 것과의 관계 위에서 생겨난 것이다. 우리의 선이란 어떤 일종의 또는 일시의 요구만을 충족한다는 뜻이 아니고, 어떤 하나의 요구는 오직 전체와의 관계 위에서 처음으로 선이 된다는 것은 분명하다. 이를테면 신체의 선은 그 한 국소의 건강이 아니라, 전신의 건전한 관계에 있음과 동일하다. 그래서 활동설에서 보아, 선이란 우선 갖가지 활동의 일치나 조화 또는 중용이라는 것이 되지 않으면 안 된다. 우리의 양심이란 조화 통일의 의식작용이라는 것이 된다.

조화가 선이라는 것은 플라톤의 생각이었다. 그는 선을 음악의 조화에 비

---

1) 자기는 실체가 아니고, 항상 실재의 통일자 내지 통일력이라고 생각하고 있다. 제2편 제7장 참조.

유하였다. [2] 영국의 샤프츠베리[3]도 이 생각을 취하였다. [4] 또 중용이 선이라는 것은 아리스토텔레스의 설이며, 동양에서는 《중용(中庸)》[5]이란 책에도 나와 있다. 아리스토텔레스는 모든 덕은 중용에 있다고 하여, 예를 들면 용기는 난폭과 겁약과의 중용이고, 검약은 인색과 낭비의 중용이라고 하였다. [6] 자사(子思)[7]의 생각과 아주 비슷하다. 또 진화론의 윤리학자 스펜서[8]가 선은 갖가지 능력의 평균이라고 한 것도[9] 결국 같은 뜻이다.

3. 그러나 단지 조화라든가 중용이라든가 하는 것으로는 아직 의미가 명료하지 않다. 조화란 어떤 의미에서의 조화인가, 중용이란 어떤 의미에서의 중용인가. 의식은 같은 동아리 활동의 집합이 아니라 통일된 한 체계이다.[10] 그 조화 또는 중용이라는 것은 수량적 의미가 아니고 체계적 질서의 의미가 아니면 안 된다. 그렇다면 우리의 갖가지 정신 활동에 있어서 고유의 질서는 어떠한 것일까. 우리의 정신도 그 낮은 정도에서는 동물의 정신과 마찬가지로 단순한 본능 활동이다. 즉 눈앞의 대상에 대하여 충동적으로 작용하기 때문에, 완전히 육욕에 의하여 움직이게 되는 것이다. 그러나 의식현상은 아무리 단순해도 반드시 관념의 요구를 갖추고 있다. 그래서 의식활동이 아무리 본능적이라고 해도 그 배후에 관념활동이 숨어 있지 않으면 안 된다(동물이라도 고등한 것은 반드시 그럴 것같이 생각된다). 어떤 인간이라도 천치 같

---

2) 플라톤 《국가》 제4권 17절, 제9권 13절 등 참조.
3) 샤프츠베리(Third Earl of Shaftsbury 1671~1713) : 영국의 도덕철학자, 도덕 감각론자.
4) 샤프츠베리의 언술러지 《인간, 풍습, 세론 및 시대의 여러 특징(Characteristics of Men, Manners, Opinions, Times)》(1711)에 수록된 '덕 또는 미점(美點)에 관한 연구'의 제1권 제3편 제3장 및 '문집' 3, 제2장 등에, 그에 관련된 기록이 있다.
5) 《중용(中庸)》 : 공자의 손자인 자사(子思)의 저술로 알려짐.
6) 아리스토텔레스 《니코마코스 윤리학》 제2권 6, 7장 참조.
7) 자사(子思) : 춘추시대의 학자. 공자의 손자. 증자(曾子)의 제자. 지성과 중용을 주장하였다.
8) 스펜서(Herbert Spencer 1828~1903) : 영국의 철학자, 사회학자, 진화론자. 생물, 심리, 사회, 윤리 등 모든 현상을 모두 진화의 원리에 근거하여 조직적으로 서술하려고 했다. 저서 《종합철학체계》(모두 10권)
9) 스펜서 《종합철학체계(A System of Synthetic Philosophy)》 제9권, 《윤리학원리(The Principles of Ethics)》 제1부 제1편 제6장 30절.
10) '의식은 같은 동아리 활동의 집합이 아니라 통일된 한 체계이다' : 의식은 따로따로 흐트러진 활동을 끌어모은 것이 아니라, 전체로서 통일된 것이며 체계적으로 발전해 가는 것이다.

은 자가 아닌 이상 결코 순전히 육체적 욕망을 가지고 만족하는 것은 아니다. 반드시 그 마음 속에는 관념적 욕망이 작용하고 있다. 즉 어떤 사람이든지 무엇인가 이상을 품고 있다. 수전노가 이익을 탐하는 것도 일종의 이상에서 오는 것이다. 요컨대 육체만 가지고 생존하는 것이 아니라, 관념상으로 생명을 가지고 있는 것이다. 괴테의 〈제비꽃〉이라는 시에, 들에 핀 제비꽃이 어린 목녀(牧女)에게 밟히면서 사랑의 만족을 얻은 듯하다는 것이 있다. 이것이 모든 인간의 진정이라고 생각한다. 그래서 관념활동이라는 것은 정신의 근본적 작용이며 우리의 의식은 이것에 의하여 지배되어야 하는 것이다. 곧 여기에서 일어나는 요구에 만족하는 것이 우리의 진정한 선이라고 하지 않으면 안 된다. 그렇다면 한 걸음 더 나아가 관념활동의 근본적 법칙이란 어떤 것이냐 하면 곧 이성의 법칙이라는 것이 된다. 이성의 법칙이라는 것은 관념과 관념 사이의 가장 일반적이고 또 가장 근본적인 관계를 말한 것으로, 관념활동을 지배하는 최상의 법칙이다. 그래서 또 이성이라는 것이 우리의 정신을 지배해야 할 근본적 능력이고, 이성의 만족이 우리의 최상의 선이다. 무엇이나 이(理)에 따르는 것이 인간의 선이 된다는 것이다. 키닉이나 스토아학파는 이 생각을 극단으로 주장한 것으로, 이것을 위하여 사람 마음의 모든 다른 요구를 악으로서 배척하고, 오직 이에 따르는 것만이 첫째의 선이라고까지 말하였다. 그러나 플라톤의 만년의 생각이나 아리스토텔레스는 이성의 활동에서 일어난 것이 최상의 선이지만, 또 이것으로부터 다른 활동을 지배하고 통제하는 것도 선이라고 하였다.

플라톤은 그의 유명한 저서 《공화국》에서 사람 마음의 조직을 국가의 조직과 동일시하고, 이성에 통제되는 상태가 국가에서나 개인에게나 최상의 선이라고 말했다. [11]

4. 만일 우리의 의식이 갖가지 능력의 종합으로 이루어져 있어 그 하나가 다른 것을 지배하도록 구성되어 있다면, 활동설에서 선이란 앞에서 말한 것처럼 이성에 따라 다른 것을 제어하는데 있다고 하지 않으면 안 된다. 그러나

---

11) 플라톤 《국가》 제5권 제10장, 제18장, 제6권 12, 13장 참조.

우리의 의식은 원래 하나의 활동이다. 그 근저에는 항상 유일한 힘이 작용하고 있다. 지각이라든가 충동이라든가 하는 순간적 의식활동에도 이미 이 힘이 드러나 있다. 더 나아가 사유, 상상, 의지와 같은 의식적 활동에 이르면, 이 힘이 한결 심원한 형태로 나타나게 된다. 우리가 이성에 따른다는 것도 결국 이 심원한 통일력에 따른다는 뜻이다. 그렇지 않고 추상적으로 생각한 단순히 이성이라는 것은, 전에 합리설을 평한 데서 말한 것같이[12]아무 내용이 없는 형식적 관계를 제공한 것에 불과한 것이다. 이 의식의 통일력이라는 것은 결코 의식의 내용을 떠나서 존재하는 것이 아니라, 도리어 의식 내용은 이 힘에 의해 성립하는 것이다. 물론 의식의 내용을 낱낱이 분석하여 생각할 때는 이 통일력을 발견하지 못한다. 그러나 종합적으로 엄연히 움직일 수 없는 한 사실로서 나타나는 것이다. 예를 들면, 화면에 나타난 일종의 이상, 음악에 나타난 일종의 감정 같은 것으로 분석 이해해야 하는 것이 아니라 자득해야 되는 것이다. 그리하여 그와 같은 통일력을 여기에서 각자의 인격이라고 이름붙인다면,[13] 선은 그와 같은 인격 즉 통일력의 유지 발전에 있는 것이다.

5. 여기에서 말하는 인격의 힘이란 것은 단지 동식물의 생활력과 같은 자연적 물력을 가리키는 것이 아니다. 또 본능과 같은 무의식의 능력을 가리키는 것도 아니다. 본능작용이란 유기작용에서 일어나는 일종의 물력이다. 인격이란 이것에 반대인 의식의 통일력이다. 그러나 그렇다고 해서 인격이란 각자의 표면적 의식의 중심으로서 극히 주관적인 갖가지 희망과 같은 것을 말하는 것은 아니다. 이런 희망은 어느 정도 그 사람의 인격을 나타내는 것이겠지만, 도리어 이런 희망을 접고 자기를 잊는 데에 참다운 인격이 나타나는 것이다. 그렇다고 하여 칸트의 말처럼 완전히 경험적 내용을 떠나 각자에게 일반적인 순리(純理)의 작용[14]이라고 하는 것 같은 것도 아니다. 인격은 사

---

12) 이 편 제7장 참조.

13) 여기에서 니시다는 인격을 개개의 의식현상의 근저에 있는 통일력과 동일시하고 있다. 그리고 이 통일력은 각자의 개성에 따라 나타나기 때문에 개성적인 성격을 가진 것으로 생각한다. 그것은 이 문장 속의 '각자의 인격'이라는 표현에 의해서도 엿볼 수 있다. 그리고 이 점에서 칸트적 인격 개념과는 크게 다르기 때문에 주의를 요한다.

14) 순리(純理)의 작용 : 선천적인 순수이성의 작용.

람에 따라 특수의 의미를 갖는 것이 아니면 안 된다. 진정한 의식통일이라는 것은 우리를 모르고 자연히 나타난 순일 무잡(純一無雜)의 작용[15]이며, 지정의의 구별없이 주객이 떨어지지 않고 독립 자전한 의식 본래의 상태이다. 우리의 진인격(眞人格)은 그와 같은 때에 그 전체를 나타내는 것이다. 그러므로 인격은 단지 이성이 아니고 욕망도 아니며, 하물며 무의식 충동도 아니고, 마치 천재의 영감처럼 각자의 안에서 직접 자발적으로 활동하는 무한의 통일력이다[16](고인도 도는 지, 부지에 속하지 않는다고 하였다[17]). 그리하여 전에 실재의 논에서 말하였듯이[18] 의식현상이 유일한 실재라고 한다면, 우리의 인격이란 바로 우주 통일력의 발동이다. 즉, 물심의 구별을 타파한 유일 실재가 사정에 따라 어떤 특수한 형태로 나타난 것이다.

우리의 선이란 그처럼 위대한 힘의 실현이기 때문에 그 요구는 극히 엄숙하다. 칸트는 '우리가 항상 무한히 찬미하고 외경하는 마음으로 보는 두 가지가 있다. 하나는 위에 걸친 별이 찬란한 하늘이고, 하나는 마음속에 있는 도덕적 법칙이다[19]'라고 하였다.

---

15) 순일 무잡(純一無雜)의 작용 : '순일'과 '무잡'은 모두 '불순물이 섞이지 않은 것'을 말한다.
16) 여기에서도 인격은 각자의 내부에서 발동하는 통일력이라고 생각하고 있다. 또 그것은 우주의 근원적 통일력과 다른 것이 아니라, '우리의 인격이란 바로 우주 통일력의 발동이다'라고 말하고 있다.
17) 《무문관(無門關)》 제19칙에 나오는 난생(南泉)의 말.
18) 제2편 제2장 참조.
19) 칸트 《실천이성비판》의 끝(제2부, 결론)에 있는 유명한 말.

제11장 선 행위의 동기(선의 형식)

1. 위에서부터 논하여 온 것을 총괄하여 말하면, 선이란 자기의 내면적 요구를 만족하는 것을 말하므로, 자기의 최대인 요구란 의식의 근본적 통일력 즉 인격의 요구이기 때문에 이것을 만족하는 것 즉 인격의 실현이라는 것이 우리에게 있어 절대적 선이다. 그래서, 이 인격의 요구란 의식의 통일력임과 동시에 실재의 근저에서 무한한 통일력을 나타낸 것이다. 우리의 인격을 실현한다는 것은 이 힘에 합일하는 것을 뜻한다. [1] 선이 그와 같은 것이라면, 이제부터 선행이란 어떠한 행위인가를 정할 수 있다고 생각한다.

우선, 선행이란 모든 인격을 목적으로 하는 행위라는 것은 명백하다. 인격은 모든 가치의 근본이며, 우주 사이에서 다만 인격만이 절대적 가치를 가진 것이다. 우리에게는 본시 갖가지 요구가 있다. 육체적 요구가 있는가 하면 정신적 요구도 있다. 따라서 부, 힘, 지식, 예술 등 소중히 여겨야 될 것이 많다. 그러나, 아무리 강대한 요구나 고상한 요구라도 인격의 요구를 떠나면 아무 가치가 없다. 오직 인격적 요구의 일부 또는 수단으로서만 가치를 갖는 것이다. 부귀, 권력, 건강, 기능, 학식도 그 자체가 선이 되는 것은 아니다. 만일 인격적 요구에 어긋날 때에는 도리어 악이 된다. 그래서 절대적 선행이란 인격의 실현 그 자체를 목적으로 한, 즉 의식통일 자체를 위하여 작용하는 행위가 아니면 안 된다.

칸트에 따르면, 사물은 밖에서부터 그 가치가 정해지기 때문에 그 가치는 상대적이지만 오직 우리의 의지는 스스로 가치를 정하기 때문에, 곧 인격은 절대적 가치를 갖는다. 그의 가르침은 누구나 알 듯이 너와 남의 인격을 존중하고, 목적 자체(end in itself)로서 다루어라. 결코 수단으로 쓰지 말라고 한 것이다. [2]

---

1) 니시다의 인격 개념의 특징은 그것이 인간 내부의 원리(의식의 통일력)임과 동시에 우주의 근원적 통일력이기도 하다고 생각한 점이다. 그리고 전자가 후자에 합치한다는 것이 선 행위의 동기 곧 선의 형식이라고 생각하고 있다. 즉, 의식의 통일력의 발현인 내면적 요구가 동시에 우주의 근원적 통일력의 발현이라고 볼 때, 거기에 인격이 실현된다.
2) 칸트《인륜의 형이상학 기초 붙임》제2장 참조.

2. 그렇다면 참으로 인격 자체를 목적으로 하는 선행이란 어떤 행위여야 되는가. 이 물음에 대답하려면 인격활동의 객관적 내용을 논하여, 행위의 목적을 분명히 하지 않으면 안 되는데, 먼저 선 행위에서의 주관적 성질 즉 그 동기를 말하기를 한다. 선 행위란 모든 자기의 내면적 필연에서 일어나는 행위가 아니면 안 된다. 앞에서도 말한 것처럼, 우리의 전 인격의 요구는 우리가 아직 사려 분별이 없는 상태에서만 자각할 수가 있다. 인격이란 그런 경우에 마음속 깊은 데서 나와, 천천히 온 마음을 포용하는 일종의 내면적 요구의 소리이다. 인격 자체를 목적으로 하는 선행이란 그와 같은 요구에 따른 행위가 아니면 안 된다. 이것을 배반하면 자기의 인격을 부정하는 자이다. 지성[3]이란 선행에 없어서는 안 되는 요건이다. 그리스도교도 천진난만한 어린이 같은 자만이 천국으로 들어갈 수 있다고 하였다.[4] 지성의 선이 되는 것은 이것에서 생기는 결과를 위하여 선이 되는 것이 아니고, 그 자체에서 선이 되는 것이다. 사람을 속이는 것이 악이라는 것은 이것에서 일어난 결과에 따르기보다도 오히려 자기를 속인 자기의 인격을 부정하는 까닭이다.[5]

3. 자기의 내면적 필연이라든가 천진의 요구라든가 하는 것은 가끔 오해를 벗어나지 못한다. 어떤 사람은 방종 무뢰 사회의 규율을 무시하고 자기의 욕정을 검속하지 않는 것이 천진이라고 생각한다. 그러나, 인격의 내면적 필연 즉 지성이라는 것은 지정의 합일 위의 요구이다. 지식의 판단, 인정의 요구에 반하여 다만 맹목적 충동에 따른다는 뜻은 아니다. 자기의 지를 다하고 정을 다한 연후에 비로소 진정한 인격적 요구 즉 지성[6]이 나타나게 되는 것

---

3) 지성(至誠) : 지성 내지 정성은 니시다가 매우 중시하는 덕목으로, 유고가 된 '장소적(場所的) 논리와 종교적 세계관'에서도 설명을 하였다.

4) 《마태오 복음서》 18·3.

5) '사람을 속이는 것이 악이라는…… 인격을 부정하는 까닭이다' : 사람을 속이는 것이 악이라는 것은, 그것이 그 결과로서 자기를 다른 사람과 다투게 한다가 사회의 질서를 문란케 한다든가 하기 때문이라기보다도, 그것이 애당초 자기의 내면적 요구를 거스르고, 또 우주의 근원적 통일력과의 합치라는 인격적 요구를 부정하고 있기 때문이다.

6) 지성(至誠) : 지성은 원래 《중용》의 사상으로, 그 20장에 '성은 하늘의 도이다. 이것을 성으로 하는 것은 사람의 도이다'라고 한다. 이것은, 그대로 니시다의 인격 개념으로 적용시킬 수 있을 것이다.

이다.

자기의 온 힘을 다하고, 거의 자기의 의식이 없어져 자기가 자기를 의식하지 못한 경지에, 비로소 진정한 인격의 활동을 보는 것이다. 시험삼아 예술의 작품에 관하여 보라. 화가의 참다운 인격 즉 오리지낼리티는 어떤 경우에 나타나는가. 화가가 의식적으로 여러 가지 기도를 하는 동안은 아직 진정한 화가의 인격을 볼 수 없다. 오랜 세월 고심의 결과, 기예가 원숙하고 뜻에 이르면 화필이 저절로 따르는 경지가 되었을 때 비로소 이것을 볼 수 있는 것이다. 도덕상으로 인격이 나타나는 것도 이것과 다르지 않다. 인격을 나타내는 것은 일시의 정욕에 따르는 것이 아니고, 가장 엄숙한 내적인 요구에 따르는 것이다. 방종유약(放從懦弱)과는 정반대로, 간난신고(艱難辛苦)의 사업이다.

4. 자기의 진지한 내면적 요구에 따른다는 것, 즉 자기의 참된 인격을 실현한다는 것은, 객관에 대하여 주관을 세우고 외물을 자기에게 따르도록 한다는 의미는 아니다. 자기의 주관적 공상을 다 없애버리고 전적으로 사물과 일치하는 데에서, 도리어 자기의 진짜 요구를 만족하고 진정한 자기를 볼 수가 있는 것이다. 한쪽에서 보면, 각자의 객관적 세계는 각자의 인격의 반영이라고 말할 수 있다. 아니, 각자의 진정한 자기는 각자의 앞에 나타난 독립 자전인 실재의 체계 그 자체 밖에는 없는 것이다.[7] 그래서, 어떤 사람이나 그 사람의 가장 진지한 요구는 언제나 그 사람이 보는 객관적 세계의 이상과 항상 일치한 것이 아니면 안 된다. 예를 들면, 아무리 욕심이 많은 사람이라도 그 삶에서 다소의 동정심이라는 것이 있다면, 그 사람의 최대 요구는 반드시 만족을 얻고 나서 다른 사람에게 만족을 주고 싶다는 것이리라. 자기의 요구라는 것은 단지 육체적 욕구에 한하지 않고 이상적 요구라는 것을 포함해서 말한다면, 어쨌든 그렇게 말하지 않으면 안 된다. 사욕적이면 그럴수록 다른 사람의 사욕을 해롭힌 것에 마음속으로 적잖게 고민을 하게 되는 것이다. 도리어 사욕이 없는 사람이라야 비로소 마음 편하게 다른 사람의 사욕을 무너

---

7) '각자의 진정한 자기는 각자의 앞에 나타난 독립 자전인 실재의 체계 그 자체 밖에는 없는 것이다' : 여기에 니시다의 근본사상이 서술되어 있다. 의식의 통일력인 자기와, 자기 앞에 객관적 세계로서 나타난 독립 자전인 실재의 체계란 별개의 것이 아니다.

뜨릴 수 있을 것으로 생각한다. 그래서 자기의 최대 요구를 채우고 자기를 실현한다는 것은, 자기의 객관적 이상[8]을 실현한다는 것이 된다. 즉 객관과 일치한다는 것이다. 이 점으로 보아, 선 행위는 반드시 사랑이라고 할 수 있다. 사랑이라는 것은 모두 자타 일치의 감정이다. 주객 합일의 감정이다. 다만 사람이 사람에 대한 경우만이 아니고, 화가가 자연에 대한 경우도 사랑이다.

플라톤은 유명한 《심포지엄》에서 '사랑은 결함이 있는 자가 원래의 완전한 상태로 돌아가려고 하는 정이다'[9]라고 말하였다.

5. 그러나, 다시 한걸음 나아가 생각해 보면, 참다운 선행이라는 것은 객관을 주관에 따르게 하는 것이 아니고, 또 주관이 객관에 따르는 것도 아니다. 주객을 서로 없애고 물아(物我)를 서로 잊은 천지 유일 실재의 활동만이 있게 되는데 이르러야, 비로소 선행의 극치에 도달하는 것이다. 사물이 나를 움직여도 좋고, 내가 사물을 움직여도 좋다. 셋슈(雪舟)[10]가 자연을 그린 것도 좋고, 자연이 셋슈를 통하여 자기를 그린 것도 좋다. 원래, 물과 나와 구별이 있는 것이 아니다. 객관 세계가 자기의 반영이라고 할 수 있을 것같이 자기는 객관 세계의 반영이다. 내가 보는 세계를 떠난 나는 없다(실재 제9 정신의 장을 참고하라). 천지 동근 만물 일체이다. 인도의 옛날 현인은 이것을 '그것은 너다(Tat twan asi)'라 하였고, 바울은 '이제는 내가 사는 것이 아니라 그리스도가 내 안에서 사시는 것이니라'라 하였으며(갈라디아인들에게 보낸 편지 제2장 20), 공자는 '마음이 하고자 하는 것을 따르되 도리를 벗어나지 않는다'고 한 것이다.

---

8) 객관적 이상 : 여기에서 말한 '객관적 이상'은 '주관적 이상'에 상대하는 것은 아니다. 오히려 모든 사욕이라는 것을 없애버릴 때 나타날 듯한 자기 본성의 가장 깊고 최대인 이상을 말한다.
9) 플라톤 《향연》 15절.
10) 셋슈(雪舟, 1420~1506) : 일본 무로마치(室町) 시대 후기의 화승(畵僧). 명나라에 가서 수묵화의 기법을 배우고, 많은 명화를 남겼다.

제12장 선 행위의 목적(선의 내용)

1. 인격 자체를 목적으로 하는 선 행위를 설명함에 있어, 우선 선 행위란 어떤 동기에서 나오는 행위라야 되는가를 말하였는데, 이제부터 어떤 목적을 가진 행위인가를 논하고자 한다. 선 행위라는 것도 단지 의식 내면의 것이 아니고, 이 사실계에 있는 객관적 결과가 생기게 하는 것을 목적으로 하는 동작이므로, 우리는 이제 이 목적의 구체적 내용을 밝히지 않으면 안 된다. 앞에서 말한 것은 말하자면 선의 형식이고, 이제 말하려고 하는 것은 선의 내용이다.

의식의 통일력이며 또한 실재의 통일력인 인격은, 먼저 우리 개인에게 실현된다. 우리의 의식의 근저에는 분석할 수 없는 개인성이라는 것이 있다. 모든 의식활동은 다 개인성의 발동이다. 각자의 지식, 감정, 의지는 모두 다 그 사람에게 특유한 성질을 가지고 있다. 의식현상뿐만 아니라 각자의 용모, 언어, 거동에도 이 개인성이 나타난다. 초상화가 나타내려고 하는 것은 실로 이 개인성이다. 이 개인성은 사람이 이 세상에 태어남과 동시에 활동을 시작하여 죽을 때까지 갖가지 경험과 경우에 따라 다양한 발전을 하는 것이다. 과학자는 이것을 뇌의 소질로 돌리겠지만, 나는 자주 말하였듯이 실재의 무한한 통일력의 발현이라고 생각한다.[1] 그래서 우리는 먼저 이 개인성의 실현이라는 것을 목적으로 하지 않으면 안 된다. 즉, 이것이 가장 직접적인 선이다. 건강이나 지식이라는 것은 원래 존중해야 되는 것이다. 그러나, 건강, 지식 자체가 선은 아니다. 우리는 다만 이것에 만족할 수는 없다. 개인에게 절대적인 만족을 주는 것은 자기의 개인성의 실현이다. 즉, 다른 사람이 모방할 수 없는 자가[2]의 특색을 실행에서 발휘하는 것이다. 개인성의 발휘라고 하는 것은 그 사람이 타고난 경우가 어떤가에 상관없이 누구나 할 수 있는 것이다. 어떤 인간이나 모두 얼굴이 각각 다르듯이, 다른 사람이 모방할 수 없는 하나만 있고 둘은 없는 특색을 가지고 있는 것이다. 그리하여 이 실현은 각자에게 더없는 만족을 주고, 또 우주 진화에 있어 없어서는 안 되는

---

1) 니시다는 개인성 내지 개성이라는 것을 우주의 근본적 통일력의 발현이라고 생각한다. 우주의 근원적 힘이 갖가지 모습으로 나타난 것, 그것이 각자의 개성이라고 하는 것이다.

2) 자가(自家) : 자기, 자신.

한 사람이 되게 하는 것이다. 종래에, 세상 사람들은 개인적 선이라는 것에 별로 무게를 두지 않았다. 그러나, 나는 개인의 선이라는 것은 가장 소중한 것이고 모든 다른 선의 기초가 될 것으로 생각한다. 참다운 위인이란 그 사업이 위대하기 때문에 위대한 것이 아니라, 강대한 개인성을 발휘하였기 때문이다. 높은 곳에 올라가 부르면 그 소리는 먼 데까지 도달하겠지만, 그것은 소리가 커서가 아니고, 선 곳이 높기 때문이다. 나는 자기의 본분을 잊고 쓸데없이 다른 일에 분주한 사람보다도, 자기의 본색[3]을 잘 발휘하는 사람이 위대하다고 생각한다.

2. 그러나, 내가 여기에서 개인적 선이라고 하는 것은 사리사욕이라는 것과는 다르다. 개인주의와 이기주의와는 엄격히 구별하지 않으면 안 된다. 이기주의란 자기의 쾌락을 목적으로 하는, 즉 방종을 말한다. 개인주의는 이것과 정반대이다. 각자가 자기의 물질욕이 지나치면 도리어 개인성을 잃게 된다. 돼지가 몇 마리 있어도 그 사이에 개인성은 없다. 또, 어떤 사람은 개인주의와 공동주의가 상반되는 것같이 말하지만 나는 이 둘은 일치하는 것으로 생각한다. 한 사회 안에 있는 개인이 저마다 충분히 활동하여 그 천분을 발휘해야만, 비로소 사회가 진보하는 것이다. 개인을 무시한 사회는 결코 건전한 사회라고 할 수 없다.

개인적 선에 가장 필요한 덕은 왕성한 의지이다. 입센[4]의 브란드[5] 같은 자가 개인적 도덕의 이상이다. 이것에 반하여, 의지의 박약과 허영심이라는 것은 가장 혐오해야 될 악이다(모두 자중하는 마음을 잃은 데서 일어나는 것이다). 또 개인에 대한 최대의 죄를 저지른 자는 극도로 실망스러운 자살자이다. [6]

---

3) 본색(本色) : 타고난 성질.
4) 입센(Henrik Ibsen, 1828~1906) : 노르웨이의 극작가. 시민사회를 비판하는 일련의 문제극과 사회극을 발표하여 근대극의 창시자라는 말을 들었다. 저서 《인형의 집》, 《민중의 적》, 《유령》.
5) 브란드 : 입센의 초기 운율극(韻律劇) 《브란드》의 주인공. 신의 사랑을 이상으로 하는 개인주의자. 그 의지의 싸움이 격렬한 것이 특성이다. 일설에는, 덴마크의 고고한 사상가 키에르케고르를 모델로 한 작품이라고 한다.
6) '개인에 대한 최대의 죄를 저지른 자는 극도로 실망스러운 자살자이다' : 이 문장은 여러 해석이

3. 앞에서 말한 것처럼 진정한 개인주의는 결코 비난해야 될 것이 아니다. 또 사회와 충돌해야 되는 것도 아니다. 그러나, 이른바 각자의 개인성이라는 것은 각각 독립하여 서로 관계가 없는 실재일까. 혹은 또, 우리 개인의 근본에는 사회적 자기라는 것이 있어 우리의 개인은 그 발현일까. 만일 전자라면 개인적 선이 우리의 최상의 선이 아니면 안 된다. 만일 후자라면 우리에게는 한결 더 큰 사회의 선이 있다고 해야 한다. 나는 아리스토텔레스가 지은《정치학》서두에 사람은 사회적 동물이라 말한[7] 것은 움직일 수 없는 진리라고 생각한다. 오늘날 생리학상으로 생각해 보면 우리의 육체가 이미 개인적인 것은 아니다. 우리의 육체는 본시 선조의 세포이다. 우리는 우리의 자손과 더불어 동일한 세포의 분열에 의하여 생긴 것이다. 생물의 모든 종속(種屬)을 통하여 동일한 생물로 볼 수 있다. 생물학자는 오늘날 생물은 죽지 않았다고 말한다. 의식생활에 대해서 보아도 그와 똑같다. 인간이 공동생활을 하는 곳에는 반드시 각자의 의식을 통일하는 사회적 의식이라는 것이 있다. 언어, 풍습, 습관, 제도, 법률, 종교, 문학 등은 모두 이 사회적 의식의 현상이다. 우리의 개인적 의식은 이 안에서 발생하여 이 안에서 길러진 것으로, 이 크나큰 의식을 구성하는 한낱 세포에 불과하다. 지식이고 도덕이고 취미고 모두 사회적 의미를 가지고 있다. 가장 보편적인 학문까지도 사회적 인습을 벗어나지 않는다(오늘날 각국에 학풍이라는 것이 있는 것은 이 때문이다). 이른바 개인의 특성이라는 것은 이 사회적 의식이라는 기초 위에 나타난 다양한 변화에 불과하다. 아무리 기발한 천재라도 이 사회적 의식의 범위를 벗어날 수는 없다. 도리어 사회적 의식의 심대한 의의를 발휘한 사람이다(그리스도의 유대교에 대한 관계가 그 한 예이다[8]). 참으로 사회적 의식과 아무 관계가 없는 자는 미친 사람의 의식과 같은 것이다.

4. 위와 같은 사실은 아무도 거부하지 못하지만, 막상 이 공동적 의식이란

가능하겠지만, 물론 여기에서 니시다가 말하고 싶은 것은, 절망 끝에 자살을 하는 것은 개인에게 있어 최대의 죄라는 것이다.

7) 아리스토텔레스《정치학》제1권 제2장 참조.

8) 예를 들면 예수의 출현은, 당시 유대 사회의, 특히 그 지배층의 타락, 유대인 사이에 퍼진 종말론 사상과 메시아(구세주)의 강림에 대한 소원 등과 밀접히 연관되어 있다.

것이 개인적 의식과 동일한 의미로 존재하는 것이고, 하나의 인격이라고 볼 수 있는가 없는가 하게 되면 여러 가지 이론이 있다. 회프딩 같은 사람은 통일적 의식의 실재를 부정하고, '숲은 나무의 집합이며 이것을 나누면 숲이 되지 않는다, 사회도 개인의 집합이고 개인 외에 사회라는 독립된 존재는 없다'고 하였다(Höffding, Ethik, S. 157[9]). 그러나, 분석하고 나서 통일이 실재하지 않으니까 통일이 없다고는 할 수 없다. 개인의 의식에서도 분석하면 따로 통일적 자기라는 것은 보이지 않는다. 그러나, 통일 위에 하나의 특색이 있어, 여러 현상은 이 통일에 의하여 성립하는 것이라고 보지 않으면 안 되기 때문에 하나의 살아 있는 실재로 치는 것이다. 사회적 의식도 같은 이유로 하나의 살아 있는 실재로 볼 수가 있다. 사회적 의식 역시 개인적 의식과 마찬가지로 중심도 있고 연락도 있는 훌륭한 하나의 체계이다. 다만 개인적 의식에는 육체라는 하나의 기초가 있다. 이것은 사회적 의식과 다른 점이지만 뇌라는 것도 결코 단순한 물체가 아닌 세포의 집합이다. 사회가 개인이라는 세포에 의해 이루어진 것과 다른 것은 없다.

5. 그와 같이 사회적 의식이라는 것이 있어 우리의 개인적 의식은 그 일부이기 때문에 우리 요구의 대부분은 모두 사회적이다. 만일 우리의 욕망 중에서 그 타애적 요소가 사라진다면, 거의 아무것도 남지 않을 정도이다. 우리의 생명욕도 주된 원인은 타애에 있다는 것을 가지고 보아도 명백하다. 우리는 자기의 만족보다도 도리어 자기가 사랑하는 자나 또는 자기가 속해 있는 사회의 만족에 의하여 만족되는 것이다. 원래, 우리의 자기 중심은 개체 안에 한정된 것은 아니다. 어머니의 자기는 아들 속에 있고, 충신의 자기는 군주 속에 있다.[10] 자기의 인격이 위대하게 됨에 따라, 자기의 요구가 사회적으로 되어 가는 것이다.[11]

---

9) 회프딩 《윤리학》 157쪽.
10) '어머니의 자기는 아들 속에 있고, 충신의 자기는 군주 속에 있다': 물론, 이것은 비유적 표현이며, 사실을 말한 것은 아니다. 어머니의 자기는 역시 어머니 자신 속에 있고, 충신의 자기는 역시 그 자신 속에 있다. 아들 속이나 군주 속에 있을 리는 없다. 다만, 그들의 사랑이나 배려나 관심은 단지 자기 자신에게 국한되지 않고, 아들이나 군주에게까지 확대하여 있다.
11) 이 경우에, '사회적'이라는 말의 반대개념은 '개성적'이 아니고, '이기적' 내지 '개인적'이다.

6. 이제부터 조금 사회적 선의 계급을 말하겠다. 사회적 의식에는 여러 계급이 있다. 그 중에서 가장 작고, 직접적인 것은 가족이다. 가족이란 우리의 인격이 사회로 발전하는 최초의 계급이라고 해야 한다. 남녀가 서로 만나 한 가족을 이루는 목적은 단지 자손을 남기는 것보다도, 한결 더 심원한 정신적 (도덕적) 목적을 가지고 있다. 플라톤의 《심포지엄》에는, 원래 남녀는 한몸이었으나, 신에 의하여 나누어졌기 때문에 지금에 와서 남녀가 서로 그리워한다는 구절이 있다. [12] 이것은 꽤나 재미있는 생각이다. 인류라고 하는 전형에서 본다면, 개인적 남녀는 완전한 사람이 아니고, 남녀를 합친 것이 온전한 한 사람이다. 오토 바이닝겔[13]이 '인간은 육체에서나 정신에 있어서나 남성적 요소와 여성적 요소의 결합에 의하여 이루어진 것이다. 두 성이 서로 사랑하는 것은 이 두 요소가 합쳐져 완전한 인간이 되기 위해서이다'[14]라고 말하였다. 남자의 성격이 인류의 완전한 전형이 아니듯이, 여자의 성격도 완전한 전형은 아니다. 남녀의 두 성이 서로 보완하여 완전한 인격의 발전이 될 수 있는 것이다.

7. 그러나, 우리의 사회적 의식의 발단은 가족이라는 작은 단체 안에 국한되어 있는 것은 아니다. 우리의 정신적 및 물질적 생활은 모두 각기 사회적 단체에서 발달할 수 있는 것이다. 가족 다음으로 우리의 의식활동 전체를 통일하여, 한 인격으로 나타난다고 볼 수 있는 것은 국가이다. 국가의 목적에 대해서는 여러 가지 설이 있다. 어떤 사람은 국가의 본체를 주권의 위력에 두고, 그 목적은 오직 밖으로는 적을 막고 안으로는 국민 상호간의 생명 재산을 보호하는데 있다고 생각한다(쇼펜하우어, 텐, [15] 홉스 등은 여기에 속한다). 또, 어떤 사람은 국가의 본체를 개인 위에 두고, 그 목적은 오직 개인

---

12) 플라톤 《향연》 14, 15절 참조.
13) 바이닝겔(Otto Weininger, 1880~1903) : 오스트리아의 사상가. 성격, 흥미, 태도, 행동 등에서 널리 볼 수 있는 남녀의 성적 차이를 과학적으로 파악하는 성과학의 영역을 개척하였다. 저서 《성과 성격》.
14) 바이닝겔 《성과 성격 (Geschlecht und Charakter)》 (1903) 제3장 '성적 견인의 법칙' 참조.
15) 텐(Hippolyte Adolphe Taine, 1828~93) : 프랑스의 철학자, 역사가, 평론가. 콩트의 실증주의를 문예평론의 영역으로 받아들여, 인종·환경·시대의 3요소로 문예작품을 분석하였다. 저서 《영문학사》, 《예술 철학》.

의 인격 발전의 조화에 있다고 생각하였다(루소[16] 등의 설이다). 그러나, 국가의 진정한 목적은 첫째의 논자가 말한 것같이 물질적이고 또 소극적인 것이 아니며, 다음 논자가 말한 것처럼 개인의 인격이 국가의 기초도 아니다. 우리의 개인은 도리어 한 사회의 세포로서 발달해 온 것이다. 국가의 본체는 우리 정신의 근저에 있는 공동적 의식이 나타난 것이다. 우리는 국가에서 인격의 큰 발전을 수행할 수 있는 것이다. 국가는 통일된 하나의 인격이고, 국가의 제도 법률은 그와 같은 공동의식의 의지를 나타낸다(이 설은 고대에는 플라톤, 아리스토텔레스, 근대에는 헤겔의 설이다). 우리가 국가를 위하여 정성을 바치는 것은 위대한 인격의 발전 완성을 위해서이다. 또, 국가가 사람을 벌하는 것은 복수를 위한 것도 아니고, 또 사회 안녕을 위해서도 아니다, 인격에는 범해서 안 되는 위엄이 있기 때문이다.

8. 국가는 오늘날에 있어서는 공동체 의식의 가장 위대한 발현이지만, 우리의 인격적 발현은 여기에서 멈출 수는 없다. 한결 더 큰 것을 요구한다. 그것은 곧 인류를 고무하여 한 덩어리로 만드는 인류적 사회의 단결이다. 그와 같은 이상은 이미 바울의 그리스도교에서 또 스토아학파에서 나타났다. 그러나, 이 이상은 용이하게 실현되지는 않는다. 오늘날은 아직 무장을 한 평화의 시대이다.

  먼 역사의 처음부터 인류 발달의 발자취를 더듬어 보면, 국가라는 것은 인류 최후의 목적은 아니다. 인류의 발전에는 일관된 의미 목적이 있어, 국가는 저마다 그 일부의 사명을 충족시키기 위해 흥망 성쇠를 하는 모양이다(만국사는 헤겔의 이른바 세계적 정신의 발전이다[17]). 그러나, 진정한 세계주의라는 것은 각 국가가 없어진다는 의미는 아니다. 각국이 점점 강고해져 각자의 특징을 발휘하여 세계의 역사에 이바지한다는 의미이다.

---

16) 루소(Jean-Jacques Rousseau, 1712~78) : 프랑스의 계몽 사상가, 소설가. 《인간불평등 기원론》과 《사회계약론》 등으로 문명사회를 비판하고, 독자적인 민주주의 이론을 주장하여 프랑스혁명의 선구자가 되었다. 또, 《에밀》, 《고백》, 《신엘로이즈》 등 다방면에 걸쳐 작품을 썼다.

17) 헤겔 《역사철학 강의》의 한 절을 염두에 두고 있는 것같이 생각된다. 이 책의 머리말에서 헤겔은 다음과 같이 말하고 있다. '세계사가 이성적으로 진행되어 왔다는 것, 그것은 세계정신이 이성적이고 필연적인 과정이었다는 것, 또 이 정신의 본성은 항상 동일한 것이지만, 그것이 세계의 현 존재 중에서 나타난다고 하는 것은, 세계사의 고찰 그 자체부터 비로소 분명하게 된다는 것이다. '

제13장 완전한 선행

1. 선이란 한마디로 인격의 실현이다. 이것을 안에서 보면, 진지한 요구의 만족, 즉 의식통일이며, 그 정점은 서로 자타를 잊고, 서로 주객도 없는 경지에 이르지 않으면 안 된다. 밖으로 나타난 사실로서 보면, 작은 개인성의 발전으로부터, 나아가 인류 일반의 통일적 발달에 이르러 그 정점에 도달하는 것이다. 이 두 모습의 견해로 하여 또 하나의 중요한 문제를 설명하지 않으면 안 될 필요가 생기게 된다. 안으로 큰 만족을 줄 수 있는 것은 반드시 사실에 있어서도 대단한 선이라고 불러야 되는 것일까. 즉, 선에 대한 두 모습의 해석은 언제나 일치하는가 하는 문제이다.

나는 우선 전에 말한 실재의 논(論)으로부터 추론하여, 이 두 견해는 결코 서로 모순 충돌하는 일이 없다고 단언한다. 원래, 현상에는 안팎의 구별이 없다, 주관적 의식이라는 것이나 객관적 실재계(實在界)라는 것이나, 동일한 현상을 다른 측면에서 보기 때문이고, 구체적으로는 다만 하나의 사실이 있을 따름이다. 늘 말하였듯이 세계는 자기의 의식통일에 의하여 성립한다고 해도 좋고, 또 자기는 실재의 어떤 특수한 작은 체계라고 해도 좋다. 불교의 근본적 사상인 것과 같이, 자기와 우주는 같은 바탕을 가지고 있다. 아니 바로 똑같은 것이다. 그러므로, 우리는 자기의 마음속으로, 지식으로는 무한한 진리로서, 감정으로는 무한한 미로서, 의지로는 무한한 선으로서, 모두 실재의 무한한 의미를 느낄 수 있는 것이다. 우리가 실재를 안다는 것은, 자기 외의 사물을 아는 것이 아니다. 자기자신을 아는 것이다.[1] 실재의 진선미는 바로 자기의 진선미가 아니면 안 된다. 그렇다면, 어째서 이 세상에 거짓과 후함과 악이 있는가 하는 의문이 생길 것이다. 깊이 생각해 보면, 세상에 절대적 진선미라는 것도 없고, 절대적 위추악(僞醜惡)이라는 것도 없다.[2] 위추악은 항상 추상적으로 사물의 한 면만 보다가 전모를 알지 못하

---

1) 순수 경험의 사실에서는 주객은 아직 갈리지 않는다. 따라서, 또, 안팎의 구별은 없으며 안이 곧 밖이고 밖이 곧 안이다. 자기가 우주이고, 우주가 자기이다. 그보다도 흔히 생각하는 것 같은 의미에서의 '자기'라는 것은 없는 것이다.

2) 이 편 제11장에서의 설명처럼, 세계는 내 마음의 반영이다. 그렇다면 진선미도 위추악도 마음의 반영이라는 것이 된다. 불교에서 이승이 곧 극락이라든가 번뇌가 곧 열반이라고 하는 것처럼, 진

고, 한쪽으로 치우쳐 전체의 통일에 어긋난 데에서 나타나는 것이다. (실재 제5장에서 말한 것같이, 한쪽에서 보면 위추악은 실재의 성립에 필요한, 이른바 대립적 원리에서 생기는 것이다).

아우구스티누스에 따르면, 원래 세상에 악이라는 것은 없다. 신에 의하여 만들어진 자연은 모두 선이다. 다만 본질의 결핍이 악이다. 또, 신은 아름다운 시처럼 대립을 가지고 세계를 꾸몄다. 그림자가 그림의 아름다움을 더하는 것같이, 혹시 달관할 때는 세계는 죄를 지니고 있지만 아름답다. [3]

2. 시험삼아 선의 사실과 선의 요구가 충돌하는 경우를 생각해 보면 두 가지가 있다. 하나는 어떤 행위가 사실로서는 선이지만 그 동기는 선이 아니라는 것과, 또 하나는 동기는 선이지만 사실로서는 선이 아니라고 하는 경우이다. 먼저, 첫째 경우에 대하여 생각해 보면, 내면적 동기가 사리사욕이고, 다만 외면적 사실에 있어서 선 목적에 맞는다 하더라도, 결코 그것이 인격 실현을 목적으로 하는 선행이라 할 수 없다. 우리는 때로는 그런 행위를 칭찬하는 일이 있을 것이다. 그러나, 그것은 도덕의 관점에서 보면, 그런 행위는 설사 어리석다 하더라도 자기가 성심을 다한 것만 못하다. 혹은 한 개인이 자기자신을 떳떳하게 하려는 한 사람의 선행보다도, 설사 순수한 선의 동기에서 나온 것이 아니어도, 많은 사람을 이롭게 하는 행위가 낫다고 말하기도 할 것이다. 그러나, 사람을 이롭게 하는 것에도 여러 가지 의미가 있어, 단지 물질상의 이익을 주는 것이라면, 그 이익이 선한 목적에 사용되는 경우에는 선이 되지만, 나쁜 목적에 사용된다면 도리어 악을 조장하게도 된다. 또, 이른바 세도 인심(世道人心)[4]을 돕는다는 진정한 도덕적 이로움을 의미하는 것으로 볼 때, 그 행위가 내면적으로 참다운 선행이 아니었다면, 그것은 다만 선행을 돕는 수단이었지, 제대로 된 선행이 아닌, 하찮은 것이라도 진정한 선행과는 비교할 수 없는 것이다. 다음으로, 두 번째 경우에 대하여 생각해 보자. 동기가 선하여도, 반드시 사실상 선이라고는 할 수 없는 것이 있다. 개인의 지성과 인류 일반의 최상의 선이 충돌하는 수도 있다는 것을 말하는

선미는 곧 위추악이 되는 것이다.
3) 아우구스티누스 《고백》 제3권 제7장 참조.
4) 세도 인심(世道人心) : 세상에서 사람이 지켜야 할 도덕과 사람의 마음.

사람이 적잖다. 그러나 그렇게 말하는 사람은 지성이라는 말을 정당하게 이해하지 못한 것으로 생각한다. 혹시 지성이라는 말을 참으로 정신 전체의 가장 깊은 요구라는 의미로 사용한다면, 이런 사람이 한 말은 거의 사실이 아니라고 생각한다. 우리의 진지한 요구는 우리의 작위가 아닌, 자연의 사실이다. 진과 미에 있어 사람 마음의 근본에 일반적 요소를 포함하듯이, 선에 있어서도 일반적 요소를 포함하고 있다. 파우스트가 인간 세상에 대하여 크게 번민한 다음, 야심한 밤의 산책으로부터 쓸쓸히 자기의 서재로 돌아왔을 때처럼, 조용한 밤 마음이 편할 적에, 저절로 이 감정이 작용하게 되는 것이다 (Goethe, Faust Teil, Studierzimmer). 5) 우리와 전연 의식의 근거를 달리하는 것이 있다면 몰라도, 모든 사람에게 공통된 이성을 가진 인간이라면, 반드시 동일한 생각, 동일한 요구를 하지 않으면 안 된다고 생각한다. 물론, 인류 최대의 요구가 경우에 따라서는 단지 가능성에 그치고, 현실로 되어 작용하지 않을 때도 있을 것이다. 그러나 그런 경우에도 요구가 없는 것은 아니다. 숨겨져 있는 것이다. 자기가 진정한 자기를 모른 것이다.

3. 위에서 말한 것과 같은 이유로, 우리의 가장 깊은 요구와 최대의 목적은 저절로 일치하는 것이라고 생각한다. 우리가 속으로 자신을 단련하여 자기의 본체6)에 도달함과 동시에, 그밖에 스스로 인류의 사랑이 우러나 최상의 선 목적에 맞도록 된, 이것을 완전하고 참다운 선행이라고 한다. 그와 같은 완전한 선행은 한편으로 보면 극히 어려운 일 같지만, 또 한편으로 보면 누구나 하지 않으면 안 되는 것이다. 도덕이란 것은 자기 외에 어떤 것을 요구하지 않는, 오직 자기에게 있는 것을 찾아내는 것이다. 7) 세상 사람은 왕왕 선의 본질과 그 껍데기를 혼동하기 때문에, 무엇인가 세계적 인류적 사업이라도 하지 않으면 최대의 선이 아닌 것처럼 생각한다. 그러나, 사업의 종류는 그 사람의 능력과 경우에 따라 정해지는 것으로, 누구나 동일한 사업은

---

5) 괴테 《파우스트》 제1부, '서재'.
6) 자기의 본체 : 진정한 자기.
7) '도덕이란 것은 자기 외에 어떤 것을 요구하지 않는, 오직 자기에게 있는 것을 찾아내는 것이다' : 도덕이란 것은 자기 외에 있는 무슨 고매한 이상이나 목적을 요구하는 것은 아니다. 오직 진정한 자기를, 바꾸어 말하면 자기의 가장 깊은 최대의 내면적 요구를 실현하는 것이다.

할 수 없다. 하지만, 우리는 아무리 사업이 달라도, 동일한 정신을 가지고 일할 수는 있다. 아무리 작은 사업이라도 인류의 편에 서서 애정을 가지고 일하는 사람은, 위대한 인류적 인격을 실현하고 있는 사람이라고 해야 된다. 라파엘로[8]의 고상하고 우아한 성격은 다만 성모상에 있어서만이 아니고, 그가 그린 모든 그림에 나타나 있는 것이다. 가령 라파엘로와 미켈란젤로[9]가 동일한 화제를 선택하더라도, 라파엘로는 라파엘로의 성격을 나타내고 미켈란젤로는 미켈란젤로의 성격을 나타내는 것이다. 미술과 도덕의 본체는 정신에 있고 외계의 사물에 있는 것은 아니다.

4. 마무리하면서 한마디할 것이 있다. 선을 학문적으로 설명하면 여러 가지로 설명할 수 있지만, 실제로 진정한 선은 오직 하나가 있을 뿐이다. 즉, 참으로 자신을 안다는 바로 그것이다. 우리의 진정한 자기는 우주의 본체이다.[10] 참으로 자기를 알면 다만 인류 일반의 선과 일치할 뿐만 아니라, 우주의 본체와 융합하여 신의 뜻과 명합(冥合)[11]하는 것이다. 종교도 도덕도 실로 이 이상은 없다. 그리하여, 참으로 자기를 알고 신과 일치하는 법은, 오직 주객 합일의 힘을 스스로 터득하는데 있을 따름이다. 그래서, 이 힘을 얻는 것은 우리의 이 거짓인 나를 철저히 죽여 버리고 한번 이 세속의 욕심으로부터 죽은 다음 다시 살아나는 것이다(마호메트[12]가 말하였듯이 천국은 검의 그림자에 있다[13]). 그와 같이 해야 비로소 진정한 주객 합일의 경지에

8) 라파엘로(Raffaello Santi 1483~1520) : 미켈란젤로나 레오나르도 다 빈치와 함께 르네상스기의 이탈리아를 대표하는 화가. 교회와 궁전의 장식 벽화에 많은 걸작을 남긴 외에, 우아한 성모화를 많이 그렸다.
9) 미켈란젤로(Michelangelo 1475~1564) : 르네상스기의 이탈리아를 대표하는 예술가. 복잡한 구성과 격렬한 인물의 동태 표현에 절묘함을 보였으며, 조각에는 '모세', '다윗'의 대리석상, 회화에는 시스티나 성당의 천장화 '창세기'와 그 정면의 벽화 '최후의 심판' 등 걸작을 남겼다.
10) '우리의 진정한 자기는 우주의 본체이다' : 이 말은, 앞에서 나온 '우리가 실재를 안다는 것은, 자기 외의 사물을 아는 것이 아니다, 자기자신을 아는 것이다'라는 말과 '도덕이라는 것은 자기 밖에 있는 것을 찾는 것이 아니다. 오직 자기에게 있는 것을 찾아내는 것이다'에 대응하고 있다.
11) 명합(冥合) : 알지 못한 사이에 신의 의지와 하나로 합치는 것.
12) 마호메트(Muhammad 571 무렵~632) : 이슬람교의 개조. 40세 무렵부터 알라의 계시를 받게 되어, 메카에서 포교활동을 시작하였다. 622년, 지배자로부터 박해를 받고 야스리브(현재의 메디나)로 옮겼는데, 630년, 메카를 점령하여 아라비아반도를 통치하였다.
13) 부하리《하디스, 이슬람 전승(傳承) 집성》의 '성전(聖戰)' 22에 '천국은 빛나고 검 아래 있다'라

도달할 수 있다. 이것이 종교·도덕·미술의 가장 심오한 경지이다. 그리스도교에서는 이것을 부활이라 하고 불교에서는 이것을 견성(見性)이라 한다. 옛날에 로마교황 베네딕트 11세[14])가 조토[15])에게 화가로서의 솜씨라고 할 만한 작품을 보여 달라고 하자, 조토는 다만 동그라미 하나를 그려 주어다는 이야기가 있다.[16]) 우리는 도덕상으로 이 조토의 일원상(一圓像)을 얻지 않으면 안 된다.

든가 '천국은 검의 보호하에 있다는 것을 알라'는 말이 보인다.

14) 베네딕트 11세(BenedictusⅪ 1240·1304) : 로마교황. 재위 1303~04.

15) 조토(Giotto di Bondone 1266 무렵~1337) : 이탈리아 화가. 중세의 비잔틴 미술에서 벗어나 피렌체파의 기초를 쌓았다. 인물·배경 등 사실적 묘사에 능하여, 근대회화의 원조로 알려졌다.

16) 니시다는 이 일화를 바사리(Giorgio Vasari)의 《화가, 조각가, 건축가전》(1550)을 읽고 알았던 것 같다. 니시다의 장서에는 그 영역본이 있었다. 바사리에 따르면, 조토는 팔을 옆구리에 단단히 붙이고, 컴퍼스를 보지 않고, 팔을 획 한번 내돌려, 기적으로 생각될 만큼 정확한 모양의 원을 그렸다고 한다.

제4편 종교

제1장 종교적 요구

1. 종교적 요구는 자기에 대한 요구이다. 자기의 생명에 관한 요구이다. 우리의 자기가 그 상대적이며 유한한 것을 깨닫고 앎과 동시에, 절대 무한의 힘에 합일하여 이것에 의해 영원한 참다운 생명을 얻고자 하는 요구이다. 바울이 '이미 나는 살아 있는 것이 아니요 그리스도가 나에게 있기에 살고 있다'[1]라고 말한 것처럼, 육적 생명의 모든 것을 십자가에 못박혀 버리고 오로지 신에 의지하여 살려고 하는 점이다. 진정한 종교는 자기의 변환(変換), 생명의 혁신을 요구하는 것이다. 그리스도가 '십자가를 지고 나를 따르지 않는 사람은 내 사람이 될 자격이 없다'[2]고 말한 것처럼, 한 점이라도 여전히 자기를 믿는 마음[3]이 있는 동안은 아직 진정한 신앙심이라고 할 수 없는 것이다.

2. 현세의 이익을 위하여 신에게 기도하는 것은 말할 것도 없고, 쓸데없이 왕생[4]을 목적으로 염불[5]을 하는 것도 참다운 신앙심은 아니다. 그래서, 《탄니쇼(歎異鈔)》에도 '내 마음에 왕생의 업을 힘쓰도록 하는 염불도 스스로 행하는 것이다'[6]라고 하였다. 또, 그리스도교에서도 그저 전적으로 신의 도움

---

1) 갈라디아인들에게 보낸 편지 2·20.
2) 마태오의 복음서 10·38, 루가의 복음서 14·27.
3) 자기를 믿는 마음 : 자력의 마음 또는 자기를 신뢰하는 마음.
4) 왕생(往生) : 이승을 떠나 저 세상에 태어나는 것, 특히 아미타불(阿彌陀佛)이 사는 정토(淨土)에 가서 태어나는 것.
5) 염불(念佛) : 원래 부처의 공덕이나 모습을 마음에 떠올리는 것인데, 오늘날에는 '나무아미타불'이나 아미타불의 이름을 부르는 것과 같은 뜻으로 사용되고 있다.

에 의지하고, 신의 벌을 두려워하는 것은 진정한 그리스도교가 아니다. 이것은 모두 이기심의 변형에 지나지 않은 것이다. 뿐만 아니라, 나는 오늘날 많은 사람이 말하는 것과 같은 종교는 자기의 마음을 편안하게[7] 하기 위해서라는 것조차 잘못된 것이 아닌가 생각한다. 그런 생각을 가지고 있기 때문에, 진취적인 활동의 기상[8]을 멸각(滅却)[9]하여 소욕 무우(少慾無憂)[10]의 소극적 생활을 가지고 종교의 참뜻을 터득한 것처럼 여기게도 되는 것이다. 우리는 자기의 마음을 편안하게 하기 위해서 종교를 찾는 것이 아니다. 마음이 편안한 것은 종교에서 온 결과에 불과하다. 종교적 요구는 우리가 멈추려고 하여도 멈출 수 없는 큰 생명의 요구이다. 엄숙한 의지의 요구이다. 종교는 인간의 목적 자체이며, 결코 다른 수단으로 해서는 안 되는 것이다.

3. 주의설(主意說)의 심리학자가 말하듯이, 의지는 정신의 근본적 작용이고 모든 정신현상이 의지의 형태는 하고 있다고 하면, 우리의 정신은 욕구의 체계이며, 이 체계의 중심이 되는 가장 유력한 욕구가 우리의 자기라는 것이 된다.[11] 그리하여, 이 중심으로 모든 것을 통일하여 가는 것 즉 자기를 유지 발전하는 것이 우리의 정신적 생명이다. 이 통일이 진행하는 동안은 우리가 살아 있으나 만일 이 통일이 깨질 때에는, 설사 육체로는 살아 있다고 해도 정신에 있어서는 죽은 것이나 다름없이 되는 것이다.[12] 그런데 우리는 개인

---

6) 《탄니쇼(歎異鈔)》 11. '자기의 생각으로써 왕생의 업에 힘쓰는 것이고, 그 외우는 염불도 자력의 행인 것이다'라는 뜻.

7) 마음을 편안하게 : 마음이 차분하고 편안한 상태. 신앙이나 실천에 의하여 얻게 된 마음이 편안한 경지. 안심(安心).

8) 기상(氣象) : 여기에서는 타고난 성질을 뜻함. 마음씨나 기질을 말한다.

9) 멸각(滅却) : 망하는 것, 명망시키는 것.

10) 소욕 무우(少慾無憂) : 되도록 욕구나 소원을 억제하고 염려나 걱정거리가 없도록 하는 것.

11) '우리의 정신은……자기라는 것이 된다' : 이 대목은, 정신이라든가 자기라든가 하는 것을 무엇인가 실체적인 것, 항상 변함이 없는 존재로서 생각하는 것의 잘못을 말하고 있다. 정신이니 자기니 하는 확고한 존재자가 있을 리는 없다. 있는 것은 욕구의 연속 내지 부단한 흐름이고, 우리는 편의상, 그 중심을 자기라고 부르고 있는 것에 불과한 것이다.

12) '만일 이 통일이……다름없이 되는 것이다' : 니시다는 정신을 우주의 통일력, 육체를 그 표현으로 생각한다. 따라서 이 통일력이 깨져 없어지면, 이미 정신은 그 본래의 기능을 수행할 수 없기 때문에, 죽은 것이나 같다는 것이다.

적 욕구를 중심으로 하여 모든 것을 통일할 수가 있을까. 즉, 개인적 생명은 어디까지나 유지 발전이 가능한 것일까. 세계는 개인을 위해 만들어진 것은 아니고, 또 개인적 욕구가 인생 최대의 욕구도 아니다. 개인적 생명은 반드시 밖에서는 세계와 충돌하고 안에서는 스스로 모순에 빠지지 않으면 안 된다.[13] 여기에서, 우리는 더 큰 생명을 찾지 않을 수 없게 된다. 즉, 의식 중심의 추이에 따라 더 큰 통일을 찾지 않으면 안 되게 되는 것이다. 그와 같은 요구는 모두 우리의 공동적 정신이 발생하는 경우에도 이것을 볼 수 있지만, 오직 종교적 요구가 그런 요구의 절정이다. 우리는 객관적 세계에 대하여 주관적 자기를 일으켜 이것에 의하여 객관을 통일하려고 하는 동안은, 그 주관적 자기는 아무리 크다고 해도, 그 통일은 아직 상대적임을 벗어나지 못한다. 절대적 통일은 오직 완전히 주관적 통일을 버리고 객관적 통일에 일치함으로써 얻을 수 있는 것이다.

4. 원래, 의식의 통일이라는 것은 의식 성립의 요건이며, 그 근본적 요구이다. 통일이 없는 의식은 없는 것이나 마찬가지이다. 의식은 내용의 대립에 의하여 성립할 수가 있고, 그 내용이 다양하면 할수록 한편에서는 큰 통일이 필요하게 된다. 이 통일의 극에 달한 데가 우리의 이른바 객관적 실재라는 것으로, 이 통일을 주객의 합일에 이르러 그 정점에 도달하는 것이다. 객관적 실재라는 것도 주관적 의식을 떠나 따로 존재하는 것은 아니다. 의식통일의 결과 의심하려고 해도 의심할 수 없고, 구하려고 하여도 이 이상은 구할 길이 없는 것을 말하는 것이다. 그래서, 그와 같은 의식통일의 정점 즉 주객합일의 상태라는 것은 단지 의식의 근본적 요구일 뿐만 아니라 또 실로 의식 본래의 상태이다. 콘디약[14]이 말한 것처럼, 우리가 처음으로 빛을 볼 때에는 이것을 본다고 하기보다도 오히려 나는 빛 그 자체인 것이다. 모든 최초의 감각은 어린아이에게 있어서는 바로 우주 자체가 아니면 안 된다.[15] 이 처지

---

13) '개인적 생명은⋯⋯빠지지 않으면 안 된다' : 다른 생명과 대립하는 것으로 생각되는 개인적 생명은 반드시 밖의 세계와 충돌하여, 자기의 생명을 다할 수가 없기 때문에, 또 안에서의 자기와도 모순 충돌한다. 이에 반하여, 좀더 큰 생명과 일치할 때는 도리어 개인적 생명은 자기자신을 실현할 수가 있는 것이다. 이 의미에서, 종교는 좀더 큰 생명에의 요구이다.

14) 콘디약(Etienne Bonnot de Condillac 1715~80) : 18세기 프랑스의 철학자, 감각론자. 생득관념의 존재를 부정하고, 인식의 기원을 감각에서 구하였다. 저서 《감각론》.

에서는 아직 주객의 분리가 없고, 물아(物我)일체, 오직 하나의 사실이 있을 따름이다. 나와 물과는 하나이므로 더 진리를 구해야 될 것이 없고, 욕망을 채워야 될 것도 없다. 사람은 신과 함께 있어, 에덴동산이라는 그와 같은 것을 말하는 것이리라. 그런데, 의식이 분화 발전함에 따라 주객이 서로 대립하고, 물아가 서로 등져,[16] 인생이 여기에서부터 요구가 있고, 고뇌가 있고, 사람은 신으로부터 떨어져, 동산은 영원히 아담의 자손에 의하여 폐쇄당하게 되는 것이다. 그러나, 의식은 아무리 분화 발전하더라도 도저히 주객합일의 통일로부터 떨어질 수 없다. 우리는 지식에서나 의지에서나 시종 이 통일을 바라고 있는 것이다. 의식의 분화 발전은 통일의 다른 면에서도 역시 의식 성립의 요건이다. 의식이 분화 발전하는 것은 도리어 한결 더 큰 통일을 요구한다. 통일은 실로 의식의 알파이자 또 오메가라고 하지 않을 수 없다.[17] 종교적 요구는 그와 같은 의미에서의 의식통일 요구이며, 겸하여 우주와의 합일 요구이다.

5. 그래서 종교적 요구는 사람 마음의 가장 깊은 최대의 요구이다. 우리는 여러 가지 육체적 요구나 또 정신적 요구를 가지고 있다. 그러나, 그것은 모두 자기의 일부 요구에 불과하다. 오로지 종교는 자기 자체의 해결이다. 우리는 지식에 있어서 또 의식에 있어서 의식의 통일을 바라고 주객의 합일을 바란다. 그러나 이것은 아직 반면(半面)의 통일에 불과하다. 종교는 이런 통일의 배후에서 가장 깊은 통일을 구하는 것이다.[18] 지의(知意)가 아직 갈

---

15) 콘디약의 《감각론》 중에 있는 다음과 같은 문장을 니시다가 자기 식으로 요약한 것으로 생각된다. '눈이 빛에 대하여 열리는 첫 순간에, 우리의 영혼은 형태의 변화를 겪지만, 그 변한 모양은 그 변화 자체 속에만 존재하고, 아직 퍼지거나 모양새도 갖지 않았을 것이다'. 《감각론(Traité des sensations)》.

16) '주객이 서로 대립하고, 물아가 서로 등져': 주관과 객관이 분리하고, 사물과 내가 대립하고 있는 상태. 요컨대, 의식의 분열적 상태이고, 주객 합일·물아 일체라는 반대의 상태.

17) '통일은 실로 의식의……라고 하지 않을 수 없다': 통일은 의식의 본래 요구 내지 상태이며, 의식이 분열하는 것도, 결국은 좀더 큰 통일에 이르기 위해서이다. 그 의미에서 의식은 통일을 가지고 시작하여, 통일을 가지고 끝난다.

18) '종교는 이런 통일의 배후에서 가장 깊은 통일을 구하는 것이다': 낱낱의 지식이나 의지는 그 본성상, 의식의 통일 즉 주객의 합일을 바라지만, 종교는 그와 같은 개개의 통일의 배후에 있는, 가장 근원적이고 가장 궁극적인 통일을 구하는 것이다. 그러므로 종교는 학문 도덕의 근본이고,

리기 이전[19]의 통일을 구하는 것이다. 우리의 모든 요구는 종교적 요구에서 분화한 것으로, 또 그 발전의 결과가 여기에 귀착한다고 해도 좋다. 인지(人智)가 아직 열리지 않았을 때는 사람들이 도리어 종교적이었고, 학문 도덕의 극치는 또 종교에 들어가지 않을 수 없게 한다. 세상에는 왕왕 어째서 종교가 필요한가를 묻는 사람이 있다. 그러나, 그와 같은 질문은 어째서 살아야 할 필요가 있는가를 묻는 것과 동일하다.[20] 종교는 내 생명을 떠나서 존재하는 것은 아니다. 그 요구는 생명 자체의 요구이다. 그런 질문을 하는 것은 자기의 생애가 진지하지 않았음을 보이는 것이다. 진지하게 생각하고 진지하게 살려고 하는 사람은 반드시 열렬한 종교적 요구를 느끼지 않을 수 없는 것이다.

또 그 극치이다.

19) 지의(知意)가 아직 갈리기 이전 : 지성과 의지가 분리되기 이전.

20) '그와 같은 질문은……과 동일하다' : 종교는 실로 생명 자체의 요구이기 때문에, 종교는 어째서 필요한가라고 묻는 것은, 사람은 왜 살 필요가 있는가라고 묻는 것과 같다. 즉 그것은 자명한 이치라는 것이다. 그러나, 왜 사람은 살지 않으면 안 되는가라는 질문은, 어떤 의미에서는, 결코 자명한 것은 아니다. 오히려 그것을 진지하게 물어 구하는 데에 종교의 핵심이 있다고 할 수 있지 않을까. 이 의미에서, 그 비유는 오해를 부를 우려가 있다.

제2장 종교의 본질

1. 종교란 신과 사람과의 관계이다. 신이란 여러 가지 사고방식이 있겠지만, 이것을 우주의 근본[1]으로 보아 두는 것이 가장 적당할 것으로 생각한다. 그리하여, 사람이란 우리의 개인적 의식을 가리키는 것이다. 이 양자 관계의 사고방식에 따라 여러 종교가 정하여지게 된다. 그렇다면 어떠한 관계가 참다운 종교적 관계일까. 혹시 신과 나와는 그 근본에 있어 본질을 달리하고, 신은 다만 인간 이상의 위대한 힘과 같은 것이라고 한다면, 우리는 이것에 대하여 추호도 종교적 동기를 찾아볼 수 없다. 혹은 이것이 두려워 그 명령에 따르기도 하고, 또는 아첨하여 복리를 구하기도 할 것이다. 그러나, 그것은 모두 이기심에서 나온 것에 불과하다, 본질을 달리하는 것의 상호 관계는 이기심밖에 성립할 수 없는 것이다. 로버트슨 스미스[2]도 '종교는 알 수 없는 힘이 두려워서 일어나는 것은 아니다. 자기와 혈족의 관계가 있는 신을 경애하는 데서 일어나는 것이다. 또 종교는 개인이 초자연력에 대한 수의적(隨意的) 관계는 아니고, 한 사회의 각자가 그 사회의 안녕 질서를 유지하는 힘에 대한 공동적 관계이다'라고 말했다. 모든 종교의 근본에는 신인(神人) 동성(同性)의 관계[3]가 없으면 안 된다, 즉 부자(父子)의 관계가 없으면 안 된다. 그러나 다만 신과 사람과 이해를 같이하여 신은 우리를 돕고 우리를 보호한다는 것으로는 아직 진정한 종교는 아니다, 신은 우주의 근본이고 겸하여 우리의 근본이 아니면 안 된다, 우리가 신에게 돌아가는 것은 그 근본으로 돌아가는 것이다. 또, 신은 만물의 목적이며 곧 또 인간의 목적이 아니면 안 된다, 사람은 각자가 신에게서 자기의 진정한 목적을 찾아내는 것이다. 손발이

---

1) '신이란…… 우주의 근본' : 우주의 근본이라는 표현은 좀 모호하여, 그것은 우주의 원인이라고도 해석되고, 근원이라고도 해석될 수 있다. 전자의 경우는, 일반적으로 신은 초월적인 존재로 받아들여지지만, 후자의 경우는 역으로 내재적인 존재로 받아들인다.

2) 로버트슨 스미스(William Robertson Smith, 1846~94) : 영국의 동양학자, 고고학자, 성서 연구가. 저서 《셈족의 종교》(1889).

3) 신인(神人) 동성(同性)의 관계 : 우주의 근본으로서의 신과 개인적 의식으로서의 사람이, 유사한 성질을 가진 것이라고 하는 생각. 여기에서 니시다는 신과 사람이 같은 본질을 가진 것이라고 주장하고 있는데, 그것은 이른바 '신인 동형설(神人同形說)' 내지는 '의인 신관(擬人神觀, anthropomorphism)'과는 다르다.

사람의 것인 것처럼, 사람은 신의 것이다. 우리가 신에게 돌아가는 것은 한 편으로 보면 자기를 잃는 것 같지만, 한편으로 보면 자기를 얻는 방법이다. 그리스도가 '제 목숨을 살리려고 하는 사람은 잃을 것이며, 나를 위하여 제 목숨을 잃는 사람은 얻을 것이다[4]'라고 말한 것이 종교의 가장 순수한 것이 다. 참다운 종교에서 신과 사람의 관계는 반드시 그와 같지 않으면 안 된다. 우리가 신에게 기도하고 감사를 하는 것도, 자기의 존재를 위하여 하는 것은 아니다. 자기의 본분인 고향의 신에게 돌아가기를 빌고 또 그렇게 된 것을 감사하는 것이다. 또, 신이 사람을 사랑하는 것도 이 세상의 행복을 주는 것 은 아니다. 이렇게 하여 자기에게 돌아가도록 하는 것이다. 신은 생명의 근 원이다. 우리는 오직 신에 의지하여 산다. 그렇게 해야만 종교는 생명이 충 만하고, 참으로 경건한 마음도 나오게 되는 것이다. 그저 체념한다 하고, 맡 긴다고 하는 것은 아직 자기의 취기(臭氣)[5]를 떨쳐 버리지 못한 것이기에 참 으로 경건한 마음이 되었다고 할 수 없다. 신의 믿음으로 진정한 자기를 발 견하게 된다는 말은 어쩌면 자기에게 무게를 두는 것같이 생각될지도 모르지 만, 이것에 반하여 진정으로 자기를 버리고 신을 경배하는 까닭이다.

2. 신인(神人)은 그 성(性)을 같이하고, 사람은 신에게 그 근본이 돌아간다 는 것은 모든 종교의 근본적 사상이며, 이 사상에 근거해야 비로소 참다운 종교라고 부를 수 있다고 생각한다. 그러나, 그와 같은 하나의 사상에 있어 서도 또 신인의 관계를 여러 가지로 생각할 수 있다. 신은 우주의 밖에 있는 초월한 존재이고, 밖에서 세계를 지배하며 사람에 대해서도 밖으로부터 작 용한다고 생각할 수도 있고, 또 신은 내재적이며, 사람은 신의 일부이고 신 은 안에서 사람에게 작용한다고 생각할 수도 있다. 전자는 이른바 유신론 (theism)[6]의 생각이며, 후자는 이른바 범신론(pantheism)[7]의 생각이다. 범

---

4) 《마태오의 복음서》 16·25, 《마르코의 복음서》 8·35, 《루가의 복음서》 9·24.

5) 취기(臭氣) : 싫은 냄새, 역겨움.

6) 유신론(有神論, theism) : 넓은 뜻으로는 신의 존재를 부정하는 무신론에 대하여 신의 존재를 주 장하는 입장을 말하는데, 좁은 뜻으로는 신의 인격성을 부정하는 이신론(理神論)에 대하여는 신 의 인격성을 긍정하고, 또 신의 내재성을 주장하는 범신론에 대하여는 그 초월성을 주장하는 입 장을 말한다.

신론적으로 생각할 때는 합리적일지는 몰라도, 많은 종교가는 이것에 반대하는 것이다. 왜냐하면, 신과 자연을 동일시하는 것은 신의 인격성을 없애는 것이 되고, 또 만유(萬有)를 신의 변형같이 보는 것은 신의 초월성을 잃고 그 존엄을 손상할 뿐만 아니라, 악의 근원도 신에게 돌리지 않으면 안 되는 무례를 범하게 되는 것이다. 그러나 잘 생각해 보면, 범신론적 사상에 반드시 이런 결점이 있다고 할 수도 없고, 유신론에 반드시 이런 결점이 없다고도 할 수 없다. 신과 실재의 본체를 동일시하여도, 실재의 근본이 정신적이라고 한다면 반드시 신의 인격성을 잃게 되는 것은 아니다. 또 어떤 범신론이라도 낱낱의 만물 그대로가 곧 신이라고 하는 것은 아니다. 스피노자[8] 철학에서도 만물은 신의 차별상(modes)[9]이다. 또 유신론에서도 신의 전지전능과 이 세상에서 악의 존재와는 쉽게 조화될 수는 없다. 이는 실로 중세철학에서도 수많은 사람의 머리를 괴롭힌 문제였던 것이다.

3. 초월적 신이 있어 밖에서 세계를 지배하는 것같이 생각하는 것은 단지 우리의 이성과 충돌할 뿐만 아니라, 그런 종교는 종교를 가장 심오한 것이라고 말할 수는 없을 것같이 생각한다. 우리가 신의(神意)로서 알아야 되는 것은 자연의 이법(理法)이 있을 뿐이다. 이밖에 천계(天啓)라고 해야 되는 것은 없다. 물론 신은 헤아릴 수 없으므로 우리가 아는 것은 그 일부에 불과할 것이다. 그러나 이밖에 천계라는 것이 있다 하더라도 우리는 이것을 알 수 없으리라. 또 이에 반하여 천계가 있다고 하면, 이것은 도리어 신의 모순을 드러내는 것이다. 우리가 그리스도의 신성을 믿는 것은, 그의 일생이 가장 심오한 인생의 진리를 담고 있기 때문이다. 우리의 신이란 천지가 이것에 의하여 위치하고 만물이 이것에 의해 자라는 우주의 내면적 통일력이 없으

---

7) 범신론(汎神論, pantheism) : 일체 만유(一切萬有)는 신이고, 신은 자연이라는 입장. '신은 곧 자연'이라는 정형(定型)으로 표현되고, 신의 내재성과 비인격성을 주장한다. 만유신론(萬有神論)이라고도 한다.

8) 스피노자(Baruch de Spinoza, 1632~77) : 17세기 네덜란드의 철학자, 합리주의자, 범신론자. 정신과 자연을 유일한 실체인 신의 두 가지 속성이라고 생각함으로써, 데카르트의 이원론(二元論)을 극복하려고 했다. 저서 《에티카》, 《신학 정치론》.

9) 차별상(差別相, modes) : 오늘날은 일반적으로 '양태(樣態)'라고 번역한다. 양태란, 신의 변용(變容), 또는 신의 본질을 어떤 일정한 방식으로 표현하는 것을 말한다.

면 안 된다, 이밖에 신이라고 해야 되는 것은 없다. 만일 신이 인격적이라고 한다면, 그와 같은 실재의 근본에 있어 당장 인격적 의의를 인정한다는 의미가 없으면 안 된다. 그렇지 않고 따로 초자연적을 운운하는 것은, 역사적 전설에 따르지 않으면, 자가(自家)의 주관적 공상에 지나지 않는 것이다. 또, 우리는 이 자연의 근저에서, 또 자기의 근저에서 바로 신을 보는 것이야말로 신에게서 무한히 따뜻함을 느끼고, 나는 신으로 말미암아 산다는 종교의 진수에 도달할 수도 있는 것이다. 신에 대한 진정한 경애의 마음은 오직 이 속에서 나올 수가 있다. 사랑이라는 것은 두 개의 인격이 합쳐 하나가 된다는 뜻이고, 존경이란 부분적 인격이 모든 인격에 대하여 일으키는 감정이다. 경애의 근본에는 반드시 인격의 통일이라는 것이 없으면 안 된다.

그러므로, 경애하는 마음은 사람과 사람 사이에 일어날 뿐만 아니라, 자기의 의식 중에도 나타나는 것이다. 우리의 어제는, 오늘과 서로 다르다는 의식이 동일한 의식 중심을 가지고 있으므로 자경 자애(自敬自愛)하는 마음으로 충만되는 것과 마찬가지로, 우리가 신을 존경하고 신을 사랑하는 것은 신과 동일한 근본을 가졌기 때문이 아니면 안 된다, 우리의 정신이 신의 부분적 의식이 되기 때문이 아니면 안 된다. 물론, 신과 사람과는 동일한 정신의 근본을 가졌지만, 동일한 사상을 가진 두 사람의 정신이 서로 독립적인 것처럼 독립한다고 생각할 수도 있을 것이다. 그러나, 이것은 육체에서 보아 시간 및 공간적으로 정신을 구별한 것이다. 정신에 있어서는 동일한 근본을 가진 것은 동일한 정신이다. 우리의 나날로 변하는 의식이 동일한 통일을 가졌기 때문에 동일한 정신으로 보이는 것과 같이, 우리의 정신은 신과 동일체가 아니면 안 된다. 그래서, 나는 신으로 말미암아 산다고 하는 것도 단지 비유가 아니고 사실일 수 있는 것이다(웨스트코트[10]라는 성직자도 신약성서의 한 구절을 주석하여 '신자(信者)의 일치라는 것은 단지 목적 감정 등 덕의(德義) 상의 합일(moral unity)이 아니고 생명의 합일(vital unity)이다[11]'라

10) 웨스트코트(Brooke Foss Westcott 1825~1901) : 영국의 신학자, 성서학자. 케임브리지대학 교수. 저서 《원문 그리스어의 신약성서(The New Testament in the original Greek)》(2권, 1881년, 호트 Fenton John Anthony Hort와의 공저).

11) 웨스트코트 《성 요한 복음(The Gospel According to St. John)》(1882), 246쪽. 정확히는 다음과 같이 말하였다. '신자의 진정한 일치는, 삼위일체에 있어 동등하다고 보이는 세 개의 위격(位格)의 일치와 마찬가지로, 단순한 목적·감정·정동(情動)의 정신적인 일치를 훨씬 뛰어넘을 무

고 하였다).

4. 그렇게 가장 깊은 종교는 신인 동체(神人同體) 위에 성립할 수 있어, 종교의 참뜻은 이 신인 합일의 의의를 획득하는데 있는 것이다. 즉, 우리는 의식의 근저에서 자기의 의식을 깨고 작용하여 당당하게 우주적 정신을 실험[12]하는데 있는 것이다. 신념이라는 것은 전설이나 이론에 의해 밖으로부터 주어지면 안 되고, 안에서 연마하여 나와야 되는 것이다. 야콥 뵈메[13]가 말하였듯이, 우리의 가장 깊은 내생(內生 die innerste Geburt)에 의하여 신에 도달하는 것이다. 우리는 이 내면적 부활로서 바로 신을 보고, 이것을 믿음과 동시에, 여기에 자기의 참다운 생명의 발견과 함께 활력이 되는 것이다. 신념이란 단지 지식은 아니다, 그런 의미에서 직관임과 동시에 활력인 것이다. 모든 우리의 정신활동 근저에는 하나의 통일력이 작용하고 있다, 이것을 우리의 자기라 하고 또 인격이라고도 하는 것이다. 욕구 같은 것은 말할 것도 없고, 지식같이 가장 객관적인 것도 이 통일력 즉 각자 인격의 빛을 띠지 않은 것은 없다. 지식도 욕망도 모두 이 힘에 의해 성립하는 것이다. 신념이란 그처럼 지식을 초월한 통일력이다. 지식이나 의지에 의하여 신념이 지탱된다고 하기보다도, 도리어 신념에 의해 지식이나 의지가 뒷받침되는 것이다. 신념은 그런 의미에서 신비적이다. 신념이 신비적이라는 것은 지식에 반한다는 의미는 아니다. 지식과 충돌하는 그런 신념이라면 이것을 가지고 생명의 근본을 이룰 수는 없다. 우리는 지식을 다하고 의지를 다하고 나서, 믿지 않으려고 해도 믿지 않을 수 없는 신념을 안에서 얻게 된다.

엇인가를 제시하였다. 그것은, 우리가 명확하게는 파악할 수 없는 어떤 신비적인 양상에서의 생명적 일치이다'. 또, 웨스트코트는, 이런 주장의 근거로서 《로마서》 중에 있는 '우리도 수효는 많지만 그리스도 안에서 한몸을 이루고 각각 서로서로의 지체(肢體) 구실을 하고 있습니다'(12·5)라는 말을 듣고 있다.

12) 실험 : 실제로 경험하는 것.

13) 야콥 뵈메(Jakob Böhme 1575~1624) : 독일의 철학자, 신비주의자, 신지(神智) 학자, 자연 철학자. 신지학적인 자연철학과 신비주의적인 범신론을 결합한 독특한 사상을 전개하여, 셸링과 헤겔에게 깊은 영향을 주었다. 저서 《서광(曙光)》.

제3장 신

1. 신이란 이 우주의 근본을 말하는 것이다. 위에서 말한 바와 같이, 나는 신을 우주의 밖에 있는 초월적인 조물주로는 보지 않고, 바로 이 실재의 근본이라고 생각하는 것이다. 신과 우주와의 관계는 예술가와 그 작품과 같은 관계가 아니고, 본체와 현상(現象)[1]과의 관계이다. 우주는 신의 소작물(小作物)이 아니고, 신의 표현(manifestation)이다. 밖은 일월 성신의 운행으로부터, 안은 사람 마음의 기미에 이르기까지 모두 다 신의 표현이 아닌 것이 없다, 우리는 이런 사물의 근본에 있어 하나하나가 다 신의 영광(靈光)[2]을 받을 수 있는 것이다.

2. 뉴턴이나 케플러가 정연한 천체의 운행을 보고 경건한 마음에 충동을 받은 것처럼, 우리는 자연의 현상을 연구하면 할수록, 그 배후에 하나의 통일력이 지배하고 있는 것을 알 수가 있다. 학문의 진보란 그와 같은 지식의 통일을 말하는 것에 지나지 않는다. 그렇게밖에 자연의 근본에 있어 하나의 통일력의 지배를 인정하듯이, 안으로는 사람 마음의 근본에서도 하나의 통일력의 지배를 인정하지 않으면 안 된다. 사람 마음은 천태만상 거의 정법(定法)이 없는 것같이 보이지만, 이것을 달관할 때는 고금을 통하고 동서에 걸쳐 위대한 통일력이 지배하고 있는 것 같다. 한걸음 더 나아가 생각할 때는, 자연과 정신과는 전연 교섭이 없는 것이 아니고, 피차 간에 밀접한 관계가 있다. 우리는 이 자연과 정신의 통일을 생각하지 않을 수 없다, 즉 이 둘의 근본에 더 큰 유일한 통일력이 없으면 안 된다. 철학이나 과학이나 모두 이 통일을 인정하지 않는 것은 없다. 그래서, 이 통일이 곧 신이다. 물론, 유물론자나 일반 과학자가 말하듯이, 물체가 유일한 실재이고 만물은 단지 물력의 법칙에 따른다면 신이라는 것을 생각할 수 없을 것이다. 그러나 실재의 진상은 과연 그와 같은 것일까.

---

1) 본체와 현상(現象) : 현상이란 글자 그대로 모습〔象〕이 되어 나타나는 것, 우리의 오관(五官)에 비친 것을 말하고, 본체란 형상 속에 있다고 생각되는 실체를 말한다. 보통, 현상은 변하는 것인데 대하여, 본체는 항상 불변하는 것으로 생각한다.

2) 영광(靈光) : 이상한 광명. 불교에서는 중생에게 본래 갖추어진 불성(佛性)을 말한다.

3. 내가 전에 실재에 대하여 논한 것처럼, 물체라는 것도 우리의 의식현상을 떠나서 따로 독립의 실재를 알 수 있는 것은 아니다. 우리에게 주어진 직접 경험의 사실을 오직 이 의식현상이 있을 뿐이다. 공간이나, 시간이나, 물력이나, 모두 이 사실을 통일 설명하기 위하여 만들어진 개념[3]에 지나지 않는다. 물리학자가 말하는 것처럼, 모든 우리의 개성을 제거한 순 물질[4]이라는 그런 것은 가장 구체적 사실에서 동떨어진 추상적 개념이다. 구체적 사실에 가까워지면 그럴수록 개인적이 된다. 가장 구체적인 사실은 가장 개인적인 것이다. 이 때문에, 원시적 설명은 신화에서와 같이 모두 의인적이었으나, 순 지식이 진보함에 따라 점점 일반적이 되고 추상적이 되어 마침내 순 물질이라는 것과 같은 개념을 낳게 된 것이다. 그러나, 그와 같은 설명은 극히 외면적이고 천박함과 동시에, 그런 설명의 배후에도 우리의 주관적 통일이란 것이 숨어 있다는 것을 잊으면 안 된다. 가장 근본적인 설명은 반드시 자기에게 돌아온다. 우주를 설명하는 비약(秘鑰)[5]은 이 자기에게 있는 것이다. 물체를 가지고 정신을 설명하려는 것은 그 본말이 뒤집힌 것이라고 해야 될 것이다.

4. 뉴턴이나 케플러가 보아도 자연현상이 정제(整齊)를 이루는 것도 그 설은 우리 의식현상의 정제에 불과하다. 의식은 모든 통일에 의하여 성립하는 것이다. 그래서 이 통일이라는 것은, 작게는 각 개인의 나날의 의식 간의 통일로부터 크게는 모든 사람의 의식을 결합하는 우주적 의식통일에 이르는 것이다(의식통일을 개인적 의식 안으로 한정하는 것은 순수 경험에 가해진 독단에 불과하다).[6] 자연계라고 하는 것은 그와 같이 초개인적 통일에 의하여

---

3) '공간이나……개념' : 공간과 시간과 물력이라는 것은 객관적으로 실재하는 것은 아니다. 현실의 세계를 질서있게 하여, 이것을 합리적으로 설명하기 위해 생각해 낸 주관적인 도구의 항목에 불과하다.

4) 순 물질(純物質) : 색깔이나 모양, 향기와 같은 개개의 구체적인 모든 성질을 버리고 생각할 수 있는 물질. 예를 들면, 원자·분자 등.

5) 비약(秘鑰) : 비밀을 푸는 열쇠.

6) '의식통일을 ……에 불과하다' : 개인을 넘어선 보편적인 의식통일의 존재는 제1편 '순수 경험'에서 되풀이하여 설명하였다. 예를 들면 '개인이 있고 경험이 있는 것이 아니라, 경험이 있고 나서 개인이 있는 것이다, 개인적 경험이란 경험 중에서 한정된 경험의 특수한 한 작은 범위에 불과하다'고 말하고, '의식의 범위는 결코 이른바 개인 가운데 한정되지 않은, 개인이란 것은 의식 중의 한 작은 체계에 불과하다'고 설명하였다.

이루어진 의식의 한 체계이다. 우리가 개인적 주관에 의해 자기의 경험을 통일하고, 또 초개인적 주관[7]에 의해 각자의 경험을 통일하여 가는 것으로, 자연계는 이 초개인적 주관의 대상으로서 생기는 것이다. 로이스[8]도 '자연의 존재는 우리 동포의 존재의 신앙과 결합되어 있다'고 말했다(Royce, The World and Individual, Second Series, Lect. Ⅳ[9]). 그래서 자연계의 통일이라는 것도 필경 의식통일의 일종에 지나지 않는다는 것이 된다. 원래, 정신과 자연과 두 가지 실재가 있는 것은 아니다. 이 둘의 구별은 동일한 실재의 관점 차이에서 일어나는 것이다. 직접 경험의 사실에서는 주객의 대립이 없고 정신 물체의 구별이 없으며, 물즉심(物卽心), 심즉물(心卽物) 오직 하나의 현실이 있을 뿐이다. 다만, 그와 같은 실재 체계의 충돌 즉 한편으로 보면 그 발전상에서 주객의 대립이 나온다. 바꾸어 말하면, 지각의 연속에서는 주객의 구별이 없다, 다만 이 대립은 반성에 의하여 일어나는 것이다. 실재 체계의 충돌 때, 그 통일작용의 방면이 정신으로 생각되고, 이것이 대상으로서 이것에 대항하는 방면이 자연이라고 생각되는 것이다. 그러나 이른바 객관적 자연도 실은 주관적 통일을 떠나서 존재할 수 없고, 주관적 통일이라는 것도 통일의 대상 즉 내용없는 통일이 있을 리가 없다. 양자가 다 동일한 종류의 실재이고, 다만 그 통일의 형태를 달리하는 것이다. 더욱이, 그렇게 어느 한쪽으로 치우친 것은 추상적이고 불완전한 실재이다. 그런 실재는 둘이 합일함으로써 비로소 완전한 구체적 실재가 되는 것이다. 정신과 자연과의 통일이라는 것은 두 가지 체계를 통일하는 것은 아니다. 원래 동일한 통일 아래 있는 것이다.

5. 그렇게 실재에 정신과 자연과의 구별이 없고, 따라서 두 가지의 통일이 있지 않고, 단지 동일한 직접 경험의 사실 그 자체가 관점에 따라 여러 차별

---

7) 초개인적 주관(超個人的主觀) : 개인을 넘어선 보편적인 주관. 더욱이 개인의 개인에게 내재하여 있다고 여겨지는 주관.

8) 로이스(Josiah Royce 1855~1916) : 미국의 철학자, 신 헤겔주의자, 절대적 관념론자. 그의 '자기 표현적 체계(self-representative system)'의 사상은 니시다의 사상 형성에 큰 영향을 주었다. 주저 《세계와 개인》.

9) 로이스 《세계와 개인(The World and the Individual)》(1976, 초판 1889~1901), 제2권 제4강, 165~166쪽.

이 생기는 것이라면, 내가 전에 말한 실재의 근본인 신이란, 이 직접 경험의 사실 즉 우리의 의식현상의 근본이 아니면 안 된다. 그런데, 모든 우리의 의식현상은 체계를 이룬 것이다. 초개인적 통일[10]에 의해 이루어진 이른바 자연현상이라 하더라도 이 형식에서 벗어날 수는 없다. 통일적 어떤 것[11]의 자기 발전이라는 것이 모두의 실재 형식이며, 신이란 그와 같은 실재의 통일자이다. 우주와 신과의 관계는, 우리의 의식현상과 그 통일과의 관계이다. 사유에서도 의지에 있어서도 심상(心象)이 하나의 목적관념에 의하여 통일되고, 모두가 이 통일적 관념의 표현으로 보여지는 것처럼, 신은 우주의 통일자이고 우주는 신의 표현이다.[12] 이 비교는 단순한 비유가 아니라 사실이다. 신은 우리 의식의 최대 최종의 통일자이다. 아니, 우리의 의식은 신의 의식이 일부이고, 그 통일은 신의 통일에서 오는 것이다. 작게는 우리의 일희일비로부터 크게는 일월 성신의 운행에 이르기까지 모두 이 통일에 의하지 않는 것이 없다. 뉴턴[13]이나 케플러[14]도 이 위대한 우주적 의식의 통일에 감동하였던 것이다.

6. 그렇다면, 그와 같은 의미에서 우주의 통일자요 실재의 근본인 신이란 어떤 것인가. 정신을 지배하는 것은 정신의 법칙이 아니면 안 된다. 물질이라는 것은 앞에서 말하였듯이, 설명을 위하여 만든 가장 천박한 추상적 개념에 불과하다. 정신현상이란 이른바 지정의(知情意)의 작용이며, 이를 지배하는 것은 또 지정의의 법칙이 아니면 안 된다. 그래서, 정신은 단지 이런 작용의 집합이 아니며, 그 배후에 하나의 통일력이 있고, 이런 현상은 그 발현(發

---

10) 초개인적 통일(超個人的統一) : 여기에서는 개인적이라는 말이 주관적이라는 말과 같은 뜻으로 사용되고 있다. 그러므로, 초개인적 통일이란 객관적 통일과 같은 뜻이다.

11) 통일적(統一的) 어떤 것 : 낱낱의 순수 경험의 배후 내지 근저에 있다고 여겨지는 근본적 통일력.

12) '신은 우주의 통일자이고 우주는 신의 표현이다' : 신과 우주의 관계가 본체와 그 현상과의 관계에 있는 것으로서 범신론적으로 말하고 있다.

13) 뉴턴(Isaac Newton 1642~1727) : 영국의 물리학자, 수학자, 천문학자. 그의 저서 《브린키피아》(1687)에서 천체의 운동을 만유인력의 법칙에 의하여 체계적으로 설명하였다. 또 미적분법의 발명자로서도 알려졌다.

14) 케플러(Johannes Kepler 1571~1630) : 독일의 천문학자. 브라헤의 화성 관측기록을 기초로 연구를 하여, 행성의 운동법칙에 관한, '케플러의 법칙'을 발견하였다.

現)이다. 이제 이 통일력을 인격[15]이라고 부른다면, 신은 우주의 근본인 크나큰 인격이라고 하지 않으면 안 된다. 자연의 현상으로부터 인류의 역사발전에 이르기까지 하나하나가 큰 사상, 큰 의지의 모습을 하지 않은 것이 없다, 우주는 신의 인격적 발현이라는 것이 되는 것이다. 그러나, 그렇게 말하는 것도 나는 어떤 일파의 사람들의 생각처럼, 신은 우주 밖의 초월한, 우주의 진행을 떠나서 따로 있는 특수한 사상, 의지를 가진 우리의 주관적 정신 같은 것이라고 생각할 수는 없다. 신에게 있어서는 지즉행(知卽行)·행즉지(行卽知)〔지는 행의 근본이요, 행은 지의 표현〕이며, 실재는 곧 신의 사상이고 또 의지가 아니면 안 된다(Spinoza, Ethica, Ⅰ pr. 17Schol. 을 보라[16]). 우리의 주관적 사유 및 의지라는 것은 여러 체계의 충돌에서 일어난 불완전한 추상적 실재이다. 그와 같은 것을 가지고 곧 신을 비길 수는 없다. 일링워스라는 사람은 《사람과 신의 인격》이라는 제목의 책에서, 인격의 요소로서 자각, 의지의 자유 및 사랑 세 가지를 들고 있다. [17] 그러나 이 셋을 가지고 인격의 요소라고 하기 전에, 이것의 작용이 실지에 있어 어떠한 사실을 의미하고 있는가를 분명하게 해 두지 않으면 안 된다. 자각이란 부분적 의식체계가 모든 의식의 중심에서 통일되는 경우에 따르는 현상이다. [18] 자각은 반성에 의하여 일어나는, 그래서 자기의 반성이란 그와 같은 의식의 중심을 찾는 작용이다. 자기란 의식의 통일작용밖에 없다, 이 통일이 바뀌면 자기도 바뀐다. 이밖에 자기의 본체라고 하는 그런 것은 허명에 지나지 않는다. 우리가 속으로 반성하여 일종의 특별한 자기의 의식을 얻는 것처럼 생각하지만, 그것은 심리학자가 말한 것처럼 이 통일에 따르는 감정에 불과하다. [19] 그와 같

---

15) 인격 : 보통 인격은 인품, 품성, 도덕적 행위의 주체, 권리·의무가 귀속하는 주체를 말하지만, 니시다는 인격을 의식의 통일력이라고 생각한다. 제3편 제10장 참조.

16) 스피노자 《에티카》 제1부 정리17 참조. 스피노자는 이 대목에서, 일체의 것은 신의 영원 무한한 본성으로부터 생기는 것, 따라서 주관적인 지성이나 의지는 신의 본성에는 속하지 않는다고 말한다.

17) 일링워스(John R. Illingworth) 《사람과 신의 인격(personality human and divine)》(1904, 초판 1894). 이 책의 제2강은 '사람의 인격 개념의 분석'으로 되어 있고, 거기에서는 인격의 특성으로서 이성, 의지, 사랑을 들고 있다.

18) '자각이란……에 따르는 현상이다' : 여기에 '자각'의 정의가 되어 있다. 자각이란 부분적 내지 개인적 의식이 전체적 의식체계의 중심으로 통일되는데 따라 일어나는 의식현상이다. 이것을 좀더 구체적으로 표현하면, 자기의 중심을 찾는(또는 찾을 수 있는) 반성적 의식작용을 말한다.

은 의식이 있기에 이 통일이 이루어지는 것이 아니라, 이 통일이 있기에 그와 같은 의식이 생기는 것이다. 이 통일 자체는 지식의 대상으로 될 수는 없다. 우리는 이것이 되어 작용할 수는 있으나 이것을 알 수는 없다. 진정한 자각은 오히려 의지활동 위에 있고 지적 반성 위에 있지 않는 것이다. 만일 신의 인격에서의 자각이라고 한다면, 이 우주현상의 통일은 일일이 그 자각이 아니면 안 된다. 예를 들어, 삼각형의 모든 각을 합하면 2직각이 된다는 것은 누구나 어느 시대에나 그렇게 생각하지 않으면 안 된다. 이것도 신의 자각의 하나이다. 모든 우리의 정신을 지배하는 우주통일의 마음은 신의 자기 동일의 의식이라고 해도 될 것이다. 만물은 신의 통일에 의하여 성립하고 신으로 말미암아 모든 것은 현실이다, 신은 항상 능동적이다. 신에게는 과거도 미래도 없다, 시간·공간은 우주적 의식통일에 의하여 생기는 것이다, 신에게는 모든 것이 현재이다. 아우구스티누스[20]가 말한 것처럼, 때는 신에 의하여 만들어지고 신은 때를 초월하기 때문에 신은 영구한 지금이 있을 뿐이다.[21] 그러므로 신에게는 반성이 없고, 기억이 없으며, 희망이 없고, 따라서 특별한 자기의 의식이 없다. 모든 것이 자기이고 자기밖에 다른 것이 없기 때문에 자기의 의식이 없는 것이다.[22]

7. 다음으로, 의지의 자유라는 것에도 여러 가지 의미가 있으나, 진정한 자

---

19) '심리학자가 말한 것처럼……감정에 불과하다' : 예를 들면, 제임스는 자기는 결코 실체적인 존재가 아니고, 말하자면 '의식의 흐름'(stream of consciousness), 또는 '주관적인 생의 흐름'(stream of subjective life)이고, 우리가 거기에 무엇인가 통일적인 것을 느끼는 것은, 다른 대상에서는 느낄 수 없을 듯한 일종의 독특한 '따사로움'(warmth)과 '친근함'(intimacy)이 있기 때문이다, 라고 말하였다. 제임스 《심리학》(축쇄판)(psychology ; Briefer Course) Harvard Univ. Pr. 1984, 144~146쪽.

20) 아우구스티누스(Aurelius Augustinus 354~430) : 초기 그리스도교 최대의 교부 철학자, 신학자. 그는 《삼위일체론》, 《자유 의지론》, 《신국론》 등 많은 저술로 그리스도교의 교리와 역사철학을 확립하였다. 주저는 《고백》.

21) 아우구스티누스 《고백》 제11권 제13장. '당신의 해는 하루입니다. 더구나 당신의 날은 〈매일〉이 아니고 〈오늘〉입니다. 실제 당신의 〈오늘〉은 〈내일〉로 자리를 내주지 않고, 어제가 계속 이어져 온 것이 아닙니다. 당신의 〈오늘〉은 영원한 것입니다.'

22) '모든 것이 자기이고……없는 것이다' : 일체가 자기이고 자기밖에 아무 것도 없다면, 자기라는 의식도 없게 될 것이다. 자기는 자기에게 대립하는 것이 있을 때 비로소 자기자신을 의식하기 때문이다.

유란 자기의 내면적 성질에 따라 작용한다는 이른바 필연적 자유[23]의 의미가 없으면 안 된다. 전연 원인이 없는 의지라는 것은 그저 불합리할 뿐만 아니라, 그와 같은 것은 자기에게도 아주 우연히 일어난 일로, 자기의 자유스런 행위라고는 느껴지지도 않을 것이다. 신은 만유의 근본이며, 신 외에 아무것도 없고, 만물이 모두 신의 내면적 성질로부터 나오는 것이므로 신은 자유이다, 이 의미에 있어서 신은 실로 절대적으로 자유이다. 그렇게 말하면, 신은 자기의 성질에 속박되어 그 전능을 잃은 것처럼 보일지도 모르지만, 자기의 성질에 반하여 작용하는 것은 자기의 성질이 불완전해지든가 아니면 그 모순을 나타내는 것이다. 신이 전지전능하다는 것과 그의 부정적(不定的)인 자유의지[24]와는 양립할 수 없을 것으로 생각된다. 아우구스티누스도 '신의 의지는 불변이며 때로는 하고자 할 적에도 하려고 하지 않는다, 하물며 전의 결단을 다음에 뒤집는 일이 있겠는가'라고 말하였다(Conf. XII. 15[25]). 선택적 의지[26]라는 것은 오히려 불완전한 우리의 의식상태에 따라야 하는 것이지, 이것을 가지고 신에게 견주면 안 된다. 예를 들면, 우리가 충분히 익숙해진 일에서는 조금도 선택적 의지가 들어갈 여지가 없다, 선택적 의지는 의혹, 모순, 충돌의 경우에 필요하게 되는 것이다. 물론, 누구나 말하듯이 안다는 것 중에는 이미 자유라는 것을 포함하고 있다, 앎은 곧 가능성을 의미하고 있는 것이다. 그러나 그 가능성이란 반드시 부정적 가능의 의미가 아니면 안 되는 것은 아니다. 지(知)란 반성의 경우에만 말해야 되는 것은 아니다. 직각(直覺)도 지이다. 직각의 편이 오히려 진짜 지이다. 지가 완전하게 되면 될수록 도리어 부정적 가능은 없어지는 것이다. 그렇게 신에게는 부정적 의지 즉 수의(隨意)라는 것이 없기 때문에 신의 사랑이라는 것도 신은 어떤 사람들을 사랑한다, 어떤 사람들을 미워한다, 어떤 사람들을 흥하게 하고 어떤 사람들을 망하게 하는 그런 편협한 사랑은 없다. 신은 모든 실재의 근본으로서, 그 사랑은 평등 보편이 아니면 안 되고, 더욱이 그 자기 발전 자체

---

23) 필연적 자유 : 자유를 자의나 우연성과 구별하여, 자기 본성의 필연성에서 나온 행위를 가지고 자유라고 하는 생각. 내적 자유라고도 한다.

24) 부정적(不定的)인 자유의지 : 우연적이며 일정하지 않은 자의적·수의적인 의지.

25) 아우구스티누스 《고백》 제12권 제15장.

26) 선택적 의지 : '일정하지 않은 자유의지'와 같은 뜻.

가 바로 우리에게 무한한 사랑이 아니면 안 된다. 만물 자연의 발전 외에 특별한 신의 사랑은 없는 것이다. 원래 사랑이란 통일을 바라는 정이다. 자기 통일의 요구가 자애이고, 자타 통일의 요구가 타애이다. 신의 통일작용은 곧 만물의 통일작용이므로, 에카르트[27]의 말처럼 신의 타애는 곧 그 자애가 아니면 안 된다. 에카르트는 또 신이 사람을 사랑하는 것은 수의의 행동이 아니라, 그렇게 하지 않으면 안 되는 것이라고 말하였다. [28]

8. 이상 논한 것처럼, 신은 인격적이라고 하여도 곧 이것을 우리의 주관적 정신과 동일시할 수는 없다, 오히려 주객의 분리가 없고 물아(物我)의 차별이 없는 순수 경험의 상태에 비해야 되는 것이다. 이 상태가 실로 우리 정신의 시작이요 끝이며, 겸하여 또 실재의 진상이다. 그리스도가 마음이 깨끗한 자는 신을 볼 수 있다 하고, 또 갓난아기 같아야 천국에 갈 수 있다고 말한 것처럼, [29] 그런 때의 우리 마음은 가장 신에게 가까이 가 있는 것이다. 순수 경험이라는 것도 다만 지각적 의식을 가리키는 것은 아니다. 반성적 의식의 배후에도 통일이 있어, 반성적 의식은 이것에 의하여 성립하는 것이다. 즉 이것도 일종의 순수 경험이다. 우리 의식의 근저에는 어떤 경우에도 순수 경험의 통일이 있어, 우리는 이 밖으로 뛰쳐나갈 수 없다(제1편을 보라). 신은 그런 의미에서 우주의 근본에 있어 일대 지적 직관이라 볼 수 있고, 또 우주를 포괄하는 순수 경험의 통일자로 볼 수 있다. 그래서, 아우구스티누스

---

27) 에카르트(Johannes Eckhart 1260 무렵~1327) : 통칭 Meister Eckhart라고 불렀다. 중세 독일의 신학자. 창조 이전에는 신은 없고(無), 만물은 모두 신으로부터 생성한다. 또, 만물은 신 안에, 신과 함께, 또 신에게 돌아간다. 만물의 목적은 신을 인식하는 것이지만, 이것은 신의 우리에 대한 작용인 '마음의 불꽃'에 의한 것이라고 했다. 그 사상은 신 플라톤주의의 영향을 강하게 받은 것이다. 주저 《신의 위로의 서》.

28) '신의 본성, 신이 지닌 신성은 신이 영혼 속에서 작용하지 않을 수 없는 데에 있다. 신에게 축복이 있으라. 신이 영혼 속에서 작용할 때 그 역할을 사랑한다. 신이 작용하는 영혼이 있는 곳, 이 역할은 사랑 이외의 아무 것도 없을 만큼 크나큰 것이 된다. 이 사랑은 신 그 자체이다. 신은 신 스스로를, 신의 본성을, 신의 존재 그리고 신의 신성을 사랑한다. 신이 스스로를 사랑하는 사랑으로, 신은 또 모든 피조물도 사랑한다—피조물로서가 아니고, 신으로서. 이처럼 신 스스로를 사랑하는 이 사랑으로 신은 모든 피조물을 사랑하는 것이다'. 마이스터 에카르트 《독일어 설교·논문집(Deutsche Predigten und Traktate)》(Hrsg. V. Josef Quint), 1955년, 271~272쪽.

29) 《마태오의 복음서》 5·8, 18·3, 《누가의 복음서》 6·20, 9·48.

가 신은 불변적 직관을 가지고 만물을 직관한다 하고 또 신은 조용한 가운데 움직이고, 움직이는 가운데 조용하다고 말한 것도 이해가 되며(Storz, Die Philosophie des HL. Augustinus, §20[30]), 또 에카르트의 '신성'(Gottheit)[31] 및 뵈메의 '아무 움직임이 없는 고요'(Stille ohne Wesen)[32]라 할 수 있는 말의 의미도 짐작할 수 있다. 모든 의식의 통일은 변화에 초연하고 조용히 끄떡도 하지 않아야 된다. 더구나 변화는 여기에서부터 일어나는 것이다. 즉 움직여도 움직이지 않는 것이다. 또, 의식의 통일은 지식의 대상이 되지 못한다. 모든 범주[33]를 초월하고 있다. 우리는 이것에 아무런 정형(定形)을 줄 수도 없다. 게다가 만물은 이것에 의하여 성립하는 것이다. 그래서, 신의 정신이라는 것은 한편으로 보면 과연 불가지적이지만, 또 한편으로 보면 도리어 우리의 정신과 밀접한 것이다. 우리는 이 의식통일의 근저에서 바로 신의 모습을 접할 수가 있다. 그러므로, 뵈메도 '하늘은 도처에 있다. 네가 서 있는 곳 가는 곳 모두 다 하늘이다'라 하였고, 또 '가장 깊은 내생(內生)에 의하여 신에게 도달한다'고 말했다.

9. 어떤 사람은 말할 것이다, 위와 같이 말할 때에는 신은 물(物)의 본질과 동일하게 되어, 비록 정신적이라 하여도 이성이나 양심과 아무런 구별이 없어, 그 살아 있는 개인적 인격을 잃게 되지는 않을까. 개인성은 다만 일정하지 않은 자유의지로부터 생길 수가 있는 것이다(이것은 일찍이 중세철학에서 스코투스[34]가 토마스[35]에게 반대하는 논점이었다[36]). 그런 신에게 우리는

---

30) 슈토르츠 《성 아우구스티누스의 철학》 제20절.
31) 에카르트의 '신성(神性, Gottheit)' : 이른바 신도 초월한, 신의 근본 또는 원천을 나타내는 말.
32) 뵈메의 '아무 움직임이 없는 고요'(Stille ohne Wesen) : 글자 그대로 번역하면 '본질이 없는 정적'. 뵈메가 가장 깊은 신성을 나타내는 데 사용한 말의 하나. 뵈메 《신지학(神智學)의 여섯 가지 포인트(Sex puncta theosophica)》(1620), 제1 포인트, 제1장 29. 《뵈메 전집》 제6권, 8쪽.
33) 범주(範疇) : 원래 그리스어인 카테고리아(술어 형태), 일반적으로 존재의 가장 기본적인 개념, 말하자면 개념의 개념으로 사용된다.
34) 스코투스(Johannes Duns Scotus 1265/66~1308) : 스코틀랜드 출신의 스콜라 철학자. 프란체스교회 수도사. 토마스 아퀴나스에 반대하여, 이성과 신앙을 분리하고 신앙을 이성의 밖에 둠과 동시에, 의지의 이성에 대한 우위를 주장하였다.
35) 토마스 아퀴나스(Thomas Aquinas 1225/26~74) : 이탈리아의 스콜라 철학자, 신학자. 도미니코회 수도사.

결코 종교적 감정이 일어날 수 없다. 종교에서는 단지 법을 어기는 것이 아니고 인격에 어긋나는 것이다. 후회는 단지 도덕적 후회가 아니다. 어버이를 해치고 은인을 배반한 절실한 후회이다. 얼스킨(Thomas Erskine)[37]은 '종교와 도덕이란 양심의 배후에 인격을 인정하느냐 않느냐에 따라 갈라진다'라고 말하였다. 그러나 헤겔이 말한 것처럼, 진정한 개인성이라는 것은 일반성을 떠나서 존재할 수 있는 것이 아니다, 일반성의 한정된 것, bestimmte Allgemeinheit이 개인성으로 되는 것이다.[38] 일반적인 것은 구체적인 것의 정신이다. 개인성이란 것은 일반성에 밖에서 다른 어떤 것을 보탠 것이 아니다, 일반성이 발전한 것이 개인성으로 되는 것이다. 아무 내면적 통일도 없는 단지 여러 성질의 우연적 결합 같은 것에는 개인성이라고 할 만한 것은 없다. 개인적 인격의 요소인 의지의 자유라는 것은 일반적인 것이 자기자신을 한정한다. self-determination이라는 뜻이다. 삼각형의 개념이 여러 삼각형으로 분화할 수 있듯이, 어떤 일반적인 것이 그 속에 포함한 여러 가지를 한정할 수 있음을 자각하는 것이 자유의 느낌이다. 전연 기초가 없는 절대적 자유의지보다는 도리어 개인적 자각은 일어나지 않을 것이다. 개성에 이유 없이 ratio singularitatis quaeritur라는 말도 있으나, 참으로 그와 같은 개인성은 아무 내용없는 무와 동일하지 않으면 안 된다. 단지 구체적인 개인성은 추상적 개념으로는 알 수가 없는 것이다. 추상적 개념으로 나타낼 수 없는 개인성이라도 화가나 소설가의 필치로 선명하게 나타낼 수는 있는 것이다.

10. 신이 우주의 통일이라는 것은 단지 추상적 개념의 통일은 아니다, 신은 우리의 개인적 자기처럼 구체적 통일이다. 즉 하나의 살아 있는 정신이다. 우리의 정신이 위에서 말한 의미를 개인적이라고 할 수 있듯이, 신도 개인적

---

36) '이것은 일찍이 중세철학에서……논점이었다' : 토마스 아퀴나스는 신은 그 예지에 의하여 선으로 인정받은 것에 따라 필연적으로 세계를 창조했다고 하는 결정론적 입장을 취한데 대하여, 둔스 스코투스는 신의 의지는 완전히 자유이고, 신은 아무 것에도 구속받지 않으며, 또 아무 근거도 없이 자유스런 의지에 의하여 세계를 창조했다고 하는 비결정론적 입장을 취하였다.

37) 얼스킨(Thomas Erskine 1788~1870) : 영국(스코틀랜드)의 법학자, 신학자. 주저 《복음의 완전한 자유》, 《계시종교의 진리에 대한 내적인 증거》.

38) '헤겔이 말한 것처럼 ……개인성으로 되는 것이다' : '특수성은 규정된 보편성, (die bestimmte Allgemeinheit)이다'. 헤겔 《대논리학》 제3권, 제1편, C. 《헤겔전집》 제6권 296쪽.

이라고 할 수 있을 것이다. 이성이나 양심은 신의 통일작용의 일부이겠지만, 살아 있는 정신 그 자체는 아니다. 그와 같은 신성적(神性的) 정신의 존재라는 것은, 단지 철학상의 의론이 아니고, 실지에서의 심령적 경험의 사실[39]이다. 우리의 의식 밑바닥에는 누구에게나 그런 정신이 작용하고 있는 것이다(이성이나 양심은 그 소리이다). 다만 우리의 작은 자기에게 방해를 당하여 이것을 알지 못하는 것이다. 예를 들면, 시인 테니슨[40] 같은 사람도 다음과 같은 경험을 가지고 있었다. 그는 조용히 자기의 이름을 외우고 있으면, 자기의 개인적 의식의 깊은 밑바닥에서, 자기의 개인이 용해하여 무한한 실재가 된다, 게다가 의식은 결코 몽롱해진 것이 아니고, 가장 명석 확실하다. 이때 죽음이란 가소로운 불가능한 짓이고, 개인의 죽음이라는 것이 참다운 삶이라고 느껴졌다는 것이다. 그는 어려서부터 쓸쓸히 혼자 살 적에 자주 그런 것을 경험했다고 한다. 또, 문학가 시몬스(J. A. Symonds)[41] 같은 사람도, 우리의 통상적인 의식은 점점 천박하여 가는데, 그 근저에 있는 본래의 의식이 강해져 끝내는 하나의 순수한 절대적 추상적인 자기만 남는다고 말하였다. 그밖에도, 종교적 신비가의 그런 경험을 든다면 한이 없다(James, The Varieties of Religious Experience, Lect. XVI, XVII[42]). 혹은 그런 현상을 가지고 모조리 병적이라고 할지 모르지만 과연 그것이 병적인가 아닌가는 합리적인가 아닌가에 따라 정해진다. 내가 전에 말한 것같이,[43] 실재는 정신적이며 우리의 정신은 그 작은 한 부분에 지나지 않는다고 하면, 우리가 자기의 작은 의식을 깨고 일대 정신을 감득한다는 것은 조금도 이상하게 여길 이유가 없다. 우리의 작은 의식의 범위를 고집하는 것이 도리어 망설임이 될지도 모른다. 위인에게는 반드시 위와 같이 보통 사람보다 한결 심원한 심리적 경험이 없으면 안 된다고 생각한다.

---

39) 심령적(心靈的) 경험의 사실 : 종교적 영성적(靈性的) 경험의 사실. 추상적인 의론의 대상이 아니고, 구체적인 영적 체험의 사실이라는 의미.

40) 테니슨(Alfred Tennyson 1809~92) : 영국 빅토리아여왕 시대의 국민적 시인, 계관시인. 아름다운 운율과 서정성에 넘친 시풍으로 알려졌다. 대표작 《국왕 목가》, 《이노크 아덴》.

41) 시몬스(John Addington Symonds 1840~93) : 영국의 시인, 문학자. 번역가로서도 알려졌다. 대표작 《단테연구서설》, 《이탈리아 문예부흥사》(전7권).

42) 제임스 《종교적 경험의 여러 모습》 제16강, 제17강.

43) 제2편 제10장 외.

제4장 신과 세계

1. 순수 경험의 사실이 유일한 실재이고 신은 그 통일이라고 한다면, 신의 성질 및 세계와의 관계도 모두 우리의 순수 경험의 통일 즉 의식통일의 성질 및 이것과 그 내용과의 관계에 의하여 알 수가 있다. 또 우리의 의식통일은 볼 수도 없고 들을 수도 없어, 전혀 지식의 대상이 되지 못하는 것이다. 일체는 이것에 의하여 성립하기 때문에 모두가 다 아주 뛰어나다. 검정을 만나 검정을 나타내도 마음은 검정이 되는 것은 아니다, 흰색을 만나 흰색을 나타내도 마음은 하얗게 되지 않는다. 불교는 말할 것도 없고, 중세철학에서 디오니시우스(Dionysius)[1] 일파의 이른바 소극적 신학[2]이 신을 논함에 있어 부정적이었던 것은 이 모습을 모사한 것이다. 니콜라우스 쿠자누스[3] 같은 사람은 신은 유무를 초월하여 신은 있으면서 또 없는 것이라고 하였다.[4] 우리가 깊이 자기의 의식 속 밑바닥을 반성해 볼 때는 일찍이 야콥 뵈메가, 신은 '아무 움직임이 없는 고요'라든가, '밑바닥이 없다'(Ungrund)라든가 또는 '대상 없는 의지'(Wille ohne gegenstand)라든가 하는 말의 깊은 의미를 찾아낼 수도 있어, 또 일종의 숭고하고도 불가사의한 감동을 받는 것이다. 그밖에 신은 영원하다든가 편재(遍在)[5]한다든가 전지전능하다고 하는 것도, 모두 이 의식통일의 성질로부터 해석하지 않으면 안 된다. 시간, 공간은 의식통일에 의해 성립하는 것이므로, 신은 전지전능하고 알지 못하는 것도 없고 미치지 않은 곳도 없으며, 신에게는 지(知)와 능(能)은 동일하다.[6]

---

1) 디오니시오스 아레오파기테스(Dionysios Areopagites, 6세기 무렵) : 잘 알지 못한 인물인데, 일반에게는 《사도행전》(17·34)에 나오는, 바울에 의하여 회심한 아레오파고스의 재판관 디오니시오스로 알려졌다. 그가 쓴 것으로 전하여진 일련의 저작은, 오늘날에는 위작임이 밝혀져, '디오니시오스의 위서(僞書)'(Pseudo-Dionysios)라고 부른다.

2) 소극적 신학 : 부정(否定)신학이라고도 한다. 적극적 신학 내지 긍정 신학의 반대.

3) 니콜라우스 쿠자누스(Nicolaus Cusanus, 1401~64) : 독일의 신비주의 철학자. 신 플라톤주의 영향 아래 '반대의 일치'(coincidentia oppositorum)와 '지가 있는 무지'(docta ignorantia)의 사상을 주장하였다. 주저 《지가 있는 무지》.

4) 쿠자누스 '숨어 있는 신에 대하여'(De deo abscondito), 《쿠자누스 전집》(Hrsg. v. Paulus Wiopert), 1959, 제4권, 7~8쪽.

5) 편재(遍在) : 모든 곳에 퍼져 존재하는 것.

6) '신에게는 지(知)와 능(能)은 동일하다' : 유한하고 불완전한 우리에게는 아는 것과 행하는 것은

2. 그렇다면, 위와 같은 절대 무한한 신과 이 세계와의 관계는 어떤 것일까. 유(有)를 떠나 무(無)는 참다운 무가 아니다, 일체를 떠난 하나는 참다운 하나가 아니다, 차별과 떨어진 평등은 참다운 평등이 아니다. 신이 없다면 세계는 없는 것처럼, 세계가 없다면 신도 없다. 원래, 여기에서 세계라는 것은 우리의 세계만을 가리키는 것이 아니다. 스피노자가 말한 것처럼 신의 속성(attributes)[7]은 무한하기 때문에, 신은 무한한 세계를 포함하고 있지 않으면 안 된다.[8] 다만 세계적 표현은 신의 본질에 속해야 하는 것으로 결코 그 우연적 작용은 아니다, 신은 일찍이 한번 세계를 창조한 것이 아니고, 그 영원한 창조자이다(헤겔).[9] 요컨대 신과 세계와의 관계는 의식통일과 그 내용과의 관계이다.[10] 의식 내용은 통일에 의하여 성립하지만, 또 의식 내용을 떠난 통일이라는 것은 없다. 의식 내용과 그 통일과는, 통일되는 것과 하는 것과 둘이 있는 것이 아니고, 동일한 실재의 두 방면에 지나지 않는 것이다. 모든 의식현상은 그 직접 경험의 상태에서는 단지 하나의 활동이지만, 이것을 지식의 대상으로서 반성하는 것에 따라 그 내용이 여러 가지로 분석되고 차별되는 것이다. 만일 그 발전의 과정에서 말하면, 먼저 전체가 하나의 활동으로서 충동적으로 나타난 것이 모순 충돌에 의하여 그 내용이 반성되고 분별되는 것이다. 나는 여기에서도 뵈메의 말을 떠올리지 않을 수 없다. 그는 대상없는 의지라고나 해야 될 발현 이전의 신이 자기자신을 뒤돌아보는 것 즉 자기자신을 거울로 함으로써 주관과 객관으로 갈리고, 이것에서부터 신과 세계가 발전한다고 말했다.[11]

일치하지 않지만, 무한하고 완전한 존재자인 신은 전지전능하여 아는 것과 행하는 것이 완전히 일치하고 있다.

7) 속성(屬性): 스피노자에 의하면 속성이란 '지성이 실재에 대하여 그 본질을 구성하고 있다고 지각하고 있는 것'이다. 《에티카》 제1부 정의 4.

8) '모두 있는 것은 신 안에 있다. 그리고 신 없이는 아무 것도 있을 수 없고 또 생각할 수 없다'. 스피노자 《에티카》 제1부 정리 15.

9) 헤겔 《종교철학강의》 제3부 A, 《헤겔전집》 제17권, 193쪽.

10) '신과 세계와의 관계는 의식통일과 그 내용과의 관계이다': 제3장에서는 신과 우주와의 관계는 '본체와 현상'과의 관계라고 하였고, 또 '신은 우주의 통일자이고 우주는 신의 표현이다'라고 하였다.

11) '그래서 첫째의 의지는 밑 바닥 없는(無底, Ungrund)이고, 영원의 무(無)로 보아야 된다. 이래서 우리는 이 밑바닥 없음을 자기자신의 형상이 그 속에 보이는 거울과 비슷한 것으로 인식한

3. 원래, 실재(實在)의 분화와 그 통일과는 하나이며 둘이 되어서는 안 된다. 한편에서 통일이라고 하는 것은, 한편에서 분화라는 것을 의미하고 있다. 예를 들면, 나무에 있어 꽃은 꽃다워야 하고 잎은 잎다워야 나무의 본질을 나타내는 것이다. 위와 같은 구별은 단지 우리의 사상상의 일이며 직접적인 사실상의 일은 아닌 것이다. 괴테가 '자연은 핵도 껍질도 없고, 모든 것이 동시에 핵이고 껍질이다[12](Natur hat weder kern noch, Schale, aues ist sie mit einem Male)'라고 말한 것처럼, 구체적 진 실재 즉 직접 경험의 사실에서는 분화와 통일과는 유일한 활동이다. 예를 들면, 한 폭의 그림, 한 곡의 악보에 있어, 그 일필 일성(一筆一聲) 어느 것이나 바로 전체의 정신을 나타내지 않는 것은 없고, 또 화가나 음악가에게 있어 짜릿한 영감에 감흥이 넘쳐 천변 만화(千變萬化)[13]의 산수화가 되고, 신묘한 악음이 되는 것이다. 그와 같은 상태에서는 신은 곧 세계, 세계는 곧 신이다. 괴테가 '에페소스인의 디아나는 위대하도다'라는 시에서 말하였듯이, 인간의 뇌 속에 있는 추상적인 신에게 떠드는 것보다는, 오로지 디아나[14]의 은감(銀龕)을 만드는데 온 정성을 다하면서 바울의 가르침을 되돌아보지 않았다는 은세공의 편이, 어떤 의미에서는 도리어 신에 가까워졌다고도 할 수 있다. 에카르트가 말한 것처럼 신 자신도 잊었던 곳에서 진정한 신을 보는 것이다. [15] 위와 같은 상태에서는 천지가 다만 손가락 하나, [16] 만물이 나와 일체[17]이지만 앞에서 말

다. 그것은 또 생명을 닮았으나 생명은 아니고, 생명과 생명의 상이 하나가 된 형상이다'. 《신지학의 여섯 포인트》 제1 포인트, 제1장 7. 《뵈메 전집》 제6권, 4쪽.

12) 자연에는 핵(核)도 없고 껍질도 없다. 자연은 동시에 모든 것이다. '물론―물리학자에게(Allerdings-Dem Physiker)', 《괴테 전집》(함브르가판) 제10판, 제1권, 1974년 359쪽.

13) 천변 만화(千變萬化) : 갖가지로 변화하는 것.

14) 디아나 : 《사도행전》 19·23~41에 등장하는 에페소스의 은세공.

15) 마이스타 에카르트 《독일어 설교·논문집》 68~71쪽.

16) 손가락 하나(一指) : 구테이(俱胝) 선사의 일지(一指)라고 한다. 손가락 하나에 우주 전체를 도용한다는 선의 활작용(活作用)을 표현한 것. 일본 부슈(婺州)의 구데이 선사는, 어느 날 비구니의 물음에 답을 하지 못하였다. 마침 이때 덴류(天龍) 선사가 찾아왔기 때문에 같은 질문을 하자, 덴류는 손가락 하나를 세워 보였다. 그 자리에서 구데이는 깨달았다. 그 뒤, 구데이 선사는 교학에 힘쓰는 승려에게 따로 제창하는 일이 없고, 다만 손가락 하나만 세워 보였다 한다. 그리고 입적에 즈음하여, 나는 덴류의 손가락 끝 하나에서 득도하여 평생을 다 활용하였다는 말을 남겼다.

17) 만물이 나와 일체 : 천지 만물은 그대로 불성(佛性)의 표현이고, 자기의 본심과 다르지 않다는

한 것처럼, 한편에서 보면 실재 체계의 충돌에 의하여, 한편에서 보면 그 발전의 필연적 과정으로서 실재 체계의 분열을 가져오게 되는, 즉 이른바 반성이라는 것이 일어나지 않으면 안 된다. 이것에 따라 현실적이었던 것이 관념적이 되고 주체적이었던 것이 추상적이 되며, 일(一)이었던 것이 다(多)가 된다. 여기에서, 한편으로 신(神)이면 한편으로 세계이고, 한편으로 나[我]라면 한편으로 물(物)이고, 피차 상대하여 물물 상반(物物相反)하게 된다. 우리들의 조상이 지혜의 나무 열매를 먹고 신의 낙원에서 쫓겨났다고 하는 것도 이 진리를 의미하는 것이리라. 인간 조상의 타락은 아담·이브의 옛날뿐만 아니라, 지금도 우리들의 마음속에서 시시각각으로 이뤄지고 있는 것이다. 그러나 돌이켜 생각해 보면 분열이든 반성이든 따로 그런 작용이 있는 것은 아니다. 모두 이 통일의 반면(反面)인 분화작용의 발전에 지나지 않는 것이다. 분열이나 반성의 배후에는 더욱 심원한 통일의 가능성을 품고 있다, 반성은 깊은 통일에 이르는 길이다. 신은 그 가장 깊은 통일을 나타내기 위해서는 먼저 큰 분열을 하지 않으면 안 된다. 인간은 한편으로 보면 곧 신의 자각이다. 그리스도교의 전설을 원용하면, 아담의 타락이 있었기에 그리스도의 구원이 있고, 따라서 무한한 신의 사랑이 밝혀지게 된 것이다.

4. 자 그럼, 세계와 신(神)과의 관계를 위와 같이 생각함에 따라, 우리의 개인성은 어떻게 설명하여야 될까. 만물은 신의 표현이며 신만이 진실재(眞實在)라고 하면 우리의 개인성이라는 것은 허위의 가상(假想)이며, 거품처럼 전연 무의미한 것으로 생각하지 않으면 안 되는 것일까. 나는 반드시 그렇게 생각할 것까지는 없다고 생각한다. 본시, 신으로부터 떨어져 독립한 개인성이란 것은 없을 것이다. 그러나 이 때문에 우리의 개인성은 전연 허환(虛幻)하게 보아야 하는 것은 아니고, 도리어 신의 발전의 일부로 볼 수도 있는, 즉 그 분화작용의 하나로 볼 수도 있다. 모든 사람이 각자가 신으로부터 받은 사명을 가지고 태어났다고 하는 것처럼, 우리의 개인성은 신성(神性)이 분화된 것이다, 각자의 발전은 곧 신의 발전을 완성하는 것이다. 이 의미

뜻. 원래 《장자(莊子)》의 제물론(齊物論)편 16에 있는 '천지는 나와 더불어 생기고, 만물은 나와 하나이다'에서 유래한 말이다.

에서 우리의 개인성은 영구한 생명을 가지고, 영원한 발전을 이룬다고 할 수 있는 것이다(로이스의 영혼불멸론[18]을 보라). 신과 우리의 개인적 의식과의 관계는 의식의 전체와 그 부분과의 관계이다. 모든 정신현상에 있어서 각 부분은 전체의 통일 아래 서는 것과 동시에, 각자가 독립의 의식이 아니면 안 된다(정신현상에서는 각 부분이 end in itself[19]이다). 만물은 유일한 신의 표현이라는 것은, 반드시 각자의 자각적 독립을 부정할 것까지는 없다. 예를 들면, 우리의 시시각각의 의식은 개인적 통일 아래 있음과 동시에, 각자가 독립의 의식이라고 볼 수도 있는 것과 일반이다. 일링워스는 '하나의 인격은 반드시 다른 인격을 찾는다. 다른 인격에서 자기가 모든 인격의 만족을 얻는 것이다. 즉 사랑은 인격의 불가결한 특징이다'라고 말하였다(Illingworth, personality human and divine). [20] 다른 사람의 인격을 인정한다는 것은 곧 자기의 인격을 인정하는 것이다. 그리하여, 그렇게 각각이 서로 인격을 인정하는 관계는 곧 사랑이며 한편으로 보면 두 인격의 합일이다. 사랑으로 두 인격이 서로 존중하고 서로 독립하면서 더구나 합일하여 한 인격을 형성하는 것이다. 그렇게 생각하면 신은 무한한 사랑이므로, 모든 인격을 포함함과 동시에 모든 인격의 독립을 인정한다고 할 수 있다.

5. 다음으로, 만물은 신의 표현이다라고 한 범신론적 사상에 대한 비난은, 어떻게 해야 악의 근본을 설명할 수 있을까 하는 것이다. 내가 생각할 수 있

---

18) 로이스의 영혼불멸론 : 로이스는 《영혼불멸론》 가운데에서 다음과 같이 말하였다. '누구나 자기의 가장 깊숙이 가지고 있는 목적에 있어 이미 절대적 생명—거기에 모든 진리가 표현되어 있는—과 일치한 것이 아니면, 현재의 자기를 벗어난 진리를 찾아 구할 수는 없는 것이다. 그러나 한편, 신적인 목적과 유한한 목적과의 일치는, 어떤 의미에서 모든 유한한 삶에 있어 확실히 존재하고 있다. 왜냐하면 모든 생은 보편적인 의지의 표현이고, 또 그 의지와 가장 밀접한 관계에 있기 때문이다'. '우리들 유한한 존재자는, 저마다 신의 개인성과 목적이라는 특성을 나누어 가지고 있기 때문에, 서로의, 또 모든 가능적 존재자와의 차이에서, 개성적이고 개인적인 것이다. 우리는 우리의 다양성을 신과의 다양한 통일에서 얻고 있다'. 로이스 《영혼불멸론(The Conception of Immorality)》(1904), 120~121, 131쪽.

19) end in itself : 목적 그 자체.

20) 니시다는 원문을 꽤 자유롭게 의역하고 있다. 원문은 정확히는 '우리는 우리의 모든 인격이 거기에서 편안해지도록 할 수 있는 그런 존재 이유를 다른 사람들 속에서 찾으려고 한다. 그리고 그것이야말로 바로 사랑의 연결인 것이다'. 일링워스 《사람과 신의 인격》 38쪽.

는 것으로는 원래 절대적으로 악이라고 해야 되는 것은 없다. 물은 모두 그 본래에는 선이다. 실재는 곧 선이라고 하지 않으면 안 된다. 종교가는 입을 모아 육(肉)의 악을 주장하지만, 육욕이라고 해도 절대적으로 악인 것은 아니다. 다만 그 정신적 향상을 방해하는 데서 악이 되는 것이다. 또 진화론의 윤리학자가 말하듯이, 오늘날 우리가 죄악이라고 부르는 것도 어느 시대에서는 도덕이었던 것이다. 즉 과거 도덕의 유물이라고 할 수도 있다. 다만 지금 이 시대에 적합하지 않기 때문에 악이 되는 것이다. 그렇다면 물(物) 자체에 있어 본래 악이란 것이 있는 것은 아니다, 악은 실재 체계의 모순 충돌에서 일어나는 것이다. 그리하여 이 충돌이란 것은 무엇에서 일어나는가 하면, 이것은 실재의 분화작용에 근거한 것으로 실재 발전의 한 요건이다, 실재는 모순 충돌에 의하여 발전하는 것이다. 21) 메피스토펠레스22)가 항상 악을 구하는데 항상 선을 만드는 힘의 일부라고 스스로 자칭한 것처럼, 23) 악은 우주를 구성하는 한 요소라고 말해도 좋은 것이다. 원래 악은 우주의 통일 진보의 작용은 아니기 때문에, 그 자신에게 있어 목적으로 해야 되는 것이 아닌 것은 물론이다, 그러나 또 아무 죄악도 없고 아무 불만도 없이 평온 무사한 세계는 너무 평범하고 또 천박한 세계라고 하지 않으면 안 된다. 죄를 모르는 자는 진정한 신의 사랑을 알 수가 없다. 불만이 없고 고뇌가 없는 자는 깊은 정신적 취미를 이해할 수 없다. 죄악, 불만, 고뇌는 우리 인간의 정신적 향상의 요건이다, 그래서 참다운 종교가는 이런 것에서 신의 모순을 보지 않고 도리어 깊은 신의 은총을 느끼는 것이다. 이런 것이 있기 때문에 세계는 그만큼 불완전하게 되는 것이 아니라, 도리어 풍부하고 심원하게 되는 것이다. 혹시 이 세상에서 모조리 이런 것을 제거한다면, 정신적 향상의 길을 잃을 뿐만 아니라 얼마나 많은 아름다운 정신적 사업이 또 이와 함께 이 세상에서 사라져 가겠는가. 우주 전체상으로 생각하고 더구나 우주가 정신적 의의에 의하여 세워진 것이라고 한다면, 이런 것의 존재 때문에 아무런 불완

---

21) 제1편 2장 및 제2편 5장 참조.

22) 메피스토펠레스 : 파우스트 전설에 등장하는 악마. 파우스트를 유혹하여 혼을 파는 계약을 맺게 하고 그의 하인이 되어 그 모험을 돕는다. 괴테의 극시 《파우스트》는 이 전설을 제재로 한 것이다.

23) '항상 악을 구하는데, 더구나 선을 이루는, 그 힘의 일부분이다'. 괴테 《파우스트》 제1부 '서재(書齋)' (1), 《괴테전집》(함브르거판), 제3권, 1974, 47쪽.

전도 찾아낼 수 없다. 도리어 그 필요 불가결한 이유를 알 수 있는 것이다. 죄는 미워해야 된다, 그러나 회개한 죄만큼 세상에 아름다운 것은 없다. 나는 여기에서 오스칼 와일드[24]의 《옥중기》(De Profundis) 가운데 한 절을 상기하지 않을 수 없다. 그리스도는 죄인이야말로 인간의 완성에 가장 가까운 자로서 사랑하였다. 이상한 도적을 번거롭게 정직한 자로 바꾸는 것은 그의 목적이 아니었다. 그는 예전에 세상에 알려지지 않았던 방법으로 죄나 고뇌를 아름답고 신성한 것으로 하였다. 물론 죄인은 회개하지 않으면 안 된다. 그러나 이것이 그가 한 일을 완성하는 것이다. 그리스인은 자기의 과거를 바꿀 수 없는 것으로 생각하였다. 신도 과거는 바꾸지 못한다는 말도 있다. 그러나 그리스도는 가장 보통인 죄인도 이것을 능히 할 수 있다는 것을 보여주었다. 그전에 방탕한 자식이 무릎꿇고 울었을 때, 그는 그 과거의 죄악과 고뇌도 생애에서 가장 아름답고 신성한 때가 되는 것이라고 그리스도는 말하려 하였을 것이라 한다. 와일드는 죄인이었다. 그래서 죄의 본질을 잘 알았던 것이다.

---

24) 오스카 와일드(Oscar Wilde, 1854~1900) : 영국의 극작가, 소설가, 시인. 예술을 위한 예술을 신조로 삼은 탐미주의를 주창. 대표작으로는 《드리앙 글레이의 화상》, 《살로메》, 《행복한 왕자》 등.

제5장 지(知)와 사랑

이 한편은 이 책의 연결로 쓴 것은 아니다. 그러나, 이 책의 사상과 연관된다고 생각하기 때문에 여기에 덧붙이기로 하였다.

1. 지(知)와 사랑은 보통으로는 서로 전혀 다른 정신작용이라고 생각을 한다. 그러나, 나는 이 두 정신작용은 결코 다른 종류의 것이 아니라 본래 동일한 정신작용이라고 생각한다., 그렇다면 어떤 정신작용일까. 한마디로 말하면 주객 합일의 작용이다. 우리가 사물의 진상을 안다는 것은, 자기의 망상 억단[1] 즉 이른바 주관적인 것을 다 없애버리고 사물의 진상과 일치할 때, 즉 순객관(純客觀)에 일치할 때 비로소 이것을 잘하는 것이다. 예를 들면, 밝은 달의 거무스름한 데에 있는 토끼가 떡방아를 찧고 있는 것이라든가, 지진은 땅속에 있는 큰 메기가 꿈틀거리는 것이라고 하는 것은 주관적 망상이다. 그런데, 우리는 천문, 지질학에서 완전히 그런 주관적 망상을 버리고, 순객관적 자연법칙에 따라 연구해야, 여기에 비로소 이런 현상의 진상에 도달할 수 있는 것이다. 우리는 객관적이 되면 된 만큼 점점 사물의 진상을 잘 알 수 있다. 수천 년 이래 학문 발달의 역사는 우리 인간이 주관을 버리고 객관을 따라온 길을 보여준 것이다. 다음으로, 어째서 사랑은 주객 합일인가를 말하련다. 우리가 사물을 사랑한다는 것은, 자기를 버리고 다른 것에 일치하는 것을 말한다. 자타 합일, 그 사이에 한 점의 틈새도 없어야 비로서 참다운 애정이 생기는 것이다. 우리가 꽃을 사랑한다는 것은 자기가 꽃과 일치하는 것이다. 달을 사랑한다는 것은 달과 일치하는 것이다. 어버이가 자식이 되고 자식이 어버이가 되어야 여기에 비로소 부모자식의 애정이 생기는 것이다. 어버이가 자식이 되기 때문에 자식의 일리 일해(一利一害)는 자기의 이해같이 느껴지고, 자식이 어버이가 되기 때문에 어버이의 일희일비는 자기의 일희일비같이 느껴지는 것이다. 우리가 자기의 나를 버리고 순객관적 즉 무사(無私)가 되면 될수록 사랑은 커지고 깊어진다. 부모자식이

---

1) 망상 억단(妄想臆斷) : 망상이란, 근거없는 잘못된 판단에 의하여 만들어진 주관적인 신념이나 상상이고, 억단이란, 사물을 확고한 근거도 없이 추측에 의하여 판단하는 것이다.

나 부부의 사랑보다 친구의 사랑으로 발전하고, 친구의 사랑보다 인류의 사랑으로 발전한다. 부처의 사랑은 금수나 초목에까지 이르는 것이다.

2. 그와 같이 지(知)와 사랑과는 동일한 정신작용이다. 그래서, 사물을 알려면 이것을 사랑하지 않으면 안 되고, 사물을 사랑하는 것은 이것을 알지 않으면 안 된다. 수학자는 자기를 버리고 수리를 사랑하여 수리 그 자체와 일치하기 때문에, 수리를 잘 밝힐 수가 있는 것이다. 미술가는 아주 자연을 사랑하고 자연에 일치하여, 자기를 자연 속에 푹 빠지게 해야 비로소 자연의 참다움을 간파할 수 있는 것이다. 경우를 같이하고 사상 취미를 같이하며, 서로의 이해가 점점 깊어지면 그럴수록 정도 더 아기자기하게 되는 것이다. 그러나 사랑은 지의 결과, 지는 사랑의 결과라고 하듯이 이 두 작용을 나누어 생각하면 아직 사랑과 지의 참모습을 터득한 것이 아니다. 지는 사랑, 사랑은 지이다.[2] 이를테면, 우리가 자기의 좋아하는 것에 열중할 때는 거의 무의식적이다. 자기를 잊고, 오직 자기 이상의 불가사의한 힘이 홀로 당당하게 작용한다. 이 때가 주(主)도 없고 객(客)도 없는, 진정한 주객의 합일이다. 이때가 지는 곧 사랑이고 사랑은 곧 지이다. 수리의 묘미에 마음을 빼앗겨 침식도 잊고 이것에 열중할 때, 나는 수리를 앎과 동시에 이것을 사랑하고 있는 것이다. 우리가 다른 사람의 기쁨과 걱정에 대하여 전혀 너나없이, 남이 느낀 것을 바로 자기가 느끼고, 함께 웃고 함께 우는, 이때에 나는 남을 사랑하고 이것을 알게 되는 것이다. 사랑은 남의 감정을 직각하는 것이다. 못에 빠지려고 하는 어린아이를 구하려고 할 때 귀엽다는 생각조차 일어날 여유가 없다.

3. 보통으로는 사랑은 감정이고 순수한 지식과 구별하지 않으면 안 된다고 한다. 그러나, 사실상의 정신현상에는 순 지식이라는 것도 없고 순 감정이라

---

2) 지(知)는 사랑, 사랑은 지이다 : 지가 사랑의 원인이고 사랑이 지의 결과인 것도 아니고, 반대로 또 사랑이 지의 원인이고 지가 사랑의 결과인 것도 아니다. 지가 곧 사랑이고, 사랑이 곧 지이라, 둘을 갈라놓을 수가 없다. 어느 것이나 주관과 객관의 합일 작용이고, 자기와 사물의 일치 작용이다. 이 작용을 지식적 측면에서 본 것이 지이고, 감성적 측면에서 본 것이 사랑이다. 그러나 다음에 보는 것처럼, 니시다는 이 지와 사랑을 비인격적 대상에 대한 지식과 인격적 대상에 대한 지식으로 구별하고 있다.

는 것도 없다. [3] 그와 같은 구별은 심리학자가 학문상의 편의를 위하여 만든 추상적 개념에 불과하다. 학리(學理)의 연구가 일종의 감정에 의하여 유지되지 않으면 안 되는 것처럼, 남을 사랑하려면 일종의 직감이 바탕이 되지 않으면 안 된다. 나의 생각을 가지고 보면, 보통의 지란 비인격적 대상의 지식이다. 설사 대상이 인격적이라 해도 이것을 비인격적으로 볼 때의 지식이다. 이에 반하여, 사랑이란 인격적 대상의 지식이다. 설사 대상이 비인격적이라 하여도 이것을 인격적으로 볼 때의 지식이다. 양자의 차이는 정신작용 그 자체에 있는 것이 아니라, 오히려 대상의 종류에 따른다고 해도 된다. 그래서 옛날부터 수많은 학자 철인이 말하였듯이, 우주 실재의 본체는 인격적인 것이라 한다면, 사랑의 실재는 본체를 포착하는 힘이다. 사물의 가장 깊은 지식이다. 분석 추론의 지식은 사물의 표면적 지식이고 실재 그 자체를 포착할 수는 없다. 우리는 오직 사랑에 의해서만 이것에 도달할 수가 있다. 사랑은 지의 극치이다. [4]

4. 이상, 지와 사랑과의 관계를 조금 말하였으니까, 이제 이것을 종교상의 일에 적용시켜 생각해 보자. 주관은 자력(自力)이다, 객관은 타력(他力)이다. [5] 우리가 사물을 알고 사물을 사랑한다는 것은 자력을 버리고 타력의 신심(信心)에 들어가는 것을 뜻한다. 인간 일생의 일이 지와 사랑밖에 없는 것이라면, 우리는 날마다 타력 신심 위에서 움직이고 있는 것이다. 학문도 도덕도 모두 부처의 광명이고, 종교라는 것은 이 작용의 극치이다. 학문이나 도덕은 개개의 차별적 현상[6] 위에서 이 타력의 광명을 쬐지만, 종교는 우주

---

3) '사실상의 정신현상에는 ……순 감정이라는 것도 없다' : 보통 우리는 우리의 정신현상을 지정의(知情意)로 나누지만, 이것은 편의상의 것이고, 전연 감정적 요소를 포함하지 않은 지식이라는 것도 없으며, 전연 지식적 요소를 포함하지 않은 감정이라는 것도 없다.
4) '사랑은 지의 극치이다' : 지가 비 인격적 대상에 대한 지식이고, 사랑이 인격적 대상에 대한 지식이라고 하며, 더욱이 우주의 본체가 인격적인 것이라고 한다면, 사랑은 궁극적인 지이고, 지의 극치라고 하는 것이 된다.
5) '주관은 자력(自力)이다, 객관은 타력(他力)이다' : 원래, 주관과 객관은 세계의 두 측면 내지는 요소를 말하기 때문에, 주관은 자력이고 객관은 타력이라는 표현은 적절하지 않다. 여기에서는 주관이라는 말로써, 주관주의적 입장 즉 주관적인 작용이나 기준을 가지고 사물을 다루려고 하는 입장을, 또 객관이라는 말로써 객관적인 작용이나 기준을 가지고 사물을 다루려고 하는 입장을 생각하고 있는 것같이 생각된다.

전체 위에서 절대 무한의 부처 그 자체에 접하는 것이다. '아버지, 아버지께서는 하시고자만 하시면 무엇이든 하실 수 있으시니 이 잔을 저에게서 거두어 주소서. 그러나 제 뜻대로 마시고 아버지의 뜻대로 하소서'[7]라든가, '염불은 정토(淨土)에서 생긴 씨앗인지, 아니면 지옥으로 떨어지는 업인지, 나는 전혀 알지 못한다[8]라는 말이 종교의 핵심이다. 그래서, 이 절대 무한의 부처나 신을 아는 것을 오직 이것을 사랑해야만 될 수 있는 일이다. 이것을 사랑하는 것이 곧 이것을 아는 것이다. 인도의 베다[9]교나 신 플라톤학파[10]나 불교의 성도문(聖道門)[11]은 이것을 안다 하고, 그리스도교나 정토종[12]은 이것을 사랑한다 하며, 또는 이것에 따른다고 한다. 각기 그 특색이 없는 것은 아니지만 그 본질에 있어서는 동일하다. 신은 분석이나 추론에 의해 알 수 있는 것이 아니다. 실재의 본질이 인격적인 것이라고 한다면, 신은 가장 인격적인 것이다. 우리가 신을 안다는 것은 오직 사랑이나 믿음의 직각에 의하여 알 수 있는 것이다. 그러므로, 나는 신을 모르고 다만 신을 사랑하고 믿는다는 사람이, 가장 신을 잘 아는 사람이다.

---

6) 차별적 현상 : 다른 영역이나 세계라는 정도의 의미일 것이다.

7) 《마태오 복음서》 26·39, 《마르코의 복음서》 14·36, 《루가의 복음서》 21·42.

8) 《탄이초(歎異抄)》 2에 나오는 말.

9) 베다 : 고대 인도 바라문교의 기본 성전. 베다란 지식이라는 뜻으로, 특히 종교 제례에 관한 지식을 가리킨다.

10) 신 플라톤학파 : 3세기 무렵부터 8세기까지 번성한 그리스철학 최후의 학파. 그 이름이 보여 주는 것처럼 플라톤의 철학을 계승한 것인데, 아리스토텔레스, 스토아학파, 신 피타고라스학파의 용어나 학설의 일부도 들여왔다. 그 대표자로서는 플로티노스(Plōtinos 205 무렵~270 무렵)를 말할 수 있다.

11) 성도문(聖道門) : 자력(自力)에 의하여 깨달음을 완성시키려고 하는 교문(敎門). 정토교의 입장에서 그 이외의 불교를 칭한 말. 특히 천태종이나 진언종을 가리킨다.

12) 정토종(淨土宗) : 정토 3부경에 의거하고, 호넨(法念)을 종조(宗祖)로 하는 일본 불교의 대표적인 한 종파. 타력 염불에 의하여 정토에 왕생하는 것을 목적으로 한다.

앤솔러지

니시다 기타로

장소

위에서 말한 것에서, 나는 예지적 실재와 자유의지와의 차별 및 관계의 문제에 언급하였는데, 자유를 상태로 하는 예지적 실재와 자유의지와는 어떤 관계에 서는가. 자유의지의 주체라고 하는 것이 최고의 주체로도 생각될 수 있겠지만, 의지의 자유란 행위의 자유를 의미하며, 행위의 자유라는 것이 조금이라도 작용과의 관계에서 생각되는 것이 있다면, 아직 완전히 대립적 유무의 장소를 초월할 수는 없다. 우리는 언제나 무의 장소에서 의식작용에 들어맞게, 자유의지를 의식하는 것이다. 또 이 입장을 넘어서 진정한 무의 장소에 들어갈 때, 자유의지 같은 것도 없애버리지 않으면 안 된다. 내재적이면서 즉 초월적인 성질은 물체의 속성과 힘의 결과가 아니라, 힘이나 물체는 성질의 속성이 아니면 안 되며, 물체나 힘이 주체가 아니고 성질이 물체나 힘의 주체가 되지 않으면 안 된다. 진정한 무의 공간에서 그려진 한 점 한 획도 살아 있는 실재이다. 그렇게 하여 비로소 구성적 범주의 세계 배후에서의 반성적 범주의 대상계를 이해할 수 있는 것이다. 이와 같은 것을 예지적 실재로 생각한다면, 그것은 단지 작용하는 것이 아니라 보는 것이 아니면 안 된다. 빛깔이 빛깔 자신을 보는 것이 빛깔의 발전이고, 자연이 자연 자신을 보는 것이 자연의 운행이 되지 않으면 안 된다. 예지적 성격은 감각의 밖에서 이것을 통일하는 것이 아니라 감각 안에서가 아니면 안 된다. 감각 깊숙이에 번뜩이는 것이 아니면 안 된다. 그렇지 않으면 생각되던 인격에 불과하다. 그것은 느끼는 이성이 아니면 안 된다. 대립적 무의 장소인 의식의 입장에서는 그것은 물체의 공간에서와 같이 단지 존재로 볼 수 있다. 그래서 물체가 힘을 가졌다고 생각되는 것처럼 예지적 실재는 다시 의지를 갖는다고 생각할 수 있다.

공간에서의 물체는 내재적인 것의 배후로 생각되는 초월자이다. 성질적인 것을 주어로 하여 이것을 합리화할 때, 공간은 합리화의 수단이 된다. 모든 나타나는 것은 공간에서 나타나는 것이다. 공간이 내재적 장소로 된다. 공간적이란 것이 물체의 일반적 성질로서 모두 일반개념 속에 포섭되는 것이다. 공간적 직각 위에 설 때 성질적인 것은 비합리적인 것으로서 초월적 근거를 갖는 것이 아니면 안 된다. 원래, 성질적인 것의 근저에는, 베르그송이 순수 지속에 의하여 밝힌 것처럼 무한히 깊은 것이다. 그래서 그런 성질적인 것의 근저가 깊게 보이는 것은, 진정한 무의 장소에서 직접의 존재는 순수 성질이라고도 해야 되는 것을 의미한다. 공간이라는 한정된 장소로부터 치면, 어디까지나 양화(量化)할 수가 없는 초월적인 것이라고 말할 수밖에 없다. 그러나 그런 초월적인 것을 내재화하려고 하는 요구로부터 힘의 생각이 나온다. 우리는 한결 더 직각을 깊게 해 가는 것이다. 직각을 깊게 한다는 것은 진정한 무의 장소에 접근하여 가는 것이다. 현상학적으로 말하면, 작용의 기초를 만들어 간다고 하겠지만 작용은 '작용의 작용' 위에서 기초가 만들어지는 것이다. 그래서 작용의 작용은 진정한 무의 장소가 아니면 안 된다. 이것을 비합리적인 것을 합리화한다고 할 수 있을 것이다. 주어가 되어 술어로 된 적이 없는 주체가 술어화되어 가는 것이다. 여기에서 특히 장소라고 생각되는 공간은 어떤 지위를 차지할까. 성질적인 것, 자기에게 초월적인 것을 자기의 안으로 들여오려고 할 때, 공간 그것이 성질적인 것이 되지 않으면 안 된다. 공간은 힘의 장이 되지 않으면 안 된다. 공허한 공간은 힘을 가지고 채워지게 되는 것이다. 빛깔도 없고 소리도 없는 공간이 모든 것을 품은 일반자가 되고, 빛깔이나 소리는 공간의 변화에서 생긴다고 생각하게 된다. 힘이라는 것은 장소가 이것에서 어떤 것을 내면적으로 포섭하려고 하는 과정에서 나타나는 하나의 형상이다. 이 때문에 판단이나 의지와 동일한 의의를 가지고 있다. 물리적 공간은 어디까지나 감각적이 아니면 안 된다. 감각성을 떠나면 물리적 공간은 없고, 단지 기하학적 공간이 된다. 그래서 힘은 역시 수학적 규범이 될 수밖에 없다. 감각의 배후로 생각되는 초월적인 주체가, 무한대까지 늘려 뻗어감으로써, 전에 다만 장소로 여기던 공간과 합일한 힘의 장이 되는 것이다. 비합리적인 것을 속에 품은 의지의 입장에서 말하면, 이와 같은 장소는 이미 의지의 입장이라고 할 수 있을 것이다. 이 때문에 힘의 개념은 의지의 대상화에 의하여 생긴다. 물체의 밑바닥에 의지를 넣어 봄으로써 생긴다고 생각하는 것이다. 무인 의식의 장소와, 이것에서 어떤 유의 장소와의 불 합일이 힘의 장소를 생기게 한다. 유의 장소로부터 진정한 무의 장소로 가는 추이에 따라 힘의 세계가 성립하는 것이다. 있는 것의 장소로 되는 것이 역시 한정된 유인 한, 우리는 힘이라는 것을 볼 수 없다. 예를 들면 물체라는 것을 생각하는 경우, 우리는 무엇인가 성질적인 것을 기초로 하여, 이것에 다른 성질적인 것을 쌓는 것이다. 촉각 근각(筋覺)이라는 것이 먼저 이와 같은 기초로서 선택되는 것이다. 물체라는 것이 생각되는 데는, 어디까지 가도 그런 기초가 되는 것을 제거할 수는 없다. 초월적인 물체라는 생각은, 도리어 내재적 성질을 한정하여 이것에 다른 성질을 담으려고 하는 데서 생기는 것이다. 한정된 장소 중에, 장소 바깥 것을 들여오려고 하는 데서 생기는 일이다. 그런 의미에서는, 물체를 생각하는 경우라도, 판단은 자기 안에서 자기를 초월한다는 것이 될 수 있다. 이처럼 주체가 되는 성질을 어디까지나 밀고 나간다면, 결국 가장 일반적인 감각적 성실로 된다. 물질의 개념은 그렇게 성립하는 것이다. 물질은 직접으로 지각해서는 안 되는 것으로 생각되지만, 그것은 특수한 지각대상은 아니라는 것에 불과하다. 지각의 수평선을 넘으면 물질이라는 것은 없다. 특수한 성질의 배후에 어디까지나 일반적인 것을 보아 간다는 것은, 이것을 일반화하여 간다는 것이고, 그 최후에 있어 일반적인 것이 나의 이른바 장소가 된다. 지각이란 직접적으로 한정된 것을 의식하는 것이라고 생각하는 것처럼, 한정된 장소의 의의는 최후까지 벗어날 수는 없다. 무의 장소에서 유의 장소의 한정이라는 것은, 지각이라는 것이 아니면 안 된다. 그래서 한정된 유의 장소, 즉 지각의 범주에 머무르는 동안은, 힘의 세계를 볼 수 없다. 한정된 성질의 일반개념 가운데서는, 다만 서로 다른 것, 상반되는 것을 볼 따름이다. 힘의 세계를 보려고 하면, 그런 한정된 일반개념을 깨고, 그 밖으로 나아가지 않으면 안 된다. 상반된 세계로부터 모순의 세계로 나아가야 되는 것이다. 이 회전의 한 점이야말로 가장 주의해야 된다. 모순적 통일의 대상계를 생각하는 데는, 그 근저에 직각이 없으면 안 된다. 수학적 진리 같은 것의 근저에 일종의 직각이 있는 것은 누구나 인정하겠지만, 이것을 빛깔이나 소리 같은 소위 감각적 직각과는 같다고 생각하지는 않는다. 그러나 모든 판단의 근저에 일반적인 것이 있다고 한다면, 빛깔이나 소리에 대한 판단도 일반자의 직각에 근거해서 성립하는 것이다. 감각적인 것의 지식의 근저에서의 일반자와, 이른바 선험적 진리의 근저에서의 일반자와는 어떻게 다른가. 모순관계에 선 진리를 보려면, 우리는 소위 일반개념의 밖으로 나가서 이것을 보지 않으면 안 된다. 소위 일반적인 것이 보일 수 있다는 것이, 선험적 지식이 성립되는 까닭이다. 이것에 의하여 우리는 그와 같이 하지 않으면 안 된다. 그렇지 않으면 지식을 성립되게 하지 못한다고 말할 수 있는 것이다. 이미 일반개념의 밖으로 나가면서, 어떻게 해야 다시 판단의 근저가 되는 일반적인 것을 볼 수 있게 될 것인가. 일반개념의 밖으로 나간다는 것은 일반개념이 상실된 것은 아니다. 도리어 깊이 그 속 밑바닥을 철저히 하는 것이다. 한정된 유의 장소에서, 그 근본인 진정한 무의 장소에 이르는 것이다. 유의 장소 그 자체를 무의 장소로 보는 것이다. 유 그 자체를 무로 보는 것이다. 그래서 우리는 이제까지 유이던 장소 안에, 무의 내용을 담을 수가 있다. 서로 다른 관계에 있었던 것 가운데 모순의 관계를 볼 수가 있다. 성질적인 것 가운데 작용하는 것을 볼 수가 있는 것이다. 우리가 보는 지각적 공간은 바로 선험적 공간은 아니다. 그러나 그것은 선험적 공간에서의 어떤 것이다. 그래서 선험적 공간의 배후는 진정한 무가 아니면 안 된다. 무의 장소에서 있다고 하는 것이, 의식을 의미하기 때문에, 그것은 선험적 의식에서 있다고 말할 수 있다. 그러므로 일반개념 밖으로 나간다는 것은, 도리어 이것에 의해 진정으로 일반적인 것을 보는 것이다. 선험적 공간이라고 하는 것은, 이처럼 일반자를 표현한 말이다. 이와 같은 입장에서 본다고 하는 것은, 단지 적어가는 것이 아니고, 구성하는 것이다. 진정한 직각은 무의 장소에서 본다는 것이어야 된다. 여기에 이르러 직각은 그 충실한 극한에 도달한 대상과 합일하였다고 할 수 있는 것이다. 위와 같은 극치에 도달하지 못한 동안은, 지식은 단지 적는 것 이상으로 나갈 수는 없다. 현상학적 입장이라 하더라도, 의식은 아직 대립적 무의 장소를 벗어나지 못한 것이다. 생각하던 일반개념의 밖으로 나갈 수가 없는 것이다. 현상학자의 작용이라는 것은, 일반개념의 울타리에 의해 둘러싸인 작용이다. 대상의 한 범위라고 하는 것밖에 되지 않는다. 그러므로 안에서 대상의 구성을 볼 수가 없고, 밖에서 작용과 작용과의 관계를 보지도 못한다. 작용 그 자체의 충실이라고 하는 것은 현상학의 입장에서 나타나지 않는 것이다. 아리스토텔레스는 감각이란 봉랍(封蠟)처럼, 질료(質料)를 떠난 형상을 받아들인 것이라고 하지만 질료없는 형상을 받아들이는 것은 형상도 없는 것이 아니면 안 된다. 그렇게 받아들인다든가, 비친다든가 하는 것이, 어떤 의미에서 작용을 의미한다면, 그것은 작용하는 것이 없이 작용하고, 비치는 것이 없이 비친다는 것이 되지 않으면 안 된다. 비쳐진 것을 형상이라고 한다면, 그것은 완전히 형상없는 수수한 질료라고 생각해야 될 것이다. 이에 반하여 비쳐진 형상을 특수한 것으로서 질료로 생각한다면, 그것은 형상의 형상으로서 순수한 형상으로 생각할 수도 있을 것이다. 그런 경우에, 우리는 곧 비치는 것과 비쳐지는 것을 하나로 생각하는데, 그 하나란 어떤 것을 의미하는 것일까. 그 하나란 양자의 배후에서 양자를 결합한다는 것은 아니다. 양자가 함께 내재적이며, 더구나 동일한 장소에서 서로 겹쳐지게 되지 않으면 안 된다. 이와 같은 생각은 소박한 것 같지만, 여러 가지 소리가 하나의 청각적 의식의 면에서 결합하고, 각각의 소리가 자기자신을 유지하면서도, 그 위에 일종의 음조가 성립하는 것과 마찬가지이다. 브렌타노가 '감관 심리학'에서 말한 것처럼 현상적으로 결합하는 것이다. 오직, 우리는 감각에는 의식의 면을 생각하지만, 사유에는 이것을 인정하지 않으니까, 사유의 장소에서 서로 겹쳐진다는 말이 일종의 비유같이 생각되는 것이다. 그러나 우리의 사유의 근저에 하나의 직각이 있다고 한다면, 감각이나 지각과 같이 사유의 분야라는 것을 생각하지 않으면 안 된다. 그렇지 않으면 현상학자의 직각적 내용의 충실한 진행이라는 것은 생각할 수 없다. 우리는 도리어 물체가 서로 겹친다고 하는 것을, 그 하나의 경우로 생각할 수 있을 것이다. 사유의 분야에서 서로 겹친다고 하는 것은, 일반적인 것을 장소로서, 그 위에 특수한 것이 포개지는 것이다. 청각의 경우에는, 낱낱의 소리의 집단을 기초로 하여, 여기에 음조가 가해진다고 생각할 수도 있을 것이다. 그러나 진정한 구체적 지각에서는, 낱낱의 소리가 하나의 음조의 요소로서 성립한다. 즉 여기에 있다고 생각할 수도 있을 것이다. 공간에서는, 하나의 공간에 동시에 두 물체가 존재할 수는 없지만, 의식의 장소에는, 무한히 포개질 수 있는 것이다. 우리는 한없이 일반개념에 의하여 한정된 장소를 넘어서 갈 수 있는 것이다. 우리가 개개의 소리를 의식할 때 개개의 소리는 지각의 장소에 있다. 게다가 음조라는 것이 의식될 때 음조도 역시 동일한 의식의 장소에 있다. 각각 소리가 요소이며, 음조는 이것으로부터 구성되어 있다고 하는 것은, 우리 사유의 결과이고, 지각 그 자체에서 개개의 소리는 음조에 있는 것이다. 그러나 음조도 역시 하나의 요소로서, 또 다른 지각에서 있을 수 있는 것이다. 소리나 빛깔이나 하나의 지각 분야에 있다고 말할 수가 있다. 그래서 지각의 분야를 어디까지나 깊게 하여 가면, 아리스토텔레스의 소위 공통감각(sensus communus)과 같은 것에 도달하지 않으면 안 되는, 그것은 다만 특수한 감각적 내용을 분별하는 것이다. 분별한다고 하면, 바로 판단작용을 생각하게 되지만, 판단작용 같은 감각을 떠난 것은 아닌, 감각에 부착하여 이것을 식별하는 것이다. 이와 같은 것을 나는 장소로서의 일반개념으로 생각하는 것이다. 왜냐하면, 이른바 일반개념이란 이와 같은 장소가, 또 무한히 깊은 무의 장소에 비쳐진 영상이기 때문이다. 지각이 충실해진다는 것은, 이와 같은 장소로서의 일반자가 자기자신을 충실하게 하는 것이다. 그 목적지가 무한하며, 무한히 자기를 충실하게 하여 가기 때문에 작용으로 생각될 수 있다. 그래서 그 한없는 목적지는 지향적 대상(Intentionale Gegenstände)으로서 이것에 포함된다고 생각되는 것이다. 그러나 실은 이것에 포함되는 것이 아니고, 이와 같이 무한히 깊은 장소에서 있다는 것을 의미하는 것이다. 직각이라는 것도, 그런 장소가 무한히 깊은 무임을 의미하는 것이나 다름없다. 그렇게 그 밑바닥이 무한히 무이기 때문에, 의식에서는, 요소라고 생각되는 것을 그대로, 그 위에 전체가 성립하는 것이다. 현상학파에 있어 작용 위에 작용을 기초만들기로 확고히 한다고 하지만, 작용과 작용을 결합하는 것은, 이른바 기초만들기의 작용이 아니고, 나의 소위 '작용의 작용' 같은 것이 아니면 안 된다. 이 장소에서 작용은 이미 의지의 성질을 품고 있는 것이다. 작용과 작용과의 결합은 이면에 있어서는 의지라고 말해도 좋다. 그러나 의지가 곧 작용과 작용을 결합하는 것은 아니다. 의지도 이 장소에서 보여진 것의, 이 장소에 비쳐진 영상에 불과하다. 의지도 아직 일반개념은 떠날 수는 없다. 한정된 장소를 벗어날 수는 없다. 직각은 의지의 장소도 넘어서 깊이 무의 근저에 도달해 있다. 일반 중에 특수를 포섭하여 가는 것이 지식이고, 특수 중에 일반을 포섭하는 것이 의지이며, 이 두 방면의 통일이 직관이다. 특수 중에 일반을 포섭한다는 것은 배리인 것 같지만, 주어가 되어 술어가 된 적이 없는 본체와 같은 것이라고 생각될 때, 이미 이 의미가 포함되어 있지 않으면 안 된다. 현상학에서 지각이 충실해 간다는 것도, 이 방면을 향하여 나아가는 것이다. 이 방면에서는 기초만드는 작용도, 기초가 만들어진 작용도, 하나의 직각 권내로 들어가는, 즉 함께 무의 장소에 있는 것이다. 직각에 범위는 없다. 직각이라는 작용을 한정할 때, 이미 일반개념에 의하여 직각의 장소를 한정하고 있는 것이다. 현상학자가 지각작용으로 산다고 할 때, 이미 범주적 직각도 포함되어 있지 않으면 안 된다. 나의 전체가 거기에 있는 것이다. 나는 이것을 무의 장소에 있다고 말하고 싶다. 그러므로 지각적 경험을 주어로, 이른바 경험계가 성립하는 것이다. 지각작용으로서 한정된 직각은, 이미 사유에 의하여 한정된 직각이다. 우리가 지각으로 산다고 할 때, 지각은 사유 위에 겹쳐지는 것이다. 지각적인 것이 그 밑바닥의 장소에 비친 것이, 그 일반개념이 된다. 우리가 지각적 개념이라는 것을 한정하여 볼 수 있는 것은, 어떤 하나의 의식작용이 어떤 한 점에서 시작하여, 다시 원점으로 돌아오는 것이 가능하다고 생각되기 때문이다. 하나의 평면에서는, 어떤 한 점으로부터 무한한 끝을 돌더라도 역시 원점으로 돌아올 수 있어야 되는 것이다. 혹은 이것을 하나의 의식면이 그 자체 안에 중심을 가졌다고도 할 수 있을까. 무한한 차원의 공간이라고도 생각해야 될 진정한 무의 장소에서, 이와 같은 한 평면을 한정하는 것은 하나의 일반개념이 아니면 안 된다. 지각의 의식면을 한정하는 경계선을 이루는 것은 지각 일반의 개념이 아니면 안 된다. 지각적 직각이라는 것은 그렇게 한정된 장소이다. 우리가 지각적 직각에 있다고 생각할 때, 우리는 일반개념에 의하여 한정된 직각에서 있는 것이다. 한정된 장소에서 있는 것이다. 일반개념은 그런 의식면의 경계선을 이루기 때문에, 한편으로 한정된 장소의 의의를 가짐과 동시에, 한편으로는 자기자신을 한정하는 장소의 의의를 가지고 있는 것이다. 내가 전에 일반개념의 밖으로 나간다고 말한 것은, 일반개념을 떠나는 것은 아니다. 또 이것에 의해 일반개념이 사라지는 것도 아니다. 한정된 장소에서 한정된 장소로 가는 것이다. 대립적 무의 장소, 즉 다만 비쳐진 거울에서, 진정한 무의 장소, 즉 비치는 거울로 바뀌는 것이다. 이와 같은 거울은 밖에서 가져온 것이 아니다. 원래 그 밑바닥에 있었던 것이다. 우리가 참으로 지각작용으로 산다고 할 때, 우리는 진정으로 무의 장소에 있는 것이다. 거울과 거울이 한없이 포개지는 것이다. 그러므로 우리는 이른바 지각의 속에 예술적 내용까지도 볼 수가 있다. 원래 지각의 의식과 판단의 의식이 떨어져 있는 것은 아니다. 판단의 의식이란 특수한 것이 일반적인 것에 있어 있다고 하는 것이라면, 지각적 의식면이란 특수한 것의 장소에 불과하다. 그래서 특수한 것은 소어적(小語的) 개념에 의하여 한정되어 있는 것이다. 지각적 의식면이라는 것은, 빛깔이나 소리 같은 이른바 감각의 내용으로 정해지는 것이 아니라, 일반의 것에 대한 특수성에 의해 정해지는 것이다. 물체의 크고작은 형상은 개념적으로 생각할 수도 있지만, 지각적으로 볼 수도 있다. 이에 반하여 개념적인 것이라도, 그것이 판단의 주어로서 주어질 때, 지각성을 갖는다고 할 수 있다. 혹은 지각의 밑바닥에는, 개념적 분석을 받아들이지 않는 무한히 깊은 것이 있다고 할 것이다. 나도 그것을 인정하지만, 그런 것의 배후에 개념을 넣어 보는 한, 지각이라고 할 수 있는 것이다. 직각을 개념의 반사경에 비쳐보는 한, 그것이 지각이 된다. 참으로 개념을 초월한 것은, 이미 지식은 아니다. 지각을 예술적 직관 같은 것과 구별하여, 이것을 지식이라고 생각하는 한, 그것은 직각 자체는 아니다. 우리는 수학자의 소위 연속 같은 것을 볼 수는 없다. 더구나 지각의 배후에 개념을 초월한 무엇인가를 본다고 생각하는 것은 예술적 내용과 같은 것이 아니면 안 된다. 베르그송의 이른바 오직 이것과 함께 삶으로써 알 수 있는 내용이다. 지각은 개념면을 가지고 직관을 끊는 데에 성립하는 것이다. 후설의 말처럼, 지각의 수평면은 어디까지나 멀리 퍼질 것이다. 그러나 그것은 개념적 사유와 평행하여 퍼지는 것이다. 이것을 넘어서 퍼지는 것은 아니다. 어디까지나 이것에 의하여 둘러싸여 있는 것이다. 무는 어디까지나 유를 뒷받침하고 있다. 술어는 주어를 싸고 있다. 그 궁극적인 데에 이르러, 주어면을 술어면 속으로 몰입하는 것이다. 유는 무 속에 빠져 사라지는 것이다. 이 회전한 곳에 범주적 직각이 성립한다. 칸트의 의식 일반도, 그런 의미에서 무의 장소이다. 그런 회전을 나는 일반개념에 의하여 한정된 장소 밖으로 나간다고 하는 것이다. 소어에서 대어(大語)로 옮겨가는 것이다. 여기에서 술어적인 것이 주체가 된다고 생각할 수 있다. 이제까지 유였던 주어면을 그대로 술어면에 몰입하기 때문에, 특수한 것 속에 일반적인 것을 포섭한다는 의지의 의미를 품게 되는 것이다.

일반개념이란 어떤 것인가. 일반개념이란 특수개념에 대립하여 생각되는 것이지만, 특수와 일반과의 관계에는, 판단의식이라는 것을 생각하지 않으면 안 된다. 판단이란 일반 속에 특수를 포섭하는 것이다. 그러나 특수개념은 더욱더 특수한 것에 대하여, 일반개념이 되지 않으면 안 된다. 추론식에서 중간에서 맺어주는 매어(媒語)가 그런 위치를 차지하는 것이다. 논리적 지식이란, 이처럼 무한한 과정으로 생각되지만, 어딘가에 일반개념이라는 것이 한정되어 있는 한, 논리적 지식이 성립하는 것이다. 그렇다면, 그런 일반개념을 한정하는 것은 무엇인가. 최고의 일반개념은 어디까지나 일반적인 것이 아니면 안 된다. 어떤 의미에서나 특수한 내용을 초월한 것이 아니면 안 된다. 그래서 이처럼 모든 특수한 내용을 초월한 것은 무와 같은 유가 아니면 안 된다. 참으로 일반적인 것은 유무를 초월하고 더욱이 이것을 안으로 싸는 것, 즉 자기에게 모순되는 것이 아니면 안 된다. 추론식에서의 매어는 한편에서 보면 크고작은 두 말의 중간에 있는 것으로 보이지만, 깊은 의미에서는 이미 이 위치에 있는 것이 아니면 안 된다. 단지 지식의 입에서 말하면, 그것은 생각해서는 안 되는 것이기도 할 것이다. 그렇다면, 모순의 의식은 무엇으로 성립하는 것인가. 논리적으로는, 그것은 오직 모순에 의해 전개하여 가는 헤겔의 이른바 개념 같은 것을 생각할 수밖에 없을 것이다. 그러나 논리적 모순 자체를 비치는 것은 무엇일까. 그것은 또 논리적인 것일 수는 없다. 한편 논리적인 것을 초월한다고 할 때, 모순 자체를 보는 것이 없으면 안 된다. 무한한 모순을 내용으로 하는 것이 없으면 안 된다. 나는 이런 입장을 의지의 입장이라고 생각하는 것이다. 논리적 모순을 초월하고 더욱이 이것을 안으로 감싸는 것이, 우리의 의지의 의식이다. 추론식에 대하여 말하면, 매어가 일반자로 되는 것이다. 추론식에서도, 매어가 주요한 위치를 차지하고 있다. 매어가 다만 큰 말 중에 포함된다고 하면, 추론식도 판단의 연결에 불과하다. 적어도 추론식이 판단 이상의 구체적 진리를 나타내는 것으로 생각한다면, 매어가 통일적 원리의 의의를 포함하여, 대어(大語)·소어도 이것에 있는 것이다. 양자는 그 양 끝이라고 생각해야 한다. 매어는 이 경우에, 나의 이른바 의식의 장소의 의의를 가져온다. 추론식에서 우리는 이미 판단의 입장에서 의지의 입장으로의 추이를 보는 것이다. 판단에서, 우리는 일반에서 특수로 가는데, 의지에서는 우리가 특수에서 일반으로 간다. 귀납법에서 이미 의지의 입장이 가하여져 있는 것이다. 사실적 판단에 있어서는, 특수한 것이 판단의 주어가 된다. 특수한 것에 의하여 객관적 진리가 세워진다. 특수한 것 중에 판단의 근저가 되는 일반적인 것이 포함되어 있지 않으면 안 된다. 그런 일반자는 다만 포섭 판단의 대어로 생각되는 일반자와는 다른 것이 아니면 안 된다. 사실적 판단은 논리적으로 모순없이 부정할 수 있다고 생각되는 것처럼, 그 근저에는 이른바 논리적 통일자를 넘어서 자유로운 것이 아니면 안 된다. 내가 이것에 의지의 입장의 개입을 생각하는 까닭이다. 의지는 다만 우연적 작용이 아니고 의지의 근저에는 작용 자체를 보는 것이 없으면 안 된다. 작용 자체의 방향을 비치는 것이 없으면 안 된다. 오직 이른바 일반개념적 한정을 초월한 데에 의지의 의식이 있는 것이다. 작용에 대하여 자유라고 생각되는 것은, 작용이란 일반개념에 의하여 한정된 것이기 때문이다. 판단의 입장에서 의지의 입장으로 옮겨간다는 것은, 유의 장소에서 무의 장소로 옮겨가는 것이다. 유와 무가 서로 대립한다고 생각할 때, 둘을 대립적 관계에 놓는 것은 무엇인가. 주관적 작용에서 보면, 우리는 유에서 무로, 무에서 유로 사유작용을 옮김으로써 양자를 대립적으로 생각할 수도 있을 것이다. 그러나 객관적 대상으로부터 보면, 유가 무에서 있다는 것이다. 사유의 대상계에서 한정된 것이 유이고, 그렇지 않은 것이 무라고 생각할 수 있다. 사유의 대상계가 그 자체에서 하나의 체계를 이룬다고 생각하면, 무는 유보다도 한결 고차적으로 생각할 수 있다. 무도 사유대상이다. 이것에 무엇인가 한정을 가함으로써 유가 된다. 종(種)이 유(類)에 포함된다는 의미에서 유는 무에 있다. 물론, 무라고 생각하는 것은 이미 하나의 한정된 유이고, 그 이전에 또 무한정한 것이 없으면 안 된다고 할 수 있을 것이다. 그래서 여기에 유와 무가 대립적 관계에 있다고 생각할 수도 있을 것이다. 그러나 무를 유와 대립적으로 보는 입장은, 이미 사유를 한걸음 밟고 넘을 입장이다. 이른바 유나 무나 여기에서 어떤 작용의 작용이란 입장이 아니면 안 된다. 판단작용의 대상으로 생각될 때, 긍정적 대상과 부정적 대상과는 배타적이 되지만, 전화의 위에 설 때, 작용 자체는 양 방향을 마찬가지로 바라볼 수 있다. 그러나 조정(措定)된 대상계에서 본다면, 붉은 표상 자체는 빛깔의 표상 자체에 있는 것같이, 유는 무에 서 있다. 물체는 공간을 배척하지 않고, 물체는 공간에 서 있는 것이다. 작용하는 것이라도, 그것이 작용하는 것으로서 생각되는 이상, 그것이 놓여 있는 장소를 생각하지 않으면 안 된다. 일반개념에 의하여 통일될 수 있는 한 작용이라는 것이 생각되는 것이다. 작용 자체를 바로 대상으로서 볼 수는 없다. 일반 중에 무한히 특수를 포함한 일반이 단지 놓여 있는 장소라고 생각될 때, 순수 작용이라는 것이 보이는 것이다. 그렇게 생각하면 하나의 입장에서 고차적 입장에의 접촉은, 직선과 호선이 한 점에서 서로 마주치는 것처럼 상접하지 않고, 일반적인 것이 일반적인 것과 일반적인 것이, 장소와 장소가 무한히 포개져 있는 것이다. 한없이 원이 원에 있는 것이다. 한정된 유의 장소가 한정된 무의 장소에 비칠 때, 즉 일반인 것이 한없이 일반적인 것에 포섭될 때, 의지가 성립한다. 한정된 유의 장소에서 보면, 주어로 되어 술어로 되지 않은 본체는, 어디까지나 이 장소를 초월한 것이고, 무한히 작용하는 것으로도 보일 것이다. 그러나 의식한다는 것은 무의 장소에 비치는 것이고, 이 장소에서 보면, 반대로 내면적인 의지의 연속에 불과하다. 한정된 유의 의의를 벗어나지 못한 그리스철학의 형상으로부터 출발하면, 어디까지나 질료를 형상화하여 마침내 순수한 형상에 도달하여도, 아직 질료가 진정한 무가 된 것은 아니다. 오직 극히 미미한 영(제로)에 도달했을 뿐이다. 질료는 아직 움직이는 것으로 남아 있다. 진정한 무의 장소에서는, 1에서 1을 뺀 참다운 무를 볼 수 있어야 된다. 여기에서 우리는 비로소 진정으로 형상을 싸는 하나의 입장에 도달했다고 할 수 있다. 극히 미미한 질료도 그 발전성을 잃어 진정으로 작용을 본다고 할 수 있다. 토마스와 같이 선을 알면 반드시 이것을 의지한다고 할 때, 우리는 아직 진정한 자유의지를 알 수가 없다. 진정한 의지는 그런 필연도 초월한 것이 아니면 안 된다. 둔스·스코투스와 같이 의지는 선의 지식에도 속박되지 않는다. 지선에 대하여도 의지는 더욱 자유를 가졌다고 생각하지 않으면 안 된다. 사유의 모순은 사유로서는 그 근저에 도달한 것이고, 헤겔의 철학에서와 같이 이성에 있어서는 이 이상의 것을 볼 수는 없으나, 우리 마음의 밑바닥에는 모순까지도 보는 것, 모순도 비치는 것이 없으면 안 된다. 이데아가 자기자신의 밖으로 나가 자연으로 옮기지 않으면 안 되는 것은 이 까닭이다. 위와 같은 장소가 장소에 있고, 진정한 무의 장소에서 이것에 어떤 유의 장소가 보일 때, 의지작용이 성립한다고 생각된다면, 일반개념이란 무의 장소에 있어, 한정된 유의 장소의 경계선이라고 생각할 수가 있다. 평면에서 원의 점이 내부에 속한다고 볼 수 있는 것과 동시에, 외부에 속한다고 볼 수도 있는 것과 같이, 하나의 것이 감각에 맞는 한정된 유의 장소로 보임과 함께, 무의 장소에 맞는 일반개념으로 생각되는 것이다. 한정된 장소가 무의 장소로부터 유리되어, 이른바 추상적 일반개념이 된다. 일반개념의 구성작용, 이른바 추상작용에는, 의지의 입장이 가하여지지 않으면 안 된다. 여기에 러스크가 말한 것처럼 주관의 파괴가 들어오는 것이다.

앞에서 말한 것처럼 후설의 지각적 직각이라는 것은 일반개념에 의하여 한정된 장소에 불과하다. 진정한 직각은 베르그송의 순수 지속과 같이 생명에 넘치는 것이 아니면 안 된다. 나는 그런 직각을 진정한 무의 장소에 있다고 생각하는 것이다. 무한히 퍼진 지각적 직각면을 둘러싸고 있는 것은 하나의 일반개념이 아니면 안 된다. 지각적 직각이라는 것이 생각될 때, 지각작용이라는 것이 생각되지 않으면 안 된다. 작용이라는 것이 생각되는 데에는 나의 소위 '작용의 작용' 입장에서 작용 자체의 반성이 없으면 안 된다. 작용 자체를 바로 볼 수는 없다. 하나의 작용이 다른 작용과 구별하여 보이는 데에는, 하나의 일반개념에 의하여 한정된 장소가 보이지 않으면 안 된다. 술어적인 것이 주어의 위치에 섬으로써 작용하는 것이 보이는 것이다. 지각의 수평면이 무한히 멀리 퍼진다고 생각되지만, 그것은 무한히 깊은 무의 장소에 한정된 일반개념의 권외로 나가지 않는다. 일반개념이라는 것은, 유의 장소가 무의 장소에 비친 것에 불과하다. 유의 장소와 무의 장소가 서로 접촉하는 곳에 개념의 세계가 성립하는 것이다. 그러나 단지 유를 초월한 유가 이것에 있다고 생각되는 부정적 무는 아직 진정한 무는 아니다. 진정한 무에서는, 그런 대립적인 무도 이것에 있는 것이다. 한정된 유가 곧 진정한 무에 있다고 생각될 때 판단작용이 성립하는 것이다. 모든 작용이라고 하는 것은 하나의 장소가 곧 진정한 무의 장소에 있다고 보이는 경우에 나타나는 것이다. 여러 작용의 구별이나 추이가 의지의 입장에서 보여질 수 있다고 생각되는 것은 이 때문이다. 유가 무에서 있으므로, 작용의 근저에는 언제나 일반개념인 것, 술어적인 것이 포함되어 있다. 그러나 그것은 단지 대립적 무에 비쳐지고 있는 것이 아니라 바로 진정한 무에 있으므로, 유리된 추상적 개념이 아니고, 내재적 대상이 된다. 내재적 대상이란 진정한 무의 장소에 고정된 일반개념이다. 작용은 반드시 내재적 대상을 포함하지 않으면 안 된다고 생각되지만, 도리어 내재적 대상에 작용이 있는 것이다. 내재적 대상으로 한정된 장소에 의해 작용이 보이는 것이다. 진정한 무의 장소는 유와 무가 포개진 장소이기 때문에, 작용의 대상은 어디까지나 대립적이 아니면 안 된다. 대립적이 아닌 대상을 포함한다고 생각되는 것, 예를 들면 지각과 같은 것은 엄밀한 의미에서 작용은 아니다. 역시 일반개념으로 둘러싸인 유의 장소에 불과하다. 아직 장소가 바로 무에 있다고는 말할 수 없다. 오직 판단작용에 이르러서는 분명히 그런 대상의 대립성이 나타난다. 판단의 바로 뒤에 의지가 있다. 판단의식은 유가 곧 무에 있음으로써 나타나는 것이다. 아리스토텔레스의 공통감각을 밀고 나가 칸트의 의식일반에 이르는 데는, 유에서 무로 전환하는 의미가 없으면 안 된다. 물론 지각이라 하더라도 그것이 의식이라고 생각되는 이상, 대립을 포함하고 있을 것이다. 대립에 의하여 의식은 성립하는 것이다. 의식의 분야에서 대상이 겹친다고 생각되는 것은, 실은 이것에 의해서이다. 유의 장소가 곧 진정한 무의 장소에 있을 때, 우리는 순수한 작용의 세계를 본다. 보통으로 의식의 세계라고 생각되는 것은 이와 같은 세계를 의미하고 있다. 그러나 이와 같은 세계는, 역시 내재적 대상이라는 일반개념에 의하여 한정된 하나의 대상계임을 벗어나지 못한다. 내재적 대상이라고 생각되는 것은, 무를 가지고 인연을 맺게 된 유의 장소이다. 진정한 무의 장소는 역시 이보다 깊은 것이 아니면 안 된다. 역시 이것을 넘어 퍼지는 것이 아니면 안 된다. 그런 장소도 여기에 있는 것이 아니면 안 된다. 여기에 우리는 비로소 의지의 세계를 보는 것이다. 지식적 대상으로서는 유와 무의 합일 이상으로 나갈 수는 없다. 주어와 술어와의 합일에 이르러 지식은 그 극한에 도달한다. 그러나 그런 합일을 의식할 때, 그런 합일이 놓여 있는 의식의 장소가 없으면 안 된다. 동일한 이면에 상위를 포함하고, 상위의 이면에 동일을 포함한다는 것은 이처럼 장소에 있어서가 아니면 안 된다. 유와 무가 합일하여 전화(轉化)될 때, 전화를 보는 것, 전화가 놓여 있는 장소가 없으면 안 된다. 그렇지 않으면 전화는 전화한 것, 즉 어떤 것으로서 멈추고, 또 모순적 발전을 이룰 수는 없다. 모순의 발전에는 모순의 기억이라는 것이 없으면 안 된다. 단지 논리적 판단의 입장에서 보면, 그것은 오직 모순에서 모순으로 옮겨가는 것이 될 것이다. 그 통일로서 다만 자기자신에게 있어 무한히 모순을 포함하는 것을 생각할 수밖에 없다. 그러나 그렇게 생각하는 것은, 역시 판단의 주어를 밖에서 보는 것이고, 진정으로 술어적인 것이 주어로 되는 것은 아니다. 한정된 장소로서 의식의 분야를 보고 있는 것이다. 헤겔의 이성이 진정으로 내재적으로 되는 데는, 자기자신 속에 모순을 포함하는 것이 아니고, 모순을 비치는 것, 모순의 기억이 아니면 안 된다. 최초의 단순한 유는 모든 것을 포함한 장소가 아니면 안 된다. 그 밑바닥에는 아무 것도 없는, 무한히 퍼진 평면이 아니면 안 된다. 형체가 없으면서 형체가 있는 것을 비치는 공간과 같은 것이 없으면 안 된다. 자기와 동일한 것 아니 자기자신 속에 무한히 모순적 발전을 포함하는 것까지 여기에 놓여 있는 장소가, 나의 이른바 진정한 무의 장소이다. 혹은 전자와 같은 것에 도달하고 나서, 또 놓여 있는 장소라는 것을 생각할 필요가 없다고도 할 것이다. 그러나 전자는 판단의 주어의 방향으로 밀어붙인 것이고, 후자는 그 술어의 방향으로 밀어붙인 것이다. 내재적이라는 것이 술어적인 것이고, 주어가 되어 술어로 되지 않은 본체도, 그것이 내재적인 한 알 수 있다고 한다면, 후자에서 출발하지 않으면 안 된다. 후자를 가장 깊은 것, 가장 근본적인 것이라고 할 수 있을 것이다. 종래의 철학은 의식의 입장에 대하여, 충분히 생각하지 않았다. 판단의 입장에서 의식을 생각한다면, 술어의 방향으로 구할 수밖에 없다. 곧 포섭적 일반자의 방면으로 구할 수밖에 없다. 형식에 따라 질료를 구성한다고 하고, 로고스의 발전이라고 하는 것도, 이것으로부터 의식한다는 것을 도출할 수는 없다. 우리는 일체의 대상을 비치는 것을 술어의 극치에 구하지 않으면 안 된다. 적어도 의식하는 것이라는 것을 생각할 때, 그것은 이미 의식된 것이며 의식하는 것은 아니다. 아리스토텔레스는 변하는 것은, 그 근저에 일반적인 것이 없으면 안 된다고 하지만, 그런 일반적인 것이 한정된 유한의 장소인 한, 변하는 것이 보이고, 그것이 극치인 한, 생멸하는 것 순수작용이라는 것이 보이는 것인데, 오직 완전히 무가 되었을 때, 다만 비치는 거울이라는 것이 보이지 않으면 안 된다. 1에서 1을 뺀 영이라는 것이 생각될 수 있는 한, 다만 비치는 의식의 거울, 나의 무의 장소라는 것도, 논리적으로 생각되지 않으면 안 된다. 순수한 작용의 근저를 이루는 것, 그리스인의 소위 순수한 형상이라는 것도, 한층 더 깊은 무의 거울에서는, 유리된 추상적 일반개념이 되기도 하는 것이다. 우리는 주객 대립의 입장에서 생각하기 때문에, 단지 주관적으로 생각되는 것이지만, 추상적 일반개념을 비치는 의식의 거울은 이른바 객관적 대상을 비치는 것도 감싸고, 더욱 깊고 또 큰 것이 아니면 안 된다. 그래서 그것은 진정으로 무이기 때문에 우리에게 직접적이고 내면적이다. 판단의 술어적 방면을 그 극치에까지 밀어붙여 감으로써, 즉 말하자면 술어적 방면으로 술어를 초월하는 것으로써, 다만 비치는 의식의 거울이 보여, 여기에서 무한한 가능의 세계, 의미의 세계도 비쳐지는 것이다. 한정된 유의 장소가 무의 장소에 접할 때 주객 합일이라고 생각되며, 한 걸음 더 나아가 순수작용이라는 것이 성립한다. 판단작용도 그 하나이고, 하나하나의 내용이 대립을 이루어, 이른바 대립적 대상의 세계가 보이게 되지만, 또 이것을 딛고 넘을 때, 다만 비쳐진 의미의 세계가 보이게 된다. 우리의 자유의지는, 그런 장소에서 순수한 작용을 본 것이다. 그러므로 의지는 판단을 뒤집은 것인 술어를 주어로 한 판단이다. 다만 비친 거울 위에 성립한 의미는 어느 것이나 의지의 주체로 될 수 있다. 의지가 자유라고 생각되는 까닭이다. 의지에 있어 특수한 것이 주체가 된다고 생각된다. 의지의 주체가 되는 특수한 것이란, 무의 거울에 비쳐진 것이 아니면 안 된다. 한정된 일반개념 중에 포섭된 특수가 아니고, 그런 유의 장소를 깨고 나타난 일종의 산란(散亂)이다.

이상에서 말한 것은 일반개념에 의해 둘러싸인 유의 장소를 깨고, 단지 비치는 거울이라고나 해야 되는 장소가 있어, 의지는 이 장소에서 유의 장소로의 가는 관계에서 볼 수 있는 것을 논하고, 아직 다만 여기에 있는 것에는 논급하지 못하였다. 의지는 진정한 무의 장소에서 볼 수 있는 것이지만, 의지는 역시 무의 거울에 비쳐진 작용의 일면에 불과하다. 한정된 유의 장소가 보여지는 한, 우리는 의지를 보는 것이다. 진정한 무의 장소에서는 의지 자체도 부정되지 않으면 안 된다. 작용이 비쳐지는 것이 됨과 동시에 의지도 비쳐지는 것으로 되는 것이다. 움직이는 것, 작용하는 것은 모두 영원한 것의 그림자가 되지 않으면 안 된다.

예지적 세계

　나는 칸트의 의식일반의 입장과 오늘의 현상학의 입장을 자기자신을 보는 예지적(叡智的) 자기의 양면이라고 생각한다. 우리가 의지의 밑바닥을 초월하여 예지적 자기의 입장에 있을 때, 그것이 소위 의식적 자기를 초월한 자기의 입장으로서, 의식적 자기에 대하여 대상계를 구성하는 인식주관으로 생각됨과 동시에, 모든 입장을 제거하고 자기자신의 내부를 보는 직감적 자기라고도 생각하지 않으면 안 된다. 오직, 그것은 이른바 의식된 의식이면 안 된다. 의식을 의식하는 의식이 아니면 안 된다. 따라서 그것은 단지 지향을 본질로 하는 것이 아니고, 자기가 자기자신을 한정하는 의미를 가지고 있지 않으면 안 된다. 다만 지향하는 것이 아니고, 자각하는 것이 아니면 안 된다. 보는 것은 단지 기재(記載)하는 것이 아니고, 자기자신 안에 대상을 가지고, 자기자신 안에 자기를 한정해 가는 것이 아니면 안 된다. 자기자신을 곧 대상으로 함으로써, 여러 작용의 의미가 한정되는 것이다.

　예지적 자기라는 것이 위와 같은 것이라면, 그것은 판단적 일반자에서 대상적 유로서 한정할 수 없는 것은 말할 것도 없고, 자각적 일반자에서도 의식적 유로서 한정할 수 없는 것이 아니면 안 된다. 즉 어디까지나 지식적인 유로써 한정할 수 없는 것이며, 도리어 지식을 한정하는 것이라고 하지 않으면 안 된다. 더구나 우리가 의식의 초월적 지향에 의하여 지적 직관의 일반자로 한정한다는 것을 생각할 수 있다면, 그런 일반자에 있어 한정된 유라고 할 수 있다. 자각적 일반자에서 의식 현상으로서 의식되는 것은, 그런 초월적 자기의 추상적 내용에 불과하다. 그 근저에는, 초월적 자기가 자기자신을 봄으로써, 자기 안에 자기의 그림자를 비치고 있는 것이다. 오직 위에서 말한 것처럼, 그것은 예지적 세계에서의 형식적 유, 즉 지적 자기로서, 아직 예지적 자기자신의 내용을 갖지 않았기 때문에, 예지적 자기로서도 진정한 유라고 생각할 수 없다. 자각적 일반자의 내용을 형식적으로 그 의미를 바꾸었을 뿐이다. 그러므로, 그런 예지적 자기는 초월적이라고 하여도, 단지 인식주관이라고 생각되어, 그 내용은 유의 의미를 잃은 가치로 생각되는 것이다. 그런 예지적 자기에 의하면 우리의 의식면이 뒷받침되었을 때, 의식면에서 어떤 것은 당위적으로 되고, 그 노에시스적 방면에서는 형식적 자기로밖에 보이지 않지만, 그 노에마적 방면에서는 초월적 대상 즉, 가치를 보는 것이다. 그런 입장에 멈춘 것이 칸트의 인식론이다. 처음부터 아는 것과 알게 되는 것과를 대립시켜, 인식을 작용으로 하는 생각으로부터 출발한다면, 이 이상으로 나아가는 것은 불가능할 것이다. 그러나 자주 말하였듯이, 초월적 지향을 바탕으로 지적 직관의 일반자의 한정이라는 것을 생각할 수 있다면, 이것에 의하여 그 이상의 '있는 것'을 생각할 수 있을 것이다. 적어도 종래의 사고방식보다도 형이상학적인 것과 개념적 지식과의 관계를 명백히 할 수 있다고 생각한다.

우리의 자기라는 것이 단지 의식작용의 통일점같이 생각되고, 의식한다는 것이 작용하는 것이라고 생각되는 것이라면, 이것을 초월한다는 것은 단지 대상적 방향으로 초월한다는 것밖에 아닐 것이다. 그러나 의식적 자기라는 것이, 판단적 일반자를 에워싼 자각적 일반자에서 주어적 방향으로 한정된 유라고 한다면, 자각적 일반자를 에워싼 일반자에 있어 노에시스적 방향으로 한정된 유로서, 초월적 자기라고 하는 것을 생각할 수 있을 것이다. 판단적 일반자가 자각적 일반자에 의하여 에워싸일 때, 그 술어면이 자각적 일반자에 있어 지적 자각의 의식면이 되어, 여기에 있는 것이 노에시스로서 노에마적으로 대상을 지향하는 것처럼, 자각적 일반자가 다시 지적 직관의 일반자에 의해 에워싸질 때, 자각적 의식면은 초월적 자기의 의식면이 되어, 여기에 있는 것은 에노마적으로 초월적 대상을 지향한다고 생각됨과 동시에, 에노시스적 방향으로의 초월도 생각하지 않으면 안 된다. 그래서 지적 노에시스라고 하는 것은, 의식적 유로서는 완전한 것이 아니고, 자각적 일반자에 있어 진정으로 있는 것은 의지적이 아니면 안 된다. 진정한 자기는 지적 자각에 있는 것이 아니고 의지적 자각에 있는 것이다. 의지는 자기자신 안으로 지향하여, 그 지향은 동시에 자기 안에 자기의 그림자를 비치는 것이다. 그런 관점으로 보면, 지적 지향의 배후에는 의지가 있고, 노에마라고 보이는 것은, 의지가 그 내용을 비치고 있는 것이다. 그렇게 생각할 수 있다면, 초월적 자기의 의식면에 있는 규범적 의식, 즉 예지적 노에시스라고나 해야 되는 것은, 완전하지 않은 예지적 자기이고, 초월적 대상이라고 생각되는 것은, 예지적 자기 내용의 그림자에 불과하다. 예지적 노에시스를 단지 인식주관이라고 생각하면, 노에마적인 것은 전연 유의 의의를 잃은 가치로 되어, 노에시스를 노에마에 포함하여 생각하면, 플라톤의 이데아처럼 형이상학적 실재로도 된다. 형이상학적 실재란 노에마 안으로 노에시스를 포함한 것이다. 의식현상에 있어서도, 노에시스를 노에마에 포함시켜 생각하면, 표상심리학에서와 같이 표상이 의식적 유라고 생각할 수 있는 것처럼, 초월적 의식면에서도 마찬가지의 사고방식이 성립되는 것이다. 현상학의 입장은 위에서 말한 것같이 의식일반의 표상적 방면을 깊게 한 것이라고 생각할 수 있기 때문에, 그런 입장에서는, 플라톤의 이데아는 그 실재성을 잃고 현상학적 본질로 되는 것이다.

모든 일반자가 자기자신을 한정한다고 한다면, 그 한정작용이라는 것이 없으면 안 된다. 이로써 여러 일반자가 구별되고, 또 그 관계가 생각될 수 있는 것이다. 판단적 일반자에서는 그것은 판단이라는 것인데, 자각적 일반자에서는 그것은 이른바 의식작용이라고 생각될 수 있는 것이다. 판단에서의 주어와 술어와의 관례는 여기에서는 노에시스와 노에마의 관계로 되는 것이다. 일반자가 자기자신으로 돌아옴에 따라, 즉 장소가 무로 됨에 따라, 한정작용이 '에서 있는 것'으로 옮겨, '에서 있는 것'이 자기자신을 한정하는 것이 된다. 판단적 일반자에서 있는 것은, 개물로서 술어적인 것을 포함, 술어적으로 서로 한정하는 것이 된다. 그 끝에 마침내 작용하는 것으로 생각되기에 이른다. 자각적 일반자에서는, 노에시스와 노에마가 서로 대립하고, 자각적 일반자가 자기자신으로 돌아옴에 따라(말을 바꾸면 자기자신을 넘어서 더 큰 일반자에 있다고 생각됨에 따라), 노에마는 노에시스에 포함되어 간다. 지적자각에 있어서 노에시스는 단지 형식적 유라고 생각되는데 불과하지만, 의지적 자각에 이르러서는 노에시스 안에 노에마가 포함된다고 생각할 수 있다. 위에서 말한 것처럼 의식적 자기의 밑바닥에 초월한다고 하는 것은, 그런 의미에서 의지적 노에시스의 밑바닥에 초월하는 것이다. 의식적 자기의 근저인 의사를 초월한다는 것은 불가능하다고 생각할지 모르지만, 우리가 어떻게 의지를 의식하고, 의지를 생각하는 것일까. 의지는 자기가 자기 안으로 지향하고, 지향하는 것이 무엇인가의 의미에서 지향되는 한, 의식되는 것이다. 노에시스가 노에마로 되고, 노에마가 노에시스로 되는 한, 의식되는 것이다. 물론 노에마적인 것에 대하여는, 노에시스적인 것은 언제나 초월적이다. 지적자각의 입장에 대하여는, 의지의 내용도 외적이고, 초월적이라고 할 수가 있다. 오직 지적 자각과 의지적 자각과는 다른 것이 아니고, 지적 자각은 의지적 자각의 추상적 한정으로서, 의지적 내용이 지적 자각의 형식에 한정되고, 노에마적으로 비쳐지는 한, 의지적 자기가 의식되는 것이다. 그러나 노에시스의 방향에 있는 것이 어느새 노에마적으로 자기의 내용을 비친다고 말할 수 없을 때, 즉 노에마적인 것이 의식적 노에시스를 넘을 때, 우리의 자기가 의지의 밑바닥으로 초월했다고 하는 것이다. 행위적 자기가 우선 그런 자기라고 생각할 수 있는 것이다. 우리의 의식적 자기의 근저에는 그런 의미에서 행위적 자기가 있는 것이다. 우리의 의식적 자기는, 도리어 그런 자기의 입장에서 한정되는 것이다. 그런 자기의 내용은 의식적 자기에 대하여 외적이나 초월적이라고 생각되지만, 단지 그렇게 생각해야 되는 것이 아니고, 도리어 한층 더 깊은 자기의 내용에 불과하다. 자기가 노에시스의 방향으로 초월함으로써 보여지는 노에마적 내용이다. 초월적 지향의 근저도 여기에 있는 것이다.

의지의 내용도 원래 지적 노에마로 되는 것은 아니다. 그러나 의지적 자기는 자각적 일반자에 놓여 있는 최후의 것으로서, 더욱 자각적으로 한정된 의미를 가지고, 의식면에 자기자신을 비친다고 생각되는 것이다. 노에시스와 노에마와의 결합성을 잃지 않은 것, 즉 아직 이른바 내부 지각의 통일을 벗어나지 못한 것을 말하는 것이다. 개물의 내용은 추상적 일반자에 넣을 수는 없다. 그러나 개물은 주어로 되어 술어로 되지 못한 것으로서 판단적 일반자로 한정된, 더욱이 판단적 일반자로 있는 것으로서 작용이라는 것을 생각한다면 일반이다. 판단적 일반자의 술어면의 밑바닥에 초월하여 자각적 자기라는 것이 생각될 때, 그것은 벌써 판단적 일반자에 있어서는 최후의 유로서도 한정할 수는 없다. 그러나 그 노에마는 판단적 일반자의 내용으로서 생각되는 것처럼, 의지적 자기를 초월하여 행위적 자기로 되었을 때, 자각적 일반자에 있어 최후의 자기로서도 한정할 수 없지만, 그 노에마는 더욱 자각적 일반자의 내용으로서 생각할 수 있는 것이다.

내가 행위한다는 것은, 자기의 의식을 넘은 외계를 자기 안에 받아들이는 것이다. 외계에서 생긴 일을 자기의 의지 실현으로서, 자기의 내용을 표현하는 것으로 하는 것이다. 그런 경우, 객관적 실재가 자기의 의식적 유로 되는 것은 안다. 객관적 실재는 어디까지나 객관적 실재이다. 그렇다고 해서, 주관적 자기가 자기를 잃고, 객관적 실재로 되는 것도 아니다. 행위를 함으로써 우리는 도리어 깊이 자기를 의식하는 것이다. 그런 자기는 자기자신의 의식을 초월함으로써, 외계를 에워싸는 것이다. 자기를 객관화함으로써, 자기를 깊게 하는 것이다. 오직, 의지의 표현이 지적대상으로서 외계에서 생긴 일로 보이고, 또 의지의 내용이 지적으로 의식된 것으로 보이기 때문에, 의지는 다만 그런 양면의 통일로서 지적 자각에 싸인 것처럼 생각되지만, 외계의 일이라는 것이 생각되는 데에는, 지각적 의식이라는 것이 기초가 되지 않으면 안 된다. 지각적 노에시스의 지향이 기초가 되어 외계라는 것이 생각되는 것이다. 그러나 그런 노에시스의 지향을 기초로 해서는, 그것이 동작이라는 것은 생각될 수 없다. 그렇게 생각하는 데는 노에시스의 지향의 의미가 처음부터 변하지 않으면 안 된다. 또 지각과 결합한 충동적 의지라고 해도, 그것은 이미 노에시스의 방향으로의 초월적 의의를 초함한 것으로서, 지적 자각의 한정을 넘은 것이 아니면 안 된다. 이처럼 노에시스적 의미를 어디까지나 깊게 해 가면, 지적 자각의 노에시스적 초월이라고 생각되는 의식일반을 넘어, 예지적 세계에 있는 것, 즉 예지적 자기의 내용이라는 것도 생각할 수가 있다. 판단적 일반자를 넘어서 자각적 일반자로 들어올 때, 나는 나를 안다고 하는 것을 가지고, 술어면적 초월을 증명할 수 있다고 한다면, 자각적 일반자를 넘어서 다시 이것을 포함한 일반자로 넣을 때, 나는 내가 행위하는 것을 안다고 하는 것으로써 노에시스적 초월을 증명할 수 있다고 생각한다. 나는 여기에서 우리의 신체라고 생각하는 것에 대하여 한마디해 두고자 한다. 우리는 보통으로 신체 없는 마음이 없고, 마음은 신체에 깃든다고 생각한다. 그러나 그런 경우, 신체란 어떠한 것인가. 우리의 감각적 대상으로서 알려진 것은 의식된 것이며, 의식이 깃든 것은 아니다. 우리의 의식에 기초가 되는 것은, 위에서 말한 것처럼 행위적 자기가 아니면 안 된다. 우리의 신체는 그런 행위적 자기의 표현으로서, 우리의 의식에 기초가 되는 의미를 가진 것이다. 의식적 자기의 입장에 서면, 신체는 우리 의지의 기관이라고도 생각될 것이다. 그러나 신체는 단지 도구는 아니다. 신체는 의식의 밑바닥에 있는 깊은 자기의 표현이다. 그런 의미에서 우리의 신체는 형이상학적 의의를 가지고 있다고 말할 수가 있다. 우리의 진정한 자기의 내용에는, 반드시 행위를 수반하지 않으면 안 된다. 심신이 하나같이 되는 데에 우리의 진정한 자기가 나타나는 것이다.

나와 너

우리의 진정한 자기라고 생각되는 것은 인격적이 아니면 안 된다. 단지 신체적이라고 생각되는 것은 진정한 자기가 아니다. 물론, 아무런 신체적 욕구 없이 자기라는 것은 없다. 인격이라는 것조차 넓은 뜻에 있어 신체성 없이는 생각할 수 없다. 그러나, 우리의 자기의 밑바닥에 다만 신체라는 것을 생각한다면, 자기라는 것은 생각할 수 없을 뿐만 아니라, 우리가 단지 신체적 욕구에 따르는 것은 도리어 우리의 자기를 부정한다고 생각된다. 더욱이, 우리의 욕구라고 생각되는 것은 원래, 그 자체 안에 모순을 품은 것이라고 할 수 있다. 욕구가 자기자신을 만족시키는 것은 욕구가 자기자신을 없애는 것이고, 욕구는 죽기 위해 생겼다고 할 수 있음과 동시에, 욕구는 또 생명의 요구로서 태어나 죽는다고 할 수 있다. 그렇다고 하여, 우리의 욕구라고 생각되는 것은 원래, 그 자체 안에 모순을 품은 것이라고 할 수 있다. 욕구가 자기자신을 만족시키는 것은 욕구가 자기자신을 없애는 것이고, 욕구는 죽기 위해 생겼다고 할 수 있음과 동시에, 욕구는 또 생명의 요구로서 태어나 죽는다고 할 수 있다. 그렇다고 하여, 우리의 인격적 자기라고 생각되는 것이 그저 이성적이라고 하는 것도 아니다. 다만 이성적인 것은 실재적이라고 생각되지 않을 뿐만 아니라, 단지 합리적으로 된다면 우리의 자기라고 해야 되는 것은 아니게 된다. 우리의 인격적 자기라고 생각되는 것은 어디까지나 개물적이 아니면 안 된다. 일반적인 자기라고 하는 것은 없다. 나의 자기의 밑바닥에는 어디까지나 비합리성이 없으면 안 된다. 자유의지가 없으면 안 된다. 우리의 인격적 자기라고 생각되는 것은 어디까지나 비합적임과 동시에, 합리적이라고 생각되는 것이 아니면 안 된다. 우리의 자기라고 하는 것은 공간적·시간적인 이 신세계를 떠나서 존재하는 것은 아니다. 어디까지나 호나경적으로 한정된 것이 아니면 안 된다. 우리는 역사에서 존재하는 것이다. 더구나 우리의 자기는 그런 의미에서 한정된 것이어서는 안 된다. 어디까지나 이것을 넘어선 것이 아니면 안 된다. 이런 의미에서 그것은 이성적이라고 생각할 수 있다. 공간적·시간적 한정을 떠나서 일반적 법칙에 의하여 움직인다고 생각할 수도 있다. 그러나 단지 그런 의미에서 공간적·시간적 한정을 넘어선다는 것이 아니고, 우리의 자기는 이런 법칙도 초월한다는 의미에서 비합리적이 아니면 안 된다. 그래서 자유로운 인격적 자기라는 것이 생각될 수 있는 것이다. 이와 같은 의미에서 우리의 자기라고 생각하는 것은 어떻게 생각해야 될 것인가. 어떻게 해서 그런 것이 생각되고, 어떻게 그런 것이 있다고 할 수 있을까. 내가 위에서 말한 것처럼 우리가 자기에게 있어 절대의 남을 보고, 거꾸로 절대의 남이 자기를 본다는 의미에 있어서만, 그런 자기가 생각될 수 있는 것이라고 생각한다. 물론, 그런 것의 생각은 불가능하다고도 할 것이다. 자가당착이라고도 생각될 것이다. 그러나 변증법이란 것이 원래, 그런 의미를 갖는 것이고, 모든 구체적 실재라고 생각되는 것은 변증법적으로 자기자신을 한정하는 것이 아니면 안 된다. 판단적 지식이라는 것이 성립하는 데도, 판단적 일반자가 자기자신의 밑바닥에 자기자신을 초월한 것을 본다는 것이 없으면 안 된다. 즉 무의 일반자의 자기 한정으로서 판단적 지식이라는 것이 성립하는 것이다. 개물이 일반을 한정하고 일반이 개물을 한정한다는 변증법적 운동도, 그런 의미에서 생각되지 않으면 안 된다.

모든 우리가 실재적 지식이라고 생각하는 것은 어떤 의미에서 비합리적인 것의 합리화라는 의미를 갖지 않으면 안 된다. 다만 비합리적인 것은 우리의 지식과 아무 관련도 없다. 감각적이라는 것은 전연 비합리적이라고 생각된다. 그러나 감각적인 것도 의식된다고 생각되는 한, 그것은 나에게 있는 것이라고 생각하지 않으면 안 된다. 그리고 또 반대로 우리의 자기는 감각적인 것에 의하여 한정된다고 생각하지 않으면 안 된다. 그래서 감각적인 것도 변증법적이라고 생각해야 되는 것이다. 욕구의 대상이라고 생각되는 것은 우리 밖에 있다고 생각하지 않으면 안 될 뿐만 아니라, 욕구 그 자체도 우리의 자기의식 밖에서 일어난다고 생각하지 않으면 안 된다. 욕구의 밑바닥에 충동이나 본능이라는 것이 생각되는 것이다. 그러나 주어진 것은 원래, 요구된 것이라고 생각되는 것처럼, 더구나 욕구의 대상이라고 생각되는 것은 우리에 의해 요구된 것으로서 있다고 말할 수 있는 것이다. 또 욕구의 밑바닥에는 어디까지나 깊은 비합리적인 것이 없으면 안 된다. 그렇지 않으면 우리의 자기는 실재적이라고 생각할 수 없다. 더구나 다만 그렇게 생각되는 것이라면 자기라는 것은 없다. 그런 생각을 철저히 한다면 마침내 자기를 물질로 돌아가게 하는 수밖에 없다. 욕구에서는 다만 비합리적인 것이 우리를 한정한다고 하는 것이 아니고, 비합리적인 것이 곧 자기라고 생각되는 것이 아니면 안 된다. 그렇게 우리는 욕구적 자기에 있어서는 말할 것도 없고, 감각적 자기라고 하는 것에서도, 이미 자기가 남을 본다는 의미가 포함되어 있다고 생각하지 않으면 안 되고, 우리의 감각적 세계라고 생각되는 것은 그런 의미에서 있다고 생각되지 아니하면 안 된다. 그러나 우리는 어디까지나 욕구적 자기라든가 감각적 자기라고 하든가 하는 것으로서, 인격적 자기라는 것을 생각할 수는 없다. 그런 의미에서는, 우리가 어디까지나 진정으로 남을 자기가 본다는 것은 불가능하다. 우리는 더욱 남에게 있어 있는 것이다. 남에 의하여 한정되어 있는 것이다. 요컨대 그것은 자기의 밑바닥에 비합리성을 볼 따름이다. 거기에서는 우리의 지적 자각이라고 생각하는 것조차도 나오지 않는다. 욕구적 자기라든가 감각적 자기라고 생각되는 것에서는, 자기에게 있어 남을 보는 것이 아니고 남이 자기를 보는 것이다. 더구나 다만 남에게 있어 자기를 본다고 생각될 때 자기라는 것은 없다. 우리는 이른바 자각적 자기라고 생각되는 것에 있어, 비로소 자기가 남을 본다고 할 수 있다. 우리는 자각에 있어 자기가 자기를 본다고 생각한다. 보는 것과 보이는 것이 하나가 된다고 생각하는 것이다. 그러나 대상적 한정의 의미에서는, 그런 것은 실제 불가능하기도 하고, 또 생각할 수 없는 일이다. 그런 자각이라는 것이 생각되는 데는, 우리는 자기자신 안에 자기를 보아 가는 무한한 과정이라는 것을 생각하지 않으면 안 된다. 일반자가 자기자신 안에 어디까지나 나이기를 한정하여 간다고 생각하지 않으면 안 된다. 더구나 그런 무한한 과정의 첨단이 어디까지나 자기에게 있다. 즉 극한이 일반자에게 포함된다는 것에 의하여, 소위 자각이라는 것이 생각될 수 있는 것이다. 보는 것에 대하여 보이는 것, 주에 대하여 객이라고 생각되는 것은, 어디까지나 남이라고 생각되는 것이 아니면 안 된다. 절대로 남이라고 생각되는 것이 아니면 안 된다. 더구나 그것을 어디까지나 자기에게 있어 본다는 의미에서 자각적 자기라는 것이 생각될 수 있는 것이다. 거기에서는, 비합리적인 것이 합리적이고, 밖이 안이라고 할 수 있다. 돌이켜 생각하면, 아까 욕구적 자기라든가 감각적 자기라고 생각된 것도, 실은 그런 자각적 자기의 입장에서 생각되는 것이 아니면 안 된다. 전자로부터 후자가 생각되는 것이 아니고, 후자로부터 전자가 생각되는 것이다. 그러므로, 나는 칸트철학 같은 입장에서 비로소 진정으로 자기자신 안에 남을 본다는 자각적 자기라는 것을 생각할 수 있다고 생각한다. 자연이라는 것이 유일한 실재로서 모든 것의 밑바닥으로 생각될 때, 우리는 자각적 자기라는 것을 생각할 수는 없다. 자각적 자기의 실재성이라는 것이 생각되는 데는, 자연은 순수한 나의 종합통일에 의하여 구성된다는 입장이 아니면 안 된다. 객관성이라는 것이 단지 자기 밖으로 보이는 것이 아니고 안으로 보인다는 의미가 없으면 안 된다. 그런 입장에서 코엔처럼 주어진 것은 요구된 것이라고 생각할 수도 있는 것이다. 진정으로 자각적이라고 할 만한 인격적 자기라고 하는 것을 생각하는 데에는, 칸트철학 같은 입장을 지나가지 않으면 안 된다. 자연의 밑바닥에 자기를 인정하는 것에 의하여, 자기의 밑바닥에 절대의 남을 인정함으로써, 자유로운 인격적 세계의 가능성이 열리는 것이다. 그러나 오직 그것만으로 자유로운 인격이라는 것은 생각할 수 없다. 의식일반은 자유로운 인격이 아니다. 칸트에게 있어 자유는 요청일 따름이다. 따라서, 의식일반을 대신하는데 순수 의지 같은 것으로서도, 우리의 개인적 자유라는 것이 없이는 자기라는 것은 없다. 모든 우리의 객관계라고 생각하는 근저에, 형이상학적 자기라고 하는 것을 생각한다면 말할 것도 없고, 순수한 나의 종합 통일이라는 것을 인정한다고 해도, 그것으로부터 개인적 자기라는 것은 생각할 수 없다. 단순한 일반자의 자기 한정으로서 개인적 자기라는 것은 생각할 수 없다. 우리의 자기라고 생각하는 것은 누군가의 자기가 아니면 안 된다. 몇 사람의 자기도 아닌 일반적 자기라고 하는 것은, 자기라고 생각할 수 없는 것이다. 우리는 이른바 자각적 자기의 입장에서 자기에게 자기자신을 본다고 생각한다. 즉 자기에게 자기를 한정한 것을 본다고 생각한다. 자기에 대하여 자기를 한정하는 것은 대상이라고 생각할 수 있는 것이고, 위와 같이 생각하는 것은 자기에게 있어 대상을 본다는 것이고, 자기에게 있어 남을 본다는 것을 의미한다. 그런 의미에서 자기가 자기 안에 어디까지나 대상을 보고 가는, 즉 남을 보고 간다는 것은 우리의 자기라고 하는 것이 어디까지나 깊어지고 넓혀져 간다는 것을 의미한다. 그런 한정의 극한에 있어 우리가 절대의 남을 본다고 생각할 때, 초월적 자기라는 것이 생각된다(칸트철학에서는 감각이라는 것이 절대의 남과의 접촉이라고 생각할 수 있다). 그러나 실제, 우리는 여기에서 피할 수 없는 양자택일에 부딪치는 것이다. 일종의 딜레마에 빠지는 것이다. 절대의 남이 자기에게 있다고 생각하면, 그것은 절대의 남이라고 하는 것은 아니다. 요컨대 남이라고 하는 것은 없어진다. 그렇게 남이라는 것이 없어짐과 동시에, 처음에 어디까지나 자기자신 안에 자기를 한정하는 우리의 자각적 자기라고 생각되는 것은, 그 근저에 있어 이성이라는 것으로밖에 생각할 수 없고, 자기자신의 밑바닥에 어디까지나 비합리적인 것을 지닌 진정한 개인적 자기라는 것의 의미는 지우지 않으면 안 된다. 그렇다고, 우리의 자기가 자기 한정의 극한에서 절대의 남에게 있고, 남에 의하여 기초가 만들어졌다고 생각한다면, 더욱더 자기의 실재성이라는 것은 생각할 수 없다. 요컨대 일종의 유물주의에 빠질 수밖에 없다. 그러면 우리가 자기자신의 밑바닥에 보는 절대의 남이라고 생각하는 것을 어떻게 봄으로써, 진정한 자각의 의미가 성립하고 인격적 자기라는 것이 생각될 수 있을까. 그 남이라고 생각되는 것은, 유물론자가 말하는 그저 남이어서는 안 된다. 또 유심론자가 생각하는 것처럼 큰 자기라는 것이어도 안 된다. 그것은 절대의 남임과 동시에 나로 하여금 나다운 의미를 가진 것이 아니면 안 된다. 즉 그것은 너라는 것이 아니면 안 된다. 나에 대하여 너라고 생각되는 것은 절대의 남이라고 생각할 수 있는 것이 아니면 안 된다. 물체는 역시 나에게 있다고 생각할 수도 있으나, 너는 절대로 나에게서 독립하는 것, 나밖에 있는 것이 아니면 안 된다. 더구나 나는 너의 인격을 인정함으로써 나이고, 너는 내 인격을 인정함으로써 너이다. 너로 하여금 너답게 하는 것은 나이고, 나로 하여금 나답게 하는 것은 너이다. 나와 너와는 절대의 비(非)연속으로서, 내가 너를 한정하고 네가 나를 한정하는 것이다. 우리의 자기의 밑바닥에 절대의 남으로서 너라는 것을 생각함으로써, 우리의 자각적 한정이라고 생각하는 것이 성립한 것이다. 그렇게 내가 나의 밑바닥에 너를 보고, 네가 너의 밑바닥에 나를 보는, 비연속의 연속으로서 나와 너를 결합하는 사회적 한정이라는 것을 진정한 사랑이라고 생각한다면, 우리의 자각적 한정이라고 생각하는 것은 사랑에 의해 성립한다고 할 수 있을 것이다. 우리는 보통으로 이른바 내부 지각이라는 것에 의하여 자기자신을 직각한다고 생각한다. 그러나 우리의 개인적 자각이라고 하는 것도, 단지 그런 의미의 직각에서 성립하는 것이 아니고, 자기자신 안에 자기를 보고 가는 무한의 과정이 아니면 안 된다. 그래서 그 밑바닥에 절대의 남을 본다는 의미를 갖지 않으면 안 된다. 오늘의 나는 어제의 나를 너로 봄으로써, 어제의 나는 오늘의 나를 너로 봄으로써, 나의 개인적 자기의 자각이라는 것이 성립하는 것이다. 비연속의 연속으로서 우리의 개인적 자각이라는 것이 성립하는 것이다. 그 한걸음 한걸음이 절대의 무에 닿지 않으면 안 된다. 그 근저에 언제나 네가 없으면 안 된다. 영원한 지금의 자기 한정으로서 때가 순간에서 순간으로 옮긴다는 의미에서 우리의 자각적 한정이 성립하는 것이다.

그렇게 우리가 우리의 밑바닥에 절대의 남이라고 생각한 것이 너라고 한다면, 우리를 대상적으로 한정한다고 해야 되는 것은, 일반적 자기라고 하는 것도 아니라면 자연이라는 것도 아니다. 그것은 역사라는 것이 아니면 안 된다. 자기의 밑바닥에 절대의 남을 봄으로써 자기가 자기로 된다고 생각되는 인격적 자기라고 하는 것은 어디까지나 역사적으로 한정된 것이 아니면 안 된다. 우리는 역사적 일반자의 자기 한정으로서 한정되는 것이다. 우리가 자기 안에 절대의 남을 본다고 생각할 때, 자기에 대한 것은 그냥 존재하는 것이 아니고 자기자신을 표현하는 것이 아니면 안 된다. 넓은 뜻으로 그것은 너라고 하는 것이 아니면 안 된다. 그래서 나는 내 행위에 의하여 너를 한정하고, 너는 너의 행위에 의해 나를 한정하는 것이다. 우리의 개인적 자기가 자기자신을 밑바닥에 보는 비합리성이라고 생각되는 것은, 단지 자연의 비합리성이 아니고, 역사의 비합리성이 아니면 안 된다. 너의 비합리성이 아니면 안 된다. 감각적이라고 생각되는 것도, 그런 의미에서 자기자신을 표현하는 것이고, 그런 의미에서 우리를 한정한다고 할 수 있는 것이다. 우리의 신체라고 생각되고 있는 것도 원래, 역사적 사물의 의의를 가졌던 것이고, 우리의 욕구라고 생각되는 것도 역사적 요구의 의의를 가진 것이 아니면 안 된다. 그래서 진정으로 욕구 없는 자기라는 것은 없다고 할 수 있을 것이다. 이와 더불어 자각적 한정의 밑바닥에 어디까지나 남을 포함한 나로 하여금 나답게 큰 자기라고 생각되는 것은, 다만 깊게 되고 넓혀진 큰 자기라는 것이 아니라, 행위에 의하여 나를 한정하는 너라는 것이 아니면 안 된다. 우리가 자기자신 안에 절대의 남을 본다고 할 때, 그것은 깊어지고 넓혀진 자각을 의미하는 것이 아니고, 자기자신을 부정하는 의미를 갖지 않으면 안 된다. 우리는 자기자신을 부정함으로써 긍정하는 것이다. 죽은 것으로써 사는 것이다. 거기에서는 개물이 개물을 한정하는, 점에서 점으로 옮긴다고 생각하지 않으면 안 된다. 그것은 시간적이면서 사회적·역사적 한정이라고 생각되는 것이 아니면 안 된다. 자기자신 안에 절대의 남을 본다는 절대 무의 자각적 한정이라고 생각되는 것이 사회적·역사적 한정이라고 생각되는 것이고, 우리의 자기는 그런 의미에서 한정되는 것이다. 어디까지나 우리의 자기 밑바닥에 보이는 비합리성이라고 생각되는 것은 물질로 생각되는 것이고, 어디까지나 자기의 밑바닥에 자기 기초를 확고히 한다고 생각되는 것은 너라고 하는 것이 아니면 안 된다. 자연의 세계, 이데아의 세계라고 생각되는 것은 역사의 세계의 양면이라고 생각해야 한다. 역사의 세계에서 고가르텐이 말한 것처럼, 항상 나와 너와 상봉하는 것이다. 그런 관계에서 역사의 세계가 성립되어 있는 것이다(Gogarten, Ich glaube an den dreieinigen Gott, Kap.4). 내가 있다고 하는 것은 역사적으로 한정되어 있지 않으면 안 된다. 환경적 한정을 떠나서 개물이라는 것은 없다. 역사적 한정을 떠나서 자기라는 것은 생각할 수 없다. 만일 그런 것이 생각된다면, 그것은 추상적인 자기일 따름이다. 우리의 자기 밑바닥이 깊이 보이는 비합리성은 역사적 비합리성이 아니면 안 된다. 그런 의미에서 우리의 자기는 어디까지나 과거에서 한정되어 있다고 생각하지 않으면 안 된다. 그러나 그것이 단지 과거로부터의 한정이라고 생각될 때 자기라는 것은 없다. 그것은 '지나간 너'가 아니면 안 된다. 우리의 밑바닥에 보이는 절대의 남이 아니면 안 된다. 자기의 밑바닥에 보이는 과거가 아니면 안 된다. 이런 의미에서 우리의 자기는 역사적으로 한정되어 있다고 생각되는 것이다. 이와 함께, 반대로 우리는 과거를 단지 과거로서 보지 않고, 지나간 너로서 과거를 봄으로써, 진정한 역사가 시작된다고 할 수 있다. 단지 지나간 것이 역사가 아니고, 역사에 있어서는 언제나 지나간 너와 현재의 내가 서로 만나는 것이다. 거기에 절대 무의 자각적 한정으로서의 역사적 실재성이 있는 것이다. 내가 최초로 환경이 개물을 한정하고 개물이 환경을 한정하는 변증법적 운동으로서 역사라는 것을 생각한 것도, 그 근저에 그런 의미가 없으면 안 된다. 무한한 과거로부터 나를 한정한다고 생각되는 환경적 한정이라고 생각되는 것은, 단지 환경적 한정이라는 것이 아니고, 너라는 의미를 가진 것이 아니면 안 된다. 우리가 자기자신의 밑바닥에 무한한 과거를 보고, 또 자기자신의 밑바닥에서 미래로부터 과거를 한정한다고 생각할 수 있는 것도, 아니 때를 부정한다고 생각할 수 있는 것도, 자기에 대한 것이 너라고 하는 의미에서부터가 아니면 안 된다. 영원한 지금의 자기 한정으로서 때라고 하는 것이 생각된다고 하는 데도, 그 밑바닥에 내가 너를 한정하고 네가 나를 한정한다는 의미가 없으면 안 된다. 그래서 순간에서 순간으로 옮겨가는 때라고 하는 것도 생각이 되는 것이다. 우리가 자기자신의 밑바닥에 절대의 남으로서 너를 본다는 것으로부터, 때의 한정이 시작되는 것이다. 나의 자기자신의 밑바닥에서 보는 절대의 남으로서 너라고 생각되는 것은, 무한한 밑바닥에서 내면적으로 나를 한정하는 무한한 과거로서의 너, 즉 지나간 너라는 것이 아니면 안 된다. 거기에 무한하 과거로부터 현재를 한정하는 때라는 것을 생각하게 된다. 그런 의미에서 우리가 절대의 너로부터 한정되어 있다고 생각할 때, 거기에 절대시(絕對時)라는 것도 생각될 것이다. 그러나 내가 나에게 있어 너를 봄으로써 내가 되고, 너는 너에게 있어 나를 봄으로써 네가 된다는 인격적 자기의 자기 한정에서, 순간이 순간 자체를 한정하고, 순간에서 순간으로 옮기는 진정한 때라는 것이 생각되는 것이다. 모든 구체적으로 있는 것은, 그 근저에 있어 위에서 말한 것처럼 너와 나의 관계에 의하여 기초가 만들어지지 않으면 안 된다. 우리는 보통으로 인격이라는 것을 추상적으로 생각하기 때문에, 실재의 밑바닥에 인격적 한정이라는 것을 생각함으로써, 실재계가 주관화되고, 추상화된다고 생각한다. 그러나 과거 무한으로부터의 역사적 한정이라는 것을 떠나서, 자기라는 것은 없다. 우리의 밑바닥에 절대의 남을 본다는 의미에서, 절대의 환경적 한정에 적합한 자기라는 것이 생각될 수 있는 것이다. 나와 너와는 오직 역사에서 서로 만나는 것이다. 그래서 그것은 반대로 나와 너와 상봉함으로써, 역사가 성립한다는 것을 의미하고 있는 것이다. 도덕적으로는 우리가 유한한 자기 안에 무한한 당위를 간직함으로써 인격이라 생각되고, 종교적으로는 죄의 의식 없이 인격이라는 것은 생각할 수 없다고 말한다. 그러나 우리의 인격적 자기는 왜 그렇게 생각되지 않으면 안 될까. 그것은 우리의 자기자신의 밑바닥에 절대의 남을 가지고 있다는 것을 의미하는 것밖에 안 된다. 자기자신의 밑바닥에 가진 절대의 남이라고 생각되는 것이 너라고 하는 의미를 가지고 있기 때문에, 우리는 자기의 밑바닥에 무한한 책임을 느끼고, 자기의 존재 자체가 죄악이라고 생각하지 않으면 안 된다. 우리는 언제나 자기자신의 밑바닥에 깊은 불안과 공포를 가지고, 자기 의식이 또렷하면 할수록, 자기자신의 죄를 느끼는 것이다. 우리는 자기자신의 밑바닥에 자연을 간직하고 있다고 해도, 이성을 간직하고 있다고 해도, 그런 생각은 나오지 않는다. 또 자기자신의 밑바닥에서 보는 남이라고 생각되는 것이 역시 자기라고 생각되는 한, 책임이라는 것은 나오지 않는다. 오직, 나 자신의 밑바닥에 너를 간직하고 그것에 의하여 내가 나 자신이라는 데에서, 나는 내 존재 자체의 밑바닥에 무한한 책임을 갖는 것이다. 더구나 그 너는 단지 일반적인 추상적 너이면 안 된다. 또 역사적으로 말하여도 다만 역사적 사실로서 양해의 대상 같은 것이어서는 안 된다. 그것은 나의 밑바닥에서 나를 한정하는 역사적 네가 아니면 안 된다. 나는 나의 밑바닥에 역사적 너를 봄으로써 나는 내가 되는 것이다. 피히테의 비아(非我)라고 생각한 것도, 그런 의미를 가진 너라고 생각해야 한다. 당위라고 하여도, 단지 추상적인 일반적 당위라는 것이 있는 게 아니고, 내가 나의 한정된 역사적 위치에서, 나에 대한 것을 역사적으로 너로 봄으로써, 진정한 당위라는 것을 생각하게 되는 것이다. 이런 의미에서만 실재의 근저에 인격적인 것을 생각하고, 인격적인 것 위에 실재계가 세워진다고 생각할 수 있는 것이다.

나는 일찍이 사랑의 대상을 사람이라고 생각함으로써, 물체를 대상으로 하는 욕구와 사랑과를 구별하고, 또 진정한 사랑과 에로스를 구별하였다. 진정한 사랑이라는 것은 무슨 가치를 위하여 사람을 사랑하는 것이 아니고, 사람을 위하여 사람을 사랑한다는 것이 아니면 안 된다. 아무리 소중한 목적이 있어도, 그 때문에 사람을 사랑한다고 생각이 되면, 그것은 진정한 사랑이 아니다. 진정한 사랑이란 절대로 남에게 나를 보이는 것이 되면 안 된다. 거기에는 내가 나 자신이 죽음으로써 너에게 있어 산다는 의미가 없으면 안 된다. 자기자신의 밑바닥에 절대의 남을 봄으로써, 즉 너를 봄으로써, 내가 나라고 하는 나의 이른바 절대 무의 자각이라고 생각되는 것은, 그 근저에서 사랑의 의미가 없으면 안 된다. 나는 그리스도교에서 아가페라고 생각되는 것에 그런 의미가 있다고 생각하는 것이다. 아가페는 동경이 아니라 인생이다. 신의 사랑이지 인간의 사랑은 아니다. 신에서 인간으로 내려온 것이며 인간에서 신으로 올라가는 것은 아니다. 숄츠는 Die Menschwerdung Gottes. In der Christuserscheinung. Und Welch eine Menschwerdung! Bis zum Tode am Kreuz, So manifestiert sich die Gottesliebe.라고 말하였다. (H.Scholz, Eros und Caritas, S.49) 인간의 아가페는 신의 사랑을 모방한 것으로 생각된다. 그래서 아우구스티누스가 신의 사랑에 의하여 내가 나라고 하는 것처럼, 신의 사랑에 의해 내가 진정한 나인 것이다. 우리가 단지 자기 안에서 남을 보고 생각할 때, 자기는 욕구적이라고 생각되고, 그런 자기가 보고 남이라고 생각되는 것, 즉 그 대상계라고 생각되는 것은 욕구의 대상계라고 생각된다. 그러나 그런 욕구적 자기라고 생각되는 것도 자기라는 의미를 갖는 한, 그것은 자기자신 안에 절대의 남을 본다는 의미를 갖지 않으면 안 된다. 그래서 그 남은 절대의 남으로서 볼 수 없는 것이 아니면 안 된다. 따라서 그 욕구적 자기의 입장에서 그 대상계라고 생각되는 것은, 자기자신의 수단이 되는 것과 그렇지 않은 것과, 또 자기에게 반하는 것으로 나누어진다. 자기자신에게 있어 남을 본다는 것의 반대로, 남에게 있어 자기를 본다는 의미에서는, 우리의 자기는 신체적이라고 생각하지 않으면 안 된다. 욕구적 자기는 신체적이라고 생각되는 것이다. 그러나 이런 의미에서 남이라고 생각되는 것도, 보통으로 생각하는 것처럼 자연이라고 하는 것과 같은 것이 아니고 이미 역사적 남의 의미를 가진 것이 아니면 안 된다. 그저 자연으로부터 욕구적 자기라는 것도 나오지 않는다. 그렇게 생각되는 한, 즉 남이라고 생각되는 것의 밑바닥에 자각의 의미가 있다고 생각되는 한, 객관적 정신이라는 것 같은 것이 생각된다. 객관적 정신이라고 생각되는 것은, 우리의 자기에 대하여 남이라고 생각됨과 동시에 우리가 여기에서 자기를 보기 시작한다고 생각되는 것이다. 우리는 자기를 남에게 죽게 함으로써 산다고 생각하는 것이다. 생물학적 생명이라는 것을 생각할 때도, 이미 자연이라고 생각되는 것에서 그런 의미를 생각하는 것이다. 그렇게 객관적 정신이라고 생각되는 것에서, 남에게 몰입함으로써 자기를 보기 시작한다는 의미가 있다고 해도, 역시 진정한 절대의 남에게서 자기를 볼 수는 없다. 객관적 정신이라고 생각되는 것에서는 진정한 개인적 자기라는 것은 발견되지 않는다. 우리의 근저에 자연이라는 것이 생각될 때, 개인적 자기라는 것을 생각할 수 없는 것은 말할 것도 없지만, 객관적 정신에 있어서도 마찬가지이다. 객관적 정신이라고 생각되는 것에서도, 자연이라고 생각되는 것에서도, 자기와 남과의 추상적 대립을 벗어날 수는 없다. 어디까지나 자타의 단순한 투쟁의 의미를 벗어날 수는 없다. 객관적 정신이라고 생각되는 것은, 한쪽에 있어 자기 안에 절대의 남을 본다는 절대 무의 자각적 한정의 의미를 갖는다고도 생각되지만, 어디까지나 우리의 개인적 자기를 에워싼 이것을 안으로 한정한다고 할 수는 없다. 그렇게 생각할 수 있는 한, 그것은 도리어 절대 무의 자각적 한정에 의하여 한정된 것이라고 할 수 있다. 다만 자기 안에서 남을 본다는 의미를 극한으로까지 앞으로 나아간 것이라고 볼 수 있다. 초월아(超越我)라고 생각할 수 있는 것은, 그런 의미에서 자기의 확대에 불과하다. 진정으로 절대의 남이 자기를 본다는 의미를 갖지 않는다. 자연이라고 생각되는 것도, 그런 절대 무의 자각적 한정에 의해 한정된 것이라고 생각할 수도 있을 것이다. 칸트철학에서와 같이, 순수한 나의 종합 통일에 의하여 자연이 구성된다고 생각할 수가 있다. 그러나 자연은 그 배후로 생각되는 절대의 비합리성에 의하여, 절대로 우리를 부정하는 의미를 갖는 한, 즉 절대 사(死)의 의미를 갖는 한, 역시 절대 무의 자각의 부정적 의미를 갖는다고 생각할 수도 있는 것이다. 객관적 정신의 자기 한정적 내용이라고 해야 되는 것은 문명이라고 생각되는 것이리라. 우리가 자기자신 안에 남을 보고, 남에 의해 한정된다고 생각되는 한, 객관적 정신이라고 생각되는 것이 우리를 에워싸고 우리를 한정하는 큰 자기로서, 우리는 그 목적을 목적으로 하고, 우리는 자기 실현의 수단이 된다고도 생각할 것이다. 또 자기의 밑바닥에서 자기자신을 초월한 절대의 남을 본다고 생각할 때, 우주적 정신이라는 것이 생각되고, 그것이 에로스의 대상으로서 그것에 의해 에로스적 한정이라는 것도 생각할 수 있을 것이다. 그러나 그것은 어디까지나 자기의 밑바닥에 남을 본다는 욕구적 자기의 입장을 떠난 것이 아니다. 따라서 그것에 의하여 자기자신의 밑바닥에 원죄를 보고, 진정으로 죽음으로써 산다는 인격적 자기를 한정할 수는 없다. 객관적 정신이라고 생각되는 것은, 진정으로 우리의 밑바닥에서 우리의 자기로 하여금 자기답게 하는 네가 아니고, 역시 대립적으로 우리의 밖에 보이는 너라는 것을 벗어나지 못한다. 오직, 자기자신의 밑바닥에 절대의 남을 본다는 것의 반대로 절대의 남에게서 자기를 본다는 의미에서만, 진정으로 자기자신의 밑바닥에 원죄를 가진, 자기의 존재 자체를 죄라고 하는 인격적 자기라는 것을 생각할 수 있는 것이다. 거기에 그리스도교의 이른바 아가페의 의미가 없으면 안 된다. 절대의 남에게 자기를 보도록 함으로써, 자기 확대와 반대의 의미에서 자기 안에 절대의 남을 본다고 할 수 있는 것이다. 그리고 거기에 진정으로 내가 나라고 할 수 있는 것이 되는 것이다. 우리는 이성이 있기 때문에 인격적 자기가 되는 것이 아니며, 더구나 단순한 충동에 의하여 인격적 자기가 되는 것도 아니다. 우리는 신의 아가페를 모방하여 내 자신처럼 이웃 사람을 사랑함으로써 인격적 자기가 되는 것이다. 사랑은 비합리적이라고 한다. 아가페도 자발적이라든가 몰가치적이라든가 하는 생각을 하게 된다. 그러나 단지 비합리적이라는 것은 사랑은 아니다. 사랑은 남에게 있어 자기를 본다는 것이 아니면 안 된다. 거기에 인격적 의미가 있고, 절대 무의 한정으로서 우리가 실재계라고 생각하는 것까지도 기초를 만드는 의미가 있는 것이다. 우리는 가치가 있기 때문에 아가페의 대상이 되는 것은 아니다. 아가페에 의하여 우리는 가치를 갖는 것이다. 니그렌이 말한 것처럼 아가페는 가치창조의 원리라고 할 수 있다(A.Nigren, Eros und Agape, S.61). 가치가 있기 때문에 신이 나를 사랑하는 것이 아니고, 신이 나를 사랑하기 때문에, 나는 가치가 있는 것이다. 모든 객관적 가치라고 생각되는 것은 아가페에 의하여 기초가 만들어지지 않으면 안 된다. 에로스와 아가페와는 원래, 상반되는 방향이다. 우리는 에로스적 방향으로 나아감에 의해 신에 도달할 수는 없다. 어디까지 가도 큰 자기를 보는 데 불과하다. 거기에서 너에 대한 의무니 책임이니 하는 것은 나오지 않는다. 자기가 절대자를 위하여 있고, 절대의 가치에 대하여 당위를 갖는다는 의미는 나오지 않는다. 그러나 환경이 개물을 한정하고 거꾸로 개물이 환경을 한정한다는 변증법적 운동에서 진정한 개물이라는 것이 생각되는 것처럼, 우리가 자기에게 있어 절대의 남을 보고, 반대로 절대의 남에게 있어 자기를 본다고 생각하게 됨으로써, 우리의 진정한 인격적 자기라고 하는 것이 생각될 수 있는 것이다. 단지 남에게 있어 자기를 본다고 생각한다면, 나와 물체와 선택의 여지가 없다. 신은 어디까지나 우리의 밑바닥에서부터 작용하지 않으면 안 된다. 밖에서 작용하는 것은 맹목적인 힘에 불과하다. 우리는 우리의 밑바닥에 초월을 보는 것이다. 그것은 모순일지도 모른다. 그러나 진정으로 인격적 자기라고 생각되는 그런 변증법적 운동으로서 있는 것이다. 우리가 자기의 안에서 절대의 남을 본다고 생각하는 한, 거기에 에로스적 의미가 없으면 안 된다. 아가페의 한쪽에 에로스가 포함되어 있지 않으면 안 된다. 신은 동경의 대상이라고도 생각할 수 있는 것이다. 오직, 우리는 에로스에 의하여 신을 보려고 생각한다면, 그것은 동으로 가려고 하다 서로 가는 것이나 똑같다고 하지 않을 수 없다. 에로스에 의하여 아가페의 기초가 만들어지는 것이 아니라, 아가페에 의하여 에로스의 기초가 만들어지는 것이다. 우리의 문화라고 생각하는 것은 종교에 의하여 기초가 만들어짐으로써 진정한 문화의 의미가 있는 것이다. 아가페에 기초가 만들어지지 않은 문화는 장난에 불과하다. 방탕한 자식과 포도밭의 노동자와의 비유가 아가페의 의의를 뚜렷하게 한다고 생각하는 것은 말할 것도 없지만, 아가페에는 어떤 가치적 고려라도 가해지면 안 된다. 그러나 그런 의미에서 아가페는 가치 초월을 의미하는 것이며 가치 부정을 의미하는 것은 아니다. 주어가 되어 술어로 되지 않는 히포케노멘은 술어적으로 한정할 수는 없다. 그러나 그것은 어디까지나 술어화되어야 하는 것이다. 우리는 오직, 역사를 통하여 신과 대화하는 것이다. 우리의 밑바닥에서 우리를 한정하는 절대의 남이라고 생각되는 것은, 역사적 한정의 의미를 가진 것이 아니면 안 된다. 신은 역사의 밑바닥에 자기자신을 계시하는 것이다. 그렇게 하는 말도 역사의 근저에 가치개념을 두려는 것은 아니다. 역사를 합목적적으로 생각하려고 하는 말이 아니다. 그렇게 생각하는 것은 역사를 부정하는 것이다. 역사를 이데아화하는 것이다. 역사의 밑바닥에는 절대의 비합리성이 없으면 안 된다. 더구나 그것은 단순히 비합리성이라고 해야 되는 것이 아니라 너라고 하는 의미를 가진 것이며, 한정할 것이 없는 한정으로서, 거기에 때가 시작된다는 의미가 없으면 안 된다. 거기에는 무에서 유가 시작된다는 의미가 없으면 안 된다. 거기에는 무에서 유가 시작된다는 의미에 있어 창조의 의의가 없으면 안 된다. 가치도 거기에서 창조되는 것이다. 역사는 가치에 따라 만들어지는 것이 아니라 가치가 역사적으로 창조되는 것이다. 우리가 역사를 통하여 신을 만난다는 데에, 가치 창조의 의미가 없으면 안 된다. 우리는 역사에 있어 역사에 의하여 한정되는 것이다. 이 역사적 한정을 떠나서 우리의 개인적 자기와 추상적으로 접촉하는 신이라는 것을 생각할 수 있다면, 즉 다만 초월적 신이라는 것이 생각될 수 있다면, 그것은 진정한 신이라고 해야 되는 것이다. 너 자신처럼 너의 이웃을 사랑하라고 한 것도, 거기에 감상적 의미가 있으면 안 된다. 혹시 추호라도 그런 의미가 있다면, 그것은 아가페라고 할 수 없는 것이다. 그러므로 아가페는 사람을 사랑하는 것이 아니고, 신을 통하여 사람을 사랑한다고 생각하는 것이다. 나와 너는 마찬가지로 역사에서 있고, 역사에 의하여 한정된 것으로서, 신의 창조물이다. 나는 신의 창조물로서 나 자신처럼, 신의 창조물인 너를 사랑하는 것이다. 나와 네가 아가페에 있다는 것은, 나와 네가 신의 창조물로서 역사적 세계에서 의미를 갖지 않으면 안 된다.

논리와 생명

인간은 존 롤리티콘이라든가 존 로곤 에콘이라 하여 혹은 감성적·이성적이라고 하는데, 그보다도 우리는 프랭클린의 말처럼 도구를 만드는 동물이다. 그러나 도구는 도구를 위하여 만들어진 것이 아니고, 도구를 만드는 것은 물건을 만드는 것이 아니면 안 된다. 물건이라는 것은, 객관적이면서 일반적인 것, 우리가 어떻게도 할 수 없는 것, 그 자체에 의하여 변하는 것이다. 동물도 물건을 만든다. 바다삵은 교묘한 건축가라고 한다. 또 어떤 동물은 도구도 만드는 것으로 생각된다. 그러나 동물은 물건을 물건으로서 본다고는 생각되지 않는다. 동물은 대상계를 가지고 있지 않다. 물론 나는 동물의 본능 작용을 단지 무의식적이라든가 감정적이라고 생각하는 것은 아니다. 동물의 본능 작용도 의식적이 아니면 안 된다. 그 앞서가는 것은, 표상적이라고 할 수 있을 것이다. 그러나 동물은 물건을 대상적으로 본다고는 하지 않는다. 자기의 동작 자체를 객관적으로 반영한다고 생각할 수는 없다. 진정한 객관적 대상물이라는 것은 오직, 우리의 노력이라든가 동작이라든가 하는 하는 것에, 저항하든가 부정하든가 하는 것이 아니고, 그것도 포함하는 것이 아니면 안 된다. 우리가 여기에 있다고 생각되는 세계가 아니면 안 된다. 보통으로 물질계가 가장 객관적이든가 실재적이라고 생각되는 것도, 단지 그것이 우리에게 저항한다든가, 우리를 부정한다든가 하기 때문이 아니고, 우리의 신체가 여기에 있다고 생각되기 때문이 아니면 안 된다. 그래서 신체가 없으면 자기도 없다고 생각되는 까닭이다.

동물도 물건을 만든다. 그러나 동물의 동작이라는 것은, 아마 신체적 동작의 연장 이상의 것은 아닐 것이다. 동물도 어느 정도의 도구를 가지고 있다 하여도, 그것은 참다운 도구를 가졌다고 할 수 없을 것이다. 도구에는 대용할 수 있는 것이 없으면 안 된다. 거기에는 벌써 물건을 물건으로서 본다고 하는 것이 없으면 안 된다. 눈은 가장 객관적인 감관이다. 더구나 독수리의 눈은 몹시 밝지만, 오로지 쥐만 본다고 한다. 그러나 동물의 본능작용이라 해도 단지 기능을 정한다기보다도, 기능이 기관을 정하는 것이다. 하늘 높이 날기 위하여 독수리 눈은 생겼고, 땅속 깊이 숨기 위하여 두더지의 눈은 생긴 것이다. 아리스토텔레스는, 아낙사고라스가 인간이 동물 중에서 가장 예지적인 것은 손을 가졌기 때문이라고 하였으나, 오히려 인간은 가장 예지적이기 때문에 손을 받게 된 것이라고 해야 될 것이다. 생물적 생명이 발생하는 세계는, 단지 기계적 물질의 세계가 아니고, 기능적 물질의 세계가 아니면 안 된다. 생물의 기관을 구성하는 물질은, 단순한 기계적 물질이 아니라, 기능적 물질이 아니면 안 된다. 물론 우리의 눈이나 손이라는 것을 분석하여도, 화학적인, 아니, 물리적인 물질 외에 아무 것도 없을 것이다. 그러나 그런 물질계에서 생명이라는 것은 성립하지 않은 것이다. 그것은 이른바 객관적 방향의 극한으로 생각되는 추상적 세계인 것에 불과하다. 물론, 생물적 생명이라는 것은, 그 자체에 의하여 성립한다고는 생각되지 않는다. 그것은 환경을 갖지 않으면 안 된다. 물질에 의존하지 않으면 안 된다. 그러나 생물적 생명이라고 해도, 과학적으로는 어디까지나 해결하지 못한다. 오직, 그 성립의 물질적 조건을 분명히 할 뿐이다.

동물의 본능적 동기라고 해도, 기계적 물질의 세계에서는 나오지 않는다. 그러나 동물은 역시 진정으로 도구라고 할 만한 것을 가지고 있지 않다. 그들이 도구로 가지고 있는 것은, 우리가 유추하여 그렇다 할 만한 것이다. 동물은 역시, 대조적인 자연의 수준을 벗어나지 못한다. 도구라는 것은 이미 객관화된 것이 아니면 안 된다. 우리의 신체를 떠난 것이 아니면 안 된다. 다른 것을 가지고 대용할 수 있는 것이 아니면 안 된다. 그 진정한 행위는 포이에시스(poiesis)이고, 우리의 행위라는 것은 외계를 변하게 한다는 것이다. 물건을 만든다는 것이다. 더구나 만들어진 물체는 독립적인 것이고, 그것은 또 물체로서 우리를 한정하는 것이다. 그 물체는 우리의 신체적 존재도 결정하는 것이다. 우리의 행위라는 것은 그런 물질의 세계에서 성립하는 것이다. 그것은 기계적 물질의 세계가 아니라는 것은 말할 것도 없고, 생물적 생명의 세계도 아니다. 또 단지 기능적 물질의 세계도 아니다.

물질이란 어떤 것인가. 물질이란 우리의 운동에 저항하는 것이라고 생각된다. 우리의 운동을 부정하는 것이라고 생각된다. 그러나 저항한다는 것을 의식할 때, 그것은 벌써 단지 부정된 것은 아니다. 단지 우리의 운동이 사라져 없어진 것은 아니다. 그것은 이미 무엇인가를 보는 것이다. 형상이 나타나는 것이다. 그래서 반대로 우리가 무엇인가를 만드는 것이다. 우리가 시각적으로 물체라고 하여 있는 것은, 눈의 운동에 의하여 만들어진 것이다. 그러나 촉각적인 것이, 우리에게 실재적이라고 여겨지는 것일 게다. 시각과 촉각이 결부되는 곳에, 우리의 지각의 세계라는 것이 구성되는 것이다. 그러나 우리가 그것그것에 의하여 물체를 움직인다고 생각하는 우리의 신체라는 것은 어떠한 것인가, 어떻게 성립하는 것인가. 베르그송이 눈은 시각적 생명이 물질면을 돌파한 흔적이라고 말한 것처럼, 우리의 감관도 운동에 의하여 볼 수 있는 것이다. 우리의 신체도 역시 지각적인 것이다. 그런 의미에서는 신체도 일종의 도구이다. 신체라는 것이 없으면 운동에 의하여 물체를 볼 수 없다. 신체는 운동의 주체라고 생각된다. 그런데 또 반대로 운동에 의하여 신체가 보이게 된다. 우리는 손을 가지고 도구를 만들고, 도구에 의해 물건을 만든다고 생각한다. 도구라는 것은 우리의 신체를 떠난 것이다. 물질이다. 그러나 도구를 인정하는 것에서 우리의 신체를 아는 것이다. 영혼이 없는 기계가 우리에게 영혼이 있는 기계 즉 유기체를 알게 하는 것이다. 잔 파울은 기계적인 것은 우리에게 내적인 것보다도 우리에게 직접적인 것이라고 하였다. 그렇게 말한 것도 물론 오직 밖에서만이 안을 알 수 있다고 하는 것은 아니다. 라이프니츠는 기계는 혹시 극한에서 기계가 아니게 된다. 즉 다만 물질이 된다. 유기체는 그 극소의 부분까지도 기계이다, 라고 말했다. 우리는 밖으로부터 인과관계를 알지만, 유기체는 그 근본에 있어 자동적이 아니면 안 된다.

생물적 생명의 세계, 유기적 세계라는 것은 어떻게 하여 성립하는 것일까. 보통으로는 우주의 시초에는, 오직 동질적인 물질의 운동이라는 것이 있고, 그것이 어떤 조건하에 어떤 결합으로, 생물적 생명의 현상을 낳았다고 생각된다. 그러나 물질적 운동에서 생물적 생명이라는 것이 나올 수는 없다. 물론 유기체를 자연과학적으로 분석하면 물질 외에 아무 것도 아닐 것이다. 그러나 그것은 생명 그 자체를 부정하는 것이다. 물질의 세계에는 합목적적 작용이라고 하는 것조차 생각할 수 없다. 유기체라는 것이 성립하려면, 먼저 그것을 구성하는 개개의 물질이, 자기자신을 한정할 독립적인 것이 됨과 동시에 전체성을 가진 것이 되지 않으면 안 된다. 그러나 단지 그것만은 아니다. 전체적 통일이라는 것이 없으면 부분적 개물의 독립이라는 것이 없고, 그 반대가 또 참이 되지 않으면 안 된다. 아니, 그, 전체와 부분이 서로 부정을 하는 것이 안 되면 안 된다. 질병이라는 것도 생명 가운데 있는 것이다. 살아 있는 것은, 언제나 병에 걸릴 수 있는 상태에 있지 않으면 안 된다. 그렇지 않으면 살아 있는 것이 아니다. 생명은 모순의 자기 동일이 아니면 안 된다. 생물적 생명이라고 해도 이미 그렇게 말할 수가 있다.

모순의 자기 동일이라고 하면 사람은 오직 과정적으로, 부정이 곧 긍정이고 긍정이 곧 부정이라고 생각한다. 그러나 절대 부정의 변증법이란 것은, 개물적 한정 즉 일반적 한정, 일반적 한정 즉 개물적 한정, 시간 즉 공간, 공간 즉 시간이라는 것이 아니면 안 된다. 개물이 개물 자체를 한정한다는 것은 다른 것을 부정하고 자기가 되는 것이고, 그것은 결국 자기자신을 부정하고 일반이 되는 것이며, 일반이 자기자신을 한정한다는 것은 자기를 개물화하는 것이고, 그것은 결국 자기자신을 부정하고 개물이 되는 것이다. 그러므로 개물과 개물이 서로 한정한다는 것은 비연속인 연속의 매개자가 자기자신을 한정한다는 것이고, 비연속인 연속의 매개자가 자기자신을 한정한다는 것은 개물과 개물이 서로 한정한다는 것이 된다. 그런 모순의 자기 동일로서 생명이라는 것이 생각되는 것이다. 그러므로 질병도 생명 가운데 있다고 할 수 있는 것이다. 아니, 진정한 생명은 죽음까지도 포함한다고 할 수 있는 것이다. 보통으로는 오직 생의 부정으로서 생에서 사를 생각하지만, 진정한 건강은 질병을 포함하고, 진정한 생명은 죽음을 포함하는 것이 아니면 안 된다. 죽음은 생명에 본질적인 것이다. 그런 변증법은 유와 무를 대립시키고, 또는 비연속과 연속을 대립시키며, 유에서 무를 생각한다든가, 또는 연속에서 비연속을 생각한다든가 하는 것은 아니다. 또 그 반대도 아니다. 절대적 부정의 변증법과 상대적 부정의 변증법이 갈리는 까닭이다. 긍정은 이미 부정의 곳에 없으면 안 된다. 그러나 그것은 작용적 변증법에서는 생각할 수가 없는 것이다.

생물적 세계라고 하여도 위에서 말한 것처럼 이미 변증법적 일반자의 자기 한정으로서 생각하지 않으면 안 되지만, 생물적 세계라고 생각되는 것은 역시 진정으로 변증법적 일반자의 자기 한계의 세계는 아니다. 역사적 실재의 세계에서는, 개물은 어디까지나 자기자신을 한정한다고 생각되는 것이 아니면 안 된다. 자유 의지적이 아니면 안 된다. 그런 세계에서, 비로소 유가 무이고 생이 사라고 말할 수 있다. 그런 세계의 자기 한정에서, 인간이 도구를 갖는다는 것도 가능하게 되는 것이다. 물질의 세계에서 생물의 세계가 성립하고, 생물의 세계에서 인간의 세계가 성립하는 것이 아니고, 도리어 그 반대이다. 그렇게 말하면 인간으로부터 세계를 보는 주관주의라고 해석될지 모르지만, 인간이란 것은 역사적 실재의 세계에서 개물밖에 되지 않는다. 변증법적 세계의 개물적 한정으로서 인간이 태어나는 것이다. 인간으로부터 세계를 보는 것이 아니다. 물질의 세계라는 것도, 역사적 실재의 세계에 의존한다고 생각하는 것이다. 세계는 항상 변함과 동시에 변하지 않는 것이며, 현재는 움직여 가는 것과 동시에 언제나 현재이고, 영원한 현재이다. 그런 세계의 개물로서 인간이라고 하는 것이 있는 것이다. 그러므로 인간은 자기자신의 행동을 아는 것이다. 인간이 도구를 갖는다는 것은, 이미 세계의 자기 부정의 긍정에서 가능해진 것이 아니면 안 된다. 도구는 우리의 신체를 떠난 것이다. 물질이다. 그래서 인간은 항상 물질을 도구로서 가질 뿐만 아니라, 자기의 신체도 도구를 갖는다. 인간은 신체적 존재임과 동시에 자기의 신체를 도구로서 갖는 것이다.

우리 인간은 역사적 실재 세계의 개물적 한정으로서 태어나기 때문에, 우리가 물질의 세계에 대한다는 것은, 단지 보통으로 생각하는 것 같은 의미에서 개물이 일반에 대한 것은 아니다. 우리는 어디까지나 자기를 대상적으로 봄과 동시에, 언제나 대상계를 초월하고 있는 것이다. 거기에 우리 인간의 존재가 있는 것이다. 인간만이 죽음을 안다. 인간만이 자살을 하는 것이다. 아까 질병도 생명 가운데 있다고 말한 것처럼 진정한 생명에서는, 다만 부분이 전체를 포함하고 또 전체에 의하여 부분이 성립한다고 할 뿐만 아니라, 부분이 전체를 부정한다는 것도 포함되어 있지 않으면 안 된다. 아리스토텔레스가 건강이 질병의 구더기 자루라고 한 것도 의미 있는 것이라고 생각한다. 그러나 내가 그렇게 말한 것은, 특히 개물을 주로 하여 종(種)이라든가 일반이라든가를 경시한다는 것은 아니다. 개물은 태어나지 않으면 안 된다. 태어나는 데는, 종이라는 것이 없으면 안 된다. 그런 의미에서 개물은 종적인 것이다. 그러나 종의 생명도 환경을 갖지 않으면 안 된다. 생명 없이는 환경이라는 것이 없는데, 환경이라는 것이 없으면 생명이라는 것도 없다. 생명이 환경을 바꿈과 동시에 환경이 생명을 바꾸는 것이다. 그래서 우리가 죽는다는 것은 환경으로 돌아가는 것이다. 태어난다는 것도 다만 무에서 유가 나온다고 생각하지 않는 한, 환경에서 태어난다고 생각하지 않으면 안 된다. 더구나 환경에서 그냥 생명은 나오지 않는다. 단순한 물질에서 생명은 태어나지 않는다. 생물에 대하여 물질은 영양 아니면 독이다. 결국은 죽이는 것이다. 생명이 태어난 세계는, 생명과 환경이 변증법적으로 하나의 세계가 아니면 안 된다. 아리스토텔레스는 상반되는 것도 동일한 형상을 갖기 때문에, 결핍의 구더기 자루는 반대적 구더기 자루이다. 즉 건강은 질병의 구더기 자루라는 것이다(Metaphysica 1032^6). 그러나 생명의 구더기 자루는 게네시스 카이 프트라의 구더기 자루가 아니면 안 된다. 그래서 그것은 단순히 연속과 같은 것은 아니다. 그것은 변증법적 일반자의 자기 한정이라는 것이 아니면 안 된다. 한정하는 것이 없는 한정이라는 것이 아니면 안 된다. 장소가 장소 자체를 한정한다는 것에서 생명이 성립하는 것이다. 그러므로 생명의 구더기 자루는 죽음을 포함한다는 것이다. 상대적 무를 안에 품은 것이다. 그런 생명의 세계에서 우리에 대한 것은, 단지 대상적으로 보이는 물질의 세계는 아니다. 대상적 물질의 세계라는 것도, 우리를 긍정하고 또 부정하는 것이다. 환경적이다. 그러나 자기의 생사를 아는 인간에 대한 것은, 단지 대상적 물질의 세계가 아니고, 역사적 사물의 세계(역사적 생명의 세계)가 아니면 안 된다. 우리의 자기는 역사적 실재의 세계 밑바닥에서 태어나는 것이다. 지적 자기의 입장에 선 사람에게는, 우리에 대한 것은 오직 자기의 대상계라고 생각되는, 물질의 세계로 생각된다. 그러나 우리의 신체적 자기에 대한 것으로서는, 그것은 우선 식물적(食物的) 자연이 아니면 안 된다. 그것은 환경이 아니면 안 된다. 우리는 거기로 죽어 감과 동시에, 거기에서 태어나는 그 세계가 아니면 안 된다. 그것은 생물적 자연이어야 한다. 생물적 생명의 대상이 되는 것은, 식물적인 것과 성욕적인 것일 게다. 그 대상계는 본능적 대상계이다. 생물의 세계는 단지 종의 생명의 세계이다. 그러나 우리는 신체를 가지고, 우리의 자기는 어디까지나 생물적 신체적이 아니면 안 됨과 동시에, 그것은 어디까지나 개물적이 아니면 안 된다. 직선적이 아니면 안 된다. 시간적이 아니면 안 된다(역사적 신체적이 아니면 안 된다). 그러므로 우리는 의식을 갖는다. 그래서 의식적이 아닌 신체라는 것은 없다. 그런 자기에 대한 세계는 단지 식물적 자연이라든가 생물적 자연이라든가 하는 것이 아니고, 역사적 실재의 세계가 아니면 안 된다. 여기에서 우리는 진정으로 객관적인 물질을 대하는 것이라고 할 수 있다. 즉 역사적 사물에 대한 것이다. 그래서 우리는 지적 자기로서는, 어디까지나 우리의 자기를 부정하는 지적 대상계, 즉 물질계라는 것에 대한 것이라고 할 수 있다. 그러나 대상계는 그저 우리를 부정하는 것이 되면 안 된다. 그것이 우리에 대하여 선다고 하는 한, 그것은 우리 생명과의 관계에서 서는 것이 아니면 안 된다. 우리의 자기와 교섭을 갖는 것이 아니면 안 된다. 요컨대, 그것은 환경이 아니면 안 된다. 그러므로 객관적으로 우리를 부정하는 의미를 가질 수 있는 것이다. 그리고 그것이 죽음의 세계일 수도 있는 것이다. 그러나 앞에서 말한 것처럼 우리에게 있는 세계는, 우리가 거기로 죽어 감과 동시에, 거기에서 태어난 세계가 아니면 안 된다. 그래서 우리에 대한 물질은, 식물적인 것이고 성욕적인 것일 뿐만 아니라, 어디까지나 표현적인 것이 아니면 안 된다. 그것은 우리의 죽음의 밑바닥에서 우리를 한정하는 것이 아니면 안 된다. 그래서 돌이켜 생각하면, 생물에 대한 물질이 식물적이고 성욕적이라는 것도, 실은 그것이 이미 표현적이었던 것이라야 되는 것이다. 동물이라 하여도, 무엇인가 의식을 가진 것이 아니면 안 된다. 그리고 그들에게도, 물질을 부추기는 것이 아니면 안 된다. 의식이라는 것도, 이미 생물적 생명을 부정하는 밑바닥에서 나타나는 것이 아니면 안 된다. 오직 생물의 생명은 환경적이며, 진정으로 세계적은 아니다. 그것은 오직, 태어나는 것이며 진정 스스로 사는 것은 아니다. 그것은 부정면 즉 긍정면인 장소의 자기 한정은 아니다. 그런데 우리 인간의 생명에 있어서는 환경이 곧 세계이다. 객관이 곧 주관이다. 영원한 지금의 자기 한정으로서 우리는 태어나는 것이다. 도구를 가지고 물건을 만드는 데에 인간이 있는 것이다. 인간은 창조적이며, 우리의 생명은 역사적이 아니면 안 된다. 우리가 지적 자기로서 자기 부정의 대상계를 갖는다. 물체를 본다는 것도, 거기에서부터 생각하지 않으면 안 된다.

생명과 환경과의 관계를 그와 같이 생각한다면, 진정한 생명이라는 것은 자기자신 가운데 어디까지나 부정을 포함하는 것이 아니면 안 된다. 그것이 역사적 생명이다. 우리는 이 역사적 실재의 세계에서, 어디까지나 환경에 대한, 죽음의 세계와 마주한다. 거기에 종의 생명이라는 것이 있다. 우리는 부모에게서 태어난다. 부모는 또 그 부모에게서 태어난다. 물질에서 생명은 나오지 않는다. 시간적인 생명과 공간적인 물질계와는 어디까지나 대립한다. 그래서 거기에는 무한한 변증법적 과정이라는 것이 생각되는 것이다. 그런 변증법적 과정이란 것은 생명의 일면에 본질적인 것이 아니면 안 되지만, 그런 입장에서만 생명을 생각한다는 것은, 역시 생명을 추상적으로 보는 관점임을 벗어나지 않는다. 진정한 환경은, 우리가 거기에서 태어나 거기에서 죽어 가는 장소가 아니면 안 된다. 곧 세계가 아니면 안 된다. 그런 세계의 자기 한정으로서, 진정으로 창조적인 구체적 생명이라는 것이 있는 것이다. 창조적이 아닌 생명이라는 것은 없다. 그러므로 진정한 생명의 세계는 표현적이 아니면 안 된다. 단지 환경이라는 것은 그 부정면인 것에 불과하다. 물론, 단지 환경에 대하여라고 함으로써 생명이라는 것이 없음과 동시에, 환경 없이는 생명이라는 것도 없다. 그러므로 생명은 어디까지나 종적(種的)인 것이 아니면 안 된다. 우리는 종에서 태어난다. 우리의 생명은 생물적이다. 변증법적 일반자의 자기 한정의 세계, 창조적 세계의 자기 한정은, 무수한 종의 성립이라는 것이 안 되면 안 된다. 주관 즉 객관, 객관 즉 주관인 세계의 자기 한정으로서, 형태가 나타나는 것이다. 단지 대상적으로는, 한정해야 될 것이 없는 한정이기 때문에, 특수가 실재적이라고 생각되는 것이다. 특수자가 자기자신을 한정한다고 생각되는 것이다. 대상논리의 입장에서 행명이란 것은, 환경과의 관계 이상으로 생각할 수 없다. 세계라고 하는 것은 오직 추상적이라고 생각할 수밖에 없다. 그러나 진정한 생명이라는 것은, 표현적 세계의 자기 한정으로서 성립하고, 생물적 생명의 세계도 거기에서부터 생각되는 것이다.

위와 같은 생각에서 생리학자인 홀데인이 생명에 대하여 한 말도 이해할 수가 있다. 생명은 유기체 밖에 환경을 가질 뿐만 아니라, 안에도 환경을 갖는다. 생명이라 것은, 어떤 종속에 특유한 규준적인 구조와 그 환경과의 능동적 유지이다. 더구나 그것은 단지 물리적·화학적 복합물이 아니라 지속적으로 똑같이 가지런한 것이다. 그것은 자연 그 자체의 개성적 표현이 아니면 안 된다. 생명에는 공간적 경계는 없다. 활력론자처럼 환경을 떠난 유기체의 생각에서 출발하여도, 또 기계론자처럼 유기물을 물질의 일부라고 생각하는 데서 출발하더라도, 생물학자의 생명의 생각을 구성할 수는 없다. 사람은 이 것을 신비라고 한다. 그러나 그것은 우리의 머리로 만든 신비이다. 세계를 기계적 물질의 세계로 생각하기 때문에 그것이 신비가 되는 것이다. 우리는 실제로 그런 구조와 환경과의 관계를 보는 것이다. 그리고 그것을 생명이라 고 한다. 그런 관계를 보는 것이 생명을 보는 것이고, 그리고 그것이 생물학 의 공리가 되는 것이다(J.S.Haldane, The Philosophical Basis of Biology). 세 계는 세계 자신을 한정하는 형성작용이라는 것도, 그런 것이 아니면 안 된 다. 규준적 구조라는 것은 일종의 모양이다. 생물의 형태와 기능과는 나누면 안 되는 것이다.

환경이 우리가 죽어 가는 곳에 있고 태어난 곳일 때, 즉 그것이 세계일 때, 생명의 독립성이 있다. 거기에 생명의 구체적 실재성이 있다. 그러므로 구체적 생명은 역사적이고, 사회적이다. 생물적 종은 민족이고, 게마인샤프 트(공동사회)가 된다. 우리에 대한 것은, 객관적 표현의 세계로서 민족적이 고 사회적이다. 또 이성적이며 객관 정신적이다. 그러므로 나는 세계의 밑바 닥에서 너와 내가 서로 만난다는 것으로써, 역사적 사회가 성립한다고 말하 는 것이다. 환경 즉 세계인 실재계는 개물이 서로 한정하는 세계가 아니면 안 되기 때문이다. 그러나 그것은 단자론처럼 무수의 개물, 우선 그런 것이 있어 거기에서 세계가 성립한다고 말하는 것은 아니다. 또 매개적이라는 것 도 아니다. 절대 부정의 매개, 표현적 매개를 통하여 상대하는 것이다. 말하 자면 역사적 공간이란, 거기에서 선이 언제나 그 양단에 인격적 극한점을 갖 는 공간이 아니면 안 된다고 하는 것이다. 위와 같이 사회가 표현적 세계의 자기 한정으로서 성립한다고 해도, 그것이 생물적이 아니라고 하는 것은 아 니다. 시간 즉 공간, 공간 즉 시간으로서 변증법적으로 자기자신을 한정하는 세계에서, 시간적으로 움직이는 것은 어디까지나 생물적 생명이 아니면 안 된다. 그것은 어디까지나 부정적 환경에 대한 것이 아니면 안 된다. 표현적 으로 자기자신을 한정하는 역사적 실재의 세계는, 이처럼 부정적 계기를 결 하고 있는 것은 아니다. 그러나 그런 생물적 생명을, 표현적으로 자기자신을 한정하는 세계에서 떨어져 생각한다는 것은, 생명이라는 것을 추상적으로 생각하는 것에 불과하다. 구체적 생명은 환경과 생명이 하나가 되는데 있지 않으면 안 된다. 그것은 부정을 내포하지 않으면 안 된다. 그러므로 생물적 생명은 표현적으로 자기자신을 한정하는 세계의 자기 부정으로서 성립하는 것이다. 그래서 반대로 또 자기자신의 안에 부정을 포함한 세계는, 어디까지나 생물적이 아니면 안 된다. 그것은 어디까지나 종의 생명 세계가 아니면 안 된다. 보통, 많은 사람들이 표현이라는 것을 물질로부터 떨어져 표현적 세계를 단순한 의미의 세계라고 생각하는 것이다. 그러므로 역사적 실재 세계의 구체적인 자기 한정작용이라는 것은, 형성작용이 아니면 안 된다. 환경과 생명이 하나인 세계의 자기 한정은 형성작용적이 아니면 안 된다. 종이란 자기자신을 한정하는 특수자라고 생각됨과 동시에, 그것은 역사적으로 형성되는 것이 아니면 안 된다. 단순한 생물의 세계에서는 사회와 사회가 상대하는 서로의 관계처럼, 종이 종에 대한다는 일도 있다. 종이 종에 대한다는 것은, 그것이 이미 표현적으로 자기자신을 한정하는 세계의 자기 한정에 의하여 형성되는 것이기 때문이다. 그러므로 종도 역사적 실재의 세계에서 성립됨과 동시에 또 망하여 가는 것이다.

나와 네가 서로 만난다 해도, 매개도 없이 그냥 만난다는 것은 아니다. 나와 너와는 표현적 매개에 의하여 상대하는 것이다. 그것은 또 표현적으로 나에 대한 것이 너라든가, 표현적으로 너에 대한 것이 나라고 한다든가 하는 것이 아니다. 표현적으로 나에 대한 것은 물질이다. 너의 신체이다. 그러나 물질이 표현적이라는 것은, 세계가 변증법적 생명의 자기 한정의 세계라는 것이 아니면 안 된다. 변증법적 생명의 세계라는 것은, 각자가 어디까지나 독립적이라는 것과 독립적이라는 것이 하나인 모순적 자기 동일의 세계가 아니면 안 된다. 그런 세계에서 물질이 표현적이라고 할 수 있고, 개물적인 나에 대한, 개물적인 너의 신체가 나에게 도구적인 물질이 아니라 너의 신체라고 할 수 있는 것이다. 표현적으로 자기자신을 한정하는 세계에서 나와 너와의 상봉이라고 할 수 있는 것이다. 사회라는 것은 그런 세계의 자기 한정으로서 형성되는 것이다.

형성작용이라고 하면, 사람은 곧 형상과 자료를 나누고, 형상에 의해 자료를 형성한다고 생각하지만, 형성작용이란 환경과 생명과 하나인 세계의 자기 한정이라는 것이 아니면 안 된다. 현재가 현재 자체를 한정하는 것이 아니면 안 된다. 현재가 현재 자체를 한정하는 영원한 지금의 자기 한정에 있어, 환경과 생명이 하나인 것이다. 그것을 매개가 없다고 하는 것이 아니라, 진정한 생명은 자기자신을 매개하는 것이 아니면 안 된다. 그렇지 않으면 생명의 구체적 독립성이라는 것은 없다. 그래서 독립성이 없는 것은, 그 자신에 의하여 사는 것이 아니다. 진정한 생명은 아니다. 창조적인 역사적 세계의 자기 통일은, 그런 생명의 독립성에 있는 것이다. 그런 세계의 자기 한정으로서, 홀데인이 말한 것처럼 활력론적으로도 기계론적으로도 생각할 수도 없는 특수한 규준적 구조와 환경과 관계의 능동적 유지라는 것이 성립하는 것이다. 즉 종의 생명이 성립하는 것이다. 직선적인 것과 둥근 고리 같은 것과의 자기 동일에서, 종의 생명이라는 것이 성립하는 것이다. 역사의 세계에서는 그것이 전통을 가진 그런 사회일 것이다. 전통이 없는 사회라는 것은 없다. 그래서 자기자신 안에 부정을 품고, 무(無)이면서 자기자신을 한정하는 역사적 생명의 세계에서는, 그런 종의 생명이라는 것이 역사적 세계를 구축하여 간다고 생각된다. 생물의 생명에서도, 종이 자기자신을 한정하는 곳에 생물의 생명이 있는 것이다. 추상적인 일반적 생명이라는 것은 없다. 그렇다고 해서 오직 종의 실재라고 보아서는 안 된다. 종도 행위적 직관의 매개에 의하여 알려진 것이 아니면 안 된다. 그것은 홀데인의 말처럼 볼 수 있는 것이 아니면 안 된다. 행위적 직관의 장소로서 자기자신을 한정하는 세계가 구체적인 것이다.

판타 레이(만물은 유전한다)를 표방한 헤라클레이토스는, 싸움이 만물의 아버지라고 하였다. 상반하는 것이 도리어 서로 합일하는 것이다. 다른 것에서도 가장 아름다운 조화가 나온다. 모든 것이 싸움에 의하여 성립한다고 한다. 흘러가는 것이 서로 대립한다고 하는 데에는, 때가 동시 존재적이 아니면 안 된다. 버넷은 헤라클레이토스가 찾아낸 진리는 하나가 곧 다(多)요, 다가 곧 하나라고 말하였다. 그래서 그는 변증법의 원조가 되었다. 역사적 실재 세계의 로고스는, 여기에서 찾지 않으면 안 된다. 말도 도구이다. 우리는 먼저 도구를 갖게 된 데에서 인간이 되었다. 그래서 도구는 물질이고, 물질은 이름을 가진 것이 아니면 안 된다. 변증법적인 역사적 실재에서만, 언어를 갖는 것이 가능하다. 거기에 로고스적 인간이라는 것이 성립하는 것이다.

절대 모순적 자기 동일

　절대 모순적 자기 동일로서 만들어진 것보다 만든 것의 세계는, 과거와 미래가 서로 부정적으로 현재에 결합하는 세계이고, 모순적 자기 동일적으로 현재가 모습을 가지고, 현재에서 현재로 자기자신을 형성해 가는 세계이다. 세계가 언제나 하나의 현재로서, 만들어진 것으로부터 만드는 것으로 가는 것이다. 모순적 자기 동일로서 현재의 모습이라는 것이 세계의 생산양식이다. 이와 같은 세계가 포이에시스의 세계이다. 그런 세계에서는 본다는 것과 일한다는 것이 모순적 자기 동일로서, 형성하는 것이 보는 것이고, 보는 것에서 일한다고 말할 수가 있다. 우리는 행위적·직관적으로 사물을 보고, 사물을 보기 때문에 형성한다고 말할 수가 있다. 일한다고 할 때 우리는 개인적 주관으로부터 출발한다. 그러나 우리가 세계의 밖에서 일하는 것이 아니다. 그때는 이미 우리는 세계 안에 있지 않으면 안 된다. 일하는 것은 일이 시켜지지 않으면 안 되는 것이다. 우리가 일을 한다는 것은 단지 기계적이라든가 합목적이라든가 하는 것이 아니고, 형성작용적이라고 하는 것이라면, 형성하는 것은 형성되는 것이 아니면 안 된다. 우리는 자기자신을 형성하는 세계의 개물로서 형성작용적으로 일하지 않으면 안 된다.

　과거와 미래가 서로 부정적으로 현재에서 결합하고, 세계가 모순적 자기 동일적으로 하나의 현재로서 자기자신을 형성해 가는 세계라는 것은, 무한한 과거와 미래와의 모순적 결합에 의하여 이루어진다고 생각할 수 있다. 그렇게 말하는 것은, 그런 세계는 한편으로 라이프니츠의 모나드의 세계처럼 어디까지나 안에서 움직여 가는, 현재가 과거를 업고 미래를 잉태하는 하나의 시간적 연속이며 하나의 세계이다. 그러나 그런 개물과 세계와의 관계는, 결국 라이프니츠의 말처럼 표출 즉 표현이라는 것 외에 없다. 모나드가 세계를 비침과 동시에 펠스펙티브의 한 관점이다. 그런 세계는 나와 하나의 절대 모순적 자기 동일로서, 반대로 하나의 세계가 무수히 자기자신을 표현한다고 말할 수 있다. 무수한 개물의 상호 부정적 통일의 세계는, 역으로 하나의 세계가 자기 부정적으로 무수히 자기자신을 표현하는 세계가 아니면 안 된다. 그런 세계에서는, 물과 물을 표현적으로 서로 대립한다. 그것은 과거와 미래가 현재에서 서로 부정적으로 결합한 세계이다. 현재가 언제나 자기 안에 자기자신을 초월한 것을 품고, 초월적인 것이 내재적, 내재적인 것이 초월적인 세계이다.

'과거에서 미래로'라는 기계적 세계에서도, '미래에서 과거로'라는 합목적적 세계에 있어서도, '미래에서 과거로'라는 합목적적 세계에서도 객관적 표현이라는 것은 없다. 객관적 표현의 세계라는 것이, 다가 어디까지나 다인 것이 하나이고, 하나가 어디까지나 하나인 것이 다의 세계가 아니면 안 된다. 지나간 것은 이미 무로 돌아간 것이면서 아직도 유이고, 미래는 아직 오지 않은 것이면서 이미 나타나 있다는 모순적 자기 동일적 현재(역사적 공간)에서, 물과 물이 표현적 작용으로 상대하며 서로 일하는 것이다. 거기에는 인과적으로 과거로부터의 필연으로서, 합목적적으로 미래에서의 필연으로서 상대하며 서로 작용하는 것은 아니다. 모순적 자기 동일적으로, 하나의 현재로서 현재에서 현재로 움직여 가는 세계, 만들어진 것에서 만들어진 것으로 자기자신을 형성해 가는 세계에서만 그렇게 말할 수 있는 것이다.

자기자신을 형성해 가는 세계의 모습에서 모습으로―라는 것은 혹은 비약적이라든가 매개가 없이라든가 하는 생각을 하게 될 것이다. 개물의 작용이라는 것이 없다고도 생각될 것이다. 그러나 내 생각은 그와 반대이다. 개물이란 어디까지나 자기자신을 한정하는 것이 아니면 안 된다. 표현 작용적으로 작용하는 것이 아니면 안 된다. 세계가 가진 모습이란 그런 개물의 상호 부정적 통일, 모순적 자기 동일로서 나타나는 것이 아니면 안 된다. 그것은 반대로 무수한 개물의 표현작용이 절대적 자기 동일적 세계의 무수한 방식에서의 자기표현이라고 하지 않으면 안 된다. 다시 우리의 의식통일에 의해 생각해 보자. 우리의 의식현상이란 그 하나하나가 독립이고 자기 표현적이다. 그 하나하나가 자기임을 주장하고 요구한다고 해도 될 것이다. 더구나 우리의 자기라는 것은 제임스가 말한 양떼의 낙인 같은 것이 아니라 그런 자기자신을 표현한 것의 부정적 통일로서, 형체를 가진 것이 아니면 안 된다. 그것이 우리의 성격이라든가 개성이라든가 하는 것이다. 자기라는 것이 초월의 밖에 있는 것이 아니라 의식하는 곳 거기에 자기가 있는 것이며, 그때 그때의 의식이 우리의 모든 자기라는 것을 요구하고 주장한다. 더구나 그것을 부정적으로 통일하여 가는 곳에, 진정한 자기라는 것이 있는 것이다. 우리의 자기 의식통일에서도, 현재에 있어 과거와 미래가 모순적으로 결합하고, 모든 자기가 하나의 모순적 자기 동일적 현재로서, 과거에서 미래로, 생산적이고 창조적이다. 의식통일이라는 것도, 보통은 세계에서 떨어져 추상적으로(심리적으로) 생각되는 것이지만, 구체적으로는 자기자신을 형성하는 세계의 표현작용적 개물로서 생각해야 될 것이다. 하나하나의 개물이 어디까지나 개물적이며 표현작용적으로 자기자신을 한정한다고 해야 될 절대 모순적 자기 동일의 세계에서, 개물적 '모두'가 자기 부정적으로 단지 점 집합적으로 생각될 때, 그것이 물리적 세계이다. 물리적 세계는 수학적 기호에 의하여 나타낸 수학적 형태의 세계이다. 개물이 각기의 방식으로 세계를 표현한다고 생각될 때, 그것이 생명의 세계이다. 그 환경에 맞는 것이 생물적 생명의 세계이다. 거기에서는 개물은 아직 진정한 표현작용적이 아니다. 개물이 어디까지나 표현작용적으로 자기자신을 한정한다고 할 때, 인간의 역사적 세계이다. 세계는 절대 모순적 자기 동일적 현재로서 자기자신을 형성해 간다. 생물적 세계는 말할 것도 없고, 물질적 세계도 형태를 갖는다. 그러나 그것은 생산적이 아니며 창조적이 아니다. 그러므로 더욱 '현재에서 현재로, 모습에서 모습으로'라고 말할 수 없다. 아직 진정으로 '만들어진 것에서 만들어진 것으로'라고는 말할 수 없다. 과거와 미래가 서로 부정적으로 현재에서 결합하는 곳, 거기에는 언제나 '과거에서 미래로'라는 때가 없어진다고 생각된다. 즉 의식면이다. 역사적 세계는 의식적이다. 표현작용이라는 것을 생각하지 않는다면, '모습에서 모습으로'라는 것은 단지 매개가 없다고 생각된다. 작용과 모습이라는 것이 관계가 없다고 생각된다. 그러나 작용한다는 것은, 전(全)세계와의 관계에서 전세계의 모습에서 성립하는 것이다. 물리현상에서도 그렇게 말하지 않으면 안 된다(로체는 그의 '형이상학'에서 이 점을 명백하게 하였다고 생각한다). 전세계가 가진 모습, 나의 이른바 생산양식과 작용과는 떼놓고 생각할 수는 없다. 사람은 많은 작용이라는 것을 전세계와의 관계에서 떠나 추상적으로 생각하고 있다. 물리작용이라든가, 생물적 작용이라든가 하는 것이라도, 그렇게 생각할 수가 있다. 그러나 표현작용이라는 것은 그렇게 생각할 수가 없다. 주체가 환경을, 환경이 주체를 형성한다고 생각되는 절대 모순적 자기 동일의 세계에서는, 물질적 세계라는 것도 이미 만들어진 것이고, 만들어진 것은 환경적으로 주체를 형성하여 간다. 물질의 세계에서 생명의 세계로, 생물의 세계에서 인간의 세계로 발전하는 것이다. 모순적 자기 동일이라는 것이, 추상논리적으로 생각될 수 없다고 해도, 실재라는 것은 이처럼 자기자신부터 움직이는 것이리라.

우리가 이 세상에서 일을 한다는 것은 물질을 형성하는 것이고, 내가 행위적 직관적으로 물질을 보고, 물질을 보기 때문에 일을 한다는 것은, 위에서와 같이 개물이 어디까지나 표현적으로 세계를 형성함으로써 개물이고, 반대로 그것이 절대 모순적 자기와 동일한 세계의 자기 형성의 일각이라고 하는 데서 비롯된 것이다. 행위적 직관이라는 것은 우리가 자기 모순적으로 객관을 형성하는 것이고, 역으로 우리가 객관으로부터 형성되는 것이다. 본다고 하는 것과 일한다고 하는 것과의 모순적 자기 동일을 말하는 것이다. 과거와 미래가 현재에서 서로 부정적으로 결합한다. 즉 현재가 모순적 자기 동일로서 과거 미래를 에워싼다. 현재가 형태를 갖는다고 할 때, 거기에 나의 소위 자기자신을 형성하는 세계가 있는 것이다. 세계는 하나의 현재로서, 만들어진 것에서 만드는 것으로 무한히 자기자신을 형성해 간다. 우리는 그런 세계의 개물로서 의식적으로 세계를 비치는 것에 의해 형성적이고, 그래서 자기 모순적으로 세계를 형성하여 간다. 즉 표현작용적이다(표현작용이란 세계를 매개로 하여 작용하는 것이다). 거기에 우리는 우리의 생명을 갖는 것이다. 행위적·직관적으로 사물을 본다는 것은, 세계의 생산양식적으로 사물을 파악하는 것이 아니면 안 된다. 그런 의미에서 사물을 본다는 것은 세계를 비치는 것이다. 헤겔과 같은 의미에서 개념적으로 실재를 파악하는 것은 이와 같은 것이 아니면 안 된다. 물질을 구체개념적으로 파악한다는 것은, (만들어지고 만드는 것으로서) 물질을 역사적 생산양식적으로 파악하지 않으면 안 된다. 그런 입장에서 파악되는 물질의 본질이 그 구체개념이다. 구체개념이란 추상작용에 의하여 만들어지는 것은 아니다. 행위적 직관적으로 파악되는 것이다. 거기에 만든 것이 보는 것이다. 표출 즉 표현이다. 우리는 개물로서 세계를 비치는 것에서 작용하여, 행위적 직관적으로 물질을 구성함으로써, 실재를 역사적 생산양식적으로 즉 구체개념적으로 파악하는 것이다. 그러므로 예술가의 창조작용 같은 것이라도, 제작에 의하여 생산양식적으로 물질의 구체개념을 파악한다는 것이다(그런 의미에서 미(美)도 진(眞)이다). 그러나 무한한 과거와 미래가 현재에서 결합하여, 절대 모순적 자기 동일로서 자기자신을 형성하여 가는 세계는, 초월적 방향에서는 완전히 기호적으로 표현되는 세계가 아니면 안 된다. 세계의 그런 방향에서의 생산양식 즉 물질의 구체개념을, 행위적 직관적으로 파악하여 가는 것이 실험과학이다. 거기에서는 나의 행위적 직관이란 과학적 실험이라는 것이다. 물리학 같은 것도 단지 추상논리에서가 아니고, 자기에게 세계가 비치는 것에서 시작되는, 표출 즉 표현에서 시작한다. 거기에서는 세계의 생산양식은 오직 기호적으로 표현된다. 즉 수학적이다. 나의 행위적 직관이란 단지 수동적인 직각을 말하는 것이 아니다. 또 그저 행위를 부정하는 수동적인 직각이라는 것은, 추상개념적으로 생각할 수 있을지는 몰라도 실재의 세계에는 없는 것이다. 구체개념이라는 것이 위와 같이 모순적 자기 동일적으로 움직여 가는 세계의 생산양식으로 생각된다면, 이성적인 것이 현실적이고 현실적인 것이 이성적이라고 할 수 있다. 그래서 우리는 언제나 여기에 로두스 섬이 있다. 여기에서 뛰라고 말하지 않으면 안 된다. 행위적 직관의 현실이, 항상 모순의 장소이고 일은 여기에서 결정되는 것이다. 우리가 표현작용적 자기로서 다만 세계를 비친다고 할 때 우리는 의식적이다. 작용적으로는 지향적이라고 생각된다. 다만 그런 작용이 작용으로서 형성적일 때 그것은 추상논리적이다. 추상작용이란, 표현작용적 자기가 기호적으로 세계를 비치는 것이다(즉 언어적으로). 그런데 그런 입장에서 표현작용적으로 물질을 구성한 행위적 직관적으로 이것을 현실로 봄으로써, 자기자신을 형성하여 세계의 생산양식을 파악해 가는 것이 구체적 논리이다. 행위적 직관이란 전체가 매개 없이 일시에 눈앞에 나타나는 그런 것은 아니다. 직관이란 오직 우리의 자기가 세계의 형성작용으로서, 세계 안에 포함되어 있다는 것이 아니면 안 된다.

개물은 어디까지나 표현작용적으로 자기자신을 형성하는 것에 따라 개물이다. 그러나 그것은 개물이 자기 부정으로 자기를 갖는다고 하는 것이고, 자기자신을 형성하는 세계의 일각이라는 것이다. 세계는 무한한 표현작용적 개물의 부정적 통일로서 자기자신을 형성하여 간다. 그런 세계에서 개물이 세계의 자기형성을 잉태한다고 할 때, 개물은 무한히 욕구적이다. 우리가 욕구적이라고 하는 것은, 우리가 기계적이라고 하는 것도 아니고, 단지 합목적이라는 것도 아니다. 세계를 자기 안에 비친다고 하는 것이 아니면 안 된다. 세계를 자기행성의 매개로 하는 것이 아니면 안 된다. 동물의 생명이라는 것도, 이미 이와 같은 것이 아니면 안 된다. 즉 이미 의식적이 아니면 안 된다. 동물이라고 해도 고등일수록, 말하자면 일종의 세계상을 가지고 있지 않으면 안 된다. 물론 그것은 의식적이라든가 자각적이라든가를 말하는 것은 아니다. 그러나 동물의 본능작용이라는 것은 일종의 형성작용이 아니면 안 된다. 옛날 하르트만의 생각처럼 무의식이라고도 할 수 있다. 동물을 무의식적으로 자기자신을 형성하는 세계를 품고 있으므로 본능적인 것이다.

절대 모순적 자기 동일의 세계는, 과거와 미래가 서로 부정적으로 현재에서 결합하고, 세계는 하나의 현재로서 자기자신을 형성하여 가는, 만들어진 것보다 만드는 것을 향해 무한히 생산적이고 창조적이다. 그런 세계는, 먼저 만들어진 것에서 만드는 것으로, 과거에서 미래로 생물적으로 생산적이다. 생물의 신체적 생명이란 것은 그런 형성작용이 아니면 안 된다. 여기에서 개물은 이미 기계적도 아니고 단지 합목적적인 것도 아니며, 형성적이 아니면 안 된다. 동물적 신체적이라 해도 의식적인 한 그렇게 말할 수 있다. 그러므로 동물의 동작은 충동적이고 그 형성에 있어 본능적이며, 즉 신체적이라고 할 수 있다. 거기에 보는 것이 일하는 것이고 일하는 것이 보는 것이다. 즉 구성적이다. 보는 것과 일하는 것과의 모순적 자기 동일적 체계가 신체이다. 그러나 생물적 생명에서는, 아직 진정으로 만들어진 것이 만든 것에 대립하지 못하고, 만들어진 것이 만든 것으로부터 독립하지 못하며, 따라서 만들어진 것이 만드는 것을 만든다고 하지는 못한다. 거기에서는 아직 세계가 참으로 하나의 모순적 자기 동일적 현재로서 자기자신을 형성한다고는 말할 수 없다. 현재가 아직 형태를 갖지 않는다. 세계가 진정으로 형성적이 아니다. 생물적 생명은 창조적은 아니다. 개물은 아직 표현작용적은 아니다. 즉 자유가 아니다. 역사적 세계에서는 주체가 환경을, 환경이 주체를 형성한다고 하였으나 생물적 생명에서는 그것은 아직 환경적이다. 역사적·주체적은 아니다. 아직 진정으로 만들어진 것에서 만든 것으로가 아니고, 만들어진 것에서 만들어진 것으로이다. '내가 그렇게 말하는 것은, 전에 생물적 생명을 단지 주체적이라고 말한 것에 반한다고 생각될지 모르지만, 생물적 생명의 세계에서는 아직 주체와 환경이 진정으로 모순적 자기 통일이 되지 않은 것이다. 진정한 모순적 자기 동일의 세계에서는, 주체가 진정으로 환경에 몰입하여 자기자신을 부정하는 것이 진정으로 자기가 사는 것이고, 환경이 주체를 싸고 주체를 형성한다고 하는 것은 환경이 자기자신을 부정하고 즉 주체가 되는 것이 아니면 안 된다. 만드는 것이 자기자신을 부정하고 만들어지는 것으로 되는 것이 진정으로 만드는 것이 된다고 하는 것이, 만들어진 것으로부터 만드는 것으로 간다는 말이다. 생물적 생명의 세계에서는 항상 주체와 환경이 서로 대립하고, 주체가 환경을 형성하는 것은 역으로 환경으로부터 형성되는 것이다. 단지 주체적이라고 하는 것, 그것이 도리어 환경적인 까닭이다. 자기자신을 환경 속으로 몰입시킴으로써, 환경 자체 속으로부터 살아나는 주체로서 역사적 주체라고 할 수가 있다. 거기에서는 환경이 주어진 것이 아니고 만들어진 것이다. 거기에 진정으로 주체가 환경을 벗어난다고 할 수 있다. 생물적 생명의 세계는 역시 안 운트 휘어 지시(an und füsich 即者對者)의 세계는 아니다.

생물적 생명의 세계라고 해도 앞에서 말한 것처럼 이미 모순적 자기 동일적이지만, 만들어진 것에서 만든 것으로서, 모순적 자기 동일에 투철함으로써 역사적 생명이 자기자신을 구체화하는 것이다. 세계가 진정으로 자기자신으로부터 움직이는 것이 되는 것이다. 그런 발전은 단지 생물적 생명의 연속으로서, 라고 하는 것은 아니다. 그렇다고, 그저 생물적 생명을 부정하는 것에 의하여, 라고 하는 것도 아니다. 그 자기 모순에 투철한 것이다. 생물적 생명이라고 해도 이미 자기모순을 품고 있다. 그러나 생물적 생명은 역시 환경적이다. 아직 진정으로 만들어진 것에서 만든 것으로는 아니다. 그런 자기모순의 극한에서 인간의 생명에 도달하는 것이다. 물론 그것은 몇천만 년이나 걸린 역사적 생명의 노작의 결과가 아니면 안 된다. 만들어진 것에서 만든 것으로라는 노작적 생명의 극에서, 주체는 환경 속으로 자기를 몰입함으로써 살고, 환경은 자기 부정적으로 주체화함으로써 환경이 된다는 경지에 도달하는 것이다. 과거와 미래가 모순적으로 현재에서 결합하고, 모순적 자기 동일로서 현재에서 현재로라는 세계가 자기자신을 형성하여 간다. 즉 세계가 생산적이고 창조적이다. 신체는 생물적 신체적이 아니고 역사적 신체적이다. 우리는 만들어진 것에서 신체를 갖는 것이다. 인간의 신체는 제작적이다. 우리는 생물적 개체로서 이미 자기 부정적으로 세계를 비치는 것에 의해 욕구적이다. 본능작용적으로 형성적이다. 절대 모순적 자기 동일로서 만들어진 것보다 만든 것으로, 라는 세계에서는, 우리는 어디까지나 표현작용적 형성의 욕구를 가지고 있다. 제작욕을 지니고 있다. 그러므로 '모두'와 하나와의 모순적 자기 동일 세계의 개물로서, 진정한 개물인 것이다. 우리가 표현 작용적으로 세계를 형성한다는 것은 역으로 세계의 일각으로서 자기자신을 형성하는 것이고, 세계가 무수한 표현적 형성적인 개물적 '모두'의 부정적 통일로서 자기자신을 형성하는 것이다. 생물의 본능적 형성에서도, 이미 그렇게 말할 수 있다. 본능이라는 것도 생물과 세계와의 관계에서 이해하지 않으면 안 된다(행동심리학에서와 같이). 인간의 본능은 단지 이른바 신체적 형성이 아니고, 역사적 신체적 즉 제작적이 아니면 안 된다. 인간의 행위는 표현작용적으로 세계를 비치는 데서 일어나는 것이다. 행위적 직관적으로 사물을 본다는 것은, 제작적 신체적으로 사물을 보는 것이다. 우리는 제작적 신체적으로 사물을 보고, 그런 것을 보는 데에서 작용하는 제작적 신체적 자기에 있어서는, 본다는 것과 만든다는 것이 모순적 자기 동일적이다.

사물을 제작적 신체적으로 본다는 것은, 사물을 생산양식적으로 파악하는 것이다. 즉 구체개념적으로 파악하는 것이다. 표현작용적 자기로서, 모순적 자기 동일적 현재의 입장에서 사물을 파악하는 것이다. 그것이 진정한 구체적 논리의 입장일 것이다. 거기에 진정한 것이 결실이 되는 것이다. 추상적 지식이란 그런 입장을 떠난 것으로도 생각될 것이다. 그러나 그런 실험의 입장을 떠나서 객관적 지식이라는 것은 없다. 학문적 지식의 입장이라 하더라도, 그런 입장을 부정하는 것은 아니고, 도리어 그런 입장으로 철저히 가지 않으면 안 된다. 모순은 우리의 행위적 직관적인 곳, 제작적 신체적인 곳에 있는 것이다. 그러므로 모순적 자기 동일로서, 만들어진 것에서 만든 것을 향하여, 만들어진 것으로서 주어진 것을 초월해 가는 것이다. 그래서 그 극, 완전히 행위적 직관적인 것, 신체적인 것을 초월한 것에 도달한다고 생각되는 것이다. 그러나 그것은 어디까지나 여기에서 출발한 것이고, 여기에 돌아오지 않으면 안 된다. 무한한 과거와 미래가 서로 부정적으로 현재에서 결합하여 세계가 모순적 자기 동일적 현재로서 자기자신을 형성한다고 할 때, 세계는 어디까지나 초 신체적으로 기호에 의하여 표현된다. 즉 단지 사유적이라고 생각될 것이다. 그러나 그것은 또 어디까지나 우리의 역사적 신체를 떠난다는 것은 아니다.

절대 모순적 자기 동일의 세계에서 우리에게 주어진 것이라고 하면, 과제로서 부여할 수 있는 것이 아니면 안 된다. 우리는 이 세계에서 무엇인가를 형성하도록 부과되어 있는 것이다. 거기에 우리의 생명이 있다. 우리는 이 세계에 과제를 가지고 태어난 것이다. 주어진 것은 그저 부정해야 되는 것도 아니고, 또 매개하고 매개되어야 하는 것도 아니다. 성취하도록 주어진 것이다. 즉 신체적으로 주어진 것이다. 우리는 빈손으로 이 세상에 태어난 것은 아니다. 우리는 신체를 가지고 태어난 것이다. 신체를 가지고 태어났다는 것 자체가, 이미 역사적 자연에 의하여 거기에서 하나의 과제가 풀렸다고 할 수 있음과 동시에(예를 들면 곤충의 눈이 생겼다고 하는 것처럼), 모순적 자기 동일로서 무한한 과제가 포함되어 있는 것이다. 우리가 신체를 가지고 태어났다고 하는 것은, 우리는 무한한 과제를 짊어지고 태어났다는 말이다. 우리의 행위적 자기에 대하여 진정으로 직접 부여된 것이라고 하는 것은 엄숙한 과제로서 객관적으로 우리를 향하여 오는 것이 아니면 안 된다. 현실이란 우리를 싸고, 우리를 억누르는 것이 아니면 안 된다. 단지 질료적인 것도 아니고 매개적인 것도 아니다. 우리의 자기에 대하여 너는 이것을 하겠는가 아니면 죽겠는가 하고 묻지 않으면 안 된다. 세계가 하나의 모순적 자기 동일적 현재로서 나에게 향하는 곳에, 진정으로 주어진 것이 있는 것이다. 진정으로 주어진 것, 진정한 현실은 찾아내게 된 것이 아니면 안 된다.

어디에 현실의 모순이 있는가를 알 때, 진정으로 우리에게 주어진 것을 아는 것이다. 단지 주어진 것이라고 하는 것은, 추상개념적으로 생각되는 것에 불과하다. 우리는 신체적이기 때문에 자기 모순적인 것이다. 행위적 직관적으로 우리에게 임하는 세계는, 우리에게 생사를 압박하는 것이다.

절대 모순적 자기 동일 세계의 개물로서, 우리의 자기는 표현작용적이라고, 행위적 직관적으로 제작적 신체적으로 사물을 보기 때문에 작용한다. 만들어진 사물을 보기 때문에 작용한다. 만들어진 것으로부터 만든 것으로서, 우리는 만들어진 것에 있어 신체를 가진, 즉 역사적 신체적이다. 그렇게 말하는 것은, 우리 인간은 어디까지나 사회적이라고 하지 않으면 안 된다. 호모 파베르는 존 폴리티콘이고, 그러므로 로곤 에콘이다. 가족이라는 것이, 인간의 사회적 구성의 출발점이고, 사회의 세포라고 생각된다. 진화론적으로 생각하면, 인간의 가족도 동물의 집단 본능과 같은 것에 근거한다고 생각되는 것이다. 고릴라가 많은 암컷을 데리고 사는 것은, 원시인의 생활과 마찬가지라고 한다. 그러나 말리노프스키가 말한 것처럼, 동물의 본능적 집단과 인간의 사회와는, 한마디로 말해서 본능과 문화와는 근본적으로 다르지 않으면 안 된다(Malinovski, Sex and Repression in Savage Society). 에디퍼스 복합처럼, 이미 인간의 가족이라는 것은 사회적이며 동물의 그것과는 다르다는 것을 보여준 것이라 할 것이다. 본능이라는 것은, 유기적 구조에 근거한, 어떤 종류에 통하는 행동의 형이다. 동물의 공동작업이라는 것도, 본능의 내적 적응에 의하여 지배되고 있는 것이다. 그것은 인간의 사회적 구조와는 다른 것이다. 인간의 사회적 구조에는, 그것이 아무리 원시적인 것이라도 개인이라는 것이 들어 있지 않으면 안 된다. 어디까지나 집단적이기는 하지만, 개인이 집단적이 아닌 작용도 한다는 것이 포함되지 않으면 안 된다. 그러므로 동물의 본능적 집단이라는 것은 주어진 것인데 반하여, 인간의 사회라는 것은 만들어지고 만들어 가는 것이 아니면 안 된다. 많은 사람이 원시사회를 오로지 단체적이라고 생각하는데 반하여, 나는 말리노프스키와 같이 처음부터 개인이라는 것을 포함하고 있다는 데 동의하고 싶다고 생각하는 것이다. 원시사회에도 죄라는 것이 있다(Malinovski, Crime and Custom in Savage Society). 그것은 사회라는 것이 동물의 본능적 집단과는 달리, 모두와 하나와의 모순적 자기 동일로서 만들어진 것에서 만든 것으로 움직여 가는 것이라는 것을 보여주지 않으면 안 된다. 개물은 본능적 적응적으로 작용하는 것이 아니고, 이미 표현적 현상적이 아니면 안 된다. 원시사회 구조에서 근친상간 금지라는 것이 중요한 의의를 갖는 것처럼, 사회는 본능의 억압을 가지고 시작한다고 생각된다. 부부 부모와 자식 형제의 관계가 모두 본능적이 아니고, 하나하나가 제도적으로 속박된 곳에, 사회라는 것이 있는 것이다. 그런 사회 성립의 근거는 어디에 있는가. 이미 말한 것처럼, 그것은 만들어진 것에서 만드는 것으로, 즉 주체와 환경과의 모순적 자기 동일에 있지 않으면 안 된다. 사회는 포이에시스에서 시작한다고 할 수 있다. 동물의 본능적 집단이라는 것으로부터, 원시사회가 구별되는 데는, 여러 가지 특징을 들 수 있다. 그러나 그것은 모두 포리에시스라는 것에서부터 생각하지 않으면 안 된다. 내가 사회를 역사적 신체적이라고 생각하는 까닭이다. 사회는 하나의 경제적 기구라고 생각될 것이다. 사회는 어디까지나 물질적 생산적이 아니면 안 된다. 거기에 사회의 실재적 기초가 있다. 그러나 그것은 말할 것도 없이, 포이에시스적이 아니면 안 된다. 인간은 용구를 가짐으로써 동물로부터 구별된다. 그리고 만들어진 것에서 만드는 것으로, 사회의 경제적 기구가 발전하여 간다. 가족제도 역시, 한편으로는 그런 경제적 기구에서 생각될 것이다. 재산제도의 기원에 대해서는 여러 학설이 있지만, 우리가 사물에 있어 자기의 신체를 가지고 있다는 역사적 신체적 형성으로부터 성립한다고 생각하지 않으면 안 된다.

모순적 자기 동일로서 자기자신을 형성하는 세계는, 한편으로는 환경에서 주제(主題)로라는 것이 되지 않으면 안 된다. 그것을 생물적 생명적이라고 하였는데, 인간에 있어서도 그것을 벗어난다는 것은 아니다. 그래서 모순적 자기 동일로서의 인간의 세계에 이르러서는, 그것은 단지 본능이 아니고 표현적 형성적이 아니면 안 된다. 그것은 환경이 어디까지나 자기 부정에 의하여 주체적으로 된다는 것이다. 모순적 자기 동일적인 인간의 세계에서는, 주체가 자기를 환경에 몰입함으로써 주체이고, 환경이 자기 부정에 의하여 주체적으로 됨으로써 환경이 되지 않으면 안 된다. 그래서 세계가 그렇게 있다고 하는 것은, 어디까지나 자기자신의 안으로 세계를 비쳐 표현적 형성적인 개물이, 자기자신을 형성하는 세계의 일각으로서 그렇게 있다는 것이 아니면 안 된다. 그런 세계에서 개물이 객관계에서 자기를 가지고, 즉 사물에 있어 자기를 갖는다는 것이 우리가 재산을 갖는다고 하는 것이다. 그러므로 우리가 재산을 갖는다고 하는 것은, 단지 개인의 작용에 의하여 그렇게 말할 수 있는 것이 아니고, 객관적 세계에 의하여 승인하게 하지 않으면 안 된다. 세계에서 어떤 개인의 사물로서 표현되지 않으면 안 된다. 주권으로부터 인정받지 않으면 안 된다. 다와 하나와의 모순적 자기 동일로서 표현적으로 자기자신을 형성하는 세계는, 법률적이 아니면 안 된다. 우리가 사물에 있어 신체를 갖는다고 하는 것은 법률적이 아니면 안 된다. 헤겔에게도(Philos. d. Rechts, § 29), 존재가 자유의 적 존재로 보이는 것은 법률이다. 만들어진 것에서 만드는 것으로서, 우리는 포이에시스적이다. 역사적 신체적이라고 하는 것은, 우리의 사회가 본능적이 아니고 이미 법률적이라는 것이 아니면 안 된다. 포이에시스라는 것이 가능한 것은, 법률적으로 구성된 세계에서가 아니면 안 된다. 인류학자의 말에 따르면, 원시사회의 생산작용도 넓은 뜻으로는 법률적으로 지배되고 있는 것이다. 그래서 또 그런 사회제도는 역으로 포이에시스적 생산의 가능 발전한 형태라고 할 수 있다. 즉 특수적인 일종의 역사적 생산양식인 것이다. 만들어진 것에서 만드는 것으로서의 역사적 생산의 세계는, 환경적으로는 어디까지나 물질적 생산적이 아니면 안 된다. 거기에 마키아벨리적인 슈타츠 레존의 근거가 있다. 그리고 그것이 역사적 생산적 세계의 성립 조건이 되지 않으면 안 된다.

만들어진 것에서 만드는 것으로서의 자기자신을 형성해 가는 세계는 만들어진 것으로부터 물질적 생산적이 아니면 안 된다. 사회는 경제기구를 갖지 않으면 안 된다. 물질적 생산적 양식이 아니면 안 된다. 그러나 그것은 세계가 기계적이라고 하는 것도 아니고, 단지 합목적적이라고 하는 것도 아니다. 세계가 하나의 현재로서 자기형성적이라는 것이다. 거기에는 이미 모순적 자기 동일로서 역사적 형성작용이 움직이고 있지 않으면 안 된다. 세계가 모순적 자기 동일적으로 절대에 접촉하는 것이 없으면 안 된다. 사회성립의 근저에 종교적인 것이 작용하고 있는 것이다. 그러므로 원시사회는 신화적이다. 원시사회에서 신화는 인간세계를 지배하는 살아 있는 실재인 것이다(Malinovski, Myth in Primitive Psycology). 고대 종교는 종교라고 하기보다도 오히려 사회제도라고 한다(Robertson Smith). 나는 사회 형성의 근저에는 디오니소스적인 것이 작용하고 있다고 생각한다. 주신(酒神)적 무론에서 신들이 태어났다고 한 허리슨 같은 생각에 흥미를 갖는 것이다(Jane Harrison, Themis). 어떤 지리적 환경에 어떤 민족이 삶으로써, 어떤 문화가 형성된다고 생각되는 것이다. 지리적 환경이 문화형성의 중대한 인자가 되는 것은 말할 것도 없다. 그러나 지리적 환경이 문화를 형성하는 것도 아니고, 민족이라고 해도 역사적 형성 전에 잠재적으로 민족이라는 것이 있는 것은 아니다. 민족이라는 것도, 형성하는 것에 의하여 형성되어 가는 것이 아니면 안 된다. 세계가 모순적 자기 동일적 현재로서 자기자신을 형성할 때, 그것은 생명의 세계이다. 무한한 형태의 세계, 종의 세계이다. 동물에 있어서 그것은 본능적이지만 인간에게 그것은 데모니시이다. 그리고 동물에서도 그처럼,

그것이 만들어진 것에서 만드는 것으로서, 창조적 형식적인 한 살아 있는 종인 것이다. 민족이라는 것은, 그런 데모니시한 형성력이 아니면 안 된다. 만들어진 것에서 만드는 것으로, 라는 것은 만들어진 것은 종에서 만들어진 것이면서, 만드는 것은 만든 것으로 이데아적이다. 세계적이라는 것이다. 종의 형성이 역사적 생산양식적이라는 것이다. 모순적 자기 동일적으로 어디까지나 그런 방향으로 나아가는 것이 역사적 발전의 방향이다.

동물의 본능적 동작에서도 이미 그렇게 생각된 것 같이, 우리의 행위는 우리가 자기 모순적으로 세계를 비친다는 것으로부터 일어난, 즉 역사적 신체적이라는 것에서 일어난다. 그래서 그것은 우리의 행위는 사회적으로 일어난다는 것이다. 나와 너와의 인격적 대립도 사회적 발전에서 나오는 것이다. 어린이의 자기의식은, 사회적 관계에서 발전하는 것이 아니면 안 된다. 사회라는 것이 모순적 자기 동일적 현재의 자기 형성으로서 성립하는 것이기 때문이다. 생물적 생명에는 모순적 자기 동일적 형성으로서 생물적 신체 즉 소위 신체라는 것이 있는 것처럼, 역사적 생명에는 행위적 직관적으로 역사적 신체 즉 사회라는 것이 있는 것이다. 행위적 직관이라는 것은, 모순적 자기 동일로서 자기자신을 형성하는 세계를, 그런 세계의 개물로서 우리가 생산양식적으로 파악하는 것이다. 헤겔의 이른바 개념적으로 파악하는 것이다. 포이에시스적으로 실재를 베그라펜하는 것이다. 그런 행위적 직관적인 역사적 신체적 사회는, 절대 모순 자기 동일에 의하여 기초가 만들어진 것으로서, 어디까지나 자기 모순적으로 자기자신을 넘어서 가지 않으면 안 된다. 그러나 그것은 어디까지나 자기자신을 초월하여 간다고 하여도, 그 실재적 전반을 떠나는 것은 아니다. 이것을 떠나면, 오직 추상적 세계가 될 수밖에 없다. 단지 추상논리의 입장에서 행위적 직관의 현실을 부정할 수는 없다. 부정은 현실의 자기 모순에서가 아니면 안 된다. 주어진 것은 역사적 개인적으로 주어지는 것이다. 생명의 모순은 생명이 성립하는 곳에 있다. 그리고 그것은 어디까지 가도 모순이다. 인간에 이르러 모순의 극에 달한다. 모순의 입장에서는, 어디까지나 모순을 벗어날 수는 없다. 종교가 원시 죄악이라는 것을 생각하는 까닭이다. 금단의 과실을 먹은 아담의 자손으로서, 우리는 원죄를 짊어지고 태어난 것이다.

장소적 논리와 종교적 세계관

파스칼은, 사람은 자연의 가장 나약한 갈대에 지나지 않는다. 그러나 그는 생각하는 갈대다. 그를 죽이는 데는 한 방울의 독이면 충분하다. 하지만 전 우주가 그를 압살하더라도, 그는 죽는다는 것을 알기 때문에, 그는 죽이는 것보다도 소중하다고 말하였다. 그렇게 인간이 소중하다고 생각되는 까닭은 즉 인간이 비참하기 때문이다. 인간 세상의 비참은 실로 여기에 있는 것이다. 우리 인간도 시간 공간의 모순적 자기 동일적으로 만들어진 것에서 만드는 것으로의 세계에서 성립한다. 우리의 자기도 여가적 자연적으로 태어나는 것이다. 생명의 세계라는 것은, 세계가 모두와 하나가 모순적 자기 동일적으로 자기자신 안에 자기를 표현하고, 자기 표현적으로 자기자신을 형성하는 데서 시작한다. 시간 공간이라고 하는 것은 그 상반된 두 방향과 다름없다. 생물이라 하여도 이미 세계의 개별적 모두로서, 절대 현재적 세계를 자기에게 표현함으로써 자기자신을 형성한다. 역사적 세계의 자기 형성적으로 그 생명을 갖는 것이다. 동물도 목적적으로 본능적이다. 고등한 것이 되면, 벌써 욕구적이다. 기쁨과 슬픔은 욕구의 세계에서 나타난다. 개체가 자기에게 있어 전체를 표현하는 데에 욕구적이다. 동물도 영혼이 있다. 개체가 어디까지나 전체가 되려고 한다. 그러나 개체가 전체가 될 때 개체는 개체가 아니다. 자기자신이 아닌 것이 된다. 개체는 개체에 대함으로써 개체이다. 개체는 어디까지나 자기 모순적이다. 개체는 항상 절대 부정을 향하고 있다. 개체는 부정을 당하기 위하여 태어난 것이다. 욕구는 어디까지나 채워지지 않는다. 다 채워진 것은 욕구가 아니다. 욕구는 욕구를 낳는다. 우리의 자기는 턱걸이처럼, 욕구와 만족 사이를 왔다 갔다 하는 것이라고 한다. 진부한 말 같지만 인간 세상은 고뇌의 세계이다. 육체적 쾌락이나 고뇌라고 하는 것도 우리의 자기가 유기적으로, 거기에 표현되어 있지만 묻어 놓는다. 그러나 동물은 아직 진정한 개체가 아니다. 공간에 들어맞게 일반적이다. 물질적이다. 인간에 이르러 시간 공간의 모순적 자기 동일적으로, 절대 현재 자체의 자기 한정으로서, 시간 공간적인 인과의 세계를 뛰어넘어, 즉 자기자신을 표현하는 세계의 자기 표현적 개체로서, 자기 표현적으로 자기자신을 형성한다. 그러므로 우리의 자기는 사유적이고 의지적이며 개념적이다. 자기자신의 행동을 안다. 의식 작용적이다. 우리는 우리의 자기 존재를 술어적, 이성적이라고 생각하는 까닭이다. 인간의 세계는 단지 고락의 세계는 아니고, 기쁨과 걱정의 세계, 고뇌의 세계, 번민의 세계이다. 우리의 자기가 소중한 까닭은 곧 그 비참한 것 때문이다. 우리의 자기가 절대자의 자기 부정적 개체로서, 어디까지나 표현적으로 자기 형성적이면 그럴수록, 즉 의지적이면 그럴수록, 인격적이면 그럴수록, 우리의 자기는 모순적 자기 동일적으로 절대 부정으로 향한다. 절대적인 것에 대한다. 즉 역 대응적으로 신에 접하는 것이다. 그러므로 우리의 자기는 그 생명의 근원에서, 언제나 절대적인 것과의, 즉 신과의 대결에 나서고 있는 것이다. 영원한 사(死)냐 생(生)이냐를 결과지어야 할 입장에 서 있는 것이다. 거기에 영원한 사이냐 생이냐 하는 문제가 있는 것이다. 바르트는 신앙은 결단이라고 하였다. 더구나 그것은 인간의 결단이 아니다. 신앙은 객관적이다. 신이 부른 소리에 대한 답이다. 계시는 신보다 인간에 대한 선물이다. 인간은 그의 결단으로써 신의 결단에 따르는 것이 신앙이라고 말한다(K,Barth,Credo). 바울이 내가 사는 것이 아니라 그리스도가 내 안에 살아 있다고 말한 것같이, 일전(一轉)하여 믿음으로 들어간 자는, 영원한 생명을 얻고, 그렇지 않은 자는 영원히 지옥의 불로 떨어지는 것이다. 거기에는 어디까지나 신의 의지와 인간의 의지와의 대립이 없으면 안 된다. 그러므로 어디까지나 의지적인 것, 유일적으로 개체인 것으로 하여, 비로소 종교적이라고 할 수 있다. 종교에 대하여 논하는 자는, 깊이 여기에 생각을 하지 않으면 안 된다. 어떠한 종교에서도, 그것이 진정으로 종교인 한, 신앙으로 들어가는 것은 갈고 닦은 의지의 첨단에서가 아니면 안 된다. 종교는 단지 감정으로부터라면 안 된다. 자기를 다 바쳐 비로소 믿음으로 들어가는 것이다. 어쨌든 양자택일의 길을 거치지 않으면 안 된다. 예술적 종교라는 것이 있을 리 없다. 직관이라는 말에 따라 양자를 혼동하는 사람도 있을지 모르지만, 예술과 종교와는 상반되는 방향인 것이다. 또 대승 불교를 만유 신교처럼 생각한다면, 그것도 큰 오해이다. 그리스 종교는 예술적이었다고 한다. 그러나 그리스 종교는 실은 종교로까지는 이르지 않은 것이었다. 같은 아리안 문화였으나, 그리스인은 종교 쪽으로 가지 않고 철학 쪽으로 갔다. 이에 반하여, 인도인은 종교의 방향으로 발전하였다. 그리스에서는, 진정한 개인의 자각이라고 하는 것은 없다. 플라톤의 철학에서는, 개체라는 것이 없다. 아리스토텔레스의 개체도, 의지적은 아니다. 물론 인도에서는 한결 더 개인의 자각이라는 것은 없다. 인도 철학에서는, 한층 더 개체라는 것이 무시되고 있는 게 아니냐고 할 것이다. 그러나 나는 인도철학에서, 진정으로 개체의 부정이라고 하는 것이 있다고 생각하는 것이다. 이치에 맞지 않는 것 같지만, 개체가 부정되도록 자각이 되어 있는 것이다. 인도 종교에서는 의지라고 하는 것이 절대로 부정을 당하는 것이다. 거기에 이스라엘 종교와 정반대의 입장에서, 종교적인 것이 있는 것이다. 인도문화는 근대 유럽문화와 정반대의 문화이다. 더구나 이 때문에, 반대로 오늘의 세계에 이바지할 수 있는 것이 되었을 것이다.

우리의 세계는 시간 공간의 모순적 자기 통일로서, 절대 현재의 자기 한정적으로, 만들어진 것에서 만드는 것으로, 한없는 인과의 세계이다. 그러나 우리의 자기는 그런 세계의 개체이면서, 파스칼이 말한 것처럼 이것을 넘어서 이것을 알기 때문에, 우리를 압살하는 전 우주보다도 소중하다. 그렇게 말할 수 있는 까닭은, 우리의 자기가 모순적 자기 통일적으로, 자기 표현적으로 자기자신을 한정하는 절대자의 자기 부정으로서, 즉 절대적인 하나의 것의 개물적 모두로서 성립하는 것이기 때문이다. 그러므로 우리는 자기 부정적으로, 역 대응적으로, 항상 절대적 하나의 것에 접하고 있다. 그래서 생즉사, 사즉생적으로, 영원한 생명으로 들어간다고 할 수 있다. 종교적인 것이다. 나는 종교적 문제란, 어디까지나 우리의 의지적 자기의 문제, 개체의 문제라고 말한다. 그러나 그렇게 말하는 것은 보통으로 생각하는 것처럼, 종교는 개인적으로 마음을 편안하게 하는 문제는 종교적 문제가 아니다. 그것은 종교적 문제와는 반대의 입장에 서는 것이다. 만일 그렇다면 그것은 도덕적 문제도 되지 못하는 것이다. 고생이 두렵고 낙을 바라는 욕생적(欲生的) 자기라고 하는 것은 진정한 개인이 아닌, 생물적이다. 그런 입장에서는 종교는 마취제라고 하여도 할 수 없다. 우리의 자기는 절대적 하나의 것의 자기 부정으로서, 어디까지나 역 대응적으로 이것에 접하는 것이고, 개체라고 하면 할수록 절대적 하나의 것에 대한, 즉 신에 대한 것이라고 할 수 있다. 우리의 자기가 신에 대하여라는 것은 개체의 극한으로서이다. 어디까지나 모순적 자기 동일적으로, 역사적 세계의 개물적 자기 한정의 극한에서, 전체적 하나의 극한에 대한 것이다. 그러므로 우리의 자기 하나하나가 영원한 과거에서 영원한 미래에 걸쳐 인간의 대표자로서, 신에 대한 것이다. 절대 현재의 순간적 한정으로서 절대 현재 자체에 대한 것이다. 이것에 우리의 자기는 주변이 없이, 도처가 중심이다. 무한구(球)의 무수한 중심이라고도 생각할 수 있다. 모두와 하나와의 절대 모순적 자기 동일로서, 절대자가 자기자신을 한정한다고 할 때, 무기저적(無基底的)으로, 절대 무의 자기 한정으로서 세계는 의지적이다. 전일적으로 절대의지임과 동시에, 개다적(個多的)으로 무수한 개인적 의지가 이것에 대립한다. 그와 같이 하여 반야(般若) 즉 비의 세계로부터 인간세계라는 것이 나오는 것이다. 이것에 머무는 데가 없음에 따라 그 마음이 생긴다(應無所住而生其心). 한 선자(禪者)는 이렇게 말하였다. 공중에서 검을 휘두르는 것과 같은 것이다. 거기에 닿는가 아닌가는 문제가 아니다. 휘두른 빈 테두리에는 흔적도 없고, 칼날도 이지러지지 않는다. 마음이 이와 같으면 심심무지(心心無知) 즉 무념무상이며 전심즉불(全心卽佛), 전불즉인(全佛卽人), 인불무이(人佛無異), 시위도이(始爲道異), 사람과 부처는 다르지 않고, 비로소 도가 열리는 것이다. 공중에 검을 휘두르는 것처럼 공중에 흔적이 없고 검도 온전하며, 자기와 세계와, 개체와 전체와의 모순적 자기 동일적으로, 온 마음이 곧 부처요 온 부처가 곧 사람인 것이다. 그런 말도 대상 논리적으로는 만유신교적이라고도 생각되는 것이다. 그러나 선자의 말은 그렇게 해석하면 안 된다. 그것은 어디까지나 즉비적으로, 모순적 자기 동일적이 아니면 안 된다. 전불과 개인과는 즉비적으로 하나인 것이다. 진정한 개인은 절대 현재의 순간적 자기 한정으로서 성립하는 것이다. 응무소주이 생기심(應無所住而生其心)이라는 것도 그렇게 해석하지 않으면 안 된다. 무의 자기 한정으로서 나타나는 것은 의지이다. 우리의 개인적 자기 즉 의지적 자기는, 주어적 유도 아니고 술어적 유도 아니다. 주어적 방향과 술어적 방향과의 모순적 자기 동일적인 장소의 자기 한정으로서 생기는 것이다. 그러므로 순간이 영원이라고 말하는 것처럼 우리의 자기는, 어디까지나 유일한 개체로서 한걸음 한걸음 역(逆) 한정적으로 절대에 접근하는 것이다. 그래서 도덕은 일반적이고, 종교는 개인적이다. 키에르케고르가 말한 것처럼, 도덕적 기사와 신앙의 기사와는 이런 의미에서 상반된 입장에 서는 것이다. 아가멤논이 이피게네이아를 희생으로 삼은 것과 아브라함이 이삭을 희생시키려고 한 것과는 전혀 상반되는 의미를 가지고 있다. "Kierkegaard, Fureht und Zittern"은, 가장 잘 이것을 밝히고 있는 것이다. 아브라함이 아침 일찍 이삭을 데리고 보리야의 땅으로 떠날 때 그는 유일한 개체로서, 즉 인간의 극한으로서 신을 대하고 있었던 것이다. 신은 '아브라함아'라고 부르고 '보셔요, 나 여기에 있습니다' 하고 그는 대답하였다. 더구나 그는 인류의 대표자로서 섰던 것이다. 신은 나는 너를 축복하고 또 크게 너의 자손을 늘려, 너의 자손에 의하여 천하의 백성 모두에게 복지가 미치도록 하라. 너는 내 말을 따라서 하고 있다고 말하고 있다. 종교에서 자기가 자기를 벗어나 신에게 돌아간다고 하는 것은, 개인적 마음의 평화를 위해서가 아니다. 인간이 인간을 벗어나는 데 있는 것이다. 그것은 신의 창조의 사실을 만나는 데 있다. 거기에서 신이 자기자신을 나타냄과 동시에 우리가 계시를 만나는 것이다. 그러므로 신앙에 들어가는 것은, 인간이 인간의 결단으로써 신의 결단을 좇는다는 것이다. 신앙이란 주관적 신념이 아니고, 역사적 세계 성립의 진리를 마음으로 느끼는 것이다. 신을 배반하여 지식의 나무열매를 따먹은 아담의 죄라는 것은, 신의 자기 부정으로서 인간의 성립을 나타내는 것에 다름없다. 불교적으로는 홀연염기(忽然念起)이다. 인간은 그 성립의 근원에 있어 자기 모순적이다. 지적이면 지적일수록, 의적(意的)이면 의적일수록 그렇게 말할 수 있다. 인간은 원죄적이다. 도덕적으로는 부모의 죄가 자식에게 이어진다는 것은 불합리한 것이다. 그러나 거기에 인간 그 자체의 존재가 있는 것이다. 원죄를 벗어난다는 것은 인간을 벗어나는 것이다. 그것은 인간으로서는 불가능하다. 오직 신의 사랑의 계시로서 그리스도의 사실을 믿는 것에 의해서만 구원될 수 있다고 한다. 거기에 우리의 자기 근원으로 돌아가는 것이다. 아담으로 죽고 그리스도로 태어난다고 한다. 진종(眞宗 ; 일본 불교의 한 파)에서는 이 세계는 어디까지나 업의 세계이다. 무명 생사의 세계이다. 염불의 불가사의를 믿어야만 구원받을 수 있다고 한다. 그것은 절대자가 부르는 소리에 따른다는 것과 같다. 그런 입장을 철저히 함에 있어서는 생사즉 불생(生死卽不生 ; 일본 반게이(盤珪) 선사), 모순적 자기 동일적으로 전불즉인 인불무이(全佛卽人 人佛無異)이다. 공중검을 휘돌린 것과 같다.

　종교적 관계라는 것은 위에서 말한 것같이 어디까지나 우리의 자기를 넘어 더구나 우리의 자기를 성립시키는 것, 즉 어디까지나 초월적임과 동시에 우리의 자기 근원이라고 생각되는 것과 반대로 어디까지나 유일적으로, 의지적인 자기와의 모순적 자기 동일에 있는 것이다. 어디까지나 초월적인 것과, 어디까지나 내재적인 것과의 모순적 자기 동일에 있는 것이다. 그런 관계는, 단지 밖에서 객관적으로 생각될 수 있는 것도 아니고, 단순히 안에서 주관적으로 생각될 수 있는 것도 아니다. 절대 현재의 자기 한정으로서 역사적 세계의 입장에서가 아니면 안 된다. 어떤 역사적 세계도, 그 성립의 근저에는 종교적인 것이 있는 것이다. 역사적 세계라는 것은, 공간 시간의 모순적 자기 동일적으로 만들어진 것에서 만드는 것으로, 자기 표현적으로 자기 형성적 세계이다. 우리의 자기는 그런 세계의 개물적 모두로서, 어디까지나 만들어진 것임과 동시에 어디까지나 만드는 것이다. 세계의 자기 표현적 형성요소이다. 그런 세계에 있어, 우리의 자기가 절대자에 대한 태도에 두 방향이 있다고 할 수 있다. 하나는 절대 현재의 공간면적 자기 한정으로서 이것에 대한다고 하는 것이고, 하나는 그 시간면적 자기 한정으로서 이것에 대한다고 하는 것이다. 보통으로는 역사적 세계라고 하는 것이, 다만 공간적 자기 한정의 세계라고 생각되고 있다. 그러나 다만 공간적 자기 한정의 세계라는 것은, 자연계임에 불과하다. 그것은 역사적 세계라고는 할 수 없다. 역사적 세계는 인간을 포함한 세계가 아니면 안 된다. 낡은 말로 표현한다면, 주관 객관의 상호 한정, 그 모순적 자기 동일의 세계가 아니면 안 된다. 그러므로 역사적 세계는, 어디까지나 생명의 세계로서 자기 안에 자기를 표현한 자기 표현적으로 자기자신을 형성하는 세계인 것이다. 그런 세계에서 우리의 자기는, 밖으로 공간적으로, 즉 이른바 객관적 방향으로, 어디까지나 우리의 자기를 초월한 자기자신을 표현하는 것, 절대자의 자기 표현을 만나는 것이다. 그리스도교는 이 방향에 철저하다고 할 수 있다. 여호와도 본시 이스라엘 민족의 신이었으나, 이스라엘 민족의 발전, 특히 그 역사적 고난에 의해 순화되어, 절대자의 세계종교로까지 발전하였다. 예언자라고 하는 것은 신의 의지를 말하는 것, '신의 입'이라고 생각된다. 국왕을 잃고 바빌론의 유수가 되었던 시대에 예레미아, 에제키엘에 의하여 내재적으로 깊어지고, 초월적으로 높아졌다. 이에 반하여 불교는 어디까지나 그 시간면적 자기 한정의 방향으로, 즉 이른바 주관적 방향으로, 우리의 자기를 넘어서 초월적인 절대자를 만나는 것이다. 불교의 특색은 그 내적 초월의 방향에 있는 것이다. 우리의 자각적 자기는 다만 주어적 유로서, 즉 다만 공간면적 자기 한정으로서 본능적인 것도 아니다. 또 다만 술어적 유로서, 즉 다만 시간면적 자기 한정으로서, 이성적인 것도 아니다. 주어적·술어적으로, 개물적 한정 즉 일반적 한정, 일반적 한정 즉 개물적 한정적으로, 시간 공간의 모순적 자기 동일로, 만들어진 것에서 만드는 것으로 역사적 형성적으로, 의지 존재인 것이다. 우리의 자기는 어디까지나 유일적 개적으로, 의지적 자기로서, 역 대응적으로, 밖으로 어디까지나 우리의 자기를 넘어서 우리의 자기에 대한 절대자에 대함과 동시에, 안으로도 역시 역 대응적으로, 어디까지나 우리의 자기를 넘어서 우리의 자기에 대한 절대자에 대한 것이다. 전자의 방향에서는, 절대자의 자기 표현으로서, 우리의 자기는 절대적 명령에 접한다. 우리는 어디까지나 자기 자신을 부정하고 이에 따를 수밖에 없다. 이것을 따르는 자는 살고, 이것을 배반하는 자는 영원히 불로 내던져진다. 후자의 방향에서는, 이에 반하여, 절대자는 어디까지나 우리의 자기를 감싸는 것이다. 어디까지나 배반한 자기를, 도망친 우리의 자기를, 어디까지나 다가와, 이것을 감싸는 것이다. 즉 무한한 자비인 것이다. 나는 여기에서도, 우리의 자기가 유일적 개적으로, 의지적 자기로서 절대자에 대한다고 한다. 왜냐하면 사랑이라고 하는 것도, 어디까지나 상대하는 인격과 인격과의 모순적 자기 동일적 관계가 아니면 안 된다. 어디까지나 자기자신에게 반하는 것을 감싸는 것이 절대의 사랑이다. 어디까지나 자기 모순적 존재인 의지적 자기는, 자기 성립의 근저에 있어, 모순적 자기 동일적으로 자기를 성립시킨 것에 당착하는 것이다. 거기에 우리의 자기는 자기자신을 감싼 절대의 사랑과 만나지 않으면 안 된다. 단지 의지적 대립에서 인격적 자기가 성립하는 것은 아니다. 그러므로 어떤 종교에서도, 무엇인가의 의미에서 신은 사랑인 것이다. 나는, 위로, 절대자라는 것은 짝을 끊는 것은 아니다. 상대에 대한 것은 진정한 절대는 아니라고 하였다. 진정한 절대자는 악마적인 것까지 자기자신을 부정하는 것이 아니면 안 된다. 거기에 종교적 방편의 의의가 있다. 그래서 그것은 또 악마적인 것에 있어서도 자기자신을 본다고 하는 것이라도 없으면 안 된다. 절대자는 어디까지나 자기자신을 부정함으로써 진정으로 사람으로 하여금 사람답게 하는 것이다. 진정으로 사람을 구원한다고 할 수 있는 것이다. 종교가의 방편이나 기적이라고 하는 것도, 이처럼 절대자의 절대적 자기 부정의 입장에서 이해가 될 것이다. 부처는 스스로 악마로 떨어진 사람도 구한다고 말하였다. 그리스도교에서도 강생(降生)이라고 하는 것에는, 그런 신의 자기 부정의 의미를 찾아볼 수 있을 것이다. 불교적으로는 이 세상은 부처의 비원의 세계, 방편의 세계라고 할 수 있다. 부처는 갖가지 형태로 나타나 사람을 구한다고 할 수 있는 것이다.

위에서 말한 것과 같이, 나는 우리의 자기와 절대자와의 관계에 있어 상반되는 두 방향을 인정할 수 있다고 하는 것이다. 거기에 그리스도교적인 것과 불교적인 것과의 두 가지 종교가 성립하는 것이다. 그러나 추상적으로 단지 그 한쪽의 입장에만 서는 것은 진정한 종교가 아니다. 단지 초월적인 신은 진정한 신은 아니다. 신은 사랑의 신이 아니면 안 된다. 그리스도교에서도 신은 사랑으로부터 세계를 창조하였다고 생각하는데, 그것은 절대자의 자기 부정이라는 것이며, 즉 신의 사랑이라는 것이 아니면 안 된다. 이에 반하여, 우리의 자기가 절대 사랑으로 감싸진다고 하는 것에서, 진정으로 우리의 자기 마음의 밑바닥에서 당위라고 하는 것이 나오는 것이다. 사람은 사랑이라고 하는 것에 대하여, 제대로 이해하지 못하고 있다. 사랑이라고 하는 것은 본능적인 것은 아니다. 본능적이라는 것은 사랑은 아니다. 사욕이다. 진정한 사랑이라는 것은 인격과 인격과의, 나와 너와의 모순적 자기 동일적 관계가 아니면 안 된다. 절대적 당위의 이면에는, 절대의 사랑이 없으면 안 된다. 그렇지 않으면 당위는 법률적인데 불과하다. 키에르케고르도, 그리스도교적 사랑을 당위라고 하였다. 칸트의 목적의 왕국에는, 그 기초에, 순수한 사랑이 없으면 안 된다고 했다. 그러므로 거기에서 인격이라고 하는 것이 성립하는 것이다. 사랑이라고 하면 곧 본능적으로, 비인격적으로 생각하는 것은, 인간적 존재를 대상 논리적으로, 단지 주어적 존재로 생각하는 데에 따르는 것이다. 나는 이에 반하여, 불교적으로, 부처의 비원의 세계에서, 우리의 자기의 진정한 당위가 나온다고 생각하는 것이다. 절대 사랑의 세계는 서로 죄를 따지는 세계는 아니다. 서로가 경애하고 자타가 하나가 되어 창조하는 세계이다. 이 입장에서는 모든 가치는 창조적 입장에서 생각하는 것이다. 창조는 언제나 사랑에서가 아니면 안 된다. 사랑이 없는 창조란 있을 수 없는 것이다. 염불의 행자는 선이 아니면 행하지 않는다. 오로지 타력으로 말미암아 자력을 떠나기 때문이라고 한다. 자연법이 그렇게 말하는 것은, 창조적이 아니면 안 된다. 우리의 자기가 창조적 세계의 창조적 요소로서, 절대 현재의 자기 한정으로서 작용한다고 하는 것이 아니면 안 된다. 그리스도교적으로 말하면, 신의 결단 즉 인간의 결단적으로, 종말론적이라고 말하는 것이다. 무난(無難)선사는 살면서 죽은 사람이 되고 난 끝에 맘대로 하는 업이야말로 좋은 것이라고 하였다. 그런 입장에서, 우리의 자기는 절대 현재의 자기 한정으로서, 진정한 역사적 세계 창조적이 되는 것이다. 그 원천을 인도에서 출발한 불교는, 종교적 진리로서는 심원한 것이지만, 출리적(出離的)임을 벗어나지 못한다. 대승불교라고 해도 진정으로 현실적이 되지 못하였다. 일본 불교에서는, 신랑(親鸞)성인의 의가 없음을 의로 한다든가, 자연법이 그렇게 말하는 데에 일본 정신적으로 현실 즉 절대로서, 절대의 유사(有史) 즉 긍정할 것이 있다고 생각하는데, 종래는 그것이 적극적으로 파악되지 않았다. 다만 절대적 수동이라든가, 비합리적으로 무분별하다든가 그렇게만 해석되고 있다. 나는 이에 반하여 진정으로 절대적 수동으로부터, 진정한 절대적 능동이 나오지 않으면 안 된다고 생각하는 것이다. 또 추상 의식적 판단을 넘어서, 이것을 안에 품고 그 옳고 그름을 결정하는 것, 즉 판단의 판단, 나의 이른바 행위적 직관으로서, 무분별한 분별이라고 하는 것은, 과학 성립의 근본적 조건이라고도 생각하는 것이다. 과학적 지식의 근저에는, 우리가 물질로 되어 보고, 물질로 되어 듣는다고 하는 것이 없으면 안 된다. 만법이 발전하여 자기를 수증(修証)한다는 입장이 아니면 안 된다. 거기에도 절대 현재의 자기 한정으로서, 우리의 자기가 자기의 결단으로써 신의 결단을 따른다고 하는 것이 없으면 안 된다. 무분별한 분별이라고 하는 것은, 우리의 자기가 단지 주어적으로밖에 따른다고 하는 것은 아니다. 어디까지나 주어와 술어와의 모순적 자기 동일적으로, 즉 의지적으로, 자기를 넘어서 자기를 성립시킨 것에 따른다는 것이다. 그러므로 그것은 행위적 직관적이 아니면 안 된다. 참으로 사가 없는 행위는 행위적 직관적이 아니면 안 된다. 도덕적 행위도 이것에 근거하는 것이다. 그러므로 도덕적 행위도 그 근저에 있어 종교적이다. 오직, 칸트철학에 사로잡혀 있는 자는 이것을 이해하지 못한다. 진정한 타력종(他力宗)을, 장소적 논리적으로만 파악할 수 있는 것이다. 그래서 그것에 따라 비원의 타력종은, 오늘날 과학적 문화와도 결합하는 것이다. 저, 오늘의 시대정신은, 만군의 주인인 종교보다도 절대 비원의 종교를 바라는 것이 아닐까. 불교인의 반성을 요구하고 싶은 것이다. 세계전쟁은, 세계전쟁을 부정하기 위한, 영원한 평화를 위한, 세계전쟁이 아니면 안된다.

신과 인간과의 관계는, 힘의 관계가 아니라는 것은 말할 것도 없지만, 또 보통으로 생각하듯이 목적적도 아니다. 절대에 상반하는 것의 상호관계는, 표현적이 아니면 안 된다. 절대자란 짝을 끊는 것은 아니다. 절대적 자기 부정에 있어 자기를 갖는 것, 절대적 자기 부정에 있어 자기를 보는 것이 아니면 안 된다. 거기에서, 절대적 자기 부정으로서 자기에 대한 것은, 자기자신의 표현이 아니면 안 된다. 신과 인간과의 관계는 어디까지나 자기 부정적으로 자기자신을 표현하는 것과, 표현을 당하여 자기 표현적으로 이것에 대한 것과의 관계에서 이해되지 않으면 안 된다. 그것은 기계적도 아니다. 목적적도 아니다. 어디까지나 자기 표현적으로 자기자신을 형성하는 것, 즉 어디까지나 창조적인 것과, 창조되어 창조하는 것, 즉 만들어져 만드는 것과의 절대 모순적 자기 동일적 관계가 아니면 안 된다. 표현하는 것과 표현되어 표현하는 것과의 관계, 즉 독립적인 것과 독립적인 것과의 모순적 자기 동일적 관계에는, 만든다 만들어진다고 하는 것이 들어오지 않으면 안 된다. 우리가 남을 이해한다고 하는 것은 하나의 작용이다. 그러나 그것은 밖에서 움직여지는 것도 아니고, 안에서 움직여지는 것도 아니다. 자기 표현적으로 자기를 만드는 것이다. 자기 표현적으로 남을 움직인다고 하는 것도 마찬가지이다. 자기가 남이 되는 것도 아니다. 남이 자기로 되는 것도 아니다. 남이 자기 표현적으로 남의 자기를 만드는 것이다. 사람과 사람과의 상호이해라고 하는 것은, 그런 관계에서 성립하는 것이다. 자기 표현적 세계는 형성적 세계, 자기 형성적 세계는 자기 표현적 세계가 아니면 안 된다. 나와 하나와의 절대 모순적 자기 동일적 세계에서, 그 자기 부정적으로, 어디까지나 개체와 개체가 상대하는 입장에서 표현적이고, 자기 긍정적으로, 어디까지나 전일적(全一的)인 입장에서 형성적인 것이다. 무엇인가의 의미에서 자기 형성적이 아닌 자기 표현적 세계는 없고, 무엇인가의 의미에서 자기 표현적이 아닌 자기 형성적 세계는 없는 것이다. 역사적 형성적 세계에서, 표현이란 힘인 것이다. 형성 작용적 가능성을 말하는 것이다. 그것은 현상학자나 해석학자의 말처럼, 단지 '의미'라고 하는 그런 것은 아니다. 이들 학자는, 표현이라는 것을 그 형성적 방향에서 추상하여 생각하고 있는 것이다. 소위 의미라고 하는 것은, 자기 표현적으로 자기자신을 형성하는 세계의, 자기 부정적 입장의 극한에서, 어디까지나 비 형성적으로 생각되는 세계 내용에 불과하다. 역사적 형성적 세계에서는, 단지 사실이라든가 작용이라든가 하는 것이 없는 것과 동시에, 단순히 의미라고 하는 것도 없다. 구체적으로 있는 것은, 모두 자기 표현적으로 자기자신을 형성하고 있는 것이다. 우리의 의지라고 하는 것은, 말이 지닌 본질적인 의미에서, 이와 같은 성질을 가진 것이다. 종래는 의지라고 하는 것을, 추상적으로 단지 의식작용적으로만 생각하고 있었으나, 자기에게 있어 세계를 표현한다는 것 없이는 의지작용이라고 할 수 있는 것은 없다. 의지란, 우리의 자기가 세계의 자기 형성점으로, 세계를 자기에게 표현함으로써, 세계의 자기 표현적으로 세계를 형성하는 작용과 같다. 상징이라는 것도 역사적으로는 비실재적은 아니다. 그것은 세계의 자기 표현으로서는, 역사적 세계 형성의 힘을 가진 것이 아니면 안 된다. 종교가의 '신의 말'이라고 하는 것은, 그런 입장에서 파악하지 않으면 안 된다. 절대자가 어디까지나 자기 부정적으로, 자기에게 있어 자기를 본다고 하는 입장에서, 인간의 세계가 성립한다. 역사적 세계가 성립한다. 그러므로 신은 사랑으로 세계를 창조하였다고 한다. 어디까지나 자기자신을 표현하는 것과, 표현되어 표현하는 것과의 관계는 표현적 관계에 있어 파악되지 않으면 안 된다. 즉 말로서 하지 않으면 안 된다. 말이 신과 인간과의 매개가 되는 것이다. 신과 인간과의 관계는 기계적도 아니다. 목적적도 아니다. 아니, 이성적도 아니다. 신은 절대적 자기 동일적으로 절대적 의지로서, 우리의 자기에게 향하여 오는 것이다. 형성적 언어로서 자기자신을 표현하러 오는 것이다. 이것이 계시이다. 유대교에서 예언자라는 것은, 신을 대신하여 그 의지를 이스라엘인에게 말하는 것이었다. 예언자는 만군의 여호와, 이스라엘의 신은 그렇게 말씀하셨다고 한다. 예언자는 '신의 입'이라고도 칭하였다. 나는 일찍이 역사적 세계는 언제나 과제를 안고, 거기에 세계가 그 자신의 자기 동일을 갖는다고 하였다. 진정한 역사적 과제란, 각기의 시대에 있어, 신의 말이라는 성질을 가진 것이 아니면 안 된다. 유대의 옛날에는, 그것은 여호와의 말을 나에게 바라며 말한다고 하였듯이 초월적이었다. 그러나, 오늘날 그것은 어디까지나 내재적이 아니면 안 된다. 자기자신을 형성하는 역사적 세계의 밑바닥으로부터의 자기 표현이 아니면 안 된다. 더구나 그것은 다만 내재적이라고 말하는 것은 아니다. 역사적 세계는 절대 현재의 자기 한정으로서, 언제나 내재 즉 초월, 초월 즉 내재적인 것이다. 그런 세계에 마음이 쏠려, 그 역사적 과제를 파악하는 것이 진정한 철학자의 임무이다.

불교에서도 진종에서와 같이, 부처는 명호(名號)에 의하여 표현된다. 명호 불가사의를 믿음으로써 구원을 받는다고 한다. 절대자 즉 부처와 인간과의 비연속의 연속, 즉 모순적 자기 동일적 매개는, 표현에 의한 것밖에 없다. 말에 의한 것밖에 없다. 부처의 절대 비원을 나타내는 것은, 명호밖에 없는 것이다. 탄이초(歎異抄)에, 서원(誓願)의 불가사의에 의해 부르기 쉬운 명호를 생각해 내어, '이 명자(名字)를 부르는 자를 맞이하도다.' 그렇게 약속하였기에, 먼저 '미타의 대자대비의 불가사의에 도움을 받아 생사를 벗어나야 한다'고 믿고, '염불을 외우는 것도 여래의 배려이시다'라고 생각하면, 조금도 자기의 헤아림과 만나지 않기 때문에, 본원에 상응하여 진종 보토(報土)에 왕생함이라. 이것은 서원의 불가사의를 오로지 믿음으로써, 명호의 불가사의도 충족하고, 서원 명호의 불가사의 하나로 또 다른 것이 없다고 하는 것이다. 절대자와 인간과의 어디까지나 역 대응적인 관계는, 오직, 명호적 표현에 의한 것밖에 없다. 그것은 감각적이 아닌 것은 말할 것도 없고 이성적이라는 것도 아니다. 이성은 어디까지나 내재적이다. 인간의 입장이다. 그것은 절대자와의 교섭의 길은 아니다. 아까 말한 것처럼, 우리의 자기는 개인적 의지의 첨단에서 절대자에 대한 것이다. 신도 역시 절대 의지적으로 우리의 자기에 임하는 것이다(그러므로 어디까지나 역 대응적인 것이다). 그런 의지와 의지와의 매개는 말에 의한 것밖에 없다(절대적 동일적 관계로서). 언어는 로고스로서 이성적이기도 하지만, 또 초 이성적인 것, 아니 비이성적인 것은 오직 말에 의해서만 표현될 수 있다. 의지는 이성도 넘어서는 것, 아니 이것도 깨는 것이다. 어디까지나 우리의 자기를 넘어서, 더욱이 어디까지나 우리의 자기에 임하는 것은, 어디까지나 객관적으로 자기

자신을 표현하는 것이 아니면 안 된다. 예술도 객관적 표현이지만 그것은 감각적이다. 의지적은 아니다. 종교적 표현이란 절대 의지적이 아니면 안 된다. 우리의 자기 그 자체에 대한 것이다. 부처는 우리의 자기에 어디까지나 초월적임과 동시에 더욱이 이것을 감싸는 것이다. '염불을 외우는 것도 여래의 배려이니라'라고 하는데 이르면 극치이다. 여기에 본원력에 의한 왕생의 의의가 있는 것이다. 어떤 종교라 하더라도 그것이 진정한 종교인 한 입교니 구제니 하는데는, 절대자와 인간 사이에는 절대 모순적 자기 동일적인 배리의 이라는 것이 있는 것이다. 그것은 감각적도 아니고 이성적도 아니다. 절대자의 자기 표현으로서의 말이라 하는 것이 없으면 안 된다. 창조적 언어인 것이다. 그리스도교에서는 태초에 말이 있었느니라고 한다. 그래서 그리스도에 대하여 '말 육체가 되어 우리 안에 머무시다'라고 한다. 불교에서도, 명호 즉 부처인 것이다. 위와 같은 뜻에서 창조적이면서 구제적인 계시적 언어, 배리의 이라고도 해야 되는 것은, 단지 초리적(超理的)이라든가 비합리적이라든가 하는 것이 아니다. 절대자의 자기 표현으로서, 우리의 자기로 하여금 진정으로 자기답게 하는 것, 이성으로 하여금 진적으로 이성답게 하는 것이다. 거기에 우리의 자기는 무의식이 된다는 것은 아니다. 무분별한 분별이 작용하는 것이다. 지와 행과의 모순적 자기 동일로서, 절대 현재의 자기 한정적으로 창조적인 것이 작용하는 것이다. 그리스도교 신의 말에서는 그것이 초월적 인격신의 계시로서, 절대 의지적으로, 신문의 의미를 품고 있다. 우리는 신앙에 의하여 의로워진다고 한다. 이에 반하여 불교의 명호에서는, 부처의 대자대비한 표현으로서 우리의 자기는 이것에 의하여 구원을 받는다. 감싼다는 의미를 가지고 있다. 그 극은, 자연법이 그렇다고 하는 데까지 이르는 것이다. 이 말은 사람의 생각처럼 소위 자연의 의미로 해석되면 안 된다. 종교적 체험은 대상 논리적으로 생각되는 것은 아니다. 그것은 어디까지나 절대 비원으로 감싸지는 것이 아니면 안 된다. 더욱이 그것은 단지 정적(情的)으로 무차별하게 된다고 하는 것은 안 된다. 대지(大智)는, 원래 대자대비에서 일어나는 것이다. 그렇지 않으면 그것은 이기적으로 독단적이든가, 아니면 논리적 유희에 불과하다. 진리는 우리가 물질이 되어 생각하고, 물질이 되어 보는 데에 있는 것이다. 그래서 자비란, 우리의 자기가, 철저히 그런 입장에 서는 것이다. 절대자의 자기 부정적 긍정으로서 작용하는 것이다. 참으로 사람을 아는 것은, 진정으로 무념무사의 입장에서가 아니면 안 된다. 과학적 진리라고 하는 것도, 우리의 자기가, 자기자신을 표현한 세계의 자기 표현적으로, 절대 현재의 자기 한정으로서 아는 것이다. 거기에도 자연법이 그런 것이라고 할 수 있다. 자비란 의지를 부정하는 것은 아니다. 거기에서 진정한 의지가 성립하는 것이다. 우리의 자기는, 주어적 유도 아니고, 술어적 유도 아니다. 우리의 자기는 주어적·술어적, 술어적·주어적으로, 장소적 유로서 있는 것이다. 그러므로 우리의 자기는 그 근본에 있어 자비적인 것이다. 자비란 어디까지나 상반된 것이, 모순적 자기 동일적으로 하나가 되는 것이다. 의지란 그런 장소적 유의 자기 한정으로서 생기는 것이다. 의지는 주어적으로 본능적이며 술어적으로 이성적이나, 장소적 자기 한정으로서 역사적 형성적인 것이다. 순수한 장소적 자기 한정으로서 추호도 사가 없는데, 나는 이것을 진실이라 생각한다. 그래서 지성은 대자대비에 기초를 두지 않으면 안 된다. 나는 실천 이성의 근본을, 이것에 두고 싶다. 칸트의 도덕은 시민적이다. 역사적 형성적 도덕은 비원적이 아니면 안 된다. 서양문화의 근저에는 비원이라는 것이 없었다. 거기에 동양문화와 서양문화의 근본적 차이가 있다고 생각한다.

일본문화가 다대한 영향을 받았다고 생각되는 선(禪)에 대하여는, 그 도인에게 양보하련다. 나는 오직 선에 대한 세상 사람의 오해에 대하여 한마디 하고 싶다. 선이라는 것은, 많은 사람이 생각하듯이 신비주의는 아니다. 견성(見性)이라고 하는 것은 깊이 우리의 자기 근본에 철저한 것이다. 우리의 자기는 절대자의 자기 부정으로서 성립하는 것이다. 절대적 하나의 것에 자기 부정적으로, 즉 개물적 모두로서 우리의 자기가 성립하는 것이다. 그러므로 우리의 자기는 근본적으로 자기 모순적 존재이다. 자기가 자기자신을 아는 자각이라고 하는 것 그것이 자기 모순이다. 그러므로 우리의 자기는, 어디까지나 자기의 밑바닥에 자기를 넘어선 것에서 자기를 갖는, 자기 부정에 있어 자기자신을 긍정하는 것이다. 그런 모순적 자기 동일의 근거에 철저한 것을 견성이라고 한다. 거기에는, 깊은 배리의 이라는 것이 파악되지 않으면 안 된다. 선종에서 화두(話頭)라고 하는 것은, 이것을 터득시키는 수단에 지나지 않는다. 배리의 이라고 하는 것은, 비합리라고 하는 것은 아니다. 이(理)와 사(事)와, 지(知)와 행(行)과의 모순적 자기 동일이라는 것이다. 과학적 지식도 실은 여기에서 성립하는 것이다. 내가 만들어진 것에서 만든 것으로, 라고 하는 것도 그런 입장에서 말할 수 있는 것이다. 그것은 역사적 세계의 자기 한정의 입장인 것이다. 더욱이 그것은 절대 현재의 자기 한정으로서 극히 평상적 밑바닥의 입장인 것이다. 선에 대한 오해는 모두 대상 논리적 사유에서 비롯된 것이다. 서양철학에서 플로티노스 이래 신비주의라고 할 수 있는 것은 동양의 선과 극히 접근한 것이기는 하지만, 나는 그 근본에 있어 대상 논리적 입장을 벗어난 것은 아니라고 생각한다. 아니, 플로티노스의 하나의 것은 동양적 무와 대척적 극한에 서는 것이다. 그러므로 그것은 평상의 밑바닥이라고 하는 입장에까지 도달한 것은 아니다. 우리의 마음이 있어 세계가 있는 것은 아니다. 우리는 다만 자기로부터 세계를 보는 것은 아니다. 우리의 자기라는 것은 이 역사적 세계에서 생각할 수 있는 것이다. 우리의 의식적 자기의 세계라고 하는 것은 내가 '생명'에서 논하였듯이, 역사적 세계의 시간면적 자기 한정으로서 성립하는 것이다. 모든 추상적 의식적 자기로부터의 주관주의적 입장이 우리의 눈을 가리고 있는 것이다.

나의 논리에 대하여

나는 여러 해 동안 연구한 결과, 우리의 역사적 행위적 자기의 입장에서의 사유 형태, 즉 역사적 형성작용의 논리를 밝히게 되었다고 믿는다. 종래의 이론은 모두 추상적인 의식적 자기의 입장에서의 논리였다. 나는 내 논리에 따라서 여러 자연과학의 근본적 문제와 도덕 종교의 근본적 문제도 생각하여 보았다. 그래서 종래의 논리 틀에 따라서는 생각될 수 없었던 문제가 생각될 수 있다고 생각한다. 적어도 그 해명에의 길이 제시되었다고 생각한다. 생각되지 않았다고 하는 것은 논리적 형식의 불완전에서 비롯된 경우가 많다. 추상적 논리의 입장에서는 구체적인 것은 생각될 수 없는 것이다. 그러나 나의 논리라고 하는 것은 학계에서는 이해되지 않은, 아니 아직 한 번도 돌아보지 않았다고 해도 될 것이다. 비판이 없는 것은 아니다. 그러나 그것은 다른 입장에서 내가 말하는 것을 곡해하고, 그것을 대상으로 한 비판에 불과하다. 나의 입장에서 내가 말한 것을 이해하는 비판이 아니다. 다른 입장에서의 이해가 없는 비판은, 참다운 비판이라고 할 수 없다. 나는 우선 내 입장에서 내가 한 말을 이해하여 주기를 바라는 것이다. 어떤 사람은 내 논리라는 것은 논리가 아니라고 한다. 종교적 체험이라고 하는 사람도 있다. 그렇다면 나는 그렇게 말하는 사람에게 묻는다. 논리란 어떠한 것인가. 아리스토텔레스의 논리를 논리라고 하는 데는 아무도 이론이 없을 것이다. 칸트는 아리스토텔레스 이래, 논리는 한 걸음도 퇴보하지 않았고 한 걸음도 나아가지 않았다고 하였다. 논리는 아리스토텔레스에서 완성된 게 아닌가 한다고 하였다. 기호적으로 자기자신을 표현하는 세계의 언어적 자기 표현의 형식으로서 아리스토텔레스의 논리라고 하는 것이 본질적인 의미에 있어서 논리라고 해야 될 것이다. 그런 의미에서 논리는 아리스토텔레스로서 완성되었다고 해도 될 것이다. 그러나 그렇다고 한 칸트 그 사람의 초월적 논리는 이미 아리스토텔레스의 논리학은 아니다. 더욱이 헤겔의 논리 즉 변증법적 논리에 이르러서는 아리스토텔레스의 논리에 반한 것 같이도 보인다. 아리스토텔레스의 논리에서는 모순은 허락되지 않는다. 그러나 헤겔의 변증법적 논리에서 모순은 자기 발전의 방식인 것이다. 칸트의 논리나 헤겔의 논리는 논리가 아닌 것일까. 우리는 여기에서 논리란 어떤 것인가를 생각해 보지 않으면 안 된다. 논리라는 것은 우리의 사유의 방식이다. 논리란 어떠한 것인가를 분명하게 하려면 우리의 사유의 본질부터 밝히지 않으면 안 된다.

철학자 니시다 기타로에 대하여

니시다 선생의 가르침을 살펴본다
다나베 하지메(田辺元)

이것은 〈니시다 기타로를 다시 본다〉는 기념출판에 실린 일본의 저명한 철학자 다나베 하지메(1885~1962)가 쓴 글이다. 그는 도쿄 출신으로 니시다 기타로(西田幾多郎)와 마찬가지로 교토(京都)대학 교수. 신칸트파에 가까운 과학철학의 입장에 섰고, 다음에 니시다의 영향을 받아 절대 변증법에 이르렀으며, 만년에는 종교철학에 이르렀다. 저서는 《과학개론》《헤겔철학과 변증법》 등이 있다.

니시다 선생의 대표 저서인 《일반자의 자각적 체계》가, 일본인의 철학적 사색의 높이와 깊이를 나타낸 하나의 거대한 기념비적 결실이라는 것은 이제 새삼스럽지 않다. 거의 초인적이라고 해야 될 정력으로써 끈기있게 자각적 체계의 조직을 생각하고 깊이가 위로도 깊음을 추구하여, 유유히 기초를 심화하고, 높이가 위로도 높음을 좇아 몇 번이나 가공에 가공을 거듭하여, 드디어 하나의 고딕 사원에도 비할 만한 고원한 체계를 건설한 노력에 대하여, 우리는 다만 우러러 존경하며 찬탄할 수밖에 없다. 여러 곳에 아로새겨진 깊은 체험으로부터 용솟음치는 사상의 주옥은, 사라지지 않은 숱한 빛으로 번쩍이고 있다. 우리들은 오직 감사하는 마음으로 이 가르침에 자신을 기르지 않으면 안 된다.

하지만 선생의 깊은 사상은, 선생처럼 깊은 사색생활의, 오랜 노력에 의해서만, 완전히 이해될 수 있을 것이다. 적어도 후진의 미숙한 나 같은 자에게도, 동시에 이해하기 어려운 데가 적지 않다. 나는 이미 이 책에 수록된 여러 편을 각 잡지에 발표할 때마다, 이해가 부족한 의문을 가지고 선생을 번거롭게 하였으며, 선생에게 직접 간절한 가르침을 청하기도 하였다. 그럼에도 불구하고, 이제 이 책을 통독하고 나서, 아직도 난해의 의문에 괴로움을 겪고 있다. 이에 대하여 다시 선생께 직접 가르침을 청하여, 선생의 가르침을 받았다는 것은, 말할 것도 없이 나의 은혜로운 행복에 속한다. 그러나 나같이 어리석은 사람은 따로 없다고 하더라도, 직접 선생께 가르침을 청할 수 있는 행운을 누리지 못하고, 더구나 나와 비슷한 의문을 품고 있는 사람이 반드시 없다고도 하지 못할 것이다. 나는 지금이야말로 오히려 자신이 두둔하고 천박함을 부끄러워하기보다도, 적극적으로 그런 사람들을 위해서라도, 자신의 의문을 나타내어 공공연하게 선생의 가르침을 청하는 것이 좋겠다는 생각을 하게 되었다. 내 자신에게도 의문의 문장을 묻는 것은, 한층 더 면밀하게 내 자신의 이해를 정리하는 방법이 된다고 생각하는 것이다. 나의 우둔함으로 선생을 번거롭게 하고, 내 얕은 견해와 오해로 엉뚱한 의문을 제기하는 것은 예의에 벗어난 것이므로, 미리 선생께 용서를 바라는 바이다. 선생께서 다행히 가르침을 아끼지 않으신다면, 또는 그로 말미암아 새로 감상을 하는 자가 나 혼자는 아니라고 생각한다.

1

일반자의 자각적 체계의 출발점이 된 것은 표현적 일반자이다. 그전 저서인 《작용하는 것에서 보는 것으로》부터 이 책의 전반에 이르기까지, 이른바 판단적 일반자가 체계의 출발점이 되었지만, 이 책의 후반에서는 차츰 표현적 일반자가 전경(前景)에 진출하여, 마침내 최후에 이르러 이것이 전체계 출발점의 지위를 차지하게 되어, 판단적 일반자의 그 노에마적[*1] 한정으로서 오히려 종속적 지위로 물러나 있다. 표현이란, 자각적 일반자의 자기 한정으로서 의식되지 못한, 이것을 넘어선 노에시스적[*2] 한정의 노에마이다.

그것은 무로 보는 자기의 노에시스적 한정의 노에마이다. 그 노에시스적 방향이 넓은 뜻으로 행위라고 부르는 것에 다름없다. 행위 내지 표현은 의식된 내용의 반성이 아니고, 의식을 넘어선 것의 직각이다. 자기의 내용이 보여진 것이 아니고, 자기가 무로 된 것으로 말미암아 자기를 넘어선 내용이 눈앞에 있는 것이다. 그 노에시스적 한정의 밑바닥에 있는 것은 내적 생명의 흐름이다. 이것도 넘어서면 이른바 절대무(絶對無)의 자각이라고 하는 종교적 체험의 최후의 것으로 존재하는 것이지만, 절대로 무한정한 이 입장은,

적어도 개념적 한정을 전혀 결여하는 것을 허용하지 않는 철학에 대해서는 말할 바가 아니다. 철학은 가장 구체적인 노에시스적 한정이라고 해야 될 내적 생명의 흐름을, 그 최후의 것으로 한다. 그러나 이 내적 생명의 흐름이라고 해도, 단지 그대로는 철학의 범위에 들어올 수 없다. 철학도 이성의 자각인 이상은, 내적 생명의 흐름이 그 한정면에서 비쳐지지 않으면 안 된다. 이것이 노에시스적으로 넓은 뜻의 행위적 일반자라고 부르고, 노에마적으로 표현적 일반자라고 하는 것이다. 그래서 또 이 일반자의 한정이, 무로 하여 본 자기의 의의를 제한하고, 자각적인 한정으로 향할 때, 좁은 뜻의 행위적 일반자와 지적 직관의 일반자가 저마다 노에시스의 방향과 노에마의 방향으로 성립한다. 둘 다 함께 예지적 일반자라고 부르게 되는 것의 일면에 다름없다. 예지적 일반자의 자기 한정으로서 노에시스적으로 의지적 행위가 보여지고, 노에마적으로 지적 예지적 자기로서의 의식 일반의 내용이 보여지는 것이다. 판단적 일반자라고 하는 것은 그런 지적 예지적 자기의, 자각이라는 노에시스적 의의가 극소로 되어, 노에마적 한정면이라는 의미가 주로 된 것이고, 이에 반하여, 신체적 한정에 들어맞게 자애적으로 자기를 한정하는 노에시스적 한정면이, 자각적 일반자라고 하는 것이다. 의식적 자기의 존재란, 신체적 질료에 들어맞게 자기가 자기를 사랑하는 자애의, 노에시스적 한정에 다름없다. 그래서 진정으로 자기가 자기를 사랑한다는 것은, 추상적인 자기로부터 구체적인 자기로 돌아가는 것이고, 마침내 자기를 무로 하는 것으로 말미암아 자기를 보게 되는 것이므로, 자애는 신체적 한정을 넘어서 예지적 자기의 자각으로 나아가, 그 극인 무가 되어 보는 절대무의 자각에 가까워진 것을 의미한다.

위의 간단한 서술이, 일반자의 자각적 체계의 대체적인 요령을, 대과없이 파악한 것이라고 한다면, 나에게는 우선 다음과 같은 의문이 생긴다. 니시다 선생은 자각을 가지고 의식의 본질로 삼고, 그래서 자각이란 자기가 자기 안에 자기를 한정하는 것인데, 그런 자각의 진의는 자기를 무로 하여 자기를 보는 경지에 이르러야 완성한다고 생각하여, 자기를 잃는 것이 도리어 진정으로 자기를 얻는 방법이고, 무가 되어 보는 자기 본연으로 돌아온 것이 자기를 사랑하는 까닭으로서, 자애가 곧 자기의 존재임을 역설한 깊은 가르침은, 선생의 독자적인 체험을 털어놓은 것으로, 나는 오직 그 유례없는 고원

심오한 사상을 우러러볼 따름이다. 하지만 철학은 과연 그런 종교적 자각을 체계화할 수 있는 것일까. 체계는 최후의 구체적인 것, 절대적 전체자를, 단지 요구된 것으로서 멈추지 않고 부여된 것으로서 예상한다. 그런 최후의 것을 기체(其體)로 하지 않으면 체계는 그 마지막 원리를 가질 수 없다. 물론 선생은 종교적 체험 그 자체의 입장과 철학적 반성의 입장과를 엄격히 구별하여, 최후의 절대무의 자각을, 전자에 속하는 것이며 후자에 속한 것은 아니라고 하여, 절대무의 자각인 노에시스적 한정인 내적 생명의 체험을 가지고 철학에 속하는 최후의 것이라고 하였다. 그렇지만 이 체험은 선생에게 있어 어디까지나 절대무의 자각에 뒷받침된 것이고, 이것을 비치는 것이다. 따라서 그것은 절대무의 장소가 장소 자체를 직접으로 한정한 것으로 생각되는 것이다. 그런 한 선생의 자각적 체계에 있어서는, 최후의 일반자가 단지 요구된 것으로서가 아니라 주어진 것으로서 존재하는 것이다. 나는 이 점에서 근본의 의문을 품지 않을 수 없다. 선생이 예전의 저술 이래 판단적 일반자의 구조를 손잡이로 삼아 의식의 본질을 탐구하고, 술어의 초월로 말미암은 동시에 주어의 개체에서 어떤 장소를 구하며, 이 초월적 장소의 자기 한정으로서 의식을 해석한 깊은 사상은, 거의 선례가 없는 창조적 발견으로 나는 그저 존경할 뿐이다. 선생이 칸트 이래의 독일관념론자가 주장한 자각의 해석을 불완전하다고 하여, 자기가 자기를 보는 주객의 합일이라는 규정 위에, 다시 자기에게 말하는 장소적 제약을 가한 것은, 특히 만년의 셸링이나 헤겔의 사상을 보정한 것으로서 중요한 의미를 가진 것으로 생각한다. 그러나 내 생각으로는, 장소는 자발적으로 자기를 한정하는 것은 아니다. 반대로 한정에 의하여 비로소 장소로서 나타나는 것이다. 물론 우리에 대하여 앞인 것이 본질상 뒤이고, 우리에 대하여 뒤인 것이야말로 본질상 앞이라는 의미에서, 장소는 한정에 의한 장소로서 우리에게 나타나면서, 본질상은 한정에 앞선다고 한다. 그럼에도 불구하고, 그때 한정에 앞선다는 것은 장소의 다자인(Dasein : 본질적 존재에 대립하는 구체적·개별적 존재=현존)이며 조자인(Sosein : '이러이러하다'라고 하는 본질적·가능적 존재)은 아니다. 조자인에 관해서 장소는 한정에 의해 비로소 장소가 되는 것이다. 그래서 장소가 장소 자체를 한정하는 자각을 철학의 원리로 하는 경우에 문제가 되는 것이, 장소의 단지 다자인이 아니고 조자인이라는 것은 의심의 여지가 없다. 그렇다면 장소는 한정에 의해 비로소 장소가 되므로 한정과 독립에 앞서 이것을 한정하는 것으로서 장소를 생각할 수는 없을 것이다. 장소가 자기 자신에 포함된 한정의 원리에 의하여, 자발적으로 한정을 한다고는 할 수 없을 것이다. 바꾸어 말하면 장소는 한정을 반성하는 반성이 요구하는 이데(칸트의 이성비판의 의미에서)에 있으며, 한정을 한정하기 위하여 주어진 것은 아니라고 하지 않을 수 없다. 또는 이것에 대하여, 선생이 주장한 장소는 무의 장소이지 유의 장소가 아니므로, 다자인 외에 조자인이 요구돼야 할 것은 없다고도 할 것이다. 실제 종교적 자각에서는 그런 최후의 일반자가 이른바 여러 곳에서 주된 나로서 나타나게 될 것이다. 버드나무 싱그럽고 꽃이 붉게 핀(柳綠花紅) 특수한 노에마에 꼭 맞는 절대 무의 내가 약동하고, 이것이 특수한 노에마를 싸고 일체를 하나로 화하게 할 것이다. 그러나 이때 체념하게 된 최후의 일반자는 아주 특수한 노에마에 의하여 상징 표현되었을 뿐이고, 철학의 요구처럼 노에마를 싼 노에시스를 넘어선 최후의 일반자로서 장소적으로 자각되는 것은 아니다. 다만 반성을 넘어서 크게 쓰이게 나타날 따름인 것이다. 그런데 철학의 입장에서 절대무의 자각의 장소가 사유되는 때에는, 그것보다 구체성이 줄어든 피 한정적 존재를 싸고, 그것의 자기 자신에 의한 자각적 한정으로서 이들이 이해될 듯한, 최후의 것으로서 정립되는 것이다. 그것은 그런 것으로서의 조자인을 가진 것이 아니면 안 된다. 즉 그것의 한정으로서의 종극적인 초월적 노에시스보다, 더욱 추상 한정에 의해, 내적 생명으로 뒷받침된 넓은 뜻의 행위적 일반자 이하 여러 단계의 일반자와, 거기에서의 존재라든가, 그 필연적인 내면적 질서에 있어 양해되는 것이 아니면 안 된다. 이것은 바로 플로티노스의 일자(一者)로부터 순차로 drei Hypostasen이 사유된 것과 궤를 같이하는 것은 아닐까. 다만 서로 다른 것은 후자에서는 전체의 사상에 노에마적 경향이 높은 것과 반대로, 전자에서는 노에시스의 초월이라는 선생 특유의 깊은 사상이 그 기조를 이룬 점이다. 그러나 아무리 노에시스적 초월이라고 해도, 이것을 절대무 자각의 장소로서, 그 자기 자신에 의한 한정으로서 여러 단계의 일반자와 그것에서의 존재와를 사유한다면, 그것은 하나의 발출론적(發出論的) 구성에 있어, 플로티노스의 철학과 궤를 같이한다고 할 수밖에 없다. 그렇게 말한 것도 원래부터 나는 브렌타노와 함께 플로티노스 철학을 전체적으로 깎아내리려는 것이 아니다. 하물며 더욱 노에시스적으로 깊어진 선생의 사상적 특징을 무시하려는 것은 물론 아니다. 오직 내가 의심하는 것은, 철학이 종교철학(플로티노스 철학을 종교철학이라고 하는 의미에 있어서)으로서, 아무리 얻으려 해도 얻을 수 없는 최후의 일반자를 세워, 그 자기자신에 의한 한정으로서 현실적 존재를 해석하는 것은, 철학 그 자체의 폐기로 이끄는 것이 아닌가 하는 것이다. 그런 입장은, 어디까지나 현실에 입각하여 그것이 살 수 있는 지반을 지키고, 그 지반에 맞는 더할 수 없이 작은 과제적 노에시스화, 정신화 주관화 내지는 자각을 찾는 것 대신으로, 기성적으로 자각되어 있는 여러 단계의 일반자의 누층(累層) 구성을 가지고 철학이 되는 것은 아닌가 하는 것이 나의 의문이다. 본디부터 선생은 발출론적 구성을 의식하게 된 것이 아니고, 또 관념론적 해석을 가지고 철학의 능사로 마치려는 것이 아니다. 반대로 현실의 비합리성을 중하게 여기고, 부단히 창조를 하는 의지적 행위의 원시성을 고조시키려고 한 것이다. 그럼에도 불구하고, 최후의 일반자에 의해 여러 단계의 존재가 초월적 노에시스에 흡수됨과 동시에, 비합리적 현실도 다만 그림자의 존재가 되고, 행위도 관념적 생산으로 바뀌는 것을 면치 못한다. 그렇게 나타나는 것은 모든 것에 대한 단념에 다름없는 것이다. 나는 철학의 종교화가 필연으로 이렇게 귀착한다고 생각하지 않을 수 없다. 헤겔의 체계는 이것에 대한 뚜렷한 한 실례일 것이다. 니시다 선생의 철학은 장소적 자각에 의하여 헤겔철학보다도 더 노에시스적으로 순화된 것이라고 생각된다. 그러나 절대무의 장소적 자각을 최후의 것으로 바로 자기 자신에 의해 한정함으로써 모든 일반자를 체계화하려고 하는데 있어, 역시 마찬가지의 경향을 벗어나지 못한 것은 아닐까. 철학이 종교적 진리를 그 내용으로 하는 경우에는, 그것은 벌써 Philosophia가 아니고 Sophia이다. 그것은 이미 Philosophia로서의 철학은 폐하여 없어지지 않으면 안 된다. 본디 지(知)의 사랑인 Philosophia는 지(知) Sophia를 예상한다. 그러나 그것은 선생이 아우구스티누스를 인용하여 설명한 자애(自愛)와 자지(自知)와의 관계에서와 같이, 동시에 지의 사랑이 지의 내용을 규정하는 것이다. 지의 사랑이라고 할 때, 지는 다만 지의 사랑에 의하여 요구되어야 할 목적으로서 진행하는 자에게 전제되는 것은 아니다. 이미 지의 사랑은 극히 적은 지로서 지를 자기 안에 포함하는 것이다. 지는 지의 사랑과 독립하여 존재하는 것이 아니고, 지의 사랑에 의해서만 실현되는 것이다. 지의 사랑은 지에 의하여 규정됨과 동시에, 지가 지의 사랑에 의하여 규정된다. 그 관계는 바로 쌍관적(雙關的)이 아니면 안 된다. 선생의 사상의 가장 깊은 것이 가르치듯이, 자각이란 자기가 무가 되는 것이리라. 진정으로 산다는 것은 죽는 것이 아니면 안 될 것이다. 반대로 생각한다면, 죽기 위해서는 삶이 없으면 안 되고, 자기가 무로 되기 위해서는 먼저 자기가 있지 않으면 안 된다. 다만 그와 동시에, 사는 것은 죽은 것이고, 자기가 자기로 되는 것은 곧 자기가 무로 되지 않으면 안 되는 것이다. 이 존재의 깊숙한 데에 가로놓인 곳의 자기부정적 즉 변증법적인 것이, 우리의 반성 자각을 모두 변증법적인 것으로 만드는 것이며, 그 반성의 규정이 쌍관적으로 되지 않으면 안 되는 것도 이것에서 말미암은 것이다. 그런데 종교적 자각은 이 변증법적인 것을 절대로 지양하는 곳에 성립한다. 그것은 살면서 죽는 것이고, 자기가 있으면서 자기가 없는 것이다. 아니 완전히 죽기 때문에 완전히 살고, 자기가 아주 없으므로 모든 유가 자기인 듯한 경지라고 할 것이다. 여기에서는 쌍관적 규정이라고 할 그런 것을 받아들일 여지는 없다. 왜냐하면 규정하는 것도 규정되는 것도 없는 절대 둘이 아니고 하나뿐인 입장이기 때문이다. 나는 종교에 관하여 말할 자격이 가장 없는 사람이지만, 생각하건대 종교의 입장이라는 것은 이와 같은 것이 아닐까. 니시다 선생이 절대무의 자각이라고 부른 것은 그런 것이라고 생각한다. 혹시 과연 그렇다고 하면, 철학과 종교와는 기본적으로 합일할 수 없는 것이라고 하지 않을 수 없다. 왜냐하면, 종교는 모든 동(動)을 싸는 절대의 정(靜)인데 대하여, 철학은 어디까지나 정을 바라는 동이기 때문이다. 종교는 모든 동을 정화(靜化)하는 입장인데 반하여, 철학은 도리어 정을 잠정화하여 항상 동으로 바꾸는 입장이다. 다자인 개념으로 말하면 철학에도 종교와 같은 정이 예상된다. 그러나 그 점은 종교에서 조자인 개념적으로도 eiu für allemal하게 절대적으로 나타난데 대하여, 철학에서는 조자인 개념상 언제나 잠정적인 것으로서, 끝없이 전화되는 동의 계기가 되는데 그치지 않으면 안 되는 것이다. 바꾸어 말하면 종교적 체험은 초역사적이고, 철학적 반성은 역사적 상대적이다. 원래 역사적인 것은 초역사적인 것 위에 성립하고, 상대적인 것은 절대적인 것을 예상한다. 하지만 계기로서 나타나는 절대적인 것은 단지 미분적인데 그치고, 그 전체는 단지 이것을 매개로 하여 요구되는 것에 불과하다. 역사적인 것의 바탕으로서 예상되는 초역사적인 것은, 다만 역사적인 것의 방향 속에 포함된 미분이며, 후자를 통하여 무한히 요구되는 이데 아에 다름없다. 그런데 철학을 종교화하는 것은 이 구별을 없애고, 다만 아주 적은 방향 동성(動性)으로서가 아니라 적분적 전체로서, 초역사적 절대적인 것을 체계의 principium으로서, 그 한정에 의하여 역사적 상대적인 것을 질서있게 조직하는데 귀착한다. 내가 니시다 선생의 철학에 대하여 품고 있는 근본적 의혹은 이 점에 관한 것이다.

2

위 의문에 대하여는 틀림없이, 내가 선생의 노에시스적 장소적 자각의 진정한 의미를 이해하지 못하고, 이것을 예로부터 노에마적 대상적 한정의 발출론적 형이상학과의 혼동으로 말미암아, 그런 의문을 일으키게 된 것이라고 할 것이다. 원래 나의 사고력이 미숙하여, 선생의 깊은 사상을 따라가지 못하므로 그런 의문이 일어나게 된 것은, 내 자신으로도 자각하고 있다. 그러나 나는 노에시스가 노에마를 싸고, 장소가 대상을 싸는 것으로서, 노에시스적 장소적 한정이 결코 노에마적 대상적 한정의 의미에 있어 발출론을 야기하는 것은 아니라는 것을, 내 나름대로 이해하고 있다고 생각한다. 이 점에서 헤겔도 뛰어넘은 입장에 선생의 철학이 서게 된 것을 안다고 생각한다. 선생이 주장하는, 유의 자각이 아닌 무의 자각 특성도 무시하지는 않았다고 생각한다. 그럼에도 불구하고, 절대무의 자각으로 말미암아, 모든 단계에서 일반자와 거기에 있는 것이, 노에시스적으로 자기를 바꾸게 됨과 동시에, 모든 것은 그림자의 존재로 변하고, 오직 정관 체관의 빛에 싸여, 살아 있는 채 현실이라든가 행위라든가 하는 것이, 전연 그 본디 의미를 상실하였음을 생각하지 않을 수 없는 것이다. 원래 나도, 형태가 있는 것은 형태가 없는 것의 그림자라는 관념론을 전혀 이해하지 못한 것은 아니다. 특히 무로 되어 본다고 하는 동양적인 종교적 자각에 대해서는, 스스로 이루기 어려운 높은 경지로서 몹시 사모하는 마음을 품고 있는 것이다. 그러나 내 생각으로는, 그런 절대무의 자각은 현실의 어떤 점에서나 나타날 수 있는 종교적 체험으로서만 인정되는 것이고, 현실의 여러 입장을 전체로서 조직하는 철학체계의 원리가 되어야 하는 것은 아니다. 현실의 각 점에서 현실에 의미를 부여하는 미분 원리로서는, 철학 입장에서도 그런 종교적 자각이 승인되지 않으면 안 되지만, 동시에 그것이 철학적 자각의 적분 원리로 되는 것은 허락되지 않는다. 앞서 말한 것처럼 종교적 자각은 현실의 노에마에 들어맞으면서, 여기에서 최후의 일반자가 눈앞에 있는 것이다. 그 사이에 특수 보편의 대립, 노에마, 노에시스의 분별을 받아들이지 않는다. 그런데 철학은 어디까지나 그런 분별 대립의 반성적 입장이다. 그래서 그런 분별과 대립에 바탕을 두고, 그 분별과 대립이 없어진 종교적 자각의 입장을 가장 구체적인 것으로서 최후의 것으로서, 차츰 분별 거리의 증대와 대립의 뚜렷함과 진전에 따라, 일반자의 여러 단계를 최후의 것의 한정 추상으로서 서는 것이라면, 그런 철학체계는 반드시, 종교 자각을 철학적 자각의 초월적 모범으로서, 종교적 자각의 개념화가 되기를 바라며, 반성적 사유의 제한상 이것에 이를 수 없게 되면, 단지 불완전한 종교적 자각이 되는 수밖에 없을 것이다. 철학의 종교화는 철학에 독자의 권능을 인정하는 대신, 철학을 종교의 불완전한 모방을 꾀하는 경향을 벗어나지 못한다고 생각한다. 본디 철학은 모든 입장에 대하여 자유로운 무 입장을 목표로 한다. 종교도 이것에 대하여는 하나의 입장이므로 초월해야 될 것이다. 그런데 종교적 자각으로써 철학이 이루려고 하여도 이루지 못한 초월적 모범으로서, 이것을 자각 최후의 입장으로 한다면, 종교는 철학에 의해 초월해야 될 하나의 입장이 아니라 철학 그 자체의 초월적 전형인 입장으로 된다. 또는 철학이 서야 될 입장이 입장의 입장이라고 한다면, 이 경우 종교가 하나의 입장이 아니라 입장의 입장이라고 하는 것이 될 것이다. 원래 니시다 선생이 이해한 종교가 서양철학의 주요 계기가 된 그리스도교에서와 같이, 노에마적인 신의 세계 창조, 현실 지배에 대한 신앙이라고 하는 것이 아니고, 동양적인 무의 자각을 그 입장으로 하는 것이므로, 그것은 하나의 입장이 아니고 입장이 없는 입장이다. 따라서 이것을 입장의 입장으로 하는 철학의 입장이라고 하여도, 아무런 발출론적 철학을 야기하지는 않으리라고도 한다. 그러나 종교로서는 절대무의 자각으로 입장이 없는 입장이라고 하는 것도, 그것이 철학체계의 종극 원리를 줄 수 있는 입장이 될 때, 도리어 그 이하의 피한정적 추상적인 입장을, 그 한정으로서 이해시켜야 될 하나의 입장이 되어, 결코 입장 없는 입장에 그칠 수는 없는 것이 아닐까. 철학은 도리어 여기에서 해방되어, 단지 이것을 극한점으로서, 자유스럽게 그 위에 부동하는 것으로 되지 않으면 안 된다. 만일 철학이 이 종교적 입장을 자기의 입장으로 하려고 한다면, 그것은 필연코 자기 폐기의 운명에 떨어지지 않으면 안 된다. 마치 '모든 집합의 집합'이라는 집합론의 역설에서 보듯이, 자기의 절대화가 반드시 자기를 상대화한다고 하는 모순이 입을 연다. 여기에 집합론에서 공리주의가 직관주의에 양보하는 데가 없으면 안 되듯이, 철학도 절대주의를 상대주의에 대하여 양보시키는 데가 없으면 안 되는 것이 아닐까. 물론 철학은 그 본질상, 어떤 의미에서나 절대적인 것을 부정하려고 하는 이른바 상대주의에 설 수는 없다. 그것이야말로 명백한 철학의 부정이다. 그러나 단지 요구받은 것으로서 절대자를 극한점으로 하는 것은, 부여된 것으로서의 절대자를 세워, 이것을 그 체계의 근저로 하는 것과는 다르다. 여기에 철학이 항상 상대에 들어맞는 절대를 구하려고 하는 애지적(愛知的) 동성인 근거가 있다. 마치 집합론의 직관주의가 초한(超限)집합을 전연 부정하는 유한주의(Finitismus)도 아니고, 그렇다고 공리(公理)주의의 절대적 견지를 취한 것도 아니며, freiwerdende Wehlfolge의 언제나 미완성인 부정(不定)의 생성과정 그 자체에 멈추려고 하는 것과 일반이다. 연속을 종교의 구체적 입장에 비한다면 종교화되어 있는 철학은 연속의 공리주의적 구성에 상당하고, 그래서 내가 보기에 철학의 정당한 입장이라는 것은, 바로 직관주의의 자유 생성적 입각지에 대응시키도록 하는 것이다. 수학적 직각은 아무리 노에마적이라고 하여도, 니시다 선생이 깊이 이해하는 것처럼, 실은 그 노에마의 내용이 노에시스적 한정 자체로 생각되는 것이므로, 사유작용 자체의 자각으로서, 사유적 생명의 자성인 철학의 형식적 구성을 나타나게 할 수 있는 것이다. 오늘날 수학의 기초론은 철학의 형식적 구성에 빛을 던질 수 없으면 안 된다. 그래서 전자에서 있어 공리주의의 곤란을 인정하고 직관주의에 가담하는 것은, 후자에서 종교적 철학에 의심이 끼어드는 것은 당연하지 않을까. 나는 조금도 수학의 기초론을 연줄로 철학의 입장을 생각한 것은 아니나, 후자에 대한 의혹을 전자에 의하여 한결 더 뚜렷이 말할 수 있다고 생각하는 것이다. 니시다 선생의 철학에 대한 나의 근본적 의문은 대체로 위에서 말한 것으로 밝혀졌을 것이다.

지금 말한 것과 같은 철학의 입장 그 자체에 대한 의혹은 언뜻 보면, 철학의 구체적인 내용과 상관이 없는 형식론이며, 창조에 도움이 안 되는 자의 외면적인 비평적 한가로운 갈등에 지나지 않는다고도 할 것이다. 하지만 내가 믿는 바에 따르면 그렇지는 않다. 반대로 니시다 선생 철학의 구체적인 내용에 대한 의문은, 나의 경우에 있어, 오로지 이 근본적 입장에 대한 의혹에서 비롯되는 것이다. 나는 이것을 다음과 같이 밝히려고 한다.

선생에 따르면 플로티노스의 말처럼, 작용하는 것은 보기 위하여 돌아가는 길이다. 우리 존재의 맨 마지막 의의는 보는 데 있다. 본다는 것은 자기를 무로 보는 것이다. 보는 자기가 없어짐으로써 진정한 자기가 보이는 것이다. 자기가 무로 됨과 동시에 모든 것이 자기로 된다. 그런 절대무의 자각에서 모든 밖은 안이 된다. 우리의 존재는 그런 종교적 자각에서 그 의의를 완성하는 것이다. 여기에 이르지 못한 여러 입장은 모두 그 한계라고 해석된다. 그런 생각에 근거하여 선생은 앞에서 말한 것처럼, 절대무의 자각에서 판단적 일반자에 이르기까지, 일반자의 자각적 체계를 조직한 것이다. 그러나 이와 같은 입장에 선다면, 현실의 비합리성 내지 반가치성은 모두 자각의 추상성, 즉 보는 자기가 아직 절대무에 이르지 못한 것에 귀인(歸因)하지 않으면 안 된다. 만일 절대무의 자각에 이른다면, 보는 자기가 완전히 무로 돌아감과 동시에, 모든 것이 자기로 되어, 거기에 다른 것 밖의 것, 곧 볼 수 없는 것으로서 비합리적이라고 해야 되는 것은, 당연히 없어야 한다. 하물며 자각의 완성에 있어 진정으로 보는 자의 정복(淨福)이 실현되는 이상, 반가치로 보여지는 것이 존재할 여지는 있을 리가 없다. 실제 종교적 체험이라는 것은 그런 비합리적인 자의 합리화, 반가치의 가치화 라고 해야 할 초합리적 초가치적 자각에서 성립하는 것 같다. 그러나 철학이 하나의 입장으로서 그런 종교적 체험을 인정하는 데 그치지 않고, 동시에 입장의 입장이라는 자기 입장의 완성으로서, 이것을 그 근저로 하는데 이르러, 모든 비합리적인 것은 합리적인 것의 가현(假現)으로 해석되어, 이것을 합리화하는 것으로서의 행위는 보는 것의 돌아가는 길로서 그림자 세계이며 이것을 완전히 표현할 수 없는 것인가. 거기에는 아무리 해도 노에마를 노에시스에 이를 수 없어, 노에마적 내용의 불충분성을 일으킬 원리가 없으면 안 된다. 그것은 분명히 자각 안에 있어, 더구나 자각에 반대하는 것이 아니면 안 된다. 만일 자각을 빛의 원리로 한다면, 이것에 어긋난 어둠의 원리라는 것이 없으면, 역사의 비합리성은 이해될 수 없을 것이다. 본디 어둠은 빛에 종속한다. 후자가 적극 긍정인데 대하여 전자는 소극 부정이다. 그러나 부정은 긍정에 종속하면서, 이것에 대립하는 딴 힘이다. 그것을 단지 소극 저하의 원리라고 해도, 아직 저하 제한의 힘으로서 작용하는 것은 그 자체가 하나의 힘이 아니면 안 된다. 그것은 적극 긍정의 힘에 종속하며, 이것을 떠나 독립하는 것은 아니다. 하지만 적극 긍정의 힘은 항상 스스로 자기를 부정하는 힘을 자기의 한 쪽에 뒤따르는 것이다. 자기의 적으로서 작용하고, 자기를 없애는 힘을 자기 안에 항상 품고 있는 것이다. 만일 과연 최후의 것인 절대무의 자각적 한정 내용인 내적 생명이, 이처럼 자기 부정의 힘을 안에 품고 있는 것이라면, 그것은 진정으로 절대 자각을 허용하는 것일까. 완전히 자기로 바뀔 수 없는 것을 남긴 자각은, 절대의 자각이라고는 할 수 없을 것이다. 만일 무로서 보는 자각이 헤겔의 개념도 넘어, 완전히 노에마적 잔재를 청소한 장소적 자각을 그 본질로 하는 것이 있다고 하면, 자각은 언제나 노에마적으로는 한정된 내용에 맞게 행할 수밖에 없다. 이것에 의해서만, 발출 논리의 독단을 면할 수 있기 때문이다. 혹시 그렇다고 하면, 자각은 항상 자기 부정을 매개로 하여 할 수밖에 없는 것으로, 절대무의 자각이라고 하여도, 부정적 한정을 매개로 하여 할 수밖에 없다. 그러나 이것은 자각의 절대성을 부수고, 불완전한 상대적 자각이 되도록 하는 것은 아닐까. 만일 부정에 의하여 한정되는 내적 생명의 노에마적 내용을 보는 것을 행위라고 한다면, 행위 곧 작용하는 것은, 다만 절대무의 자각 입장에서 보기 위하여 돌아가는 길일 뿐 아니라, 그 돌아가는 길은 피할 수 없는 필연의 매개로서만 보는 것이 가능하다는, 과연 절대적인 것이 될 수 있는 것일까. 작용한다는 것은, 보는 자가 자기를 한정하여 볼 수 없게 된 단계에서, 보여진 단계로 옮겨가는 것을 의미한다. 곧 그것은 절대로 보는 것이 아니고, 보이지 않는 것을 우회함으로써 보이도록 하는 것을 말한다. 또는 절대무가 되어 보는 것이 아니고, 유가 되어 보는 단계에서만, 작용이라고 하는 것은 성립한다고 해도 좋다. 선생도 '행위적 자기란 것은 그런 모순을 내포하고 있는 것이다'라고 분명히 인정하고 있다. 작용하는 한은 절대로 보이는 것이 아니고, 보이는 한은 작용은 없다고 하지 않으면 안 된다. 선생이 '노에시스는 노에마를 싼다는 자각적 한정의 본질로부터, 행위적 자기의 밑바닥에는 예술적 직관과 같은 것을 넘어 더 끝없이 깊은 것이 없으면 안 된다. 이와 같은 행위적 자기의 한정이 역사적이라고 생각할 수 있는 것이다'라고 한 경우의 '한없이 깊은 것'

은, 행위의 매개에 의하여 다 볼 수 없는, 더구나 행위적으로 보는 것의 근원이 되는 것이 아니면 안 된다. 그런 것이 역사의 비합리적인 근거가 될 것이다. 과연 그렇다면, 역사의 밑바탕에 있는, 작용하는 것의 근원으로 되는 비합리적 원리는, 절대무의 자각에 대하여 맨 마지막까지 부정 원리가 되는 것이 아니면 안 된다. 그래서 절대무의 자각이 작용하는 것을 매개로 역사를 싸는 것인 한, 역사와 행위를 쌀 수 없다는 곤란이 나타난다. 절대무의 자각에 대한 부정 원리를 인정함과 동시에, 철학적으로는 절대무의 자각은 절대성을 잃고 전체의 구성적 원리가 되지 못하고, 다만 요구되는 반성적 극한 원리인 데 그치지 않을 수 없게 된다. 본래 활동 행위를 근본원리로 한 초기 피히테의 무신론의 혐의를 불러들여, 진정으로 보는 자의 정복을 주장한 후기 종교적 입장으로 옮기기 위하여, 의식 앞에 존재를 두는 새로운 지식학으로의 전환을 필요로 한 것은, 하나의 적절한 역사적 예증으로 삼는데 족하기도 할 것이다. 만일 과연 그렇다고 하면, 모든 볼 수 있는 노에마를 싸고, 자기 외에 대상을 남기는 일이 없는 노에시스적 자각으로서의, 절대무의 자각을 철학의 마지막 원리로서, 그 한정에 의하여 모든 것을 자각 체계로 조직하려고 한 니시다 선생의 철학은, 역사의 비합리성을 높였음에도 불구하고, 그 체계에 이것을 수용하는 것이 곤란한 것은 아닐까. 비합리적인 역사적 존재의 밑바탕에 있는 한없이 깊은 것은, 어디까지나 보이지 않는 것은 작용의 근원이고, 보는 것은 이 자기에게 대립하는 부정 원리를 매개로서 처음으로 행하고, 따라서 종교적 자각은 역사적 노에마의 한정을 매개로 하여, 비합리적 현실에 들어맞아, 그 입장의 자유 전환에서 성립하는 데 그쳐, 이제부터 전체적 적분적으로 역사를 싸는 입장으로서 철학의 마지막 원리로 삼아야 되는 것은 아닐 것이다. 철학 원리로서의 자각과, 종교 요건인 절대성과는, 과연 절대무의 자각이라는 개념에서 결합될 수 있는 것일까. 나는 이 점에 의문을 지울 수가 없다.

위와 같은 작용의 근거가 되는 한없이 깊은 것은 자각에 들 수 없는 것이고, 보는 것에 영원히 대립하는 부정 원리이며, 이로 말미암아 역사의 비합리성 곧 절대 우연성이라고 해서 되는 것이 성립한다고 하면, 더욱더 반가치의 근원은, 이 부정 원리의 좁은 뜻에서의 행위적 일반자 곧 예지적 일반자에 대한 대항을 요구해야 될 것이다. 역사의 비합리성은 단지 보는 것에 대하여 작용하는 것 일반(넓은 뜻에서 행위적 일반자 곧 예지적 일반자가 이 것을 대표한다)의 대항이지만, 반가치는 행위 그 자체에서 이것을 부정하려 는 힘이 대항하는 데에서 일어날 것이다. 니시다 선생이 자기 부정의 의지를 가지고 악의 근원이라고 한 것도 그런 뜻이라고 생각된다. 하지만 단지 절대 무의 자각을 마지막 원리로서, 그 추상 한정에 의하여 여러 일반자와 거기에 있는 것과를 조직하는 입장에서, 어떻게 하여 자기부정의 의지를 주장할 수 있을까. 이것에 대하여 생각하면 자기 부정성이 의지 그 자체의 본성이고 그 것으로 말미암아 의지의 자유가 성립하는 것이다. 의지를 자각적 한정이 구 체적 형태라고 한다면, 자기 부정의 의지를 악의 근원으로서 자각의 체계에 받아들이는 것은 아무리 곤란을 겪지 않아도 된다고 대답할 것이다. 그러나 나는 오히려 의지를 자각의 구체적인 입장으로 하는 것 자체가 절대무로 하 여금 자기를 본다는 자각을 가지고 전체계를 싸려고 하는 요구에 모순되는 것이 아닌가 생각하는 것이다. 한없이 자기를 부정할 수 있는 절대 자유의 의지라는 것은, 선생이 생각하는 대로 잘못한 자기가 올바른 자기보다 깊은 자기라는 의미에서 단지 예지적인 자기보다도 깊은 존재일 것이다. 그러나 그것이 선생이 말하는 것처럼 '예지적 자기의 밑바닥을 통하여 절대무의 자 각에도 이르고 있다'고 한다면, 절대무의 자각은 최후의 장소라는 것이 과연 될 수 있는 것일까. 선생은 다시 '절대무의 자각에 의한 뒷받침으로 예지적 자기의 한정을 부정하는 의미를 가진 것'으로서 반가치적 의지라든가 부정적 의지라든가를 생각할 수 있다고 설명하지만, 어떻게 해서 절대무의 자각이, 도리어 보는 것에 반항하여 무로 하여 보는 것이 아니고 유로 하여 보는 입 장을 고집하려고 하는 부정적 의지의 장소가 될 수 있는 것일까. 만일 그런 부정적 의지가 그것에 직접의 장소적 한정으로서 생각될 수 있는 것이라고 한다면, 절대무의 자각은 절대무의 자각 그 자체가 아니고, 다만 여기로의 과정으로 되어, 진정한 절대무의 자각이라는 것은 이 과정과 거기에 뒤따르 는 부정성과를 포함한 극한이라는 것밖에 없게 되는 것은 아닐까. 여기에 절 대무와 부정적 의지가 서로 받아들이지 않는 차이가 있다. 절대무의 자각을 맨 마지막 원리로 하는 일반자의 자각체계의 안으로는, 자기 부정성으로서 의 반가치 원리는 들어갈 수 없는 것이 아닐까.

만일 이와 같은 내 의문이 어떤 근거를 가지고 있다면, 나는 일반적으로 선생의 철학에 대하여 다음과 같은 의문을 다시 제기하는 것을 허락해야 되지 않을까 생각한다. 선생이 동양의 종교적 체험을 서양철학의 개념적 사고법에 따라 조직하려고 하여, 아리스토텔레스의 개체적 주어의 논리학을 극한으로까지 초월시키게 함으로써 새로 독특한 장소의 술어적 논리학으로 뒤집어 이것에 의하여 신비적 체험과 논리적 구조를 결부시킨 것은 참으로 획기적이고 독창적인 견해라고 해야 될 것이다. 그러나 이것은, 그리스도교와 함께 처음으로 나타나, 근세의 독일 관념론에서 완성의 경지에 이르렀다는 이상주의 의지철학과 쉽게 결합될 수 있는 것일까. 나는 선생이 예전부터 동정을 가진 피히테의 의지적 관념론에 가까운 사상이 오늘의 장소적 자각의 입장을 배반하고 있지나 않는가를 의심하지 않을 수 없는 것이다. 참으로 절대로 보는 입장이라는 것은 철학의 개념적 인식에 있어 구성적으로 결합될 수 없는 것은 아닐까. 철학은 그런 능력을 가진 것은 아니라고 생각한다. 그것은 다만 양자를 극한적으로 관계하도록 하는 반성 판단적 입장에 서는 수밖에 없지 않을까. 나는 선생의 위대한 노력에 의해서도 보는 입장과 작용하는 입장이 아직 완전히 결합되어 있지는 않는 것이 아닌가 의심하지 않을 수 없다. 나는 그것이 철학 자체의 제한이 아닌가 하는 생각을 한다. 신플라톤파 철학과 그리스도교를 결합시키려고 하였던 아우그스티누스 철학도 여기에 어려움이 있었던 것이 아닐까.

3

나는 이상과 같은 입장에서, 니시다 선생의 현상학과 이것에 대비한 칸트 철학에 대하여 내린 비평에도 다소 의문을 품지 않을 수 없다.

선생에 따르면 후설의 현상학은 자각적 일반자의 내용으로서 의식적 자기를 그 내부의 지각적 한정으로부터 순화하여 예지적 일반자의 의지적 한정으로까지 나아가 더구나 의지의 노에시스적 내용을 추상하여 단지 형식적 입장에 서는 것으로 지향 작용을 가지고 의식의 본질로 생각하는 입장이다. 이른바 순수 자기라고 하는 것도 내적 생명의 지적 자각이라고 하는 입장에 이른 것이 아니고, 단지 내부 지각적 자기의 순화가 된 것에 지나지 않는다. 따라서 그런 순수 자기의 순수 의식이라는 것도 의식된 의식이며 의식하는 의식은 아니다. 지금 이 현상학에 대하여 내린 선생의 비평은, 후설의 입장을 제한하는 극히 정확한 지적으로서 우리들에게 많은 가르침이 되었다고 하지 않을 수 없다. 후설 자신이 생각하였듯이 현상학을 유일한 철학으로 여기는 것은 있을 수 없는 일이다. 나는 이 점에서 후설을 옹호할 생각은 조금도 없다. 그러나 돌이켜 생각하면 선생이 중시하였던 바, 의식하는 의식, 모든 대상을 싸고 직각적으로 모든 내용을 그 자기 한정으로서 자각하는 의식은, 다만 종교적 자각의 입장에서 실현하는데 그치고, 철학 입장에서는 단지 이것에 대한 극한적 관계를 요구할 수 있을 뿐이며, 이것을 마지막 원리로서 여러 입장의 구성 조직을 이루는 것이 앞 절에서 말한 것처럼 곤란으로 이끄는 것이라고 한다면, 후설이 지향적 의식의 본질 관조에서 멈춘 것도, 이른바 엄밀한 학을 표방하는 그로서는 도리가 없는 일이었다고 말할 수 있지 않을까. 지향이 결국 표상의식의 본질에서 그치고, 구체적인 의지적 예지적 자각의 내용을 잃은 것이 된다는 것은 선생이 비평한 대로이다. 후설의 현상학은 마침내 지적 의식의 반성에서 그친다고 할 수 있을 것이다. 그러나 그 범위에 있어 그가 성취한 것은 거의 이제까지 아무도 이룬 사람이 없는 영역의 천명이었고, 그 입장의 제한으로써 그 성과에 불후의 의의를 무시할 수는 없다. 그의 인식론에서 대상이 노에마적 한정의 극한이라는 의의를 갖는데 그치고, 그것까지도 싸는 노에시스적 일반자를 생각하고 있지 않다고 하지만, 이것은 신비적 직관에 빠지지 않으려고 한 그의 입장에서 정당한 제한이라고 인정해야 될 것이다. 오히려 그의 입장에 비난을 받아야 될 결점은, 그것이 어디까지나 지적의식의 추상에 멈추면서 도리어 이것을 가지고 의식 전체의 구체적 구조를 나타내려고 하는 주지주의라는 데에 있다. 그것이 철저한 구체성을 요구하는 현상학 본래의 경향을 배반하는 것이 된 것은, 변호할 여지가 없는 약점이라고 하지 않을 수 없다. 하이데거가 후설의 의식 현상학에서 존재 현상학으로 나아가, 언제나 의식을 초월한 표현의 해석으로 현상학의 지반을 옮긴 것은 이 실심을 보원한 것이고 하여야 될 것이다. 마치 니시다 선생의 자각체계에서, 후설의 순수 의식이 배당된 예지적 일반자의 추상적 형식적 노에시스의 입장에 대하여, 더욱 구체적이고 이것을 넘어선 표현적 일반자가 하이데거의 입장과 비교되는 것에 이르는 것은 이 관계를 중시하는 것이라고 할 수 있을 것이다. 그런데 선생은 하이데거의 현상학이, 후설의 단지 본다는 내재적 의식의 입장을 벗어나, 해석적 의식의 입장에 섬으로써 예지적 자기의 자기 한정의 입장에 가까워진 것이라고 할 수 있음에도 불구하고, 여전히 자기 자신의 자각적 내용을 없앤 추상적 입장에 있음으로써, 현상학의 제한을 벗어나지 못하고, 그런 입장으로는 예지적 노에마의 내용에 의하여 성립하는 객관적 진리를 세울 수 없다고 지적하였다. 나 역시 하이데거의 현상학적 존재론이 중요한 제한 아닌 부당한 추상을 벗어나지 못한 것을 인정하는 데 주저하지 않는다. 그 근저에 놓여진 존재가 도구로서의 물질에 교섭하여 죽음을 각오함으로써 자주성을 획득하는 개인적 존재라는 것은, 이 존재론으로 하여금 그 지향에 반하여 진정한 역사적인 사회적 존재를 해석하는 길을 잃게 하는 것, 도구로서의 교섭에서가 아니라 같은 생명이 융통하는 통일로서 종교적으로 체험해야 될 세계와의 교섭이 없으므로 개인의 유한 존재가 원리론적으로 허공에 붕 뜨는 것은 이 창의에 넘친 존재론의 근본적인 결점이라고 생각하는 것이다. 그렇지만 이것은 해석학적 현상학이 출발점에서 그 본디의 경향에 따라 가장 구체적인 현상을 구하는 것이 불충분하였기 때문이며, 이미 해석적 입장에 선다면 앞에서 말한 후설의 현상학에 대하여 말한 추상성은 벗어날 수 있지 않을까 생각한다. 왜냐하면 해석된 것은 단지 추상적인 표현에 한한 것이 아니고, 내적 생명의 직접적인 한정으로서의 표현이 될 수 있기 때문이다. 하이데거가 자기 해설의 대상으로서 존재가 그런 것에 이르지 않은 것은 그의 사상적 결점으로, 해석학적 현상학 자체의 결함이라고는 하지 않는다. 만일 세계와 생명 통일에서 교섭하는 공동 존재의 자기 해석이라는 입장에서 출발한다면, 해석학적 현상학은 내적 생명의 자각이라는 입장에 이를 수 있는 것이 아닌가. 나는 해석학적 현상학에서 자기 해석을 하는 존재는, 니시다 선생이 해석하듯이 단지 자기 자신에게 의미를 가지고, 자기 자신에 의하여 의미를 천명하여 가는 것이라고 하는 것만은 아니라고 생각한다. 이래서는 하이데거에게 있어 요해라고 하는 중심개념에 주어진, 자기의 자유행위적 가능의 예과라고 하는 의미는 완전히 잃어 버리게 될 것이다. 하이데거가 말하는 해석은, 니시다 선생의 이른바 넓은 뜻의 행위적 일반자에 해당하는 노에마적 방면으로서의 표현 해석이다. 그런 표현의 해석은 원리적으로는 선생의 이른바 내적 생명의 자각과 대체로 같은 것은 아닐까. 나는 선생이 현상학에 대하여 지적한 결점의 대개가 해석학적 현상학을 벗어날 수 있는 것이 아닐까 생각하는 것이다.

다만 선생의 요구와 해석학적 현상학이 최후까지 일치하지 않은 점은, 선생의 절대무의 자각에서는 그 일반자의 장소적 한정에 모든 것이 다 싸여, 자각적 한정밖에 아무것도 남는 데가 없는데 대하여, 해석학적 현상학에서 존재의 자각은 어디까지나 이른바 부과성을 벗어나지 못하고, 항상 자기밖에 자기를 다 싸지 못한 것을 남겨, 여기에 기인하는 초월성을 완전히 내재화하는 것은 하나의 이데아에 그치는 데 있다. 이것에 대하여 나는 앞에서 말한 것과 같은 입장에서 오히려 현상학 쪽이 철학의 일반 제한을 지키는 것으로서 지당한 것이 아닌가 생각하는 것이다. 절대무의 자각을 가지고 모든 초월적 현상을 내재화하여 자각적 한정의 일반자에 모든 것을 싸는 것은 철학의 입장을 넘은 종교적 체험에 속하고, 철학은 이것을 마지막 원리로서 구성해야 되는 것이 아니며, 다만 이것에 극한적 관계를 가질 수 있는 데에 그치는 것이 아닐까 하고 생각하는 나의 의문은, 이미 말한 대로이기 때문에 이제 다시 이것을 되풀이할 필요는 없을 것이다.

니시다 선생은 현상학 일반에 통하는 결점으로서 그 노에시스적 한정이 자기 자신을 본다는 의미를 갖지 않은 추상적인 것이므로, 객관적 진리를 세울 수 없다는 것을 들어, 이것을 벗어나기 위해서는 노에시스가 노에마를 품은 입장에 서서, 예지적 노에마를 싸는 순수 자기의 내적 생명의 자각에 따르지 않으면 안 된다고 지적하였다. 이와 같은 예지적 노에마의 자각을 본질로 하는 것이 칸트철학의 의식일반이고, 이것에 의해 비판철학의 특색인, 객관을 구성하는 주관이 확립된다. 현상학은 그런 객관적 구성 원리가 빠진 것에 중대한 약점이 있다는 것이다. 실제 현상학의 입장이 하이데거에 있어서도 아직 개인 의식적 자각의 입장에 그치고, 현상학의 정신에 따라 마땅히 가야 되는 가장 구체적인 입장까지 이르지 않고 있는 것은 앞서 내가 말한 것과 같고, 그 때문에 초개인적인 생명의 통일로서 세계와 자기와의 교섭의 근거가 되어야 할 구체적인 것으로의 관계를 포함하고 있지 않는 것은 사실이다. 후설이나 하이데거나 선생이 지적한 것과 같은 결점이 있는 것은 부정할 수 없는 것으로, 선생의 비평은 현상학자에 대한 중요한 가르침을 포함하고 있다고 하지 않을 수 없다. 하지만, 이 현상학의 결점이라고 해야 되는 것이 마치 칸트철학의 특장점에 해당하고, 후자에서는 그것이 선생이 요구한 것처럼 객관적 구성 원리를 제공한다는 해석에 대하여 나는 중요한 제한적 조건이 있다는 것을 생각하지 않을 수 없는 것이다. 내가 이해하는 바로는 선생의 예지적 자기라고 하는 것은 대체로 다음과 같은 것이다. 일반자의 자각적 체계에서 최후의 구체적인 존재로서의 내적 생명은, 원래 일반자 자체를 한정하는 것이고, 일반자로서 한정된 것은 아니다. 그 자각은 오직 절대무의 자각이라고 해야 되는 것이며, 일반자로서 한정된 자각이 될 수는 없다. 그 노에마적 한정으로서 처음으로 일반자와 표현적 일반자가 저마다 이 한정의 노에시스적 방향과 노에마적 방향으로 나타나는 것이다. 그런데 행위적 자기라고 하는 것은, 무로서 보는 자기의 노에시스적 한정의 의의를 갖는 것이므로, 적어도 행위적 자기라는 것이 보일 동안은, 그것은 무로서 본다고 할 수는 없다. 곧 진정한 행위적 자기는 아니라는 모순을 품은 것이다. 따라서 어디까지나 노에마적으로 그 내용을 한정한다고 할 수는 없다. 여기에서 넓은 뜻의 행위적 일반자는 노에마면에 들어맞는 것과 노에시스면에 들어맞는 것과 둘로 갈려, 전자가 표현적 일반자인데 반하여 후자는 좁은 뜻에서 행위적 일반자가 되는 것이다. 모든 표현적 내용을 자기 자신의 한계로서 본다는 의미에서 행위적 일반자의 자기 한정이라는 것은 성립하지 않는다. 다만 자신의 내용을 보는 자기 한정이 성립하는 한, 행위는 자기표현의 의미를 가질 수가 있다. 이때 보여지는 노에마적 내용은 곧 자기 자신의 노에시스적 한정의 내용에 다름없다. 이것이 이데아를 보는 것으로서의 예지적 자기이며, 노에마적으로 이데아가 되는 것은 노에시스적으로 하는 행위에 다름없다. 예지적 자기는 곧 좁은 뜻의 행위적 자기인 것이다. 그래서 행위적 일반자의 모순적 성격에서 비롯되는 좁은 뜻의 행위와 표현과의 분열을 통하여 다시 회복되는 양자의 모든 것이 곧 예지적 일반자가 되는 것이다. 그것이 이데아로서 자기 자신의 내용을 보고 그 한정된 범위에서 최후의 절대무의 자각을 비치는 것이 되는 것은 이것에 의한 것이다. 칸트의 의식일반이라는 것은 그런 예지적 일반자의 행위적 자각을 내용 없이 순형식적으로 생각한 것이다. 이것은 예지적 자기의 노에마적 방향으로 위축한 것으로서 지적 예지적 자기라고 할 수 있다. 그러나 그것은 어디까지나 자기의 내용을 보는 절대무의 영사(映寫)란 성질을 가지므로 내부 지각적으로 한정된 의식적 자기에 대한 객관적 대상 구성의 의의를 가진 규범이 되는 것이다. 현실 의식은 의식 일반의 예지적 자기를 실현하는 한, 객관적 대상계를 자각의 내용으로서 인식할 수가 있다. 인식은 자각으로서만 성립하는 것이다.

위에서 말한 나의 이해에 큰 잘못이 없다면, 의식일반이 예지적 자기로서, 객관적 대상 구성의 의의를 가질 수 있는 것은, 그것이 좁은 뜻의 행위적 일반자이면서 자기의 내용을 본다는 뜻을 가지고 보여지는 노에마로서의 이데아는 노에시스로서의 자기 한정의 내용과 다름없는 데서 말미암은 것이다. 곧 부로서 자기의 내용을 보는 절대무의 자각을 비치는 한에 있어 행위적 일반자가 의식일반이 되는 것이다. 그렇지만 행위적 자기는 그것이 행위적 자기로서 보여지는 동안은 진정으로 무로서 보는 자기라고는 말할 수 없다는 모순된 성격을 갖는 것이다. 그것은 절대무의 자각을 극한으로서 그것에 대한 한없는 거리를 갖는 것이라고 한다. 앞 절에서 말한 역사의 비합리성은 이 거리에 해당하는 것이었다. 역사의 비합리성은 절대무의 자각을 최후의 일반자로서 모든 것이 이것에 싸인다고 하는 것에 대항하는 부정 원리에서 비롯되는 것이다. 그래서 이 부정 원리가 또 행위의 모순성의 근거로도 되는 것이다. 과연 그렇다고 한다면, 의식일반이 성립하는 것은 전적으로 역사적 제약 아래에서라고 하지 않을 수 없다. 그것이 성립하기 위해서 행위적 일반자가 절대무의 자각을 비치는 것으로 전자의 밑바닥에 있는 부정 원리가 후자에 싸여지는 한에서이고, 그래서 이것은 역사가 합리화되는 한에서라는 것밖에 되지 않기 때문이다. 의식일반은 역사의 합리성이 성립하는 범위에서 성립하는 것이고 인식 영역에서 역사적 합리성을 나타내는 반성적 영역 범주라고도 해야 되는 것이다. 그것과 최후의 절대무의 자각과는 한없는 도랑으로써 거리를 두고 그 사이에 부정의 원리가 지배한다. 칸트가 의식일반에 의하여 구성된 인식 대상계를 현상 세계로서 이것에 대한 물자체로서의 본체 세계를 최후까지 인식을 초월한 불가지의 대상계라고 하는 것도 바로 이것에 대응한다. 초월적 대상은 다만 창조적 이성으로서의 지적 직관에 대해서만 인식이 가능하다. 이것에 대하여 처음으로 모든 것의 존재가 내재적이 되는 것이다. 칸트는 주로 인식 질료의 감촉적 소여성(所與性)이라는 방면으로부터 인식의 현상성, 초월성 지향성을 생각하였기 때문에 의식일반의 역사적 피제약성이라는 것을 말하지 않았으나, 초월적 지향성이 비롯되는 감촉 수용성을 그것의 절대 우연성 비합리성의 방면에서 본다고 하면, 틀림없이 그것은 의식일반의 역사적 피제약성을 주의하도록 하는 것은 마땅하다. 이것에 대하여 창조적 이성만이 초역사적 절대적 인식 주관으로서 모든 것을 싸고, 이것을 내재화하도록 할 수 있는 것이다. 그러나 그런 절대적 인식 주관과 의식일반과는 절대 우연성 역사적 비합리성의 심연에 의해 멀어지게 되기 때문에 의식일반은 다만 절대 진리의 이데아를 향하여 한없이 발전하는 학적 의식의 무한 과정에 대한 극한으로 될 수밖에 없다. 더구나 여기에서 말하는 극한은 단지 오직 하나인 계열의 향방을 나타내는 극한의 뜻에 그치지 않고 연속의 극한 요소와 같이 역사의 각 점에서 이것을 미분적으로 합리화하는 원리를 의미한다. 의식일반은 그런 미분으로서 구해야 할 무한차(無限次)의 극한에 해당하는 것이다. 그 내용인 이데아는 역사와 독립에 역사의 구애없이 존립하며 역사를 그것에 다 담을 수 없다는 의미에서 역사보다 추상적이라는데 그치지 않고 항상 그것을 초월한 역사에 들어맞게 그 각 점에서 이것을 미분적으로 합리화하는 원리라는 의미를 지니지 않으면 안 된다. 이 의미에서 이데아의 역사성을 말하게 된다. 이데아는 그런 역사성에 의하여 진정으로 현실을 규제하는 힘을 가질 수 있는 것이다. 이와 같은 극한성을 가질 수 있는 것이다. 이와 같은 극한성을 갖지 않으면 이데아는 현실에서 멀어질 수밖에 없다. 따라서 이데아를 보는 예지적 일반자, 또는 그 지적 방면으로서의 의식일반은 어디까지나 역사에 상관적인 것이며, 역사적 피제약성을 벗어나지 못한 것이다. 그것은 결코 초역사적 절대적으로 객관적 인식 내지 진선미의 세계를 구성하는 주관으로서 자기의 내용을 보는 것은 아니다. 오직 그런 절대무의 자각을 역사적 제약하에 비치려고 하는 극한에 다름없다. 그런데 니시다 선생의 체계에서는 의식일반, 또는 이것을 그 지적 형태를 하는 예지적 자기는 일반적으로 이데아를 보는 것으로서 절대적으로 생각되어 그것의 역사적 피제약성이라는 그런 것은 인정되지 않는 것같이 생각한다. 선생이 이 책의 전반에서 예지적 일반자를 지적 직관의 일반자라고 부른 것도 우연은 아니다. 그것은 바로 지적 직관의 창조적 이성의 입장에서 절대적으로 맨 마지막 절대무의 자각을 비치는 것이 되도록 하려고 한 것이다. 후자와 비합리성의 심연에 의하여 떨어지기 때문에 일어난 역사적 피제약성이라는 것은 전혀 문제로 삼지 않았다. 다만 역사가 이데아보다 더욱더 구체적이고 이것에 다 담을 수 없는 것이며 단지 예지적 일반자의 한정으로서 이해할 수 없는 그것을 넘어선 것이라는 것을 주장하는

데 그치고 반대로 예지적 일반자가 역사적으로 제약되는 방면은 주장하지 않았다. 그러나 역사의 비합리성이 주장되었을 뿐, 이데아의 역사성이 무시된다면 이데아는 현실에서 떨어진 것으로 될 수밖에 없지 않을까. 이데아가 역사를 규제하는 것은 도리어 역사가 이데아를 제약함으로써 가능하게 될 것이다. 이데아는 초역사적으로 됨과 동시에 역사적이 아니면 안 된다. 거기에 품어진 초역사성은 어디까지나 역사에 들어맞는 미분적인 것에 그치고, 일거에 유한치(有限値)를 가지고 전체를 덮는 역사성을 지향하는 것은 있을 수 없다고 생각한다. 그런데 니시다 선생의 자각체계에서는 절대무의 자각이 전체를 싸는 최후의 일반자이므로 이데아도 이것을 비치는 것으로 절대적이 되어 객관적인 진선미의 예지적 세계를 초자연적으로 구성하는 것이 되는 경향이 있다. 그래서 처음에 말한 것처럼 역사의 비합리성은 적극적으로 근거를 뒷받침할 수 없어 행위가 모순적 성격을 갖는다고 하지만 그것이 어떻게 된 것인지는 충분히 밝혀진 것 같이 생각되지 않는다. 그 결과, 살아 있는 현실은 그림자의 존재로 바뀌게 되고 행위는 단지 보기 위해 돌아가는 길이 되어 다만 자기를 무로 함으로써 모든 것을 자기로 하는 입장이 맨 마지막 것으로 된다. 나 역시 그런 종교적 체험의 깊이에 존경하는 마음을 품게는 되지만, 그러나 철학이 그런 입장을 극한으로서 이것으로 관계를 지향할 뿐만 아니라, 적극적으로 이것을 체계의 밑바닥으로 삼는데 이르러, 현실과 동떨어진 정관 체시(諦視)를 가져 올 우려가 있지 않을까 의심하지 않을 수 없다. 철학은 더욱더 비완결적인 입장을 지키고, 오로지 절대적인 것으로의 극한적 관계에서 반성되는 무한한 동성(動性)에 머물며, 그 비완결적 흠결 때문에 도리어 행위에 있어 현실에 처한 생명의 힘을 간직하는 것이 아닐까. 작용하는 것을 보는데 다 흡수되는 것은 그런 철학의 본뜻에 어긋난다. 그 의미에서 처음에 말한 것처럼 철학의 종교화에 대한 의문을 품지 않을 수 없는 것이다. 칸트의 의식일반 해석에 관하여 지금 말한 의문도 역시 같은 취지로 끝난다.

〈주〉

*1 노에마(noema) : 사유(思惟)되는 것이라는 그리스의 철학용어. 현상학에서 의식의 대상면을 말함. 노에시스의 반대어.

＊2 노에시스(noesis) : 사유라는 그리스의 철학용어. 현상학에서 의식의 작용면을 말함. 노
에시스·노에세오스는 '사유의 사유'라는 뜻으로, 아리스토텔레스가 자기 완결적인 관상
을 하는 신의 성격을 규정한 말. 노에마의 반대어.

니시다 철학에서의 변증법적 세계 수학적 구조
시모무라 도라타로(下村寅太郎)

1

어느 시대에나 수학적 사유는 그 시대의 사유 일반에 대하여 원본적이고 근본적인 사유구조를 나타낸다. 수는 가장 원본적 기본적인 개념의 하나이다. 플라톤에게 있어 하나(1)는 '근본개념'의 하나이다. 근대의 매우 예리한 논리학자들의 노력에도 불구하고, 수 개념의 논리적 도출이─보다 보편적인 개념에서의 도출이, 성공하지 않은 것은, 논리학의 모든 개념이 이미 수 개념을 예상하고 있기 때문일 것이다. 수학은 그런 수적 사유의 자각적 정립이다.

어쩌면 수학의 형식성은 소극적으로는 단지 추상성이지만, 그러나 적극적으로는 이상화적 전형성이다. 모든 시대 수학은 실제로 각 시대 논리적 사유를 순수한 전형성에서 구현하고 있다. 예를 들면 아리스토텔레스의 추론식론도 그리스 수학의 증명법과 연관된 그리스의 논리적 사유의 정식화이고, 그것의 형식적 전개 조직이 장차 에우클레이데스의 《수학원론》으로 되어야 하는 것이다. 추론식의 정식화는, 그리스인의 이른바 조삭적(彫槊的) 정신의 가장 천재적인 업적의 하나이다. 우리 사유의 원리로서 동일원리, 모순률을 들추어낸 것만큼 놀라운 조소적 형식은 존재할 수 없다. 수학이 특히 그리스적인 학문이라고 하는 까닭이다. 근세의 이론적 사유는, 우리가 바라보기도 어려운 자연의 원리로서 운동의 3법칙을 밝혀낸 것과 함께, 그야말로 고전적이다. 추상화는 공허화가 아니다. 하나의 놀라운 독창이다. 이루어진 것의 자명성의 평이함에 익숙해지면 안 된다. 그 자명성은 노력을 다하여 얻은 자명성이다. 단순화는 단순과는 다르다.

논리학은 사유의 사유이고, 사유의 반성적 구성이다. 수학을 논리학과 구별하기 위하여, 오늘날 물리학에 대하여 이론적 물리학이 대항하도록 한 것을 모방하여, 수학을 논리학에 대항하는 이론적 논리학으로서 특색을 갖게 한다(Hibert-Ackermann, Grundzüge der theoretischen hogik). 이론적 학문이 어느 정도까지 성숙하면, 무슨 방식으로든지 방법적으로 질서를 세워, 일정한 근본 명제로부터, 무엇인가의 의미에서 연역이 이루어진다. 그런 모든 이론적 학문은 넓은 뜻으로 axiomatisch가 된다. 그와 같은 의미에서 reine Axiomatik인 수학은 모든 이론적 학문의 근본적 원형이 된다. 그러므로, 그런 방법적 의미에서 자각적으로 철저한 오늘날의 이른바 공리(公理)주의에선 순수수학은, 그 자체가 단지 순수 사유의 소산으로서, 모든 현실적 내용으로부터 독립한 순수에 가능적인 형식적 관계의 이론이라는 것을 표방한다. 이것은 수학의 본성에 관한 모든 견해의 대립에도 불구하고, 한결같이 승인되고 있는 상태이다. 따라서 오늘날에 있어 수학은, 서로 분화하고 독립한 과학 체계 가운데 순수한 형식적인 과학으로서 오직 하나의 위치를 차지하는데 그치고, 이것에 대한 철학자의 사변을 물리치는 것처럼 보인다. 오늘날 수학에서 풀리는 수는 원시적인 의의를 완전히 벗어나, 모든 직관성을 초월한 순수 사유의 소산으로 주장된다. 따라서 그것은 벌써 어떠한 존재도 모범형으로 삼지 않는 것이 표방된다. 그 의미에서, '순수수학'으로서의 근대 수학은 엄밀하게는 이미 '수의 학'으로 규정될 수 없다고도 한다.

그러나 그런 순수 사유 내지 순수수학의 이념은 근대에 와서 비로소 성립한 것이고, 그 자체가 하나의 역사적 소산이다. 사유가 단지 존재의 사유가 아니고, 자유로운 사유라는 성격을 가진 것은 특히 근세적이다. 수를 단지 관계의 개념으로 파악하는 것도, 수를 양으로서 또는 형상으로서 파악하는 것도, 파악의 방식에 관해서는, 무엇이든 한낱 역사적 유형에 다름없고, 그 배후에 저마다 존재론을 가지고 있다. '순수 사유'의 개념도 근세적 존재론과 서로 관련되고 있다. 여기에 더하여, 이 가능성 즉 비모순성을 유일의 제약으로 하는 순수 사상도 자족 완료하고 있지 않은 것은, 그 이념의 실현인 '순수수학'이 완결함과 동시에 자기 안에 이율배반을 드러낸 것(이른바 수학 기초론의 위기)을 이미 나타낸 것이다. 이것은 순수 사유의 자율성의 동요이고, 그 밑바탕에 있는 철학의 제한이다. '순수 사유'라는 것도 사유의 하나의 역사적 유형이다. 결국 '순수 사유'도 순수일 수가 없다. 순수 사유도 순수 사유에서 성립하는 것은 아니다. 그러므로 그런 '순수 사유' 내지 '순수

수학' 그 자체를 성립시키는 역사적 지반이 문제가 될 수 있고, 또 되지 않으면 안 된다. 이른바 '순수수학'에서 자기의 전형화, 상징화를 이루는 것, 즉 '순수 사유'를 자기 표현으로 하는 바 '주관' 자체가 문제이다. 그러므로, 혹시 그렇게 '순수 사유' 자체를 순수로 하지 않고, 일반으로, 논리가 생과 이어지고, 존재와 관련하는 것을 승인하여, 따라서 그런 순수 사유를 단지 하나의 계기로서 돕는 구체적인 사유를 성립시키는 현실적인 '세계'의 구조가 문제로 될 수 있다. 그러나 그런 '세계'에서 성립하는 사유, 그런 세계의 사유에 이론적 범형화(範型化)로서의 수학은, 반드시 이른바 '순수 사유' 이념의 실현인 고전적 집합론과는 똑같지 않은 뭔가 다른 성격을 가진 형태를 취할 수 있으리라는 것이 기대된다.

그러므로 우리에게는 '세계'의 수학이 문제이고, 그 세계의 수학이 어떠한 형태를 취해야 되는가 하는 것이 과제이다. 일반적으로, 수학은 단지 하나의 특수과학에 그치지 않고, 사유일반의 상징화라는 의의를 떠맡아, 무엇인가의 의미에서 모든 존재와 연관을 가지고, '보편학'의 성격을 지닌다. 따라서 수학의 철학은 단지 수학적 인식(특수한 지식으로서의 수학)의 인식론 외에, 수학적 존재론으로서, 수의 존재일반에 대한 상징적 성격의 해명을 과제로 하지 않으면 안 된다. 이 글은 이 문제에 관련하여 니시다 철학에서 시사된 '세계'의 구조로부터 약간의 소묘적 고찰을 시도한 것이다.

2

이른바 순수 사유가 실제로 순수할 수 있는가 하는 것이 우리 문제의 출발점이다. 순수 사유도 자기의 지반을 가지고, 그것과의 상관에서 이해하지 않으면 안 된다. 따라서 세계에서 살피지 않으면 안 된다. 그리고 그런 세계의 수학이 취할 수학적 형태가 구하여지지 않으면 안 된다. 그래서 우리에게는 우선 '세계'의 구조가 문제로 된다.

세계는 모든 것을 포함하는 개념이다. 니시다 철학에서는, 단지 대상적 세계는 아직 모든 것을 포함하는 진정한 세계는 아니다. '작용하는 것'을 그 안에 포함할 수 있는 현실적 세계는 대상적으로 생각할 수 있는 세계는 되지 못한다. 따라서 그것은 단지 지적인 입장에서는 볼 수 없고, 다만 변증법적인 행위적 직관의 입장에서만 비로소 보이게 되는 것이다. 그러므로 세계의 구조라는 것도, 대상화된 세계의 그것이 아니고, 대상화하는 입장 자체까지도 포함한 세계의 구조이다. 주관과 객관도, 또 그 대립 같은 것도, 근원적 본래적인 그 자체에서 존재하는 것이 아니고, 이 세계의 자기 한정으로서 성립한다. 인식도 직관도 행위도 단지 주관적인 작용이 아니고, 언제나 세계의 자기 한정이다. 예를 들면, '행위적 직관'은, '하나의 시대가 한정되어, 그것이 또 다른 시대로 옮겨가는 영원한 지금 자기 한정의 원리', '역사의 형성 작용'이라고 하는 것처럼 규정되는 것이다. 따라서 이 세계의 근본개념인 시간·공간·개체·일반, 직선적·원형적 등등의 개념도, 다만 인식 주관의 범주도 아니고, 단지 대상의 규정도 아니고, 도리어 이런 것을 성립시키는 주관적·객관적, 객관적·주관적인 '세계' 자체의 이른바 '세계 범주'이다.

가장 구체적인 현실 세계는, 과거는 지나가 버린 것이면서 아직 지나가지 않고, 미래는 아직 오지 않았으면서 이미 나타나 있는 역사적 현재이다. '역사적 현재'는, 과거와 미래가 현재에서 동시 존재적이라는 것이다. 이른바 '현재의 현재'이다. 그와 같은 것은 언제나 우리에게 행위적 직관의 세계로서만 생각할 수 있다. '경험'이 거기에서 성립한다. 그런데 역사적 현재가 과거 미래를 포함한다는 것은 일단 과거 미래를 부정하는 것이다. 그 의미에서 그것은 '자연'의 의미를 갖는다. 그러므로 자연계, 물질계가 항상 역사적 사물의 존재 조건이 아니면 안 된다. 그러나 끝없는 과거 미래가 현재에 동시 존재적이라는 데에 현재가 현재를 한정할 수 있고, 한없는 가능성을 포함하는, 그런 현재는 행위에서만 가능하다. 반대로 그런 현재가 포착되지 않는 행위는 있을 수 없다. 아니, 변화조차 생각할 수 없다. 왜냐하면, 변화는 정지가 운동으로, 운동이 정지로 변하는 것이며, 그래서 거기에 정에서 동으로 옮아가는 순간을 생각하지 않으면 안 되고, 거기에 걸린 순간은 동에서 정에도 속하지 않고, 때에 속하지 않기 때문이다. 그러므로, 우리가 작용하려면 때의 방향이 변하지 않으면 안 된다. 거기에 동시 존재라는 것이 없으면 안 된다. 우리는 현재에 발판을 갖지 않으면 안 된다. 우리가 작용할 때, 우리는 때가 사라지며 생겨나는 절대의 현재에서인 것이다.

그런데 진정으로 작용한다고 할 수 있는 것은 '개물'이다. 그러므로, 현실의 세계는 개물의 세계이다. 그러나 개물은 개물에 대하여서만이 개물이다. 개물은 단지 일반적인 것의 한정은 아니다. 일반자를 아무리 한정하여도 개물은 되지 못한다. 따라서 개물은 자기 자신을 한정하지 않으면 안 된다. 그러나 개물이 자기 자신을 한정하는 것은 도리어 개물이 일반적인 것을 한정하는 것이다. 개물이 여러 가지 성질을 가지고, 개물이 작용한다는 것은, 개물이 일반자를 한정하는 것을 뜻한다. 뿐만 아니라, 개물은 개물에 대함으로써 개물이기 때문에, 다만 하나의 개물이라는 것은 생각할 수 없다. 그렇게 서로 독립하는 것이 서로의 상관관계라는 데에 물(物)과 물의 상호관계라는 것이 성립한다. 그런데 그렇게 서로 독립한 개물이 상호관계하는 데는 그 사이에 매개자가 없으면 안 된다. 하지만 이 매개자는, 개물이 개물 자체를 유지하면서도 매개되기 때문에, 개물에 대한 절대적 부정임과 동시에 절대적 긍정의 의미를 갖지 않으면 안 된다. 따라서 이 매개자에게 있어서는 무즉유(無卽有), 새물적 한정 곧 일반적 한정(역으로도 됨)이다. 그러나 그런 절대의 서로 독립하는 개물과 개물과의 변증법적 한정, 비연속의 연속은, 단순히 두 개물의 상호 한정으로는 생각할 수 없다. 왜냐하면, 그것은 곧 이것을 뒤집어 하나의 것의 자기 한정이라고 생각할 수 있기 때문이다. 곧 A에 대한 B 외에, A에 대해서나 B에 대해서나 절대로 다른 C가 없으면 안 된다. 그것은 결국 수많은 개물을 생각하는 것에 다름없다. 그래서 개물과 개물과의 매개자는 장소적 의미를 갖는다. 그런 장소적 한정으로서 다즉일(多卽一), 일즉다인 것이다.

그런 현실 세계는, 개물과 개물의 상호 한정의 세계, 매개자의 자기 한정의 세계이다. 여기에 있어 어떤 것은 어디까지나 개물적으로 자기 자신을 한정함과 동시에 어디까지나 일반적으로 한정된다.

현실 세계를 그와 같은 것으로 한다면, 그것은 이미 분명한 것처럼, 다만 주관적인 것도 아니고, 다만 객관적인 것도 아니며, 주관적·객관적, 객관적·주관적이다. 시간적이요 공간적이고, 직선적이면서 원환적(圓環的)이다. 이른바 주관계나 객관계는 어느 것이나, 위와 같은 변증법적 세계의 자기 한정(즉 개물과 개물의 매개자인 M의 세계)의 추상화로 풀이된다. 우리의 주관에 속한 것으로 생각되는 것도 세계의 자기 한정이다. 우리의 행위, 직관, 사유, 지각과 같은 것도 모두 다 이 세계의 자기 한정으로부터 풀지 않으면 안 된다.

세계의 구조를 위와 같이, 개물의 상호 한정의 세계로 이해한다면, 그런 세계의 구체적 논리는 어떤 것이 될까. 그것은 이미 밝혀졌듯이, 일반으로 변증법적 일반자의 개물적 한정의 의의를 부정한 그리스적 논리, 곧 일반으로, 대상적 사유의 논리일 수는 없고, 또 칸트적인 선험적 논리와도 다르다는 것은 더 말할 것도 없을 것이다. 현실 세계의 논리는 개물이 일반이고, 주어가 술어이다. 곧 절대적으로 상반하는 것의 자기동일로서 변증법적 '자기동일성'을 갖는다. 그러므로, 자기동일은 단지 하나의 물은 아니고, 일즉다 다즉일, 주어로 되어 술어로 되지 않을 뿐만 아니라, 자기 자신에 관하여 술어하는 것, 반대로 술어적이면서 주어적으로 자기 자신을 한정하는 것이다. 현실 세계가 자기동일적으로 자기 자신을 한정하는 것이, 우리에게 행위적 직관으로서 성립하는 것이다. 행위는 직관이고, 직관은 행위이다. 우리 행위는 무에서 나와 무로 돌아감과 동시에, 절대를 주체로 한다고 말할 수 있다. 그래서 우리 행위는 한정하는 것이 없는 한정으로서, 모두 포이에시스의 의의를 갖는다. 우리 인식도 역시 그런 입장에서 생각하지 않으면 안 되는 것으로, 단순한 주관의 입장에서는 진정한 객관을 생각할 수 없고, 또 단순한 객관에서 주관은 나오지 않는다. 구체적 실재는 개물적인 것이 일반적, 일반적인 것이 개물적, 곧 상반하는 것의 자기동일로서 변증법적 구조를 갖는다. 그리하여 비로소 헤겔처럼, '모든 것이 판단이다', '모든 것이 추론식이다'라고 말할 수 있으며, 자기가 자기를 문제 삼는 것처럼 자기모순의 '체험'도 그런 변증법적 구조를 갖는 한 인식의 원리가 된다. 그러므로, 지의 입장에서 인식 대상으로 생각될 수 있는 것은, 단순한 물이 아니고, '그대'라는 성질을 가진, 자기 자신을 표현적으로 한정하는 것, 표현적으로 '하나'를 한정하는 것이 아니면 안 된다. 자연과학적 대상도 실제로는 단지 이른바 '물'이나 '자연'이 아니고, 역사적 사물이며, 과학적 실험도 역사적 현재에서 이루어진다. 자연과학적 실재계도 변증법적 자기동일의 성격을 갖는 한 실재계로 해석될 수 있는 것이다.

이른바 순수사유의 입장은, 이 세계에서 일반적 한정에 기초하여 개물적인 것을 극소로 하는 입장이다. 그러나 그것은 변증법적 세계의 개물적 한정의 의미를 극소로 한 것이기는 하지만, 여전히 개물적 한정 곧 일반 한정으로서 행위적 직관의 의의를 갖는다. 다만 개물에 대신하여 기초를 가지고 한 것이다. 그러므로, 그런 순수사유 세계로서의 수학도, 지각적인 것을 부정하고 개물을 기초화한 변증법적 일반자의 자기 한정으로서 성립한다. 하물며 물리학적 사유에 이르러서는, 변증법적 일반자의 개물적 한정의 의의를 극소로 하면서도, 이미 이 개물적 한정이 내부 지각적 의의를 가지며, 곧 내부 지각 곧 외부 지각으로서, 기초가 아니고, 물을 보는 의의를 가지는 것이다. 모두 행위적 직관의 세계를 주어로 하지 않고는 어떠한 지식도 성립할 수 없다. 왜냐하면, 행위적 직관의 세계가 객관적 세계의 주체로 되어, 그래서 지식 그 자체도 또 변증법적 세계의 자기 한정으로서 성립하기 때문이다. 그러므로, 순수사유에서만 성립한다고 주장하는 순수수학과 같은 것도, 실제로 진정한 의미에 있어 순수는 아니다. 그런 까닭에, 순수 형식주의에 선 공리(公理)주의 수학이, 그 최후의 문제로서 자기 체계의 비모순성을 증명하려고 하여 건설한 이른바 Beweistheorie 또는 Metamathematik은, 스스로 인정하지 않을 수 없는 것처럼, '기호의 세계'가 아니면 안 된다. 그래서 기호의 세계는, 이른바 순수사유의 세계, 단지 사유할 수 있는 논리의 세계가 아니고, 니시다 철학의 의미에서 '표현의 세계', 이미 이해의 대사 세계이다. 말하자면, 순수수학도 그렇게 이미 행위적 직관의 입장에서 비로소 성립한다.

4

그러나 우리 과제는, 다만 순수사유의 위치를 이 변증법적 세계에서 구하고, 해석하는 것이 아니고, 그런 세계의 형식적 전형화로서의 수학, 현실 세계의 수학적 형태를 구하는 것이다. 그런데, 위와 같은 세계의 구조가 수학에서 '군(群)'적 구조를 갖는 것은 이미 명백한 것이다. 도리어 '군'과 같은 것이 생각될 수 있는 것은 그런 '세계'에서가 아니면 안 된다. 현실 '세계'의 수학으로서, 우리는 위와 같은 '순수사유'의 이념을 체현한 집합론과는 별개의 방법과 방향을 가진 군론에 이것을 구하지 않을 수 없다. 물론 실제의 수학자에게는 다양한 용기와 다양한 방향으로 전개된 여러 개념과 여러 분과도 형식적으로 동격적 공존적으로 다루어졌고, 따라서 특히 집합론과 군론에 위와 같은 구별을 인정하지 않은 것이다. 그러나 실제로 오늘의 수학 개념에는 중층성이 인정된다. 이런 것을 구별하는 것은 본디 수학 문제가 아니고, 철학 문제이다. 그러므로 우리는 여기에서 뒤집고 오늘의 수학 전개로 되돌아가 이것을 분명히 하지 않으면 안 된다.

근대 수학의 경향은 대수적이다. 근세에서 이른바 개념의 확장은 단지 확장이 아니라 실제로 변혁이다. 수는 양으로부터 독립하게 된다. 그것은 형상적인 수가 아니고, 조작적 기호적인 수이다. ―정수, 유리수(정수비의 수), 무리수(정수비가 없는 수), 실수, 허수, 복소수―이런 수의 명칭은 이른바 수 확장의 역사적 진전의 발자취를 기념하고 있다. 그러나 이런 확장 과정을 거쳐 맨 마지막에 이른 근대 수학의 자각적 입장에서는, 이런 수는 단지 기호적인 요소로서의 '어떤 것'의 단순한 기능적 관계이며, 그 사이에는 아무런 "real"이나 "imaginär" 등의 의의나 구별은 전혀 인정되지 않는다. 이런 것은 오로지 기본적 조작으로부터 형식적 기계적으로 도출되는 것이고, 오늘날 수학에서는 이런 하나하나 수의 '실재성'은 문제가 안 된다. ―도리어 그와 같은 의미의 수는 없어졌다. 현대 수학의 요소는 수가 아니고 기호이다. 그런 원리는 기호의 조작 또는 기호의 형식 원리이다. 확실히 근대 수학은 대수적이다.

이른바 '근대적 대수학' 또는 '추상 대수학'은, 종래의 대수학과 달리, 직접으로 실수 또는 복소수의 이름이 아니고, '체(體)' '모듈' '군' '환(環)'을 기초로 한다. 이런 개념은 말할 것도 없이 4칙의 기본 연산의 조작에서 이끌어 낸 것이다. 따라서 그런 개념에서 이론을 구성한다는 것은 오로지 4칙의 조작만 적용한다는 것을 뜻한다. 이것은 신대수학에 있어 근본적으로 특성적이다. 예를 들면, 역사적으로 대수학의 중심문제였던 방정식론에서, 고전 대수학은 이른바 '대수학의 기초정리'의 증명에 해석학 방법을 빌어, 본질적으로 성질을 달리하는 극한 개념을 쓸 수밖에 없었으나, 신대수학은 오로지 4칙 조작만으로 이것을 구성할 수 있는 것, 슈타이니츠(Steiniz, Algebraische Theorie der Körper)가 보여준 것과 같다. 그리하여 이 방법은 논리학에서 시작하여, 집합론, 수론, 종합기하학, 위치 해석, 적분방정식론, 변분학(變分學)에서 양자역학에 이르기까지 미칠 수 있는 것이다(Hasse의 보고를 참조―Jahresbericht der deutschen Mathematiker-Vereinigung, 39 Bd. 1930).

그러나 이것은 단지 대수학에서 하나의 경향이 아니고, 대수학 자체의 자각이다. 본디 대수학은 산술의 형식화로서, 구체적 개별적인 수를 떠나 형식적 추상적으로, 따라서 기계적 연산적으로 되는 데에서 성립하였다. 그것은 단지 수의 일반화가 아니고, 오히려 수의 지양이다. 그러므로, 아직도 여기에 수적 내용을 담은 고전적 대수학에 대하여, 완전히 추상적으로 4칙의 조작으로부터 '군' '환' '체' 따위의 개념을 가지고 모든 체계를 조직하려고 한 '추상 대수학'은 참으로 근대적 수학의 전형이다. 물론 현대 수학이 완전히 이것으로 환원된다는 것은 아니다. 그러나 이 방법은 요소의 기존적 병존을 전제로 하여 대응관계를 정립하는 집학적 사유와는 성격적으로 다른 것이고, 특히 군론적(群論的) 사유로서 구별되지 않으면 안 된다. 군론적 수학에서는, 요소는 다만 물로서 존재하는 것이 아니고, 오히려 조작에서 물로서 성립하게 하여, 물과 물의 조작에 있어 관계하도록 하는 것이다. 기호는 대상화된 조작이다. 이 점을 소홀히 한다면 군론적 사유의 특성적 성격은 인정받지 못한다.

수학에서 군의 개념은, 일반적으로 말해서, 순역(順逆)이 가능한 체계이다. 더 자세히 말하면, 조작에 의하여 결합되는 요소의 체계이며, 그것의 임의의 요소 결과가 또 이 체계에 속하는 요소로 되어, 결합법칙 $a(bc) = (ab)c$가 성립하고, 단위 요소($ea = ae = a$가 되는 것처럼 e)의 존재의 여러 조건을 채우는 것을 말한다. 이런 여러 규정은 어느 것이나 조작에 의한 요소의 규정이고, 그것으로써 체계가 이루어진다. 그러므로 군은 일반적으로 말해 완결한 조작의 체계이며, 거기에서는 조작 자체가 요소로 되어, 요소와 조작과의 이원성이 지양된다. 따라서 군의 요소는 조작에 상관적이고, 요소의 관계도 역시 조작에 의하여 정립되어, 그 영역도 조작에 의하여 한정된다. 단위 요소의 존재라고 하여도, 그것은 요소를 조작함으로써 변화시키지 않고 자기동일성을 보존하도록 조작(곧 자동 변환)을 의미하고, 역요소의 존재도 역변환의 가능성이며, 결합 법칙도 합성 변환으로서 조작적으로 해석하지 않으면 안 된다. 요컨대 군은 일정한 조작 변환의 가능성에 기초한 영역이다.

군론은 다 아는 바와 같이, 본디 대수방정식의 근의 문제에 관한 치환군(置換群)의 고찰에서 출발하여, 치환군에서 일반적인 조작 군 개념으로 발전, 군론인 새로운 독립 영역으로서 형식화된 것이다. 따라서 특수한 문제를 동기로 한 것이기는 하나, 군론적인 사고방식 자체는, 근대수학 내지 그 사유 경향의 전형이고, 전형화라고 할 수 있을 것이다.

5

앞에서 말한 바와 같이, 근세 수학이 직관적 구상적인 데서 떠나 오로지 기초적인 요소 '어떤 것'(Etwas)의 조작으로서 성립한다고 하면, 그리고 그와 같은 것으로서 군론적 수학이 그 대수적인 것이라고 한다면, 그런 수학 논리는 어떤 것이며, 그 지반은 어떤 것이라야 되는가. 바꾸어 말하면, 그런 군론적 사유에 있어 자기를 상징화시키고 있는 '세계'는 어떠한 것인가.

우선 근세 수학의 기호성은 특히 근세적인 성격이다. 수학적 기호는 물이 아니다. 물의 상도 아니다. 단지 '어떤 것'으로서의 기호이다. 일정한 내용에서 독립하여 단지 기호가 될 때, 진정한 수학적 기호가 된다. 일정한 내용을 갖고 또는 그 대표인 때에는 아직 자유로운 수학의 순수 기호는 아니다. 그런 기호적인 기호의 조작에 근거한 수학의 기호적 사유는, 개념의 논리적 조작과는 스스로 다를 수밖에 없다. 수학적 기호가 수학적 기호의 뜻을 가질 수 있기 위해서는, 그것은 기호(Zeigendes)로서 먼저 무엇인가를 지시하는 것으로, 자기 이외의 무엇인가를 지시하지 않으면 안 되고, 더욱이 수학적 기호로서 자기 이외의 것을 나타내지 않는 것이다. 곧 나타내는 것이 없는 기호(Zeichen chne Zeigen)가 아니면 안 된다. 그런 순수한 기호는 본디 다만 '물'로서 존재하는 것이 아니고, '표현'으로서 우리를 이루는 것이며, 더구나 단지 관념이 아닌 '물'로서 우리에 대하여 존재한다. 그런 기호는 우리의 이것에 대한 조작적 지향을 떠나서 있는 것이 아니고, 본시 모든 모상성을 갖지 않은, 우리의 자유로운 순수한 조작의 기호이다. 기호는 조작의 기호이고, 조작은 기호의 조작이다. 그런 기호의 사유는 물의 사유가 아니고, 정신의 사유이며, 더구나 단순한 정신의 사유가 아니고, 표현으로서의 물의 사유이다. 그런 기호의 조작으로서의 사유는 개념의 논리적 분석, 종합과는 본디 다르지 않으면 안 된다.

그런데 조작의 가장 근원적인 것은, 수학용어로서의 '변환'(transformation, Abbildung)이다. 일반으로 어떤 것 a에 다른 어떤 것 b를 대응시키는 것을 변환이라고 한다. 그러나 이것은 기존의 요소에 요소를 대응시키는 것이 아니고, 기호 자체의 조작적 변환이다. 'a를 b로 변환한다'는 것은 a가 변화하여 b를 정립시키는 것이다. 이것은 a와 b와의 밑바탕에 있는 군의 자기 변환으로서만 풀어진다. a가 b의 변환으로서 성립하는 데는, a와 b와도 다르면서 이것을 변환 관계에 있어 결합하는 것—'군'이 없으면 안 된다. 군은 Gomeinschaft이다. 여기에 다만 요소의 소박한 '집합론'의 집합과의 차이가 있다. 우리의 가장 기본적 원초적 조작인 '말을 한다' '말을 적다'라는 표현 작용도 그와 같은 변환에 다름없다. 또는 오히려 그런 표현작용의 기호화가 '변환'이다. 그와 같은 변환의 관계는, a와 b와의 상등성도 아니고, 유사성도 아니며, 보편과 특수와의 관계도 아니다. 만일 논리적 관계를 보편과 특수와의 관계라고 한다면, 이것은 논리적 관계도 아니다. 하물며 이것을 추론이라고 할 수도 없다. 변환은 아직 판단도 아니다. 판단은 주어와 술어와의 대립에서 출발한다. 판단은 마치 주관과 객관과의 대립에서 출발하는 것과 서로 대응한다. 그러나 변환에는 주어와 술어와의 일의적(一義的) 한정은 없다. 변환에서는 주어도 술어적이고, 술어도 주어적이다. 'a는 a이다'라는 판단도 주어로서의 a가 술어로서의 a로 변환하는 것이고 우리에게는 여전히 변환이다. 변환에서의 자동성(自同性) 또는 자동적 변환이다. 어떠한 관계도 먼저 변환적 관계로서 성립한다.

군(群)은 변환에서의 자기동일성으로서 성립한다. 이 자동성은 언제나 변환에서의 자동성이다. 군의 논리는 변환의 논리이다. 그런 변환을 성립시키고, 그런 변환에서 자기동일성을 지키는 것은, 상반한 것의 자기동일로서의 변증법적 세계의 구조밖에 없다. 그런 세계만이 앞에서 말한 바와 같은 수학적 기호 세계를 가능하도록 하고, 기호적 조작 곧 변환을 성립시킨다. 세계는 군이다. 변환은 세계에서의 변환이며 동시에 세계 자체의 변환이다. 군의 조작은 군에서의 조작이며 동시에 군 그 자체의 조작이다. 군의 밑바탕으로부터의 조작이다. 따라서 군의 요소는 작용소(operator)이다. 군의 요소는 미리 그 자체에서 존재하는 것이 아니고, 조작에서 성립하는 것(operator)이다. 요소로서 독립적 개별적이면서, 단지 기계적으로 병존하는 것이 아니고 조작적인 상호 한정에 의하여서만 서로 동시에 성립한다. 군 그 자체는, 그 것의 개별적 요소가 독립이고 게다가 조작적 상호 한정을 함으로써 요소로서 성립하고, 그것에 의하여 체계를 이루게 하는, 그 밑바탕을 이루는 기체

(其體) 즉 주체적인 것이다. 그것이 상반하는 것의 자기동일로서 군의 역요소를 포함하는 것은 말할 것도 없다. 그러나 우리의 현실 세계의 구조가 바로 그와 같은 것으로서 존재하는 것은 앞에서 말한 바와 같다. 여기에서는 현재라 하여도 점적(点的)인 것이 아니라 군적인 구조를 갖는다. '1'도 곱하기에 관하여 군을 이루는 것과 같다. '1'이라는 수만으로 군이 성립하는 것은 실제로 1도 단지 1이 아니고 군이라는 것을 뜻한다. 그와 같은 것이 가능하다는 데에 바로 '세계'의 성격이 있다. 군론은 그래서 '세계'의 수학적 상징이다.

여기에 수학적 사유로서의 기호적 변환은 단지 일방적인 사유의 정립만이 아니라, 그 반전을 포함한다. 그것은 세계에서의 반전이고, 동시에 세계의 반전이다. 곧 군이다. 여기에 단지 사유의 사유, 즉 반성의 반복에 의해 생각될 수 있는 '집합' 개념과의 근본적 차이가 있다. 데데킨트가 무한집합의 모델로 생각한 meine Gedankenwelt(Wassind und was. sollen die Zahlen? §5)나, 마찬가지로 로이스의 "Self-representative System"("The World and the Individual, I. Supplementary essay")와 같은 것은 우리 세계의 모델로는 충분하지 않다. 완전한 군의 원형은 세계이다(니시다 철학도 《자각에 있어서 직관과 반성》의 단계에는 아직 데데킨이 손잡이가 되었다).

수학이 자연과학 방법으로 되는 것도 수학의 실재성에 따른다. 단지 형식적·실재적 근거가 전혀 없는 순수수학이라는 것은 존재하지 않는다. 마치 단언 명령이 어디까지나 단지 순수한 자율성에 그친다면 공허한 것이 될 수밖에 없는 것처럼, 그리고 '우리의 도덕적 명령이라고 생각되는 것도 우리의 행위적 자기를 한정하는 세계의 자기 한정의 밑바닥으로부터 나오지 않으면 안 된다'는 것처럼, 순수수학 역시 그런 세계의 밑바닥에서 나와, 그런 세계의 밑바닥에 실현성을 갖는다. 순수수학은 오히려 그런 세계의 상징적인 근원적 구조를 표현한다. 이 세계는 본디 고정한 존재가 아니고 작용이 그것에서 성립하는 세계이므로, 그 상징화인 수학은, 고정한 기하학적 정형적인 것이 아니라, 조작적 대수학적인 것이다. 기하학 자체도 근대에서는 조작적이다.

6

철학사상의 위대성 또는 깊이를 재는 기준은, 본디 단지 체계의 논리적 정합에서만 구할 수 없다. 그러나 또 체험의 심각함만으로는, 아직 학적(學的)이라는 것을 그 본디의 요구로서 가진 철학에 있어서는 아직 위대한 철학이라고 말할 수 없다. 단지 신앙의 고백은 아직도 철학은 아니다. 현실의 모든 문제에 대한 체계적 원리적인 통찰과 전망을 함축하는 데야말로 그 기준을 구해야 되는 곳이다. 과학은 오늘날 철학의 근본적인 과제의 하나이다. 과학은 현대에서 대단한 사실이다. 단지 과학에 대한 철학의 존립의 권리뿐만 아니라 과학에 대한 철학의 의무를 다하지 못하는 철학은, 적어도 현대의 철학으로서, 빈곤하다고 하지 않을 수 없다.

니시다 철학에서는―어느 대목에서 밝히고 있는 것처럼―철학의 시작은, 그리스철학에서와 같이 지적인 경이가 아니고, 깊은 인생 비애이고, 인생의 문제를 떠나서 철학은 없다는 것이 밝혀져 있다. 이것이 모든 저작의 기조로 존재하는 것은 모든 사람이 알고 있는 것이고, 또 바로 동양의 전통이다. 그러나 그럼에도 불구하고, 우리의 철학자를 일관하는 가장 뚜렷한 특색은 이것에 대한 강인한 학적 반성적 태도이다. 오히려 이 체험을 담은 독자적인 논리의 건설이 끊임없는 목표로 되어 있다. 《선의 연구》이후 20년간의 노력은 오로지 이것을 향한 것이라고도 할 수 있을 것이다. 심각하고도 풍부하고 광범위한 체험 역시 결코 직접성에서 그치지 않고, 어디까지나 이것을 논리적 반성적으로 이루고, 이것을 관철하는 데 힘쓰고 있다. 그 모든 발전을 통하여 생의 신비를 발로 밟으면서 언제나 이것을 천천히 거니는 법은 없다. 동시에 항상 학적 관심이 든든하게 유지되고 있다. 니시다 철학은 결코 생의 단편적 철학이 아니다.

동양사상의 심연은 서구의 근대 학문을 받아들이지 못할 만큼 좁고 얕은 것이 아니다. 실제로 니시다 철학이 동양의 형이상학의 깊은 곳에 서면서 더욱이 서구의 그것을 능히 지배하고 있는 것은, 전통이 진정으로 살아있는 까닭이고, 정체하고 있지 않기 때문이다. 가장 전통적이면서도 동시에 능히 가장 진보적인 것은 니시다 철학의 성격이다. 세계의 철학자이기 때문이다.

(1940년 11월)

니시다 철학 성격에 대하여
미키 기요시(三木淸)

1

　니시다 철학에 대하여 일반에게 이해되고 있는 여러 가지 특징을 들어, 내 의견을 묻는 질문에 대하여, 간단히 답하고자 한다. 나는 먼저, 당연한 일이지만 니시다 철학은 어디까지나 철학으로서 이해해야 된다고 생각한다. 이 철학이라는 입장을 떠나서 그것을 곧 종교 또는 종교철학과 결부하여 생각하는 것은 도리어 오해를 불러들이기 쉽다. 니시다 선생 자신이 종교는 자기에게는 여전히 앞으로의 문제라고 말하였다. 선생의 최근 중심문제는 역사적 실재이고, 앞으로의 철학은 역사철학이 아니면 안 된다고까지 말하고 있다. 니시다 철학을 불교, 특히 선과 결부시켜 생각하는 것은 그대의 말대로 예전부터의 전통이고 하나의 전통처럼 되었다. 나는 물론, 그리고 혹시 이렇게 말해도 실례가 안 된다면, 니시다 철학을 불교와 결부하여 논하고 있는 사람들과 마찬가지로 불교를 깊이 모르는 것이다. 그대도 아마 마찬가지일 것으로 생각한다. 그래서 그대는 니시다 철학을 불교와 결부시켜 생각하는 것은 뒤로 미루고, 그것을 그 자신의 철학으로서 이해하는 데 노력하는 것이 좋은 것이다. 덧붙이면, 그리스도교의 교인은 니시다 철학이 변증법 신학에 비슷하다고 말한다. 불교와 변증법 신학은 같다는 식으로 말하면, 불교인이나 그리스도교도 역시 쉽게 동의하지 않을 것이다. 두 사상을 결부시키는 것은 자기 자신이 그런 것을 종합 통일하는 새로운 입장을 발견하여 파악하고 있는 경우에 비로소 진정으로 의미가 있는 것이고, 그렇지 않으면 도리어 그 하나도 그밖의 다른 것도 올바로 이해하지 못한 것으로 된다. 나는 니시다 철학에 동양적인 면과 일본적인 면이 있는 것을 부정하지 않는다. 그렇지만 그것은 오히려 선생이 어디까지나 자기 자신을 깊이 생각하여 간 결과 나타난 것으로 보아야 되며, 그 결과를 무엇인가 종래의 동양사상으로 설명하는 것은, 일본 철학을 뒤로 되돌리는 것이 될 우려가 있다. 예를 들면 불교는 역사적 실재를 어떻게 생각하였는가, 또 선에는 어떠한 역사철학이 있는가. 그런 선결문제를 빼놓고 니시다 철학과 불교를 관련시켜 본들, 전혀 추상적인 의론에 그칠 수밖에 없다. 나는 이런 것을 동양에서 과거의 훌륭한 사상을 경시하기 위해 하는 말이 아니고, 일본 철학을 전진시키기 위하여 말하고자 하는 것이다. 철학 연구자에게 있어 너무 쉽게 종교를 꺼내는 것은 오히려 바람직하지 않은 경향이다. 종교든 예술이든, 깊은 체험을 가진 철학자는 그것을 말하지 않아도 저절로 나타나는 것이다. 예술을 경시한 플라톤은 최고 수준의 예술가였다. 그러나 그렇다고 해서, 그의 철학을 예술적인 견지에서 이해한 페타의 플라톤 해석 같은 것이 가장 옳은 해석이라고는 말할 수 없을 것이다. 그와 이것과 같은 의미는 아니지만, 니시다 철학의 밑바탕에 깊은 종교적인 것이 잠재한 것은 사실이라고 해도, 그것을 다만 종교적 내지 종교철학적 견지에서 해석하는 것은 특히 해석 자체에 진정한 종교적 체험이 있는가 어떤가가 의문인 경우, 옳은 이해에 이르기 어렵게 된다. 철학은 철학으로서 이론적으로 보는 것이 바람직한 것이다. 니시다 철학의 역사적 위치는 메이지(明治) 이후에 서양철학의 모방 시대로부터 동양사상의 전통으로의 전혀 새로운 연결을 만든 데에 있다고 보는 것은 잘못된 것이 아닐 것이다. 그러나 그것은 니시다 철학의 근원성에 근거한 것이며, 일본주의 내지 동양주의 결과는 아니다. 그것은 어디까지나 서양문화 이식 후의 일본에서 만들어진 독창적인 철학이고, 그런 것이기 때문에 장래의 일본 철학의 새로운 전통의 하나의 출발점으로 될 수 있는 것이다. 그런 출발점으로서의 의미를 이해하지 않고, 그것을 과거의 어떤 동양사상과 관련지어 만족하는 것은 우리 철학의 후퇴가 된다.

니시다 철학의 난해는 그 사고방식이 종합적이고 분석적이 아니기 때문이라고 일반적으로 생각되고 있다는 것은, 그대의 말대로일 것이다. 그러나 이 점에 대하여, 나는 오히려 반대 의견이다. 니시다 철학 만큼 분석적인 철학은 현재의 일본에서는 달리 찾아볼 수 없고, 도리어 그 때문에 난해하다고 말해도 될 정도이다. 그것이 어디까지나 구체적으로 생각하려고 하고 있다는 의미에서는 니시다 철학은 종합적이라고도 할 수 있다. 하지만 그 강인한 사색력은 분석적 추구력이다. 종합적인 것은 형식적 추상력으로 되기 쉽고,

따라서 그것은 실로 빈번히 절충주의 특색을 이루고 있다. 구체적이려고 하는 니시다 철학은 그 분석이 보통의 분석에서와 같이 평면적이 아니고 입체적이며 그런 한 종합적이라고도 생각되지만, 그 독특하고 힙찬 분석력이야말로 나를 놀라게 하는 것이다. 만일 그대가 니시다 철학의 특색은 종합적이라고 하기보다도 분석적이라고 생각을 바꾼다면, 또는 한결 더 그 사상을 잘 이해할 수 있을지도 모른다. 종합적이라고 관계하여 직관적이라고 하는 것도 니시다 철학의 특색으로 들 수 있고, 그것이 또 난해의 주된 요소로도 되어 있다. 어떤 독창적인 철학이 직관에 근거하지 않은 것이 있었는가. 독창이란 직관이다. 니시다 철학의 근저에 풍부한 직관이 있다는 데에서 그것은 예술적인 철학이라고도 하였고 또 문학주의라고도 비판되고 있다. 선생의 논문 집필의 모습에는 예술가의 창작의 경우와 비슷한 데가 있어 선생은 예술가 창작활동을 닮은 체험을 가지고 그것이 선생의 철학 자체의 내용에도 깊은 영향을 주고 있는 것 같이 생각한다. 그러나 그래서 니시다 철학을 문학주의 운운하는 것은 타당하지 않다. 철학은 논리적이 아니면 안 되지만, 분석적인 니시다 철학의 직관에는 그 의미에 있어 오히려 수학자의 직관에 비슷한 것이라고 할 수 있을 것 같다. 그러고 보면, 저 주어주의에서 술어주의로의 전환 같은 것이, 유클리드기하학에서 비유클리드기하학으로의 발전을 닮은 데가 아닐까. 그래서 혹시 그대가 술어주의라는 새로운 입장을 인정한다면, 어디까지나 그 입장으로 모든 문제를 생각하지 않으면 안 된다. 종래의 주어주의와 같은 듯한 입장에서 보아 모자란 데가 있다고 해서 니시다 철학도 아직 추상적이라고 하는 비판도 보게 되지만, 그러면 결국 절충주의가 되어 버리지 않으면 안 된다. 절충주의는 외형적으로는 정비된 것으로 되기가 쉽고, 따라서 일견 매우 논리적으로 보이나, 그것이 마침내 무력하다는 것은 철학사가 실증하고 있는 것과 같다. 니시다 철학에도 처진 점이 있을 것이다. 그러나 그것은 어디까지나 술어주의의 입장에서 내면적으로 전개되어야 하는 것이고, 한 번 더 주어주의로 돌아가 보충하게 되면, 그것은 뒤로 돌아가게 되어 절충주의가 된다. 니시다 철학에는 수학자의 직관과 비슷한 명석 분명한 직관이 있다. 선생이 프랑스철학의 연구를 권하고 있는 이유의 하나도, 거기에 있는 것이 아닐까. 물론 니시다 철학의 중심문제는 수학적 존재가 아니기 때문에, 수학과의 비교는 제한하여 생각하지 않으면 안 되지만, 니시다 철학은 종합적 직관적 예술적이라는 비판에 대하여 나는 오히려 위의 점을 지적하고 싶다.

말할 것도 없이 니시다 철학은 플라톤과 같은 주지주의가 아니다. 그래서 비합리적이라고 하지만, 이 점도 대단히 주의하지 않으면 안 된다. 비합리적이라고 하는 것에서 니시다 철학을 이해하려고 하면 도리어 오해를 부를 우려가 있다. 종래의 논리는 대상의 논리이고, 논리는 대상의 규정이었다. 칸트의 선험 논리에 의하여 대상의 논리는 대상을 생각하고 대상을 인식하는 주관에 연관시켰지만, 그러나 또 그런 주관 자체를 싸는 논리로는 되지 못하였다. 아는 것도 행위하는 것의 하나라고 생각되지만, 그런 행위하는 자기도 포괄하는 논리로는 되지 못하였다. 따라서 칸트에게 있어서 실천이성의 영역은 이론이성의 권외에 두어 그 윤리는 주관적 윤리에 멈추고 있다. 그런데 헤겔은 윤리와 논리와의 동일을 생각하여 이것에 의해 윤리를 객관적 윤리로까지 높였다. 그가 논리와 존재론과의 동일을 말한 것은 다 알지만, 그와 함께 윤리와 논리와의 동일을 생각한 것은 그것에 못지않게 중요하다. 근대적 의미에서 주관주의라고도 객관주의라고도 말하기 어려운 그리스 철학에는 그와 같은 논리와 존재론과의 동일 사상과 함께 윤리와 논리와의 동일 사상이 있었다. 헤겔은 그런 사상을 그의 철학에 받아들였는데 이제 니시다 철학에서도 그런 사상이 완전히 새롭게 살려지고 있다고 볼 수 있다. 헤겔에 있어서 윤리의 근본을 이룬 자유의 개념은 목적론 원리에 의하여 구성되고 있다. 그의 변증법은 그런 목적론적인, 유기체적인 구조를 포함하고 있었다. 그런데 자주 비판되는 것처럼 헤겔의 변증법에서 말하는 특수와 일반의 관계에서는 개체의 자유, 자주성이 생각되지 않고 따라서 작용하는 개체라는 것이 생각되지 않는다. 작용이란 독립한 개체와 개체가 관계하는 것인데, 그런 관계가 헤겔의 논리에서는 설명되고 있지 않다. 개체와 개체가 관계하는 행위의 세계를 분명히 하는 니시다 철학의 논리는 그것이 동시에 윤리이기도 하다고 해도 될 것이다. 헤겔의 논리로서는 행위의 세계가 생각되고 있지 않다고 한다면, 니시다 철학은 처음으로 논리와 존재론과의 동일에 멈추지 않고, 나아가 윤리와 논리와의 동일을 분명히 한 것이라고 말할 수 있다. 행위니 윤리니 해도 무엇인가 당위 또는 이상을 말한 것은 아니다. 니시다 철학의 문제는 어디까지나 현실 세계의 구조이다. 현실 세계는 역사적이다. 역사적 세계는 드로이젠이 말한 것같이 '윤리적 세계(sittliche welt)'이다. 이 의미에서 역사적 실재의 논리는 동시에 역사적 행위의 윤리가 아니면 안 된다. 행위는 단지 주관적도 단지 객관적도 아니고, 주관적·객관적인 것이다. 주관·객관을 포괄한 논리를 분명히 함으로써 니시다 철학은 칸트의 주관주의 윤리도 헤겔의 더욱 객관주의적이었던 윤리로도 불충분하였던 윤리적 세계로서의 역사적 세계의 의미를 분명히 하려고 하고 있다. 그런데 실제로 그와 같은 행위의 세계에서 처음으로 논리와 존재론과의 동일도 생각할 수 있는 것이다. 이 경우에 논리가 무엇인가 완성된 형식으로서 존재하는 것처럼 생각하는 것을 그만두지 않으면 안 된다. 칸트의 선험논리도 그와 같은 선입견에서 자유롭지 못하였다. 반대로, 논리를 그 나오는 데에서 파악하지 않으면 안 된다. 선생이 최근에 아리스토텔레스로부터, 또 플라톤으로부터 다시 거슬러 올라가 헤라클레이토스 근처로부터 논리를 고쳐 생각하지 않으면 안 된다고 말한 것도 그 의미일 것이다. 그대는 확실히 딜타이의 《경험과 사유》라는 논문을 읽었을 것이다. 딜타이는 형식논리의 완성된 여러 방식에 만족하지 않고 경험 자체의 분석으로부터 논리의 여러 방식을 이끌어내려고 했다. 그는 그것을 '분석적 논리(analytische logik)'라고 불렀다. 단지 가설적이 아니고 타당한 지식이 존재해야 한다면, 지각과 사유와의 사이에는 인식 기초의 이원성을 지양하고 그래서 다만 가설적으로 전제되어 요청된 관계를 객관적으로 타당한 관계로 전화하도록 하는 발생적 관계(genetisches verältnis)가 존재하지 않으면 안 된다고 그는 말하였다. 딜타이의 의도는 옳다. 다만 그처럼 경험을 심리주의적으로 해석할 수는 없다. 일반으로 경험이라는 개념 중에는 자기가 주관으로서 자기에 대한 모든 것은 객관이라고 하는 그런 사고방식이 포함되어 있다. 그런데 실제를 말하면, 나는 사물에 대한 것보다는 근원적으로 그대에 대한 것으로서의 나이고, 주체는 객체에 대한 것보다도 근원적으로 다른 주체에 대한 것으로서 주체이다. 칸트의 풍부한 '경험'의 개념에서도 작용하는 자기라고 하는 것이 그 안에 들어 있지 않다. 그렇게 해서 경험의 개념은 일어나는 사건의 개념에 의하여 바뀌지 않으면 안 된다. 사건이란 독립한 개물과 개물이 관계하는 것이다. 경험에서는 현실적이 아닌 관계의 개념은 사건에 있어 현실적으로 된다. 논리라고 하고 범주라고 하여도 그 근본적인 뜻에서는 관계에 다름없다고 하면 그것은 거기에서는 관계가 진정으로 현실적인 것 같은 행위의 세계로부터 생각하여 가지 않으면 안 될 것이다. 그런 의미에서 나는 뒤르켐이 《종교적 생활의 여러 원시 형태》 가운데서 말하고 있는 것처럼 사회학적 인식론에 흥미를 느껴, 그런 생각을 새로 살펴 보고 싶다. 니시다 철학의 성격으로 돌아가 말하면, 그것은 결코 단순한 비합리주의는 아니다. 종래의 논리를 초월한 것에 중요한 의미를 인정하고 있는 점에서는 그것은 비합리주의라고도 할 수 있으나, 그런 비합리적인 것도 포괄한 새로운 논리를 생각하려고 하고 있는 한, 그것은 비합리주의라고 말할 수 없다. 마치 헤겔이 생의 철학자로서 출발하여 결국 그런 생까지도 합리적으로 파악하는 논리를 찾아낸 것처럼, 니시다 철학은 헤겔의 논리에 의해서도 생각하지 못한 더욱더 깊은 생의 문제에서 출발하면서 그것을 사유하는 논리의 발견을 목표로 하고 있다. 당시 낭만주의자 생의 철학에 대한 헤겔 철학의 관계는 현대 생의 철학에 대한 니시다 철학의 관계라고 볼 수 있을 것이다. 생의 철학이 비합리주의인 것과 마찬가지 의미에서 니시다 철학이 비합리주의인 것은 아니다. 본시 그 논리는 다음에 말한 것같이 단순한 로고스가 아니고 오히려 로고스적·파토스적인 것을 포함한 로고스로 보아야 되는 것으로 생각한다.

2

니시다 철학의 중심문제는 그 발전의 모든 단계를 통하여 실재라고 할 수 있는 것이다. 실재는 여러 가지로 생각되었지만, 최근에는 역사적 실재가 중심문제로 되어 있다. 오히려 실재는 역사적 실재라고 생각된다. 그렇게 생각함으로써 니시다 철학은 종래의 의식 철학 내지 자아 철학의 입장을 넘어서게 되었다. 니시다 철학의 최근 발전에 있어 나에게 특히 중요하게 생각되는 것은 그것이 의식 또는 자아의 세계로부터 빠져나오게 된 것이다. 거기에 현상학 등은 다른 새로운 입장이 있다. 작년 가을 그대 앞에서 말하였을 때 나는 앞으로의 철학은 세계 철학이 아니면 안 된다고 말하였으나 그때 나는 그런 세계 철학의 현존 형태로서 특히 니시다 철학을 염두에 둔 것이다. 니시다 철학은 세계 철학과 특징을 지을 수 있다. 이것을 파악하는 것이 중요하다. 그대를 좌절시킨 듯이 보이는 '무의 논리'는 사실은 세계의 논리에 다름 없다. 선생의 논문에 끊임없이 나오는 '세계'라는 말을 그대는 그 무게를 철저히 이해하여야 된다. 세계는 역사적이다. 따라서 역사라는 것은 니시다 철학에 있어 사회라는 것보다도 넓은 뜻으로 생각되고 있다. 사회는 체계적으로 역사적 세계의 한 형태로 생각되고 있다. 오로지 사회는 세계구조의 가장 발전한 형태로 보이는 한, 세계 논리의 해명은 역사적 사회적 현실의 논리 해명에 기대할 수도 있을 것이다.

니시다 철학은 세계 철학으로서 우리를 어디까지나 세계 속에 넣어 생각한다. 이것은 무엇보다도 주의해야 될 근본적 특징이다. 보통으로 세계는 우리에 대한 것으로 생각되고 있다. 그러나 그러면 우리는 세계의 밖에 있는 것으로 된다. 본디 우리는 객관적인 것으로서 어디까지나 그와 같은 객관계에 속한다고 생각될 것이다. 하지만 우리는 다만 객관적인 것이 아니고, 주관적인 것이다. 세계가 단지 객관계라고 생각되는 한, 그것은 주관적·객관적인 것을 포괄할 수가 없다. 그러나 세계는 자기가 아니라, 도리어 자기가 거기에 있는 것이 세계이다. 그것은 자기를 안에서 초월하는 것으로 생각된 것이다. 더구나 그것은 단지 안에서 초월할 뿐만 아니라, 그런 것이 객관적 자기까지도 포괄한다고 생각하지 않으면 안 된다. 밖에서 우리를 초월하는 개관적 유에 대하여 안에서 우리를 초월하는 것은 무라고 생각되지만 그러나 다만 그렇게 생각되는 무는 진정한 무가 아니다. 안에서 초월하는 것이 객관적인 것까지도 포괄하여 그래서 밖의 초월과 안의 초월이 어떤 의미에서 하나로 생각될 수 있다. 알기 쉽게 말하면 세계의 깊이를 논리적으로 분명하게 한 것이 니시다 철학이다. 그것은 개관적인 것, 대상적인 것을 인정하지 않은 것이 아니고 그것을 표현으로서 행위의 입장에서 보는 것이다. 세계 철학으로서의 니시다 철학에서는, 개물은 세계의 자기 한정으로 생각되고 있다. 개물은 한편 어디까지나 환경으로부터 한정되는 것이고, 환경에 속한다. 니시다 철학의 용어에 따르면 개물은 어디까지나 일반적 한정에서 한정된다. 이때 일반자라는 것은 객관적인 의미이고, 우리는 한편 어디까지나 객관계에 속하여 그런 일반자의 한정으로서 생각된다. 그러나 다만 그것만으로는 독립한 개물은 생각될 수 없다. 개물은 다른 쪽도 역시 어디까지나 자기 자신을 한정하는 것, 곧 개물적 한정에 있어 자기를 한정하는 것이다. 또는 개물은 단지 객관적 한정에서 한정되는 것이고, 주관적 한정에서 한정되지 않으면 안 된다. 개물은 작용하는 개물로서 어디까지나 환경으로부터 한정됨과 동시에 반대로 어디까지나 환경을 한정하여 되돌리는 것이다. 그래서 위와 같은 상반된 방향에서 한정의 합일로서 개물은 변증법적인 것이다. 변증법적 사물은 변증법적 세계에서 있는 것이고, 그 자기 한정으로 생각된다. 변증법적 세계는 변증법적 일반자이고, 그 개물적 한정 곧 일반적 한정, 그 일반적 한정 곧 개물적 한정이라는 것같이 변증법적 자기 한정으로서 변증법적인 것이 있다. 사물은 항상 주관적 및 객관적인 두 상반된 방향에서 한정되고, 게다가 하나의 방향에서의 한정은 항상 동시에 다른 방향에서의 한정이며, 그 통일로서 변증법적이다. 마치 후설의 현상학에서 의식이 항상 노에시스·노에마 상관의 구조를 가진 것처럼 니시다 철학에서도 주관적·객관적, 개물적·일반적이라는 것은 상관하고 있고, 한편으로 한정됨과 동시에 항상 다른 편으로 한정되는 것이지만, 그러나 그것은 단순한 상관이 아니고, 상반하는 방향에서 한정의 통일로서 변증법적이다. 그것은 부정면 긍정면이라는 관계에 서서, 긍정면 곧 부정면, 부정면 곧 긍정면으로서 모순의 통일이라고 생각된다. 그런데 개물은 단지 개물에 대해서만 개물이다. 개물과 개물이 관계하지만 매개자가 없으면 안 되며, 개물과 개물을 매개하는 것은 일반자이다. 그와 같은 매개자는 먼저 객관적 일반자로서의 객관계로 보여진다. 객관적으로 생각되는 물과 물을 매개하는 것은 공간이라고 할 수 있다. 그 극, 객관적 물은 공간의 한정 내지 변용이라고 생각될 것이다. 객관적 한정 또는 일반적 한정은 공간적 한정이라고도 바꾸어 말할 수 있다. 하지만 그와 같은 공간적 한정에 의해서는 진정한 개물은 생각할 수 없다. 개물은 어디까지나 개물적으로 자기자신을 한정하는 것, 객관적으로가 아니라 주관적으로, 공간적으로가 아니라 시간적으로 자기를 한정하는 것이다. 개물적 한정은 시간적 한정이며 직선적 한정이다. 그렇게 한정되는 개물과 개물과의 관계의 매개자는 객관적인 일반자일 수가 없다. 개물과 개물과는 원환적으로 한정되는 것에 의하여 변증법적으로 통일된다. 변증법적 일반자는 직선적으로 한정되는 개물과 개물과를 그 밑바탕에서 원환적 한정에 있어 매개하는 것이다. 원환적 한정에 있어 독립한 개물과 개물이 동시 존재적이라는 의미에서 원환적 한정은 공간적 한정의 의미를 가지고 있다. 그렇지만 또 그것에서는 독립한 개물이 변증법적으로 통일된다는 의미에서 그것은 비연속의 연속이라고 생각된다. 그런데 비연속의 연속이라는 것은 시간적 한정의 뜻을 나타내고 있다. 니시다 철학에서는 시간적 한정으로서의 직선적 한정은 단순한 연속이 아니고 비연속의 연속이라고 생각되고 있는 것이다. 다만 일반자로서의 객관계에서 있는 것은 공간적 병렬적으로 있다고 생각되는 것처럼 변증법적 일반자로서의 세계에서는 과거도 미래도 현재에 동시 존재적이라고 생각되고 있는 현재에 있다. 때는 그런 영원한 지금의 자기 한정으로서 생각하고 있는 것이다. 그렇게 하여 니시다 철학에서는 시간과 공간이 서로 들어맞게 생각되고 있다. 거기에서 '역사적 자연'이라는 개념도 나오는 것이고, 종래는 공간과 시간이 각각 자연과 역사로 배당되어, 역사철학이 시간철학적이었던 것에 대한 관계에서는 니시다 철학은 오히려 공간철학적이라고도 할 수 있는 특색을 느끼게 한다. 거기에 동양적인 가장 깊은 의미에서의 자연이 역사철학적으로 살려졌다고 볼 수 있는 데가 있다. 세계는 변증법적 세계로서 시간적으로 어디까지나 움직임과 동시에 공간적으로 어디까지나 멈추고 있어, 동즉정 정즉동이다.

그와 같은 세계가 역사적 세계이다. 역사적 세계의 일반적인 성격은 표현적 세계라는 것이다. 세계의 논리는 표현의 논리이다. 역사를 표현이라고 생각한 것은 딜타이 등에서부터 널리 이루어지게 되었는데, 니시다 철학은 표현 문제를 행위 입장에서 생각한다. 역사적 세계를 표현적 세계라고 한다면, 역사적 행위는 모두 표현적 행위의 의미를 갖지 않으면 안 된다. 보통으로 표현이라고 하면, 인간이 만든 것 곧 소위 문화라는 것으로 이해된다. 그러나 단지 딜타이가 말한 문화의 체계만이 아니고, 또 그가 말한 사회의 외적 조직도 표현적인 것이다. 가족, 사회, 국가, 교회 등 어느 것이나 표현적인 것이다. 다만 인간이 만든 것이 표현인 것이 아니고, 실제로 인간 그 자체가 표현이다. 역사적 세계에 있는 역사적 사물 일체가 표현이다. 표현적인 것은 보통 만들어진 것이라고 생각되고 있지만, 모든 역사적 사물은 역사적 세계에서 새겨난 것으로서 만들어진 것이라는 의미를 가지고 있다. 표현은 제작적 행위 곧 포이에시스의 입장에서 생각하지 않으면 안 된다. 우리 인간의 존재도, 그냥 주어진 것이 아니라 도리어 행위에 있어 모든 제작적·표현적 행위의 의미를 가진 행위에서 만들어진 것이다. 행위는 모든 형성작용의 의미를 가지고 있다. 괴테는 Bildung이라는 것을 단지 인간에게서만이 아니고 자연에서도 본다. 이 경우 자연도 표현적인 것으로 보인 것이다. 모든 표현적인 것은 주관적·객관적인 것, 또는 내적·외적인 것이다. 또 그것은 파토스적·로고스적인 것이다. 표현적 행위는 표현적인 것에 대하여 일어나 표현적인 것에서부터 호소되고 부르짖음으로써 우리의 행위는 시작되는 것이다. 전혀 무의미한 물질에 대하여는 행위가 일어나지 않을 것이다. 행위하는 나와 그대를 매개한다고 생각되는 한, 객관계는 일반적 의미, 또는 객관적 의미, 또는 로고스적 의미를 갖는 것이 아니면 안 된다. 그런 것으로서 그것은 표현이다. 그러나 단지 로고스적 일반적으로 한정되는 것은 진정으로 표현적이라고는 하지 않는다. 표현적인 것은 개물적 한정 내지 주관적 한정, 따라서 파토스적 한정을 포함한 것이 아니면 안 된다. 우리의 행위는 어디까지나 파토스적으로 한정되는 것이다. 파토스는 자기 긍정적이다. 그러나 표현적 행위는 단순한 파토스에서는 생각될 수 없고 그것이 자기를 부정하여 노에마적으로 이데아를 봄으로써 성립하는 것이다. 짐멜의 이른바 이데로의 전향(Wendung zur Idee)에 의하여 표현적으로 되는 것이다. 표현적 행위는 직접적이 아니고, 부정에 의하여 매개되는 것이 아니면 안 된다. 그렇지 않으면 행위에 있어 기술의 의미도 이해할 수 없다. 그렇지만 행위가 다만 객관적인 일반적인 이데아에 의하여 매개되는 것이라면 행위는 진정으로 표현적인 것이 될 수 없고, 전혀 행위라는 것은 일어나지 않는다. 헤겔이 말한 것처럼 대단한 역사적 행위에는 열정이 필요하다. 행위는 어디까지나 주관적으로 개체적으로 파토스적으로 한정된 것이다. 행위는 또 언제나 사회적이다. 파토스적 한정에 있어 한정된 행위와 행위를 매개하는 것은 직선적 한정의 밑바닥에 원환적 한정이 생각되고, 그리고 원환적 한정을 공간적 한정이라고도 생각되는 것같이, 로고스라고 할 것이다. 그렇지만 이 로고스는 객관적 일반자의 의미에서의 로고스(이데아)가 아니라, 오히려 무의 일반자의 의미에서 로고스적이다. 또 원환적 한정은 단지 공간적 의미의 것이 아니고 시간적 의미를 포함한다고 생각되는 것처럼, 이 로고스는 동시에 파토스적인 것이 아니면 안 된다. 그것은 로고스적·파토스적인 것을 포괄한 로고스이다. 그것은 객관적 로고스를 넘어선 것이다. 모든 표현적인 것은 그런 로고스의 표현이며 무의 표현이라고 할 수 있다. 표현적인 것은 로고스적 파토스적인 것으로서 자기 자신을 표현함과 동시에 세계를 표현하는 것이다.

그래서 나는, 니시다 철학에서 국가와 같은 것은 어떻게 생각하느냐고 말한 그대의 질문에 대하여, 사견을 말하고자 한다. 국가와 같은 것을 선생은 특수사회라고 보고 있는 것 같다. 그래서 후설의 현상학에서 의식의 노에시스·노에마적 구조에 많은 양상이 생각되고 있는 것처럼, 니시다 철학에서도 세계의 자기 한정에 한없는 양상 또는 단계가 생각되는 것으로 여겨진다. 그 객관적 한정의 방향으로 한없는 객관적 한정의 과정이 생각되고, 그 주관적 한정의 방향으로 끝없는 주관적 한정의 과정이 생각되고 있는 것이다. 그런 과정의 각각 단계에서 성립하는 변증법적 사물에 대하여 모두 니시다 철학적인 세계 도식이 적용된다고 보아도 될 것이다.

그렇지만 선생은 국가 같은 문제는 아직 자세히 논하지 않았는데, 세대의 문제에 대해서는 자주 언급하였다. 나는 이제 세대의 문제를 먼저 연령 문제부터 생각해 보기로 한다. 인간의 나이는 소년, 청년, 장년, 노년 등으로 구분한다. 그것이 생물학적인 것에 제약되고 있는 것은 말할 것도 없다. 우리의 일생은 시간적이고 직선적으로 한정되어 있다. 그러나 나이는 단지 직선적 한정으로부터는 생각될 수 없는 것이며, 직선적으로 진행하는 것이 동시에 원환적 내지 공간적으로 정리되어 가는 데에 연령은 생각될 수 있다. 그것은 이를테면 1년 1년 지나가는 것이 아니고, 그처럼 지나갈 때가 원환적으로 정리되어 하나의 기간(Zeitraum)으로서, 예를 들면 청년시대 같은 것이 생각될 수 있는 것이다. 여기에서 벌써 니시다 철학의 의미에 있어 세계 도식이 인정된다고 할 수 있을 것이다. 직선적으로 진행하는 것이 동시에 원한적으로 한정되어 감으로써, 연령을 표현적으로 된다. 거기에 청년시대이면 청년시대의 인생 스타일이, 또는 짐멜이 말한 의미에서의 형식(Form)이 나타난다. 짐멜은 형식은 모두 한계라는 의미를 가지고, 생에 형식을 주는 것은 생의 한계로서의 죽음이라고 말하였다. 청년시대가 스러지고 장년시대가 나온다는 식으로 비연속의 연속의 형태로 연령은 연령에서 연령으로 옮겨가는 것으로서 연령은 형식을 갖추어 표현적으로 된다고 생각한다. 그러나 현실에서는, 어떤 연령의 한 사람의 인간이 있는 것이 아니라, 도리어 거의 같은 연령의 많은 사람이 하나의 세대를 이루고 있다. 세대에 있어 원환적 한정의 의미는 더욱더 현실적으로 된다. 독립한 다수의 인간이 원환적으

로 된다. 독립한 다수의 인간이 원환적으로 한정된 하나의 세대를 이루는 것이다. 세대는 자기 스타일을 가진, 표현적인 것이다. 그리고 한 세대에 속한 개인은 자기 자신을 표현함과 동시에 그 세대를 표현한다. 개인은 어디까지나 진정으로 자기 자신을 표현함으로써 또 진정으로 자기가 속한 세대를 표현할 수 있는 것이다. 마찬가지로 각 세대는 자기 자신을 표현함과 동시에 모든 역사를 표현한다는 뜻을 가지고 있다. 역사는 세대에서 세대로 옮겨간다. 그리고 그런 세대는 모두 원환적으로 한정되어 동시 존재적으로 영원한 지금 있다고 말할 수 있는 것이다. 그와 같은 세계 도식에 의하여 생각할 수 있는 세대는 맨틀레의 이른바 사회적 세대에서 이미 또는 특수사회라고 생각될 수 있을 것이다. 세대도 단지 시간적 한정으로 생각할 수 있는 것은 아니다. 그런데 선생은 국가는 생물의 씨 같은 것이라고 말하고 있다. 일정한 수의 인간은 똑같은 씨에 속하는 것으로서 하나의 국가를 이룬다고 생각한다. 국가는 단지 다수 개의 통일에서는 생각될 수 없고, 다수 개의 씨에서의 통일로부터 생각하지 않으면 안 된다고 할 것이다. 그렇지만 선생이 말하였듯이 국가는 단지 생물적인 것이 아니고 역사적인 것이다. 씨는 불변한 것이 아니고 국가도 멸망할 수 있는 것이다. 나는 오토칼 로렌츠의 세대에 대한 생물학적 해석에 반대하였듯이 국가에 관한 생물학적(인종적) 해석에도 반대한다. 국가는 씨라고 하더라도 국가는 역사적인 것으로서 세계 도식에서 생각할 수 있는 것이 아니면 안 된다. 곧 그것은 이미 무의 일반자의 의미를 포함하고 있다고 할 수 있다. 씨는 단지 주어적 논리에 의하여 생각될 수 있는 것이 아니고, 이미 술어적인 사고방식을 요구하는 것이 아니면 안 된다. 그렇지 않으면 결국 헤겔에서와 같이 개인 국가에 대한 독립성은 생각할 수 없게 된다. 개인은 한편 어디까지나 국가에서 있고, 국가 속에 포함되어 국가로부터 한정되면서 또 한편으로 보면 어디까지나 독립한 것이고, 거꾸로 국가를 한정하는 것이 아니면 안 된다. 씨의 연속을 매개로서 개와 개와의 비연속을 생각할 수 있다 해도, 씨는 비연속의 연속으로서 단지 주어적으로는 생각할 수 없는 것이다. 본디 세대가 바로 무의 일반자가 아닌 것처럼 국가가 곧 무의 일반자인 것은 아니다. 도리어 세대에서 세대로 옮겨가는 모든 세대가 영원한 지금 있다고 생각할 수 있는 것처럼 하나의 시대에서 다른 시대로 직선적으로 발전해 가는 국가와 국가는 세계 안에 있고, 세계를 매개로 하여 서로 관계하는 것이다. 여기에서 말하는 '세계'는 같은 시대에 있는 국가와 국가와의 원환적 한정에서 성립하는 것이고, 그런 세계도 니시다 철학에서 말하는 변증법적 세계의 자기 한정으로서 생각될 수 있다. 그런데 씨를 매개자로서 절대화하는 것은 결국 술어주의에서 주어주의로 돌아가는 것으로밖에 가능하지 않다. 그 경우에 국가는 헤겔이 말한 국가 내지 민족 같은 것이 될 것이다. 헤겔의 이데 철학에서는, 객관적 정신을 넘어선 것으로서 종교, 예술, 철학 같은 절대적 정신을 생각할 수 있었다. 그때에는 절대적 정신은 도리어 최고 현실로서의 국가에 의하여 매개되지 않으며 안 된다고 할 수 있을 것이다. 그러나 국가와 국가를 매개하는 세계는 결코 단순히 이데적인 것이 아니다. 씨와 같은 것이 생각될 수 있기 위해서는 공간에 중요한 의미가 인정되지 않으면 안 되는 것이 사실이다. 짐멜이 사회학에서 말하고 있듯이, 공간성을 사회의 기초이다. 그러나 씨와 같은 것이 생각되기 위해서는 공간의 특수화가 없으면 안 되고, 그 의미에서 벌써 시간성이 인정되지 않으면 안 된다. 또는 공간이 이미 내적인 의미를 갖지 않으면 안 된다. 보통으로 공간을 외적이며 시간을 내적이라고 생각할 수 있다. 베르그송이나 하이데거 등의 시간철학 같은 것도 그런 사고방식을 벗어나지 않는다. 그러나 시간이라고 하여도 외적이라고 생각할 수 있는 것처럼 공간이라고 해도 내적이라고 생각할 수 있을 것이다. 괴테 같은 이는 공간을 어디까지나 내적으로 생각하였던 사람이다. 나는 그대에게 선생의 〈괴테의 배경〉이라는 논문을 읽어보도록 권하고 싶다. 니시다 철학에서 원환적 한정을 공간적 한정이라고도 생각되고 있지만, 이것에 의하여 말하자면 공간의 내면성이 생각되고 있다. 나아가서 장소의 사상에서도 그리고 과거와 미래가 현재 동시 존재적인 현재로서의 영원한 지금이라는 사상에서도 그와 같은 의미에서 공간적이라고 할 수 있을 것이다. 시간과 공간이라는 상반된 것이 하나라고 생각될 수 있게 되는 것이다. 국가의 기초로 되는 공간이나 자연이라는 것은 단지 외적인 것이 아니라 내적인 의미를 갖지 않으면 안 된다. 곧 국가와 같은 것도 마치 세대가 또 어떤 사람들에 의하여 그렇게 생각되는 것처럼 '운명 공동체'라고 생각될 것이다. 니시다 철학의 원환적 한정의 사상은 술어주의 입장에서 시간에 꼭 맞는 공간 또는 자연의 내면성을 생각한 것으로 볼 수 있다. 나는 그런 원환적 한정의 사상은 습관성, 일상, Sitte 등을 생각하는 논리적 기초가 될 수 있는 것으로서 중요하다고 생각한다. 그러나 다만 습관을 깰 수 있는 것이 습관을 만들 수 있고, 전통을 깰 수 있는 것만이 전통을 만들 수 있는 것처럼 원환적 한정은 직선적 한정과 결부되어 있다. 국가는 개인과 개인과를 매개하는데, 매개자로서 그것은 이미 변증법적 일반자의 도식에 의하여 생각되는 것이 아니면 안 된다. 니시다 철학에 있어서도 단지 세계와 개인과의 직접 매개를 생각한 것은 아닐 것이다. 거기에서는 매개자로서 씨와 같은 것이 중요한 위치를 차지하지 않으면 안 되는 것이 명백하다. 그러나 씨와 같은 것도 술어주의 입장에서 변증법적 세계의 자기 한정의 한 모습 또는 한 단계로서 생각하지 않으면 안 된다. 그래서 씨에 대한 개의 독립성이, 또 씨는 씨에 대하여 씨라는 관계가 인정되어, 세계는 그런 서로 끝없는 매개의 체계로 된다. 헤겔 철학에서는 매개의 체계는 결국 직선적이지만 술어주의 체계에서는 매개는 입체적으로 여기저기에서 성립할 수가 있다. 그리고 특히 주의해야 되는 것은, 랑케가 모든 시대는 직접으로 신의 곁에 있다고 말한 것같이, 술어주의 철학에서는 모든 것은 끝없는 매개 과정으로 들어가면서 더구나 모두 직접으로 절대무에서 있다고 말한 것이다. 한편 어디까지나 매개 내지 부정을 중요시하면서, 또 한편으로는 동시에 직접적 결합을 말할 수 있는 것은 술어주의 철학이다. 앞의 방면을 강조함으로써 뒤의 방면을 무시하는 것은 도리어 추상적으로 될 것이다.

마지막으로 니시다 철학에 대한 나의 비평을 바란다는 그대의 요구는 지금의 나로서는 능력이 부족하다. 너무나 큰 문제이기 때문이다. 근본에 있어 나는 내 자신의 철학을 쌓아 가는 것이 그 비평이라고 생각한다. 또 해석은 이미 비평이라는 뜻에서, 니시다 철학을 어떻게 해석하는가라고 하는 것이, 벌써 그것에 대한 비평을 포함하고 있다. 특히 니시다 철학처럼 갖가지 발전을 겪고 있는 것에서는, 그 어느 시기, 그 어떤 논문을 가장 중요하게 보는가는 사람에 따라 다를 수밖에 없고, 거기에 이미 비평이 있다고 볼 수 있을 것이다. 또 니시다 철학에서는 종래 주로 한 논리, 더욱이 그 기본적인 형식이 설명되어 있고, 그것을 구체적인 개개의 문제에 적용하여, 확장하에 보는 것이 필요하다. 그때에 또는 그 불충분한 점이 명백해진지도 모른다. 그저 입장만을 논의하고 있다가는, 결국 추상론으로 끝나는 것을 피하기 어려운 것이다. 그 구체적인 적용과 확장에 의하여 하나하나의 범주를 발견하고 나시 범주 서로의 변증법적 체계의 형성으로까지 이르는 것이 소중한 일이다. 그 경우에 나는, 니시다 철학은 말하자면 둥근 원과 같은 것이고, 이 원을 일정한 각도에서 분석하는 것이 필요하지 않을까 생각한다. 그 각도를 제공하는 것은 영원한 의미에서 현재가 아니고 시간적인 현재, 따라서 또 미래의 견지이다. 니시다 철학은 현재가 현재를 한정하는 영원한 지금의 자기 한정의 입장에서 생각되고 있으며, 그 때문에 실천적인 시간성의 입장, 따라서 과정적 변증법의 의미가 약화되지 않았는지 모른다고 생각한다. 행위의 입장에 서 있는 니시다 철학이 아직 관상적이라고 비판받고 있는 것도, 그것에서 비롯된 것이 아닐까. 다나베(田邊) 선생이 '씨의 논리'를 강조하고 있는 이유도 거기에 있는 것이 아닐까. 그것과 관련하여 생긴 하나의 의문은 개물이 수많은 개물에 대한다는 것만으로 진정하게 모순이 생각될 수 있을까 하는 것이다. 한없이 독립한 개물이 비연속적으로 존재한다는 것만으로 과정적 변증법은 생각될 수 없고, 개인이 두 계급 같은 것으로 통일되어 대립함으로써 비로소 사회적 모순이 생각되는 것같이, 변증법은 다원적이 아니라 이원적으로 됨으로써 비로소 과정적 변증법적으로 될 수 없는 것이 아닌가 하는 의문을 갖게 된다. 다나베 선생처럼 씨의 논리를 생각한다 하여도, 단지 수많은 종이 비연속적으로 존재한다고 하면 마찬가지 의문이 남는다. 니시다 철학의 변증법은 이런 문제를 어떻게 해결할 수 있을까. 그것은 필경 '화해 논리'로 되어, 거기에는 Entweder-oder라는 실천의 계기가 상실되지는 않을까. 과정적 변증법은 추상적이라고 하여도 술어주의 논리는 어떻게 하여 이것을 자기의 계기로 할 수가 있을까. 이와 같은 의문은 니시다 철학에 있어 '영원한 지금'의 사상에 집중하는 것이다. 나는 좀더 니시다 철학을 공부한 다음 다시 논해 보려고 한다.

니시다 기타로의 생애와 사상

1. 생애

일본철학 선구 니시다

니시다 기타로(西田幾多郎)는 근대 일본의 대표적인 철학자로서, 특히 서양철학을 동양정신의 전통에 동화시키려고 애썼다. 그의 철학은 흔히 '니시다 철학'이라고 부른다. 니시다는 진정한 연구가가 최선의 교육가라는 것을 보여준 사람이다. 기타로에 의하여 서양철학이 처음으로 소개된 것이 많으며, 그에 의하여 새롭게 해석되어 일본철학에 큰 영향을 끼치게 된다.

니시다의 불후의 공적은 서양철학이 들어오고 나서, 처음으로 독창적인 일본철학 체계를 세워나간 것이다. '니시다 철학'이라는 말은 결코 과장이 아니고, 여기에 하나의 새로운 철학이 창설된 것이며, 또 실제로 하나의 학파가 만들어진 것이다. 이른바 장소의 논리 또는 절대무(絶對無)의 논리는 칸트나 헤겔의 논리를 넘어선 것이고 서양 논리의 동양적 전회(轉回)라고도 할 만한 것으로, 이것에 의하여 동시에 동양적 직관과 서양적 사유와의 결합이 가능하게 되었다. 서양철학은 그것의 일본화 역사에 있어 최대 사건으로서 평가받는데 그치지 않고 직접 동양사상 연구가에 의해서도 깊이 되돌아보지 않을 수 없는 것이다. 여기에 앞으로 일본철학의 발전에 있어, 하나의 확고한 출발점이 정해지고 기초가 자리잡게 된 것이다.

니시다 철학의 논리는 칸트의 코페르니쿠스적 전개에도 비할 만한 서양철학 논리의 동양적 전개이다. 그러나 그 논리는 니시다의 체험에 의해 깊이 스며들었다. 난해하다고 하는 그의 저작이 많은 독자들을 붙드는 것은 이 난해한 철학을 갑자기 비추기 시작한 것처럼 그의 가슴속에서 흘러나오는 계시적인 아름다운 말 때문일 것이다.

젊은 시절 니시다

1870년 6월 17일에 그는 일본 이시카와현(石川縣) 가나자와(金澤)에서 태어난다. 아버지 니시다 야스노리(西田得登)는 한때 초등학교 교사였으며, 어머니 도사(寅三)는 일본불교 정토종의 독실한 신자였다. 니시다는 어머니를 매우 존경하여 어머니에 대한 기억을 소중히 간직했다. 그의 집안은 본디 지주계급이었으나 그가 어릴 적에 아버지가 가산을 탕진했으므로 1883년 가족 모두가 가나자와로 이사해야만 했다.

니시다는 1883년 가나자와 초등학교에 입학했으며, 1888년에는 가나자와에 있는 전문대학 과정인 제4고등학교에 입학하게 된다. 소년시절에는 이름난 유학자에게 전통적인 유교교육을 받았고 중고등학교 시절에는 한학(漢學)에 조예가 깊은 학자에게서 가르침을 받았다. 니시다에게 중요한 영향을 끼친 또다른 스승은 제4고등학교의 수학교사인 호조 다키요시였다.

현대교육과 한학으로 인품을 갈고닦은 그는 평생 유교적 덕성과 세계관을 유지하게 되었다. 나중에 서양철학과 불교(특히 선종)가 그의 완숙한 심성에 보태졌으나 내면 깊은 곳에는 유교적 확신, 곧 '군자(君子)', 진(眞)과 선(善)에 이르는 '도(道)', 성실, 극기, 그리고 초연 같은 유교적 덕목이 그대로 남아 있었다. 니시다가 속한 세대는 유교 경전을 통해 교육받으며 인격을 쌓은 일본의 마지막 세대이다. 소년시절부터 그는 가나자와에서 여러 좋은 친구들과 사귀었으며, 그중에는 후에 유명한 불교학자가 되어 서방세계에 선종을 널리 소개한 스즈키 사다타로(鈴木貞太郎)도 끼어 있다. 스즈키와는 제4고등학교의 동급생으로 만나게 된 뒤 평생토록 서로 정신적 영향을 끼치는 사이가 되었다.

1928년 12월 교토대학(京都大學)을 정년퇴임한 뒤 펴낸 회고록 《정년퇴임한 어느 교수의 변(辯)》에서 니시다는 이렇게 말한다.

"제4고등학교 학창시절이 내 일생 중 가장 행복한 시기였다. 나에게는 젊은 패기가 넘쳐 흘렀다. 나중 일 따위는 신경쓰지 않고 하고 싶은 거라면 모두 했다. 결국 나는 학교를 중퇴해야만 했다. 그즈음 나는 혼자 공부해서는 아무것도 이루지 못한다는 말이 꼭 옳다고는 생각하지 않았다. 사실 학교라는 구속에서 벗어나 자유롭게 책을 읽는 편이 더 낫겠다는 생각을 했다. 그러나 1년도 채 못 되어 의사로부터 더이상 책을 읽지 말라는 권고를 받았다.

눈병을 앓고 있었기 때문이었다. 나는 자유롭게 책을 읽겠다는 계획을 포기하고 도쿄로 가서 1891년 도쿄대학 철학과 선과(選科)에 입학했다."

1894년 도쿄대학을 졸업한 뒤 그는 이듬해 고향인 가나자와 근처 중학교 교사가 되었다. 그 뒤 제4 고등학교의 교사로서 심리학·논리학·윤리학 및 독일어를 강의했다(1899~1909). 한편 야마구치(山口)와 가나자와에서 교사로 근무하던 시절, 끝없이 고뇌하던 그는 참선에 열중했다. 이윽고 그는 근대 일본에 큰 영향을 미치고 있던 T.H. 그린의 이상주의적 인격주의 윤리학과 W. 제임스의 순수경험 철학을 배우면서, 주객이 아직 나뉘지 않은 '순수경험'의 세계를 실재의 근본 실상으로 보는 입장에 이른다.

이 입장을 논술한 책이 그의 첫 저작 《선(善)의 연구(1911)》이다. 이 책의 일부가 일본 철학전문지에 실리는 계기로 말미암아 그는 독창적인 철학가로서 일본 철학계의 주목을 받게 된다. 그리고 이 책은 근대 합리주의 및 이상주의와, 실제 일본의 비합리적인 감정 및 실리주의 사이에서 근대적 자아를 확립하려 애쓰고 있던 그 시대 청년들에게 충격적인 영향을 주었다.

니시다의 무(無)철학

니시다는 1909년 도쿄에 있는 가쿠슈인대학(學習院大學)에서 1년간 교수로 근무하였다. 1910년에는 교토대학(京都大學) 철학과의 윤리학강좌 조교수(助敎授)가 되고, 1913년에는 전임(前任)인 구와키 겐요쿠(桑木嚴翼)가 도쿄대학으로 옮겨가면서 그가 교토대학 철학교수로 취임, 철학강좌의 중심이 되었다. 그때부터 교토대학 철학과는 하타노 세이이치(波多野精一), 후카다 야스카즈(深田康算), 도모나가 산쥬로(朝永三十郎), 더 나아가 다나베 하지메(田邊元) 등이 속한 일본 아카데미철학의 중심이 되었고, 미키 기요시(三木淸)를 비롯한 많은 청년들이 니시다와 하타노를 찾아서 교토대학에 들어와 공부하게 된다.

1928년 그가 교토대학에서 정년퇴임할 무렵에 니시다 철학은 원숙하게 발전하여 '무(無)의 토포스(장소) 철학'이 정립된다. 말년에 그는 철학적 문제를 깊이 연구했으며 자기 논리로 좀더 구체적인 사실들을 설명하려 했다. 무(無)의 장소에서 주체와 객체의 양분법을 극복, 참된 현실을 지향하는 자신의 철학이 '역사적 세계에서 역사적 실체를 가지고 있기 때문에' 의미심장한 것이라고 역설했다. 은퇴한 뒤에는 《철학논문집》(전 7권)을 펴내 절대 무의 개념을 확충·발전시켰다. 그의 말년은 제2차 세계대전이 끝나가던 시기였는데 니시다는 한밤중에 불타는 도시를 바라보면서 구약성서에 나오는 이스라엘 예언자들의 이야기를 깊이 생각했다. 그는 이 전쟁이 승자도 패자도 예측할 수 없는 끔찍한 결과를 낳으리라고 말했다. 그는 1945년 6월 7일 가마쿠라(鎌倉)에서 사망하였다.

그의 철학적 사고방식이 서구적이라고 하여 니시다의 철학은 제2차 세계대전 중 일본 국수주의자와 군국주의자들의 공격을 받았다. 이후로 마르크스주의 철학자와 반(反)형이상학적 합리주의 철학자들이 니시다의 애국심과 형이상학적 불명료성(obscurantism)을 비판해왔으나 이같은 비판은 합리적 근거가 없었기 때문에 수그러지고 말았다. 다카하시 사토미(高橋里美)와 다나베 하지메(田邊元)는 철학적으로 중요한 비평을 했다. 다카하시는 니시다의 《선의 연구》에서 보이는 독특한 일본적 철학정신을 발견하고 높이 평가한 최초의 학자로서, 원숙한 경지에 이른 니시다 철학에 대해 비판적 탐구서를 펴내기도 했다. 다나베는 니시다의 제자로서 그의 뒤를 이어 교토대학 철학교수로 재임했고(1927~45) 그 나름의 철학적 관점에서 니시다 철학을 연구하여 가치있는 비평서를 펴낸 사람이다.

2. 저작과 사상

니시다 사상의 여러 단계

니시다는 회고록에서 칠판을 축으로 한 위치의 변동으로 자기 인생을 파악한다고 말했다. 인생의 전반기(1기)에서는 칠판을 마주보며 책상에 앉아 있었고 후반기(2기)에는 칠판을 등지고 앉았다는 것이다. 이 비유를 계속해보면, 무의 토포스의 철학으로 상징되는 제3기에 니시다는 칠판의 앞과 뒤라는 두 입장을 모두 초월하여 그 자신과 그의 논리가 역사적 세계라는 칠판 위의 백묵이 되길 원했다고 할 수 있다. 니시다 철학의 각 단계는 나름대로 독자적인 가치를 지니고 있다. 2개의 커다란 강(예컨대 서양과 동양)이 합류할 때 일련의 소용돌이가 일어나듯이 각 단계는 그 자체로 자기완결적이다. 각 단계들이 연속적으로 이어진다고 해도 앞의 체계가 나중 체계를 대치해서는 안 되는 것이다.

자신의 철학을 전개해 나가는 첫 번째 단계에서 니시다는 참선에 열중함으로써 기본적인 통찰력을 얻는다. 그는 윌리엄 제임스의 철학과 심리학에서 영향을 많이 받았고 제임스로부터 빌려온 심리학적 개념을 이용하여 자신의 기본적인 통찰을 철학적으로 해석하려고 노력했다. 《선의 연구》의 서두는 니시다 사상의 전반적인 방향성을 보여준다.

"경험한다는 것은 사건들을 정확하게 있는 그대로 안다는 것을 의미한다. 그것은 선별적으로 사고하는 태도를 다 버리고 사실과 부합되게 안다는 것을 뜻한다. 사람들은 경험을 이야기할 때조차도 어떤 생각을 덧붙이기 때문에, 여기에 사용된 '순수'라는 말은 생각이나 사고가 조금도 가미되지 않은 진정한 경험 그 자체의 상태를 의미한다. 예를 들면 어떤 색깔을 보거나 어떤 소리를 듣는 바로 그 순간을 의미한다. 보거나 들음으로써 외적인 어떤 것과 연관시키는 판단을 내리기 이전의 순간이나 자신이 어떤 감각을 느낀다는 느낌 이전의 순간을 말할 뿐만 아니라, 그 색깔이 무슨 색깔이고 그 소리가 어떤 소리인지를 판단하기 이전의 순간을 의미한다. 따라서 '순수경험'은 '직접경험'과 같은 말이다. 사람이 자신의 의식상태를 직접 경험하게 될 때는 아직 주체도 객체도 없고 지식과 그 대상물은 완전히 합일하게 된다. 이것이 가장 순수한 형태의 경험이다."

여기에 설명된 순수경험의 개념은 서양철학의 틀에 오랜 참선으로 배양된 니시다 자신의 종교적 경험이 가미되어 만들어진 것이다. 그것은 주체와 객체의 이분법을 뛰어넘은 것과 마찬가지로 전체와 부분의 차이도 뛰어넘은 단계에 있는 것이다. 말하자면 우주 전체가 개인의 존재 속에 나타난 것과 마찬가지이다. 개인의 순수하고 빈틈없는 생활 중의 모든 행위 속에서 그의 전(全)존재가 투명하게 됨으로써 마치 거울이 된 것처럼 모든 사물들의 변화하는 모습을 비추고 또 그 사물 속에 참여한다. 이것이 '사실과 부합되게 안다'는 것이다. 현실의 오묘함, 현실에 대한 경험의 직접성, 의식이라는 창조적 흐름 속에서 저절로 발전해나가는 동적인 체제, 이런 것들이 니시다 철학의 대표적 주제들로서, 그의 사상이 궁극적으로 어디에서 연유하는 것인가를 잘 보여준다.

니시다에 의하면 판단은 직관적 전체를 분석함으로써 얻어진다. 예를 들어 말이 달린다는 판단은 달리는 말을 직접 경험함으로써 얻어진다. 판단의 진실성은 원래의 직관적 전체(intuitive whole)의 진실성에 근거한다. 왜냐하면 직관적 전체로부터 실체와 속성, 주체와 객체의 양분법을 통해 판단이 얻어지기 때문이다. 판단의 진실성을 확립하기 위해, 판단은 그 자체의 이분법을 통해 판단의 원천인 직관을 참조하게 된다. 그 이유는 직관이야말로 헤겔이 말하는 관념(Begriff)과 비슷한, 스스로 발전하는 전체로 여겨지기 때문이다. 헤겔이 "모든 것은 관념이다" 또는 "모든 것은 판단이다"라고 말했다면, 니시다는 "모든 것(현실)은 직관이다" 또는 "모든 현실은 직접적인 의식이다"라고 말한다. 왜냐하면 이것이 "의식만이 유일한 현실"이라는 그의 주장의 핵심이기 때문이다.

신칸트주의 사상의 영향

니시다는 자신의 철학을 펼쳐나가는 두 번째 단계에서 프랑스 철학자 앙리 베르그송의 영향을 받았다. 니시다는 베르그송의 철학을 당시 일본 철학계에서 유행하던 독일 신칸트학파의 사상과 종합하고자 했다. 니시다 철학의 두 번째 단계는 《자각에서의 직관과 반성(1917)》에 잘 나타나 있다. 기본적 개념에는 아무런 변화도 없었지만 그는 순수경험을 다른 방식으로 설명하려 했다. 신칸트학파의 영향을 받아 니시다는 그의 사상에서 심리학적 용어를 모두 제거하고 시종 논리적 사고의 길만을 고집했다. 그러나 실제로 자신이 막다른 골목의 끝에 서 있음을 발견했고 그곳에서 자신의 논리로는 뚫고 들어갈 수 없는 어떤 것과 부딪치게 되었다. "불가지(不可知)와의 오랜 싸움 끝에 나의 논리는 신비주의의 진영에 굴복하라고 나에게 명령했다"라고 그는 서문에서 쓰고 있다. 이리하여 사고와 직관의 단위인 자아는 신비주의적 배경을 얻게 된다. 자아는 순수한 행위이지만 궁극적으로는 어둠의 심연 속에 자의식이 발산하는 모든 빛을 감싸안고 있는 자기 자신을 발견하게 된다. 그러나 이 어둠은 '찬란한 불명료(dazzling obscurity)'로서 자아에게 의미와 존재의 헤아릴 수 없는 깊이를 제공한다. 자아는 이렇게 하여 빛나는 어둠에 둘러싸이게 된다.

니시다 철학의 세 번째 단계는 그의 모든 체계가 반전되는 것이 특징이다.

이 단계에서 그는 순수경험의 입장이 지닌 주관주의와 주의주의를 엄격히 비판한 결과 마침내 '토포스의 논리'에 이른다. 그것은 실재의 근저를 변증법적 일반자(一般者)로 삼고, 단순한 반성적 사유가 아닌 행위적 직관에서의 그 자기한정으로서 세계를 보는 '절대모순적 자기동일'의 논리였으며, 또 '지행일치'의 극치인 절대무(絶對無)의 변증법적 논리였다. 여기에서 근대 서구의 이성주의적 논리를 뛰어넘는 동양문화의 철학적 근거가 마련됐다고 여겨져, 이 입장이 명확히 드러난 《움직이는 것에서 보는 것으로(1927)》가 세상에 나올 무렵부터 '니시다 철학'이란 용어가 생겨났다.

그는 이전에는 자아를 철학적 사유의 출발점으로 여겨왔으나 이제는 초월적 이상주의와 완전히 결별하고, 아니 그뿐만 아니라 이상주의를 뚫고 나아가 그뒤에 놓여 있는 현실의 영역이 자신의 신비적 경험과 호응함을 발견한다. 이것을 비자아(非自我) 또는 무(無)의 영역이라고 할 수 있을 것이다. 그러나 이것을 주체에 대비되는 객체의 영역을 말하는 이상주의의 비자아나 사르트르의 실존주의에서 나오는 파괴적 비자아와 혼동해서는 안 된다. 니시다의 '비자아'는 주체와 객체의 분리가 극복되는 궁극적인 현실을 말한다. 불교적 전통에 따라 그는 이것을 '무(無)'라고 불렀고 이 무의 절대적 존재로부터 세계 속의 모든 것(그것이 사물이든 자아이든)에 대한 개체적 현실을 이끌어내려고 했다. 보편적 인식 또는 일반인식으로서의 이상주의적 '순수자아'는 아직도 추상적이지만, 니시다의 비자아는 절대적인 무 가운데 진정한 개체로서 그 자신을 확립하고, 물자체(사물의 궁극적 실체)의 개체를 제외시키는 것이 아니라 오히려 포함한다. 사실 개체의 문제가 이제 니시다의 주요 관심사가 되었다. 그는 해결책을 찾아내기 위해 그리스 철학, 특히 플라톤과 아리스토텔레스를 집중적으로 연구했다.

그는 서양 현대철학과 비교해볼 때 이 철학자들이 주체와 객체의 분리에 대해 상대적으로 자유로운 입장에 서 있다는 것을 발견했다. 서양 현대철학은 의식적이건 무의식적이건 간에 언제나 코기토(cogito : 생각하는 주체)를 사유의 출발점으로 상정한다. 그러나 플라톤과 아리스토텔레스의 존재론은 현실적 논리가 스스로 그 자체를 드러내게 하는 것으로서 이 논리는 내면에서 본 현실의 세계를 설명한다. '설명하는 것'이든 '보는 것'이든 간에 이같은 논리는 현실세계 그 자체에서 벌어지는 행위와 같은 것으로 이해되어야 한다(논리가 곧 행위). 니시다는 이렇게 하여 절대무의 관점에서 개체와 보편의 의미를 해명하려고 했다. 그는 무가 보편적 개념으로서 속성을 뛰어넘어 추구되어야 할 보편이고, 아울러 무의 심연에서 개체로서의 자아가 결정(結晶)된다고 주장한다. 그는 플라톤의 티마에우스에서 토포스라는 개념을 빌려와 '무의 토포스'라는 개념을 발전시켰고 이때부터 무는 토포스의 특성으로 설명된다.

니시다 철학이 발전되어나가는 제4단계에서 니시다는 무의 토포스 개념을 적용하여 그의 '역사적 세계'를 설명했다. 그는 《일반자의 자각적 체계(1930)》나 《무의 자각적 한정(1932)》, 《철학의 근본문제(1933)》 등을 통하여 위의 입장을 더욱 분명히 밝혔다. 이 무렵 마르크스주의가 일본 사상계에 커다란 영향을 미치기 시작했다. 니시다도 그와 대질하면서 '역사적 현실세계'의 문제에 손을 대 '토포스'를 '변증법적 세계'로서 구체화하고, '절대모순적 자기동일적 세계의 자기한정'으로서 '역사적 실재'의 세계를 파악하는 입장을 전개했다.

그러는 동안 그는 교토대학을 퇴임하고 서재에서 스스로 '악전고투'라 부른 사색적 생활을 보냈는데, 이때 그는 자신의 철학체계를 물리적 존재 및 생명세계, 예술, 윤리, 종교 등 전체적인 영역에 걸쳐 전개했다. 그리고 《니시다 선생님의 가르침을 우러러》를 써서 그를 비판하고 독자적 입장을 취하려 한 다나베 하지메를 비롯해서 미키 기요시나 도사카 준(戶坂潤) 등의 비판적 대결, 또 니시다 철학을 계승하면서 이를 역사철학 영역에 적용해 제2차 세계대전을 세계사의 도의적 과제라고 보는 '세계사적 입장'의 철학을 주장한 고사카 마사아키(高坂正顯), 고야마 이와오(高山岩男), 니시타니 게이지(西谷啓治)와 같은 이른바 '교토학파' 철학자들 등, 니시다 철학은 다양한 계승 및 비판을 통해 큰 영향을 미쳤다.

《선의 연구》에 대하여

일본의 개화기인 메이지(明治) 초기에 있어서의 철학은 선진 학자들에 의해서 서구의 철학 사상이 수입되고 수용되어 소개되는 단계였으며, 일본인에 의한 독창적인 철학체계는 찾아볼 수 없는 실정이었다. 그러한 시기에 《선의 연구》가 출판된 것은 분명히 일본의 사상사에 있어서는 획기적인 사건이었다. 이 책 속에 내포되어 있는 힘과 깊이, 특히 기왕의 일본 철학계의 지도적 학자들에게서는 얻을 수 없었던 참된 '사색'과 참된 '사상'은 당시의 새로운 세대의 젊은 혼을 강하게 사로잡았던 것이다.

《선의 연구》는 저자가 자신의 모교인 가나자와(金澤) 제4고등학교와 야마구치(山口) 고등학교 교사로 있을 때 철학강의 초안이었으나, 반드시 강의를 위한 것만은 아니었고, 어디까지나 그 자신의 독자적인 철학체계였다. 저자 자신의 주관을 직접 전면으로 밀어내지 않는 객관적인 교과서는 아니었다. 그는 오로지 사유하고 사색하고 그 결과를 논하는 데 힘을 쏟았다. 따라서 그처럼 자기 자신을 위해서 사유하면서 많은 사람을 계발한 사람도 없을 것이다. 이 책이 철학입문의 가장 빼어난 교과서의 하나이기 때문이다.

《선의 연구》는 순수경험의 입장에서 조직된 철학의 체계이다. 그리고 그 제목이 말하듯이 '인생 문제가 그 중심이며 결론이기 때문'에 그의 철학의 동기와 목표를 나타낸 것이라고 할 수 있다.

이 책은 이처럼 강의 초안이었기 때문에 이후 고치고 다듬는 과정을 거쳤으므로 자연히 배치 체재가 가지런하게 완성된 저작 형태를 갖추고 있다. 그 뒤 니시다의 모든 저작은 거의 모두 습작과정의 성격을 지니고 있으며, 《자각에서의 직관과 반성》 이외의 것은 거의 대부분이 논문집인 것과는 대조적이다. 초안과 완성된 책 사이에는 자구의 말단에 이르기까지 거의 변동이 없다. 생각컨대 오랜 기간 사색과 강의를 거쳐서 결정적인 형태로 만들어진 것이라고 할 수 있다.

이렇게 《선의 연구》는 고등학교 강의이면서도 오늘날 여전히 우리들을 감탄케 하는 풍격을 갖추고 있다. 이 강의를 들었던 학생들에게는 이해하기 어려운 것이었다고 하는데 그것은 당연한 것이었으리라. 고등학교 교사로서의 니시다의 풍격도 역시 여기에서 엿볼 수 있을 것이다. 정형적인 학설의 소개나 그 해설로 능사로 삼지 않고, 반드시 학생의 이해를 염두에 두지 않고 본격적인 체계가로서의 자기 자신의 사색을 서슴지 않고 밝힌 것이다. 오히려 이것을 본뜻으로 삼은 바도 있을 것이다. 더욱이 이러한 교사가 '좋은 교사'인가에 대한 여부는 다른 문제이다. 그러나 니시다는 결코 이른바 교사가 아니다. 더구나 그렇게 함으로써 오히려 가장 훌륭한 철학교사였다고 하여도 과언이 아닐 것이다.

결국《선의 연구》는 강의 초안이긴 했으나, 반드시 강의를 위한 초안은 아니다. 어디까지나 니시다 자신의 독자적인 철학 체계이다. 저자 자신의 주관을 직접 전면에 내세우지 않는 객관적인 교과서는 아니다. 그는 오로지 사유하고 사색한 것을 이야기하는 데 전념했다. 그것 이외에는 별다르게 가르치지 않았다. 이러한 태도는 교사로서도 저술가로서도 훗날에 이르기까지, 아니 최후까지 일관해서 변함이 없었던 것이 그의 태도이다. 선생만큼 자기 자신을 위해서 사유하면서 많은 사람들을 일깨워 준 이는 없을 것이다. 가장 높은 의미에 있어서 철학교사였던 까닭이며《선의 연구》가 철학입문의 가장 빼어난 교과서의 하나인 까닭이기도 하다.

니시다는《선의 연구》에서 순수경험을 진실재(眞實在)로 보고 있다. 순수경험에서는 아직 지정의(知情意)의 분리가 이루어지지 않고 있다. 마치 유일한 활동인 것처럼, 거기에는 주관과 객관의 대립도 없다. 주관과 객관의 대립은 우리 사유의 요구에서 나오는 것이므로 직접경험의 사실은 아니다. 직접경험에는 다만 독립적이고 홀로 온전한 하나의 사실이 있을 뿐이다. 여기에는 보는 주관도 없고 보이는 객관도 없다. 어디까지나 우리가 아름답고 묘한 음악에 마음을 빼앗겨 물아(物我)를 잊고, 천지에 그저 맑고 아름답게 울리는 하나의 소리가 존재할 뿐이듯이, 이 찰나에 이른바 진실재가 눈앞에 나타나 있는 것이다. 이것이 공기의 진동이라든가 자신이 이것을 듣고 있다든가 하고 생각하는 것은, 우리가 이 실재의 참된 경치를 떠나 반성하고 사유함에 따라 생기는 현상이다. 이때 우리는 이미 진실재에서 멀리 떨어져 있는 셈이다.

니시다는 이 책에서 자연에도 '자기'가 있다고 말한다. 우리가 일반적으로 순기계적 자연을 참된 객관적 실재로 보고, 직접경험에서 구체적인 자연을 주관적 현상으로 보는 것은 모두 의식현상이 자기의 주관적 현상이라는 가정에서 추리한 사고이다. 그러나 우리는 의식현상에서 벗어난 실존을 전적으로 생각할 수 없다. 만일 의식현상에 관계가 있으므로 주관적이라면 기계적 자연도 주관적이다. 시간, 공간, 운동 등도 우리의 의식현상에서 벗어나 생각할 수는 없다. 비교적 객관적일 뿐 절대로 객관적인 것은 아니다.

진정 구체적인 실존으로서의 자연은 통일작용이 없으면 전혀 성립하지 않는다. 자연도 역시 일종의 자기를 갖추고 있다. 한 그루의 식물, 한 마리의 동물이 발현하는 온갖 형태변화 및 운동은 단지 무의미한 물질 결합 및 기계적 운동이 아니라 하나하나가 전체와 불가분의 관계를 갖고 있으므로, 하나의 통일적 자기의 발현으로 보아야 한다는 것이다.

또한 저자는 이 책에서 미를 자기실현으로 보고 있다. 이 점에서 진·선·미는 일치한다. 정신이 여러 능력을 발전시켜 원만한 발전을 이루는 것이 최상의 선이다. 아리스토텔레스가 말한 '완성작용'이다. 대나무는 대나무, 소나무는 소나무 각각 그 타고난 능력을 충분히 발휘하도록 인간이 인간의 천성을 발휘하는 것이 인간의 선이다. 스피노자도 '덕은 자기 고유의 성질에 따라 움직인다'고 했다.

여기서 선의 개념은 미의 개념과 가깝다. 미는 사물이 이상처럼 실현되는 경우에 느낄 수 있다. 이상처럼 실현된다는 것은 사물이 자연의 본성을 발휘하는 것이다. 꽃이 꽃의 본성을 나타낼 때 가장 아름다운 것처럼, 인간이 인간의 본성을 나타낼 때 미의 정상에 이르는 것이다. 선은 바로 미이다. 예를 들어 행위 그 자체는 커다란 인성의 요구에서 어떤 가치도 없는 것이라도 그 행위가 정말로 그 사람의 천성에서 나온 자연의 행위일 때는 일종의 미감을 끌 듯이 도덕상에서도 일종의 관용의 정을 낳는다. 또 선은 실재와도 일치한다. 자기의 진정한 실재와 일치하는 것이 선이다.

《앤솔러지》에 대하여

니시다 기타로는 강인한 저자이다. 니시다는 평생을 바쳐 결국 단 하나의 과제만을 추구했다. 만물이 상쟁하는 속에서 질서 생성의 순간을 표현으로서 포착한 것이다. 그때의 질서란 우리 의식의 가장 깊은 데서 펼쳐지는 '진정한 나'와, 이 우주가 존재하는 근본 원인인 실재로서의 '신'을 동시에 꿰뚫는 것이다. 그리고 절대자와 개체는 저마다 표현의 극치로서 모순을 품고 하나로 합쳐진다.

이와 같은 니시다의 사상을 알 수 있는 몇 가지 대표적인 논고들을 발표연대순으로 함께 수록하였다. 〈장소〉는 1926년 6월, 잡지 〈철학연구〉에 발표되었다. 니시다 자신이 '내 생각을 논리화한 실마리'라고 말하였던 대표작이다. 여기에서 술어적 세계, 절대무의 장소 등을 논한 니시다 철학의 기초가 이루어졌다.

〈예지적 세계〉는 1928년 8월 〈철학연구〉에, 〈나와 너〉는 1932년 7월 이와나미(岩波) 강좌 〈철학〉에 발표되었다. 앞 글에는 행위라는 개념이, 뒤에는 역사적 실재의 세계로 나를 한정하는 절대적인 남녀라는 개념이 제시되고, 그 철학이 실천으로 펼쳐진다. 니시다가 역사철학으로 향하는 큰 전환점이 된 것이다.

〈논리와 생명〉은 1936년 7~8월 〈사상〉에 연재되었다. 여기에서 환경 문제가 크게 다루어지고 생명철학으로서의 니시다 철학의 구조가 확정되었다. 신체와 제작(포이에시스)의 고착이라는 미증유의 비전이 제출되었다. 〈절대 모순적 자기 동일〉은 1939년 3월 〈사상〉에 발표되었다. 이 논문으로써 니시다 철학은 완성되었다고 할 수 있다. 역사적 세계의 생산이라는 형태로, 역사철학과 생명론이 절대 모순의 장소에서 결합되었다.

〈장소적 논리와 종교적 세계관〉과 〈나의 논리에 대하여〉는 모두 그가 죽은 뒤에 발표된 것이다. 앞 글은 1946년 2월 〈철학논문집〉 제7과 같은 해 4월 〈철학연구〉에 각각 수록되었다. 니시다가 말년에 이룩한 최후의 경지, 그 종합이 〈장소〉 등 그가 초기에 의도하였던 비전과 놀랄 만큼 가까웠던 사실을 알 수 있다.

니시다의 철학자로서의 인품

니시다가 교토대학 철학교수로 있던 시절 일화를 몇 가지 소개한다. 이를 보면 그의 철학자로서의 성격과 인품을 엿볼 수 있다.

니시다는 어느 날 철학회의 공개강연회에 초대되어 강의를 하였다. 그는 일본 전통복 차림으로 나왔다. 그리고 머리를 숙이고 연단 여기저기를 걸어 다니면서 띄엄띄엄 말하였다. 그의 강연은 다른 사람에게 말한다고 하기보다도, 스스로의 생각을 정리하는 데 고심하는 것같이 보였다. 때때로 걸음을 멈추고 칠판에 원을 그리기도 하고 선을 긋기도 하며, 그것 역시 설명을 한다기보다도 자신의 사상을 표현할 적절한 방법을 찾는 듯한 모습이었다. 그는 한 사람의 대학교수가 아니라 '사색하는 사람' 그 자체였다. 그 모습은 사색하는 사람의 고뇌가 어떤 것인가를 보는 것 같았다.

니시다의 강의는 보통의 교수 방식과는 전혀 다른 것이었다. 그것은 어떤 정해진 것을 사람들에게 설명하여 주는 것이 아니고, 함께 철학적 탐구 속으로 데려가는 것 같았다. 대체로 사람들은 그의 책이 이해하기 힘들다고 한다. 그러나 그 강인한 논리를 나타낸 문장 사이에, 갑자기 영혼의 밑바닥에서 내뿜는 듯한 계시적인 구절이 나타나 전체 문장에 빛을 던진다. 그때까지 난해함을 핑계삼던 독자들은 갑자기 구원을 받은 듯한 생각이 들어 계속 책을 읽어간다. 니시다의 강의도 역시 마찬가지였다. 그의 책을 읽고 알 수 없었던 것이, 띄엄띄엄 강의를 하는 그의 입에서 때때로 계시처럼 번뜩이며 튀어나오는 말에 의해 갑자기 뚜렷하게 알게 되는 경우가 많다.

니시다와의 좌담이 제자들에게는 역시 그와 같았다. 아마 그는 논문을 쓰는 동안에, 강의를 하는 동안에, 다른 사람과 좌담을 하는 동안에, 비로소 자기가 미처 생각하지 못했던 사상의 실마리를 찾아내지 않았을까. 평소 그의 말처럼 악전고투하면서 그가 체계가로서 성장한 시대에, 그의 학생이었던 것을 제자들은 늘 행복하게 생각하였다. 그의 독특한 강의 방식을 생각하며, 제자들은 특히 그것을 느꼈던 것이다. 그것은 단지 설명으로 되는 것이 아니고, 니시다의 경우 그 철학이 어떻게 만들어져 가는가를 제자들이 직접 볼 수 있었기 때문이다.

니시다는 제자들의 연구에 대하여, 각자의 자유에 맡기고 간섭하는 일이 거의 없었다. 그 점은 무심하게 보일 정도로 너그러워 하나의 틀에 박힌 듯한 것을 볼 수 없다. 니시다는 제자들이 저마다 자기 개성을 살려 뻗어나가기를 바라고, 헛되이 스승의 흉내를 내는 것을 도리어 씁쓸하게 여겼다. 제자들이 이런 것을 해 보고 싶다고 니시다에게 말하면, 그는 언제나 '그것 재미있겠군' 하고, 거기에 관련되는 여러 가지 자신의 생각을 말해준다. 그런 경우에 제자들은 그에 대하여 좋은 아버지 같은 친밀감이 들었다. 그는 언제나 이해성이 많았다. 누구나 그의 위엄을 느끼기는 하지만 그것은 결코 답답한 것이 아니었다. 니시다를 방문하여 거의 아무 말도 하지 못하고 돌아온 학생도 결코 답답하다는 느낌은 없었다. 그런 면이 그의 훌륭한 모습이다. 그는 자기 생각을 제자들에게 강요하지 않았다. 스스로 나서서 요구하지도 않고, 그렇다고 오는 사람을 거부하는 일도 없었다. 직접 그에게 배운 제자들은 물론 그렇지 않은 사람들도 니시다를 스승으로 우러러보는 자가 많은 것은, 그의 철학의 위대성으로 말미암은 것은 말할 것도 없지만, 이러한 니시다의 인품에서도 비롯된 것이다.

니시다의 철학에는 동양적 직관적인 것이 있다. 그것을 그는 선(禪)에서 배운 것 같다. 그러나 그것은 선에서만 온 것이 아닐 것이다. 그의 사상에서 동양적인 것은, 그 자신이 몸소 깨달은 독자적인 것이다. 거기에 그의 철학의 참신성이 있다. 그가 목표로 삼는 것은 독자의 일본적 철학이다. 그러나 그는 언제나 '서양의 논리라는 것을 넘어서 거기에 이르지 않으면 안 된다'고 한다. '동양 고전은 수양을 위해 읽어야 하는 것이고, 철학을 하는 데는 역시 서양철학을 공부하지 않으면 안 된다'고 그는 젊은이들에게 가르친다. 학문으로서 철학을 하는 데는 서양철학을 연구하지 않으면 안 된다. 하지만 철학이 단지 학문 이상의 것인 한 동양사상을 터득하는 것이 중요하다는 뜻이다. 철학에 있어서 깊이라는 것은 결국 인간이 얼마나 훌륭한가에 있다고 생각한다. 깊이라는 것은 모방할 수 없는 것이고 배울 수도 없는 것이다. 니시다 철학의 깊이는 그의 인간적으로 훌륭한 데서 나온 것이다. 학문이라는 것을 떠나서 인간으로서 생각해도 그는 당대에 보기 드문 인물이다.

그는 언제나 일본 전통복장에 구두를 신고 대학에 나왔는데, 그 모습은 마치 시골 면장이나 교장 선생님같이 보였다. 그는 강의실에서 마이농의 대상론이라든가 후설의 현상학처럼 그 무렵 일본에서는 별로 알려지지 않은 서양의 새롭고 현대적인 철학에 대하여 강의하였다. 그와 같이 니시다에게서는 시골티가 물씬 나면서도 아주 새롭고 현대적인 데가 있었다. 막스 분트(Max Wundt)는 소크라테스는 아티카 농민의 전통적 정신을 대표하였다고 말했다. 그 소크라테스에게는 또 당시 외국으로부터 아테네에 들어온 새로운 학문으로서 유행한 소피스트와 비슷한 데가 있었다. 니시다 선생의 철학은 일본에서 소크라테스와 같은 위치에 서 있다고 할 수도 있다. 소크라테스는 다만 전통적 정신에 멈추지 않고, 또 단지 소피스트도 아니었다. 그는 그리스 고전철학의 출발점이 된 것 같은 전혀 새로운 독자의 철학을 말한 것이다. 이처럼 니시다 선생은 동양철학과 서양철학 사이에 통로를 여는 것으로써 전혀 새로운 일본적 철학을 만든 것이다.

3. 《선의 연구》에 있어서 신(神)에 대하여

종교의 입장

진정한 자기라고 하는 것은 다른 사람과의 보편적인 화합과 우주 본체와의 융합뿐만 아니라, 신과의 합일이라는 것과도 결부되어 있다. 진정한 자기는 실재 문제, 선의 문제임과 동시에 종교 문제이기도 하다. 직접 경험이라는 입장을 그 밑바탕으로 해서 신으로 이어진다. 그러므로 그 점에 대하여도 약간 다루어야 된다.

《선의 연구》 제2편 실재론의 마지막 3장에는 자연·정신·실재로서의 신을 논하고 있다. 거기에서 신은 '끝없는 활동의 근본', '실재의 밑바탕' 그 자체라고 하였다. 그는 '자연을 깊이 이해하면 그 밑바탕에서 정신적 통일을 인정하지 않으면 안 되고, 또 완전한 진정의 정신이란 자연과 합일한 정신이 아니면 안 된다. 곧 우주에는 오직 하나의 실재만 존재하는 것이다. 그래서 이 유일한 실재는……독립 자전(自全)한 끝없는 활동이다. 이 한없는 활동의 근본이야말로 우리는 이것을 신이라고 부르는 것이다. 신이란 결코 이 실재의 밖으로 초월한 것은 아니다. 실재의 밑바탕이 곧 신이다. 주관 객관의 구별을 넘어 정신과 자연이 하나가 된 것이 신이다'. 독립 자전하는 한없는 활동으로서의 유일한 실재는 결코 대상화되지 않는 한없는 통일이지만, 신이라고 하는 것은, 실제로 이 대상화될 수 없는 실재의, 대상화될 수 없는 밑바탕이다. 그런데 앞서 말한 것처럼, 진정한 자기도 역시 그 한없는 통일인 것이다. 진정한 자기는, 우리가 작은 자기를 멸하고 완전히 객관적 자연으로 되는 것이고, 그런 자연이 다 됨으로써 자연은 한없는 통일 가운데 말하자면 자기화가 된다. 진정한 자기도, 정신과 자연이 하나가 된 것, 주객이 하나가 된 것이다. 그것은 자기와 다른 사람과의 통일을 구하는 '큰 자기'이기는 하지만, 그것과 신과는 어떻게 관계되는가. 신은 진정한 자기와 분리할 수 없는 것으로 생각되고 있는 것은 분명하다. 신은 실재의 밖에, 따라서 진정한 자기의 밖에, 초월적으로 서 있는 그런 것은 아니다. 신은 '자기의 직접 경험에서 바로 증명'되지 않으면 안 된다. 직접 경험의 입장은 신으로 통하는 길을 바로 밑에 포함하고 있다. 그것에 대한 저자의 말을 들어보자. '그렇다면 우리의 직접 경험 사실에 있어 어떻게 신의 존재를 구할 수 있을까. 시간 공간 사이에 속박된 작은 우리의 가슴 속에도……끝없는 실재의 통일력이 숨어 있다. 우리는 이 힘을 가지고 있으므로 학문에서 우주의 진리를 탐구할 수 있고, 예술에서 실재의 진정한 의미를 나타낼 수 있다. 우리는 자기의 마음 속에서 우주를 구성하는 실재의 근본을 알 수가 있다. 곧 신의 모습을 포착할 수가 있다. 사람 마음의 끝없이 자재(自在)하는 활용은 바로 신 자체를 증명하는 것이다. 야콥 뵈메가 말한 것처럼 뒤집힌 눈 umgewandtes Auge을 가지고 신은 보는 것이다'. 자기의 마음 속에서 눈이 뒤집힌다는 것은 어떤 것일까.

앞에서도 말하였듯이 진정한 자기를 알면, 자기와 다른 사람을 통일한 인류 일반의 선과 가지런히 합하고 우주 본체와 융합하며, 신의 뜻과 하나가 된다. 진정한 자기를 알고 신과 하나가 되는 법은, 주객 합일의 힘을 스스로 얻는 데 있다. 그리고 그 자득의 한계가 그리스도교에서 말하는 부활, 불교에서 말하는 견성이라고 하였다. 눈이 뒤집힌다는 것은 이 부활, 견성 곧 진정한 자기를 알고 신과 하나가 되는 것이다. '진정한 신을 알고자 하는 자는 반드시 자기를 그만큼 수련하여, 이것을 알 수 있는 눈을 갖추지 않으면 안된다. 그런 사람에게는 우주 전체 위에 신의 힘이라는 것이……직접 경험의 사실로서 느껴지는 것이다'. 진정한 자기를 알면 신과 하나가 된다. 견성은 동시에 견신(見神)이다. '뒤집혀진 눈으로써 신을 본다'는 것이다. 사람의 마음에 한없이 자재하는 활동이 곧 신 자체를 증명하는 것이다. 바로 우주 실재의 통일력이 사람 마음의 끝없는 활동으로서 직접 경험되고, 자득될 때, 우주 전체 위에 신의 힘도 직접 경험의 사실로 된다.

우리는 실재의 근본으로서 신을 알고, 신의 모습을 포착하는 것이다. 신은 우주를 통일하는 무한의 작용으로서, '전혀 무'이고, 더구나 거기에 동시에 '엄연하게 움직일 수 없는 이(理)가 존재한다', '오직 그것이 능히 무이기 때문에, 있지 않는 데가 없고 작용하지 않는 곳이 없다'는 것이다.

주관적 자기를 벗어나 진정한 자기에게라는 길이, 종교에서도 주축이 된다는 것은, 제2, 제3편에서와 마찬가지로, 종교를 주제로 한 제4편에서도 일관한 견해이다. 그 편의 모두에는 '종교적 요구는 자기에 대한 요구이다. 자기의 생명에 관한 요구이다'라고 하여, '진정한 종교는 자기의 변환, 생명의 혁신을 요구하는 것이다. ……한 점이라도 아직 자기를 믿는 마음이 있는 동안은 아직 진정한 종교심이라고는 할 수 없는 것이다'라고 말하였다. 그리고 그 자기의 변환은, 여기에서도 '전혀 주관적 통일을 버리고 객관적 통일로 일치하는 것'이라고 하였다. 그것으로써 얻을 수 있는 것은 '절대적 통일'이며, '주객 합일의 상태'이다. 의식은 본디 한없는 분화 발전을 포함하나, 그 분화 발전도 '도저히 주객 합일의 통일로부터 떨어질 수는 없다'는 것으로, 통일은 '의식의 처음이자 마지막'이다. 그 의미에서, 주객 합일 상태는 '비단 의식의 근본적 요구일 뿐 아니라 또 실제로 의식 본래의 상태'이다. 곧, 그 상태는 의식 발전의 목적 자체이면서, 동시에 언제라도 바로 밑의 상태이다. 앞서도 말한 것처럼 동즉정 정즉동이고, 그런 것으로서, 그것은 '의식통일의 정점'인 것이다. 종교적 요구라는 것은, 그와 같은 궁극적인 의식통일의 요구, 궁극적인 주객 합일 상태의 요구나 마찬가지이다.

따라서 또 그것은 '우주와 하나 되는 요구'이다. 그런 요구는 '궁극적인 의식통일로부터 궁극적인 의식통일로'라는 운동, 오히려 그런 동즉정 정즉동이다. 그런 종교적 요구는, 더욱이 '우리의 자기가 그 상대적이면서 유한한 것을 깨달아 앎과 동시에, 절대 무한의 힘으로 합일하여 이것에 의하여 연원의 진정한 생명을 얻고자 하는 요구'이고, 결국 '홀로 신에 의지하여 살려고 한다'는 그런 요구이다. 그렇게 우주와 하나 되고, 신과 하나 되어 살려고 하는 것은, '사람 마음의 가장 깊고 가장 큰 요구'이며, 다른 갖가지 요구와 달리, '홀로 종교는 자기 자신의 해결'인 것이다. 우주와의 합일과 신과의 합일에 이르러, 곧 종교에서, 비로소 자기 자신의 진정한 해결이 보이기 시작하는 것이다.

자기가 그 자신이라고 할 때, 그것은 개인적 생명만을 내용으로 한 그런, 작은 주관적 자기의 일은 아니다. 더욱 큰 통일로서의 자기이다. 개인이 있어 경험이 있는 것이 아니고, 경험이 있어 개인이 있다고 말하는 것과 같은, 직접 경험의 바로 밑에 작용하는 통일력으로서의 자기이다. 그런 자기에서 나온 요구는, 윤리에서 '공동적 정신의 발생'에도 이미 보이지만, 종교적 요구는 그런 큰 자기 요구의 '절정'이다. 위에서 말한 '절대적 통일'은 그런 궁극적 통일인 것이다. 그것은 '모든 사람의 의식을 결합하는 우주적 의식통일'이라고도 한다. 그래서 이상의 것으로부터 전인류의 선과 가지런히 합하고, 우주 본체와 융합하며, 신의 뜻과 하나 되는 것이 동시에 진정한 자기를 아는 것이라는 견해, 곧 직접 경험과 그 독립 자전한 발전의 견해가, 종교에 있어 가장 깊고 가장 큰 밑바탕에 이르러 그 본디의 기초를 분명히 표시해 온다고 생각하는 것을 알 수 있다.

이 책에서도 먼저, '종교란 사람과 신과의 관계이다'라고 하여, 종교에 대한 일반의 정의가 답습되고 있다. 그러나 지금 말한 것 같은 견해에서는 신에 대해서도, 사람에 대해서도, 이 둘 관계에 대해서도, 보통과는 상당히 다른 견해가 취해지는 것은 당연할 것이다. 신은 '우주의 근본'이라고 하지만, 그것은 세계의 밖에 초월적인 신이 있어 밖에서 세계를 지배하는 것이 아니라, 신은 '바로 이 실재의 밑바탕이며, '우주는 신의 피조물은 아니고, 신은 표현(manifestation)이라는 것이다. 신과 사람에 대하여도, 우리의 정신은 '신과 같은 밑바탕을 가지고', '신의 부분적 의식'이라고 하여, '신인(神人) 동성'이라든가 '신인 동체'라고 말하고 있는 것이다. '신은 우주의 근본이고 겸하여 우리의 근본이 아니면 안 된다. 우리들이 신에게 돌아가는 것은 근본으로 돌아가는 것이다. 또 신은 만물의 목적이며 곧 또 인간의 목적이 아니면 안 된다'. '우리의 신이란 천지가 이것으로 말미암아 존재하고 만물은 이것으로 말미암아 육성하는 우주의 내면적 통일력이 없으면 안 된다. 이 밖에 신이라고 해야 되는 것은 없다'. 그리고 그 신이 '가장 깊은 인생의 진리를 포함한다'는 것이다. 이런 말에는 이미 이 책의 종교관을 이루는 것, 결국 우리가 한시도 떨어질 수 없다고 하는 직접 경험의 입장이 나타나 있다. 그 종교관은 이른바 동양적 명상의 취지를 띠고 있는 것같이 생각될지도 모르지만, 그러나 예를 들면 '종교의 참뜻은……우리는 의식의 밑바탕에서 자기 의식을 깨고 작용하는 당당한 우주정신을 실험하는 데 있다'는 말 등을 보면, 단지 명상적이라고만 할 수 없다. 이 말은 또 '신념이라는 것은 전설이나 이론에 의하여 밖으로부터 주어져야 되는 것이 아니고, 안에서 연마하여 나와야 되는 것이다. 야콥 뵈메가 말한 것같이, 우리는 가장 깊은 내생(內生 die innerste Geburt)에 의하여 신에 이르는 것이다. 우리는 이 내면적 부활에서 바로 신을 보고 이것을 믿음으로써, 여기에 자기의 진정한 생명을 보기 시작하는 끝없는 힘을 느끼는 것이다'라고 하였다. 그리고 그것은 '신인 합일의 의의'를 얻는 것이라고도 말하였다. 저자는 '진취 활동의 기상을 감각하여 소욕무우(少欲無憂)의 소극적 생활로써 종교의 참뜻을 터득하였다고 여긴다'는 그런 입장을 물리치고 있지만, 지금의 말들도 그 감정을 나타내고 있는 하나의 예이다.

니시다의 종교관

여기에서 이와 같은 적극성과 신선미를 가진 이 책 속의 종교관의 일반적 성격에 대하여 간단히 언급한다. 앞의 제4편 첫머리에 나온 말을 인용하였는데, 그 말은 그리스도교의 성서에 있는 말과 섞여서 씌어진 것이다. 그러나 그 대목뿐만 아니라, 그리스도교 관계의 말은 여기저기 나타나 있다. 동시에 다른 면에서, 보통으로 그리스도교의 근본교리라고 하는 여러 조항에 대하여 반론을 펴고 있는 것도 주목을 끈다. 예를 들면 세계의 창조자로서, 초월적인 신을 세계의 밖에서 생각하는 것이다. 이것은 우리의 이성과 충돌할 뿐만 아니라, 종교로서도 가장 깊은 것이라고는 하지 않는다고 비판하고 있다. 또, 그런 신 관념과의 연관에서, '다만 그 신의 도움에 의지하여, 신의 벌을 두려워한다는 그런 것은 진정한 그리스도교는 아니다'라 하고, 더욱이 신의 계시[이 책에서는 천계(天啓)]라고 하는 것에도 반대하고, '우리가 신의 뜻으로서 알아야 되는 것은 자연의 이법이 있을 따름이다, 이밖에 천계라고 해야 되는 것은 없다'라고 하였다.

이 최후의 점은, 이 책의 종교관에서 특징의 하나로 관계하고 있다. 그것은 근본에 있어서는 철학과 종교와의 일치점을 찾는 이 책의 지향에서 말미암은 것이다. '자연'이라는 것이 '정신'과 함께 이 책에서 '실재' 개념의 본질적인 계기를 이루고 있는 것은, 앞서도 말한 것이다. 또, 그 자연에서 '이'에 기본적인 의의가 주어지고 있는 것도 앞에서 본 대로이다. 이것은 종교적 요구와 하나로 철학으로서의 지적 확신을 구한 이상, 당연한 것이다. 따라서 신이 우주의 근본, 우주의 통일자이고, 우주가 신의 표현이라는 이 종교관에서 본다면, 자연의 이법 외에 신의 계시라고 불러야 되는 것이 없다고 한 것도 당연하지만, 여기에서 주의해야 될 것은 그것에 의하여 이 종교관이 자연과학의 입장을 포용한 것으로 되었다는 것이다. 제4편 제3장의 첫머리에는 우주가 신의 표현이라고 한 것에 이어, '밖은 일월성신의 운행으로부터 안은 사람 마음의 기미에 이르기까지 모두 다 신의 표현이 아닌 것은 없다. 우리는 이런 사물의 밑바닥에서 하나하나 신의 영광을 은혜로 입게 될 수 있는 것이다'라 한다. 또 그 다음에 '뉴턴이나 케플러가 천체 운행의 정체를 보고 경건한 마음에 감명을 받았다는 식으로, 우리는 자연 현상을 연구하면 할수록, 그 배후에 하나의 통일력이 지배하고 있는 것을 알 수 있다. 학문의 진보란 그와 같이 지식의 통일을 말한 것에 불과하다'라고 말하고 있다. 뉴턴이나 케플러의 이름은 그 다음에도 나온다.

그런데 여기에서의 종교관이 이처럼 '학문의 진보'를, 따라서 자연과학의 입장을 적극적인 한 측면으로서 포함할 수 있는 것은 무엇에서였을까. 여기에서 우리 주의를 끄는 것은, 제4편 제3·4장에 걸쳐, 아우구스티누스, 에크하르트, 야콥 뵈메 등과 같이 신비사상가의 이름이 많이 나오는 것이다. 그밖에 디오니시우스나 쿠자누스 등의 이름도 들고 있다. 게다가 그것은 대체로, 이 책의 기본인 직접 경험의 입장을 종교적 경험으로까지 심화시키고 있는 대목에서이다. 결국 직접 경험의 입장은 종교 영역에 들어갔을 때에 신비가의 경험과 결부된 것이다. 실제로 저자도 윌리엄 제임스의 《종교적 경험의 여러 모습》에 수록되어 있는 '종교적 신비가의 경험'을 지적하고 있다. 그리고 신비주의와의 이 결부가, 이 책의 종교관에서의 하나의 특징이다.

흔히 신비주의라고 하면 과학과는 정반대의 입장이라고 보고 있는 것이다. 그 입장이 대체 어째서, 과학적 연구를 적극적으로 포용할 수 있도록 하는 종교의 기반이 될 수 있었을까. 그 종교관에서 위에 말한 두 특징은 어떻게 결부되는가. 또 한 걸음 나아가서 말하면, 이 책에는 보통의 (이른바 '정통적'인) 그리스도교의 신조나 신학에 바탕을 둔 신앙은 아니고, 오히려 비정통적인 신비주의가 과학이나 철학 같은 학문의 입장을 받아들일 수 있는 것으로서 생각되는데, 그것은 어째서일까. 그 문제에 관하여 곧 생각되는 것은, 신비주의가 역시 어디까지나 경험이라는 것에 입각한 입장이고, 더구나 모든 경험이 그런 것처럼, 이성적인 지(사물의 '이'의 파악)와 결부될 수 있다는 것이다. 다만 거기에 보이는 차이는, 일반의 경험이 이성 이전(내지는 이하)의 차원에 속한 데 대하여, 신비적 경험이 초이성적인 차원에서의 경험이라는 점뿐이다. 그러나 신비적 경험의 이 특성은, 종교라는 것에 관해서는 중요한 의미를 가져온다. 왜냐하면, 일반의 경험은 그것이 학문에서의 이성적인 지(知)로 이행하는 경우, 경험으로서의 직접성에서 유리하여, 경험으로서 갖는 '살아 있는 것'의 특색을 잃지 않을 수 없지만, 신비적 경험은 이에 반하여, 그 자체 안에서 이와 이지(理知)가 전시된 경우에도, 그 이와 이지를 감싸면서, 더구나 경험으로서 스스로의 입장을 어디까지나 지킬 수 있기 때문이다. 초이성적인 신비적 경험은 학문의 대상인 이법을 스스로 통일된 내용으로서 포용하면서, 더구나 스스로는 어디까지나 통일하는 힘, 또는 통일하는 작용으로서 그칠 수 있다. 그리고 그것에 의하여, 이법을 단지 추상적인 것으로서가 아니라, '살아 있는 이'로서 파악하는 것을 가능하게 한다. 신비적 경험은 보통 생각할 수 있듯이, 그저 단순히 비과학적이라는 것은 아니다. 그러므로, 이 책에서의 직접 경험이라고 하는 입장이, 궁극을 찾아 종교적 영역으로까지 들어갈 때, 지금 말한 것처럼 신비적 경험에 결부된 것에는, 당연한 이유가 있었던 것이다.

그것을 한 걸음 더 들어가 말하면, 직접 경험이 어디까지나 절대적인 '스스로'의 입장에 딱 들어맞는 입장이었다는 것, 그 전개가 주객 미분인 의식 통일의(결국 이 책의 이른바 유일한 실재의) 독립 자전인 자발 자전(自發自展)인 것, 우주와의 융합이나 신과의 합일이라는 것도 자기가 '진정한 자기'를 알아, 진정한 자기를 실현하여, 진정으로 자기 자신이 되는 것과 다르지 않다는 것, 요컨대 이 책의 그런 기본적인 입장은, 또 신비주의 입장과 합치하는 것이다. 그것을 가장 잘 나타낸 것은, 앞에서도 인용한 말이다. 곧 '종교의 참뜻은……우리가 의식의 밑바닥에서 자기 의식을 깨고 작용하는 당당한 우주적 정신을 실험하는 데 있는 것이다. 신념이라는 것은 전설이나 이론에 의하여 밖에서 주어져야 되는 것은 아니고, 안에서 연마하여 나와야 되는 것이다. 야콥 뵈메가 말한 것같이, 우리는 가장 깊은 내생(內生)에 의하여 신에 이르는 것이다. 우리는 이 내면적 부활에서 바로 신을 보고, 이것을 믿음으로써 여기에 자기의 진정한 생명을 보기 시작하는 한없는 힘을 느끼는 것이다'. 여기에는 보통의 그리스도교 신조, 신학, 신앙에 대하여 뚜렷한 대결이 포함되어 있다. 그것은 '밖에서 주어진' 것과 '안에서 연마되어 나와야 되는 것'이라는 두 종류 믿음의 엄격한 구별이다. 전자는 전설(대체로 신화)이나 이론(이를테면 신학 교리)에 의한 것이다. 그러나 이런 것은 앞에서 말한 것 같이 이성과 충돌할 뿐, 종교로서 가장 깊은 것은 아니다. 이성과의 충돌을 싫어하는 것은, 종교와 함께 철학적인 세계관과 인생관에서의 지적 확신도 중시하기 때문이고, 가장 깊은 게 아니라고 하는 까닭은, 자기가 '진정한 자기'를 안다고 하는 데까지 아직 이르지 않았기 때문이다. 요컨대 밖에서 주어진 것에 의존하고 있는 신앙이기 때문이다. 가장 깊은 믿음은 자기의 내적 '부활'이고, 그 환생에 의한 '견신'이며, 거기에서 '자기의 진정한 생명을 찾기 시작하는' 것이다. 그 믿음이 안에서 연마되어 나온다는 것은, 자기는 죽고 신으로 말미암아 산다는 것이고, 그것이 자기가 참으로 살 수 있는 자기가 된다는 것이다. 자기의 부활이다. 여기에서는 야콥 뵈메가 인용되고 있으나, 제4편의 첫머리에서 같은 말을 하고 있는 대목에서는, 바울의 유명한 말 '이제는 내가 사는 것이 아니라 그리스도가 내 안에서 사시는 것입니다'를 인용하고 있다. 그리고 이 말은 옛날부터 서양의 신비주의가 즐겨 인용하여 온 말이다.

더구나 또, 이 신비적 경험에 의한 신념이 다른 쪽에서는, 우리가 의식의 밑바닥에서 주관적 자기 의식을 깨고 작용하여 당당한 우주정신을 실험한다는 것과 하나로 결부되어 있다. 여기에서 '실험'이라고 하는 말은, 과학의 연구를 통하는 뜻을 품고 있다. 이 책에서 그것은 주관적 억측을 버리고 객관적 자연에 '일치한다'든가, 사물과 그 이법에 '철저'하다든가 하는 말이다. 서양 중세의 신비주의에서는, 신비적 체험에 있어 신을 여실히 아는 것이, 때로는 '실험적인 지'(coqnito experimentalis)라고 하였으나, 이 책의 이 대목에서 실험이라고 하는 말은 그 종교적인 의미와 근세 과학에서의 의미가 하나로 결부된 듯한 함축을 가지고 사용되고 있는 것이다. 그것도 이 책에서 종교의 입장이 과학의 입장을 포용하는 듯한 형태를 드러내는 하나의 사례라 할 것이다. 요컨대, 우주를 신의 표현과 보는 시각, 자연의 이법에 신의 계시를 인정, 뉴턴이나 케플러와 신비가를 함께 긍정한다는 이 종교관의 특색은 직접 경험이라는 입장이, 진정한 자기를 안다는 것을 그 주축으로서 포함하고 있다고 하는 데에서 말미암은 것이다.

진정한 자기를 알면, 인류 일반의 선과 잘 합하고 우주의 본체와 융합하며, 신의 뜻에 합치한다. 종교도 도덕도 실로 여기에 그친다는 것이다. 그 종교관으로 신인 동체이라든가 신인 동성이라든가 하는 말도, 거기서 이해할 수 있다. 체와 성이 같다는 것은, 단지 평면적인 동일성을 말하는 것은 아니다. 그런 동일성은 단지 지성의 입장만으로 추상적인 이를 생각한 것이다. 신인 동체라는 것은 앞서 말한 바울이나 야콥 뵈메와 같이, 내가 죽어서 그리스도가 내 안에서 산다든가, 자기를 깨고 새로운 인간이 자기 안에서 탄생한다든가, 그런 데에서 이해되어야 할 일이다. 그러나, 그래도 아직 신인 동체라는 것이 이상하게 느껴진다면, 성서에서 말하고 있는 '성령'의 개념을 생각해 보면 어떨까 하는 생각이 든다. 성령은 그리스도의 신관(神觀)에서는 삼위일체의 신에 본질적인 하나의 위격이면서, 신학적으로는 대체로 다른 두 위격(아버지 신과 아들 신)의 드러나지 않은 데 두는 것이 보통인 것 같다. 그러나 성령은, 신의 '생명'이라든가 '사랑'을 뜻하고, 신과 사람을 종교적으로 맺어주는 신의 힘으로도 생각된다. 따라서 신과 사람이 하나되는 것을 말한 신비주의에서, 그것은 중요한 뜻이 주어졌던 것이다. 만일 성령에, 거기에 어울리는 무거운 뜻을 두고 생각한다면, 신인 동체라는 것도 한결 더 이해하기 쉬울 것같이 생각된다.

신에게 있어 인격성의 의미

그와 같이 신과 우주와 자기와의 사이에는 밑바닥에서 큰 합일이 없으면 안 된다. 직접 경험은 그 궁극에서 이 합일로 돌아온다. 초개인적 통일, 우주적 의식통일, 절대적 통일이라고 하는 데로 돌아온다. 그것이 종교이다. 종교에서 모든 사람의 의식과 결합하고 우주와 융합하며, 신과의 합일에 이른다는 것을 통하여 진정한 자기를 아는 것이다.

앞에서도 말한 것같이 신은 우주의 근본, 우주는 신의 표현이다. '밖은 일월성신의 운행으로부터 안은 사람 마음의 기미에 이르기까지' 모든 것이 신의 표현이다. '밖은 자연의 밑바닥에서 하나의 통일력의 지배를 인정하는 것같이, 안은 사람 마음의 밑바닥에서도 하나의 통일력의 지배를 인정하지 않으면 안 된다. ……다시 나아가 생각할 때는, 자연과 정신과의 전혀 교섭이 없는 것은 아니다……이 둘의 밑바닥에 더 큰 유일한 통일력이 없으면 안 된다. ……이 통일이 곧 신이다'. 그리고 이렇게 말하는 것은, 사변적인 형이상학의 입장에서는 아니고, 직접 경험의 사실로서이다. 자연과 정신과의 밑바닥에 있는 '유일한 통일력'은, 직접 경험 자체의 통일력밖에 없다. '우주만상의 밑바닥에는 유일한 통일력이 있고, 만물은 동일한 실재가 발현한 것'이라는 것은, '의식현상이 유일한 실재'라는 입장에서 온 것이다. 결국 자기가 끝없는 통일자, 우주 실재의 통일력 자체이기 때문이다. 그 의미에서 자연에도 '하나의 자기'가 구비되어, 우리가 한 개의 식물이나 동물을 볼 때에도, 우리의 직각에 의하여 '곧 전체에서 통일적 어떤 것을 포착'하고, 그래서 '그것의 자기'를 파악한다 라고도 하였다. 그렇게 한 포기 풀의 '자기'와 자연 전체의 '자기'를 관철하듯 '자연의 생명인 통일력'을 파악하는 것이, 지적 직관으로서의 직접 경험이다. 그러나 그때 우리는 이미 정신 통일력의 입장에 서 있다. '자연의 배후에 잠재한 통일적 자기는……우리의 의식과 아무 관계가 없는 불가지적 어떤 것이 아니고, 실제로 우리의 의식 통일 작용 그 자체이다. ……우리의 주관적 통일과 자연의 객관적 통일력이란 원래 똑같다. 이것을 객관적으로 보면 자연의 통일력으로 되고, 이것을 주관적으로 보면 자기의 지정의(知情意)의 통일로 된다'는 것이다. 자연과 정신과는, 자발자전하는 유일한 실재 체계 내부에서의 분열·충돌의 국면상에는, 주객의 대립이라는 양상으로 나타난다. 통일작용의 방면이 정신이라고 생각되고, 통일된 대상의 방면이 자연이라고 생각된다. 그러나 직접 경험의 사실에서는 항상 주객 합일이며, '물즉심(物卽心) 심즉물, 오직 하나의 현실이 있을 따름'이다. 직접 경험은 자연과 정신이 아직 갈리지 않은 유일 실재의 밑바닥으로서의 절대적 통일에 근거한다. 그리고 이 절대적 통일이 신 자신인 것에 다름없다. '실재의 밑바닥인 신이란, 이 직접 경험의 사실 곧 우리의 의식현상의 밑바닥이 아니면 안 된다'는 것이다. 그것이, 신은 우주의 통일자, 우주는 신의 표현이라는 뜻이다.

이 책에서는 또 '그렇다면 그와 같은 뜻에서 우주의 통일자이며 실재의 밑바닥인 신이란 어떤 것일까' 라는 최후의 질문을 내고 있다. 그리고 그 대답으로서, 제2편의 실재론이 제3편의 인격론으로 전개된 것과 같은 선을 따라, '정신'으로서의 신을 '우주의 밑바닥인 일대 인격'으로 규정하고 있다. 곧 정신현상은 지정의의 작용이고 거기에는 지정의의 법칙이 작용하지 않으면 안 되는데, 그런 정신의 배후에 있는 통일력으로서의 신은 일대 인격이라는 것이다. '우주는 신의 인격적 발현'이며, '실재는 바로 신의 사상이요 또 의지'이고, '자연 현상으로부터 인류 역사적 발전에 이르기까지 하나하나 큰 사상, 큰 의지의 모습을 하지 않는 것이 없다'는 것이다. 물론, 신은 인격적이라고 하더라도, 세계의 밖에 초월적인 인격신을 생각한다는 것은 아니다. 다만, '신의 통일작용은 바로 만물의 통일작용'이라는 뜻이어서, 만물은 신의 통일에 의하여 성립하는 것이고, 거기에 '끝없는 사랑'이 느껴져, 거기에 인격적이라고 할 수 있는 데도 있다. 그러나 그 경우에도, '만물 자연의 발전 외에 특별한 신의 사랑은 없다'는 것이다. 도리어, 신의 통일작용이 바로 만물의 통일작용인 데에, 우리가 '그 밖으로 뛰쳐나갈 수 없는' 순수 경험의 통일이 있는 것으로, 그 의미에서 신은, '우주의 밑바닥에서의 일대 지적 직관'이라고도 말한다. 또 '모든 우리의 정신을 지배하는 우주통일의 생각은 신의 자기 동일의 의식이다'라고도 한다. 이와 같은 '신의 자각'은 그것과의 합일에 있어 우리가 진정한 자기를 안다는, 우리의 자각이 성립하게 된다. 우주를 포괄하는 순수 경험의 통일작용이, 신의 통일작용과 비대상적으로 (말하자면 통일작용적으로) 합일하는데, 거기에 진정한 자기를 아는 것도 성립하는 것이다. 제1편의 맨 끝에서 '지식 및 의지의 밑바닥에 가로놓인 심원한 통일의 자득'이 지적 직관이라고 하고, '진정한 자기라는 것은 이 통일적 자각을 말한다'라고 하여, 그리고 그것이 '진정한 종교적 각오'라고 하였다. 그런 지적 직관의 입장은, 이제 우주의 밑바닥에서 일대 지적 직관이라고 하던 그런 신의 통일작용에 순수 경험이 통일작용적으로 귀착하는 입장으로서 나타난다. 지적 직관이 '깊은 생명의 포착'이라고 한 진정한 의미도 거기에 나타나게 될 것이다. 그런 것이 순수 경험이라는 입장의 정점이며 원점이라고도 할 수 있을 것이다.

신의 자유와 사랑

신의 사랑과 함께 신의 자유라는 것에 대하여도 언급하고 있다. 이것도 신의 인격(단, '우주의 밑바닥인 일대 인격'이라는 의미에서의)에 관계되는 일이다.

신의 자유에 대하여는 '신은 만유의 근본이고, 신 외의 것은 있지 않으며, 만물은 모두 신의 내면적 성질로부터 나오기 때문에 신은 자유이다', '절대적으로 자유이다'라고 하였다. 그리고 다른 한편으로는, '개인적 인격이 지니는 요소인 의지의 자유라는 것은 일반적인 자가 자기 자신을 한정하는 selfdetermination의 뜻이다'라고 하였다. 우주의 밑바닥에서 일대 인격으로서의 신의 자유와, 개인적 인격의 자유와의 관계도, 위에서 말한 지적 직관의 경우와 마찬가지로 생각하지 않으면 안 된다. 오히려, 지적 직관이 '순수 경험에서 통일작용 자체'이고 '생명의 포착'이다 라고 한 것으로 보면, 그리고 거기에 있는 순수 경험이 시간, 공간, 개인이라는 형식에 구속되는 것은 아니고, 경험이 있어 개인이 있는 것이며, 그 초개인적인 의식통일이야말로, 도리어 주객 합일적인(즉 우주 포괄적인) 통일적 직관으로서 진정한 자기라는 것으로 보면, 진정한 지적 직관과 진정한 자유란 따로 있는 것이 아니다. 지즉행(知卽行) 행즉지이다. 자유란 본디 순수 경험에서 '체계적 발전'과 같은 뜻이었다. 그리고 그 체계적 발전의 통일작용 자체가 진정한 자기이고, 그러므로 또 우주의 진리를 아는 것도 '큰 자기에 따르는' 것, '큰 자기의 실현'이다. 우리의 인격이라는 것도, 이 순수 경험의 근본적인 통일력과 따로가 아니고, 더구나 그것은 '바로 우주 통일력의 발동'이었다. 진정한 자유가 보이기 시작한 것은, 거기에서가 아니면 안 된다. 이처럼 초개인적인, 곧 '개인'이라는 형식에 의해 한정을 받지 않은 이전의 통일작용, 개인으로서의 한정과 차별(개인과 개인 사이의)이 도리어 거기에서 성립하는 근원으로서의 자타불이(自他不二)인 통일작용이, 자유의 소재인 것이라고 말한 까닭을 이해할 수 있을 것이다. 개인에게 있어 의지의 자유 본질은 주객 합일로서 우주 실재의 통일력인 것처럼, 그 의미에서 '초개인적'인, '우주적 의식'의 통일력에 있다. 개인적 자유는 그런 '일반자'의 자기 한정인 것이다. 그런 뜻에서, 그 우주적 의식의 통일력은 곧 우리 의식의 순수 경험에서의 통일력인 것이다. 신의 절대적 자유와 우리의 자유와의 관계도 거기에서 생각하지 않으면 안 된다.

우주의 통일인 신은 '하나의 산 정신'인데, '그와 같은 신성적 정신의 존재라는 것은 단지 철학상의 논의가 아니고, 실재에 있어 심령적 경험의 사실이다. 우리 의식의 밑바닥에는 누구에게나 그런 정신이 작용하고 있는 것이다'라고 하였다. 또, 신이 우주의 밑바탕에 있어 일대 지적 직관이고, 우주를 포괄하는 순수 경험의 통일자라고 하고 나서, 다음과 같이 말하였다. '의식의 통일은 지식의 대상이 될 수는 없다. 모든 범주를 초월하고 있다, 우리는 이것에 어떤 정형(定形)도 줄 수 없다. 더구나 만물은 이것으로 말미암아 성립하는 것이다. 그래서 신의 정신이라고 하는 것은, 한편으로 보면 어쩐지 불가지적이지만, 또 한편에서 보면 도리어 우리의 정신과 밀접하고 있는 것이다. 우리는 이 의식통일의 밑바탕에서 곧바로 신의 모습에 접할 수 있다.

그러므로 뵈메도 하늘은 여러 곳에 있고, 네가 떠나는 곳 가는 곳에 다 하늘이 있다 하고 또 가장 깊은 내생(內生)에 의하여 신에게 이른다고 하였다. 이런 말에서 우리는 이 책에서 '자유'의 문제를 엿볼 수 있다. 아무 정형도 줄 수 없지만, 더구나 만물은 '이것에 의하여 성립한다'고 하는 의식통일은, 우주를 포괄하는 순수 경험의 통일, 우주적 의식의 통일이고, 우리의 진정한 자유의 소재이다. 더구나 우리는 이 의식통일의 밑바닥에서 곧바로 신의 모습에 접한다. 신의 정신은 우리의 정신과 '밀접'하고 있다. 순수 경험의 살아 있는 통일로서의 진정한 자유는, 신의 인격에서의 절대적 자유와 비대상적으로, 통일작용적으로 하나가 되고 있는 것이다. 결국 신이 '우주를 포괄하는 순수 경험의 통일자'라는 데에, 신의 절대적 자유와 우리의 진정한 자유가 하나로 밀접하여 보이기 시작하는 것이다. 마치 '우주의 밑바닥에서 일대 지적 직관'인 신과의 합일이라는 형태에서만, 우리의 지적 직관도 성립하는 것과 같다. 그런 합일하는 데가 '일반자가 그 자신을 한정한다'고 하는 것은 작용의 말하자면 발기점이고, 우리가 출발한 곳 가는 곳이 다 하늘이 있다고 하는 것이다. 우리의 개인적 자유는 거기에서 성립한다.

그 '밀접'이라든가 '합일'이라든가 하는 데에는, 자유도 지적 직관도 사랑도 하나이다. '신에 있어서는 지즉행 행즉지이며, 실재는 바로 신의 사상이고 또 의지'라고도 한다. '지와 사랑과는 똑같은 정신작용이다'라고도 하고, '절대 무한의 부처 또는 신을 아는 것은 오직 이것을 사랑함으로서 잘 하는 것이다. 이것을 사랑하는 것이 곧 이것을 아는 것이다. 인도의 베다교나 신플라톤학파나 불교의 성도문(聖道門)은 이것을 안다 하고 그리스도교나 정토종(淨土宗)은 이것을 사랑한다 하며, 또는 이것에 의지(곧 믿음)한다고 한다. 각기 그 특색이 없는 것은 아니나 그 본질에서는 똑같다'고도 한다. 이 책의 순수 경험의 입장은 그런 종교의 본질을 열어 밝힘으로써 마치고 있는 것이다.

퇴계 경(敬)철학
다카하시 스스무

제1장 퇴계의 인물과 학문

서(序)

한국을 여행하는 일본인들이 한해 수백만 명에 이른다고 한다. 그들이 한국을 방문하여 백제나 신라 등의 옛 도읍지를 찾아가면, 한국의 역사와 문화가 일본의 역사와 문화에 얼마나 많은 영향을 미쳤으며, 또 얼마나 밀접한 관련이 있는가를 알게 되어, 큰 충격을 받더라도 마음으로부터는 친근감을 품게 될 것이다. 또한 많은 사람들은 경상북도 안동시 교외 도산서원에서 위대한 학자 퇴계(退溪) 이황(李滉)이 살았고, 그는 많은 문인을 제자로 두었으며, 학문상으로나 조선전기의 정치·사회상으로나 큰 업적을 남겼음을 알게 될 것이다. 한편 사람들은 퇴계라는 인물이 낯설지도 모른다. 일반시민은 물론 일본사상사나 중국사상사를 전문적으로 연구하는 학자들조차도, 특정한 몇 사람 말고는 퇴계의 인품이나 학문·사상 그 깊이에 대해 잘 모를 것이다.

그러나 한국에서 퇴계를 모르는 사람은 거의 없다. 어디에 가건 한국의 문화적 영웅인 퇴계를 신처럼 받들며, 초등학교 교과서에서부터 그에 대한 업적을 다루어 한국인의 인간형성에 있어서 이상(理想) 또는 목표로 내세우고 있다. 서울 한가운데 우뚝 솟아 있는 남산공원에는 큼지막한 퇴계의 동상이 지나는 시민들의 눈길을 끌고 있으니, 이곳을 찾는 사람이면 누구나 금방 알아차리게 된다.

그렇다면 이 퇴계라는 학자는 어떤 인물이었으며, 그의 학문과 사상의 내용은 또 어떠했는가. 그리고 중국·한반도·일본이라는 지리적 문화권 속에서, 퇴계의 인품과 학문·사상의 역사적인 성격은 또 어떻게 정립되어야 하는가. 이러한 문제는 극히 다양하고 중요한 내용을 담고 있어서 한마디로 논하기는 어려우나, 이 책에서 논술하려는 내용을 미리 살펴보고 독자에게 편의를 제공하고자 글머리에 이 장을 싣기로 한다.

1. 일본 주자학자의 존신(尊信)

퇴계는 조선전기 사람(1501~1570)으로, 이름은 황(滉), 자(字)는 처음에 계호(季浩)라 했다가 뒤에 경호(景浩)라 했으며, 퇴계(退溪)·도옹(陶翁)·계수(溪叟)·퇴수(退叟) 등의 호가 있다. 그는 조선전기 5백 년을 통해 최대의 학자(주자학자)로서 사람들의 존경을 받았을 뿐만 아니라, 에도〔江戶〕시대 초기 일본에서 그의 학문과 사상이 깊은 관심을 갖고 수용되었다. 퇴계를 통해 주자학이 일본에 정착했다고 할 수 있다.

에도시대에 배출된 후지와라 세이카(藤原惺窩), 하야시 라잔(林羅山), 야마자키 안사이(山崎闇齋) 등은 모두 주자학자로서 그 이름을 떨쳤는데, 그들의 학문은 주로 조선에서 간행된 서적들을 통해 유학 특히 주자학을 중심으로 공부함으로써 대성한 것이다. 더구나 그들이 그 주자학 또는 송학(宋學)을 받아들인 원동력이 된 것은 오로지 퇴계의 학문과 사상을 공부하는 데서 연유된 것이다. 그 중에서도 야마자키 안사이는 《이퇴계문집》과 《자성록(自省錄)》 등을 입수하여 숙독·완미하면서 주자학자로서의 그의 지위를 확립했다. 따라서 안사이는 퇴계를 가장 높이 평가하여, 그가 주자의 동유(同遊)·고제(高弟)와 다를 바 없다면서 '조선의 일인자'라고 평했다. 후지와라 세이카의 영향을 받은 하야시 라잔도 세이카와 함께 퇴계의 학문적 위대성을 높이 평가하고 있었지만, 퇴계의 전학문(全學問)의 진가는 야마자키 안사이에 이르러서야 발견되고 높이 평가되었던 것이다.

안사이 문하에는 사토 나오카타(佐藤直方), 아사미 게이사이(淺見絅齋), 미야케 쇼사이(三宅尙齋) 등 이른바 기문삼걸(崎門三傑)이 있었는데, 그 중에서도 사토 나오카타는 한층 더 퇴계에 매료되었다. 〈토론필기〉(《佐藤直方전집》)에서 "조선의 퇴계는 동이(東夷)의 산(産)으로 중국의 도를 즐기고 공맹(孔孟)을 존숭(尊崇)하며 정주(程朱, 정명도·정이천 및 주자)를 종(宗)으로 삼았다. 이리하여 그 학식이 미치는 바는 원·명 사이의 여러 유생 무리와는 크게 다르다"고 말했다. 또 유명한 〈동지문(冬至文)〉에서는 "……조선의 퇴계 이후 이 도를 부하(負荷)하려고 하는 자의 이름을 아직 듣지 못했다……"면서 도학을 소중히 하여 배워야 함을 역설한 오직 한 사람, 그 모범으로서 퇴계만을 말하고 있다. 나오카타의 학문적 근저에는 퇴계가 이처럼 각인되어 있었던 것이다. 또 사토 나오카타의 제자로 이나바 우사이·모쿠사이(稻葉迂齋·默齋) 부자는 야마자키의 학문을 계승하고 나오카타의 학문으로 기울었다.

그들도 퇴계에 대해서는 스승인 나오카타로부터 직접 그 학덕(學德)을 전수받았으므로, 모쿠사이(默齋)는 미야케 쇼사이(三宅尙齋)가 퇴계보다도 명(明)의 설문청(薛文淸)을 존중한 것을 평하여 이렇게 말했다. "히사시 옹(尙翁)의 견해가 사토 나오카타(佐藤直方)에 이르지 못하는 까닭은 퇴계에 대한 앎이 얕았기 때문이다. 스승께서 퇴계를 가장 믿고 귀의할 바로 삼았다. 히사시 옹이라 하더라도 이와 같은 견해는 아직 깨닫지 못하였다."《오학원류(吾學源流)》라 하고, 또 "저 퇴계 선생의 경지를 나오카타 선생이 알아보았음은 그 안목이 보통 높은 것이 아니다"라고 하여, 퇴계의 학문을 알아본 스승인 사토 나오카타를 찬양하고, 자기네 사토파가 마음속 깊이 이를 간직하여 자랑 삼아야 한다는 뜻을 비치고 있다. 그 이나바 우사이·모쿠사이 부자는 현재의 지바(千葉)현 토가네(東金) 지방에서 주자학을 중심으로 하는 이나바 우사이·사토 나오카타의 학문을 많은 농민들에게, 그것도 서당식 교육을 훨씬 초월하여 본격적으로 '도학(道學)'을 전파했던 것이다. 이것은 '가주사 도학(上總道學)'이라고 하여 모쿠사이(默齋)의 기일 등을 통해 오늘날까지도 대대로 이어지고 있다. 퇴계에 의해 심화되고 나오카타나 이나바(稻葉) 부자에게 전해진 유학은 지바의 농민들에게 서민의 학문으로 뿌리를 내렸다.

또한 야마자키(山崎)파의 학문과 보조를 같이하여, 이 무렵 큐슈(九州) 구마모토(熊本)에는 오쓰카 다이야(大塚退野, 1677~1750) 등에 의한 주자학이 매우 번성했고, 다이야(退野) 등이 퇴계를 존경하고 믿는 정도가 사토(佐藤)파를 능가했다고 한다. 특히 이들 학파에서는 막부말기 유신 때 요코이 쇼난(橫井小楠)이나 모토다 나가자네(元田永孚) 등의 뛰어난 인물을 배출하여, 일본의 일대 전환기에 퇴계학을 존경하고 숭배하는 사람들이 중요한 역할을 담당하고 있다. 모토다 나가자네(元田永孚)는 메이지(明治) 천황(天皇)의 시강(侍講)으로서 유럽풍으로만 일관했던 메이지 초기 일본의 사조를 깊이 우려하여, 국민교육의 핵심이 될 부분을 전통적인 유학사상에서 구하고, 여기서 서구적인 감각을 가미시켜 일본의 교육방침 확립에 크게 기여했다. 《교육칙어(敎育勅語)》의 성립과정을 보면 모토다(元田)나 이노우에 코와시(井上毅)의 역할은 크다. 오늘날에 있어서 《교육칙어》가 그대로 살아 있지는 않더라도 실천궁행(實踐躬行)을 요지로 하는 도덕의 근간은 지금도 변치 않고 있다. 그런 뜻에서 구마모토학파의 전통은 근대일본의 국가 형성에 중요한 위치를 차지하고 있다(이상 아베 요시오(阿部吉雄), 《일본주자학과 조선》, 《동금시사(東金市史)》 참조).

2. 당쟁 속의 정치활동

앞에서는 지면 관계상 퇴계가 근세 일본의 사상과 문화에 끼친 영향에 대하여 개관을 기술한 데 불과하다. 언젠가 기회가 되면 다시 자세히 논하기로 하고, 본 항에서는 퇴계 자신에 대해 약간 서술하기로 한다.

조선은 태조 이성계가 창건한 이래 새로운 유교주의 정치철학을 기초로 하여 전개되었다. 특히 세종(재위 1418~1540)의 치세 32년 동안, 유교문화와 민족국가의 기초가 확립되었고 민족문화가 획기적으로 발전했다. 세종은 자주 경연관(經筵官)으로 하여금 유학의 경전과 정치방법에 관해 강론하게 했고, 몸소 공부하는 동시에 유가정치의 실천에 진력했다. 과거(科擧) 학문을 중심으로 하는 종래의 유학으로부터 주자학을 중심으로 하는 실천궁행의 유학으로 전환하여 나갔다.

한편 이 학문을 몸에 익혀 벼슬길에 나가려는 사람은 고려왕조 이래의 문무 양반체제 속에 휩쓸려 들어가, 절대왕권과 이 양반관료 간 권력의 조화를 도모하는 과정에서 조선의 국가사회 체제가 형성되어 나갔다. 이 왕권과 양반관료체제가 적당한 균형을 유지하며 기능하고 있던 시기, 즉 15세기 후반까지는 조선도 안정 속에서 발전을 이룩하고 있었다. 그러나 세조의 왕위쟁탈에 따른 일부 관료의 반발과 은퇴사건을 계기로, 양반 관료층에서는 점차 분열과 대립현상이 나타났다. 특히 제9대 성종(재위 1469~1494) 때에는 왕조의 정치체제 정비, 홍문관(弘文館)의 신설에 의한 학문연구의 장려, 역사·지리·문학·예악에 관한 서적편찬 등에 의한 문운(文運)의 진흥책에 동반한 새로운 인재의 발탁과 등용 등을 통해 양반 사이의 대립이 현저해졌다.

이 인재 등용책에 힘입어 당시 유학이 가장 성하던 영남지방의 유림들로, 고려 말의 학자 길재(吉再) 이래의 학풍과 전통 속에서 성장한 많은 유학자들이 중앙정계에 진출했던 것이다. 길재의 학풍은 많은 제자들에게 계승되었는데, 특히 김종직(1431~1492)에 이르러 많은 인물을 배출하여 하나의 학파인 영남학파를 형성했다. 위에서 말한 신진사류(新進士類)는 바로 이 학파에 속하는 사람들이다. 영남학파는 이른바 '성리학'(송학) 연구를 주지로 하며, 인간의 심성에 대하여 탐구함이 깊고 절의를 중시했으므로, 세조의 왕위찬탈을 불의로 여겨 비판하는 입장에 있었다.

이에 대하여 왕위를 뺏은 세조의 치세에 봉사한 공신들이 주축이 된 기존 양반관료세력이 있었는데, 신진사류들은 그들 세력의 정권 독점을 견제하려고 했다. 기성세력은 세조 이래 정권의 주변에 있으면서 정치적으로나 경제적으로도 이미 확고한 기반을 쌓은 노년층이었다. 더군다나 그들의 학문적인 경향은 영남에서 일어난 신진학파와는 달리, 사장(詞章)을 주로 하는 것으로, 주자학 본래의 학문적 경향과는 매우 달랐다. 이리하여 정치에 대한 기본자세·발상·경력·학문의 내용 등에서 양 세력 간의 차이는 점차 구체적인 감정대립으로 발전되어 갔다. 특히 성종의 뒤를 이은 연산군(재위 1494~1506)은 어질지 못한 군주로, 문인과 학자를 멀리하고 사치와 향락에 빠져 정치를 태만히 했으므로, 드디어 그 대립이 표면화되어 신진사류에 대한 격심한 박해가 되풀이되기에 이르렀다. 연산군시대에 시작된 격렬한 당쟁은 소위 '4대사화'라 하여, 조선왕조의 정치·국가·사회 체제에 지대한 영향을 미치게 된다. 이 사화로 유능한 신진학자와 정치가들이 다수 살해되거나 유배되어, 대립은 한층 더 심각해졌다.

퇴계는 바로 그 연산군 7년(1501), 지금의 경상북도 안동시 예안면 온계리에서 태어났다. 조상 때보다 거처가 약간 옮겨지기는 했으나, 진정한 영남학파의 학풍과 전통 속에서 성장한 유가(儒家)였다. 연보에 의하면 12세 때 숙부인 송재(松齋)에게 《논어》를 배웠다고 되어 있으나, 퇴계의 학문은 스스로 깨달아 점차 대성하게 된 것이다. 그가 19세 되던 해에는 기묘사화(1519, 중종 14년)가 일어나, 젊고 유능한 정치가로 활약하던 조광조가 38세 때 사약을 받아 처형당하게 되었다. 또 퇴계가 45세 때는 을사사화(1545, 명종 즉위년)로, 이름난 선비였던 이언적이 유배형에 처해졌다.

퇴계는 만년인 무진(戊辰) 9월(1568, 선조 2년)에 기묘사화로 일찍 죽은 조광조를 애석히 여겨 그의 포증(褒贈)을 청하는 상소문을 올렸다. 50년이 지난 사화의 여파가 여전히 남아 있었던 것이다. 따라서 역사적으로는 15세기 말부터 16세기 중엽에 걸쳐 거듭된 정쟁과 의옥(疑獄)은 사류들에게 큰 타격을 주었을 뿐만 아니라, 양반관료체제 자체를 크게 붕괴시켰다(한우근(韓㳓劤),《한국통사》 299면). 당시 대다수의 관료는 결코 고립될 수 없었으며, 대립세력의 어느 한쪽에 포섭되거나 가담하지 않을 수 없었다. 하물며 퇴계는 영남학파의 전통을 이어 받은 학자였으므로, 이와 같은 정쟁의 밖에서 초연히 지낼 수만은 없었을 것이다.

중종 말년(1543)에는 계비인 문정왕후 윤씨가 이복태자인 인종을 폐하고 명종을 세우려 하여 붕당의 싸움이 일어났는데, 퇴계도 여기에 휘말려 명종 초의 을사사화(1545) 때는 우의정 이기(李芑)의 음험한 책략에 의해 한때 해직당하기도 했다. 그러나 여론은 퇴계의 인격을 존경하고 있었으므로, 권간(權奸)도 마침내 이에 굴복하여 왕에게 복직을 청하게 되었다. 이 무렵부터 퇴계는 중앙정계의 관료가 될 뜻을 버리고, 병을 이유로 자주 관직의 사퇴를 상소하며 은퇴하려고 했다.

퇴계가 34세 때의 3월에 문과에 급제하여 4월부터 벼슬에 나간 뒤로, 49세 때의 12월까지 세 번이나 경상도 감사에게 사표를 제출했지만 답이 없자, 허락도 받지 않은 채 지방관인 풍기군수 자리에서 물러나 고향으로 돌아갔다. 그리고 고향의 토계(兎溪, 土溪)라는 냇물 이름을 퇴계로 고치고 자신의 호로 삼았던 그는 50세 때의 2월에 비로소 퇴계(退溪) 서쪽에 은거할 때까지, 약 15년 동안 모친의 복상기간과 벼슬에 임명되고도 부임하지 않은 기간을 빼면, 중앙조정의 관료 및 단양·풍기의 군수로 지방관에 재직한 것은 불과 10년 미만이었다.

퇴계가 중앙조정의 벼슬에 나가 재직기간이 가장 길었던 것은 승문원(承文院)과 홍문관(弘文館)의 직책이었다. 전자는 외교문서의 작성에 관한 일, 후자는 궁중의 전적(典籍)을 관리하고 국왕의 대외적 문서를 작성하는 일을 하는 곳이었다. 또 그는 당시의 유일한 국립대학이자 고등문관 양성기관이었던 성균관(현 성균관 대학교의 전신)의 사성(司成, 교수) 벼슬도 지냈다. 그 밖의 중요한 직무로는 경연관, 국왕 및 세자의 시강관, 의정부 등의 벼슬로, 이들 직무는 모두 왕이 임명하는 요직이었고, 직접 왕을 보좌하거나 보필하는 것이었다. 퇴계는 이들 벼슬을 겸하고 있었으나, 어느 것도 정삼품

이상의 고관이 되지는 못했다. 주자도 그랬듯이, 그는 학자로서의 입장을 버리지 않아 결코 정치적인 책략을 써서 고관이 되려고 하지 않았다.

그러나 이 시기에 그의 관료 또는 정치가로서의 현저한 활약도 기록에 남아 있다. 즉, 가뭄을 당하여 형벌의 사면에 지성을 가지고 임해야 한다고 서술한 40세 때의 상언(上言), 우역(牛疫)·지진·한발 등 재이(災異)가 속출할 즈음에 국왕이 정치에 대해 크게 반성하고 인심의 화합에 노력해야 한다는 41세 때 3월의 상언, 역사를 읽어 마땅히 치란(治亂)이 일어나는 이유를 살펴야 한다는 42세 때 3월의 상언, 나라에 3년간의 비축이 있어야만 비로소 구황(救荒)의 효과를 거둘 수 있다는 같은 해의 상언, 지방관의 부정행위를 다스려야 한다는 상언, 왜인(倭人)이 수호를 청하는 데 대한 방책에 관해 올린 45세 때 7월의 상언, 이 해 10월에 일어난 사화에 대해 퇴계가 취한 태도, 48세 때 단양군수로서 행한 백성에 대한 공정한 정치, 49세 때 풍기 군수로서의 서원 부흥활동 등, 퇴계의 〈언행록〉이나 〈연보〉에 나타나는 이러한 것은 관료 또는 정치가로서의 특기할 만한 활동이다.

퇴계가 행한 정치활동은 국왕에 대한 상언 등에 현저히 나타나 있듯이, 항상 덕으로 나라를 다스려야 하며, 그러기 위해서는 국왕을 비롯하여 정치에 참여하는 자들이 엄히 자기수덕(自己修德)에 노력해야 한다는 유가 본래의 수기치인(修己治人)에 기초를 두고 있다.

3. 퇴계의 인간주의

퇴계는 50세 되던 해의 2월에 은퇴하여 향리(鄕里)인 퇴계(退溪)의 서쪽에서 학문과 자제교육에 전념하게 되었는데, 그의 명망은 날로 높아져 중앙 조정이 그를 가만히 놓아두지 않았다. 52세 때에는 성균관 대사성(총장)에도 임명되었다. 그러나 만년에 이르러 세상을 떠날 때까지 단시일 동안 소환되어 한성(漢城)에 갔었던 일은 있으나, 당쟁과 사화 등에 말려들기 싫어하여 병을 이유로 사직하고 고향에 돌아가고 말았다. 그의 생애를 살펴보면 인품을 알 수 있는 여러 가지 일화가 많으나, 정치나 학문에 대하여 그가 보여준 따뜻한 인간주의적 입장은 특기할 만하다. 그 한 예로 퇴계의 《향립약조(鄕立約條)》에 대해 소개하기로 한다. 이와 관련되는 것은 두말할 나위도 없이 향약인데, 북송 남전(藍田)의 여씨(呂氏) 형제가 작성한 《여씨향약》은 나중에 주자에 의하여 보강되어 《주자증보여씨향약》으로 전해졌다. 그 영향을 받아 16세기경에 한반도에도 전래되었다. 이것은 향촌에서 민중의 상호부조와 사람들의 생활에서 윤리적 규범의 확립을 장려함에 그 목적이 있었다. 조선시대 전기에 이 〈향약〉이 어느 정도 시행되었는지 모르겠으나, 이것을 시작한 사람이 퇴계라는 설과 조광조가 시작했다는 기록(이는 퇴계 문서에 보인다)이 있어 어느 쪽인지 명확하지 않다. 그러나 퇴계가 《향립약조》라는 문서를 남겼으므로, 그 내용을 간단히 살펴보고자 한다.

퇴계는 주자의 《향약》을 당연히 알고 있었을 터인데, 그 체제와 내용을 《주자향약》에서 채용하지 않았다. 더구나 퇴계의 《향립약조》의 서문은 매우 격조가 높은데 비해 주자의 향약은 그렇지 않다. 즉 퇴계는 그 서문에서, 효제충신(孝悌忠信)은 인도(人道)의 대본(大本)이며, 그 실천의 장은 가정과 향당(鄕黨)이고, 향속 간에 효제충신의 도가 행해지지 않는 것은 왕정의 큰 근심이며, 그 책임은 향촌에 있다고 서술하고 있다. 향약은 원래 국가권력이나 그 말단의 행정적 지배 안에서 행해지는 것이 아니라, 향인(鄕人)의 자주적인 도덕실천과 상호부조를 장려하기 위한 것이었다.

그러나 퇴계는 그것이 약조와 같은 것으로 향풍의 미선(美善)을 이루려는 것은 본래의 목적이 아니라 하여 배척하고 있다. 그에 따르면 효제충신의 미덕은 사람의 천부적인 본성에 근거하므로 나라에서 설치한 학교교육의 성과로 얻어져야지, 향인 서로 간의 약속으로 도덕이 실현되는 것은 아니라고 했다. 여기서 우리는 퇴계가 도덕을 정치나 법제적 약속과는 엄격히 구별하고 있음을 알 수 있다. 주자의 《향약》에는 그 약속된 사항으로서 도덕적 조목이 열거되어 있는데, 퇴계의 〈약조〉에는 단지 대강의 줄거리만 기록되어 있다. 이는 위와 같은 도덕에 대한 근본적인 사고방식이 깊이 뿌리 박혀 있었기 때문일 것이다.

또한 그와 같은 것은 퇴계 자신이 작성하는 것을 좋아하지 않고, 향인과 상의하여 만든 것으로도 이해할 수 있다. 그것을 실시함에 있어서도, "이것을 널리 향인에게 보여 그 가부를 살피게 한 뒤에 정한다면 앞으로도 계속 행하여 폐단이 없게 할 수 있을 것이다"라고 말했다. 여기서 말하는 향인이란 결코 양반 사족뿐만 아니라, 일반 백성을 포함한 향인 전체였을 것이다. 더구나 미리 위촉받은 몇몇 사람이 작성하여 이것을 보이고 실행케 하는 것이 아니라, 어디까지나 향인 전체에게 가부의 의견을 청취하고 수정함을 전제로 하여 정한다는 자세는, 단순히 주자의 《향약》을 복사하여 향인에게 시행하려는 것과는 근본적으로 다르다.

중국, 특히 송대에서 볼 수 있는 《여씨향약》 및 그 위 〈권속문(勸俗文)〉에는 이런 절차·방법·사고방식이 발견되지 않는다. 향당에 있어서 퇴계의 도덕적 실천은 어디까지나 개개인의 선한 본성에 기본을 두어 개개의 주체적 수양과 노력에 기대해야 할 것이며, 그것을 타일러서 이끄는 학교교육에 의해야 한다는 근본방침을 나타낸 것이라 할 수 있다. 이것은 바로 현대 민주주의 사회에 있어서의 도덕, 즉 본래의 도덕론이라 할 수 있다.

시험 삼아, 이것을 퇴계와 동시대의 석학이었던 율곡의 《서원향약(西原鄕約)》과 비교해 보기로 한다. 《서원향약》은 율곡이 청주목사였던 융경(隆慶) 5년(1571, 선조 4년)에 작성한 것이다. 퇴계가 〈서(序)〉를 통해서 본래부터 있어야 할 인륜도덕의 이념을 말한다면, 율곡은 '입의(立議)'에서 향약의 제정·실시에 즈음한 그 취지를 설명하고 있다. 퇴계가 과감하게 《여씨향약》 (또는 주자가 증보한 것)에 의거하지 않고 독자적인 생각과 방침에 따른 것에 비해, 율곡은 처음부터 《향약》을 '입의'하여 맹자의 정전설(井田說)을 근본적인 근거로 삼았다. 세도인심(世道人心)의 황폐를 우려한 것은 퇴계나 율곡도 마찬가지이고, 또 향인과 상의하여 한쪽은 '약조'를 또 한쪽은 '향약'을 작성한 점도 역시 같다.

그러나 율곡이 《여씨향약》을 증감하여 지배자인 읍주(邑主)의 입장에서 이를 향인에게 주어 실시토록 한 것에 대해, 퇴계는 어디까지나 향인의 가부 의견에 따라 실시하려 한 것이 근본적인 차이점이다. 또 율곡은 분명히 '향약'을 촌락공동체에 행정적으로 실시하여, 이로써 '서원(西原)의 풍속'을 일변시키려고 시도했으나, 퇴계는 이미 언급했듯이 그런 것에는 소극적이었다. 그는 향인의 근본적인 도덕성을 개인의 주체에 두어, 학교교육의 효과를 기대하고 있었던 것이 근본적으로 다른 점이었다.

4. 대왜(對倭) 수호문제

지금까지의 퇴계 연구에 있어서는 그의 이기론(理氣論), 즉 기대승(奇大升)과 장기간에 걸쳐 논의된 '사단칠정론(四端七情論)'이 주요 관심의 대상이 되었고, 수기치인(修己治人)의 학문으로서 유학의 깊은 뜻을 다한 전인적(全人的)인 퇴계상은 묘사되지 않았다. 그러므로 여기서는 그가 조선 전기에 직면했던 국제정치와 관련하여 어떤 외교적 정치감각을 가지고 있었는가, 또 그 사상적 기반은 무엇이었는가를 밝혀 보고자 한다.

앞에서 서술한 바와 같이 퇴계는 34세 때 문과에 급제하여 50세 되던 해 2월에 은퇴할 때까지, 15년간(실질적으로는 10년 미만) 중앙조정에 가장 오래 있으면서 직접 행정을 맡아보았다. 퇴계가 재직한 중앙조정의 벼슬 가운데 그 기간이 가장 길었던 것은 승문원과 홍문관의 직책이었다. 승문원은 외교문제에 관해 국왕을 직접 보좌하고, 중국과 인근 여러 나라와의 교류에 관련하여 외교사절을 응접하며 외교문서를 작성하는 칙임관(勅任官)의 관청이다.

퇴계는 44세 때 홍문관응교(弘文館應敎), 경연시강관(經筵侍講官), 춘추관편수관(春秋館編修官), 승문원교감(承文院校勘) 등의 관직을 겸하고 있었다. 모두 칙임에 의한 관직으로 중앙조정의 요직이었는데, 승문원 교감은 현재의 경우 외교부 국장급인 지위였다고 할 것이다. 지금도 마찬가지지만 외교문서란 매우 중요하여 자칫 잘못하면 선린우호를 해쳐 대외분쟁을 일으킬 수도 있고, 또 한 나라의 문화적 교양 정도도 그 문서에 표현되기 마련이다. 〈연보〉에 따르면 그 해(1544) 11월에 중종이 임종했으므로 이것을 중국에 알리게 되었는데, 퇴계가 바로 그 문서를 작성한 것이다. 이에 대해서는 다음과 같이 기록되어 있다.

조정은 사신을 천조(天朝, 중국)에 파견했다. 고부(告訃, 왕의 죽음을 고함)와 청시(請諡, 시호를 청함)의 두 글은 모두 선생(퇴계를 가리킴)이 짓고 쓴 것이다. 중조(中朝)에 이르자 중국의 예부관(禮部官)이 감탄하며 말했다. "표사(表辭)가 심히 훌륭하고 서법 또한 절묘하다." 사신이 돌아와 이 사실을 보고 하자, 임금이 명하여 말을 하사했다.

이것으로 퇴계가 작성한 문장 및 그 서법이 어떠했는지 추측할 수 있다. 또 이 사례를 보면, 퇴계가 그 학식과 재능을 가지고 어떠한 지위에 있었는지도 알 수 있을 것이다. 그러나 앞에서도 서술한 바대로 중종 말년(1543)

무렵부터 왕위계승 문제를 둘러싸고 붕당 싸움이 일어나, 양반관료가 여기 말려들어감으로써 중앙정계는 혼란한 상황이었다. 1544년에 중종이 임종하고 인종이 즉위했으나, 1년도 못 되어 인종 역시 임종하고, 다시 명종이 즉위(1545년 7월)함으로써 정권은 걷잡을 수 없이 혼란스러웠다. 인심 또한 흉흉했다. 바로 이럴 때 왜의 사신이 수호를 청해 왔던 것이다. 앞서 말했듯이 이때 45세인 퇴계는 왕의 측근에서 외교문제를 담당하고 있었다. 그는 왜의 수교요청에 어떻게 대응할 것인가 하는 문제에 참여하고, 또 그 대응문서를 제찬하는 입장에 있기도 했다.

그런데 중앙조정 안에서 대왜 수호에 관해 반대거부의 태도를 보였다. 여기에는 그럴 만한 이유가 있었다. 그것은 알고 있듯이 고려 말 이래 한반도 연안 일대를 침범하고 있던 왜구는 조선조에 들어와서도 그치지 않았으므로, 조선은 일본에 사신을 파견하여 왜구를 억누르도록 아시카가(足利)정부에 요구하고 있었다.

조선 전기에는 일본의 아시카가 막부와 서일본의 대소 호족의 사절선이 빈번히 왕래했고, 거기에는 상인들의 흥리선(興利船)도 섞여 있었다. 그리하여 조선은 이들 흥리선의 내왕을 억제하기 위해 그 정박지를 경상도 연안인 동래 부산포와 웅천의 내이포에 국한하여 승인하고, 그들의 영주로부터 '문인(文引)'을 교부받은 자에 한해 교역을 허가하고 있었다. 그동안 빈번한 왜구의 침략으로 세종 원년(1419)에는 그 소굴이었던 대마도를 대규모의 병력으로 토벌한 일도 있었으나, 마침내 왜에 대한 융화정책이 채택되어 앞에서 말한 두 곳의 정박지 외에 울산의 염포를 합쳐 삼포(三浦)로 하고, 대마도의 도주(島主)와도 조약을 체결하여(계해조약, 1443, 세종 25년) 무역선의 수와 쌀·콩 따위의 품목 및 수량 따위를 제한했다. 그런데 15세기 중엽 이후 사무역이 증대하고 밀수가 성함에 따라 이것이 왜인과의 분쟁 원인이 되어, 15세기 말에 이르자 조선정부는 사무역의 단속을 단행했다. 중종시대에는 여기에 불만을 품은 왜인(대마도주를 포함하여)들이 삼포에서 반란을 일으켰는데, 조선정부는 이를 진압하고 삼포를 폐쇄해 버렸다.

그 뒤 대마도주는 궁한 나머지 다시 통교를 요청해 왔다. 이에 조선정부는 중종 7년(1512)에 '임신조약'을 맺고, 세종 때 맺은 '계해조약'의 약 절반에 해당하는 무역량으로 축소하여 이를 인정했다. 또 왜인의 삼포 거주를 금했고 무역항으로서 제포(내이포)만을 허락했다. 이로써 당시 일본의 소(小)호족이나 상인들은 적지 않은 타격을 받았다(이상 한우근, 《한국통사》 참조).

1545년 7월, 수교를 맺고자 하는 왜인 사신의 내조(來朝)에는 이상과 같은 대일무역 및 외교상의 역사적 과정이 있었다. 왜인으로서는 어떻게든 지난날의 활발하던 통상을 회복시키겠다는 강한 희망이 있었고, 한편 조선으로서는 대일문제가 쓰라린 경험과 함께 불쾌한 대상이었음이 분명하므로, 정부가 총동원하여 수호반대·거부를 주장하는 것도 당연한 일이었다.

5. '권(權)'을 보유하고 '세(勢)'를 잊으라

퇴계는 당시 승문원 교감의 직책에 있으면서 이 대왜 수교문제에 큰 관심을 갖고, 중앙조정 안에 반대론이 있는데도 불구하고 국가의 백년대계를 좌우하는 문제로 여겨 〈갑진결물절왜사소(甲辰乞勿絶倭使疏)〉라는 장문의 상소를 올렸다(갑진은 1544년인데, 고증에 의하면 이것은 잘못으로서 을사(乙巳), 즉 1545년 인종 원년 가을의 일이다). 이것은 왜사(倭使)의 수교요청을 거절할 필요가 없음을 주장한 것으로, 그 내용은 참으로 격조 높은 당당한 논설을 편 문장이다. 여기에는 퇴계의 인간관·학문관·외교정치론이 고금의 역사적 사실과 성왕들이 취한 방책·방침 따위를 참고하면서 지성적으로 분명하게 설파했다. 다음에 그것을 간단히 소개하기로 한다.

조선조에 있어서 주변국가 중 문화를 가진 나라는 중국뿐이었고, 그 밖에는 일본을 포함하여 모두 오랑캐였다. 퇴계는 다음과 같이 말하고 있다. "사람들은 모두 오랑캐가 금수(禽獸)라지만, 오랑캐 역시 인간이옵니다. 그들은 예절을 모르며 교양이 없고 비천하므로 금수라고 일컬어지지만, 이들을 대응하기에는 '오는 자는 거절하지 않고, 가는 자는 쫓지 않는다'는 방침이 좋사오며, '불치(不治)의 치(治)'가 가장 알맞사옵니다. 오랑캐(다른 문화를 가진 민족)에게 군신상하의 분(分)을 가지고 예의명교(禮義名敎)의 도를 요구하여 시비·곡직·역순을 다투는 것은 깊이 다스리는 바가 아니옵니다. 저 '도이(島夷) 사량(蛇梁)의 변'(현재 통영인 사량에서의 왜인의 변란)은 '개나 쥐새끼의 도둑질'에 지나지 않사옵니다. 이미 적도(賊徒)들을 죽여 물리쳤고 거류관을 폐지하여 왜인을 추방하였으니, 국위는 이미 떨쳤사오며 왕법 또한 바로 잡혔사옵니다. 더욱이 왜인은 위엄을 두려워하고, 덕에 얼굴을

붉히며 마음을 고치고 잘못을 뉘우쳐, 지난번의 왜란은 다른 사람이 일으킨 것이라고 변명하면서 머리숙여 자비를 애걸하고 있사옵니다.

이제 왕도는 탕탕(蕩蕩)하여 널리 미치고 있사옵고, 또 '거짓을 미리 헤아리지 않고 불신을 혼자 생각으로 추측하지 않는다' 하였습니다. 즉, 감히 남의 마음을 헤아리는 데 부심하지 않고 타인의 불신을 억측하지 않는 것이 현자이오니, 왜인들이 진실로 올바른 마음을 가지고 온다면 청화(請和)를 받아들일 따름이옵니다. 지금이 허락해야 할 시기인데 허락하지 않으신다면, 어느 때 허락하실 것이옵니까. 조정의 신하로서 왜노(倭奴)의 청화를 거절하려는 사람들은 '저들의 죄가 큰데도 이제 막 거절해 놓고 갑자기 다시 이들과 화통한다면, 악을 징계하지 못하여 또다시 모욕을 당하는 후회가 남을 것이다'라고 말하고 있사옵니다. 언뜻 듣기에는 이치에 맞는 것 같지만 전혀 그렇지 않사옵니다. 고래로 중국의 변경 이민족이 국경을 침범했더라도 다시 국경 밖으로 나가면 서신을 보내어 화약하는 것이 가인(家人)·부자(父子)의 상친(相親)함과 같았다고 하옵니다. 이처럼 역대의 성왕(聖王)이 이민족을 비교·대조의 영역 밖에 두고, 그들과 화통한 바는 오직 백성의 화를 막기 위해서였사옵니다.

지금 왜인에 의한 난(사량왜란)을 중국의 고사와 비교한다면, 죄가 돌아가는 곳은 같지만 그 경중에는 차이가 있사옵니다. 그런데 어찌 왜인에게 자신의 길을 허락하지 아니하시고 도리어 우리 백성에게 화를 미치게 하려 하십니까. '병흉전위(兵凶戰危)는 사직을 이롭게 하고 생령을 편안케 하는 것을 급선무로 하고, 금수도량(禽獸跳梁, 금수가 함부로 날뜀)의 일은 도외시할 것', 이것이 예부터 내려오는 사실(史實)의 교훈이옵니다."

당시 조정에서도 대왜 외교에 대한 일설이 있었는데, 퇴계는 이에 대해서도 언급하면서 한편으로는 독자적인 대외수호의 외교철학을 전개했다.

"오랑캐와 화친하는 방법에는 이의 조종(操縱)·신축(伸縮)·가부(可否)를 결정하는 권(權)과 세(勢)가 있어야 하는데, 지금 그 권과 세는 우리에게 있고 그들에게 있는 것이 아니므로, 이에 따라 우리 조정은 수호를 거절해야만 한다고 말합니다. 그러나 권과 세가 우리 쪽에 있다면, 죄가 있으면 그들과의 화친을 거절하고 반성·자신(自新)하면 화친을 허락한다는 주체적인 결단도 가능할 따름이옵니다. 문제는 그것을 가(可)하다고 할 시의(時宜)를 잃지 않는 것이옵니다. 본래 화친을 허락하고 허락하지 않을 권과 세가 우리에게 있으므로, 이제 '그 권을 보유하면서 그 세를 잊는다'는 것이 가장 중요하옵니다('권'이란 외교상의 주도권이며 '세'란 힘을 뜻한다). 이에 따라 무심하게 이에 대응하면 왜인은 반드시 그것을 큰 덕으로 알고 마음에 감열(感悅)하여 잇달아 투관(投款)할 것이옵니다. 이것이 이른바 '이를 화(化)한다'는 것으로서 화친을 서로 교환함까지 이르는 것은 아니옵니다. 오늘날 우리 조정은 이 '화하는' 것이 가장 좋은 방법인데도 현실은 그렇지 않사옵니다. 우리의 권과 세를 가지고 선(善)으로 향하려는 왜인의 마음을 굳게 막아 화친을 허락하지 않고 있사옵니다. 이렇게 되면 반드시 우리와 그들 간에 모가 나고 크게는 원한의 근원이 되어, 후일의 무궁한 근심을 열게 되는 것이옵니다."

이것으로도 알 수 있듯이 퇴계는 이미 얼마 뒤에 닥칠 '임진왜란'을 명확히 예견했으며, 그 우국충정과 통찰력에 우리는 크게 감명 받는 동시에 외교 자세의 근본을 살필 수 있다.

6. 국제정세를 파악한 정치가

상소문은 다시 다음과 같은 내용으로 전개된다.

"만일 이상과 같은 조건이 성립되지 않아 전쟁이 일어나면, 이를 교화하려 해도 이미 왜인의 마음은 심히 굳어졌을 것이고, 화친을 하려 해도 그 외교상의 권(權)·세(勢)가 이미 우리 쪽에만 있지는 않사옵니다. 우리와 그들이 서로 권·세를 다투어 우열을 가릴 수 없게 되옵니다. 백성을 전쟁의 불길 속에 빠뜨리고 화의하는 것과, 백성을 애양(愛養)하여 탕탕한 왕도를 행함을 놓고 본다면 후자보다 나은 것이 없사옵니다. 이 의리·이해의 귀추는 명백하여 분명한 것이옵니다."

그리고 퇴계는 중국 송대에 있어서 이민족 국가인 금(金)과의 화의(和議) 문제에 대한 주자의 상소문에 대해 언급하며, 송나라 사람의 외교적 졸렬성을 비판했다. 그에 따르면 송나라의 어리석음이란 국토를 반감당하고 두 황제가 잡혀가 살해된 나머지 화(和)와 불화의 주도권을 상대에게 빼앗긴 데다가, 더구나 금이 불구대천의 원수임을 잊고 오랑캐에게 애걸한 모습을 말했다. 이미 송나라에는 권도 세도 없는데, 퇴계는 이것을 크게 반성해야 할 통한지사(痛恨之事)라고 했다.

따라서 그 시기의 조선에서 사량(蛇梁)의 반란은 작은 사건이고, 더구나 조선은 왜인의 강화요청에 인정·비인정의 주도권(권과 세)을 가지고 있으므로, 퇴계는 "오늘의 일과는 크게 다르다"고 하여 송과 금과의 문제와 구별하고 있다. 자국 내에서 외국인이 그 정치에 불만을 품고 일으키는 반란·폭동은 상당히 큰 불상사이지만, 퇴계는 이민족에 의한 국토침략이나 왕조존립의 위기에 비해 사량왜란은 사소한 일로 보아 왜인을 불공대천(不共戴天)의 원수로는 보지 않았으며, 따라서 그들과의 수교를 인정하라고 주장했다. 그렇다면 퇴계가 당시의 국가체제에 확고한 자신을 가지고 있었느냐 하면 그렇지는 않다. 이미 서술한 바와 같이 중앙조정 내에서는 붕당의 싸움이 거듭되어 정세가 혼란하고 변방의 방비는 소홀해졌으며, 병력이 소모된 데다 식량이 부족하여 백성들은 원성과 분노마저 터뜨리고 있었다. 태백(금성)이 대낮에 보여 병란(兵亂)의 징후를 나타내기도 했다. 즉 북방의 여진족이 변경을 넘보고 있으므로, 다시 남방의 왜인의 침입을 초래한다면 남북 두 오랑캐를 동시에 적으로 만들게 된다. 퇴계는 이에 대해 "아직 모르겠도다. 국가는 무엇을 믿기에 이를 처리하지 않는가. 이것이 신을 크게 우려하게 하는 바이다"라 말한바 있다. 그리고 퇴계는 진심을 토로하기를 "국내외 정세를 감안한다면 왜인의 화의 요청을 허가해야 한다"고 상소하면서, 다음과 같은 이유와 방침을 서술하고 있다. 요약하면 이렇다.

①동남쪽은 국가의 재부(財賦)와 병력이 있는 곳으로, 어떠한 일이 있더라도 이를 확보할 것.

②왜인의 강화요청은 나라의 사면에 비겨 이를 특별히 허가할 것.

③동남국경을 안전하게 하여 북쪽 오랑캐의 방어에 전념할 것.

④만일 왜인이 모반하여 거칠게 무력으로 나온다면, 우리 쪽의 대응에 만전을 기할 것.

⑤왜인의 강화요청을 허락하더라도 방비는 늦추지 말 것.

⑥예의로써 왜인을 대하는 것은 좋으나 지나치지 말 것.

⑦곡식과 비단으로 왜인과 정을 맺는 것은 허락하지만, 끝없는 요구를 받아들이고 뇌물을 받아서는 안 된다는 것.

⑧자식의 교만방자한 태도를 부모가 꾸짖을 때에도 부모로서 미리 막지 못한 잘못과 책임이 있음을 잊지 말아야 하듯이, 외교에서도 항상 예검(豫檢, 미리 단속함)이 필요함을 알 것.

⑨외교는 사사로운 일이 아니므로, 김안국(金安國)처럼 사적으로 왜인을 후대하는 것은 죄에 해당한다는 것.

이상과 같이 상소한 뒤, 퇴계는 마지막으로 다음과 같이 말했다.

"신은 타고난 병이 매우 심하여 기식면연(氣息綿延)하여 죽음과 이웃하고 있사오나, 조정이 왜인의 청화(請和)를 거부한다는 말을 듣고 마음속으로 몰래 괴이하게 여기며 탄식하는 바이옵니다. 생각하옵건대 이번 일은 국가 사직 백 년의 우환과 관계되고 억만 생령의 목숨이 걸려 있사옵니다. 한마디 아뢰지 않고 죽는다면 홀로 마음속에 한을 무궁히 품을 것이옵니다. 고로 감히 병을 무릅쓰고 이 글을 올린 것이오니, 전하께서는 다시금 널리 조정의 신하들과 상의하시어 허심하게 가까운 곳부터 살피시고 절충하여 세밀하게 대처하신다면, 어리석은 신하에게는 다행일 뿐만 아니라 종묘사직의 행복일 것이옵니다."

이미 말한 바와 같이 이 시기에는 사화가 크게 일어나서 퇴계 자신도 그 화를 입고 있는 중인데도 불구하고, 몸의 위험을 돌보지 않고 죽을 각오로 이 상소문을 올렸던 것이다. 대왜(對倭) 수호문제는 자칫 잘못하면 국가 백 년의 근심이 되고 만민생령의 생사에 관계된다며, 국내외 정세를 정확히 파악하여 깊은 인간관과 평화적 휴머니즘으로 덕치주의에 기초한 평화외교와 국토방위의 문무 양면에서 조선 국가체제의 안태(安泰)를 쌓아 나가기를 기대한 퇴계의 이 상소문은, 오늘날에도 그 빛을 발하고 있다.

만일 퇴계의 상소문이 국책으로 받아들여졌다면, 과연 40여 년 뒤에 '임진왜란'이 일어났을 것인가. 이렇게 볼 때 퇴계란 인물은 일반의 인상과 같은 지식인·학문인·교육자일 뿐만 아니라, 국제정세를 정확히 파악한 한 사람의 당당한 정치가였다고 할 수 있을 것이다.

7. '신(新)유학'의 재(再)집대성자

퇴계의 사상에 관해 상세한 내용은 이 책의 뒷장에서 논술하기로 하고, 여기서는 퇴계의 사상이 동아시아 사상사에서 어떠한 의미를 가지며, 또 어떠한 위치를 차지하고 있는가에 대하여 필자의 견해를 간략히 서술하고자 한다.

한마디로 퇴계의 사상에서 가장 특징적인 것은, 종래의 중국사상이 송학을 포함하여 여전히 천명관념(天命觀念)을 보유하고 있었으나, 퇴계에 이르러서는 이 '천명관념'이 그 사상적 구조 속에서 자취를 감추었다는 점이다. 전통유학을 가장 합리적이고도 논리적으로 심화시켜서 후세에 이를 Neo-Confucianism(신(新)유학)이라 칭하게 될 만큼 새로운 전개를 행한 송학, 특히 그 집대성자로 일컬어지는 주자에게조차도 천명관념은 여전히 남아 있었다. 예를 들어 《주자어류(朱子語類)》(권4~7)를 살펴보면, 인간의 성(性), 기질의 성(性), 심(心), 정(情) 따위를 논함에 있어서 이것과 천명의 연관이 얼마나 많이 또 진지하게 관심의 대상이 되었는지 알 수 있을 것이다. 고대에 있어서 천(天)의 절대선의지적(絶對善意志的) 성격, 주재자적 성격 등은 이미 전면에 나타나지 않더라도, 천명은 주자와 그 문인들의 논리 속에서 여전히 강한 관심의 대상이 되어 있었다.

그런데 퇴계에 이르면, 그의 논저 어디에도 천명관념이 주요한 논리로 나타나지 않는다. 그 단적인 예로 정지운(鄭之雲)이 처음에 제작하고, 뒤에 퇴계가 철저히 손을 대어 개정해서 그의 책임 아래 간행한 《천명도설(天命圖說)》에서, '천명이란 무엇인가'라는 물음을 제일 먼저 발하고도 '천즉리(天卽理)'라고 단적으로 잘라 말해 버린 점이다. '천리'라든가 '하늘의 이치'는 송학에서도 언급되고 있으나, '천(天)은 즉 이(理)다'라고는 하지 않았다. 이 '천즉리' 설은 극히 합리적인 '천인상응체계(天人相應體系)'를 유도하는 동시에, 천에 사덕(四德)·사리(四理)의 작용이 있음을 인정하고, 여기에 음양이기오행(陰陽二氣五行)의 작용을 연관시켜 사람을 포함한 개개의 물(物)의 생성을 합리적으로 이기론(理氣論)을 통해 설명함으로써, 결과적으로 천명이란 관념을 논리적으로 제거해 버린 것이다.

퇴계 철학에서 '천명관념'의 제거로, 다시 그의 특징적인 사상이 전개된다. 첫째는 천명에 의해 물(物)에 이(理)가 부여되는 게 아니라 천이 곧 이로서 원형이정(元亨利貞)의 작용을 가진 사덕·사리를 구비하는데, 개개의 물의 시(始)—통(通)—수(遂)—성(成)이라는 생성도 이 사덕·사리의 작용에 의해 이루어지며, 사람의 성(性)도 능동적인 역할을 가져 선을 실현하는 힘으로 이해된다. 원래 형이상학적인 이(理) 또는 성(性)은 능동인적(能動因的)인 작용을 가진 것으로 이해되었다.

주자는 《중용》의 '천명지위성(天命之謂性)'의 주(註)에서 "하늘은 음양오행을 가지고 만물을 화생(化生)하는데, 기(氣)를 가지고 형(形)을 만들고, 이(理)를 또한 여기에 부여함이 마치 명령하는 것과 같다"고 했다. 물(物)에 있어서는 이(理), 사람에 있어서는 성(性)인데, 이는 주자에 의하면 하늘의 명령에 의하여 주어진 것이다. 여기에 이(理) 또는 성(性)에 있어서 해야만 된다고 하는 당위성이 천명에 기인하고 있음을 알 수 있다. 즉 인간에게 천리(天理)로서의 성(性)의 선(善)을 실현하는 것은 하늘의 명령에 의한 것이라는 뉘앙스가 동반된다. 그런데 천명관념이 사라지면 천(天)이 곧 이(理)이고 천이 곧 성(性)이므로, 나와 하늘은 하나이며 하늘의 작용으로서의 사리·사덕은 그대로 내 성의 작용이므로, 여기의 '나'에게는 덕원리(德原理)가 성립된다. '해야 한다'는 당위성이 자기의 주체에 내재하게 된다.

둘째는 선의 실현이 자기의 본래적인 성의 실현에 의해서만 가능하다고 함으로써 '마음은 몸의 주재(主宰)', '경(敬)은 마음의 주재'라는 논리가 전면으로 나오게 되는데, 여기에서 퇴계의 '경의 철학', '경의 도덕론'이 확립된 것이다. '경(敬)'은 송학에서와 같이 단순한 존양성찰의 방법론이 아니라, 성학(聖學)의 처음부터 끝까지 관철하는 원리가 되었다. 퇴계가 가장 만년에 저술한 필생의 거작 《성학십도(聖學十圖)》는 당시의 왕에게 바친 것으로, 이는 그의 철학체계를 집대성한 것이다. 그 거작의 〈제1태극도〉로부터 〈제10숙흥야매잠도〉에 이르기까지 관통하는 것은 '경(敬)'이었다.

셋째는 위에 말한 《성학십도》가 신유학(송학)의 성과를 받아들여 퇴계의 경(敬)철학으로 재편성한 것이라 할 수 있다. 송학 특히 주자학이 갖는 번거로운 사변적 철학의 측면은, 퇴계의 경(敬) 중심의 세계관·인간관 또는 실천적 도덕론에 의해 다시 지양·집대성되었다. 퇴계학이 일본에 진지하게 수용되어 이해되고, 또한 퇴계의 인격이 존숭됨으로써 퇴계학 및 주자학이 정착한 것도, 위와 같은 퇴계학의 성격·내용에 의한 것이라 할 수 있다.

제2장 권근(權近) 사상의 역사적 의의와 퇴계

서(序)

고려 말 공민왕 시대(재위 1352~1374)에 성균관과 과거제도가 부흥된 뒤부터 주자학은 관학(官學), 또는 새로운 정치철학으로 발전하여 사구(詞歐)나 시가와 문장 중심이던 종래의 유학적 교양은 배척되고 불교 역시 이단시되기에 이르렀다. 특히 불교의 타락과 부패에 따라, 당초에는 공존적이고 타협적이었던 유학자들로부터 강한 배불(排佛) 공세가 가해졌다. 인륜을 바르게 하고 수기치인(修己治人)의 실(實)을 거두는 것이 복적인 주자학(넓게는 송학)의 정치교육의 학문은, 고려조의 말기적 상황으로 나타난 사회질서의 혼란에 대해 부정적 태도를 취하는 학자와, 어디까지나 현 체제를 유지하고 고려왕조에 충성을 다하려는 학자로 분열시켰다. 후자는 정몽주·길재, 전자는 정도전·권근 등이 대표적 학자였다. 권근은 역사적으로 볼 때 전(前)왕조 체제를 부인하고, 신왕조에 참여한 개혁과 학자라 할 수 있다.

연보를 보면 태조 이성계가 정권을 빼앗은 홍무(洪武) 26년(1393)에 권근은 42세였다. 이해 2월 태조가 계룡산에 갔을 때 그는 부름을 받아 행재소(行在所)에 가서 예문관학사 정총(鄭摠)과 함께 환왕정릉묘비(桓王定陵墓碑)를 찬(撰)하도록 명령받았고, 그해 3월 어가(御駕)를 수행하여 서울로 돌아왔으며, 이어 9월에는 자헌대부검교(資憲大夫檢校)·예문춘추관태학사(藝文春秋館太學士) 겸 성균관대사성(成均館大司成)을 임명받았다. 이것으로 보아도 권근이 처음부터 이씨 정권에 가담하여 적극적으로 정권 확립에 참여한 학자임을 알 수 있다.

그래서 이 장에서는 조선왕조 개창기의 유학자로 조정에 있으면서 정치에도 깊숙이 관여한 권근이, 어떠한 사상을 가지고 주자학을 어떻게 수용하여 이해했는지, 또 그 사상적 특징은 무엇이고 나아가서 그의 사상이 퇴계의 사상과 어떤 관련이 있는지 등을 주된 시점으로 삼아 고찰하고, 이로써 권근 사상의 역사적 의의 또는 성격을 해명하고자 한다.

1. 여말선초(麗末鮮初)의 학문과 권근

권근의 사상을 생각할 때 먼저 주목하여야 할 것은 그의 사상적 계보이다. 그는 목은(牧隱) 이색(1328~1396)의 〈행장(行狀)〉을 썼는데, 여기에서 다음과 같이 서술하고 있다. "공민왕 10년(1361, 신축년) 병란이 가라앉은 뒤, 왕이 숭문관의 옛터에 성균관을 부흥하여 다시 짓고 경술(經術)의 선비들을 모았는데, 그때 영가의 김구용, 오천의 정몽주, 반양의 박상충, 밀양의 박의중, 경산의 이숭인 등의 학자가 다른 관직을 겸하면서 학관(學官)이 되었고, 목은은 이들의 장(長)으로서 처음으로 성균관 대사성을 겸했다."[1] 이것은 정미년(丁未年)인 1367년의 일이다.

이리하여 다음해인 공민왕 17년(1368, 무신년) 봄부터 드디어 성균관의 활동이 시작되었다. 그 상황을 위의 〈행장〉에서는 다음과 같이 말하고 있다. "사방에서 학자들이 성균관에 모여, 먼저 초빙한 당시의 '경술지사(經術之士)'(김구용·정몽주 등을 말함)들이 학생들에게 경(經)을 나누어 주고 강의했다. 매일 강의가 끝나면, 그 교수들은 서로 의문되는 점을 격렬하게 논의했다. 그러나 목은은 그 가운데 기쁜 마음으로 앉아 변석절충(辨析折衷)하여 반드시 정주(程朱)의 뜻에 맞도록 애썼고, 마침내 저녁이 되어도 지루함을 느끼지 못하였다. 이에 이르러 동방의 성리학은 크게 떨쳤다. 학자는 종래의 기송사장(記誦詞章)의 습관을 버리고 신심성명(身心性命)의 이(理)를 궁구했고, 이 길(정주의 학문)을 으뜸으로 하는 것을 알아 이단에 현혹되지 않았으며, 그 의(義)를 바르게 하고자 하여 공리(功利)를 도모하지 않았다. 이로써 유풍학술(儒風學術)은 확연히 일신되었다. 이것은 모두 선생(목은)의 교회(敎誨)에 의한 것이다."[2]

목은은 권근보다 24세 정도 연상이므로 학문적으로도 대선배이며, 그야말로 선학선유(先學先儒)로 권근이 크게 존경하는 바였다. 특히 목은은 앞서

---

1) 《양촌집(陽村集)》 권40, 행장(行狀), 목은선생이문정공행장.
2) 동상서(同上書).

의 인용에서도 보았듯이 성균관 부흥 후 최초로 대사성을 겸하여 강의하는 다른 학자들의 장(長)이었는데, 이것은 권근의 〈정삼봉도전문집서(鄭三峯道傳文集序)〉에도 "……吾座主牧隱先生, 早承家訓……"[3]라고 씌어 있어 목은을 좌주(座主)로 삼아 받들고 있었음을 알 수 있다. 더구나 위의 인용에서 보듯이, 목은도 제유(諸儒)들의 경서에 관한 의문이나 논의에 대해서도 항상 변석절충함을 방침으로 삼아, 그 논의의 결론이 정주의 학설로 귀납되도록 노력했던 것이다. 이처럼 목은은 동방 성리학의 확립, 이단의 배제, 기송사장의 옛 유학으로부터의 탈각 등에 크게 공헌했다.

또한 권근은 정삼봉(鄭三峯, 三峯은 정도전의 호)에 대해서도 앞의 〈문집서〉를 통해 다음과 같이 기술하고 있다. "포은정공(圃隱鄭公), 도은이공(陶隱李公), 삼봉정공(三峯鄭公), 반양박공(潘陽朴公), 무송윤공(茂松尹公)은 모두 승당(升堂)한 사람이다. 삼봉과 포은, 도은은 가장 친하여 강론절차하면서 더욱 얻는 바가 있었다. 항상 후진을 가르쳤고 이단의 배척을 스스로의 임무로 삼았다. 그가 시서(詩書)를 강론하면 능히 근언(近言)으로써 당연한 도리를 구사하여 학자가 한 번 들으면 즉시 그 이치를 깨달았다. 이단을 배척하는 데 있어서도 능히 그 글에 통하고 먼저 그 상세함을 논한 다음에야 그 비(非)를 지적했다. 듣는 이는 모두 감복했다. 이리하여 경(經)을 가지고 모여오는 무리가 문에 넘쳤다." 또 이 〈문집서〉에 따르면, 삼봉(三峯)의 문하에서는 과거에 급제하여 현관(顯官)이 되는 자가 많았고, 무부속사(武夫俗士)도 그의 학문을 듣고 크게 이름을 떨치게 되었으며, 불교도조차도 교화되는 자가 있었다고 했다. 그리고 삼봉이 예악제도(禮樂制度)와 음양병력에 정통했고, 직언하여 재상에게 거역하고 유배생활 10년 동안에도 지조를 바꾸지 않았다는 점 따위를 들어 삼봉을 칭송하고 있다.

또 위의 글에 이어 권근은 삼봉의 저술을 언급하면서, 그에게는 《학자지남(學者指南)》 약간 편이 있는데, "의리의 정밀함을 분명히 볼 수 있으며 전현(前賢)이 아직 발견하지 못한 것을 다했다. 잡제(雜題) 몇 편은 신심성명의 덕에 기본을 두고, 부자군신의 윤리는 크고 천지일월은 미미하며, 금수초목에도 이(理)가 이르지 않는 바가 없음을 밝히고, 언(言)은 정(精)……"이라

3) 동상서(同上書) 권16, 서류(序類), 정삼봉도전문집서.

하여, 삼봉의 학문 역시 정주성리(程朱性理)의 학문을 천명한 것이라고 했다.

목은 및 삼봉에게 권근이 직접 사사했는가에 대해서는 다음과 같은 기록이 있다. 즉, 삼봉에 대해서는《입학도설(入學圖說)》후집에 수록된 〈삼봉선생심기리삼편주서(三峯先生心氣理三篇註序)〉의 말미에서 "고우불규비졸(故愚不揆鄙拙), 약위주석(略爲註釋), 우인기단(又引其端), 이소문어선생자명지이(以所聞於先生者明之耳), 홍무갑술(洪武甲戌)(1394, 태조 2년), 하양촌권근서(夏陽村權近序)"라고 하여 삼봉으로부터 직접 강술을 받았음을 밝히며, 목은과의 관계에 대해서는 그 문집과 행장의 편저자로서 "문인……권근"이라 씌어 있으므로, 이 역시 목은의 제자였다고 생각된다. 그러므로 목은은 위에 설명한 바와 같이 '동방성리학'을 일으켜 고려시대의 유풍학술을 새롭게 발전시킨 사람이고, 따라서 목은, 삼봉, 포은 등이 권근의 사상에 가장 큰 영향을 끼친 학자라 해도 과언이 아닐 것이다.

2.《천인심성합일지도(天人心性合一之圖)》에 있어서 권근 사상의 특색

지금까지의 것을 전제로 하여 권근의 《입학도설》을 고찰해 보기로 한다. "홍무 23년(1390, 경오년) 2월, 권근이 계림에서 잡혀 옥에 들어갔다가, 4월에 김해, 5월에 청주로 옮겨지고, 6월에 수이(水異)가 있어 풀려나 한양에 돌아왔다가, 7월에 다시 익주로 유배되어《입학도설》을 지었다." 이 책은 연보에 기록되어 있듯이 유배 중에 집필된 것이다. 또《입학도설》의 서문에도 저술의 경위가 기록되어 있다. 그때 권근은 39세였다.

이 〈서(序)〉에도 있듯이 《입학도설》(이하 《도설》이라 하기로 한다)은 처음 《대학·중용》의 사상 내용을 알기 쉽게 도해해서 설명하려는 것이 주된 의도였다. 아울러 다른 경전에서 도설할 수 있는 것을 되도록 많이 채용하고, 나아가서 그 각각에 대해 성현의 설과 자신의 설을 덧붙인 것이다. 전체를 전후 2편으로 나누었으며, 극히 독창적인 의도를 가진 도설·해설을 베풀고 있다. 먼저 처음에 나오는 〈천인심성합일지도(天人心性合一之圖)〉를 중심으로 고찰해 보기로 한다.

이 그림은 먼저 주자의 《중용장구(中庸章句)》 글머리에 있는 주(註)인 "천이음양오행(天以陰陽五行), 화생만물(化生萬物), 기이성형(氣以成形),

이리역부언(而理亦賦焉)"에 기초하고, 주염계의 《태극도설(太極圖說)》로부터 구상을 얻어서 극히 독창적인 그림을 이루고 있다. 권근에 따르면 이 그림은 사람의 심성에 대해 이기(理氣)·선악이 다름을 학자에게 보이려 함이 목적이고, '만물화생의 상(象)'에는 미치지 않았다고 하지만, 전체적으로 보면 사람 및 물(物)에 대해 이기론(理氣論)을 가지고 설명하고 있다. 즉, 사람 및 물(物)이 생기는 이치는 같으나, 기는 통색편정(通塞偏正)의 이(異)가 있다고 했다. 기의 정(正)하고 통함을 얻었을 때 사람이 되고, 그것이 편색(偏塞)할 때에는 물(物)이 된다. 성인(聖人)은 기의 가장 정통함을 얻은 사람이므로 '성(誠)'이라는 글자로 나타내고, 기의 일반적인 정통을 얻은 자를 '중인(衆人)'이라 하여 '경(敬)'자로 나타낸다. 기의 편색은 물(物) 또는 금수이고, 가장 편색한 것은 초목이 된다. 이리하여 사람뿐만 아니라 물(物)의 화생함도 이 가운데 포함된다고 했다.

이와 같이 권근은 우선 사람과 물(物)에는 각각 이(理)가 부여되어 있어 동일한 존재라고 할 수 있지만, 기의 통색편정의 차이에 따라 성인·중인·금수·초목으로 나뉜다고 했다. 이에 대해 주자는 "인물의 생(生)함에 각각 그 부여된 바의 이(理)로 인하여 건순오상(健順五常)의 덕을 이룬다"고 하였으며, 이것이 곧 '성(性)'이라고 했다. 여기서 주자가 말하는 '인물(人物)'은 사람과 물(物)이 아니라 '사람이라는 물건'의 뜻으로 해석된다. 그러나 그것은 그 앞부분의 "천이음양오행(天以陰陽五行), 화생만물(化生萬物), 기이성형(氣以成形), 이리역부언(而理亦賦焉), 유명령야(猶命令也), 어시인물지생(於是人物之生)……"이라는 주에서 보면, 반드시 '사람'에 대한 언급이라고만 볼 수는 없다. 사람을 포함한 물(物)에 이(理)가 부여되는 것이 명령에 의한 것과 같다고 한 문장에서 본다면 '어시인물지생(於是人物之生)……'의 '인물'은 '인과 물'로도 해석되기 때문이다. 그러므로 주자가 인(人)에게 부여한 이(理)는 마찬가지이고, 그것에 의해 건순오상의 덕을 이룬다고 해석한다면, 주자는 인과 물에 구별을 둔 것이 된다.

주자의 이러한 논리에서, 인에 대해 건순오상의 덕을 이룬다고 함으로써 그 가능성을 부여했다면 그것은 그런 대로 긍정할 수 있지만, 반면에 '인물'을 '인(人)과 물(物)'로 보아 '물(物)'에도 이(理)에 의해서 건순오상의 덕을 이룬다—고 하게 된다면, 그것은 인과 물에 대한 일종의 혼동이다.

원래 주자에 따르면 물(物)에는 각각 물(物) 된 바의 이(理)가 부여되어 있으므로, 개개의 물에 개별성 또는 알레테(주자의 경우에는 '물지성(物之性)'이 된다)가 있더라도, 물에 건순오상의 덕이 있다는 것은 오히려 논리적으로 모순된다고 할 수 있다. 이런 뜻에서 《중용》 글머리에 있는 주자의 주에는 처음부터 문제가 있다고 하겠다.

그런데 권근은 위에서 본 부분의 다음의 주에서 주자가 "성도(性道)는 비록 같다고 해도 기품(氣稟)은 다르다. 그러므로 과불급(過不及)의 차이가 없을 수 없다"는 것에 대해, 인물에 의한 기를 선천적으로 타고 난 상태의 차이로 성인·중인·금수·초목으로 구분하고 있다. 《주자어류》 등의 기록으로 미루어 볼 때, 주자와 권근 사이에는 그리 큰 사고방식의 차이가 있다고는 할 수 없으나, 《중용장구》의 주가 주자보다 더 합리적이고 주도한 사고방식을 보여 주고 있다고 할 수 있다.

또한 권근은 주자의 '인(人)'의 개념을 '중인(衆人)'으로 바꾸어 놓고 있다. 이것은 이 《도설》 다음에 나오는 〈천인심성분석지도(天人心性分釋之圖)〉의 '성(性)'에 대한 설명에서 밝혀진다. 즉 학자가 주자의 《태극도설》에는 "군자는 이것을 닦으므로 길하고, 소인은 이것을 거스르므로 흉하다"고 했는데, 선생은 이 《태극도설》을 근본으로 하면서도 '경(敬)'자가 있는 데서는 '군자'는 이를 닦는다(修)고 하고, '욕(欲)'자가 있는 데서는 '소인'이라 하지 않고 '중인'이라 했으니 어찌 된 일인가 라고 한 학자의 질문에 다음과 같이 대답하고 있다. "사람은 자기가 못나고 어리석어도 모두 스스로를 어질고 슬기롭다 생각하여 자신이 행하는 바가 소인임을 알지 못한다. 만일 소인이라 해버리면 사람〔小人〕은 자포자기함을 남의 일이라 생각하여 자성(自省)하지 않는다. 그러므로 단지 중인이라고 했을 뿐이다. 그래야만 비로소 사람은 자기 자신을 반성하고 감동하여 분발하는 것이다." 이것은 실로 적절한 인간이해의 태도로서, 주자에서 나왔지만 주자를 초월하는 사상의 일단을 엿볼 수 있다.

〈천인심성합일지도〉의 해설에서는 이어서 다음과 같이 말한다. "원래 천지 사이의 '화(化)'는 생생하여 다하는 바가 없고, 왕래하여 낳고 이어져서 나간다. 사람과 짐승과 초목은 천형만상(千形萬狀)이지만, 개개의 물(物)로서 그 부여된 성명(性命)을 바로 하는 자는 모두 한 태극 속에서 유출된다.

그러므로 만물은 일리(一理)를 구비하고 만물의 개개의 이(理)는 또한 한 근원으로 돌아간다. 나무 한 그루 풀 한 포기도 각각 태극을 동일하게 가지고 있으므로 천하에 '성(性)' 밖의 '물(物)'은 없다." 또 만물은 여러 가지 형태로 각양각색으로 나타나지만, 개개의 물에 있어서 "성명을 바로 하는 자는 모두 한 태극 속에서 유출된다"고 했다. 그러면 '성명을 바로 한다'는 것은 무엇인가. 우선 주염계의《태극도설》에서 다음과 같이 말하고 있다.

無極而太極, 太極動而生陽, 動極而靜, 靜而生陰, 靜極復動, 一動一靜互爲其根, 分陰分陽, 兩儀立焉, 陽變陰合, 而生水火木金土, 五氣順布四時行焉, 五行一陰陽也, 陰陽一太極也, 太極本無極也, 五行之生也, 各一其性, 無極之眞, 二五之靜, 妙合而凝, 乾道成男, 坤道成女……

물질의 가장 기본적인 구성요소로서의 오행도 음과 양으로 이루어져 있다. 그 음양의 기초가 태극이고, 태극은 원래 무극이다. 오행이 생길 때 각각은 그 성을 동일하게 가지고 있다고 주염계는 말했다. 여기서는 오행의 성이 모두 동일하다는 뜻이고, 그 이상 형이상(形而上)이나 형이하(形而下)에 걸쳐 '성(性)'의 이론이 전개되어 있지는 않다.

또 주자의《태극도설해(太極圖說解)》에는 "無極而太極…… 分陰分陽, 兩儀立焉"에 대해 다음과 같이 해설되어 있다.

太極之有動靜, 是天命之流行也, 所謂一陰一陽之謂道, 誠者聖人之本, 物之終始, 而命之道也, 其動也誠之通也, 繼之者善, 萬物之所資以始也, 其靜也誠之復也, 成之者性, 萬物各正其性命也……[4]

주자는《태극도설》글머리의 일문(一文) 해설에 분명히《주역》과《중용》을 인용하고 있다. 여기에서 주자는 다음과 같이 해설하고 있다. "태극에 동(動)과 정(靜)이 있는 것은, 이것은 천명이 유행하여 널리 퍼져 있는 것이다. 주역(계사전)에서 말하는 '일음일양(一陰一陽), 이것을 도라고 한다'에

4)《주염계집(周濂溪集)》권1, 주자태극도설해.

해당한다. 성(誠)은 《중용》에서 말하는 하늘의 도이며, 물(物)의 시종(始終), 즉 물이 존재하는 기초로서 하늘의 명이 널리 통해 있음을 나타낸다. 물의 동(動―하는 상태)은 물의 본성으로서 성이 통하여 작용하기 때문이다. 이것을 잇는 선(善)은 만물이 그것(善)을 자질로서 이어받아 물로서 존재함이 시작되고 물로서 완성되는 것이다. 물의 정(靜)은 물의 본성으로서 성(誠)으로 복귀하고 있음이다. 이것을 이루는 성(性)은, 만물이 각각 부여받은 본성과 명(命―개개의 물로서의 존재이유, 능력, 개별화의 원리로서 작용함)을 자기 것으로 그대로 받아들이는 것이다."

이상으로 보아 앞서 본 권근의 "……인수초목(人獸草木), 천형만상(千形萬狀), 각정성명자(各正性命者), 개자일태극중유출(皆自一太極中流出)……"에서 '성명을 바르게 한다'는 것은 분명히 《태극도설》이 아니라 주자의 《도설해》에 근거함을 알 수 있다. 그리고 여기서 문맥상의 의미는 "사람과 짐승과 초목은 갖가지 형(形)을 갖고 여러 가지 모습으로 나타나지만, 각각의 개체는 부여받은 성과 명을 '자기 것으로 그대로 받아들이'며, 또 모두 한 태극 속에서 유출된다"는 것이다.

그런데 '正性命(정성명)'은 이렇게 해석된다 하더라도, 다음에 문제되는 것은 '皆自一太極中流出(개자일태극중유출)'이라는 구절이다. 권근은 문자 그대로 '태극'을 '일자(一者)'로 생각하고 거기서 만물이 유출된다고 하는데, 이것은 마치 Plōtinos의 절대적 '일자(一者)'의 사상과 동일함을 이해하는 것이다. 원래 주염계의 《도(圖)》 및 《도설(圖說)》의 표현을 더듬어 보면, 만물은 무극 또는 태극에서 유출된다는 생각을 가질 수 있으므로 오히려 당연한 이해라고도 할 수 있다.

그러나 주자의 〈태극도설해부(太極圖說解附)〉에서 "극(極)은 도리(道理)의 극지(極至)로서 천지만물의 이(理)를 겸하여 내포하고 있다. 물의 존재에 관련되는 태극은 하나의 실리(實理)로서, 만물은 이 하나의 태극에 꿰뚫려 있다. 성인(聖人)이 말하는 태극은 '천지만물의 뿌리'를 가리키기 때문이다. 주염계가 또한 여기에 무극이라고 덧붙인 것은 '무성무취(無聲無臭)의 묘(妙)'를 말했기 때문이다. 사물존재의 이(理)로 이것을 말한다면 당연히 이것을 만물과 동일한 '유(有)'라 할 수 없고, 또한 무릇 존재하는 물(物)이라는 점에서 말한다면 이것을 전혀 아무것도 없는 '무(無)'라 할 수도 없다.

'무극이태극(無極而太極)'은 바로 형상이 있는 것으로서의 그것이 아니라, 물의 도리로서의 그것이다"[5]라 말하고 있다.

이것으로 이해할 수 있듯이, 주자는 태극 또는 무극을 만물에 있어서 이(理)의 총체, 무릇 존재하는 물의 모두에게 관통하는 실리, 천하만물의 근본, 무성무취한 묘, 무형상, 도리 등으로 규정하고 있다. 또한 주염계의 《도설》글머리의 일절(一節) "太極動而生陽…… 分陰分陽, 兩儀立焉"에 대한 주자의 《도설해》에서, 태극은 '본연의 묘'이고 동정은 음양이 그것에 의해 갈라지는 계기이며, 태극은 형이상(形而上)의 도(道), 음양은 형이하(形而下)의 기(器)라 규정하고 있다. 그리고 주자의 태극·이(理)와 기(氣)·물(천지)~음양과의 관계에 대해서는 《주자어류》에 다음과 같은 기록이 있다.[6] 이를 쉬운 현대어로 번역해 보기로 한다.

〈문〉 아까 아직 천지가 생기기 이전에는 필경 먼저 이(理)가 있다고 했는데, 그것은 무슨 뜻입니까?

〈답〉 아직 천지가 생기기 이전에는 필경 이 이(理)가 있을 뿐이다. 이가 있으면 곧 천지가 있다. 만일 이가 없다면 곧 천지도 없고 사람도 없고 물(物)도 없게 되므로, 모든 물(物)을 널리 싣지 못한다. 이(理)가 있으면, 곧 기(氣)가 있다. 유행하여 만물을 발육한다.

〈문〉 발육한다는 것은 이(理)가 만물을 발육하는 것입니까?

〈답〉 이가 있으면 곧 기가 있어 유행 발육한다. 이(理)에 형체는 없다.

〈문〉 이른바 '체(體)'란 억지로 이름붙인 것입니까?

〈답〉 그렇다.

이상으로 볼 때 주지하는 바와 같이, 주자의 이(理)는 형이상의 도이고, 또한 '태극은 단지 하나의 이자(理字)'라고 위의 문답의 직후에 기록되어 있듯이 태극이기도 하다. 이(理)와 기(氣)의 선후를 말한다면 이(理)가 먼저이지만, 그러나 이(理)가 있는 것과 물(物―천지, 음양)이 있는 것과는 항시 '상즉(相卽)'하므로, 따로 어제 이가 있어서 오늘 기(물)가 있다는 것은

---

5) 동상서(同上書).
6) 《주자어류(朱子語類)》 권1, 이기상(理氣上), 태극천지상(太極天地上).

아니다.[7]

더구나 발육·유행은 어디까지나 기(氣)의 운동이며 발육·유행하는 바가 이(理)라고 함으로써, 주자는 이와 기를 엄격히 구분하고 있다. 따라서 《노자(老子)》의 "道生一, 一生二……"에 대해서도 "도가 먼저 일(一)을 낳고, 그런 후에 일이 이(二)를 낳는다고 함은 아직 이(理)를 밝힘에 있어서 정밀하지 못한 것이다"[8]라고 하여, 이(理)나 태극에서 음양이나 물(천지만물)이 생긴다는 논리를 부정하고 있다.

그런데 권근은 앞서 말했듯이 "인수초목(人獸草木), 천형만상(千形萬狀), 각정성명자(各正性命者), 개자일태극중유출(皆自一太極中流出)"이라 하여, 만물이 한 태극 속에서 유출한다는 것을 밝히고 있다. 이것은 권근이 '주자의 사상에 의해 《태극도설》을 이해한 것'이 아니라, 오히려 주염계의 사상을 《도설》의 본문 그 자체에 의거해서 이해한 것이라고 할 수 있다. 《도설》은 종래 여러 가지로 해석되고 있으며, 주지하듯이 이 《도설》의 해석을 둘러싼 주(朱)·육(陸)의 논쟁은 양자의 사상적 입장의 상위점(相違點)까지 드러내는 원인이 되었음을 감안할 때, 권근이 발출론적(發出論的)으로 이해한 것도 일리가 있는 일이다.

그런데 권근의 〈천인심성합일지도〉 설(說)에서는, 그 다음으로 "고로 만물은 각각 일리(一理)를 갖추고 있으며, 만리(萬理)는 다 같이 한 근원에서 나온다. 풀 한 포기, 나무 한 그루가 각각 하나씩 태극을 가지고 있어 천하에 성(性) 밖의 물(物)은 없다"고 했다. 앞의 문맥과 연관시켜 보면 "만물은 모두 한 태극 속에서 유출되므로, 만물은 각각 한 이(理)를 구비한다"는 논리가 된다. 태극이 이(理)라고 한 것은 주자의 설과 같으며, 또 권근은 정이천·주자의 '이일분수(理一分殊)'설을 받아들여, 일사일물(一事一物)의 이(理) 또는 태극과 '만리(萬理)의 근원'으로서의 일리(一理) 또는 일태극(一太極)과의 관계를 말하고 있다. 따라서 주목해야 할 것은, 이상에서 본 "만물은 모두 한 태극 속에서 유출되므로 만물은 각각 일리(一理)를 구비한다"는 권근의 사상이다.

---

7) 동상서(同上書).
8) 《주자문집(朱子文集)》 권30, 7, 답정가구(答程可久).

주자에 있어서 이(理)=태극은 '음양(陰陽)하는 바'로 되어 있다. 만물은 사람을 포함하여 기의 취산(聚散)으로 생성·소멸·변화·교체한다. 물(物)의 존재란 구체적으로는 기의 응집에 의한다. 기의 응집 또한 기의 음양동정의 작용이며, 이처럼 '음양동정(陰陽動靜)하는 바가 이(태극)이므로' 일물(一物)에 일리(一理)가 상즉적(相卽的)으로 붙어 있다. 이 또는 태극은 주자에게 현상하는 개별존재(개개의 물)의 '원인 또는 이유'이며, 따라서 무릇 존재하는 자(만물)로 하여금 존재케 하는 원인·이유였다.

이 사고방식은 '이일분수(理一分殊)'설에 기초하여 사사물물(事事物物)의 이(理―개개의 물)도 각각 다른 이가 아니라, 이(理)는 어디까지나 일리(一理)로서, 마치 못이나 웅덩이에 비친 달은 몇 개나 되지만, 하늘의 달은 하나인 것과 마찬가지라는 비유로 설명된다.[9] 여기에 이르러 권근의 유출설(流出說)에 기초한 물(物)과 이(태극)의 관계에 대한 논리는, 주자의 이기론과 현저하게 대조적임을 알 수 있다. 주염계도 이처럼 명확하게는 말하지 못했는데, 권근은 "만물은 모두 한 태극 속에서 유출되므로 각각 일리를 갖는다"고 말함으로써, 그의 사상의 명석한 논리성을 엿볼 수 있다. 다만 애석하게 여겨지는 것은, 이러한 이론이 상세히 전개되지 않아 더 이상 고찰할 수 없다는 점이다.

또 위에서 말한 〈합일지도(合一之道)〉설의 말미에 있는 '천하에 성(性) 이외의 물(物)은 없다'는 구절은 주자의 설에 있는 것이다. 위에서 본 권근의 문맥은 만물이 각각 일리(一理)를 갖추며, 만리(萬里)는 다 같이 한 근원에서 나온다. 따라서 풀 한 포기, 나무 한 그루도 태극을 하나로 하므로 천하 만물은 모두 이(태극) 안에 있고 그 밖에 있는 것은 없다는 논리가 된다. 이것은 또 전술한 권근의 '유출설의 논리적 테두리' 속에 있다고 할 것이다.

그런데 주자의 '천하무성외지물(天下無性外之物)'은 다음과 같은 논리에서 나온다. 즉 기품(氣稟)에 의해 반드시 선악의 구별이 있는 까닭은 이것 또한 성(性)의 이(理)이다. 기(氣)가 변화 유행할 때 성(性)이 이를 주재한

---

9) 졸저《무위자연에서 작위적극(作爲積極)으로―당송(唐宋)간의 사상의 전개와 그 역사적 성격―》제4편, 제5장 512면 이하 참조, 졸저《주희와 왕양명―물(物)과 심(心)의 이(理)의 비교사상론―》제3장 107면 이하 참조.

다. 기의 순수한 작용, 기의 잡박한 작용에 의해 선악이 갈라지는 것도 성 (性)의 이(理)이다. 그러므로 성 안에 본래부터 물이 대립되어 있는 것이 아니라, 기(氣)에 악함이 있더라도 그 성에 있어서는 불선(不善)함이 없다. 그러므로 악(악한 기) 또한 이것을 성이라고 하지 않을 수 없다.

원래 천하에 성 이외의 물은 없으므로, 다 선한 것이 악으로 흘러가는 것 일 뿐이다.[10] 즉 주자의 '무성외지물(無性外之物)'은 위에서 말한 그의 이기 론에서 일반적으로 도출된 것으로, 기의 순(純)·박(駁)에 의한 작용으로 선 과 악이 나오지만, 이렇게 되는 것 또한 이(理)에 의한 것이며, 원래 대립된 것이 아니라 기가 모이는 상태와 작용하는 상태에 따라 선악이 갈라지는 것 은 성의 이라는 이기상즉론(理氣相卽論)에 기초하고 있다. 이는 항상 기가 작용하는 곳, 물(物)이 존재하는 곳에 그 원인과 이유로서 일체가 되어 있 기 때문에, 이 또는 성을 중시하여 이(理)~성(性)의 측면에서 말하면, 이 외(理外)~성외(性外)에 물(物)이 없다고 할 수 있기 때문이다. 이것을 보 더라도 권근의 설이 특징적임을 알 수 있다.

3. 권근에 있어서 성(性)·심(心)·정(情)·의(意) 등의 논(論)

권근의 《입학도설》 가운데 있는 〈천인심성분석지도〉 역시 특색이 있다. '천(天)'을 '일(一)'과 '대(大)'로 분해하여, '一'은 "이(理)로써 말하면 상대 가 없고, 행(行)으로써 말하면 쉼이 없다"고 한다. 이를 '만화(萬化)의 근 원'이라 하여, '大'는 "체(體)로써 말하면 밖이 없고, 화(化)로써 말하면 다 함이 없다"며, 이를 '만수(萬殊)의 근본'이라 하고 있다. 이 '만화의 근원'과 '만수의 근본'을 연결하는 성(誠)이 바로 인간에게 있어서는 '경(敬)'이 된 다. 이 〈분석도(分釋圖)〉에서 권근은 이른바 천인(天人)을 합일하여 하나로 하는 것이 성(誠)─경(敬)이라 했다. 즉 만화(萬化)의 근원, 만수의 근본으 로서의 천(天)의 작용=천덕(天德)이 성(誠)으로서 사람에게 자각되어, 그 것이 인간의 일상적 행위에 있어서는 경(敬)에 의해 실현된다는 것이 권근 의 사상이다.

---

10) 《주자문집》 권67, 명도론성서(明道論性書), "所稟之氣, 所以必有善惡之殊者, 亦性之理也, 蓋氣 之流行, 性爲之主, 以其氣之或純或駁, 而善惡分焉, 故非性中本有二物相對也, 然氣之惡者, 其性 亦無不善, 故惡亦不可不謂之性也……蓋天下無性外之物, 本皆善而流於惡耳……."

주지하듯이 '성(誠)'의 논리는 《중용》(주자장구(朱子章句)로 말하면 제20장에서 가장 상세하게 전개되며 그 다음의 수장에 걸쳐 언급되고 있다)에서 전개되고 있는데, 그 존재론적 성격과 실천론적 성격의 각각 및 양자의 논리적 관계를 이해·파악하기란 매우 쉽지 않다(이에 대해서는 大島康正教授退官記念論文集, 《실존과 윤리의 탐구—동과 서》, 北樹出版社에 졸론(拙論) 〈성(誠)의 논리에 대하여〉가 게재되어 있다).

　덧붙여 설명하면 《중용》(장구(章句) 제20장)에는 "誠者天之道也(성자천지도야), 誠之者(성지자), 人之道也(인지도야), 誠者(성지), 不勉而中(불면이중), 不思而得(불사이득), 從容中道(종용중도), 聖人也(성인야), 誠之者(성지자), 擇善而固執之者也(택선이고집지자야)"라 하여, 성(誠)은 하늘의 도이고 성(誠)하려는 것은 사람의 도라고 했다. 이 표현만으로는 전후의 각 장을 고찰하여 그 내용을 논리적으로 이해하고, 또 '천(天)의 도(道)'로서의 존재론적 성격과 '인도(人道)'로서의 실천론적 성격과의 논리적 관계를 여간 잘 파악하지 않는 한 이해하기 어렵다.

　그런데 권근이 성(誠)으로 존재론적 원리로 삼고, 경(敬)으로 인간의 실천원리로 삼아, 양자를 결합사키려 한 것은 매우 논리가 정연하여 이해하기 쉬운 동시에, 권근 유학사상의 특징을 천명한 것이라 할 수 있다(더구나 《중용》장구 제20장에서는 박학·심문·신사·명변·독행을 들어 실천요강으로 삼고 있으므로, 앞서 말한 논리구조를 더욱 파악하기 어렵다).

　또한 《이정유서(二程遺書)》에서도 나타나듯이, 정이천(程伊川)에 따르면 경(敬)은 '함양의 일사(一事)'이며 '주일(主一), 무적(無適)'이었다.[11] 경(敬)은 인간의 존양 또는 함양의 방법으로 송대의 유가에 의해 강조되었으나, 권근과 같이 '천인합일의 구체적 실천의 요석(要石)'으로서, 또는 위에서 말했듯이 윤리학적인 뜻에서 존재론적 원리와 실천원리와의 결합의 징표로서 거론한 사람은 없었다. 이것 또한 권근 사상의 특징이다.

　다음에 권근은 '심(心)'자를 분획하여 각각에 뜻을 붙여 해설했다. 여기에서 가장 특징적인 것은, 주자가 "마음은 성정을 통솔한다"고 한 데 대해, 권근은 "마음은 사람이 하늘로부터 얻는 것으로 몸의 주인이다. 이기묘합(理

---

11) 《근사록(近思錄)》 권2, 위학류(爲學類), 권4, 존양류(存養類) 참조.

氣妙合), 허령통철(虛靈洞徹)하여 신명(神明)이 깃드는 곳이며 성정을 통솔한다. 이른바 밝은 덕으로써 중리(衆理)를 갖추고 만사에 응하는 자이다"라고, 극히 특색 있는 정의를 내린 점이다.

즉 주자가 《대학》 첫머리의 구(句)에 대한 주에서 "명덕(明德)은 인간이 하늘로부터 얻는 바로, 허령불매(虛靈不昧)하여 중리를 갖추고 만사에 응하는 것이다"라고 말하는 데 비해, 권근은 처음부터 마음은 하늘에서 얻은 것이라 하고, 또 그 마음은 이기묘합, 허령통철하여 신명이 깃들어 있는 집이라 규정하며, 다시 그 마음은 성정을 통솔하면서 동시에 명덕을 갖추고 만사에 응하는 것이라 했다. 이것을 보면 권근은 주자가 말한 명덕의 정의의 기본을 그대로 인간의 마음의 정의에 맞추려 했음을 알 수 있다.

위에서 본 권근의 설은 논리적인 면으로 보아, 혹은 주자와의 관련에서 어떻게 평가할 수 있을 것인가. 주자는 "성(性)은 태극과 같고 마음은 또한 음양과 같다. 태극은 다만 음양 속에 있지만 음양은 아니다. 태극은 스스로 태극, 음양은 스스로 음양인데, 성(性)과 심(心)과의 관계 또한 이와 같다. 이른바 둘이면서 하나, 하나이면서 둘이다"[12]라고 하고, 또 "마음과 이(理)는 하나다. 이가 전면(前面)에 있어서 일물(一物)을 만들고 있는 것은 아니다. 이(理)는 곧 마음 안에 있다. 마음은 그 안에 모든 것을 포축(包蓄)하되 멈추지 않고, 일에 따라 발동한다. 웃는다는 사실을 예로 들어보면, 이야기를 듣고 자연히 우스워 웃는 것은, 마치 사람 속에 웃음이 감추어져 있는 것과 같다. 또 경함(經函, 등불을 덮고 있는 것)을 제거하여 실내에 불을 밝히면 사면팔방이 밝게 빛나는 것과 같다"[13]고 했다. 주자에 따르면 마음과 성(性)의 관계는 이(태극)와 기(음양)의 관계와 같아서, 심은 심(心), 성은 성(性)이지만, 그러나 양자는 둘이면서 하나인 관계에 있다. 이리하여 권근이 마음을 '이기묘합, 허령통철'이라 한 것은, 그야말로 주자의 설에 비추어 보더라도 적절하고 종합적·통일적으로 이해 파악한 것이라 할 수 있다.

또 주자의 이른바 '명덕(明德)'을, 권근의 '마음' 그 자체로 바꾸어 놓음으로써, 마음은 '명덕으로서 중리(衆理)를 갖추어 만사에 응하는 것'이라 한

---

12) 《주자어류》 권5, 성리(性理) 2, 성심정의등명의(性心情意等名義).

13) 《주자어류》 동상(同上), "心與理一, 不是理在前面爲一物, 理便在心之中, 心包蓄不住, 說到此自好笑, 恰似那藏, 相似除了經函, 裏面點燈, 四方八面, 皆如此光明燦爛……."

것은 과연 적절한 것일까. 주자의 마음 전체는 "담연허명(湛然虛明), 만리구족(萬理具足)하여 터럭만큼도 사욕의 틈이 없다. 그 유행함은 두루두루 모든 동정을 꿰뚫어 묘한 작용을 하며 널리 퍼져 있다. 고로 마음이 미발(未發)이면서 전체라는 것으로 말한다면, 그것은 성(性)이다. 마음이 이미 움직여 묘한 작용을 하는 것으로 말한다면 그것은 정(情)이다. 그리고 마음은 성정을 통솔한다. 다만 성이나 정이라는 것은 혼윤(渾淪)하여 미분화된 하나의 물에 대해서 그 미발(未發)·이발(已發)을 가리켜 말하는 것일 뿐이다. 성(性)과 심(心)과 정(情)이 각각 하나라고 하는 것처럼 떨어져 있는 것은 아니다"[14]라고 말했다.

이것으로 보면 주자는 《대학》 첫머리의 주에서 명덕을 '허령불매(虛靈不昧), 이구중리이응만사자(以具衆理而應萬事者)'라 하고 있으나, 《주자어류》의 위와 같은 인용문(이 권에서는 그 밖에도 같은 취지의 기록이 보인다)에서는 분명히 '마음이 미발(未發)이면서 전체인 것을 성(性)'이라고 말하고 있다. 따라서 권근이 마음을 일컬어 직접 이기묘합(理氣妙合), 허령통철(虛靈洞徹), 신명이 깃드는 집이라 한 것은, 주자가 말하는 심(心)의 미발로서의 성의 면을 지칭한 것이다. 그러나 권근이 주자보다 사람의 마음의 묘용을 적극적으로 파악하여 마음의 본래 모양을 강조·천명한 점은 극히 특징적이다. 원래 주자의 성(性)·심(心)·정(情) 등의 정의와 설명은 극히 복잡하여 전체적인 논리와 그들 간의 관련을 파악하기 어려운데, 권근은 단적으로 심(心)에 대한 본연의 모양을 밝히고 있어서, 입문 초학자라도 이해하기 쉽다. 더구나 위의 글에 이어서 심(心)이 기품(氣稟)에 구속받고 물욕에 가려지면 그 용(用)은 때로 혼미해지므로, 학자는 마땅히 경(敬)으로써 내(內)를 곧게 해야 한다고 말하고 있다. 여기에 이르면, 권근은 주자가 말한 심(心)의 미발(未發)의 면만을 설명하고 있는 것이 아님이 분명하다.

다음으로 권근의 사상에서 주목해야 할 것은 사단칠정론(四端七情論)이다. 우선 권근은 '심(心)'이라는 글자를 풀이하면서 심(心)을 '이(理)의 근

---

14) 동상(同上) "心之全體, 湛然虛明, 萬理具足, 無一毫私欲之間, 其流行該徧, 貫乎動靜而妙用, 又無不在焉, 故以其未發而全體者言之, 則性也, 以其已發而妙用者言之, 則情也, 然心統性情, 只就渾淪一物之中, 指已發未發而爲言爾, 非是性是一箇地頭, 心是一箇地頭, 情又是一箇地頭, 如此懸隔也……"

원'과 '기(氣)의 근원'으로 나눈다. '이의 근원'은 성(性)인데 성이 발하여 정이 되는 것은 '심(心)의 용(用)'이라 했다. '심(心)'이란 글자를 말하면 오른쪽 점이 이에 해당된다. 또 왼쪽에 점 하나를 가해, 이를 '심(心)이 발하여 의(意)가 되는 것'을 형상하여, 역시 '심(心)의 용(用)'의 다른 한 면으로 삼는다. 심, 즉 마음이 움직일 때 성명에 근원하는 것은 '도심(道心)'이라 하고, 이것을 '정(情)에 귀속'시켜 "그 처음은 불선(不善)함이 없는데 그 단서는 미미하여 보기가 어렵다. 그러므로 도심(道心)은 미미하다고 이른다. 반드시 경(敬)을 주로 하여 그것을 확충해야 한다"고 했다. 한편 '그 형기(形氣)에서 발하는 것'을 인심이라 하고, '의(意)에 종속'시켜 "그 기(幾)에 선(善)이 있고 악(惡)이 있다. 그 세(勢)는 위험하여 자칫 타락하려 한다. 그러므로 가로되, 인심은 위태롭다. 반드시 경을 주로 하여 이를 극치(克治)하고, 인욕(人欲)의 싹을 누르며, 천리(天理)의 바름을 확충하도록 해야 한다"고 말했다.

이상으로 권근은 마음을 이의 근원—선(善)—정(情)—도심(道心)의 면과, 기(氣)의 근원—의(意)—인심의 면 등 양면으로 파악하고 있음을 알 수 있다. 가장 중요한 것은 권근이 마음의 쓰임을 '정(情)'과 '의(意)'로 나누어, 정(情)에는 불선(不善)이 없으나 의(意)의 싹, 즉 마음이 움직여 의(意)가 되는 싹을 보면 선악이 있다고 한 점이다. 여기에 대해서 권근은《입학도설》에서 '성(性)'을 설명한 뒤, 학자와의 문답형식으로 이 책 전체에 대한 질문과 응답을 수록하였는데, 그 중에 다음의 문장이 있다.

〈문〉 옛날 한자(韓子, 한유)는 '원성(原性)'에서 예서에 의거하여 희로애락애오욕(喜怒哀樂愛惡欲)의 칠자(七者)를, 성(性)이 발동한 바의 '정(情)'이라 하고, 또 정자(程子)도 이를 채택하고 있습니다. 지금 선생께서는 사단(四端)을 성(性)의 발용(發用)에 갖다 붙이고, 칠정을 마음 밑에 열거하고 있는데, 이것은 무슨 까닭입니까?

〈답〉 칠자(七者)가 작용할 때, 사람에게는 원래 당연지칙(當然之則)이 있다. 그것이 발용하여 '절(節)에 맞는 것'은《중용》에서 말한 소위 '달도(達道)의 화(和)'이다. 이것을 어찌 성(性)의 발용이 아니라 하겠는가. 그러나 심(心)이 발용하여 '절에 맞지 않는 것'도 있으므로,

이를 곧바로 성(性)의 발용이라 하여 사단과 아울러 정(情) 가운데 열거할 수는 없다. 그러므로 심(心) 밑에 열거하여 그 발용할 즈음에, 절(節)에 맞는 것과 맞지 않는 것이 있음을 보여 학자로 하여금 명찰(明察)케 했다. 하물며 정자(程子)는 "외물(外物)이 접촉하여 중(中)이 움직이고, 그 중이 움직여 칠정이 발출(發出)한다. 정(情)이 이미 왕성해져 그 성(性)이 가리워졌다"고 했으나, 이를 성(性)의 발용이라 할 수 없음은 분명하다.

이렇게 말한 것을 종합해 볼 때, 권근의 성(性)·심(心)·정(情)·의(意) 등에 관한 설은 대략 다음과 같이 정리된다.

A
①심(心)은 '이(理)의 근원'이며 성(性)이다.
②성(命)에 근원한 심의 발용은 정(情)이며 심(心)의 용(用)이다.
③이 정(情)은 사단(四端)인데, 그 처음은 불선함이 없다. 이것을 도심(道心)이라 한다.
④그 단서는 미미하여 보기 어려우므로 '도심은 미미하다'고 한 것이다.
⑤도심은 경(敬)을 주로 하여 이를 확충해야 한다.

B
①심(心)은 '기의 근원'이다.
②형기(形氣)에서 생긴 것을 의(意)라고 한다. 이는 심(心)의 용(用)이며 인심(人心)이라 한다.
③의(意)의 기(幾)(심이 발용하여 의가 되는 찰나의 부분)에는 선악이 있다. 희로애락애오욕의 칠자(七者)가 그것이다.
④칠자(七者)가 발용하여 절(節)에 맞는 것은 선이다. 이는 성(性)의 발용 그 자체이다. 《중용》에서 말하는 달도(達道)의 화(和)가 이것이다.
⑤칠자(七者)가 발용하여 절에 맞지 않는 것은 불선(不善)이다.
⑥인심발용의 세(勢)는 자칫 타락하려 하므로 '인심은 위태롭다'고 했다.
⑦인심은 경(敬)을 주로 하여 이를 극치(克治)하고, 인욕(人欲)의 싹을 막아 천리(天理)의 정(正)을 확충해야 한다.

이에 대해 주자의 성(性)·심(心)·정론(情論)의 요점은 다음과 같다.

①마음이 미발(未發)일 때 그 전체를 가리켜 말하면 성(性), 마음이 이미 발하여 묘용(妙用)하는 것은 정(情)이다.

②마음에 체(體)와 용(用)이 있다. 미발의 전(前)은 체(體), 이발(已發)은 용(用)《주자어류》권5, 성리2, 성심정의등명의)이다.

③성(性)은 미동(未動), 정(情)은 이동(已動)이다. 심(心)은 미동·이동을 포함한다. 마음의 미동을 성(性), 이동을 정(情)이라 한다. 이른바 심은 성정(性情)을 통솔한다. 욕(欲)은 정(情)의 발용이다. 심은 물[水]과 같다. 성은 물의 조용한 상태이다. 정은 흐름, 욕은 물이 물결치는 것과 같다. 다만 물결에는 바람직한 것과 바람직하지 못한 것이 있다. '나는 인(仁)을 하고자 한다'는 것은 바람직하다. 바람직하지 못한 것은 오직 자신의 욕망에만 사로잡혀 물결이 거칠게 이는 것 따위이다. 바람직하지 못한 욕은 천리를 멸각(滅却)한다. 물의 흐름도 결괴(決壞)하여 해로움이 모든 장소에 미친다. 맹자가 성(性)을 선(善)하다고 한 것은, 정(情)의 바른 것, 성(性)에서 유출된 것으로서 원래 바람직한 것(同上)을 말한다.

④성(性)에 불선(不善)함은 없다. 한번 발하여 정(情)이 되면 불선함도 있게 마련이다. 불선함은 이 마음의 발용이 아니라는 것은 옳지 않다. 마음의 본체에 불선함은 없다. 마음이 유동하여 불선하게 되는 것은 정(情)이 물(物)에 옮겨져 그렇게 되는 것이다.

성(性)은 이(理)의 총명(總名)이다. 인의예지(仁義禮智)는 모두 성(性) 중의 한 이(理)의 이름이다. 측은·수오·사양·시비는 정(情)이 발하는 바의 명칭이다. 이것은 정(情)의 성정에서 나와 선(善)하다. 그 단(端)이 발하는 바는 지극히 미미하지만, 모두 이 마음에서 나온다. ……성(性)은 따로 한 물(物)이 마음속에 있는 것이 아니다. 심(心)이 그 주인을 잃으면 불선하게 된다(同上).

이상은 《주자어류》에 기록되어 있는 그의 성·심·정 등에 대한 주요한 설이다. 이제까지 전술한 권근의 설과 이것을 비교하면 다음과 같다.

즉, 권근이 심에 대해 '이(理)의 근원', '기(氣)의 근원'이라 한 것은 극히 독창적인 정의로서, 주자 또는 송대의 학자가 언급하지 못했던 것이다. 더구나 주자를 비롯한 송학의 설에서 본다면, 이 정의에는 전술한 주자의 설 ① ②에 있어서의 체용(體用)의 사상도 포함되어, 극히 적절한 이해를 나타낸 것이라 할 수 있다. 또한 권근이 심(心)에 있어서 이(理)의 근원으로서의 성(性—命)에 근원한 발용만을 정(情)·사단(四端)이라 하고, 정에는 불선함이 없다고 한 데 대해, 주자는 전술한 ①에서 '마음이 이미 발하여 묘용(妙用)하는 것이 정(情)'이라 했는데, 이것은 당연히 사단으로서의 정의 측면을 가리킨 것이므로, 권근의 이상과 같은 이해는 타당하다.

다만 주자는 희로애락 등을 정으로 보고 그 미발을 성(性)이라 했으며(《중용장구》의 주), 따라서 심(心)의 이발(已發)로서의 정(情)에는 선과 불선이 있다고 한 데 대해, 권근은 전술한 바와 같이 성(性)의 발(發)인 정(情)만을 선(善)이라 하여, 희로애락애오욕의 칠자('그는 칠정(七情)이라고는 말하지 않는다')를 의(意)라고 하며 그 절(節)에 맞는 것만을 '성(性)의 발(發)', 선(善)이라 하고, 절(節)에 맞지 않는 것을 불선이라 했다.

다만 전술한 주자의 설 ③의 물흐름의 비유에서 바람직한 물결과 바람직하지 못한 물결로 구분했던 것이, 권근에 있어서는 중절(中節)·부중절(不中節)의 의(意)에 해당된다고 생각한다. 그러나 권근이 정에는 불선이 없고 의(意)의 기(幾)에 선·불선이 있다고 한 것과, 또한 정을 성의 발로서 도심에 속하게 하고, 의를 사람의 형기(形氣—심의 기의 원)에서 생기는 것이라 하여 인심에 속하게 한 것은, 주자가 정리하거나 언급하지 못했던 것이니, 이는 권근 사상의 특징이라 할 수 있다.

또한 권근은 성(性)의 발용으로서의 정(情)을 도심(道心)이라 하여 이를 경(敬)으로써 확충해야 한다고 했으며, 한편 형기(形氣)에서 생기는 의(意)를 인심(人心)이라 하여 반드시 경으로써 극치(克治)하고 인욕의 싹을 막아 천리(天理)의 바름을 충족시켜야 한다고 했다. 이것은 그가 인간의 성(性)·심(心)·정(情) 등을 단순히 분해·분석하여 심리적으로 설명하는 데 그치지 않고, 이러한 성심정론(性心情論)의 경(敬)을 주로 한 실천·수양과 밀접하게 연결시키는 데 중요한 관심과 역점을 둔 것이다. 주자가 결코 실천·수양을 경시한 것은 아니지만, 주자의 성심정론은 《주자어류》의 표현 등을 볼 때 대체적으로 설명적인 데 비해, 권근의 사상은 처음부터 매우 강한 실천적 관심을 바탕으로 한 심리론(心理論)을 전개한다. 이것은 조선유학의 특성을 형성하는 기원이 된다고 할 수 있다.

4. 퇴계 사상과의 관계

위에서 권근의 《입학도설》을 중심으로, 그가 송대의 신유학, 특히 그 집대성인 주자학을 어떻게 이해·수용했으며, 또 그 과정에서 어떻게 독창적이고 개성적인 사상을 제시했는지, 그 사상사적인 의의와 위치에 관심을 가지고 살펴보았다. 권근은 여말·선초의 유학자로 안향(安珦) 등에 의해서 수용된 주자학을 내재화하고, '동방성리학'의 확립에 공이 있는 목은 이색 및 삼봉 정도전 등의 학문을 계승하여, 여기에 다시 그의 독창적인 설을 가하며 조선 초기 성리학 전개의 요석(要石)으로서의 역할을 다했다.

고려 충렬왕(재위 1275~1308) 무렵부터 시작되는 유학 진흥정책과 이에 수반된 배불정책 속에서, 권근도 사상적으로는 목은·삼봉 등의 영향을 받으며 이단 배척의 자세를 취했다. 그러나 삼봉은 《심기리삼편(心氣理三篇)》을 저술하여 '도학을 밝히고 이단을 배척하는 것을 자기 임무'(권근의 〈심기리삼편주서(心氣理三篇註序)〉)로 삼으면서도, 극단적인 이단배격을 강행한 것은 아니었다. "먼저 불로(佛老) 이씨(二氏)의 내용을 밝히고, 그것을 배척함에 우리의 도(유교)의 바름을 가지고 하였으므로, 듣는 자는 어리석음을 깨우치고 이단의 무리도 교화되었다."(동상주서(同上註序)) 《양촌집(陽村集)》에서 볼 수 있듯이 권근도 극단적인 배불로주의(排佛老主義)는 아니었다. 예컨대 《양촌집》 권12의 〈진관사수륙사조성기(津寬寺水陸社造成記)〉에 "報本追遠, 王政之所先, 利物濟生, 釋敎之所重, 二者雖殊, 皆仁心之發, 而孝慈之誠, 所不能自已者也, 昔者, 聖帝明王之道, 尊祖敬宗以廣其孝, 博施濟衆以廣其仁, 其所以報本者, 可謂至, 而利物者, 可謂弘矣……"라 하였듯이, 그는 오히려 유불(儒佛)을 절충하는 입장마저 표명하고 있다. 이것 또한 권근 사상의 역사적 성격의 한 면을 나타내고 있는 것이다.

또한 이 장의 첫머리에서도 언급했듯이, 권근은 조선조 초창기부터 정치적으로 매우 중요한 지위에 있었으므로, 몇 편의 극히 중요한 '상서(上書)'를 올려 유가의 입장에서 위정의 기본적인 방법을 상언했으며 간언도 서슴지 않았다. 지면 관계상 논술은 다음 기회로 미루지만, 《양촌집》에 수록된 자료 및 《입학도설》 중의 〈홍범구주천인합일지도(弘範九疇天人合一之圖)〉 상·하, 〈무일지도(無逸之圖)〉 등에 나타난 여러 설에 의해, 권근을 중심으로 한 조선 초 성리학이 국가·인륜의 구체적인 면과 어떻게 관련되는가를 알 수 있고, 또 이런 면에서 권근 사상의 역사적 의의 및 성격을 찾아볼 수 있을 것이다.

그러나 이보다도 더 중요하게 생각되는 것은 권근이 《입학도설》에서 보여 준 사상구조, 특히 주자학과 다른 특징적인 여러 점들이 놀랍게도 퇴계의 사상적 특징과 비슷하여 분명히 밀접한 관련성이 있다는 점이다.

이렇게 된 유래는 제1항에서 말했듯이 '동방성리학'의 진흥에 기여한 목은 이색이, 부흥된 성균관에서 유생에게 강의하는 신진학자들의 학문논의를 '변석절충(辨析折衷)하여, 반드시 정주(程朱)의 뜻에 맞도록' 하려 했으므로 종래 전해지던 기송사장(記誦詞章)의 학문이 타파되고, 심신성명(心身性命)의 이(理)를 밝히는 신유학이 크게 행해지게 된 것이다. 즉 유학이 단순한 문장의 학문이 아니라, 경세(經世)를 위해, 또는 자신의 인간 형성을 위한 것으로 자각하여, 수기치인의 학문적 면목을 주자학 등 신유학의 수용으로 되찾았다는 역사적 사실이 있었던 것이다.

권근 또한 이러한 역사적 과정에서 성장한 학자였으므로, 신유학이 수용되고 전개되는 가운데 매우 중요한 위치를 차지하기에 이르렀다. 특히 그의 사상적 특징 중에서 주목해야 할 것은 다음과 같이 말한 사실이다.

첫째, 그는 중국 유학에 전승되어 온 군자—소인의 개념에 대해 소인이라는 말을 쓰지 않았으며, 그 이유를 "사람들은 비록 자기가 못나고 어리석어도 모두 스스로는 어질고 슬기롭다고 생각하여 자신이 행하는 바가 소인임을 알지 못한다. 만일 소인이라 해버리면 사람들은 (소인의) 자포자기를 남의 일로 여겨 자성하지 않는다. 그러므로 중인(衆人)이라 할 뿐이다. 이렇게 함으로써 사람은 비로소 자기 자신을 반성하여 감발(感發)하게 된다"고 했다. 이것은 얼른 보기에 그리 큰 문제가 아닌 것처럼 생각되지만, 군자—소인의 대립된 개념을 설정하지 않고, 위학(爲學)의 목적이 어디까지나 사람 일반의 자기수양, 즉 수기(修己)를 표방하고 있었음을 알게 하는 동시에, 이로써 인간으로서의 기본적인 존엄성을 환기시키려 했던 것으로 이해된다. 이러한 경향이 퇴계에 이르러서는 사람 일반이 모두 경(敬) 또는 지경(持敬)에 의한 자기 형성을 해야 한다는 사상으로 전개된다.

둘째, 이것도 본문에서 밝혀 두었거니와, 권근이 태극 또는 이(理)를 파악·이해하는 데 있어서 주자의 '소이연지고(所以然之故)', '소이일음일양지자(所以一陰一陽之者)'라는 설을 취하지 않은 점이다. 문제는 《태극도설》의 해석에서 제시되었다. 즉 주자의 태극 또는 이(理)가 "발육유행함은 어디까지나 기(氣)의 운동이며, 발육유행하는 까닭은 이(理)라고 함으로써, 기(氣)와 이(理)를 준별"(본장 제2항에 이미 나옴)하는 가운데 파악되었음은 주지하는 바와 같다.

현존하는 사물·사상(세계)과 그것이 그와 같이 생성·변화·교체되는 연유, 즉 그 이유·근거·원인을 주자는 어디까지나 논리적으로 구분했다. 그런데 권근의 《태극도설》에서는 주자의 설을 따르지 않고, 오히려 주염계의 《도설》의 본문을 그대로 솔직하게 따름으로써, 더욱 적극적으로 "인수초목은 천형만상이지만, 각각 성명을 바르게 하는 자는 모두 한 태극에서 유출된다"고 하여, 유출설적(流出說的)인 표현까지도 취하고 있다. 주지하는 바와 같이 퇴계도 《성학십도》의 〈제1태극도〉에서 주자를 택하지 않고 주염계를 택하여 세계의 존재와 그 근거를 밝히고 있다. 이것이 바로 후술하는 바와 같이, 퇴계 사상의 중요한 특질, 특히 이(理)의 능동인적(能動因的) 성격을 적극적으로 제시하는 것과 연결되는 것이다.

셋째, 권근은 《태극도설》을 유출설로 이해함으로써, 본문에서도 말했듯이 "만물은 모두 한 태극 가운데서 유출되므로 만물은 각각 하나의 이(理)를 갖는다"는 논리를 전개한 점이다. '음양(陰陽)하는 바'가 이(理)·태극(太極)이라는 주자의 설과는 현저히 대조되는데, 이상과 같은 권근의 논리는 매우 실질적·구체적이다. 이로써 신유학의 '이일분수(理一分殊)'설을 형식만 받아들이고, 내용은 비슷하지만 다른 논리를 구축했다고 할 수 있다. 그 가장 중요한 요점은 무엇인가? 즉 주자는 태극·이(理)를 형이상자(形而上者)라 하여 형이하자(形而下者)인 음양이기(陰陽二氣)·오행(五行) 및 사물과 준별하고 있었으나, 권근은 태극에서 만물이 유출되므로 말하자면 만물은 원래 태극의 아들이고, 아들이기 때문에 태극 밖으로 나갈 수 없으며(권근은 이를 가리켜 '성(性) 바깥에는 물(物)이 없다'고 하여 주자의 말을 인용하면서도 다른 논리의 내용을 끼워 맞추고 있다), 또한 만물은 태극 즉 이

(理)를 갖지 않을 수가 없다는 생각을 한 것에 주목해야 한다.

권근은 이러한 사고방식에 의해 만물과 태극 또는 이(理)를 논리적으로나 감각적으로나 매우 접근시켰다. 송대의 정이천이나 주자 등의 신유학에 있어서는, 거듭 말하듯이 이와 기, 형이상자와 형이하자가 준별되어 있었다. 사사물물(事事物物)에 이(理)가 있다고 설명되고, 즉 이일분수(理一分殊)가 설해지면서도 그 준별은 엄격히 남아 있었다. 그런데도 권근은, 개개의 물(物)은 각각 태극·이(理)에서 유출된 아들이므로, 개개의 물은 각각 하나의 태극과 하나의 이를 구비하고 있다고 했다.

이러한 생각은 이윽고 추만(秋巒) 정지운이 시작(試作)하고 퇴계가 완성한 《천명도설》에 분명하게 나타난다. 즉 거기에는 나중에 상술하겠지만 "천명이란 무엇인가?"라는 글머리의 첫 설문에 대해 "천(天)은 곧 이(理)다"라고 분명히 언급되어 있다. "하늘은 곧—그대로 이(理)다"라는 제언은, 적어도 송학에서는 명료하게 나와 있진 않았다. 주자 및 그의 제자들이 얼마나 천명에 대해 관심을 가졌고 논의했으며, 주자에게 질문하였는가는 《주자어류》(권4~7)를 보면 분명히 알 수 있다.

천명에 대한 사상적 정의적 관심을 지금 천명관념이라고 한다면 분명히 중국적(대륙적) 풍토 속에서도 그것은 그들 유학자에게도 있었다. 그 단적인 예가 주자가 《중용》수장(首章)에서 기술한 "하늘은 음양오행으로써 만물을 화생(化生)하는데, 기로써 형을 이루고 이(理) 또한 여기에 부여된다. 마치 명령하는 것과 같다"는 글이다. 이 '유명령야(猶命令也)'라는 표현은 원래 없어도 좋을 것으로 생각되지만, 그러나 주자의 심술(心術)에는 하늘이 음양오행으로써 만물을 화생시키는 것, 구체적으로 말하는 그 음양이기(陰陽二氣)가 물(物)의 질을 이루는 동시에 형도 이루는 것, 그리고 각각 생성~화생된 개개의 물(物)에 이(理)가 부여되는 것들이 다 하늘의 (의지적인) 명령과 다름없다고 할 정도로 '무엇'인가가 있었다. 하늘이 만물을 화생하고 이(理)도 거기에 부여된다는 것만으로는 부족한 그 '무엇'이 있었다.

그것은 《중용》본문의 글머리에 '천명지위성(天命之謂性)'이란 문구가 있어 명(命)에 대한 주를 한 구절 덧붙였을 뿐이라고 이해하는 것만으론 해결되지 않는 문제다. 하늘이 부여한 것, 하늘이 화생(化生)시킨 것이라 할 때 '명(命)의 관념'이 담겨 있다.

그런데 퇴계는 '천즉리(天卽理)'라고 단적으로 언명하여, 천(天)은 그대로 이(理)기 때문에 네 가지 덕, 즉 원형이정(元亨利貞)으로 나타나며, 그것이 실(實)하게 작용하는 것을 성(誠)이라고 했다. 원(元)은 또 시(始)의 이(理)고, 형(亨)은 통(通)의 이(理), 이(利)는 수(遂)의 이(理), 정(貞)은 성(成)의 이(理)다. 천덕(天德)에는 시작하고, 번성하고, 거두어들이고 이룩하는 작용이 있는데, 이것은 근원적인 덕의 용(用)으로 이른바 용(用)의 이(理)라고 해석되었다.

천덕으로서의 원형이정은 네 가지 용(用)의 이(작용하는 이(理), 작용을 가진 이)가 순환하여 개개의 물을 생성하므로, 이기오행(二氣五行)의 유행함에 의해 물(物)이 형(形)을 이룰 때 개개의 물은 하늘의 덕으로서의 원형이정의(용의) 이(理)를 구비하여 자기의 성(性)을 삼는다고 했다. 이를 인간에게 적용시키면, 그 용의 이(理)가 인간의 본성인 동시에 그 성(性)이 용(用)의 이(理)이기 때문에, 인의예지신(仁義禮智信)의 5덕목을 갖추고 있다고 했다. 이리하여 하늘과 인간 사이에는 용의 이(理)로서의 천덕(天德)으로 일관되는데, 여기에 천인합일(天人合一)의 사상이 형성된다. 이 점은 나중에 《천명도설》을 고찰할 때 설명하겠지만, 다만 주목해야 할 것은 퇴계의 '천즉리(天卽理)'설의 합리적인 전개에 의해 주자적(朱子的)인 천명관념이 사라져 버렸다는 점이다.

권근에 있어서 《입학도설》의 〈천인심성합일지도〉는 퇴계에 앞서 천명관념을 논리로 부각시키지 않고, '태극유출'설에 의해 개개의 물(物)의 생성과 이(理)~태극과의 관계를 설명했다. 여기서도 권근과 퇴계 사이의 중요한 사상적 관련을 엿볼 수 있다.

넷째로 중요한 것은 권근의 경(敬) 사상이다. 앞의 제3항에서도 보았듯이 권근은 '천(天)'이란 글자를 '一'과 '大'로 분해했다(천인심성분석지도). '一'을 대(對)가 없는 절대적인 이(理)라 했고, 또 쉼없는 운동(行)으로 파악하여 이를 '만화(萬化)의 근원'이라고 했다. 다시 '大'에 대해서는 그것밖에는 없는 보편적 전체로서의 체(體)라 했고, 또 무궁한 화(化)로 파악한 '만수(萬殊)의 근본'은 앞에서 설명한 바와 같다. 이 '만화의 근원'과 '만수의 근본'은 하늘 그 자체의 논리적 규정인데, 하늘의 그와 같은 논리적 성격은 다시 말해 '성(誠)'이란 한 글자로 설명된다. 따라서 '성(誠)'은 '一'과 '大' 또는 '만화의 근원'과 '만수의 근본'을 통일하여 양자를 연결하는 논리적 징표로 쓰었다. 하늘의 작용(運行)은 아무런 작위도 허망함도 가해지지 않은, 있는 그대로의 작용이므로 이를 성(誠)이라 한 것이다. 이는 《중용》 장구 제20장의 '성(誠)은 하늘의 도'를 받아들였음이 분명하다. 문제는 《중용》의 다음 구절에 '이것을 성(誠)하게 하는 것은 사람의 도'라 하여 하늘의 도가 성(誠)임을, 사람이 자각하고 깊이 인정함으로써 하늘의 도를 곧 사람의 도로 파악하고 있음을 서술하고 있으나, 권근의 〈천인심성분석지도〉는 성(誠)으로서의 하늘의 도는 사람의 도로서의 경(敬)에 의해 자각된다고 한 점이다. 즉 권근은 성(誠)을 하늘의 도의 존재원리로 삼고, 경(敬)을 사람의 도의 실천원리로 삼았다. 그리하여 천도(天道)—인도(人道), 성(誠)—경(敬)이란 상응체계를 구축함으로써, 《중용》 장구 제20장의 '誠者天之道也, 誠之者, 人之道也, 誠者, 不勉而中, 不思而得, 從容中道, 聖人也, 誠之者, 擇善而固執之者也'를 중심으로 하는 천도(天道)의 존재 원리적 성격과 인도(人道)의 실천 원리적 성격을 논리정연하게 연계시키는 데 성공했다. 권근의 경(敬)은 허망하지 않은 천도의 성(誠)을 인도(人道)에 스스로 깨닫고 인정하는 원리로서 위치를 정립했던 것이다.

또한 권근은 한편에서는 심(心)을 '이(理)의 근원'이나 성(性)이라 하고, 그 발용을 사단의 정(情)이라 하여 여기에는 불선(不善)이 없으므로 이를 도심이라 하며, 도심은 경(敬)을 주로 하여 확충해야 한다고 했다. 또 다른 한편에서는 마음을 '기(氣)의 근원'이라 하여 이 형기(形氣)에서 발용한 것을 의(意)라 하고, 그 발용의 기(幾)에는 선과 악이 있기 때문에 이것을 인심(人心)이라 하며, 인심은 경(敬)을 주로 하여 이를 극치(克治)하고 인욕(人欲)의 싹틈을 막아 천리의 정(正)함을 확충해야 한다고 했다.

권근은 이(理)의 근원으로서의 도심도 경(敬)으로써 확충해야 하고, 기의 근원으로서의 인심도 경으로써 극치해야 한다는 것이다. 여기서 경(敬)은 천도의 인간적 자각과정에서 성(誠)의 지상적 실천원리로 정립되었을 뿐만 아니라, 도심·인심의 전체적 계발·극치(克治)의 원리로서도 정립되었음을 알 수 있다.

이것을 나중에 설명할 퇴계의 경(敬) 중심의 철학사상과 견주어 볼 때, 우리는 권근의 경사상(敬思想)이 거의 전면적으로 퇴계에게 반영·흡수되었음을 알게 되는 것이다. 퇴계에 의하면 경은 성학(聖學)의 처음이자 끝이고, 지경(持敬)은 '사(思)와 학(學)을 겸하고 동(動)과 정(靜)을 꿰뚫으며, 내(內)와 외(外)를 합하고 현(顯)과 미(微)를 하나로 만든 원인의 도(道)'였다(《진성학십도차자(進聖學十圖箚子)》). 경은 또 '철상철하(徹上徹下)·공(工)을 들이고 효과를 거두어, 정녕 사(事)를 종(從)함에 잃음이 없어야 하는 것'(《성학십도》 제4 대학도(大學圖)의 보충 설명)이기도 했다. 이것으로도 알 수 있듯이, 퇴계도 경(敬)은 인간의 수기(修己)＝자기형성에 관련된 실천원리요 수양원리였다. 뿐만 아니라 그에게 경(敬)은 세계인식의 근저에 위치하고 있으며, 또 인륜의 이법에 대한 자각의 근저에도 놓여 있는 것이다. 즉, 경(敬)은 조선전기까지 수용된 신유학을 관철하는 실천원리로서 새로이 전개되었음을 이해할 수 있다.

다섯째로 주목할 것은, 권근이 마음을 '이(理)의 근원'으로서의 도심(道心)과 '기(氣)의 근원'으로서의 인심(人心)으로 구별하여, 도심(一性)의 발용을 사단의 정으로 보아 불선이 없다고 하고, 인심의 발용을 희로애구애오욕(喜怒哀懼愛惡欲)의 칠자(七者)를 의(意)라고 제시하며, 의가 발하는 바의 기(機)에 있어서는 선악이 있다고 한 점이다. 이것은 퇴계에 의하여 도심(성)→사단(四端)＝정(情)과 인심(기질의 성)—칠정(七情)으로 구별되어, 전자인 정에는 불선이 없고 후자의 칠정에는 선악이 있다는 맥락이 세워져, 마침내 고봉(高峰) 기대승과의 유명한 사칠논변(四七論辨)이 전개되기에 이르는 것이다.

다음 장에서 밝혀지겠지만, 퇴계는 《성학십도》의 〈제6심통성정도(第六心統性情圖)〉에서 "……기언성기여차(其言性旣如此), 차고기발이위정(此故其發而爲情), 역개지기선이언(亦皆指其善而言), 여자사소위중절지정(如子思所謂中節之情), 맹자소위사단지정(孟子所謂四端之情)……"[15]이라 하여, 본연의 성(性)이 발동한 경우를 사단(四端)·중절(中節)의 정(情)으로서 불선이 없다고 분명히 말하고 있기 때문이다. 퇴계는 고봉과의 논변을 거친 뒤 자기설에 약간의 수정을 가하여, "사단지정(四端之情), 이발이기수(理發而氣隨)……칠자지정(七者之情), 기발이이승지(氣發而理乘之)……"라고 했으나,

―――――――――――

15) 《도산전서(陶山全書)》 1, 속내집(續內集), 198면.

이것은 이기론과 관련해서 말한 것으로 도심=성→사단의 정(불선이 없음), 인심=기질의 성→칠정(선이 있고 악이 있음)이라 하여 양면적으로 마음을 파악한 데는 변함이 없다. 그러므로 이 점에 있어서도 권근의 사상과 관련이 있다고 할 수 있다.

　여섯째, 권근과 퇴계의 직접적인 관계를 이야기하는 증거로, 역시《성학십도》의 〈제4 대학도〉의 도설에서 퇴계는 "우공씨유서지수장(右孔氏遺書之首章), 국초신권근작차도(國初臣權近作此圖)……"라 부기하여 약간의 자구수정을 가했을 뿐, 권근의《입학도설》중의 〈대학지도〉를 그대로 채용하고 있는 점이다. 《성학십도》는 당시의 임금인 선조(宣祖)께 바쳐 이를 숙독완미하여 실천수양의 자료로 삼도록 촉구한 것인데, 신하로서 송학뿐만 아니라 우리나라의 선구적 학자까지 포함한 선현의 유언(遺言)·사훈(辭訓)을 인용함에 있어서는 극히 신중하게 엄선했다고 보아야 할 것이다. 따라서 그 가운데 권근의 〈대학지도〉가 채용되었다는 사실은 퇴계와 권근의 사상상의 관련을 확실하게 말해 준다. 이로써 퇴계가 권근 사상을 직·간접으로 계승했다 해도 틀림이 없다.

제3장 퇴계의 정치사상 1

서(序) —퇴계의 역사적 경위(境位)

조선 왕조는 태조 이성계가 건국한 이래 새로운 유교주의 정치철학을 기초로 하여 전개되었고, 특히 세종(재위 1418~1450)의 치세 32년간 유교문화와 민족국가의 기반이 확립되었으며, 민족문화가 획기적으로 발전했다. 세종은 특히 경연(經筵)을 빈번히 열어 경연관에게 유학 경서(經書)와 정치를 강의하게 했고, 유교정치의 이론과 실제를 이해하여 그 실천에 노력을 기울이게 했다. 유교윤리를 보급하기 위하여 《삼강행실》, 《효행록》 등을 간행, 《주자가례》를 준수함으로써 관혼상제 등의 의례를 보급시켰다. 당연히 주자학은 학문의 기초가 되었고 《주자집주(朱子集註)》가 기본이었으며, 《역학계몽(易學啓蒙)》, 《근사록(近思錄)》, 《증손여씨향약(增損呂氏鄕約)》 등 주자의 저술이 존중되었다. 과거를 목표로 하는 유생들은 주자학에 몰두할 뿐만 아니라, 심지어는 주자의 언행까지 배우는 것이 진정한 성학(聖學) 신봉자라 생각했다. 세종 대에 명(明)으로부터 수입한 《자치통감강목》, 후에 중종 대에 독자적으로 간행한 《주자대전(朱子大全)》 등은 주목할 만한 일이었다.[1]

한편 조선은 고려의 문무양반체제를 바탕으로 정치체제를 답습하다 이를 다시 개편하여 성립된 양반관료국가였다. 그 체제의 근원은 원래 중국역대의 정치제도에서 유래하는 것이었으나, 그것만으로 조선 사회가 통치된 게 아니라, 중국의 것이 민족국가로서 조선 특유의 체제로 정비되었고, 그 정치구조와 기능면에서 특히 절대왕권과 양반관료 간의 권력의 조화를 도모하도록 배려되었다.[2]

---

1) 이상(以上)은 한우근 저 《한국통사》, 224~230면에 의함.

따라서 그 경제구조도 왕족과 양반관료층의 지배가 관철되는 과정에 성립되었고, 토지제도·상업체제·수공업·교통운수에 이르기까지 그 지배체제는 통제적인 기능을 담당했으며, 그런 것이 침투되면서 동시에 신분제도도 명확하게 성립되어 갔다.[3] 특히 한우근 박사는 양반에 대해 주목할 만한 견해를 기술하고 있다. 실로 "양반관료에 의해 유지된 왕정은 권력자 계급인 양반들의 세력이 균형을 유지했을 때만 안정을 누릴 수 있었다. 따라서 과거시험을 공정히 행하고 자격있는 양반이면 누구든지 관리가 될 수 있는 기회를 균등하게 부여하는 것이 양반관료체제를 순조롭게 유지해 나가기 위해 절대적으로 필요한 조건이었다."[4] 이 같은 양반관료 간의 대립이 나타나지 않고 조선의 정치제도와 사회체제가 확립되었던 시기, 즉 15세기 후반까지는 조선도 안정된 발전을 거듭하고 있었다.

그러다가 세조의 왕위찬탈행위에 의한 일부 관료의 반발과 은퇴사건을 거쳐 다음의 성종(재위 1469~1494) 시대에는, 전대(前代)에 이어 왕조의 정치제제 정비, 홍문관 신설에 의한 학문연구의 장려, 역사·지리·문학·예악에 관한 서적의 편찬 등에 의해 문운(文運)의 진흥책에 수반된 인재의 새로운 발탁·등용 등을 계기로 양반 간의 대립이 현저해졌다. 이 인재등용에 관계한 자는 당시 유학이 가장 활발하던 영남지방의 학자(사림=유학자의 재야집단)들이었다. 고려 말의 학자 길재 이래의 학풍과 전통 속에서 자란 유학자들이 다수 중앙관계에 진출했던 것이다. 길재의 학풍은 많은 제자들에 의하여 계승되었는데, 특히 김종직(1431~1492)에 이르러 많은 제자를 배출함으로써 하나의 학파인 영남학파를 형성했다. 앞서 말한 신진사류란 이 학파에 속한 사람들이었다. 그들은 이른바 성리학의 연구를 주류로 하여 인간의 심성에 대해 깊이 탐구했고 절의를 중시했으므로, 세조의 왕위찬탈을 불의로 여긴 것이다.

이와는 반대로 왕위를 빼앗은 세조의 치세에 봉사한 공신들을 주축으로 기성 양반관료 세력이 있었는데, 신진사류들은 이들의 정권농단을 견제하려 했다. 기성세력은 세조 이래 정권의 주변에 있으면서, 정치적으로나 경제적

---

2) 동상서(同上書), 제5편 근세, 제2장 양반관료국가의 사회구조, 251면.
3) 동상서(同上書), 제2장 경제적 구조, 264~284면 참조.
4) 동상서(同上書), 275면.

으로 이미 확고한 기반을 형성한 노년층이었다. 그들은 권세를 이용하여 농장을 확대하고 공납청부 등의 이권을 누렸는데, 이것은 신진사류들에게 비난의 대상이 되었다. 그리고 기성세력으로서 양반층의 학문은 영남학파와 달리 시가와 문장이 주였으므로, 주자학 본래의 학문 경향과는 동떨어진 것이었다. 이리하여 정치에 대한 기본자세·발상·학문내용 등에 있어서 양 세력 간의 차이는 차차 구체적인 감정대립으로 발전했다. 성종의 뒤를 이은 연산군(재위 1494~1506)은 암군(暗君)으로서, 학자와 문인을 멀리하고 사치와 향락에 빠졌기 때문에, 마침내 그 대립이 표면화되어 신진사류들에 대한 박해가 되풀이되기에 이르렀다. 5)

자세한 것은 생략하거니와, 연산군 시대부터 시작된 격렬한 당파적 항쟁에 대해 언급한다면, 이른바 조선 초기의 '4대사화'라 일컬어지는 것이다.

1. 무오사화(1498, 연산군 4년)
   김종직(부관참시), 김일손(처형), 김굉필(유배), 정여창(유배)
2. 갑자사화(1504, 연산군 10년)
   김굉필(유배지에서 처형), 정여창(유배지에서 죽음, 뒤에 부관참시)
3. 기묘사화(1519, 중종 14년)
   조광조(사사(賜死), 38세)
4. 을사사화(1545, 명종 즉위년)
   이언적(유배)

위와 같은 4대 사건이 잇달아 일어났던 것이다. 그리고 이 글에서 다루게 될 퇴계도 이 양반관료의 대립항쟁에서 제외될 수 없었음은 당연한 일이다.

퇴계는 연산군 7년(1501) 경상북도 안동시 예안면 온계리에서 태어나, 선조 이래 거처는 약간의 변동이 있었으나 철저하게 영남학파의 학풍과 전통 속에서 자란 유가이며, 12세에 숙부 송재(松齋)에게서 《논어》를 배웠다. 그 뒤로 그의 학문은 독학으로 차츰 대성하게 되었지만, 그는 저 사화의 소용돌이(특히 기묘·을사사화) 속에 있었던 인물이었다. 퇴계가 만년인 무진년

---

5) 동상서(同上書), 제2장, 양반관료의 대립과 분열, 292~301면.

(1568, 선조 2년) 9월에 기묘사화로 요절한 조광조의 포증(褒贈)을 청한 다음과 같은 요지의 글만 보아도, 사화에 대한 그의 견해를 알 수 있다. "조광조는 타고난 기품이 뛰어나 일찍이 뜻을 성리(性理)의 학문에 두었으며, 집에서는 효우(孝友)하고, 조정에 있어서는 치(治)를 구하기를 목마른 듯이 하여, 장차 삼대(三代)의 치(治)를 일으키려고 했사옵니다. 또 그는 김정(金淨)·김식(金湜)·기준(奇遵)·한충(韓忠) 등과 협력하여 조법(條法)을 설립하고 소학으로써 사람을 가르치는 방도로 삼았으며, 더구나《여씨향약》을 사방에 행하여 백성들을 감화시키려 했사옵니다. 다만 당시 연소(年少)한 무리가 정치에 급급했기 때문에, 배척받은 구신(舊臣)이 벼슬을 잃고 불쾌히 여겨 백계(百計)로써 기회를 보다가 망극한 비방을 자행했사옵니다. 사류(士類)는 유배되고 혹은 죽었으며, 그 여파는 지금까지 이르옵니다. 사림 가운데 학문에 뜻이 있는 자는 이를 증오하여 기묘(己卯)의 무리라 손가락질하고 있사옵니다. 사람들의 마음에 화를 두려워하지 아니함이 없게 되고 사풍이 크게 더러워졌으며 명유(名儒)가 나오지 않는 상태가 된 것은 오로지 이 때문이옵니다. 고로 조광조를 포증하고 남곤(南袞)을 추죄한다면 시비가 분명해질 것이옵니다."[6] 약 50년 전의 기묘사화가 당시에 있어서도 여러 가지 영향을 미치고 있음을 시사하고 있다.

《한국통사》에 의하면, 한우근 박사는 그때의 사정에 대하여 "15세기 말부터 16세기 중엽에 걸쳐 거듭되던 정쟁과 의옥(疑獄)은 사류들에게 큰 타격을 주었을 뿐만 아니라, 양반관료체제 그 자체를 크게 붕괴시켰다"[7]며, 다시 그것은 조선 본래의 토지제도·수취체제·병제 등을 극도로 혼란에 빠뜨렸다고 했다. 또 그는 이러한 상황이 양반관료 사이에 정권장악을 위한 투쟁을 불러일으켰을 뿐만 아니라, "대다수의 관료로 하여금 명예로운 고립을 유지하지 못하게 했고, 대립된 세력의 어느 한쪽에 가담하지 않으면 안 될"[8]만

---

6) 《도산전서》(한국정신문화원간본) 4, 이퇴계선생전서유집 권7, 외편 322면, 〈청조광조포증계〉 또 그 오른쪽에는 '공맹심학대(孔孟心學對)'라는 《조정암선생문집》 중의 일문이 게재되어 있다. 즉 "趙光祖, 漢城府人, 事恭僖王, 官至司憲府大司憲, 天資異甚, 絶出等夷, 師金宏弼, 篤信好學, 志在明道, 學淑人心, 以率一世, 不幸早卒"이라 하여, 퇴계는 여기서도 조광조의 요절을 애석히 여기고 그 업적을 칭송하고 있다.

7) 《한국통사》, 299면.

8) 동상서(同上書), 300면.

큼 심각한 사태를 초래했다고 했다.

그런데 퇴계는 43세 때 성균관 사성(司成)으로 승진했으나, 당시 중종 말년(1543)에 계비인 문정왕후 윤씨가 이복의 세자인 인종을 폐하고 명종을 세우려고 하여 붕당 싸움이 일어났기 때문에, 그는 관료로 조정에 있을 생각을 버리고 성묘를 이유로 귀향했다. 그 뒤 거듭된 소명에도 고사하면서 명종 13년(1558)까지 20여 회나 사퇴했다.[9] 명종 원년의 을사사화(1545)는 그의 결의를 더욱 확고히 하여, 그는 낙동강 상류의 토계(兎溪) 동쪽에 양진암(養眞庵)을 짓고 은퇴했다.

1. 퇴계와 《향립약조(鄕立約條)》

앞에서 서술한 바와 같이 퇴계를 둘러싼 조선 초기의 역사적 상황은 그에게 매우 각박한 것이었다. 특히 명종 원년에 일어난 을사사화에서 선비들이 잇달아 화를 입었고, 퇴계 자신도 위험에 빠질 정도였다. 견해에 따라서는, 양반출신으로서의 숙명을 짊어진 퇴계는 철이 들 무렵부터 조선의 국가체제를 지탱하던 양반관료층의 대립항쟁 속에서 그 생애를 보냈다 해도 과언이 아닐 것이다. 그의 학문은 성균관에서 수학할 때(33세) 접한 《심경부주(心經附註)》에의 침잠과 그에 의해 '심학(心學)의 연원, 심법(心法)의 정미(精微)'를 스스로 깨닫는 것에서 출발하여, 평생 동안 인간의 심성과 이법(理法)의 탐구에 전념했을 뿐만 아니라, 스스로도 끊임없이 수양노력을 거듭함으로써 보기 드물게 도덕적 인격에 도달한 수기치인(修己治人)의 학문이었다.

그가 남긴 저작을 전체적으로 살펴 볼 때, 시문·서간 외에는 유학의 철학적 사색의 흔적이 뚜렷하고, 실학 또는 '치인의 학문'으로서의 유학의 특징인 정치론·시무론은 비교적 적다고 생각된다. 이것은 이미 설명한 바와 같이 그를 둘러싼 역사적·정치적 상황이 양반관료로서 그의 학문이 정치의 세계에서 충분히 발휘될 기회를 주지 않았고, 오히려 정치적 발언과 행동을 최소한으로 국한시켜 자기 몸을 지켜야 했기 때문일 것이다. '심학의 연원, 심법(心法)의 정미'를 스스로 깨달음은 그가 학문을 한층 더 심화시키도록 했

---

9) 《도산전서》 1, 《이퇴계선생전서》, 권8, 사장, 계사(226면 이하 참조), 《주자학대사》 제12권, 이 퇴계에 관한 阿部吉雄 박사의 해설 참조.

을 것이지만, 만일 그의 생애가 사화를 만나지 않고 왕조를 지탱하는 양반관료 체제에 바탕을 둔 존재였다면, 그의 학문이나 정치활동이 다른 특성을 나타냈을지도 모른다. 그런 뜻에서 퇴계의 시대가 조선 양반관료의 대립과 항쟁, 분열의 시기에 있었다는 것이 오히려 그의 학문의 역사적 성격을 특징짓는 중요한 요소가 되었다.

여기서는 우선 퇴계의 《향립약조》에 대해 검토하기로 한다. 여기에 관련된 것은 말할 나위 없이 〈향약〉인데, 이것은 중국의 영향을 받아 16세기경 한반도에 소개되었다. 사카이 타다오(酒井忠夫) 박사에 의하면, 중종 12년(1517)에 김인범이 상소하여 《여씨향약》의 시행을 청한 것이 허락되어 이듬해 지중추부사(知中樞府事), 경상도관찰사인 김안국이 《여씨향약》의 한글역을 출판했으며, 그 후 명종 11년(1556)에 퇴계가 향리에서 향인들을 위하여 지은 《향립약조》가 실제로 행해진 〈향약〉의 시초라 한다.[10] 그전에 앞서 말한 《한국통사》에서 한우근 박사는, 조광조(1483~1515)가 신진사류의 종사(宗師)인 김종직의 제자에게 수학하여 그 학통을 이은 정통 주자학자라 말했다. 그가 처음에 중종의 두터운 신임을 받아 유학적인 이상 정치를 실현하고자 여러 가지 시책을 시도했는데, 그 가운데 "촌락 집단의 상호부조를 도모하기 위해서 이른바 〈향약〉을 중국의 선례에 따라 처음으로 전국에 시행하여, 민중생활의 윤리적인 규범을 확립했다"[11]고 했다. 이에 의하면 조광조가 처음으로 〈향약〉을 전국에 시행한 것이 된다. 지금 바로 한우근 박사의 통사적(通史的) 기술을 검증하기란 불가능하지만, 필자가 앞에 인용한 퇴계의 《청 조광조 포증계(請趙光祖褒贈啓)》에 "……同心大有更張, 設立條法, 以小學爲敎人之方, 且欲擧行呂氏鄕約, 四方風動, 若久不廢, 治道不難行也, 但當時年少之輩, 急於致知, 不無欲速之弊……"라 하여, 역시 조광조가 (김정·김식·기준·한충 등과 서로 협력하여) 《여씨향약》도 실시하려 했음이 기록되어 있다.

그런데 마쓰다 코우(松田甲) 씨에 의하면 1517년에 행해진 김인범의 상

---

10) 酒井忠夫, 〈이율곡과 향약〉, 宇野精一 감수 《동아시아의 사상과 문화》(한국연구원간) 소수(所收). 또 酒井 박사는 이에 대해서는 松田甲, 〈이조시대의 향약〉《속일선사화 제3편》 소수)을 인용하고 있으므로, 이 견해는 松田 씨에 의한 것이라 해석된다.

11) 《한국통사》, 298면.

소, 김안국의 한글역 출판은 조광조가 처형되기 직전이었으므로, 어쨌든 이 시기에 《여씨향약》이 행해진(또는 '행해지려 한'이라고 해야 할지?) 것으로 보인다. 그러나 퇴계의 《향립약조》가 실제로 행해진 최초라는 마쓰다설을 취한다면, 한 박사의 기술 및 퇴계의 청포문(請褒文)에 있는 기술과는 일치하지 않는다.

한편 중종 38년(1543)에 왕명으로 《주자대전》[12]이 간행되었고, 또 중종 13년(1518)에는 김안국에 의한 향약·정속(正俗) 등의 언해간행도 있었으므로, 당시에 이미 퇴계는 《여씨향약》이나 《주자증손여씨향약》을 알고 있었을 것이다. 그런데 퇴계의 《약조》는 이것과 현저하게 다르다. 이러한 문제들은 앞으로 다시 검토할 필요가 있거니와, 여기서는 퇴계의 《향립약조》만 살펴보기로 한다.

퇴계의 그것은 〈향립약조서〉와 그것에 첨부된 〈약조〉로 구성되어 있는데, 이것을 《주자증손여씨향약》과 비교하면 전자가 훨씬 더 간결하다. 다만 그 서문은 후자와 달리 극히 격조 높은 논술이며, 도통(道統)의 추요(樞要)와 인륜도덕의 고양이 설명되어 있다.

> 古者, 鄕大夫之職, 導之以德行道藝, 而糾之以不率之刑, 爲士者, 亦必修
> 於家, 著於鄕, 而後得以賓興於國, 若是者何哉, 孝悌忠信, 人道之大本,
> 而家與鄕黨, 實其所行之地也, 先王之敎, 以是爲重, 故其立法如是, 至於
> 後世, 法制雖廢, 而彝倫之則, 固自若也, 惡可不酌古今之宜, 而爲之勸懲
> 也哉……

옛 향대부의 직분은 덕행도예(德行道藝)로써 사람을 인도하고 불솔(不率)의 형(刑)으로 이를 바로잡으며, 선비 된 자는 반드시 집을 다스리고 향당에서 저명하게 된 연후에 국가의 빈흥(賓興)에 관여할 수 있었다. 그것은 효제충신이 원래 인도(人道)의 대사(大事)이고 집과 향당이 그 실천의 장이었기 때문이다. 선왕의 가르침도 이를 가장 중요시했기에, 그것을 기초로 법을 세워 후세에 이르고 있으며, 그 동안에 법제가 폐지되는 일은 있었으나,

---

12) 《주자어류》 권5, 성리(性理) 2, 성심정의등명의(性心情意等名義).

인륜의 상도(常道)는 처음부터 변함이 없었다. 그러므로 고금의 의(義)로 권선징악을 해야 한다는 것이다.

今之留鄕, 卽古鄕大夫之遺意也, 得人則一鄕肅然, 匪人則一鄕解體, 而況鄕俗之間, 遠於王靈, 好惡相攻, 强弱相軋, 使孝悌忠信之道, 或尼而不行, 則棄禮義, 捐廉恥, 日甚流而爲夷狄禽獸之歸, 此實王政之大患也, 而其糾正之責, 歸之鄕所, 嗚呼其亦重矣……

일향(一鄕)에 사람을 얻으면 숙연히 다스려지지만, 덕행이 높은 사람을 얻지 못하면 향리(鄕里)가 해체되며, 더구나 왕령(王靈)에서 먼 향속(鄕俗)에서는 호오·강약으로 서로 다투고 효제충신의 도가 행해지지 않으며, 예의 염치도 폐기되고 마는데 이는 왕정의 큰 우환이거니와, 그것을 규정(糾正)하는 것은 향리(鄕里)의 책임으로서 매우 중대하다고 했다.

여기서 퇴계는 향리(鄕里)인 영남지방은 협소하지만 학덕이 뛰어난 방유선배(邦儒先輩)가 많이 나와 왕조에 출사하는 사람이 전후를 잇고, 그 감화 훈도로 향풍이 가장 선미(善美)했으나, 불행하게도 근년에 이르러 달존제공(達尊諸公)이 잇달아 세상을 떠나고 말았다고 했다. 하지만 아직 고가(故家)의 유범(遺範)과 문의(文義)가 분명하게 남아 있으므로, 서로 이끌어 선행한다면 미풍의 회복도 불가능하지 않다고 했다. 그러나 인심의 일상은 한결같지 않아 습속도 점점 잘못되고 덕행이 뛰어난 자도 드물어 나쁜 싹도 간간이 생기므로, 이를 막아 멈추게 하지 않으면 마침내 타락하지 않는 곳이 없게 될 것이라며, 현실의 자기 고향을 비판적으로 보고 있었다.

이에 숭정지사(崇政知事) 농암(聾巖) 이현보 선생이 이를 염려한 나머지 〈약조〉를 만들어 향리의 풍속을 진작시키려 했으나 신중을 기하다 보니 아직 제대로 시행하지 못했다.

田間鄕丈, 皆欲令我輩數人, 遂成先生之志, 委責甚至, 辭不獲已, 乃相與商議, 而擧其梗 如此, 復以徧示鄕人, 而審可否, 然後乃定, 庶幾期行於久遠而無弊也, 或者以不先立敎, 而徒用罰爲疑, 是固然也, 然而孝悌忠信, 原於降衷秉彝之性, 加之以國家設庠序以敎之, 無非勸導之方, 奚待於我輩別立條耶…….

퇴계가 질병 요양을 위해 향리에 돌아왔을 때 이렇게 말했듯이, 향리의 장로들이 퇴계 등 몇 사람에게 농암선생의 유지를 계승하라고 청했기 때문에, 할 수 없이 서로 상의하여 그 요점을 들어 작성했다.

퇴계는 완성된 〈약조〉를 향인에게 강제로 시행케 한 것이 아니라, "널리 향인에게 보여 가부를 심사케 한 연후에 이를 정하여……"라 하여, 향리 사람 전원에게 보여 검토하고 가부를 물은 다음 이를 결정하면 오래 행해지고 폐해도 없을 것이라 말하고 있다. 이것은 향약·약조의 실시에 취해진 특징 있는 방법으로, 현대에도 적용될 수 있어 주목할 만하다.

더구나 퇴계는 약조를 실시함에 있어서 비판 제기되면 솔직히 받아들이고 성실히 대답하고 있다. 즉 약조를 향리에 행하는 것은 먼저 가르침을 앞세우지 않고 오직 벌로써 향인에게 임하게 되는 것인데, 어떤 사람은 이 점이 어떠할까 하고 의심했다. 그것은 옳은 말이니, 효제충신(孝悌忠信)은 하늘이 내린 선이고 또 인륜의 상도를 지키는 사람의 본성에서 연유하며, 또 국가가 학교를 세워 사람을 가르치므로 인간을 권도함에 부족함이 없는데, 어찌 우리가 따로 약조를 세울 필요가 있겠느냐고 서술하고 있다. 그리고 《맹자》를 인용한다. 도는 가까이 있으되 이를 멀리서 구하고, 일은 쉬운 데 있으나 이를 어려움에서 구하는 것이 상례인데, 가까이 있는 어버이를 어버이로 모시고 어른을 어른으로 섬기면 천하가 태평하게 된다. 이것은 공자가 말한 지덕요도(至德要道)로서, 선왕이 사람을 선하게 하는 이유라면서, 마지막으로 다음과 같이 서술했다.

> 自今以往, 凡我鄕士, 本性命之理, 遵國家之敎, 在家在鄕, 各盡夫彝倫之則, 則斯爲王國之吉士, 或窮或達, 無不胥賴, 非唯不必別立條以勸之, 亦無所用罰矣, 苟不知出此, 而犯義侵禮, 以壞我鄕俗者, 是乃天之弊民也, 雖欲無罰, 得乎, 此今日約條之所以不得不立也.

"앞으로 우리 향리의 인사가 성명(性命)의 이(理)에 근본하여 국가의 가르침을 받들고, 집에서나 향리에서 상륜(常倫)의 의칙(儀則)을 다하면 국가의 길사(吉士)가 될 수 있다. 궁할 때나 통할 때나 모두 이에 의존하지 않을 수 없고, 따로 조목을 세워 권장함을 본지(本旨)로 삼지 않을 뿐만 아니라 벌을 내릴 필요도 없다. 그러나 만일 이처럼 일의 본원이 여기서 나옴을 알지 못하고, 의(義)를 어기고 예(禮)를 침범하여 우리 향속을 파괴하는 자는 이미 하늘의 폐민(弊民)이다. 벌하려 하지 않으려 해도 불가능할 것이다. 이것이 오늘 이 약조를 세우지 않을 수 없는 까닭인 것이다."

이상이 서문이고, 그 다음에 이른바 약조가 게재되어 있다. 벌칙은 3등급으로 구분되어 있다.

부모불순자(父母不順者) (불효지죄(不孝之罪), 방유상형(邦有常刑), 고고거기차(故姑擧其次))

형제상혁자(兄弟相鬩者) (형곡제직(兄曲弟直), 균벌(均罰), 형직제곡(兄直弟曲), 지벌제(止罰弟), 곡직상반(曲直相半), 형경제중(兄輕弟重))

가도패란자(家道悖亂者) (부처구매(夫妻毆罵), 출기정처(黜其正妻) — 처한역자감등(妻悍逆者減等) —, 남녀무별(男女無別), 적처도치(嫡妻倒置), 이첩위처(以妾爲妻), 이얼위적(以孽爲嫡), 적불무얼(嫡不撫孽), 얼반능적(孽反陵嫡))

사섭관부(事涉官府), 유관향풍자(有關鄕風者)

망작위세(妄作威勢), 요관행사자(擾官行私者)

향장능욕자(鄕長陵辱者)

수신상부(守身孀婦), 유협오간자(誘脅汚奸者)

이상극벌 상중하(已上極罰 上中下)

친척불목자(親戚不睦者)

정처소박자(正妻疎薄者) — 처유죄자감등(妻有罪者減等) —

인리불화자(隣里不和者)

제배상구매자(儕輩相毆罵者)

불고염치(不顧廉恥), 오괴사풍자(汚壞士風者)

시강능약(恃强陵弱), 침탈기쟁자(侵奪起爭者)

무뢰결당(無賴結黨), 다행광패자(多行狂悖者)

공사취회(公私聚會), 시비관정자(是非官政者)

조언구허(造言構虛), 함인죄루자(陷人罪累者)

환난역급(患難力及), 좌시불구자(坐視不救者)

수관차임(受官差任), 빙공작폐자(憑公作弊者)

혼인상제(婚姻喪祭), 무정과시자(無政過時者)

불유집강(不有執綱), 부종향령자(不從鄉令者)

불복향론(不伏鄉論), 반회구원자(反懷仇怨者)

집강순사(執綱徇私), 모입향참자(冒入鄉參者)

구관전정(舊官錢亭), 무고불참자(無故不參者)

이상중벌 상중하(已上中罰 上中下)

공회만도자(公會晚到者)

문좌실의자(紊坐失儀者)

공좌퇴편자(空坐退便者)

무고선출자(無故先出者)

이상하벌 상중하(已上下罰 上中下)

원악향리(元惡鄉吏), 인리민간작폐자(人吏民間作弊者), 공물사남징가물자(貢物使濫徵價物者), 서인능멸사족자(庶人陵蔑士族者)

　　이상의 것을 통람해 볼 때, 극벌(極罰)로 되어 있는 맨 처음은 부모에게 효순하지 않는 자이지만, 이는 불효죄로서 국가의 상형(常刑)으로 정해져 있으므로, 그 다음부터 언급하고 있다. 부모에 대한 불효 다음은 형제의 상극인데, 이 약조에서는 사리의 옳고 그름을 그 기준으로 삼고 있다. 형이 그르고 동생이 옳을 때 그 벌은 균등하고, 형이 옳고 아우가 그를 때의 상투(相鬪)는 아우만이 벌을 받으며, 옳고 그름이 상반될 경우에는 형을 가볍게, 아우를 무겁게 다룬다. 한마디로 아우 쪽이 중벌을 받게 되어 있다.

　　다음으로 가도(家道)를 그르치고 문란케 하는 자가 거론된다. 그 내용은 우선 부부가 서로 구타하거나 욕하는 경우인데, 남편이 아내를 돌보지 않아 반발하는 경우에는 죄를 감하도록 되어 있다. 또 남녀를 분별하지 않고 본처와 첩을 바꾸어 첩을 본처로 하거나, 서자(첩의 아들)를 적자(본처의 아들)

로 삼거나, 적자가 서자를 사랑하지 않고, 서자가 적자를 등지거나 능멸하는 것이 가도패란의 조목에 열거되어 있다.

이상의 두 조목에 이어, 일을 일으켜 그것이 관부의 행정에 관련되고 향리의 풍속에 관계되는 자, 함부로 위세를 부려 관을 시끄럽게 하고 사사로운 일을 행한 자, 향리(鄕里)의 장로를 능욕하는 자, 수절하는 과부를 유혹하거나 협박하여 강간하는 자 등의 네 가지가 열거되어 있다.

다음의 중벌(中罰)로는 친척들과 화목하지 못하는 자, 본처를 소홀히 하는 자(처에게 죄가 있으면 감등), 이웃과 화목하지 못하는 자, 동료를 구타하거나 욕하는 자, 염치를 잃거나 사풍을 오괴(汚壞)하는 자, 힘으로 약자를 괴롭히고 이를 침탈하여 싸움을 일으키는 자, 쓸데없이 횡행하며 도당을 이루고 광패한 행위를 많이 하는 자, 공사(公私)에 걸쳐 집회를 열어 관의 행정에 대해 시비하는 자, 거짓으로 남을 죄에 빠뜨리는 자, 남의 어려움을 보고 구제 능력이 있으면서도 그냥 보고만 있고 돕지 않는 자, 관에서 임명받아 임지에 가서 공권력을 빙자하여 악폐를 일삼는 자, 혼인상제에 즈음하여 이유 없이 때를 보내는 자, 강기(綱記)를 지키지 않고 향령에 따르지 않는 자, 향당의 의향에 따르지 않고 오히려 구원(仇怨)을 품는 자, 강기의 집행을 사심으로 하는 자, 향리에 들어오는 자를 위협하는 자, 선임 관리가 떠날 때 이유 없이 송별연에 참석지 않는 자 등의 조목이 게재되어 있다.

다음에 하벌(下罰)로서 공공의 회합에 지각하는 자, 앉는 자리를 문란케 하고 예의를 잃는 자, 좌중에서 크게 떠드는 자, 자리를 비우고 멋대로 나가는 자, 이유 없이 공회의 자리에서 먼저 떠나는 자 등이 열거되어 있다. 그리고 이러한 조목 뒤에, 못된 향리(鄕吏)·인리(人吏) 등 민간에서 폐를 끼치는 자, 공물사(貢物使)로서 함부로 가물(價物)을 징발하는 자, 서인(庶人)으로 사족(士族)을 능멸하는 자 등을 열거하고, 이것을 위에 든 3등급의 벌칙에서 제외시키고 있다.

이상이 〈약조〉 전문의 해석인데, 이를 통람해 볼 때 효제의 도에 반하는 자를 극벌로 하고, 형제간에는 아우의 입장을 낮게 보고 있으며, 가도(家道)의 패란자는 본처와 첩, 적자와 서자를 명확히 구별하여 모두 전자에 정통성을 부여하고 있다. 또한 가정 내의 도덕규범을 게재한 뒤에는 향리에서 폭력 등의 힘으로 쟁란을 일으킴을 중죄로 하고 있다. 극벌이 상중하로 구분되는 것은 부모에 불순한 자에서 시작되는 여러 조항에 해당하는 행위내용에 따라 3등분으로 구별한 것으로 해석된다. 또 중벌의 특징은 친족이나 향당 사이에서 그 인간관계를 불화로 이끄는 자나 풍기를 문란케 하고 남에게 폐를 끼치며, 나아가 향리의 미풍양속을 해치고 향령에 복종하지 않는 자를 들고 있다. 또 하벌은 향리에서 공적인 회합 때의 질서와 예의를 지키지 않는 자를 대상으로 하고, 향리를 관리하는 벼슬아치의 태도에 대해 언급하고 있다. 이들 모든 벌에 대한 상중하의 구별은 명시되어 있지 않으므로, 어느 정도의 극벌이었는지, 혹은 중벌·하벌이었는지는 분명하지 않다. 아마 그다지 엄한 벌칙 내용이었다고는 생각되지 않으며, 오히려 비교적 가벼운 것이 아니었나 추측된다. 그것은 이 〈약조〉의 서문에서 이미 퇴계가 향리인사의 가정 내의 생활 규범과 향당에서의 인간관계를 착하고 아름답게 유지하는 것은 이와 같은 약조에 의해 백성을 구속하는 것이 본디의 취지가 아니라, 성명(性命)의 이(理)에 근본하며 국가의 교도(敎導)에 따르고 일상의 윤리 규범을 자신의 것으로 실천함을 우선시키는 것으로도 이해할 수 있을 것이다. 향당에 거주하는 개개인으로부터 향리 전체의 백성에 이르기까지, 도덕적 자기형성과 인간 간의 화목이 우선되어야 한다는 점에 특히 주목할 필요가 있다.

2. 《향립약조》의 성격

전항에서는 퇴계의 《향립약조서》 및 〈약조〉를 중심으로 이를 소개했다. 본항에서는 그 성격·특징 등을 《주자증손여씨향약》 등과 비교하면서 기술하기로 한다.

우선 주자의 《향약》과 비교하여 특징적인 것은, 전항에서도 언급했듯이 퇴계가 주자의 향약을 알고 있었을 텐데도 그 체제·내용을 주자의 《향약》과 달리했다는 점이다. 명칭부터 《향립약조》라 하여 극히 격조 높은 〈서(序)〉가 있으며, 여기에 〈약조〉를 덧붙이고 있다. 더구나 이 서문은 전항에서 상세히 소개했듯이, 원래 효제충신은 인도(人道)의 대본(大本)으로서 그 구체적 실천의 장은 집과 향당이며, 향속 간에 이 효제충신의 도가 행해지지 않는 것은 왕정의 큰 근심이고, 그 책임은 향리(鄕里)에 있다고 했다.

또한 어떤 사람이 먼저 가르침을 제시하지 않고 함부로 벌로써 임하는 것은 잘못이 아닌가 하고 비판한 데 대하여, 퇴계는 이를 긍정한다. 효제충신은 천명의 선성(善性)에 근원하는 것이며, 나라가 학교를 세워 타이르고 이끎으로써 실현되는 것이지, 이러한 약조로 되는 것이 아니고 맹자가 말했듯이 도는 가까이 있는 것이라 했다. 이것은 서문의 말미에서도 다시 되풀이되어, 약조와 같은 것으로 향풍의 선미(善美)를 실현하려는 것이 본뜻이 아니라 '성명(性命)의 이(理)에 근원하여 국가의 가르침을 준수하고 각각 사람이 지켜야 할 도리의 규칙을 다하는' 것이 근본이며, 어떠한 경우에도 여기에 따라야 한다는 점이다.

이에 대해 주자의 《향약》은 처음부터 구체적인 내용으로 들어갔다. "범향지약사(凡鄕之約四), 일일(一日), 덕업상권(德業相勸), 이일(二日), 과실상규(過失相規), 삼일(三日), 예속상교(禮俗相交), 사일(四日), 환난상휼(患難相恤), 중추유치덕자일인(衆推有齒德者一人), 위도약정(爲都約正), 유학행자이인부지(有學行者二人副之)……." "이상(以上), 향약사조(鄕約四條), 본출남전여씨(本出藍田呂氏), 금취기타서(今取其他書), 부기의(附己意), 초증손지(稍增損之), 이통우금(以通于今), 이우위월단집회독약지례여좌방(而又爲月旦集會讀約之禮如左方), 왈(曰), 범예약자(凡預約者), 월삭개회(月朔皆會)……." 이렇게 말미에서도 극히 간단한 제작의 유래와 월례(月例)의 집회 방법에 대해 상세히 말하고 있다.

주자도 퇴계의 〈서〉에 씌어 있는 효제충신의 일상적 실천이 본(本)임을 염두에 두었으나 최소한 겉으로 드러난 결과로 본다면, 퇴계의 〈약조〉나 〈향약〉과 같은 것에 대한 근본적 태도·자세가 어디에 있었는지 분명히 알 수 있다. 다시 말해서 퇴계에게는 효제충신이라는 인도(人道)의 대본(大本)에 대한 실천이 향당인사(鄕黨人士)의 근저에 있어야 했으며, 약조에 의한 향인규제 이전의 대전제였다. 퇴계는 중요한 부분과 중요하지 않은 부분, 또 앞과 뒤에 둘 것들을 명확히 표명한 것으로, 이는 주자의 《향약》과 근본적으로 다른 점이라 할 수 있다.

둘째로 주자의 《향약》에서는 《여씨향약》의 기본적인 특징인 '덕업상권(德業相權)' '과실상규(過失相規)' '예속상교(禮俗相交)' '환난상휼(患難相恤)' 등 4조로 분류되어 있는데, 퇴계의 〈약조〉에는 이것이 전혀 보이지 않는다. 물론 유사한 세목으로서의 어구는 약간 보이지만, 넷으로 분류되어 있지는 않다. 퇴계 등에 의하여 작성된 〈약조〉도 넓은 의미에서는 중국의 전통적인 향촌의 인륜관계를 규정한 교화통치의 방책에 기초한 것이라 할 수 있다. 예 컨대《주례(周禮)》의 지관(地官), 사도(司徒)의 직장(職掌)에는 향촌통치책 이 계통적·조직적으로 기술되어 있고, 그 〈권민속(勸民俗)〉에도 나타난다.

令五家爲比使之相保, 五比爲閭使之相受, 四閭爲族使之相葬, 五族爲黨使 之相救, 五黨爲州使之相賙, 五州爲鄕使之相賓……. [13]

오가(五家)·일비(一比)를 최소단위로 하는 근린집단에서 시작하여 25가 (家), 100가, 500가, 2,500가, 12,500가 등 차차 그 집단이 확대되는데, 각 각의 집단에 좋은 민속을 형성시킬 규범을 상보(相保), 상수(相受), 상장 (相葬), 상구(相救), 상주(相賙), 상빈(相賓)이라고 말했다. 또한《맹자》의 〈정전설(井田說)〉에는 "死徙無出鄕, 鄕田同井, 出入相反, 守望相助, 疾病 扶持, 則百姓親睦"[14]이라 하여, 일반적으로 통치책에서 나온 향촌의 인륜관 계를 착하고 아름답게 할 도덕적 규범이 제시되어 있다.

시대가 지나 중국 송대에 이르면, 유가에 의한 향촌의 통치·권속이 적극 적으로 되어, 여씨에 의한 향약 작성도 그 일련의 경향으로 나타난다. [15] 특 히 송대 유가의 향촌통치책 및 권속문(勸俗文)에는 효제충신과 향린화목을 말한 것은 많으나,《여씨향약》처럼 정리된 것은 거의 없다.

퇴계가 이러한 전통을 계승하면서도 더구나 주자의《향약》같은 〈약조〉를 정비하여 내놓지 않은 이유는 무엇일까. 그것은 서문에도 밝혔듯이 이 〈약 조〉는 〈경개(梗槪)〉로서, 말하자면 〈잠정안(暫定案)〉이었기 때문은 아닐 까. 〈경개〉는 분명히 '줄거리'이고 '골격'이지만, 그 서문의 표현은 잠정적인 원안(原案)으로 보이지 않는다. 오히려 〈경개〉 의미는 〈약조〉에서 게재된, 지켜야 할 규범강목을 대체적으로 거론한 것이 아닌가 한다.

이렇게 볼 때 퇴계의 〈약조〉는 주자의《향약》과 달리, 당시 그의 고향 사

---

13)《주례》권2, 16우(右) (13경주소6, 주례에 의함).
14)《맹자》등문공(滕文公) (집주에서는 장구상(章句上)).
15) 졸저《무위자연에서 작위적극(作爲積極)으로─당송(唐宋)간의 사상의 전개와 그 역사적 성격 ─》제3편 제10장 〈향촌사회의 인륜구조〉, 390면 이하 참조.

람들에게 가장 알맞은 규범을 제시한 것이며, 이러한 뜻에서 극히 독창적이라 할 수 있다. 더구나 퇴계는 당시에 《주자대전》을 입수하여 《주자증손여씨향약》을 읽었으리라 생각되는데도, 퇴계의 〈약조〉는 전혀 여기에 의존하지 않고 있다. 주자학을 계승한 퇴계가, 내용면으로 볼 때 서문에서 시작되는 전체의 체제에 독자적인 〈약조〉를 작성하였음은 특기할 만한 일이다. 16) 《향립약조》 및 〈서〉의 독창성은 퇴계의 〈약조〉가 향인들의 도덕을 진작시키려는 데 근본 취지가 있는 것이 아니라, '성명(性命)의 이(理)에 근본하며 국가의 가르침을 준수함'을 우선했으므로, 《주자증손여씨향약》과 같이 정연한 향촌 공동체의 조직을 기초로 한 인륜관계의 규범을 설정할 필요가 없었고, 또 그것을 바라지도 않는다고 생각했기 때문이 아닐까(그것은 또 서문에 "사퇴했으나 마지못해 상의하여 만들었다"고 했듯이, 퇴계 자신이 적극적으로 관여한 것이 아니라는 점으로도 알 수 있을 것이다).

셋째는, 전항에서도 소개했듯이 이 〈약조〉의 제정과 실시에서 퇴계가 취한 방법과 태도이다. 즉, 제작한 〈경개〉를 "복이편시향인(復以徧示鄕人), 이심가부(而審可否), 연후내정(然後乃定), 서기기행어구원이무폐야(庶幾期行於久遠而無弊也)"라 하여, 널리 향인에게 보여 가부를 살핀 다음 이를 확정하여 실시한다는 점이다. 이 향인이란 결코 양반집안뿐만 아니라, 일반 백성을 포함한 향인 전체일 것이다. 더구나 미리 위촉받은 몇몇 사람이 작성하여 제시하는 것이 아니라, 어디까지나 수정을 전제로 향인의 가부 의견을 청취하고 그 뒤 확정하려 한 자세는, 단순히 주자의 《향약》을 그대로 빌려 향인에게 적용시키려던 것과는 근본적으로 다르다.

중국, 특히 송대에서 볼 수 있는 《여씨향약》 및 그 밖의 권속문에는 이러한 절차 및 방법, 사고방식을 나타낸 것이 없다. 향인에 대한 퇴계의 자세 및 향당에 있어서의 사람들의 도덕실천은 어디까지나 개인이 주체가 되고, 또한 그것을 권도할 학교는 가르침의 기능에 의해야 함을 분명히 제시했다. 덧붙여 말한다면, 이 수법과 사고방식은 현대 민주주의 사회에도 적용될 수

---

16) 퇴계의 '약조'에 대해서는 酒井 박사도 "퇴계의 학문은 단순히 주자학설의 집성·정리에 그치는 것이 아니라, 양반학자의 실천적 독창성에서 온 것인지도 모른다"(상동, 酒井 씨 저, 144면)고 했다. 酒井의 논문에는 약조의 내용에 대해 자세히 언급하지 않았으나, 필자는 퇴계의 《서문》 및 주자의 그것을 비교한 끝에 더욱 확신하여 말할 수 있다고 생각한다.

있다고 하겠다. 여기서 우리는 퇴계가 확립한 학문과 도덕론의 기초를 찾아볼 수 있다.

넷째, 한편으로 퇴계는 양반 출신의 학자이며, 조선의 그 시기에는 일반백성 또는 사농공상의 신분제도가 성립되어 있었으므로 《한국통사(韓國通史)》 273면 이하 참조), 〈약조〉의 말미에 '서인능멸사족자(庶人陵蔑士族者)'라 하여 서인과 양반의 신분차별을 분명히 나타낼 것을 인정하고 있다는 점이다. 역사적 존재로서의 퇴계가 처해 있던 위치로 보아 당연한 일이다. 그런데 이 말미의 조항에는 벌칙규정이 없다. 상벌(上罰)·중벌(中罰)·하벌(下罰) 외에도 "원악향리(元惡鄕吏), 인리민간작폐자(人吏民間作弊者), 공물사남징가물자(貢物使濫徵價物者), 서인능멸사족자(庶人陵蔑士族者)"를 둔 것은 酒井 박사가 말했듯이 이것이 경개(梗槪)이고 〈잠정안〉(동씨(同氏)의 앞서 언급한 논문 143면)이기 때문인지, 아니면 의도적으로 벌칙규정을 두지 않았는지는 명확하게 단정할 수 없다.

주자의 《향약》에는 '덕업상권'조에 '어동복(御童僕)'이 있고 '과실상규'조에 '소교부한사서(所交不限士庶)……'가 있을 정도로, 신분상의 차등을 범한 경우의 규정이 없다. 또 《향립약조》에는 상중하로 벌칙을 구분하고 있으나 어떤 벌인지는 분명치 않다. 주자의 《향약》에서는 위반자(違反者)·불수자(不修者)에 대해 약정(約正)이 의리로써 회론(誨論)하고 규정하며 문서에 써 넣는데, 도저히 개전하지 않는 자는(爭辨不服與終不能改者) 모두 '출약(出約)'(이 약조를 지키기로 맹세한 집단, 즉 향리의 동료들로부터 내쫓기는 것)하기로 되어 있다.

다섯째, 퇴계와 동시대의 후배인 율곡의 《서원향약(西原鄕約)》 등과 비교하여 《향립약조》의 특징을 밝히면 다음과 같다. 《서원향약》은 율곡이 청주목사였던 융경(隆慶) 5년(1571, 선조 4년)에 작성되었다. 퇴계가 〈서(序)〉를 쓴 대신 율곡은 〈입의(立儀)〉를 써서, 향약의 제정·실시에 즈음한 그 취지를 기록했다. 그 대의는 다음과 같다.

"옛 향약은 동정(同井)의 사람이 수망상조(守望相助), 질병상구(疾病相救), 출입상부(出入相扶)하고 또 자제는 가숙(家塾)·당상(黨庠)·주서(州序)에서 가르침을 받아 효제의 의를 돈독히 했다. 세상이 쇠하여 도는 미(微)하고, 정치가 어지러워 백성이 흩어졌으며, 교육은 위에서부터 침체하고 풍속은 밑에서 어그러져 슬픈 상태에 이르렀다. 나는 우유(迂儒, 세상 물정에 어두운 선비)로 대읍(大邑)을 도수(叨守)하고 정무에 바쁘거니와, 화민성속(化民成俗, 백성을 교화하여 아름다운 풍속을 이룸)의 뜻은 간절하여 그침이 없다. 이에 향중의 나이 많은 남자 어른과 선도할 방법을 상의한바, 향인은 모두 향약을 밝혀 제시함보다 나은 것이 없다는 의견이었다.

원래 이 지방에서는 이증영(李增榮)이 처음으로 향약을 제시했고 그 후 이인(李遴)이 이를 손익(損益)하여 작성했다. 그 규모는 볼 만했으나 이인 공(公)이 지방관을 그만두고 중앙으로 돌아갔기 때문에, 향인은 의기소침하여 마침내 그것은 형식뿐인 글이 되고 말았다. 나는 두 분의 뜻을 이어 남겨진 규약을 토대로 《여씨향약》을 참고하여, 번거로운 것을 간략히 하고 모자란 것을 보충하면서 새로 약조를 만들었다. 감히 완전하다고는 할 수 없으나, 권계(勸戒)의 술(術)에 있어서 크게 누락된 것은 없을 것이다.

생각하건대 읍주(邑主)에게 궁행(躬行)의 실(實)이 없으면 계장(契長)을 징계하지 못하고, 계장이 정직한 선비가 아니면 향인을 규정(糾正)할 수 없다. 향인이 선으로 나아가 악에서 떠남은 계장에게 달려 있고, 계장을 관감격려(觀感激厲)함은 읍주에게 달려 있다. 나는 널리 선언(善言)을 구하고 스스로 노력하여 게을리하지 않으려 한다. 계장유사(契長有司)는 또 마땅히 나의 뜻을 알아서, 자신의 수칙(修飭)을 먼저 하고 이로써 향인을 계발하라. 향인이 만일 이를 질시(疾視)하지 않고 풀이 바람에 불려 쓰러지듯이 승복한다면 서원(西原)의 민속은 크게 바뀔 것이다."[17]

이상으로도 명백히 알 수 있듯이, 퇴계가 감히 《여씨향약》에 의존하지 않은 것에 대해, 율곡은 처음부터 향약을 〈입의(立議)〉하고 맹자의 정전설(井田說)을 인용하여 그 근거로 삼고 있다. 세도인심(世道人心)의 황폐를 우려하는 점은 두 사람이 똑같고, 또 향인과 상의하여 한쪽에서는 〈약조〉를, 다

---

17) 《율곡전서》(성균관대학교간행본) 권16.
　　鄕約, 古也同井之人, 守望相助, 疾病相救, 出入相扶, 且使子弟受敎, 於家塾黨庠州序, 以惇孝悌之義, 三代之治, 隆俗美良, 由是焉, 世衰道微, 政荒民散, 敎替於上, 俗敗於下, 吁可悲哉, 余以迂儒, 叨守大邑, 不閑政務, 固多疵累, 惟是化民成俗之志, 惓惓不已, 玆與鄕中父老, 商議尊迪之方, 鄕人皆以爲莫如申明鄕約, 蓋此也, 自李使君增榮, 始申鄕約, 厥後李公遴, 因而損益之, 規模可觀, 第恨李公漫朝, 鄕人意沮, 竟爲文具, 余承二侯之躅, 遂採前規, 參以呂氏鄕約, 煩者簡之, 疎者密之, 更爲條約, 雖不敢自謂得中, 而勸懲之術, 庶幾無大滲漏矣…(하략).

른 쪽에서는 〈향약〉을 작성하고 있는 점도 마찬가지이다. 그러나 율곡이 《여씨향약》을 증손하여 읍주의 입장에서 향인에게 실시하려 한 데 대해, 퇴계는 어디까지나 향인의 가부를 의견으로 채택한 뒤에 정하려 한 점에서 근본적인 차이가 있다. 또 앞서 말했듯이 퇴계가 '성명(性命)의 이(理)에 근원하여 국가의 가르침에 따름'으로써, '사람으로서 지켜야 할 도리의 규칙'을 다할 것을 근본으로 한 데 대해, 화민성속의 뜻을 강하게 가졌던 율곡은 향약을 행정적으로 촌락 공동체에 실시하고, 이로써 '서원의 풍속'을 변화시키려 한 점도 기본적으로 다르다. 이것은 퇴계가 부득이 〈약조〉를 작성한 것과 대조적이다. 다시 말하여 퇴계는 《향약》이나 〈약조〉 같은 것으로 향풍의 선미(善美)를 이룰 것을 부차적으로 보고, 나중으로 미룬 점에서 소극적이었다고 생각되는 데, 율곡은 양반관료의 입장에서 행정적·적극적으로 '향약을 입의'하여 실시했다. 퇴계가 〈약조〉의 〈서〉에만 역점을 두고 〈약조〉 그 자체는 〈경개〉로 그치게 되어, 마침내 《향약》 작성·실행에 이르지 못한 이유도 여기에서 찾아볼 수 있을 것이다.

3. 《무진육조소(戊辰六條疏)》에 나타난 퇴계의 사상

선조가 즉위하고 얼마 뒤에, 퇴계는 병든 몸을 무릅쓰고 그 유명한 《무진육조소》를 조정에 올렸다. 때는 1568년, 퇴계의 나이 68세로 최만년(最晚年)이었다. 앞서 말했듯이 퇴계의 만년에 양반관료체제는 거듭된 정쟁(政爭)과 의옥(疑獄)으로 사류들이 타격을 받아 붕괴에 직면하고 있었다. 체제가 무너진다는 것은 곧 조선왕조의 국가체제가 위태롭게 됨을 뜻하고, 또 체제 내부의 변동을 뜻하는 것이기도 했다.

16세기 후반 양반관료 간의 대립·항쟁·분열은 그 발단이 인사권을 둘러싼 관료들의 권력 다툼에 있었다. 조선의 대표적 학자였던 퇴계와 율곡 등의 사류도 그 속에 있었는데, 저명한 이들이 요직에 있는 동안에도 두 세력이 은연중에 대립하기 시작했으므로 사태는 더욱 심각했다. 그러나 퇴계는 이 같은 관료 간의 대립·항쟁 속에서도 오직 국가체제의 단속과 국가의 평안을 바라고 있었다. 《무진육조소》는 이와 같은 정치적·사회적 상황의 반영으로 상소된 것임을 미리 알아둘 필요가 있다. 다음에 그 개요를 제시하여 고찰의 대상으로 삼으려 한다. [18]

육조소의 첫째는 '중계통이전인효(重繼統以全仁孝)'이다.

"천하의 일은 군위(君位)의 통일보다 중요한 것이 없사옵고, 이 중요한 통일은 아버지가 자식에게 전하고 자식이 아버지를 잇는 것이온데, 고래로 이 지대지중한 뜻을 아는 인군(人君)이 적고, 효의 덕과 인의 도리를 다하지 못한 자가 많사옵니다. 하물며 '방지입계지군(旁支入繼之君)'에 있어서는 인효(仁孝)의 도를 다하는 자가 더욱 적고, 사람이 지켜야 할 도리의 가르침에 죄를 얻는 자가 더러 있사옵니다. 옛 성인은 본생(本生)의 은혜(양자의 입장으로 볼 때 자기를 낳아 준 부모의 은혜)가 중하고 큼을 모르는 바 아니나, 예법을 제정하여 남의 아들로 자기 아들을 삼았사옵니다. 이미 아들이 되었다면 인효의 도는 마땅히 그 나중이 되는 양부모에게 정성을 다할 것이요, 그렇게 되면 생가부모에 대한 본생의 은혜와 양자된 자의 양부모에 대한 인효가 양립할 수 없사옵니다. 그러므로 성인은 의(義)를 세워 본생의 은혜를 상쇄하고, 양부모에 대한 의를 완전케 한 것이옵니다.

무릇 뜻을 계승하고 일을 서술하는 까닭은 지성(至性)에서 나오고 중성(中誠)으로 말미암지 않음이 없으니, 인효(仁孝)의 도는 여기서 다하는 것이옵니다. 지금 전하의 마음은 물결이 일지 않는 물과 먼지가 앉지 않는 거울과도 같아서, 인애(仁愛)의 마음이 아련히 일어나 막힘이 없으시고, 효순(孝順)의 행실이 순수하여 끊임이 없을 것이옵니다. 그러나 다른 날에 이르러 불행하게도 성려연충(聖慮淵衷)이 한 번 변해서 눈을 가리는 것이 잡다하게 앞에 닥치고 아울러 애증의 흔들림과 유혹이 일어난다면, 그것은 종묘를 계승하고 장락(長樂)을 받드는 이유가 안 될 뿐만 아니라, 어떤 자가 혹 아첨하고 사사로이 틈을 타서는 궤경파의(詭經破義)의 말을 하는 자도 나오게 되옵니다. 예부터 입계(入繼)한 임금이 많은 죄를 이교(彛敎)에서 얻는 (삼강오륜을 잘 지키지 못하여 죄를 얻는) 이유이며, 오늘날에 마땅히 크게 경계할 바이옵니다. 본생의 은혜를 상쇄(當殺)하는 것과 인효의 도를 다하는(當隆) 것에는 성왕(聖王)의 정법(定法)과 선대 유학자의 정론(定論)이 있사옵니다. 일륭일쇄(一隆一殺)는 곧 천리 인륜의 극치로서, 한결같이 이를 준수하여 조금이라도 사심이 그 사이에 섞여들 수 없는 것이오니, 그런

---

18) 《도산전서》 1, 《이퇴계선생전서》 권6, 교소(教疏), 174면 이하.

연후에 인을 행하고 효를 행해야만 좋은 여론을 얻을 수 있사옵니다.”

이상이 제1소(疏)의 요지이다. 입계(入繼)한 임금으로서 덕흥대원군의 아들인 선조에게 올리는 가장 적절한 퇴계의 의견이다.

제2소는 ‘두참간이친양궁(杜讒間以親兩宮)’이다. 참언으로 사람들의 간언을 막고 양궁(兩宮, 임금과 중전)을 친하게 해야 한다는 의견은 다음과 같다.

“부모가 그 자식을 사랑하는 것을 자(慈)라 하고, 자식이 부모를 잘 받드는 것을 효(孝)라 하옵니다. 효자(孝慈)의 도는 천성에서 나온 모든 선의 으뜸이옵니다. 그 은혜는 지극히 깊고 그 윤리는 지극히 무거우며 그 정은 가장 간절한 것이옵니다. 그러므로 지극히 깊은 은혜와 지극히 무거운 윤리로 가장 간절한 정을 행함에 마땅히 극진히 하여 다하지 못함이 없어야겠거늘, 혹 효도에 이지러짐이 있고 자(慈)에 결함이 있다면, 천(天, 道) 또한 이지러지게 되옵니다. 그렇게 되면 심지어는 친함이 변해서 지옥이 되어 사랑함이 없는 데 이르옵니다. 보통 사람들은 원래 이런 화를 면하지 못하옵니다만, 제왕의 집안에서는 그 근심이 더욱 심하옵니다. 무릇 사람의 마음은 통하기 어려우며, 따라서 간언이 더욱 많아지옵니다. 그것이 많은 이유는 양궁 사이에는 친근하게 좌우에서 모시고 편리하고 재빠르게 심부름하는 자가 있사온데, 그들은 모두 환관과 여자들이옵니다. 이들 무리는 그 사람됨이 대개 음흉 사악하고 교활하여, 간악함을 품고 사사로운 마음을 지녀 난(亂)을 좋아하고 화(禍)를 즐겨, 효자(孝慈)가 무엇이고 예의가 어떤 것인지 모르며, 오직 자기가 일삼는 것을 소중히 여겨 서로 세력을 나누어 대립하여 다투고 원망이 순식간에 생기며, 이로움과 해로움으로 향배(向背, 같은 편이 될까 배반할까)를 점치고, 없는 것을 있다 하고, 옳은 것을 그르다 하옵니다. 그 정상이 만단(萬端)함은 귀신과도 같고 물여우와도 같아, 혹은 격하여 노여움을 사고 혹은 미쳐 날뛰어 두렵게 만드옵니다. 만일 귀 기울여 듣고 그들의 말을 믿어 버리면 스스로 불효에 빠지고 부모를 불자(不慈)에 빠뜨리게 하옵니다.

그러나 가법(家法)을 엄정히 하여 양궁이 화락하게 되면, 이 무리들은 그 간사함을 받아 주는 곳이 없어져서 이익을 얻지 못하게 될 것이옵니다. 이것은 다만 임금 된 자가 언제나 스스로를 다스리는 데 달려 있을 뿐이옵니다.

만일 스스로 다스리기를 잘한다면 무슨 우환이 있겠사옵니까.

신(臣)은 지난해 서울에 있을 때 거리에서 들었는데, 즉위 초에 이런 무리들 가운데서 잠저(潛邸) 때의 옛 은혜가 있다 하여 왕명을 기다리지 않고 감히 나온 자가 있었으나, 급히 준엄한 명을 받고 물러갔다 하오니, 온 나라 사람들이 모두 우러러보기를 이는 대성인(大聖人)의 처사라 범상(凡常)함에서 빼어남이 이와 같다 하여 경앙(敬仰)했사옵니다. 이로부터 성덕이 날로 널리 들리고 인효(仁孝)가 끊어짐이 없게 되었사옵니다.

엎드려 원하옵건대 전하께서는 대역가인괘(大易家人卦)의 의법(義法)을 살피시고, 소학명륜편(小學明倫篇)의 교훈을 본받아 자치(自治)를 엄히 하고 정가(正家)를 근면히 하며, 어버이 섬김을 두터이 하고 아들 된 도리를 다하면 좌우에 있는 사람들이 모두 이를 알게 될 것이옵니다.”

제3소는 ‘돈성학이립치본(敦聖學以立治本)’이다. “제왕의 학문과 심법(心法)의 요(要)는 대순(大舜)이 우(禹)에게 명한 데서 기원하옵사온데, 그 말에 이르기를 ‘인심은 위험하고 도심은 미미하오니, 오직 정(精)하고 한결같이 하여 진실로 그 중(中)을 잡으소서’라고 했사옵니다. 정일집중(精一執中)은 위학(爲學)의 큰 법이며, 그 큰 법으로써 큰 근본을 세우는 것, 천하의 정치가 모두 여기서 출발하옵니다. 다만 순(舜)의 이 말은 도의 위험과 미미함을 말하되, 그 위미(危微)의 까닭을 말하지 아니하고, 정일(精一)을 가르치되 정일하는 방법을 나타내지 않았사옵니다. 그러므로 후세 사람들은 이것을 근거로 삼으려 하지만 참으로 실천함을 알지 못하옵니다. 공자에 이르러 그 법이 크게 정비되었사온데,《대학(大學)》의 격치성정중용(格致誠正中庸)의 명선성신(明善誠身)이 이것이옵니다. 주자에 이르러서는《대학·중용》의 장구(章句)와 혹문(或問)이 만들어져 진지실천(眞知實踐)의 학문이 밝혀졌사옵니다. 우신(愚臣)이 생각건대 전하께서는 이미 그 자질과 그 뜻을 모두 갖추셨고, 치지(致知)의 방법, 역행(力行)의 공(功)도 그 출발점은 터득하고 있사오나, 이것을 가지고 능지능행(能知能行)이라 할 수는 없사옵니다. 우선 ‘치지(致知)’에 대하여 말하더라도 나의 성정(性情)·형색(形色)·일용(日用)·이륜(彝倫)의 가까운 것으로부터 천지만물·고금사변의 허다한 데에 이르기까지 지실(至實)한 이(理)와 지당(至當)한 법칙이 있사옵니다. 이른바 천연자유의 가운데가 그것이옵니다. 그러므로 박학(博學)·심문(審問)·신사(愼思)·명변(明辨)의 네 가지는 치지의 조목이옵니다. 이 네 가지 중에서도 신사를 가장 소중하게 여기는데, 이것은 마음을 구하여 체험해서 징험(徵驗)과 얻음이 있는 것을 말하는 것이옵니다. 능히 마음에서 체험하고 그 이욕(理欲), 선악의 조짐, 의리시비(義利是非)의 갈림길을 분명히 하여 정밀하지 아니함이 없고 조금도 착오가 없게 하면, 이른바 위미(危微)의 까닭과 정일(精一)의 방법을 진실로 알 수 있을 것이옵니다.

또 역행(力行)에서, 성의(誠意)는 반드시 기미를 살펴서 추호도 부실함이 없는 것이고, 정심(正心)은 반드시 동정을 살펴 한 가지 일이라도 부정함이 없는 것이며, 수신(修身)은 한 가지라도 편벽된 데 빠지지 않는 것이고, 제가(齊家)는 곧 한 가지라도 한쪽에 치우치지 않는 것이니, 경계하고 두려워하여 홀로 있을 때를 삼가고 뜻을 굳게 하여 쉬지 않는 이 몇 가지가 역행의 조목이옵니다. 그 중에서도 '심의(心意)'는 가장 관심을 가져야 하옵니다. 천군(天君)이 그 뜻을 펼침에 있어 먼저 그 펼치는 바를 성실하게 하면, 하나의 성실로 만 가지 거짓을 소멸케 할 것이옵니다. 천군의 뜻이 바르면 몸의 온갖 곳이 명령에 복종하여 실천함에 성실치 않음이 없을 것이옵니다."

제4소는 '명도술이정인심(明道術以正人心)'이다. "신이 듣건대 당우삼대(唐虞三代)의 성시(盛時)에는 도술(道術)이 매우 밝아 다른 의혹이 없었다 하옵니다. 그러므로 인심도 골고루 얻어 치화(治化)가 흡족하게 행해졌사옵니다. 도술은 천명에서 나와 사람으로서 지켜야 할 도리를 행함이니, 천하고금의 공통된 길이옵니다. 요순삼왕은 이것을 밝힘과 동시에 그 왕의 지위를 얻은 까닭에 혜택이 천하에 골고루 퍼졌사옵니다. 공증사맹(孔曾思孟)은 이것을 밝혔으나 왕의 지위를 얻지 못했으므로, 가르침을 만세(萬世)에 전했어도, 후세의 임금은 능히 그 가르침을 배우고 그 도를 얻어 일세(一世)에 창명(倡明)하지 못했사옵니다. 중간에 송의 제현(諸賢)이 이 도를 크게 천명했으나, 세상에 쓰이지 못했고, 여말에 이르러 정주(程朱)의 글이 들어와 비로소 도학이 밝혀졌사옵니다. 현 왕조에 나라가 세워진 지 2백 년, 이제 정치의 효과를 살피고 헤아리기를 옛 선왕의 도에 따랐습니다만, 아직 만족치 못한 바가 있사옵니다.

지금 전하께서는 진실로 능히 헛된 명성은 가히 믿을 수 없음을 알고 요법(要法)을 구하여 도학을 밝혀야 하옵니다. 동방이단의 폐단은 불교가 으뜸

이온데, 이 때문에 고려가 망하기에 이르렀사옵니다. 우리 조선의 성치(盛
治)함으로도 능히 그 뿌리를 끊지 못하여 때때로 틈을 타서 침투하고 있사
옵니다. 선왕의 도에 의거하여 그 잘못을 깨닫고 빨리 씻어 버리는 데 힘썼
으나, 그 여파와 찌꺼기가 아직도 남아 있사옵니다. 또 노장(老莊)의 허탄
(虛誕)함도 혹은 평범함을 숭상하여 성인을 모독하고 예(禮)를 업신여기는
풍조가 있사옵니다. 엎드려 원하옵건대 전하께서는 옛 임금들이 도를 제대
로 이루지 못했음을 오늘의 거울로 삼아, 금석과 같이 뜻을 굳게 하시고 시
종일관 변치 않으셔야 하옵니다."

제5소는 '추복심이통이목(推腹心以通耳目)'이다. 대강의 줄거리는 다음과
같다. "국체(國體)는 한 사람의 몸과 같사옵니다. 사람의 한 몸은 원수(元
首)가 위에서 복심(腹心)을 통솔하고 군림하옵니다. 임금은 한 나라의 원수
요, 대신은 그 복심이며, 대간(臺諫)은 그 이목(耳目)이옵니다. 삼자가 서
로 합하여 실(實)을 이룹니다. 나라에 불역(不易, 바꾸어 고칠 수 없거나
고치지 않음)의 상세(常勢, 일정한 형세)가 있는 것은 천하고금이 모두 아
는 바이옵니다. 오늘날 성지(聖智)의 덕은 처음에 만물을 내고 바른 자리를
정하여 체(體)에 자리를 바로 하고, 중심이 거(居)하여 한 나라의 으뜸이
되며, 그 복심의 지위와 이목의 기관의 자리에는 백성들 중에서 인재를 뽑아
그 책임을 중히 여기고 있사옵니다. 원하옵건대 성상께서는 바로 이 하늘의
명을 돌보아 살피시고 성실한 복심(중신(重臣))과 명목달총(明目達聰, 여러
언관들)을 기용하여, 백성에게 표준(바람직한 인간상)과 극(極)(임금으로서
의 바람직한 인간상)을 위에서 세워, 추호도 사심을 가지고 그 사이에서 흔
들리거나 무너짐없게 하시오면, 보상(輔相)의 자리에 있는 자는 반드시 모
두 마음을 털어놓고, 생각하는 바를 임금께 고하여 계책을 토론하며, 도를
의론하여 나라를 다스리는 것을 스스로의 임무로 삼을 것이옵니다. 또 간쟁
의 자리에 있는 자는 면절(面折)·정쟁(廷爭)·보궐(補闕)·습유(拾遺)로써
직무로 삼지 않는 자가 없게 될 것이옵니다. 삼세(三勢)가 일치하여 정(精)
을 모으고 신(神)을 모아 통하여 한 몸이 되옵니다. 이렇게 하고서도 조정
에 선정(善政)이 없고 나라에 선치(善治)가 없으며, 세상이 융평(隆平)에
이르지 못한다는 것을 신(臣)은 아직 들은 바가 없사옵니다."

제6소는 '성수성이승천애(誠修省以承天愛)'이다. "동중서(董仲舒)가 무제

(武帝)에게 이르기를, '국가가 장차 도를 잃는 실패가 있으면 하늘이 먼저 재해를 내려 책망할 것이옵니다. 스스로 반성할 줄 모르면 또 괴이(怪異)를 내려 이를 경계시키며, 그래도 또 고칠 줄 모르면 상패(傷敗)가 이에 이르옵니다. 이로써 천심이 임금을 인애(仁愛)함을 보여 그 어지러움을 방지하고자 한다'고 했사옵니다. 실로 이 말은 대대로 임금들이 귀감으로 삼아 소홀히 할 수 없는 것이옵니다. 지금 전하께서는 이미 하늘의 돌보심을 받아 백성의 주인이 되셨으니, 곧 조정에 나아가 나라의 다스림을 시작할 때이며, 상중에 있으시지만 나라를 다스리는 도를 생각하실 때이오니, 본원(本源)을 바로 잡아 처음을 바르게 하는 때이며, 몸소 정치적인 철명(哲命)을 내리실 때이옵니다. 만일 하늘이 전하로 하여금 한가하게 총애가 있는 것만 알게 하시고 혁연(赫然)한 위엄이 있는 것을 알지 못하게 하신다면, 두려워하는 마음이 날로 해이해지고 사악하고 편벽한 정이 방종하게 되어 제방이 터진 것처럼 될 것이므로 어디인들 이르지 않겠사옵니까. 그러므로 미리 재해를 내려 이를 견책하고 또 괴이한 변고를 내려 이를 두려워하게 한 것이옵니다. 전하를 인애하는 천심의 깊음이 이토록 밝고 분명하옵니다."

이상으로 6조소에 대해 극히 개략적인 요점을 소개했다. 다음과 같이 서술하고 있다. "위에서 말한 것은 모두 세상을 놀라게 하여 사람의 이목을 진휘(震輝)시키는 설이 아니라, 이교(彛敎, 윤리·도덕)를 근면하고 삼가 성도(性道)에 근본하며 성현을 종(宗)으로 삼았으며 《중용》과 《대학》에 바탕하고, 역사의 기록을 상고하며 시사(時事)에 징험하여 말한 것이다. 그러나 전하께서는 이것이 알기 쉽고 실생활에 가깝다 하여 족히 쓸 만한 것이 없다 하지 마시고, 사실과 관련이 멀다 하여 우활(迂闊)하게 생각하셔서는 아니 되옵니다. 반드시 처음의 두 조목을 근본으로 삼고……."

여기서 이 《무진육조소(戊辰六條疏)》를 통관(通觀)할 때 앞서 《향립약조》의 서두에서도 밝혔듯이, 퇴계는 역시 임금된 자의 기본적인 자세로서 성학(聖學)이 전통적으로 가르치는 바, 한마디로 말하면 수기치인의 법을 가져야 함을 자세히 설명한 것이다. 더구나 인주(人主)의 학, 즉 제왕의 학과 항인(恒人)의 학에 차이를 두고 설명한 것이 아니라, 어디까지나 인간의 근본적인 존재, 심성의 본원으로 돌아가서 치정(治政)의 중요한 길이라고 설명한다. 젊은 퇴계가 《심경부주(心經附註)》에 침잠하여 거기서 '심학의 연원,

심법의 정미'를 스스로 깨달은 그 출발점은 평생 변함이 없었고, 오히려 점점 깊어져 심학(心學)의 정미(精微)를 다했음은 알고 있는 바와 같거니와, 그의 시무론(時務論)·위정론(爲政論)에 있어서도 그것은 극히 간략하게 표명되었다 할 것이다.

특히 왕위계승과도 관련되어 전개된 관료층의 대립·항쟁 속에 있었던 퇴계는 아무 두려움 없이 국왕인 선조가 처한 여러 정황을 직시하여 가장 절실한 통치자의 마음가짐을 글로 올렸다. 말미에 특히 처음의 두 조목을 으뜸으로 삼으라고 강조하는 점은, 퇴계가 얼마나 '계통을 존중하고 이로써 인효(仁孝)를 온전히 하며', 또한 '참간(讒間)을 멀리하고 양궁이 친하게 되는 것'에 유념하며, 그로 인해 초래될 국가의 영향에 얼마나 마음을 기울였는지 그 지심지정(至心至情)을 알 수 있다.

제4장 퇴계의 정치사상 2

서(序)

　지금까지 퇴계 연구에서 비교적 관심이 적었던 부분은 퇴계의 정치활동 및 정치사상이다. 알고 있듯이 퇴계는 병약했던 데다 극심한 사화로 인한 어지러움 속에 둘러싸여 있었으므로, 그 자신은 정치 현장에 참여하기를 좋아하지 않았다. 퇴계의 〈연보〉를 보면, 그가 전 생애를 통해 얼마나 많이 사면을 청하는 상소를 올렸는지 잘 알 수 있다. 그러나 청년기부터 장년기에 걸쳐, 퇴계는 분명히 대각(臺閣)에서 현실정치에 관여한 시기가 있었고, 또 항상 왕의 신임을 받아 정치에 관계했다. 퇴계의 유학에 입각한 내성외왕(內聖外王) 또는 수기치인의 도(道)는 모순 없이 통일된 것으로, 이 방면에 대한 퇴계의 연구는 그의 전체적인 면모를 밝히는 데 불가결의 중요성을 갖는다. 퇴계에 관한 연구는 이미 1981년 서울의 퇴계학연구원이 주최한 '퇴계학과 그 계승발전'이란 국제 학술회의에서, 〈퇴계의 정치사상에 대해서〉라는 논문이 발표·보고되었다. 이것은 퇴계의 〈향립약조〉의 역사적 성격과 그 내용 및 〈무진육조소〉의 사상 내용이 중심이었다.

　그러므로 이 장에서는 먼저 〈갑진걸물절왜사소〉[1]를 중심으로, 그 밖의 관련 자료를 아울러 일본과의 수호문제를 통해 볼 수 있는 퇴계의 외교자세 및 여기에서 비롯되는 정치 외교사상에 대해 고찰하기로 한다.

1. 장년기의 경력과 정치활동

　조선의 중앙정치기구는 의정부와 육조(이조·호조·예조·병조·형조·공조) 및 승정원으로 구성되어 있는데, 처음에 육조는 의정부에 종속된 기관 같은

---

1) 《도산전서(陶山全書)》(한국정신문화연구원간) 1, 속내집(續內集), 권6, 교(敎)·소(疏) 160면

형태를 취했으나, 왕권이 강화됨에 따라 왕의 직속기관이 되었고, 의정부는 왕의 자문기관 같은 형태가 되었다. 승정원은 6명의 승지를 두고 육조와의 연락을 맡았다. 이 밖에 사헌부(관료의 부정과 실정을 규찰)와 사간원(왕에 대한 간쟁과 논박을 행함)이 있어, 양자를 대간(臺諫)이라 불렀다. 또한 사관(四館)이라 하여 승문원(사대·교린의 외교 문서를 제찬), 예문관(왕의 교서 등을 체찬), 교서관(경서의 간행), 성균관(고급 문관을 양성하기 위한 유일의 국립대학)이 있었다. [2] 이들 조직은 왕을 직접 보필하는 기관이며, 이 밖에 왕의 정사(政事)를 기술하고 국사편찬의 임무를 맡은 춘추관이 있었다. 또 경연관은 왕에게 경전과 사서를 강의하고 예부터 지금까지의 역사와 시정에 대한 논평을 행하는 관직으로, 모두 왕을 보좌하는 중요한 직책이었다.

청·장년 시대의 퇴계는 34세 되던 해 3월, 과거의 대과(大科)인 문과(文科)에 급제하여 고등문관이 된 이후, 위에 언급한 중앙정부 기구 중에서 중요한 직책을 역임했다. 다음은 이 장에 관계되는 기간 동안 그가 맡았던 직책을 연령순으로 열거해 본 것이다. [3]

○ 34세(갑오, 중종 29년, 1534)
● 4월, 승문원권지부정자(承文院權知副正字)
● 예문관검열(藝文館檢閱, 정9품) 겸 춘추관기사관(春秋館記事官), 곧 승문원부정자(承文院副正字, 종9품)
● 6월, 승문원 정자(正字)
● 12월, 무공랑박사(務工郞博士, 정7품)
○ 35세(을미, 중종 30년, 1535)
● 6월, 호송관에 차출되어 왜노(倭奴)를 동래로 보냄.
○ 36세(병신, 중종 30년, 1536)
● 3월, 선무랑(宣務郞)
● 6월, 성균관 전적(典籍) 겸 중학교수(中學敎授, 정6품)로 승진됨.
● 9월, 호조좌랑(戶曹佐郞, 정6품)

---

2) 한우근, 《한국통사》 251~253면.
3) 《증보퇴계전서》(성균관대학교대동문화연구원간) 4, 《언행록》 권6, 25~121면.

○ 37세(정유, 중종 32년, 1537)

● 4월, 선교랑(宣敎郎)

● 5월, 승훈랑(承訓郎)

● 9월, 승의랑(정6품)

　(어머니 박씨 죽음. 퇴계는 6품으로 올라 외직을 맡아 모친을 봉양하려
　했으나 받아들여지지 않음. 이로써 서울에서 떠나 복상(服喪)함. 병을
　얻어 재기불능 상태에 이르다―라고 되어 있다.)

○ 39세(기해, 중종 34년, 1539)

● 12월, 홍문관부수찬(弘文館副修撰), 그날로 수찬지제교(修撰知製敎)로
　승진함. 경연검토관(經筵檢討官)을 겸함.

○ 40세(경자, 중종 35년, 1540)

● 1월, 사간원정언(司諫院正言)으로 조정에 소환됨.

● 2월, 봉훈랑(奉訓郎), 봉직랑(奉直郎)으로 승진됨.

● 3월, 승문원 교검(校檢)을 겸함.

● 4월, 지제교(知製敎)

● 사헌부지평(司憲府持平, 정5품)

● 입대(入對)하여 상소함. 가뭄이 심하여 죄인을 사면하고 있으나, 이는
　원래 지성(至誠)을 가지고 행하여야 할 일로서, 가뭄이 들었다 하여 자
　주 사면하면 간인(奸人)만이 기뻐할 뿐 많은 착한 사람들은 해를 입게
　되고 범죄자가 거리낌이 없을 것이니, 그 폐단이 적지 않다는 내용임.

● 9월, 형조정랑(刑曹正郎, 정5품)

● 승문원 교리(校理, 정5품)을 겸하고 홍문관 부교리(副校理)에 제수됨.

● 경연 시독관(試讀官) 및 춘추관 기주관(記注官)을 겸함.

● 10월, 홍문관 교리(校理, 정5품)로 승진됨.

● 11월, 통선랑(通善郎)

○ 41세(신축, 중종 36년, 1541)

● 3월, 입대(入對), 경연계사(經筵啓事).

　이때 우역(牛疫)이 심하여 왕에게 아뢴바 대개 다음과 같다.

　"《오행지(五行志)》에 흙은 만물을 낳고, 토기(土氣)를 기르지 않으면
　곡식농사가 되지 않는다고 했사옵니다. 이즈음 우화(牛禍)가 있고, 지

난 겨울에는 지진의 변이 있었사옵니다. 지금 소의 전염병이 일시에 퍼지고 있사온데, 옛 사람의 말씀은 진실로 거짓이 없사옵니다. 봄부터 가물어 토맥(土脈)이 윤택하지 못하고 이미 흉황(凶荒)의 조짐이 나타나고 있사옵니다. 농사 또한 예상하셔야 하옵니다. 재이(災異)의 거듭남이 지금보다 심한 때가 없었사옵니다. 원하옵건대 상감께서는 더욱더 수성(修省)하시옵소서.”—한 명제(漢明帝)의 고사를 인용, 천인상응(天人相應)의 이치에 따라 내실이 모두 정성되면 반드시 그 응함이 있으리라는 것을 《역》《중용》의 말을 빌려 설명하고, 끝으로 “무릇 조처할 바는 인심을 합치는 데 힘써야 하옵고, 인심이 화합하면 재이는 사라질 것이옵니다”라고 상언했다.

- 4월, 사헌부지평
- 5월, 홍문관수찬(弘文館修撰), 부교리(副校理)에 승진됨.
- 10월, 세자시강원문학(世子侍講院文學, 정5품)을 겸함.
- 12월, 병으로 사직했으나, 성균관 전적(典籍)에 제수되고 또 형조 정랑이 됨.

○ 42세(임인, 중종 37년, 1542)
- 2월, 홍문관 부교리, 구직(舊職)을 겸함.
- 3월, 입대(入對)하여 경석임문(經席臨文), 다음과 같이 아룀.

“한 대(代)가 흥하는 데엔 반드시 한 대의 규모가 있사옵니다. 동한(東漢, 후한)의 광무제(光武帝)는 외척을 높이지 않았는데, 그 망함에 이르러서는 오로지 외척의 손에 말미암았사옵니다. 창업의 군주는 친히 규모를 세우지만 자손은 이를 잘 지키지 못하여, 이로써 국사(國事)를 그릇되게 하옵니다. 장제(章帝) 또한 어진 군주였사오나, 그때는 처음부터 외척의 전천(專擅)의 조짐이 있었사옵니다. 무릇 역사를 통해서 치란의 유래를 보아야만 하는데, 그런 연후에라야 도움이 있다고 할 것이옵니다.”

- 의정부 검상(檢詳, 정5품), 어사(御史)에 차출되어 충청도에 가서 군읍구황(郡邑救荒)의 가부를 살피고 4월에 보고함.
- 상감이 불러서 빈민구제의 성공 여부를 묻다. 다음과 같이 아뢰다. “옛말에 이르기를 나라에 3년의 비축이 없으면, 나라가 나라일 수 없다고

했는데, 지금 흉년이 들어 공사(公私) 간에 궁색하기가 이와 같사옵니다. 만일 금년에 농사를 그르치면 빈민구제의 일은 이룰 수 없사옵니다. 평소에 경비를 아끼고 저축해야 불의의 재앙이 닥쳐도 위급한 처지에서 벗어날 수 있사옵니다."

또 공주판관(公州判官) 인귀손(印貴孫)은 성질이 꼬이고 탐욕스러워 황정(荒政)을 삼가지 않는다. 따라서 그 죄를 다스릴 것을 청함. ─상감이 이에 따름.

- 5월, 통덕랑(通德郎), 사인(舍人, 정4품)에 올라 승문원 교감(校勘), 시강원 문학(文學)을 겸함.
- 8월, 농암 이공을 배웅하고 고향으로 돌아감.
- 재상어사(災傷御史)로 불리어 강원도에 감.
- 12월, 사헌부 장령(掌令, 정4품)

○ 43세(계묘, 중종 38년, 1543)
- 2월, 병으로 사직함. 종친부전첨(宗親府典籤)이 됨. 다시 장령이 되었다가 전설사수(典設司守)로 옮김.
- 6월, 조봉대부(朝奉大夫)
- 7월, 성균관 사예(司藝)
- 승문원 교감(校勘), 시강원 필선(弼善)을 겸함.
- 8월, 조산대부(朝散大夫) 사간원 사간(司諫)으로 승진했으나 병으로 부임치 못했다가, 사복시첨정(司僕寺僉正)을 배명.
- 10월, 성균관 사성(司成, 종3품), 귀향 성묘를 청함.
- 11월, 예빈시부정(禮賓寺副正)에 제수되었으나 부임치 않음.
- 12월, 봉판대부(奉判大夫)

○ 44세(갑진, 중종 39년, 1544)
- 2월, 홍문관 교리(校理)로 소환됨.
- 4월, 세자시강원 좌필선(左弼善)에 제수되었으나 병으로 부임치 못함. 사헌부장령에 제수됨.
- 6월, 병으로 사직함. 성균관 직강(直講)에 제수되고 또 홍문관 교리가 됨. 병으로 부임치 못했다가 종친부전첨에 제수됨.
- 8월, 홍문관 응교(應敎), 경연 시강관(侍講官), 춘추관 편수관(編修

官), 승문원 교감(校勘)을 겸함.

- 9월, 휴가를 얻어 고향으로 돌아감. 10월, 조정에 돌아옴.
- 11월 중종 승하함.

  (조정에서 중국에 사신을 파견함. 고부청시(告訃請諡)의 양표(兩表)는 모두 선생이 작성하고 쓴 것. 중국에 이르자 예부관이 감탄하며 "표사(表辭)가 매우 훌륭하고 서법 또한 오묘하다"고 말함. 사신이 돌아와 이를 아룀. 명하여 말을 하사함.)

○ 45세(을사, 인종 원년, 1545)

- 1월, 원접사종사관(遠接使從事官)으로 차출됨. 병으로 가지 못함.
- 3월, 병으로 내섬시첨정(內贍寺僉正)에서 면제됨.
- 4월, 봉정대부(奉正大夫), 옮겨서 군자감(軍資監) 첨정이 됨.
- 5월, 중훈대부(中訓大夫)
- 6월, 홍문관 응교에 제수되고 홍문관전한(典翰, 종3품)으로 승진. 겸직은 전과 같음.
- 7월, 인종 승하하고 명종 즉위함.
- 상소하여 왜인의 화해 요청 허락을 청함(상소문은 아래의 논고에서 고찰하기로 한다).
- 8월, 중직대부(中直大夫), 병으로 홍문관 관직을 사임하고 통례원상례(通禮院相禮)로 임명됨.
- 9월, 사옹원정(司饔院正), 또 홍문관전한에 제수되고 겸직은 전과 같음.
- 10월, 이기(李芑)가 아뢰어 직책을 거두도록 청함.

  (이때, 권간(權奸)이 일을 그르쳐 사화가 크게 일어나고, 형벌로 죽이고 귀양 보내는 일이 잇달아 일어났다. 우의정인 이기는 가장 음험하여 사론(士論)이 자기에게 편들지 않음을 알면, 자기에게 반대하는 자는 모두 제거하여 여러 입을 막고자 임금의 앞에 이르러 혼자 아뢰었다. 근일에 죄가 정해져 처분이 행해지기도 했으나, 아직 조신(朝臣) 가운데에는 파면되지 않은 자가 있어, 이천계(李天啓) 등 여러 명도 함께 파면할 것을 청했다. 이에 퇴계 선생은 정공황(丁公憧) 등 여러 명과 같은 날 삭직(削職)당했고, 조정과 민간에서는 놀라고 분노했다.)

- 명하여 직첩(職牒)을 돌려 줌.

(이기의 조카인 교리 이원록(李元祿)은 평소부터 퇴계 선생을 존경하여 극구 이기(李芑)를 간했다. 임백령(林百齡) 또한 이기의 무리였으나 이기에게 말했다. "이모(李某)가 근신자수(謹身自守)함은 사람들이 모두 아는 바이다. 이제 만약에 이 사람에게 죄를 준다면 사람들은 반드시 지난날 죄를 입은 자도 모두 무고한 것이라고 생각할 것이다." 이에 이기는 궐하에 나가 앞서 아뢴 것이 옳지 못함을 사과하고 직첩의 환급을 청했다. 그래서 이 명령을 내린 것이다.)

● 사복시정(司僕寺正) 겸 승문원 참교(參校)

● 11월, 통훈대부(通訓大夫)에 제수되고 영접도감랑청(迎接都監郞廳)에 차출됨.

○ 46세(병오, 명종 원년, 1546)

● 2월, 휴가를 얻어 고향에 돌아가 장인인 권질(權礩)을 장사 지냄.

● 5월, 병으로 미처 조정에 돌아가지 못해 해직됨.

● 7월, 부인 권씨 죽음.

● 8월, 교서관 교리에 제수되고 승문원 교리를 겸함.

● 11월, 예빈시정(禮賓寺正)에 제수되었으나 모두 부임하지 않음.

● 퇴계, 동암(東巖)에 양진암(養眞庵)을 지음.
  (이보다 앞서 퇴계 선생은 작은 집을 온계 남쪽 지산(芝山) 북쪽에 지었으나, 인거조밀(人居稠密)하여 자못 번거로워 유적(幽寂)하지 못하므로 이 해에 비로소 퇴계의 아래 수삼리(數三里)에 임시로 거처하고, 동암 옆에 작은 암자를 지어 양진계(養眞溪)라 했다. 속명을 토계(兎溪)라 하고 토를 퇴(退)로 고쳐 스스로 호로 삼았다.)

○ 47세(정미, 명종 2년, 1547)

● 7월, 안동부사(安東府使, 정3품)에 제수되었으나 부임하지 않음.

● 8월, 홍문과 응교(정4품)에 임명되고 겸직은 전과 같음. 조정에 나감.

● 12월, 병으로 사직하고 의빈부경력(儀賓府經歷, 종4품)에 제수됨.
  (이때 국론이 잘못되어 양사(兩司)와 홍문관이 서로 글을 올려 봉성군(鳳城君)의 단죄를 청했다. 퇴계 선생은 힘써 막으려 했으나 불가능함을 알고 병을 칭하여 벼슬에서 물러남.)

○ 48세(무신, 명종 3년, 1548)

- 1월, 외직을 원해 단양군수(丹陽郡守)가 됨.

  (선생이 외직을 구하는 데엔 깊은 뜻이 있었다. 청송군수(靑松郡守)를 원했으나 이루지 못하고 단양군수에 제수되었다. 그 다스림은 성신간측 (誠信懇惻), 정사청간(政事淸簡)하여 관리와 백성이 모두 편안했다.)

- 2월, 아들 채(寀)의 죽음을 앎.

- 8월, 석전제(釋奠祭)를 향교에서 행함.

- 9월, 휴가를 얻어 고향에 돌아가 성묘함.

- 10월, 풍기군수(豊基郡守)로 전근됨.

  (형인 태헌공(太憲公)이 충청도 감사가 되어, 단양군수는 그 휘하에 들기 때문이다.)

○ 49세(기유, 명종 4년, 1549)

- 2월, 석전을 향교에서 행함.

- 9월, 병으로 감사에게 사표를 냄.

- 12월, 감사에게 글을 올려, 백운동서원(白雲洞書院)의 편액 및 서적의 영강(領降)을 왕에게 글로써 아뢰도록 청함.

  (백운동은 풍기군 북쪽 소백산 밑 죽계(竹溪)에 있는데, 고려조 안향 (安珦)의 옛집이다. 주세붕이 군수가 되어 비로소 그곳에 서원을 창건 하고, 안향을 모시고 또 제생유학(諸生遊學)의 장소로 삼았다. 선생은 동방에 원래 서원이 없었다가 이제 비로소 그것이 만들어졌으나, 교육 이 위로부터의 근본적인 교육 정책에 말미암지 않고는 아마도 마침내 말살될 것이라고 생각했다. 감사(監司)에게 글을 올려 송조(宋朝)의 고 사에 따라 서적을 내리고 편액을 선사하며, 겸하여 논밭과 노비를 내려, 이로써 학자로 하여금 귀의하도록 전문(轉聞)을 청했다. 감사 심통원 (沈通源)은 이를 임금께 아뢰어, 마침내 호를 내려 소수서원(紹修書院) 이라 하고 대제학 신광한(申光漢)이 기(記)를 썼으며, 《사서》《오경》 《성리대전》 등의 책도 하사했다. 서원의 발달은 이것을 시초로 한다.)

- 병으로 세 차례나 감사에게 사직을 청하고, 회답을 기다리지 않은 채 고 향에 돌아감.

○ 50세(경술, 명종 5년, 1550)

- 1월, 함부로 임지를 떠났다 하여 직첩 2등을 빼앗김.

(이보다 앞서 하동(霞洞) 자하봉(紫霞峯) 밑에 땅을 얻어 집을 지었으나 미처 완성치 못했다. 또 죽동(竹洞)에 옮겨 갔으나 협소한데다 계류(溪流)가 없어 시내 위에 살 곳을 정했다. 그리하여 세 번 옮겨 거처를 정한 것이다.)

- 한서암(寒栖庵)에 거처를 정함(이 후로 따르는 무리가 날로 많아지게 되었음).
- 농암 이공을 분천(扮川)으로 찾아 뵘.
- 4월, 광영당(光影塘)을 팜.
- 8월, 형인 좌윤공해(左尹公瀣)의 부음(訃音)을 들음.

(좌윤공은 앞서 사헌부에 있었는데 이기(李芑)와는 논함에 있어 맞지 않았다. 이기가 우상(右相)이 됨에 이르러 그의 모함으로 장죄(杖罪)에 빠져 유배 중 길에서 죽었다).

퇴계가 34세 되던 해 3월 과거의 대과인 문과에 급제했고, 그 해 4월에 벼슬길에 나간 뒤 49세 되던 해 12월 감사에게 세 번 사표를 제출했으며, 허가를 받지 못한 채 풍기군수의 직에서 떠나 고향에 돌아갔다. 그리고 50세 되던 해 2월 처음으로 퇴계 서쪽에 살 곳을 정하기까지의 약 15년간(모친의 복상기간을 포함), 그가 직접 정치에 관여했던 시기의 경력을 위와 같이 연보에 따라 적어 보았다. 이 기간은 그의 생애를 통해 경륜(經綸)의 역량을 발휘하여 가장 구체적으로 활동한 시기이며, 50세 이후에는 가끔 부름이 있었어도 대부분 사양했고 벼슬에 나갔더라도 단기간이었다. 물론 50세 이후에도 당시의 위정(爲政) 등에 관한 발언으로 극히 중요한 몇 가지가 있으나, 계속하여 벼슬에 있었던 것은 지금까지 본 기간이다. 더구나 그 사이에 모친의 3년상(실제로 조정에서 떠나 있은 것은 2년 수개월 정도라 여겨진다)이 있었고, 또 47세 7월에 안동부사로 임명받았으나 나가지 않았으며, 48세 1월부터 지방관으로서 단양군수가 되었다가 이어 풍기군수로 옮겼다. 49세 12월에 군수의 자리에서 떠나는 기간, 즉 2년간은 중앙에 있지 않았으므로 실질적으로는 불과 10년 미만의 단기간이 퇴계의 구체적인 정치활동 시기였다고 할 수 있다.

그러면 그는 이 기간에 주로 중앙정부의 어떤 직책을 맡고 있었을까. 위의 경력을 대강 살펴보면, 가장 재직기간이 길었던 것은 승문원과 홍문관의 일이었다. 그 밖에 성균관 사성(司成) 등의 직책을 맡았는데, 기타 중요한 직책으로는 경연관, 세자를 위한 것을 포함한 시강관, 사간원과 사헌부의 일, 의정부의 일 등이 있었다. 이들 직책은 모두 왕이 직접 임명하는 요직으로서 직접 왕을 보좌·보필하는 임무이며, 외교 및 외교문서의 작성, 왕의 대내적 문서의 작성, 사법(재판·소송·법률 등에 관한), 감찰, 교육(성균관을 중심으로 하는), 국왕 및 세자에 대한 시강과 직간 등의 역할이었다. 그는 이 같은 주요직책을 몇 가지씩 겸임하고 있었으나, 정3품 이상의 벼슬에는 오르지 못했으므로 어느 직책의 최고 책임자가 된 경험은 없었다. 그는 학자로서의 자기 입장과 자세를 견지했다고 해야 옳을 것이다.

그러나 이 시기의 눈에 띄는 정치적 활동은 다음과 같다. 40세 때 가뭄에 관계된 형벌의 사면에 지성을 가지고 임해야 한다는 상언(上言), 41세 때 3월의 우역·지진·한발 등 이변이 속출하므로 국왕은 치정에 대해 크게 수성(修省)하여 인심의 화합에 힘써야 한다는 상언, 42세 때 3월의 독사(讀史)에서는 치란이 일어나는 까닭을 살펴야 한다고 한 상언, 같은 해 나라에 3년간의 비축이 있어야만 비로소 빈민구제의 효과를 거둘 수 있다고 한 상언, 지방관의 독직(瀆職)을 다스려야 한다는 상언, 45세 때 7월의 왜인의 화해 요청에 대한 정책에 관한 상언(이는 뒤에 논함), 같은 해 10월의 사화에 즈음해서 퇴계가 취한 태도, 48세 때 단양군수로서의 활동, 49세 때 풍기군수로서의 서원작흥의 활동 등은 연보에서도 볼 수 있듯이 퇴계의 정치활동 중에서 특기할 만한 것이다. 여기에는 국왕이 치정에 있어서 지성으로 공정하게 임할 것, 중국 유학의 고전에 기록된 위정의 근본정신을 통치자가 몸소 체현할 것, 천재지변이 일어나는 것은 치정의 잘못에 있음을 염두에 두어 국왕 스스로 크게 반성할 것, 빈민구제대책을 비롯하여 인심의 화합에 노력할 것, 지방관의 치민에 공정해야 한다는 것들이 주장되어 있다. 또 군수로서 퇴계 자신의 구체적인 활동 및 그 근간이 되는 사상에도 착안해야 한다(여기에 대해서는 뒤에 논함). 이상과 같은 장년기의 퇴계의 정치활동 가운데, 이 장에서는 먼저 그의 외교에 관한 문서를 통해 퇴계의 정치사상을 살펴보기로 한다.

2. 대이 (對異) 민족정책에 있어서 퇴계의 기본사상

이상에서 말한 바와 같이 퇴계가 장년기에 봉직한 중앙정부의 직책 가운데 가장 재임기간이 길었던 것은, 승문원(承文院)·홍문관(弘文館)·성균관(成均館)의 벼슬이었다. 이 중에서 승문원은 사대교린(事大交隣)의 외교문서를 제찬(制撰)하는 관청으로, 의전과 외국정세에 밝고 문장가로서의 능력도 필요했다(정비석 저《퇴계소전(退溪小傳)》참조). [4]

퇴계는 이 직책에 있을 때〈甲辰乞勿絶倭使疏〉를 썼다. 갑진(甲辰)은 1544년이지만,《퇴계문집》(성균관대학교간본)의 고증에 따르면, "案年譜·言行錄及疏中大義, 皆是乙巳秋事, 甲辰字恐誤"라 하여 연보나 언행록, 상소문 중의 대의(大義)를 보더라도 모두 을사, 즉 1545년인 인종 원년 가을의 일이며, 갑진은 잘못이라고 한다. 이에 따르면 퇴계가 45세 때의 일로, 왜인의 사신이 화의를 애걸하고자 조선에 온 것에 대해 이를 거절하지 말라고 상소한 것이다. 이에 따라 논고를 진행하려 한다.

우선 이 시기의 중앙정부 상황을 보면, 이보다 앞서 1519년에 조광조(趙光祖) 등의 신진사류(新進士類)가 등장하여 중종의 정치적 혁신노선(革新路線)에 따라 유교적 이상정치를 실현하기 위해 급진적인 개혁을 추진했기 때문에, 연로한 관료와 종래의 공신들로부터 반발을 샀다. 그 결과 조광조 등은 정권에서 쫓겨나, 이후 약 20년 동안 권신(權臣) 사이에 정권 쟁탈전이 되풀이되었다. 그것은 주로 중종의 이복형제(異腹兄弟) 사이의 왕위 계승문제를 둘러싸고 외척간에 전개된 분쟁(紛爭)이었다. 그러다가 1544년에 중종이 죽자, 중종의 첫 번째 계비 소생인 세자가 왕위를 계승한 인종이다. 이듬해 인종이 죽게 되자 이번에는 중종의 세 번째 계비 소생인 세자가 왕위를 이어 명종이 되었다. 중종 당시부터 이미 외척 사이에 왕위계승을 둘러싼 분쟁의 조짐이 보였는데, 명종이 즉위함으로써 그 외척 일파는 반대세력인 인종의 외척 일파를 정권에서 추방하려고 했다(1545년). 이러한 외척간의 대립과 갈등에 양반관료들도 말려들어 중앙정부의 혼란을 가중시켰다. [5] 이런 조선전기의 정권 쟁탈기에 왜인의 사신이 수교를 요청해 왔던 것이다.

이때에 퇴계는 45세로서 중훈대부(中訓大夫), 홍문관 전한(典翰), 홍문관

---

4) 동상서(同上書) 4,《퇴계문집고증》권3, 497면.
5) 한우근,《한국통사》298~299면.

지제교(知製敎)·경연 시강관(侍講官)·춘추관 편수관·승문원 참교(參校) 등 국왕을 직접 보필하는 종삼품 벼슬에 있었다. 더구나 왕의 측근에 있으면서 외교문제에 관여하던 때였으므로, 수호(修好)를 청하러 오는 왜인의 사신에 어떻게 대응하는가 하는 일에 참여하고, 또 그 대응의 문서를 제찬하는 입장에 있었다고 할 수 있다. 다음의 퇴계의 상소문 내용을 소개하면서 그의 외교사상을 고찰하기로 한다.[6]

우선 퇴계는 오랑캐에 대응하는 기본적인 생각을 다음과 같이 말하고 있다.

> 臣伏以人有恒言, 皆曰夷狄禽獸, 夫夷狄亦人耳, 乃比於禽獸者, 非固甚言之也, 爲其不知禮義, 無君臣上下之分, 而其爲生也, 蚩蚩蠢蠢, 冥頑不靈, 殆與禽獸無異, 故取類而竝稱之爾, 故以禽獸畜禽獸, 則物得其性, 以夷狄待夷狄, 則夷安其分, 故王者不治夷狄, 春秋錄戎, 來者不拒, 去者不追, 治之以不治者, 乃所以深治之也, 若乃執君臣上下之分, 而責禮義名敎之道, 必欲與之辨是非, 爭曲直, 正逆順, 而後爲決, 則是所謂督禽獸以行禮樂之事, 求以擾其心, 適以逆其性, 不搏則噬矣……

즉, "사람들은 모두 항상 오랑캐·짐승이라 말하고 있으나, 오랑캐도 사람이옵니다. 이를 짐승에 비유하는 것은 극단적으로 천시해서가 아니라, 그들이 예의를 모르고 군신·상하의 분수를 모르기 때문이옵니다. 그들 오랑캐의 사는 모습은 어리석고 보기 흉하고 또 분별을 모르고 소란을 피우며 완고하고 현명치 못해 거의 짐승과 다를 바 없사옵니다. 그러므로 유례를 들어 금수와 나란히 부르고 있을 뿐이옵니다. 따라서 짐승으로써 짐승을 키운다는 생각을 가지면 사물의 본성도 얻을 수 있고, 오랑캐로써 오랑캐를 대한다는 기본을 세우면, 오랑캐도 스스로 본분에 만족하옵니다. 그러므로 왕은 오랑캐를 (직접으로는) 다스리지 않사옵니다. 《춘추》에도 오랑캐를 기록하기를

---

6) 이에 대한 최근의 연구에는 안병주 교수의 〈퇴계의 일본관〉(퇴계선생탄생 480주년기념국제학술회의보고논문, 1981)이 있으나, 이 논문은 표제처럼 퇴계의 일본관이라는 시점에서 상소문을 다루고 있으므로, 본 논고에서는 퇴계의 외교사상 또는 정치사상으로 그 특징을 명확히 하는 데 노력했다.

'오는 자는 거절하지 않고 가는 자는 쫓지 않는다'고 했듯이 오랑캐를 다스리는 데에는 '불치(不治)'로써 하는 것이 깊이 이들을 다스리는 까닭이옵니다. 만약 그들에게 군신·상하의 분별을 지키게 하고 예의명교(禮儀名敎)의 도를 책하여 반드시 그들과 그 제시된(여기서는 유교적) 군신·상하의 분별이나 예교와, 그들이 고집하여 지키려는 것에 있어서의 시비·곡직을 다투고 어느 것이 역인가 순인가를 밝혀 그런 연후에 쾌(快)하다고 할 것이라면, 그것은 짐승을 독려하여 예약을 행하도록 하는 것으로써 애써 그들의 마음을 길들이려다가 도리어 그 본성을 거슬리어 때리고 대들지 않으면 물려고 덤벼들 것이옵니다." 이상이 그 대략적인 내용이다.

이것을 보면 오랑캐도 인간이지만 그들은 예교(禮敎)의 길을 모르는 야인이고 비천하므로 짐승이라 부른다. 따라서 여기에 대응하는 데에는 '짐승으로써 짐승을 기르고 오랑캐로써 오랑캐를 대하는 것'이 가장 적합하며, 함부로 예교의 길을 행하게 하려다가는 그들이 가지고 있는 것과 시비·곡직·역순을 다투게 되므로, 깊이 다스리는 이유가 못 된다고 하였다. 퇴계에 있어서 오랑캐는 인간임에 틀림없었으나 문화를 가진 인간은 아니었다. 또 퇴계는 그들 오랑캐를 유교문화권과는 다른 문화와 생활권에 사는 인간으로 알고 있다. 그러므로 '불치(不治)의 치(治)'가 가장 알맞은 다스림이라 하여, 마치 중국에서 정통적으로 채택해 온 이민족(당연히 이 경우에는 오랑캐로 취급했다)에 대한 '기미(羈縻)정책(주변 약소민족의 자치에 따른 간접통치)'과 사고방식에 입각했던 것으로 생각된다. 더구나 거기에는 전술한 바와 같이 '내자불거(來者不拒), 거자불추(去者不追)'라는 통화수호(通和修好)의 기본정신이 있다는 것을 알 수 있다.

이와 같은 '내자불거'의 자세를 유지해야 한다고 주장한 퇴계는, 묘족(苗族)이 반역했을 때 대우(大禹)가 이를 토벌했어도 계속 완강하게 반항했으나, 마침내 그들이 귀순해 왔을 때에 이를 받아들였던 고사를 인용하여 "구악을 염두에 두고 여전히 이를 거부했다는 말은 일찍이 듣지 못했다"고 하였다. 또 험윤(玁狁, 주대(周代)의 북방민족)이 쳐들어와 경읍(京邑) 가까이 온 것은 큰 반역이지만, 이를 물리치는 데 있어서는 국경 밖으로 내몰았을 뿐 "역순을 가려 영원히 이를 거절했다는 말을 아직 듣지 못했다"고 상언하였다. 조선시대에는 선진(先進)문화를 자랑하며 '중화(中華)'를 자칭하고 있던 중국과 사대적 교린을 하고 있었으므로, 퇴계를 포함한 당시 인사들은 중국 이외의 내륙 아시아 민족이나 왜국을 중국 문화를 공유하고 있지 않은 오랑캐로 본 것이 당연한 일이었다. 더구나 고려 말 이래 연안 일대의 각지를 노략질하던 왜구는 조선에 들어와서도 여전했으므로, 조선은 일본에 사신을 보내 왜구의 금압을 아시카가(足利) 정권에 요구하고, 서일본의 크고 작은 호족들도 이에 협력하면서 통상을 요구하였다. 특히 대마도주 송씨에게는 왜구 금압의 책임을 지게 하는 동시에 무역의 특권을 부여하였다. 조선 초기에는 일본의 아시카가(足利) 막부와 서쪽의 크고 작은 호족이 보낸 사절선(使節船)이 빈번히 왕래하고, 또 상인의 흥리선(興利船)도 섞여 있었다. 이에 조선은 그 흥리선의 도래를 억제하기 위해 그들의 정박지를 경상도 연안인 동래의 부산포와 웅천의 내이포(제포)로 한정하여 허가하고는, 그들의 영주로부터 통행 허가 증명서인 '문인(文引)'을 교부받은 자에 한해서 교역을 허락하고 있었다. 그 사이에도 왜구의 침략은 그치지 않아, 세종 원년(1419)에는 그 소굴이었던 대마도를 대규모의 병력으로 토벌한 일도 있었다. 그러나 마침내 왜인에 대한 융화책이 취해져 왜선의 정박지도 위의 이포(二浦) 외에 울산의 염포를 더해 삼포로 하고, 대마도주와도 조약을 맺어(1443, 세종 25년) 무역을 위한 선박 수와 쌀·콩 따위의 수량 따위를 제한했다. 그런데 15세기 중엽 뒤부터 사무역이 증대되고 밀수도 성행하여 왜인과 분쟁하는 원인이 됨으로써, 15세기 끝무렵에는 사무역 단속을 단행했다. 중종 때에 이르러 이에 불만을 품은 왜인(대마도주를 포함)들이 삼포에서 반란을 일으켰으므로 조선은 이들을 진압한 뒤 삼포를 폐쇄하였다. 그 뒤 대마도주가 궁핍해지자 수교를 요청해 왔기 때문에, 중종 7년(1512)에 임신약조를 맺고 세종 때 맺은 계해약조 때보다 약 반으로 무역량을 축소했다. 또 왜인의 삼포 거주를 금하고 제포의 왜관만을 허락했다. 이로써 당시 일본의 소(小)호족과 상인들은 적지 않은 타격을 받았다. [7] 퇴계의 상소문에는 이상과 같은 삼포의 난 뒤부터의 시점에 있어서 대왜 정책의 기본이 반영되어 있다고 해도 좋다.

지금까지 대략 설명한 대일 관계 및 삼포 거주 왜인의 사량에서의 반란에

---

7) 《한국통사》 247면 이하 참조.

대해 퇴계는 다음과 같이 파악하고 있다. 퇴계에 따르면 '도이(島夷)의 사량(蛇梁)의 변'은 '구서(狗鼠)의 도둑질'에 지나지 않고, 이미 도둑 무리를 죽여 물리치고 또 유관(留館, 왜인들의 거류지)을 모조리 없애버리고 왜인들을 쫓아 버렸으므로 국위가 이미 떨치고 왕법 또한 바로잡혔다고 했다. 더구나 왜인은 위엄을 두려워하고 덕에 부끄러움을 느껴 마음을 바꾸어, 지난 번 왜란은 남이 한 일이라 하여 스스로 그 행한 바를 변명하고 고개를 숙여 애원하고 꼬리를 흔들며 자비를 구하였다. 이럴 즈음에 당하여 우리 조정이 취할 태도는 무엇인가. 퇴계는 이렇게 말한다.

> 王道蕩蕩, 不逆詐, 不億不信, 苟以是心至, 斯受之而已, 則今之倭奴之請, 若在可許而猶不許, 然則未知何時而可許乎, 夫廷臣之欲拒倭奴者, 其意必曰, 彼罪大矣, 今甫絕而遽和之, 則無以懲其惡, 而有納侮之悔, 是亦似矣, 而有大不然者…….[8]

"왕도는 크고 넓어 널리 미치고 있사옵고, 또 거짓을 미리 헤아리지 않고 불신을 혼자 생각으로 추측하지 않사옵니다. ―즉 감히 남의 마음을 헤아려 애쓰지 않고 타인의 불신을 억측하지 않는 것이 현자이오니, 진실로 이러한 마음으로 행하신다면 왜인의 화해요청을 받아들이실 따름이옵니다. 왜노의 청에 대해 지금이 허락해야 할 시기인데 허락하지 않으신다면 어느 때 허락하실 것이옵니까. 조정의 신하로서 왜노의 청화(請和)를 거절하려는 사람들은, 저들의 죄가 큰데 이제 막 이것을 거절하고 다시 갑자기 이들과 화통한다면, 모욕을 받아들이는 후회를 남기게 될 것이라고 말하고 있사옵니다. 언뜻 듣기에는 맞는 말인듯 하지만 그렇지 않사옵니다." 퇴계는 여기서 몇 가지 사례를 열거했다. 흉노가 평성(平城)에서 한고조(漢高祖)를 포위했을 때 흉노의 왕이 글을 보내 패만(悖慢)하게 굴었으나, 고조는 후한 선물을 주며 자탈(自脫)했고 다음 혜제(惠帝)는 말을 낮춰 화해하자는 청을 했다. 오대(五代)의 문제(文帝) 때 흉노가 소관(蕭關)에 침입하자 장상여·난포 등에게 이를 치게 했으나, 성채를 나서자 군사를 돌이키고 글을 보내 화약하기를 가

---

8)《논어》〈헌문(憲問)〉제14, "子曰, 不逆詐, 不億不信, 抑亦先覺者, 是賢乎"에 의함.

인(家人)·부자(父子)가 서로 친하듯이 했다. 또 흉노가 약속을 어겨 다시 운중(雲中)에 침입하여 살육을 마구 저지르고 봉화가 감천·장안에 통했을 때, 문제가 여섯 장군에 명하여 각각 나누어 방비하게 했으나, 한 달 남짓하여 흉노가 멀어지자 곧 군사를 거두었다. "이 몇 사람의 군주는 흉노의 죄가 크다는 것을 모르지 않았지만, 그들과 급하게 화친한 것은 진실로 짐승의 무리와 더불어 비교하지 않고, 백성의 화를 중요시했기 때문이다." 퇴계는 오랑캐와 짐승을 비교대조하지 않았고, 그들과 화통하는 것은 무엇보다도 우리 백성의 화를 막기 위해서라며 그 글을 끝맺었다. 그리고 그는 지금 왜인이 삼포에서 난을 일으킨 사건을 중국의 고사와 비교하면, 죄는 같더라도 중국과 우리 사이에는 경중의 차이가 있으니, 어찌 그들 왜인에게 자신(自新)의 길을 허락하지 않고 오히려 화를 우리 백성에게 초래할 것이냐고 말했다.

이어서 퇴계는 당대(唐代)에 돌궐이 군사를 모아 침입하여 위수 편교 북쪽에 이르러서 화의를 청했을 때 태종이 그 청을 허락했고, 송대에 거란이 대거 침입하여 단연(澶然)에 이르러서 화의를 청했을 때 진종(眞宗) 또한 이를 허가한 사실 등을 열거했다. 당시 돌궐 쪽에는 구심(懼心)이 있고 거란은 이미 기가 꺾이고 있어서 두 황제가 그들의 청화(請和)를 허가했어도 그것 때문에 가볍게 이를 허락하여 수모를 용납하는 후회를 남긴다는 것도 알지 못하고, 또 그들의 악을 징계할 계략도 없었다고는 할 수 없을 것이라고 논했다. 그렇다면 어째서 이 같은 원한을 풀고 감히 침범한 죄를 풀어주어 그들과 동맹했겠는가. 그 이유는 무엇인가. '병흉전위(兵凶戰危)는 조정을 이롭게 하고 백성을 편안케 함을 급선무로 하고, 금수(禽獸)의 도량(跳梁)은 이를 범위 밖에 놓는 것'을 오로지 지향하고 있었기 때문이다. 퇴계는 여기서도 또한 오랑캐가 짐승처럼 변경(邊境)에 도량하는 것보다 중국인에게 있어서는 그것으로 야기되는 전쟁이, 어떻게 국가사직에 이로움을 주고 백성의 안녕도 확보하는가에 우위성을 부여했다고 이해하고 있다. 이리하여 그는 옛 제왕의 오랑캐를 다스리는 도가 화의를 우선으로 삼고, 마지못해 군사를 동원하는 것은 짐승이 사람을 해치는 피해를 막기 위해서였으므로, 그 피해가 없어지면 곧 군사를 거두었는데, 심하게 다스리면 오히려 원한을 사기 때문에 박서(搏噬)의 화를 낳지 않기 위해서라고 했다.

이처럼 옛 제왕의 오랑캐 대응 사상·방법에 대해, 조선이 당면한 대외정

책의 기본은 어떠해야 할 것인가. 이때 조정에 한 가지 설이 있었다. 퇴계는 이에 왜인의 화해요청에 관하여 구체적인 의견을 올렸다.

> 抑又有一說焉, 與夷狄和親之道, 固當有操縱伸縮可否之權之勢, 而此權此
> 勢必常令在我, 而不可令在彼也, 臣亦知, 朝廷之意以此爲重, 而爲是堅拒
> 之議矣, 然有罪卽絶之, 自新卽許之, 此正權勢之在我, 而施當其可也, 當
> 其可之謂時, 何可違也, 有其權忘其勢, 而無心而處之, 則彼必以爲大德,
> 而感悅於其心, 相率而投款矣, 是所謂化之也, 和不足言矣, 有虞之於苗民
> 用此道也, 而今日之所當法也, 今也不然, 操其權挾其勢, 固沮其何善之
> 心, 而不肯許之, 則物我相形, 彼此角立, 蠢玆小醜, 必將大爲怨恨, 而啓
> 後日無窮之患矣…….

"일설에 따르면 오랑캐와 화친하는 길에는 이의 조종 신축 가부(操縱伸縮可否)를 결정하는 권(權)과 세(勢)가 있어야 하며, 그것은 우리 쪽에 있고 그들 쪽에 있어서는 안 된다는 주장이 있사옵니다. 조정에서는 이 생각을 중시하여 굳게 거부하고 있사오나, 그렇게 하면 죄가 있을 때는 이와 화친을 끊고 반성자신(反省自新)하면 이를 허가한다는 주체성이 우리 쪽에 있으므로, 그것은 좋다고 할 것이옵니다. 문제는 그것의 적절한 때를 놓치지 않는 점이옵니다. 원래 화친을 허락하거나 허락하지 않는 권과 세는 우리 쪽에 있으므로, 요컨대 '그 권을 보유하고 그 세를 잊음'으로써 진심으로 이에 대응한다면, 왜인은 반드시 이를 큰 덕으로 여겨 마음으로부터 감열(感悅)하고 잇달아 투관(投款)할 것이옵니다. 이것이 소위 '이것을 화(化)한다'—상대의 마음과 태도를 바꾸어 다른 사람으로 만든다—는 것으로서 굳이 화친을 교환한다고 말할 것까지도 없사옵니다. 오늘날 우리 조정으로서는 이 '화하는' 것이 가장 옳은 길이지만, 현실은 그렇지 않사옵니다. 우리의 권과 세를 끼고 왜인의 선(善)으로 향하려는 마음을 굳게 막아 화친을 허락하지 않고 있사옵니다. 이렇게 되면 반드시 우리와 그들 서로가 모나고 큰 원한의 원천이 되어 뒷날 끊이지 않는 피해를 입게 될 것이옵니다." 이 끝의 일절 '필장대위원한(必將大爲怨恨), 이계후일무궁지환의(而啓後日無窮之患矣)'는 이윽고 닥쳐올 임진왜란을 명확히 예언한 것으로서, 퇴계의 우국충정과 깊은 통찰력에 감명 받지 않을 수 없다.

퇴계의 주장은 왜인의 화친 요구를 받아들여 이를 좋은 방향으로 이끌자는 것이었다. 그리고 여기에는 위의 인용에서도 보았듯이, 왜인과 대등하게 화친하자는 것이 아니라 어디까지나 문화적 우위와 수호를 허락하는 쪽의 주체적 권위(퇴계는 세(勢)=힘의 사용을 부인하고 있었다)에 근거하는 입장을 취했다. 더구나 이것은 지금보다 더 적절한 시기가 없다는 점을 덧붙이고 있었다. 만일 이러한 조건이 성립되지 않은 데다 틈이 생겨 싸움이 일어나면, 이미 왜인을 교화하려 해도 그들의 마음이 심히 굳어져 있을 것이고, 그렇게 되면 화친하려 해도 그 권과 세가 이미 우리에게만 있다고 할 수 없어 서로 나누어 갖게 된다. 그렇게 된 다음 화의하는 것은 권과 세가 우리에게 있을 때 그들의 애원을 들어 주는 것보다 나은 것이 없고, 백성을 봉적(鋒鏑=무기, 칼과 활)의 독에 빠뜨린 다음 화의하는 것은 백성을 애양(愛養)하여 거세게 왕도를 행하는 것보다 나은 것이 없다. 퇴계는 "이것이 그 의리(義理), 이해(利害)의 명백한 바이다"라고 말하고 있다.

3. 주자의 '불여공대천(不與共戴天)'론과 그 이동(異同)

여기서 퇴계의 상소문은 주자의 상소문에 있는 금(金)과의 강화 부정론에 언급하고 있으므로, 이에 관해 말해 둘 필요가 있다.[9] 송은 당시 매우 강대했던 북방민족인 금과의 약속을 지키지 않아서 금의 분노를 샀다. 이리하여 요(遼)가 멸망한 해 겨울, 금은 남하하여 수도 변경(汴京, 하남성 개봉)으로 쳐들어갔다. 이에 당시의 황제 휘종(재위 1101~1125)은 제위를 흠종에게 물려주고 반격을 꾀했으나, 마침내 흠종도 백계가 허사가 되어 이기지 못하고 항복했으며, 휘종·흠종을 위시한 일족 3천 명이 만주에 붙잡혀 감으로써 송은 멸망했다. 이것이 정강(靖康)의 변으로, 1127년의 일이었다.

당시 일족의 하나인 강왕(康王)이 남경귀덕부(하남성)에서 즉위하여 남송을 세웠다. 이어 고종은 금이 두려워 양주에서 항주(절강성)에 이르러 그곳을 행재소로 삼았다. 이 정강(靖康)의 변은 당시의 중국인, 특히 지식인에게 심각한 영향을 끼쳤다. 남송은 금과 싸워야 할 것인가, 아니면 강화할 것

---

9) 졸저 《무위자연에서 작위적극(作爲積極)으로—당송(唐宋)간의 사상의 전개와 그 역사적 성격 —》, 46면 이하 참조.

인가 하는 화전(和戰) 양론이 치열하게 다투다가, 결국은 진회(秦檜) 등의 화의론이 이겨 주전론자들은 정부를 떠났다. 주자의 부친인 주송도 주전론자였으나 주장이 관철되지 않자 고향으로 돌아갔다. 부자 2대가 주전론을 폈던 것이다. 실지회복(失地恢復)과 복수론(復讐論)은 주자에게 있어서 이념상의 문제가 아니라 극히 구체적이고 절실한 문제였다. 따라서 주자의 상주문(上奏文)에는 이 주전론이 제창되어 있고, 금(金)은 '불공대천의 적'으로 간주되었다. 주자는 33세 되던 해 8월에 비로소 조(詔)에 응해 상소를 올렸다.

> 然而祖宗之境土未復, 宗廟之讐恥未除, 戎虜之姦謀不常, 生民之困悴已極, 方此之時, 陛下所以汲汲有爲以副生靈之望者, 常如何哉, 然則今日之事, 非獨陛下不可失之時, 抑國家盛衰治亂之機, 廟社安危榮辱之兆, 亦皆決乎此矣[10]……。

이 중에서도 빼앗긴 땅의 회복과 종묘 수치를 배제하는 것은 다만 원수(元首)가 시기를 놓치는 것과 관계되는 것만이 아니라, 국가사직의 치란영욕(治亂榮辱)의 기회는 모두 여기서 결정된다고 주장하고 있다. 주자는 〈무오당의서(戊午讜議序)〉에도 다음과 같이 말했다.

> 國家靖康之禍, 二帝北狩而不還, 臣子之所痛憤怨疾, 雖萬世而必報其讐者, 蓋有在矣[11]……。

"휘종·흠종 두 황제와 일족이 금에 잡혀가 끝내 살해된 것은 신하가 통분원질하는 바", 이 〈서〉의 글머리에도 "군신부자의 대륜(大倫)은 하늘의 경(經), 땅의 의(義)로서 말하자면 민이(民彝, 사람이 지켜야 할 떳떳한 도리)이옵니다"라고 했듯이, 오랜 세월이 흐르더라도 반드시 그 원수는 갚아야 한다고 했다. 주자는 그 근거를 《예기(禮記)》의 "君父之讐, 不與共戴天, 寢苦枕干, 不與共天下也"(상동, 무오당의서)에서 찾아, "이른바 강화는 백

---

10) 《주자문집》 권11, 〈임오응조봉사(壬午應詔封事)〉.
11) 동상서 권75, 〈무오당의서(戊午讜議序)〉.

해(百害)가 있을 지언정 하나의 이득도 없사옵니다. 무엇이 괴로워 이것을 하리요."[12]라고 강력하게 주장하고 있다.

"그들은 앞서 중원(中原)을 강탈하고 금화를 취하며 한창 왕성한 세력을 믿고 화(和)와 불화의 권리를 제압했사옵니다. 약간 겁이 나면 화로써 우리를 기다려 우리는 감히 움직이지 않았으나, 힘이 충족되면 대거 심입(深入)하여 우리는 지탱하지 못했사옵니다. 대체로 그들은 차분하고 침착하게 화를 절제하지만, 그 조술(操術)은 항시 화(和) 바깥에 있사옵니다. 여기에 이르러 이(利)에 뻗고 부(否)에 움츠려 진퇴를 모두 얻었사옵니다. 그리하여 우리는 남에게 머리를 들어 화(和)와 불화(不和)와의 명(命)을 듣사옵니다. 나라를 도모하는 자는 오직 오랑캐의 환심을 잃을까 두려워하여 구원의 계획을 세우지 않고, 나아가서는 중원 회복의 기회를 잃으며 물러나 충신의사(忠臣義士)의 마음을 꺾었사옵니다. 그리하여 우리는 화(和)를 바라는 마음에 급급하여 뜻이 항상 화(和)에 빠져, 앞으로 비틀거리고 뒤로 주저앉아 진퇴를 모두 잃고 마는 바이옵니다."[13]

더욱 중요한 것은 화(和)와 불화(不和)의 주도권을 완전히 금에게 제압당하고, 그들이 무력으로 밀어붙여 조술을 부리고 있음에도 위정자는 오직 금의 환심을 사고 그것을 잃을까 두려워하여 국가구원의 대계를 잊었으며, 중원회복의 기회를 잃고 충신 의사의 마음을 꺾고 있다고 말하는 점이다.

이상은 주로 주자의 〈임오응조봉사(壬午應詔封事)〉및 〈무오당의서(戊午讜議序)〉의 두 상주문을 중심으로 그의 반(反)강화론과 그 이론적·사상적 근거를 검토하여 보았는데, 이제 위의 내용과 관련하여 퇴계는 그것을 어떻게 보았는지, 그가 논한 바는 다음과 같다.

朱文公曰, 金人終始以和之一字愚宋, 宋人終始以此自愚, 此則與今日之事大不同, 宋之君臣忘不共戴天之讐, 爲偸安一隅之計, 匍匐乞哀於滔天之醜

12) 동상서 권11, 〈임오응조봉사〉.
13) 동상서 〈임오응조봉사〉.

虜, 是其操縱伸縮可否之權之勢, 在彼不在我, 而方且甘心聽命, 頤指氣使之不暇, 而日趨於危亡之域, 此當時忠臣義士之所扼腕而痛心者也……

"금은 시종 강화라는 한 글자로 송을 우롱하는 데, 송은 화를 바라 스스로 어리석음을 저질렀사옵니다. 이것은 오늘날 우리 조선이 당면하고 있는 대외문제(오랑캐 및 왜인과의 수호)와 크게 다르옵니다. 송의 군신은 이미 말한 바와 같이 문화를 가진 중화(中華)라고 과시하는 자로서, 금의 소행이 도저히 용서할 수 없는 불공대천의 원수임을 잊고, 죄가 커서 하늘에 넘치는 추악한 오랑캐에게 배를 땅에 대고 기어가 애걸하면서 스스로는 은근히 안락을 취하려는 계획을 세우고 있사옵니다. 이렇게 되면 그 조종·신축·가부의 구체적인 권과 세가 그들에게 있고, 우리 쪽에 없는 것을 뜻하옵니다. 동시에 달게 받아들여 적의 명을 듣고 이것저것 지시받기에 틈이 없어 날로 위망(危亡)에 빠져버리게 되오며, 당시의 충신·의사를 액완(扼腕)·통심(痛心)하게 하는 이유가 되었사옵니다."

이것이 퇴계가 주자의 상주문에서 간파한 송의 어리석음이다. 국토가 반감되고 두 황제가 잡혀가서 살해된 데다 화(和)와 불화의 주도권을 상대에게 빼앗겼을 뿐만 아니라, 불공대천의 원수임을 잊고 추한 오랑캐에게 애걸한 모습은, 퇴계가 인정할 수 없었던, 크게 반성할 통한사(痛恨事)였다. 따라서 당시 조선의 왜인의 삼포반란과 비교한다면 이것은 작은 일이며, 더구나 왜인의 강화요청에 대해 조선은 그것의 허락 여부의 주도권이 있었으므로, 퇴계는 '여금일지사대부동(與今日之事大不同)'이라 했던 것이다.

자국 내에서 외국인이 그 위정에 불평불만을 품고 반란·폭동을 일으킨다는 것은 매우 큰 불상사이지만, 퇴계가 이민족에 의한 국토 침략이나 왕조존립의 위기에 비해 삼포반란을 작은 일로 보았다는 것, 따라서 왜인을 불공대천의 적으로는 보지 않았다는 것, 왜인의 수교화친을 인정하려 했음은 주목할 만한 일이다. 그렇다고 퇴계가 조선의 국가체제에 대해 자신을 가지고 있었느냐 하면 반드시 그렇지도 않다. 뒤에 진술했듯이 퇴계는 당시의 국가체제와 변경의 방비에 상당한 불안감을 느끼고 있었다. 이와 동시에 그는 오랑캐도 짐승이 아니라 같은 인간이라는 근본적인 인간관에 입각하여, 강화요청을 허락함으로써 외교의 주도권을 확보하고, 문화를 갖지 못했다고 인식되고 있는 오랑캐·이민족인 왜인을 교화하는 것이 타당한 시책이라 생각했던 것이다. 여기서 우리는 주자와 상당히 다른 퇴계의 독자적인 인간관과 외교자세, 외교사상 및 구체적 방법을 알 수 있다.

그런데 전술한 바와 같이 이민족의 침략으로 국토가 반감되고, 국가의 체면마저 현저히 손상되어 있던 송나라 지식인 주자는, 이민족에 대한 기본적인 생각을 다음과 같이 피력하고 있다.

古先聖王, 所以制御夷狄之道, 基本不在乎威疆, 而在乎德業, 其任不在乎邊境, 而在乎朝廷, 其具不在乎兵食, 而在乎紀綱[14)]

즉, 오랑캐를 제어하는 기본적인 길은 힘이 아니라 덕업에 있고, 치정(治政)의 본무는 변경이 아니라 조정 그 자체에 있으며, 그 방도는 병식(兵食, 군사와 군량)을 충족시키는 데 있지 않고 기강을 바로잡는 데에 있다. 이러한 사고방식은 퇴계가 이해하고 있는 중국 선성치자(先聖治者)의 기본이념과 다를 바 없고, 오히려 주자와 퇴계도 전통적인 대(對)이민족 정책의 기본을 계승했다고 하겠다.

4. 조선의 국가 현상과 대왜(對倭) 수호(修好)에 관한 퇴계의 방침

2항 및 3항에서 언급한 것은 이민족에 대한 퇴계의 기본적인 외교사상과 남송에서 주자의 반(反)강화론을 중심으로 하는 이민족에 대한 기본사상이었다. 여기서는 〈갑진걸물절왜사소(甲辰乞勿絕倭使疏)〉 후반에, 퇴계가 조선의 국가체제를 어떻게 인식했는가 하는 것과 관련시켜 논해야 할 대왜 외교의 기본방침에 대해 검토하기로 한다.

먼저 퇴계는 조선이 하나의 오랑캐에 지나지 않는 왜인에 대해 전죄를 반성시킴으로써 자신(自新)의 길을 열어 주는 것은, 송인(宋人)이 스스로를 어리석게 만드는 실패를 범한 것과는 달리, 묘족(苗族)을 순 임금이 달랬던 훌륭한 행동과 같은 것으로, 어찌 애써 이를 하려 하지 않는가라고 말했다. 이러한 퇴계의 방침은 단순히 송인이 스스로 어리석음을 범하지 않고 옛 성

---

14) 동상서 권13, 〈계미수공주차삼(癸未垂拱奏箚三)〉.

왕(聖王)의 유제(遺制)를 계승하려는 이념 또는 이상에서 출발한 것과는 달리, 국가체제를 유지하려는 절실한 문제 상황이 있었기 때문이다.

"지금은 위로 천변이 나타나고 아래로 인사(人事)가 빠지며 대화(大禍)는 중첩되고, 국운은 간부(艱否)하여 근본이 무르고 위태롭습니다. 주변은 방비가 소홀하고 병력은 소모되고 식량이 다했으며, 백성은 원한을 품고 있고 신(神)의 분노마저 가져오게 하고 있사옵니다. 대개 태백(금성)이 낮에 보임은 바로 병란의 징조이옵니다. 듣건대 옛 성제명왕(聖帝明王)도 화난이 오지 않게 할 수는 없으나, 그것이 닥치기 전에 그것이 오지 않도록 하고, 화난이 이미 닥쳤다면 여기에 대응할 대책이 있었다고 하옵니다. 그런데 지금 인사를 닦아 천변에 대응하는데, 섬나라 오랑캐가 우리나라를 찾아오겠다는 희망을 끊는 것이 과연 우리 쪽에서 화난을 오지 않게 하는 길이라 할 수 있겠사옵니까. 병란을 초래할 발단을 열어 놓고 이에 응하려 한다는 것은 아직 들은 일이 없사옵니다. 우리 쪽에서 화난을 초래하고 이에 응하려는 것은 재화를 막는 길이 아니옵니다." 이것이 퇴계의 주장이다. 요컨대 그 요지는 화난이 오는 것을 아무도 막을 수 없지만 스스로 재화를 초래할 일은 하지 말라는 것이다.

구체적으로 말하면, 당시에 이미 북방 여진족이 변경을 넘보고 있었는데, 여기에 다시 남방 왜인의 침구(侵寇)를 초래하면, 남북의 두 오랑캐를 동시에 적으로 돌리는 것이 되어, 동쪽을 지탱하다 서쪽이 들리고 배[腹]를 보호하다 등[背]이 깨지게 되는 상황이었다. 퇴계는 이를 가리켜 "아직 모르겠사옵니다. 국가는 무엇을 믿고서 이를 분별하겠사옵니까. 신(臣)은 이것을 크게 우려하는 바이옵니다"라 말하고 있다. 그리고 그는 또 다음과 같이 충정을 토로하여, 국내외 정세로 미루어 왜인의 청화를 허락해야 함을 상언했다. 긴 문장이지만, 이를 풀이하여 싣고 그 뒤에 약간의 검토를 가하고자 한다.

"동남(東南)은 재부(財賦)가 나오고 병력이 있는 곳이오니 더욱 보존해야 하옵니다. 신의 생각으로 이 시점에 있어서는 그들의 화해의 청을 마땅히 들어 주어야 하옵니다. 또 이를 행하는 구실로 '나라에 대사(大赦)가 있어 너희들에게도 홍은(鴻恩)이 미치지 않을 수 없으므로 특별히 그 청을 허락한다'고 하십시오. 그리하여 전날의 약조를 회복시켜 남쪽의 근심을 더십시오. 그리고 더욱더 인사(人事)의 근본을 닦아 그 밖의 일에 미치게 함으로써 부족한 바가 없으면, 비록 서북쪽에 변고가 있더라도 오히려 뜻을 한쪽의 방어에만 모을 수 있으므로 갑자기 낭패를 당하는 일은 없을 것이옵니다. 어찌, 사방으로 흩어져 전쟁을 수행하고 명령에 의해 바삐 돌아다니면서도 만족을 얻지 못한 채 지치는 것보다는 현명한 방법이 아니겠사옵니까. 만약 이같이 했는데도 왜구가 배반하여 오히려 병기를 들고 쳐들어 와서 변방에서 우리와 싸우고자 한다면, 이는 우리가 불러들인 것이 아니므로 이른바 성왕(聖王)이라 하더라도 피할 수 없고, 우리도 마땅히 이들과 대항할 따름이니, 우리가 저 금수와 같은 것들을 어찌하겠사옵니까. 대저 국가가 왜인에게 화의를 허락함은 가능한 일이오나 방비는 조금도 소홀히 할 수 없는 것이옵니다. 예로써 그들을 대접하는 것은 좋지만 추차(推借)가 지나쳐서는 아니 되옵니다. 양폐(糧幣)로써 그 정을 이어 그들을 실망시키지 않음은 좋으나, 그로 인해 무염(無厭)을 구하여 뇌물을 주고받음이 범람해서는 아니 되옵니다. 속담에 이르기를 '교만한 자식이 그 어미를 꾸짖는다' 하였으니, 자식을 미리 예방하고 단속하지 않으면 반드시 교만하게 되고, 교만에서 그치는 것이 아니라 심지어는 부모를 꾸짖는 데까지 이르는 것이옵니다. 이는 자식도 비록 자식 된 도리를 다하지 못한 것이지만, 자식을 여기에 이르도록 한 것은 또한 부모의 허물이옵니다. 하물며 한 번 거슬렸다고 하여 그를 끝까지 배척한다면 옳겠습니까. 그러므로 미리 예방 점검하는 것보다 나은 것이 없다고 말하는 것이옵니다. 이것은 또 오늘날에도 이야기 될 수 있는 바요, 신이 또 듣건대 신하는 사사로운 사귐이 없고, 일에는 반드시 명의(名義)가 있다고 했사옵니다. 김안국(金安國)[15]이 왜인을 대접함에 지나치게 후하여 이들이 더욱 탐욕스럽고 방

---

15) 《증보퇴계전서》(동서(同書) 4). 《퇴계문집고증》 권3의 497면에는 김안국에 대해 다음과 같은 주가 있다. 안국의 자는 국경(國卿), 호는 모재(慕齋), 의성 사람, 관은 판서, 시호는 문경(文敬), 문장과 학술은 유자(儒者)의 으뜸이라 함. 퇴계 선생은 앞서 "모재를 찾아 비로소 정인군자(正人君子)의 논을 들었다"고 한다. 《교사촬요》에 "경오왜변(1510) 후 왜의 사신 붕중(鵬中)이 와서 화의를 청하다. 조정은 이미 허락하지 않았으나, 원한을 염려하여 그 상품의 무역을 허락하였고 드디어 무궁한 폐를 낳다. 모재는 그때 접대사(接待使)였다"라고 되어 있다. 퇴계가 상소문 중에서 "외교는 공공의 일이지 사사로운 일이 아니다. 함부로 왜인을 후대하고 뇌물을

자한 데 이르렀으니 그의 죄가 없지 않사옵니다. 그러나 그 뜻이 어찌 왜인에게 있었겠습니까. 오히려 저들이 망령되게 이것을 자기들에게 충성하는 것으로 여겨서 후추를 선물로 보내고, 조정 또한 그의 집안이 그 선물을 받는 것을 허락했으니, 만약 왜인이 알지 못해서 이와 같이 했다면 마땅히 깨우쳐서 물리칠 것이요, 만일 속임수로 이와 같이 했다면 그들의 술수에 빠진 바이니 조정의 부끄러움 또한 심하옵니다. 본조정의 신하로서 일본에 충성할 것을 권장한다면, 이는 무슨 명령이며 무슨 뜻이겠사옵니까. 만약 그 집안으로 하여금 끝내 이 물건을 받게 한다면 김안국이 지하에서 눈을 감지 못할까 두렵사옵니다. 전일에 대관(臺官)들의 논의는 사리에 합당하오니 다시 헤아려주시기를 청하옵니다."

이상 장문임에도 불구하고 굳이 요약하지도 않고 여기 소개한 것은, 이 문제에 대한 퇴계의 기본방침 또는 사고방식을 그의 글을 통해 직접 제시하기 위해서이다.

①동남쪽은 국가의 재부와 병력이 있는 곳으로 어떻게 해서라도 확보해야 할 땅이다. ②왜인의 청화는 국가의 대사(大赦)에 핑계하여 허락해야 한다. ③동남 국경을 안전하게 해두면 북이(北夷)의 방어에 전념할 수 있다. ④만일 왜인이 모반하여 무력으로 나온다면, 이는 우리 쪽의 책임은 아니니, 우리 쪽의 대응에 만전을 기해야 한다. ⑤따라서 왜인의 청화를 허락하되 방비는 소홀히 해서는 안 된다. ⑥예절로써 왜인을 대하는 것은 좋으나 추차(推借, 일을 추진하여 빚을 많이 지게 하는 것)가 지나치지 않도록 한다. ⑦양폐(糧幣)로 왜인과 정의(情誼)를 맺어 실망시키지 않는 것은 좋으나, 한없이 요구를 받아주거나 심하게 뇌물을 받지 않는다. ⑧속담에도 있듯이 자식이 오만하게 어버이에게 대든다 해도, 어버이에게도 미리 예방하고 단속하지 못한 과오와 책임이 있음을 잊지 말아야 하므로, 항상 예검(豫檢)이 중요하다. ⑨외교는 개인적인 일이 아니다. 그러므로 김안국과 같이 왜인을 지나치게 후대하는 것은 조선의 신하로서 일본에 충성을 권유하는 것과도

받거나 사적으로 무역하는 자는 죄를 주어야 한다"고 하여 김안국을 비난하는 것은 지금까지의 사정을 지적하는 것이다.

같으니, 죄에 해당한다는 것 등을 상언했다. 퇴계는 여기서 상소를 끝맺으며 다음과 같이 말한다.

臣素有虛羸沈痼之疾, 比來尤劇, 氣息綿延, 與死爲隣, 而聞朝廷絶倭之
請, 心竊怪嘆, 以爲此事關百年社稷之憂, 係億萬生靈之命, 不可不一言而
死, 抱私恨於無窮, 故力疾忍辛, 謹獻此狂瞽之說, 伏願殿下以臣此章, 稟
乎慈殿, 而更博謀於在廷之臣, 虛心而察邇, 折衷而審處之, 非愚臣之幸,
乃宗社之幸也, 臣無任僭越, 戰兢激切, 屛營之至, 謹昧死以聞.

"신은 요즘 죽음과 이웃한 중병을 앓고 있사오나, 조정이 왜인의 화의를 거절한다는 것을 알고 마음 한구석에서 괴탄하고 있사옵니다. 이번 일은 국가사직 백년의 우환에 관계되고 만민생령의 존부가 걸려 있으므로, 이에 대해 한마디 올리지 않으면 사한(私恨)을 무한히 남길 것이기에 감히 질병을 무릅쓰고 상언하는 것이옵니다. 전하께서 널리 조정대신들과 의논하고 허심탄회하게 살피고 절충하여 조속히 대처하신다면, 어리석은 이 신하에게 다행일 뿐만 아니라 종사(宗社)의 행복이옵니다."

5. 맺음 글

퇴계가 임금에게 글을 올린 것을 정리하면 대략 다음과 같다. 즉 그가 중앙정부 안에 있으면서 직접 정치에 관여한 것은, 모친의 복상과 지방관의 시기를 제외하면 34세 때의 3월에 급제하여 고등문관으로 벼슬한 10여 년 남짓한 세월이었다. 그러나 퇴계는 승문원·홍문관·성균관의 각종 직책에 가장 오래 있었으며, 그 밖에 경연관·세자시강원문학·사헌부·사간원·의정부 등의 관직에 있으면서 언제나 왕을 직접 보좌하는 입장이었다. 그의 지위가 정3품 이상에는 오르지 못했으나, 뜻과 기상이 날카로운 신진관리로서 그가 가진 정치적 재능은 그의 본심과는 관계없이 상당히 발휘된 것으로 여겨진다.

직접 퇴계가 쓴 자료는 입수하지 못했으나, 〈연보〉에 삽입되어 있는 왕에 대한 빈번한 상언에서 그는 위정(爲政)의 허물을 찌르고 인심의 화합을 말했다. 왕의 반성과 덕의 수양을 촉구하고 역사를 거울삼을 것을 권하는가 하면, 천재지변이나 가뭄 등에 대처하는 구민책의 확립, 탐관오리의 탄핵을 추구하는 등, 권력에 타협하지 않고 직언·간언을 불사했으며, 또 지방문화의 진흥책에도 힘을 기울였음을 알 수 있다. 더구나 이 시기에는 사화가 크게 일어나 퇴계 자신 및 그 일족에게도 화가 미쳤음에도 불구하고, 과감히 바른 말을 올리고 자신의 위험을 돌보지 않은 것은 그가 전통유학의 정도(正道)를 파악하고 그 학문적 신념에 기초한 바가 컸기 때문이다.

이것은 특히 그가 45세 되던 해 7월, 왜적이 수호를 요청해 왔을 때 조정에서나 백성들 모두가 이를 거절해야 한다는 여론으로 들끓고 있었음에도 불구하고, 그가 혼자 수호를 인정해야 한다고 상언(上言)한 것으로도 알 수 있다. 이 상언은 그의 기본적인 외교철학, 오랑캐라 일컬어진 이민족에 대한 인간관에 기초한 것으로, 더구나 주도한 외교상의 이해득실, 주체성의 확보, 조선의 국가체제의 현상 등을 배려하여 전개했다. 이것은 그가 행동하지 않고 말만 앞서는 지식층이 아니라, 확고한 정치철학을 가진 당당한 정치가였음을 뒷받침하는 것이다. 대왜 수호문제는 국가 사직 백 년의 안위, 억만 생령의 목숨과 관련된 중대사로서, 이것을 거절하는 데 대해 심각한 우려를 표명하던 퇴계의 통찰력은 이미 말한 바와 같이 40여 년 후에 현실로 나타난 국난을 명확히 예언하고 있었다. 그가 장기간에 걸쳐 승문원이란 사대·외교에 관한 정부 내의 직책을 맡고 있었으므로, 그와 같은 발언과 예언을 할 수 있는 외교 감각이 자기 안에서 단련되기도 했겠으나, 이보다는 유학이 갖는 수기치인, 학문과 덕행의 양면에 걸친 도(道)를 모순 없이 통일적으로 체득하고 있던 퇴계란 개인을 더 중시해야 할 것이다.

끝으로, 제3항에서 고찰하였듯이 이민족에 대한 퇴계의 기본자세는 '오랑캐도 사람'이므로 '문화적 교화'의 대상으로 삼아야 하고, 함부로 '불구대천의 적'으로 간주하지 않았다는 점에서, 주자의 이민족에 대한 관점과는 현저한 차이가 있다. 사실 휘종·흠종의 두 황제가 금(金)에 잡혀 가서 죽고, 국토의 반을 점령당한 국난의 상태와 대왜 수호 거절 여부의 상황은 외교상으로나 내정면에서도 크게 다른 것이었다. 물론 퇴계 자신도 송인(宋人)이 금과 화의함으로써 스스로 어리석음을 범했다고 간주하기는 했으나, 그만큼 주자학을 진지하게 받아들이고 그 근본을 이해하고 파악한 학자가 주자 이후 한 사람도 없었음에도 불구하고, 역시 대왜 수호문제는 퇴계 자신의 독자적인 정치·외교 철학에 입각한 의론이었다고 하겠다.

제5장 퇴계의 인간관

서(序)

퇴계가 주자학 및 송대의 유학사상을 어떻게 받아들이고 이해했으며, 어떻게 독자적인 사상을 형성했는지는, 특히 동아시아에서 주자학의 전개를 탐구하고 또 그 역사적 성격을 밝히는 데 극히 중요한 과제이다. 이를 해결하기 위한 하나의 작업이 퇴계의 인간관 해명인데, 구체적으로는 인간의 성(性)·심(心)·정(情) 등에 대한 그의 논(論)이 어떤 것이었는지, 특히 이기론(理氣論)과의 관계에서 어떻게 이해되었느냐는 것이다. 이를 위해 이 장에서는 우선 퇴계가 그의 제자인 고봉(高峰) 기대승과 무릇 8년에 걸쳐 논쟁을 벌인 '사단칠정론(四端七情論)'의 전제 또는 배경이 된 《천명도설》에 관한 여러 문제를 다루고, 이를 중심으로 퇴계의 인간관의 한 부분을 해명하고자 한다.

원래 이 양자의 사칠논변은 종래 많은 학자들에 의해 논구(論究)되어 왔으나, 앞에서도 말했듯이 단순히 양자의 논쟁이 어떠했느냐를 검토하는 데 그치지 않고, 퇴계의 인간관 또는 인간론을 전체적으로 밝히는 작업의 일환으로 이 문제를 다루고자 한다. 그러기 위해서는 이 논쟁에 이르기까지 퇴계는 미리 천인상응(天人相應)·이기(理氣)·심성정(心性情) 등에 대해 어떤 주장을 가지고 있었느냐를 미리 밝혀야 한다. 또 이 논쟁의 배경 및 그 밑바탕에 중국으로부터 받아들인 유학사상의 내용도 있으므로, 송대의 사상을 중심으로 이것과의 관련도 고찰하지 않으면 수용·이해·독자성도 밝혀지지 않는다. 또 이른바 사단논변은 퇴계와 고봉과의 사단·칠정에 관한 논쟁이란 시점에서만 본다면, 단순히 현상적인 의견이 서로 다름을 개진(開陳)하는 데 그치고 만다. 위에서 말한 바와 같이 퇴계의 인간관 또는 사상의 전체에서의 위치를 살펴보는 노력이 필요하다. 이상의 여러 점을 감안하여 그 논술을 시작하려 한다.

1. 퇴계의 《천명도설》 참정(參訂)

퇴계와 고봉 간의 논쟁의 발단은, 퇴계가 추만(秋巒) 정지운의 《천명도설》을 개정한 사단·칠정 부분에 대해 후일 고봉이나 선비 간에 여러 가지 논의가 있다는 말을 듣고, 이것을 다시 개정한 데서 기인한다. 즉 추만 정지운의 구(舊) 〈천명도〉에는 처음 "사단(四端)은 이(理)에서 발(發)하고, 칠정(七情)은 기(氣)에서 발(發)한다"고 되어 있는데, 퇴계가 손을 댄 신(新) 〈천명도〉에는 "사단은 이의 발, 칠정은 기의 발"이라고 개정되어 있다. 아마도 이것을 전해 들은, 고봉 등에게는 의문이 생겼을 것이다. 또한 퇴계는 고봉에게 보낸 서한 가운데서, 다음과 같은 글로 의견을 구하고 있다.

> ……又因士友間傳聞所論四端七情之說,　鄙意於此亦嘗自病其下語之未穩,
> 逮得砭駁, 益知疎繆, 則改之云, 四端之發純理, 故無不善, 七情之發兼氣,
> 故有善惡, 未知如此下語無病否……[1]

"선비 사이에 논의되고 있는 사단칠정의 설에 대해서는 나도 (〈천명도〉에 있는) 밑 부분의 말이 미온(未穩)함을 아프게 여기고 있었는데, 논박하면서 얻음에 이르러 점점 더 성기고 얽은 부분을 알게 되었다. 이에 이를 '사단이 발하는 것은 순리이므로 선하지 않음이 없다. 칠정이 발하는 것은 기(氣)를 겸하므로 선악이 있다'고 고친다면, 사단·칠정에 이어지는 그 다음 말은 병통이 없을 수 있을까." 위에서 인용한 글 중 끝부분 "미지여차하어무병부(未知如此下語無病否)"의 어조는 '이렇게 고쳤다'는 확신을 가지고 정견(定見)을 피력했다고 할 수는 없으며, 오히려 '이렇게 해서 좋을지 나도 모르겠다'는 뉘앙스까지 풍기고 있다. 퇴계가 이 서한을 고봉에게 보낸 것은 기미년(1559, 명종 14년) 그의 나이 59세 되던 해의 정월로, 이미 퇴계의 학문은

---

1) 《도산전서》 2, 17면, 《이퇴계선생전집》 권21, 서(書)·여기명언(與奇明彦), 또한 본고(本稿)에서는 한국정신문화원이 1980년 12월에 간행한 《이퇴계전서》, 동(同) 문집 등을 집록한 《도산전서》 (전4권)를 중심으로 사용하고, 필요에 따라 성균관대학교 대동문화연구원이 1978년 8월에 간행한 《증보이퇴계전서》 (전5권)에 집록된 자료도 사용했다.

성숙기 또는 대성(大成)의 경지였으며, 서한에 "미지(未知)……무병부(無病否)"라 했다 하여 애매모호한 의견을 제자에게 보냈다고는 생각할 수 없고, 단순한 겸양의 말이라는 해석도 가능할 것이다. 그 어느 것이었나 하는 것은 본 장의 과제이다. 그러나 어쨌거나 이 서한을 계기로 퇴계와 고봉 사이에는 장기간에 걸친 논쟁이 시작되었다. 그러면 퇴계가 이러한 서한을 제자에게 보낸 배경은 무엇일까? 그가 추만의 《천명도설》과 관계를 맺게 된 일부터 먼저 검토할 필요가 있다. 이에 대해서는 퇴계의 〈천명도설후서(天命圖說後敍)〉에 그 경위가 기록되어 있는데, 그 개요는 대략 다음과 같다.

나는 벼슬에 나가서 전후 20년 동안 한양의 서쪽 성문 안에 살고 있었으나, 아직 정지운이 이웃에 살고 있다는 것을 알지 못했다. 어느 날 조카인 교(寯)가 어디서 입수했는지 〈천명도〉와 《천명도설》을 가져왔다. 이것을 보니 도(圖)와 설(說)에 모두 틀린 데가 있었으므로 누가 지은 것인가 물었지만 교는 알지 못했다. 그 뒤 여러 가지로 수소문한 바 정지운의 것임을 알고 중간에 사람을 통해 그 그림을 보여 달라 청했고, 또 만나고 싶다고도 했다. 전후 세 번 교섭 결과 겨우 정지운을 만나 〈천명도〉를 보았는데, 조카가 가져왔던 것과 달랐으므로 그 이유를 물었다. 정지운이 말했다. "일찍이 모재(慕齋)·사재(思齋) 두 선생의 문하에서 배우며 그 이론을 듣고 물러나와 아우인 아무개와 그 취지를 강구하였던 바, 그 성리(性理)는 극히 미묘하여 명확히 할 수 없음을 걱정하여, 시험 삼아 주자의 설을 바탕으로 또 여러 이야기를 참조하여 한 그림(〈천명도〉를 말함)을 작성했다. 그리고 이를 모재 선생에게 가져가 질의했더니, 선생은 이를 망령된 것이라 물리치지 않고 책상에 놓아두고는 여러 날 연구하기에, 잘못된 곳을 알려달라고 하자, '오랜 공부를 쌓지 않고는 경솔하게 말할 수 없다. 학자가 집에 찾아오면 이것을 보이는 것이 좋겠다'고 했다. 또 사재 선생에게 질의했는데, 선생도 꾸지람을 하지 않았다. 이것은 두 선생이 광간(狂簡, 뜻하는 바는 크나 실천함이 없이 소홀하고 거칢)을 권유할 뜻이었다고 생각하지 않을 수 없다. 그러나 나는 이 그림을 타인에게 보일만한 것이 아니라고 여겼는데, 뜻밖에도 그때 같은 문하에 있던 여러 학생들이 사본을 만들어 이를 선비들 사이에 전하고 말았다. 그 뒤 나는 잘못을 깨닫고 적지 않은 부분을 고쳤는데, 이것이 지난

번의 것과 다른 이유이다. 그러나 아직 정본(定本)이 만들어지지는 않았다. 나는 이를 심히 부끄럽게 여기고 있다. 원컨대 정정과 가르침을 청한다."

나는 "두 선생이 시비를 가볍게 논할 것이 아니라고 한 데는 반드시 깊은 뜻이 있겠으나, 오늘날 우리가 학문을 닦고 연구함에 있어 아직 완전치 못한 곳이 있다. 어찌 가까이 있는 자라고 비호만 하여 시비를 논하지 않을 수 있겠는가. 더구나 이것이 선비들 사이에 전해져 그들이 모두 두 선생의 시정을 거친 뒤에도 아직 잘못된 곳이 남아 있으면, 스승의 가르침에 누(累) 또한 클 것이 아닌가" 하고 말했다.

정지운은 "이게 원래 나의 오랜 근심거리니, 감히 겸허한 자세로 선생의 말을 듣지 않을 수 없다"고 했다. 이에 나는 마침내 〈태극도〉 및 〈태극도설〉을 인증(引證)하여, 이곳은 잘못되었으니 고쳐야 하고, 이것은 필요치 않으니 제거해야 하며, 이곳은 누락되어 있으니 보충해야 하는데 어떠냐고 했다. 그러자 그는 모두 긍정하며 싫어하는 기색을 보이지 않았다. 다만 내 자신의 말에 아직 타당치 못한 것이 있으면, 이를 반드시 힘을 다하여 이치에 맞게 만들어 놓겠다고 했으며, 또한 호남의 선비 이항(李恒)이 논한 바 '정(情)은 기(氣) 가운데 둘 수 없다'는 설을 참고로, 중장(衆長)을 모으는 자료로 삼았다. 몇 달이 지나 그는 개정한 그림과 부설을 나에게 보내왔다. 나는 그와 더불어 참교정완(參校整完)했으나, 과연 이것이 잘못된 데가 없다고 말할 수 있는지 없는지는 아직 알 수 없다. 우리가 보는 바에 따르면 할 수 있는 데까지는 거의 다 한 것이다. 그러므로 이것을 좌우에 놓고 아침 저녁으로 깊이 생각하여 뜻을 찾고, 그림에 의해 스스로를 열고 그 뜻을 계발하여 조금씩 진전이 있기를 바랐다.

이상이 현재 남아 있는 퇴계의 〈천명도설후서〉 서두의 개요이다. 거듭 그 것이를 말하지는 않겠지만, 퇴계가 《천명두석》과 관련을 맺게 된 것은 전혀 우연이었음을 알게 되는 동시에, 추만도 자신의 〈천명도〉 및 〈도설〉이 과연 정곡을 찌른 것인지 알지 못하여 어쩔 줄을 모르고 있었던 것 같다. 또 퇴계는 자신이 여기에 참정(參訂, 잘못된 것을 바로잡음)을 가하는 등 상당한 개정을 통해 이른바 '정완(整完)'을 이루어 놓았으면서도, 아직 "……雖未知其果爲謬與否, 而自吾輩所見, 殆竭其所可及者矣……"[2]라 하여, 과연 오류가 있는지 없는지는 알 수 없으나 할 수 있는 데까지는 다 했다고만 말하고 있다. 그러므로 본 항의 첫머리에서도 말했듯이, 퇴계의 《천명도설》에 대한 태도는 적어도, 그 내용의 몇몇 군데에 아직 정견을 갖지 못한 부분이 있었음을 스스로 알고 있었다.

앞서 인용한 〈천명도설후서〉의 뒷부분에는 한 손님의 내방으로 격렬한 논란이 일어나, 퇴계가 일일이 이것을 변명하여 설명한 경위가 기록되어 있다. 퇴계와 손님 사이에 어떤 논의가 교환되었는지 자세히 소개할 여유는 없으나, 손님의 문제제기만이라도 여기에 소개하려 한다.

그 손님이 꺼낸 말은 이러했다. "듣건대 정생(鄭生)이라는 자가 〈천명도〉를 만들어 그대가 고정(考訂)해 주었다는데, 이것이 바로 그것입니까?" 퇴계가 "그렇소" 하고 대답하니 "심하도다! 정생의 주제넘음과 그대의 어리석고 망령됨이여"라는 투로 나왔다. 퇴계가 "무슨 말입니까?"하고 눈이 휘둥그레져 물었더니, 다음과 같은 점을 들어 문제를 논의했다고 한다.

① 〈하도·낙서(河圖洛書)〉에서 상서로운 조짐을 나타내니 복희(伏羲)와 하우(夏禹)가 이로써 팔괘와 홍범구주를 지었다. 또 오성규(五星奎)에 모이니 주자(周子, 주염계)가 이에 응하여 《도설(圖說)》을 지었다. 이것으로 미루어 볼 때, 도서(圖書)를 만드는 것은 모두 하늘의 뜻에서 나오는 것으로, 반드시 성현 된 자라야 만들 수 있는 것이다. 정생이란 자는 과연 누구이기에 감히 그림을 만들었으며, 그대는 또 누구이기에 감히 덩달아 잘못하는가.

② 그대는 나를 속이는가. 주자의 그림은 태극에서 오행까지 3층으로 되어 있다. 기화(氣化)와 형화(形化)가 또 2층을 이룬다. 그런데 이 그림은 오직 동그란 그림이 하나뿐이다. 어찌하여 같다고 하겠는가.

③ 〈태극도〉에는 음(陰) 중에 양(陽)이 있고 양(陽) 중에 음(陰)이 있는데, 여기엔 없다. 〈태극도〉에는 원형이정(元亨利貞)이 없는데, 여기에는 있다. 〈태극도〉에는 땅과 인물의 모양이 없는데, 여기에는 있다. 어찌된 연고인가.

④ 그대가 이 그림이 〈태극도〉를 근본으로 서술한 바 있다고 한 것은 그릴

---

2) 《도산전서》 3, 231면, 《이퇴계전서》 권58, 잡저 〈천명도설후서〉.

듯하다. 그러나 〈태극도〉는 왼쪽을 양으로 하고 오른쪽을 음으로 했다. 〈하도·낙서〉에 근거할 때엔 앞이 오(午), 뒤가 자(子), 왼쪽이 묘(卯), 오른쪽이 유(酉)의 방위(方位)이다. 이것은 영원히 바뀌지 않도록 정해진 것이다. 그런데 지금 이 그림은 모두 그것을 반대로 하여 위치를 바꾸어 놓았다. 너무 엉성하고 잘못이 심하지 않은가.

⑤ 〈하도·낙서〉나 〈선천도(先天圖)〉〈후천도(後天圖)〉 등은 모두 아래에서 시작했는데, 여기서는 위에서 시작했으니 무슨 까닭인가.

⑥ 〈태극도〉를 위에서 쳐다보면 오(午)의 방위가 화요(火曜)의 다음에 해당하는데, 이 그림을 위에서 쳐다보면 자(子)의 방위가 수요(水曜)에 해당하니, 이래도 같다고 할 수 있는가.

⑦ 그러면 다만 〈태극도〉처럼 북쪽에서 남쪽으로 향하고 인물을 그 사이에 배치한 것과 같이 할 수는 없다는 것인가. 또 북쪽이 위가 되고 남쪽이 아래로 되었는데, 여기에 무슨 학설이라도 있는가.

⑧ 사람과 금수·초목의 모양을 방원횡역(方圓橫逆)으로 분류하는 것은 어떠한 근거에서인가.

⑨ 그렇다면, 천명에서 아래로 심성정의선악(心性情意善惡)의 갈림과 사단 칠정의 발함이 자사(子思)·주자(周子)의 설과 합치된다면, 그 대강의 이야기를 들을 수 있겠는가.

⑩ 그대는 이 그림 태극도를 가지고 자사·주자의 도와 합치한다고 한다. 이것은 정생과 그대가 자사·주자의 도를 터득했다는 말이다. 내가 듣건대, 도를 가진 자는 속에 쌓인 것이 밖으로 나타나고, 얼굴이 환하게 되어 잔등에도 가득하게 되며, 벼슬하지 않고 집에 있어도 반드시 드러나고, 벼슬하여 나라에 있어도 반드시 드러나게 된다고 했다. 지금 정생의 궁색함에는 사람이 모두 등을 돌리고 있다. 그대의 옹졸함과 욕되게 자리나 차지하고 있음에 대해서도 세상이 비웃고 있다. 누구든지 제 잘못을 알기는 어려운 일이지만, 어째서 스스로 자기를 돌아보아 자기 역량이 미치지 못함을 깨닫지 못하고, 서로 더불어 망령된 일을 하는 것인가.

이상과 같이 퇴계의 〈천명도설후서〉에는 10개 항목에 걸쳐 한 손님의 풀기 어려운 문제를 싣고, 퇴계가 이에 일일이 대답하여 상세히 반박 응답한 내용이 기술되어 있다. 과연 그와 같은 '한 손님'이 실제로 내방하여 무례하기 짝이 없는 비방과 매도를 섞어 가며 질문했는지는 알 수 없으나, 다만 《천명도설》(부도(附圖)를 포함하여)의 내용에 대한 질의를 넘어서, 퇴계와 추만의 인격적인 공격까지 다루고 있는 점을 보면, 혹은 그와 비슷한 일이 있었는지도 모른다. 그러나 이 〈후서〉의 말미에는 "객어시당연자실(客於是儻然自失), 석연유오(釋然有悟), 준순이거(逡巡而去)……"라 하여, 손님도 마지막에는 퇴계의 반박해설을 듣고는 당초의 선입견을 버리고 꺼림칙한 마음이 사라져 깨달아 돌아갔다고 한다. 이 〈후서〉는 가정(嘉靖) 계축년 (1553) 12월에 쓴 것으로, 《천명도설》을 정지운과 같이 참정 완료한 것도 이 해였다. 고봉(高峰)과 사칠논쟁을 벌이기 6년 전의 일이었다.

2. 《천명도설(天命圖說)》의 천인상응(天人相應) 논리

앞에서 기술한 것으로 퇴계와 《천명도설》과의 관계는 대체로 밝혀졌다. 특히 이 그림과 도설은 처음에 추만 정지운에 의해 만들어졌으나, 퇴계가 그의 청을 받아들여 전면적으로 개정에 참여했으므로, 결과적으로는 추만→ 퇴계로, 다시 추만의 합작→ 퇴계의 책임 있는 논저라는 식으로 세상에서 간주되기에 이른 것이다. 사실 전항에 게재한 〈후서〉에서 한 손님의 논란에 대하여 응답·해설한 사람은 다름 아닌 퇴계 자신이고, 또 자사·주자 등 선철(先哲)의 유작에 근거했다고 하면서도 독창적인 면이 많은 《천명도설》의 내용에 관한 엄격한 질의에 명확히 대답할 수 있었던 것은 정지운이 아니라 퇴계 자신이 아니면 불가능했다고 생각되기 때문이다. 또한 《천명도설》의 말미에 있는 조목(趙穆)(자(字)는 士敬)의 〈후서〉(무오춘(戊午春)으로 되어 있으므로 1558년에 해당한다)에 따르면, 다음과 같이 기록되어 있다. "右圖說, 癸丑年間, 先生在都下, 與鄭公參訂完就, 而其精妙處, 悉自先生發之也, 乙卯春, 南歸而精思修改處頗多, 故與初本甚有異同, 謹因改本傳寫如右, 先生嘗曰, 其義已具於圖說中, 至十節則有亦可無亦可……"[3]

"이 〈도설〉은 계축년(1553, 명종 8년)에 서울에 있었던 선생이 정공(鄭

---

3) 《도산전서》 3, 속집 600면 이하에 《천명도설》이 있고, 동 604면에 조목(趙穆)의 〈후서〉가 수록되어 있다. 《퇴계전서》 속집 권8, 140면 이하에도 집록.

公)과 참정하여 완전히 이룬 것으로, 그 정묘한 곳은 다 선생의 의견에 의한 것이다. 을묘년(1555) 봄에 선생은 영남의 향리에 돌아가 거기에서 다시 자세히 생각하여 고치는 바가 자못 많았다. 그러므로 초본과는 서로 다른 부분이 많다. 이리하여 삼가 개본(改本)에 의하여 서로 돌려가며 베껴 썼다. 선생이 일찍이 말하기를, 그 의의는 이미 〈도설〉 속에 구비되어 있다. 10절에 이르러서는 즉 있어도 가(可)하고 없어도 가하다." 이 글에서 중요한 것은 ① 1555년 봄에 퇴계가 고향에 돌아가서도 정사수개(精思修改)에 노력하여 개정한 곳이 매우 많았다는 것, ② 그러므로 초본과 크게 다름이 있다는 것, ③ 진의는 〈도설〉 중에 구비되어 있으므로 10절 같은 것은 있어도 좋고 없어도 좋다는 점이다.

그렇다면 퇴계가 고향으로 돌아가 개정한 후 베껴 쓴 것이 현재본이고, 정지운과 참정한 당초의 것, 곧 초본은 정확히는 전하지 않는다고 보아야 할 것이다. 즉 〈천명도설후서〉는 퇴계가 참정했을 때의 것, 《천명도설》은 다시 그 후에 퇴계의 대(大)개정을 거쳐 공적으로 간행된 것이라 할 수 있을 것이다. 또 '10절'이란 무엇을 가리키는가. 현재의 《천명도설》이라 칭하는 것은 바로 10절로 나뉘어 논술되고 있다. 퇴계가 "그 의는 이미 〈도설〉 중에 구비되어 있다"고 했을 때 그 〈도설〉이란 현재 남아 있는 《천명도설》 바로 그것이 아닐까. 그 밖에 〈도설〉이 있었던 것일까. 또는 주염계의 《태극도설》을 가리키는 것인가. 아무래도 그렇다고는 생각할 수 없다. 그렇다면 그 진의는 '도설'에 구비되어 있는 것이 아니라, '도(圖)' 속에 갖추어져 있다고 해석해야 할 것이다. 그러나 "先生嘗曰, 其義已具於圖說中, 至十節則有亦可無亦可"의 본문을 "그 의(義)는 이미 도(圖)에 구비되어 있다. 설중(說中) 10절에 이르러서……"라고는 도저히 새길 수 없다. 즉 도(圖)와 설(說) 중의 10절로 나눠 새긴다면 뜻이 통하지 않는다, 10절로 나눠 논해진 전체가 《천명도설》 그 자체로 현존하는 것이므로…….

이상과 같은 의문이 떠오르지만, 현재 이것을 명확히 해결할 수는 없다. 다만 선학의 가르침에 따를 뿐이다. 그러나 현 단계에서는 "10절은 있어도 좋고 없어도 좋다"고 퇴계가 말했다고는 하지만, 그 10절은 바로 《천명도설》 그 자체라고 생각지 않을 수 없다. 조목의 〈후서〉 글머리에 "右圖說癸丑年間先生在都下……"를 보더라도, 도설이란 《천명도설》을 말하고 여기에는 〈도(圖)〉가 있으며, 다시 퇴계의 〈천명도설후서〉가 있다고 해석하는 것이 타당하다고 여겨지기 때문이다.

논술이 뜻하지 않게 곡절되었거니와, 다음에서는 이미 밝혀진 것으로도 알 수 있듯이 〈천명도〉·동(同)〈도설〉·동(同)〈도설후서(圖說後敍)〉중에서 〈후서〉는 완전히 퇴계가 지은 것이고, 현재의 〈도설〉및 〈도〉도 앞서 말했듯이 정지운의 손을 떠나 퇴계가 거의 모두 지은 것이라고 이해해도 좋다는 판단에 입각하여, 〈도설〉및 〈후서〉에 보이는 천인상응에 관한 심성이기론(心性理氣論)을 해명하려고 한다.

원래《천명도설》이 지어진 근본 동기는 하늘과 사람이 어떤 논리에 의해 관계되어 있는가 하는 점에 있었다. 즉 이것을 윤리학적으로 보았을 때 행위적 주체로서의 인간이 잘 살기 위해서는 "우리는 어떻게 살아야 하는가", "우리는 무엇을 해야 할 것인가"라는 물음이 대두된다. 그 삶의 양식 또는 당위의 근거를 어디서 찾을 것인가. 중국의 고대인은 그것을 먼저 천명(天命)으로 받아들였다. 그렇다면 소박하게 '하늘의 명', '하늘이 명한다'고 했을 경우, 그 하늘이란 무엇인가가 문제된다. 하늘에 절대적·주재적(主宰的) 의지를 부여한 것은 터부(taboo)·마나(mana)의 신앙적 요소가 남아 있는 은·주(殷·周) 이전의 일이었으며, 곡물의 풍흉에서부터 전쟁의 승패, 관직의 임면(任免)에 이르기까지 절대적 하늘의 의지를 지상적 인간의 영위와는 매개체 없이 직접적으로 반영시켰다. 절대타자에 의한 인간주체의 규제이다. 그러나 이윽고 지상에 인간의 좋은 행위와 덕행을 하늘이 부여한다고 생각하게 되었을 때, 하늘은 인간에게 선(善) 또는 당위(當爲)의 근거로 견주기에 이르렀다.

《논어》에서 볼 수 있는 공자의 《언행록》 중에서도 이미 그러한 것을 충분히 찾아볼 수 있다. 거기에서 하늘의 역할과 인간의 행위 또는 하늘의 덕과 인간의 덕이 어떻게 논리적으로 관계되어 있으며, 또한 모든 현상의 개별 존재를 포섭하여 둘러싸고 있는 그대로의 전체(그것이 의식되었을 때, 중국인은 이를 푸르게 무한히 펼쳐지는 하늘에 비유했다) 혹은 존재 일반의 이치는 인간이 존재하는 이치와 어떤 관계가 있는가, 즉 하늘의 도리와 인간의 도리는 어떻게 관계되는가 하는 물음이 생긴다. 현대적으로 말한다면, 세계또는 존재 일반과 인간과의 관계에 대한 문제이다. 이와 같이 인간 존재의 이법(理法, 원리와 법칙·도리와 예법) 구명이 존재 일반의 이법 구명과 상통할 때, 존재와 당위, 전체와 개체, 세계와 인간, 또는 여기서 말하는 하늘과 사람의 상응체계를 구축할 수 있다. 이로 인해 또한 '이렇게 존재한다'고 파악된 것이 '이렇게 존재해야 한다', '이렇게 존재해야 할 것'으로 자각되기에 이른다. 즉 선의 근거, 당위의 근거의 발견이 그것이다.

그런데 이 같은 문제의식을 바탕으로 한 천인상응(天人相應) 체계가 문화 형성의 원점에 위치하는 민족 또는 그 중의 뛰어난 인물에 의해 창조되더라도 그것이 다른 지역으로 문화의 이동으로 수용될 경우에는, 현실의 삶과 관계없이 다만 논리만을 완색(玩索, 글이 지닌 깊은 뜻을 생각하여 찾음)하는데 그친다면 몰라도, 그렇지 않을 때엔 수용한 타 지역의 민족이나 그 속의 개인은 다시 현실의 좋은 삶을 창조하기 위해 같은 물음을 던지고 문제의식을 갖게 된다. 조선 초기 주자학 등의 실천적 수용에 참여하여 공헌한 권근의 《입학도설》 중의 〈천인심성합일지도〉 및 그 해설도 바로 이상과 같은 문제의식에서 만들어진 것이다. [4] 권근도 정지운이나 퇴계와 마찬가지로 《중용》과 《태극도설》에 기초하여 천인상응합일의 논리를 정립했던 것이다.

그렇다면 《천명도설》에 있어서는 그것이 어떻게 나타나 있는가.

먼저 천즉리(天卽理)라고 했다. 이(理)로서의 하늘의 덕은 원형이정(元亨利貞)의 넷이고, 이것을 실(實)하게 하는 것이 성(誠)이다. 원(元)은 시(始)의 이(理), 형(亨)은 통(通)의 이(理), 이(利)는 수(遂)의 이(理), 정(貞)은 성(成)의 이(理)이다. 천덕(天德)에는 시작하고 형통하게 하며 추진하고 성취하는 작용이 있는데, 그것은 근원적인 덕(德)의 용(用)이며, 즉 용(用)의 이(理)이다. 또 이들 용의 이가 서로 순환하여 그치지 않는 이유는 진실무망(眞實無妄)한 성(誠)으로 귀납된다. "蓋元者始之理, 亨者通之理, 利者遂之理, 貞者成之理, 而其所以循環不息者, 莫非眞實無妄之妙, 乃所謂誠也."(제1절) 즉, 천덕으로써의 원형이정은 네 가지 용(用)의 이(理)로 순환하여 만물을 생성하는데, 그 용의 이를 간단히 말하면, 있는 그대로의 작용으로서의 성(誠)이란 한 글자로 상징된다. 실제가 그러하듯이 하늘의 덕이 작용하는 그 사실(있는 그대로의 것)이 성(誠)이라는 것이다. 그러므

---

4) 졸론(拙論), 〈권근사상의 역사적 의의〉 참조. 한국인문과학연구소 주최 〈동북아시아 문화와 한국유학에 대해서〉는 그의 국제학술회의에서 보고한 논문.

로 이기(二氣)와 오행(五行)이 유행할 때에도 이 네 가지 용(用)의 이(理)는 항상 거기에 내재하여, 개개의 물(物)이 개개의 물(物)로서 생성하는 근원이 된다. 따라서 무릇 물(物)은 음양오행의 기를 받아(氣가 모여) 형체를 이루는데, 각각의 개개의 물(物)은 천덕으로서의 원형이정의 (用의) 이를 갖추어, 그것을 가지고 각각의 성(性)으로 삼고 있다("故當二五流行之際, 此四者常寓於其中, 而爲命物之源, 是以凡物受陰陽五行之氣以爲形者, 莫不具元亨利貞之理以爲性……"). 이리하여 원형이정은 개개의 물(物)의 생성 근원인 동시에 이 네 가지 또한 용(用)의 이(理)이므로, 개개의 물의 작용 근원으로서의 성이라고 할 수 있다. 다시 말하면, 천덕으로서의 원형이정은 개개의 물의 존재원리인 동시에 개개의 물의 용의 원리가 된다.

이 용(用)의 이(理)를 가진 성(性)에 다섯 항목이 있는데, 그것이 곧 인의예지신(仁義禮智信)이다. 그러므로 천덕으로서의 원형이정 등 사덕(四德)과 성(性)의 항목으로서의 인의예지신 등 오상(五常)은, 서로 떨어져 있는 듯하나 본래는 하나의 이(理)이다. 천덕은 음양오행이 유행하고 개개의 물을 생성함에 즈음하여 음양오행에 내재하며, 따라서 개개의 물에 내재하고 개개의 물의 생성 또는 존재의 이(理)가 되어 있기 때문이다. 이렇게 하늘과 인간 사이는 천덕으로 일관되어 있어 분리될 수 없다. 무릇 존재하는 것에는 모두 천덕이 내재하고 있으며, 인의예지신(仁義禮智信) 등 다섯 항목의 성(性)을 구비하고 있다. 그런데 성(聖), 사람과 물(物)의 차이가 있는 것은 모두 기(氣)의 소행이지 원형이정인 천덕이 그렇게 만든 것이 아니다, 그러므로 자사(《중용》)는 바로 '천명지위성(天命之謂性)'이라고 일반적으로 말하고, 만물의 차등에는 언급하지 않는다. 그것은 대개 음양이기·오행의 묘합(妙合)으로 생성된 개개의 물의 원천에 대해 이 사덕(四德)이 있다고 했기 때문이다.

그런데 천즉리로서의 이(理)는 원래 하나인데, 그 덕(德)이 넷인 것은 어째서인가. 그것은 이(理)란 태극(太極)을 말하는데, 태극 중에는 원래 사(事)도 물(物)도 없고, 따라서 처음부터 사덕이라 이름붙일 것도 없기 때문이다. 다만 태극이 움직여 음양오행이 유행하고 만물이 생성되는 단계에 이르러서, 그 유행하고 생성한 뒤를 돌이켜 보면 반드시 그 시초가 있다. 시초가 있으면 반드시 그 통하는 바가 있고, 통하면 반드시 그 진행되는 바가 있으며, 진행되면 반드시 그것이 이루어진다. 이렇게 해서 사덕이 성립되는 것이다. 따라서 전체적으로 말할 때 이(理)는 하나지만 이미 말했듯이 이(理의 용(用))를 나누어 말하면 네 가지 이(또는 四德)가 있다는 것이 된다. 이리하여 천(天)은 하나의 이치로써 만물에 명(賦(부))하지만, 만물에는 각각 타당한 이치가 있는 것이다.

이상이 《천명도설》 글머리 제1절에 있는 천인상응의 논리이다. 이미 밝혔듯이 《천명도설》은 《중용》과 주염계의 《태극도설》 및 주자(朱子)의 해석 등에 입각하여 작성된 것으로 되어 있다. 그 이론상의 골자는 거의 그대로라고 말하여도 좋으나, 이 〈도설〉의 〈제1절 논천명지리(論天命之理)〉에서 가장 특징적인 것은, 첫째 글머리에서 '천즉리야(天卽理也)'하고 단언한 점이다. 《중용》에서는 '천명지위성(天命之謂性)'이라고만 하고, 여기에 주석을 붙인 주자는 '성즉리야(性卽理也)'라 했다. 또 주자를 포함한 송학에서는 가끔 '천리(天理)'라고는 했으나, '천즉리'라는 정의는 아직 찾아보지 못했다. 이것은 얼른 보기에 주자의 '성즉리'에 비해 무언가 취하기에 부족한 정의인 듯하지만, 그렇지 않다. 주자의 경우 '천명지위성' 즉 '하늘의 명에 있어서 존재하는 것을 성이라 한다'고 할 때의 성(性)을 즉리(卽理)라 했으므로, 이 이(理)는 천명에 의해 개개의 물에 부여되었다는 뜻이다. 그러나 이 〈도설〉에서는 바로 '천즉리(天卽理)'라 하고 있다. 이런 의미에서 천(天)을 곧 이(理)라고 한 것은 독창적인 견해인 동시에, 이 논리적 대전제가 또한 그 이후의 논리를 전개시키게 되는 것이다.

둘째 '천즉리' 다음에 '이기덕유사(而其德有四), 왈(曰), 원형이정시야(元亨利貞是也)'라고 한 점이다. '기덕(其德)'이란 문장의 표현상 천덕(天德)인 동시에 이(理)의 덕(德)이라고도 해석할 수 있다. 그러므로 앞서 밝혔듯이 원형이정이 각각 시(始)의 이(理), 통(通)의 이, 수(遂)의 이, 성(成)의 이가 되고, 이로써 사덕(四德)은 또 작용을 가진 이(理)로서의 의미와 성격이 부여되었다. 이것은 매우 특징적인 것으로, 《중용》이나 그 주자의 주(註), 또한 《태극도설》에도 원형이정이라는 사덕은 전혀 나오지 않는다. 이것은 원래 《역》의 건괘(乾卦)에 나오는 천덕을 가리킨다. 더구나 그 건괘를 풀이하는 방법에는 두 가지가 있는데, 하나는 '건(乾)은 원형이정'이라 새겨 천덕을 의미하고, 또 하나는 '건(乾)은 크게(元) 통(亨)하고 곧음(貞)에 이(利)

롭다'고 새긴다. 주자는 후자의 해석을 채택하고 있다. 따라서 여기선 주자의 이해에 따르지 않고 천덕으로서 《역》의 원형이정을 채택하고 있다. 더구나 이 사덕을 그대로 사리(四理)로 한 것은 〈도설〉의 창조적인 견해이며, 천인상응체계 구축을 위해 극히 중요한 논리적 포석이다.

세 번째 특징은 이상으로 미루어 전술한 제1절의 해석에서도 나타난 바와 같이, 이(理)로서의 천(天)이 사덕을 갖추고 더구나 그것이 사리(四理)라 함으로써, 음양오행이 유행할 때 이 네 가지(덕(德)인 동시에 이(理)이기도 한 것)가 항상 내재하여 '명물(命物)의 근원'이 된다고 한 점이다. '명물'이란 《중용》의 '천명지위성(天命之謂性)'에 관련하여 쓴 말로, 글자의 뜻 자체는 '하늘의 명에 의해 화생(化生)한 물(物)'이라는 의미인데, 퇴계는 후에 밝혀지듯이 천명 관념이 전면(前面)에 의식되어 나오지 않으므로, 여기서는 이오유행(二五流行)에 의해 생성된 개개의 물(만물)을 말한다. 그 개개의 물(物)의 생성의 근원이 되는 것이 앞서 본 원형이정으로서의 하늘의 사덕 또는 사리이다. 이리하여 개개의 물(物)에 이(理)가 내재한다는 것이 매우 합리적으로 논리화되어 있다. 왜냐하면 이오유행, 만물화생을 현대적인 의미에서 논리적으로 말하면, 그것은 바로 자연(自然, 저절로 그러한)이다. 그 자연을 고대 중국인은 '하늘'에 비기고 하늘의 작용에 비겼던 것이다.

개개의 물(物)이 생성되는 것을 전술 제1절에서 "但以流行後觀之, 則必有其始, 有始則必有其通, 有通則必有其遂, 有遂則必有其成……"이라 한 것처럼 그 흔적을 보면, 반드시 시(始)—통(通)—수(遂)—성(成)의 과정을 거치는 것으로, 이것이 개개의 물(物) 생성의 이(理)이며, 이(理)는 작용을 가진 것으로 파악되고 있었다. 그 작용은 〈도설〉 본문에 '필(必)'이란 글자가 4개나 사용되었듯이, 이른바 필연적인 것이다. 필연적인 것은 자연적이다. 따라서 개개의 물(物) 생성에 반드시 내재적으로 존재하여 그 생성의 근원을 이루는 것이 시(始)·통(通)·수(遂)·성(成)의 작용을 가진 이(理)이며, 그것은 또 천덕으로서의 원형이정의 이(理)라는 논리가 된다.

여기서 우리는 중요한 사실을 깨닫게 된다. 그것은 전술한 제1절의 해석이나 위에서 말한 제3의 특징(나아가서는 제1·제2의 특징과도 관련되는)에도 하늘의 명이라는 개념이 실질적으로나 논리적으로나 거의 전면에 나오지 않는다. 극단적으로 말하면 천명관념은 이 《천명도설》 글머리의 제1절부터 논리적으로 탈락되어 있다는 점이다. 이것이 제3의 특징으로, 극히 합리적인 것이라고 앞에서 말했던 것이다.

이와 관련해서 이것을 "天以陰陽五行, 化生萬物, 氣以成形, 而理亦賦焉, 猶命令也"라고 주를 단 주자의 논리 또는 표현과 비교할 때, 현대윤리학적으로도 《천명도설》의 논리가 훨씬 더 합리적인 설명이라고 생각된다. 즉 주자의 주에서는 어째서 개개의 물 생성에 '이(理)가 부여되는지'에 대해 합리적인 이해를 얻을 수 없으며, 또 개개의 물(物)에 이(理)가 부여되는 것이 왜 '오히려 명령과 같은지'도 합리적으로 이해할 수 없다.

하나의 문화가 한 지역에서 다른 지역으로 이동하여 수용되었을 때, 원래 지역의 토착적인 특성과 관습까지도 다른 지역의 민족 또는 개인에게 수용되거나, 또는 그와 같은 특성을 양성한다고는 할 수 없기 때문이다. 논리적 수용을 가능케 하는 설득력이 필요하다. 이것이 위와 같은 특징적인 점을 형성시킨 이유로 이해된다.

3. 사덕(四德)·사리(四理) 및 이기오행(二氣五行)과 물(物)의 생성 논리

다음으로 《천명도설》에서 이기(理氣) 등의 설명 가운데, 하늘의 사덕 또는 사리와 이기오행의 운동에 의한 개개의 물(物)의 생성과 생물의 근원에 관한 논(論)을 고찰하기로 한다.

즉 〈제2절 논오행지기(論五行之氣)〉에서는 "천지 사이에 이(理)가 있고 기(氣)가 있다. 겨우 이(理)가 있으면 곧 기(氣)가 있어 여기에서 형(形)이 나타나고, 또 겨우 기(氣)가 있으면 곧 이(理)가 있어 이에 따른다"고 했다. 또한 이기(理氣)의 관계에 있어서는 "이(理)는 기(氣)의 장수이고, 기(氣)는 이(理)의 병사이다" 하여, 이들 이기(理氣)의 작용으로 천지의 공(功)이 이루어지는데, 이른바 이(理)에 사덕이 있다 함은 이것을 말함이라 했다. 그리고 기(氣)는 오행으로서 그것이 유행할 때, 원(元)은 시물(始物)의 이(理)이므로 목(木)의 기가 이것(시물(始物)의 이)을 이어서 (물(物)을) 나게 하고, 형(亨)은 통물(通物)의 이(理)이므로 화(火)의 기가 이것을 이어서 (물(物)을) 기르며, 이(利)는 수물(遂物)의 이(理)이므로 금(金)의 기가 이를 이어서 (물(物)을) 거두고, 정(貞)은 성물(成物)의 이(理)이므로 수(水)의 기가 이를 이어서 (물(物)을) 저장한다(오행 중 토(土)는 사계(四

季)에 퍼져 있다고 했다). 이로써 하늘의 이 또는 천덕으로서의 원형이정이 물(物)의 생성·변화·소멸의 기본 요소인 오행에 배치되어, 물(物)과 이(理) 또는 개개의 물(物)의 생성(오행의 작용)과 이(理)가 논리적으로 결합된다.

그런데 주자는 원형이정(元亨利貞)에 대해 원(元)은 아직 통하지 않은 것, 형이(亨利)는 거두어 아직 이루어지지 못한 것, 정(貞)은 이미 이루어진 것이라며, 사계절에 비유한다면 여름과 겨울은 음양의 극(極)이고, 그 사이의 봄과 가을은 지나가며 이어주는 곳이라 했다. 5) 또 '건(乾)의 사덕'은 비유컨대, 원(元)은 사람의 머리, 수족의 운동은 형(亨)의 의사(意思), 이(利)는 이를 위장에 두고, 정(貞)은 원기를 저장하는 곳이다. 또 오장에 이것을 배치하면 간은 목(木)에 속하니 목은 원(元), 마음은 화(火)에 속하니 화는 형(亨), 폐는 금(金)에 속하니 금은 이(利), 신장(腎臟)은 수(水)에 속하니 수는 정(貞)이라 했다. 6) 또 원형이정을 여러 곡물에 비유한다면, 곡물의 싹을 나오게 하는 것은 원(元), 모는 형(亨), 이삭은 이(利), 열매를 맺는 것은 정(貞)이고, 곡물의 열매는 다시 싹을 트게 하는 식으로 순환하여 그침이 없다고 했다. 7) 또한 원형이정과 이기(理氣)의 관계에 대해서 주자는, 원형이정은 이(理)이며, 이와 같이 네 단계가 있는 것은 기(氣)이다. 이 네 단계가 있으면 이(理)는 곧 기(氣) 가운데 있어 양자는 서로 떨어질 수 없다. 이리하여 아직 기가 교섭하지 않은 곳에 사덕이 있으니, 이것은 기(氣) 위에서 볼 수 있다고 했다(氣上看). 주자는 이에 이어 정이천(程伊川)의 설을 들어, 원(元)은 물(物)의 시(始), 형(亨)은 물의 수(遂), 이(利)는 물의 실(實), 정(貞)은 물의 성(成)이며, 이는 기상(氣上)에 대해 말한 것이지만 이(理)는 곧 그 안에 있다고 했다. 8) 또한 이기(理氣)와의 관계에 대

---

5) 《주자어류》 권68·역(易) 4·건상(乾上).
　致道問元亨利貞, 曰, 元是未通底, 亨利是收未成底, 貞是已成底, 譬如春夏秋冬, 冬夏便是陰陽極處, 其間春秋便是過接處.
6) 동상서(同上書).
　乾四德, 元譬之則人之首也, 手足之運動, 則有亨底意思, 利則配之胃臟, 貞則元氣之所藏也, 又曰, 以五臟配之, 尤明白, 且如肝屬木, 木便是元, 心屬火, 火便是亨, 肺屬金, 金便是利, 腎屬水, 水便是貞.
7) 동상서.
　元亨利貞, 譬諸穀可見, 穀之生萌是元, 苗是亨, 穟是利, 成實是貞, 穀之實又復能生, 循環無窮.
8) 동상서.

해서는 다음과 같이 말했다. 기(氣)에는 시작도 없고 끝도 없다. 원(元)에서부터 말한다면 원(元)의 앞은 정(貞)이다. '자시(子時)'에 대해 말하면 오늘의 '자(子)' 앞은 어제의 '해(亥)'로서 비워진 때라는 것이 없다. 그러나 천지 사이에 국한되는 것은 사방(四方)과 같은 것이고, 또 나아가는 것은 사시(四時)와 같은 것이다. 이(理)는 모두 이와 같은 것으로, 원형이정도 단순히 물(物)에 대해서만 본다면 매우 분명하다. 즉 물이 있기 때문에 곧 기가 있고, 이 기(氣)가 있기 때문에 곧 이 이(理)가 있다. 그러므로 정이천의 《역전(易戰)》에서는 다만 원(元)은 만물의 시(始), 형(亨)은 만물의 장(長), 이(利)는 만물의 수(遂), 정(貞)은 만물의 성(成)이라 하여, 기에 대해 말하지 않고 물에 대해 말하고 있다. 물(物)을 말하면, 기(氣)와 이(理)는 모두 그 안에 있기 때문이다. [9]

이상이 《어류(語類)》에 보이는 원형이정이 무엇인가에 대한 주자의 설이다. 이미 말했듯이 원형이정은 《역(易)》의 건괘에 보이는 천덕(天德)인데, 이것엔 예부터 여러 가지 해석과 의미를 부여했는데, 주자는 이들 여러 설을 인용하면서 《어류》에 기록되어 있는 것 같은 견해를 말했다. 네 가지는 천덕이라 했으므로 당연히 네 가지 작용의 상징적 표현으로 보았으며, 그것이 이기론(理氣論)과의 관계에서 미묘한 논리를 갖는다. 위에서 본 주자의 여러 설 중에서 주목할 만한 것은, 첫째 주자가 정이천의 《역전》을 인용하여 원형이정을 각각 만물의 시(始)·장(長)·수(遂)·성(成)으로 해석하고 있다는 점이다. 주자 자신은 인체의 머리와 수족, 오장과 곡물의 싹에서 성숙되는 과정으로 비유하기도 했으나, 기본적으로는 정이천의 설을 인정하고 있다(단, 주자는 수(遂)와 성(成)의 글자에 대해서는 정이천이 충분히 설명하지 못했다고 했다. 주9의 인용 말미에 다시 계속함). 둘째 주자와 정이천은 원형이

元亨利貞理也, 有這四段氣也, 有這四段, 理便在氣中, 兩箇不曾相離, 若是說時, 則有那未涉於氣底四德, 要就氣上看也得, 所以伊川說, 元者物之始, 亨者物之遂, 利者物之實, 貞者物之成, 這雖是就氣上說, 然理便在其中…….

9) 동상서.
氣無始無終, 且從元處說起, 元之前又是貞了, 如子時, 是今日子之前, 又是昨日之亥, 無空闕時, 然天地間有箇局定底, 如四方是也, 有箇推行底, 如四時是也, 理都如此, 元亨利貞, 只就物上看亦分明, 所以有此物, 便是有此氣, 所以有此氣, 便有此理, 故易傳只說, 元者萬物之始, 亨者萬物之長, 利者萬物之遂, 貞者萬物之成, 不說氣只說物者, 言物則氣與理皆在其中.

정인 하늘의 사덕(四德)을 물(物)에 대해 말하고 있는데, 주자는 물에 대해서 말하면 이(理)나 기(氣)도 모두 그 안에 있으므로 오히려 좋다고 한 점이다. 그러나 한편으로 기상(氣上)에 대해 정이천이 말하는 것은 그 중에 이(理)가 있기 때문이라고도 했다. 그렇다면 천덕으로서의 원형이정은 더 분명하게 말해서 물(物)의 생성에 나타나는데, 물(物)이 그같이 생성된다는 것은 거기에 이(理)와 기(氣)가 있어서 함께 작용하기 때문이라 할 수 있다. 셋째 주자가 원형이정에서 기(氣)의 측면을 다루어, 기의 운동이 시작과 끝이 없듯이 원형이정도 순환하며, 더 나아가서 물에 대해서도 시(始)—장(長)—수(遂)—성(成)을 곡물의 발아에서 결실, 그리고 그 열매가 다시 싹이 튼다는 순환으로 설명한 점이다.

위와 같이 주자에 있어서의 주목할 만한 세 가지 점을 《천명도설》의 〈제2절 논오행지기〉에서 전술한 논(論)과 비교해 보면, 첫 번째 시(始)·장(長)·수(遂)·성(成)은 〈도설〉에서도 이를 취하고 있음을 알 수 있다. 두 번째 주자 및 정이천은 원형이정의 사덕을 직접 물(物)의 시성(始成)에 연계시킨 데 대해, 〈도설〉에서는 '시물(始物)의 이(理)', '통물(通物)의 이', '수물(遂物)의 이', '성물(成物)의 이'라 하여 물(物)의 이(理)에 배치시키고, 다시 이것을 각각 오행의 기(氣)로 계승시켜 생(生)—장(長)—수(收)—장(藏)으로 하고 있다. 주자가 물상(物上)에 대해 사덕을 말하면 이(理)와 기(氣)가 그 안에 있다고 하는데, 〈도설〉에서는 원형이정을 물(物)의 이(理)라 하고 오행의 기로 이것을 계승함으로써, 물(物)의 생성일기(生成—氣, 오행)의 작용—이(理)를 일관된 논리 속에 짜 넣고 있다. 그러므로 오히려 《천명도설》 쪽이 합리적으로 논리구성을 하고 있는 것이다. 세 번째 원형이정의 순환론을 볼 때, 〈도설〉에서는 그 다음에 나오는 것으로 이 단계에서는 명확히 논하고 있지 않다. 또 주자가 원형이정은 이(理)이지만 네 단계로 나눌 수 있는 것은 기(氣)가 있기 때문이나, 이(理)와 기(氣)는 서로 떨어질 수 없다(주8 참조)고 한 것에 대해, 〈도설〉 제3절에서는 "理外無氣, 氣外無理, 固不可斯須離也, 而其分則亦不相紊而無其別"이라 하여, 이기(理氣)가 상즉(相卽, 두 가지 사물이 그 본체에서는 서로 하나인 관계에 있는 일)하여 서로 분리될 수 없다면서도 이기를 별개의 것으로 보고 있다. 이것은 또 "이(理)는 결코 기(氣)에 섞이지 않고, 또 기를 떠나지 않는다"

(제3절)고 하여 이기의 부잡불리(不雜不離)를 말한 것에서 보더라도 매우 분명하다.

앞에서 원형이정으로서의 하늘의 사덕(四德)과 오행(五行)의 관계가 어떻게 논리적으로 구성되어 있는가를 살펴보았는데, 오행이 유행(물(物)이 생성되는 것)할 때 원(元)은 시물(始物)의 이(理)이고, 목(木)의 기(氣)가 이를 받아 나온다고 했다. 그렇다면 물(物)이 생성되는 근원은 당연히 목(木)에 기초하는데, 《천명도설》에서는 반드시 수(水)에 근원을 둔다고 했다. 그 까닭은 무엇일까. 이것이 〈제4절 논생물지원(論生物之原)〉에서 말하고자 하는 바이다. 원래 원(元)은 시물(始物)의 이(理)이므로 앞서의 논리에 의하면 목(木) 또한 생물의 기(氣)이다. 그러나 원(元)의 이(理) 된 이유는 원에서 나오는 것이 아니라 정(貞)에서 나오며, 목(木)의 기(氣) 된 이유도 목에서 나오는 것이 아니라 수(水)에서 나온다. 그러므로 정은 성물(成物)의 이(理)인 동시에 또한 이것을 시작하는 바의 이(理)이기도 하다. 마찬가지로 수(水)는 장물(藏物)의 기(氣)인 동시에 또한 이것을 낳게 하는 바의 기이기도 하다. 이로써 수(水)는 정(貞)의 덕을 이음으로써 생물의 근원이 된다는 논리적 근거가 부여된다. 그러므로 무릇 물(物)이 생기면 그 형체는 목(木)의 기를 갖고 이루어지지만, 그 형(形)의 근원을 찾으면, 실은 수(水)의 기에 연유하는 것이다. 대개 물(物)이 생기는 원래의 원인은 애초에 먼저 수(水)의 기를 반드시 받는 것으로, 그것이 점차 응집하여 오랜 뒤에 견고한 형체를 이룬다. 천지생성에 있어서도 반드시 먼저 수(水)의 기를 받아 생성의 이(理)를 이루는 것으로, 물(物)의 생성 근원은 모두 수(水)를 가지고 근본으로 삼는다.

이상이 이기(理氣)와 오행(五行) 및 사덕(四德)과 오행의 관계에서 발전하여 물(物)이 생기는 근본과 원인에 대해 기술한 《천명도설》 제4절의 논지이다. 여기서 주목해야 할 것은, 사덕과 오행의 관계에서 원(元)이 시물(始物)의 이(理)이고, 목(木)의 기(氣)가 이것을 이어받아 물(物)을 생성한다는 이론에서 출발하여 더욱 구체적으로 물이 생기는 근원(生物之原)에 이르러, 그것이 실은 정(貞)의 덕인 성물(成物)의 이(理)에 근원하는 수(水)의 장물(藏物)의 기(氣)에 의한다고 함으로써, 원형이정이 시물(始物)에서 성물(成物)에 이르러 완전하게 끝을 맺는 것이 아니라, 다시 정(貞)에서 원

(元)으로, 성물(成物)의 이(理)에서 시물(始物)의 이(理)로, 수(水)의 장물(藏物)의 기에서 목(木)의 생물(生物)의 기로 순환함을 말한 점이다. 이것은 이미 말한 주자의 원형이정의 설명 중에 있었던 제3의 주목점에 해당하는 논리로(주7 참조), 퇴계도 음양이기가 변화·교체하고 순환해 마지않는 것, 따라서 오행으로서의 기나 사덕으로서의 원형이정도 고리에 시작이 없듯이 순환하여 그치지 않는 것에 의해 물(物)이 생긴다고 말하고 있다.

《천명도설》의 제4절은 〈논생물지원(論生物之原)〉으로 이상과 같이 논하는데, 그 기본은 바로 음양이기오행(陰陽二氣五行)의 순환에 의한 물(物)의 생성·변화·교체에 관한 논리에 의거해 있음을 알 수 있다. 그리고 토(土)·수(水)·화(火)·목(木)·금(金)의 오행과 사덕과의 논리적 연관의 테두리 안에서, 또는 그 구체화로서의 생물(生物)의 근원을 논하는 데 있어서 주자의 주장에 부합되는 논리를 이끌어내고 있지만, 오히려 《천명도설》 쪽이 그 논리가 치밀하다고 할 수 있다. 왜냐하면 주자는 원형이정의 사덕을 곡물에 비유하여, 곡물의 싹을 트게 하는 것을 원(元), 모(苗)를 형(亨), 익음을 이(利), 열매 맺음을 정(貞)이라 하여 '穀之實又復能生(곡지실우부능생), 循環無窮(순환무궁)'이란 표현으로 구체적인 곡식이라는 물(物)을 예시적으로 설명했을 뿐이었다. 그런데 퇴계의 《천명도설》에서는 사덕, 사리와 음양이기, 오행과의 유기적 관련성을 논하고, 더구나 단순히 원(元)에서 정(貞)으로, 다시 정(貞)에서 원(元)으로의 도식적인 설명이 아니라, 생물(生物)의 근원은 무엇인가 라는 구체적인 물음에 대답하는 형태로 위와 같은 논리가 전개되었음은 매우 특징적이라 할 수 있다.

4. 인(人)·물(物) 차이와 성심정론(性心情論)

그런데 지금까지 논하여 온 것은 천리(天理)와 천덕(天德) 및 이기(理氣)와 음양오행(陰陽五行) 등의 유행(流行)에 의한 물(物)의 생성과 생물의 근원에 대해서였다. 다음 〈제5절 논인물지수(論人物之殊)〉에서 문제는, 인(人)·물(物)의 상위, 자세히 말해 사람—금수—초목이 다르게 생겨나는 것은 어째서인가 하는 것이다. 즉 무릇 인·물이 생성되는 데 성(性)은 다 같이 천지의 이(理)이고, 선천적으로 타고나는 형(形)은 다 같이 천지의 기(氣)이므로, 원래 사람과 물(物) 사이에는 간격이 없어야 하는 것이다. 그런데 신(新)〈천명도〉에서는 사람의 형(形)을 전체적으로 희게 하여 오성(五性)으로 하고, 금수는 사람의 곁으로 통하기 때문에 반드시 성(性)을 그린 둥근 동그라미의 위아래에 희게 한 선을 긋거나 한 길을 통하게 했으며, 초목은 성(性)을 그린 둥근 동그라미만을 희게 하고 그 전체를 검게 함으로써 모두 막아 통하지 않게 하고 있는데, 이것이 무슨 뜻인가 하는 것이다.《천명도설》제5절은 다음과 같이 설명한다.

천지 사이에 이(理)는 하나이나, 기(氣)는 여러 가지여서 같지 않다. 그러므로 무릇 존재하는 사물의 이(理)를 밝혀 나가면 성(性)은 만물을 합쳐 만물에 공통된 하나가 되고, 또 기에 대해 논한다면 개개의 물은 기의 응집으로 생성되므로 기는 만물로 갈라진다고 하지만, 전체적으로 보면 각 개개의 물을 형성시키는 것은 하나의 기이다. 원래 이(理)는 그 체(體)가 비어 있기 때문에 대립이 없다. 대립이 없기 때문에 사람이나 사물에 있어서도 본래 가감(加減)없이 하나이다. 기에 이르러서는 처음에 음양대립의 상(象)이 있어 서로 그 뿌리가 된다. 그러므로 음 중에 양이 없을 수 없고 양 중에 음이 없을 수 없으며, 음 중의 양 가운데 또 음이 없을 수 없고 양 중의 음 가운데 또 양이 없을 수 없게 되어, 그 변화는 천만(千萬)에 이르며 더욱이 각각 대립이 없을 수 없다는 것이 현상세계의 생성·변화·소멸을 있게 하는 기본적인 논리이며 사고방식이다. 따라서 무릇 존재하는 사물이 이 이기(理氣)를 받아 생겨났을 때 그 성(性)은 사람과 물(物)을 통틀어 하나이지만, 그 기(氣)는 편(偏)과 정(貞)의 차이가 없을 수 없다. 그러므로 사람은 음양의 크고 바른 기운을 받아 사람이 되므로 당연히 그 기질도 통하고 밝지만, 이에 반하여 물(物)은 음양의 치우친 기운을 받아 물(物)이 되었기 때문에 당연히 그 기질도 폐쇄되고 어둡다. 또 인·물 그 자체를 본다면 사람은 정(貞), 물(物)은 편(偏)이 되고, 초목·금수를 본다면 금수는 편(偏) 중의 정(貞), 초목은 편(偏) 중의 편(偏)이 된다. 그러므로 신〈천명도〉에서도 금수는 그 기질 중에 혹 한 줄기 통하는 길이 있지만, 초목은 다만 그 이(理)만을 갖추고 기질 중에 통하는 바 없이 완전히 폐쇄되어 있음을 나타내고 있다. 무릇 존재하는 것에 있어서 그 성(性)이 통하거나 폐쇄되는 까닭은 선천적으로 타고난 기(氣)에서 정편(正偏)의 차이에 의하는 것이니, 그 모양을 희게 하거나 검게 하는 까닭은 기(氣)의 밝고 어두움을 달리함을 나타내고 있다.

또 신〈천명도〉에서 사람과 금수·초목의 모양을 나타내는 방법을 보면, 사람은 원(圓)—방(方)으로 표시하고, 금수는 가로로, 초목은 거꾸로 나타내고 있다. 이와 같이 표현하는 까닭은 무엇인가? 그것은 사람과 물(物)의 모양에 차이가 있는 까닭 역시 음양이기(陰陽二氣)의 일로, 양(陽)의 성(性, 작용하는 형태)은 순(順)하고 평(平)하며, 음(陰)의 성(性, 작용하는 형태)은 역(逆)하고 도(倒)하다. 사람은 원래 천지의 수자(秀子)이며 또한 양(陽)이므로 머리 부분은 반드시 하늘과 같고 다리 부분은 반드시 땅과 같아 평정직립(平正直立)함을 나타내고 있다. 이와는 달리 물(物)은 천지의 편색자(偏索子)이며 음(陰)이므로 사람과 달리 횡역위(橫逆位)로 묘사된다. 금수는 음 중의 양이므로 그 생(生)은 전도(全倒)가 아니고 횡위(橫位)이며, 초목은 음 중의 음이므로 그 생(生)은 반드시 역(逆)이고 도위(倒位)가 된다. 이것은 모두 타고난 기가 같지 않아 순역(順逆)함이 그렇게 만드는 것이다.

이상이 제5절에서 논한 '사람과 물(物)의 다른' 점이다. 여기서 특징적인 것은 첫째, 사람과 물의 생성은 다 같이 이기(理氣)를 타고났으나, 이때 이(理)는 원래 그 체(體)가 비어 있어 대립하는 것이 아니므로 사람이나 물(物, 또는 금수·초목)도 더하고 덜함이 없이 '하나'라고 보는 점이다. 더구나 이(理)가 '허(虛)'하고 '대립이 없음'이라 함으로써 개별적 상대성을 초월하고, 따라서 물질적인 구상성을 버리며, 더구나 무릇 존재하는 모든 개개의 물(物)에 내재함을 통해 이(理)의 형이상학적 성격을 명확히 나타내고 있다. 둘째, 기의 성격부여에 있어서 모든 현상에 기(氣)가 선천적으로 타고나고 기에 의해 사물(사람도 포함)이 형성되므로, 기는 개개의 물(物)의 각각으로 갈리어 각각 하나의 기를 이루고, 더구나 음양은 처음부터 대립하여 서로 그 뿌리가 된다는 점이다. 더구나 이 음양이기(陰陽二氣)의 대립은 평면적으로 대립하는 것이 아니라 음(陰) 중에 양(陽)이 있고 양 중에 음이 있으며, 다시 음 중의 양에도 음이 있고 양 중의 음에도 또 양이 있다고 함으로써, 음양이 대립하고 변화하는 양상은 문자 그대로 무한하면서도 천만가지 양상을 띠고 있다고 했다. 특히 "陰中陽之中, 又不能無陰, 陽中陰之中, 又不能無陽"은, 매우 복잡한 사물(事物)의 천변만화를 단적으로 언급한 것으로, 송대의 유가, 특히 주자도 언급하지 않은 부분이다. 즉 음양이기의 대립은 현상의 개개의 물(物)이나 현상의 개별적인 사물 간의 대립일 뿐만 아니라, 개개의 물(物) 그 자체, 개별적인 사물 그 자체에도 복잡한 대립상을 내재시키고 있다고 생각한 것으로, 송대 사상에서 이 방면의 사색을 한 걸음 발전시킨 것이라 할 수 있다.

셋째 〈천명도〉 및 〈도설〉에서 사람은 천지의 정기(正氣)를 받아 통하고 밝고, 물(物)은 편기(偏氣)를 받아 막히고 어두우며, 그 중의 금수는 편(偏) 중의 정기(正氣)를 얻어 하나의 통(通)을 얻었고, 초목은 편(偏) 중의 편기(偏氣)를 받아 모두 막혀 통하지 않는다고 했는데, 《주자어류》에도 거의 같은 것이 기록되어 있다.[10] 이에 대해서는 〈천명도설후서〉에도 나와 있다. "사람과 금수·초목의 모양을 방원횡역(方圓橫逆)으로 분류하는데, 이것은 어디에 근거한 것인가"하는 어떤 손님의 물음에, 퇴계는 "이는 옛 선비의 설에 기초한 것인데, 정지운의 변론에 상세히 기술되어 있다. 나는 아직 상세히 검토할 틈이 없었다"고 말하고 있다. 이것은 추만 정지운의 《주자어류》(주10 참조)에 기록된 것을 인용한 것이다. 다만 《주자어류》에는 금수와 초목을 각각 '편 중의 정기', '편 중의 편기'를 받은 것으로까지 상세히 분류하지 않는데, 이 점은 본 〈도설〉에만 있는 것이다. 또 사람은 '천지의 수자(秀子)'로서 양(陽)이라 하고, 물(物)은 '천지의 편색자(偏塞子)'로서 음(陰)이라고 규정한 것도 이 〈도설〉의 특징적인 점이다.

다음으로 사람의 마음에 구비된 것과 사람의 성정에 대해 논한 것이 제6·7절이다. 이미 논했듯이 사람과 물(物), 특히 여기서는 사람의 존재와 생성에 대해 기(氣)가 없으면 이(理)가 머물 곳이 없다 하고, 또 마음이 없으면 이기(理氣)가 머물 곳이 없다 하여 심(心)을 이기가 머물 곳으로 삼고 있다. 또 인심(人心)은 허(虛)—이(理), 또한 영(靈)—기(氣)로, 이기(理氣)가 머무는 곳이 된다. 주자가 심(心)은 기(氣)라 하여 형이하학적인 것

---

10) 《주자어류》권4, 성리(性理) 1, 人物之生氣質之生……然而二氣五行交感萬變, 故人物之生有精粗之不同, 自一氣而言之, 則人物皆受是氣而生, 自精粗而言, 則人得其氣之正且通者, 物得其氣之偏且塞者, 惟人得其正, 故是理通而無所塞, 物得其偏, 故是理塞而無所知, 且如人頭圓象天, 足方象地, 平正端直, 以其受天地之正氣, 所以識道理有知識, 物受天地之偏氣, 所以禽獸橫生, 草木頭生向下, 尾反在上, 物之間有知者, 不過只通得一路, 如烏之知孝, 獺之知祭, 犬但能守禦, 牛但能耕而已, 人則無不知無不能, 人所以與物異者所爭者此耳……

으로 보고, 그 작용에는 이(理)가 있으나 이(理)가 전면(前面)에 있으면서 따로 하나의 물(物)을 이루는 것이 아니라는 것과 같은 취지이다.[11] 그러나 이미 밝혀졌듯이 마음에 있어서 이(理)는 당연히 원형이정으로서의 사덕(四德)의 이(理)이고 그것이 오상(五常, 인의예지신)을 이룬다 했으며, 또 마음으로서의 기(氣)는 마찬가지로 음양오행의 기(氣)이고 구체적인 개체로서의 사람의 마음에 형성된 경우에는 기질이 된다고 했다. 이것은 인심이 갖추고 있는 바로서 하늘에 근원한다. 하늘에 근원한다는 것은 이미 제1절에서 기술했듯이 하늘로서의 자연의 생성변화가 원형이정이라는 사덕(四德)·사리(四理)의 작용에 그 연원을 둔다는 뜻이다.

그런데 위에 말한 오상은 '순선무악(純善無惡)'이므로 그것이 발할 때의 사단(四端) 또한 불선(不善)함이 있지는 않으나, 한편으로 이른바 기질은 본연의 성(性)이 아니니 그것에 발했을 때의 칠정(七情)은 사악(邪惡)에 흐르기 쉽다. 따라서 "성정(性情)의 이름은 하나이나 성정의 쓰임은 다를 수밖에 없다"는 것이다. 본연적 성(性)의 발로로서의 사단에는 불선이 없고, 기질(기질의 성(性)이라고는 여기서 말하지 않는다) 발현으로서의 칠정은 사악으로 흐르기 쉽다는 취지의 표현에는 주목할 필요가 있다. 이리하여 성정이 운용함을 두루 구비하는 것은 바로 이 마음의 묘(妙)이며, 따라서 마음이 주재(主宰)가 되어 성정을 통괄한다. 또 성정을 구분할 때 반드시 사덕·오행에 준하는 것은 사람의 오성(五性, 인간에게 본성적으로 구비된 인의예지신의 五常)·사단이 하늘의 사덕과 상응하여 관계를 갖고 각각 속하는 곳이 있기 때문이라고 했다. 다만 칠정(희로애락애오욕)으로 나누어지는 것은 고르지 못하나, 아직도 무리로써 미루어 보면 응하는 바가 있다. 즉 희애(喜愛)가 목(木), 락(樂)이 화(火), 노오(怒惡)가 금(金), 애(哀)가 수(水), 욕(欲)이 토(土)로 짝을 이루는 것과 같아서, 이것으로 천인(天人)이 일체되는 까닭을 알 수 있는 것이다.

그런데 신(新)〈천명도〉에서 의(意) 밑에 선기(善幾)니 악기(惡幾)니 하

---

11) 예컨대 《주자어류》 권5, 성리(性理) 2, 《성정심의등명의(性情心意等名義)》를 보면, 心與理一, 不是理在前面爲一物, 理便在心之中, 心包蓋不住, 隨事而發, 因笑云, 說到此自好笑, 恰似那藏, 相似除了經函, 裏面點燈, 四方八面皆如此光明粲爛, 但今人亦少能看得如此, ……라 한 것으로도 이해될 것이다.

는 분류가 있는 것은 어째서일까. 이것이 제8절의 논점이다. 원래 의(意)는 마음이 발하는 곳에 있고, 마음은 성정의 주인이다. 그러므로 마음이 발하기 전에는 태극이 동정의 이(理)를 갖추어 아직 갈라져 음양이 되지 않는 상태다. 이 단계에서는 한 마음 안이 혼연한 하나의 성(性)이며 완전히 선하여 악이 없다. 이 마음이 발할 때는 태극이 이미 갈라져 동(動)은 양이 되고, 정(靜)은 음이 된다. 이때 비로소 기(氣)가 구체적으로 작용한다. 그러므로 정(情)의 발용(發用)에 선악의 다름이 나타나는데, 그 단서는 심히 미묘하다. 의(意)는 마음이 발용한 것으로 정(情)을 함유하여 여러 가지로 변화하므로, 천리(天理)의 공(公)을 따르기도 하고 인욕(人欲)의 사사로움을 따르므로, 의(意)의 선악도 이에 따라 갈라진다. 그런데 선이 발하는 것은 마음의 고유(固有)에 근원한 것이어서 곧바로 통하여 순하고, 악이 싹트는 것은 본래 없는 것에서 나와 갈려서 옆길로 거슬러 간다. 이상이 제8절에서 논하는 바이다.

다음으로 문제되는 것은, 사람과 물(物)은 각각 음양의 정기(正氣)와 편기(偏氣)를 받아 다름이 생긴다고 했는데, 그 중에서 사람은 똑같이 정기를 받고서도 상지(上智)·중인(中人)·하우(下愚)의 셋으로 나뉘는 것은 어째서인가 하는 점이다. 이리하여 제9절에서는 기질(氣質)의 품(稟)을 논한다. 원래 사람은 정기를 받아 사람으로 태어난 것인데, 기에는 음과 양이 있고 또 기질의 품수(稟受, 선천적으로 타고남)에 이르면 청탁수박(淸濁粹駁)의 다름이 없을 수 없다. 사람이 태어나면 하늘로부터 기(氣)를 받는데 하늘의 기에도 청탁이 있고, 땅에서 질(質)을 받는데 땅의 질에도 수박(粹駁)이 있다. 그러므로 천기지질(天氣地質)의 맑고 순수함을 풍수하면 상지인(上智人)이 된다. 상지인은 천리와의 관계에서 지(知)가 밝고 행(行)이 다하여 스스로 하늘과 합한다. 이에 대해서 중인(中人)은 천기지질의 맑으면서 어긋나고 탁하면서 순수한 것을 타고나므로 중인의 천리와의 관계에서 하나는 앎에 남음이 있으나 행함이 부족하고, 또 다른 하나는 행함에 남음이 있으나 앎에 부족함이 있다. 또 하우(下愚)는 천기지질의 탁하고 어긋남을 타고나서 그 천리와의 관계에서 본다면 지(知)가 어둡고 행(行)이 사악하여 하늘과 크게 다르다.

그런데 사람을 상지·중인·하우의 셋으로 구분했지만 사람으로 존재하는 이상, 이기(理氣)는 동시에 항상 거기에 있기 때문에 지(智)의 풍족을 생각하지 않고, 우(愚)의 인색함을 생각지 않는다면, 하우의 마음이라도 천리의 본연이 없다고 할 수 없다. 그러므로 기질의 미를 가져오는 것은 상지도 감히 믿지 못하는 것이며, 천리가 골고루 부여되었다는 것에 의거하면 하우라도 마땅히 스스로 힘써 다해야 할 것이다. 우(禹)는 큰 성인이지만 순(舜)은 반드시 오직 정밀하게 '오직 한결같이 할 것'을 권했고, 안자(顔子)는 큰 현인이었으나 공자는 그를 인도함에 박문약례(博文約禮, 학문을 많이 닦아 지식이 너르고, 예법에 따라 조심성 있게 몸가짐을 바로 함) 했다.《대학》에서는 증자가 격치성정(格致誠正)을 지행의 가르침으로 삼았고,《중용》에서는 자사가 택선고집(擇善固執)을 지행의 길로 삼았다. 그렇다면 학문의 길은 기질의 미악(美惡)에 관계없이 오직 인지(人知)가 천리를 밝히는가 아니하는가, 인행(人行)이 천리를 다하는가 않는가에 달려 있는 것이다.

이상이 〈제9절 논기질지품(論氣質之禀)〉인데, 여기에 분명히 알 수 있는 것은, 사람이 다 같이 천지의 정기(正氣)를 받으면서도 상지·중인·하우로 나뉘고, 하늘의 기(氣)와 땅의 질(質)의 청탁수박을 받아들이는 차이에 의한다는 점이다. 그러나 이것은 결정적인 사람의 차등이 아니라, 다 같이 기질을 받아 태어난 이상 천리(天理) 아래서는 사람의 노력·수양에 따라 하우라도 기질의 미를 실현시킬 수 있다. 본래 타고난 기질의 미악(美惡)이 학문의 길에서는 중요하지 않다. 오히려 천리를 밝게 지득하고 천리를 다 행하는 것이야말로 중요하다는 사실 등을 강조한 점이다.

이리하여 마지막으로 마음속의 경(敬)과 존양(存養), 정의(情意)의 성찰과 경(敬)이 문제된다. 제10절에서 논하는 것이 바로 이것이다. 원래 사람은 천명에 의해 사덕의 이(理)를 갖추고 있으며, 사람의 마음은 자신의 주재자였다. 외적인 사물을 안에서 감득하게 되면 사람의 마음은 선악의 갈림길에 따라 작용하는데, 그 마음의 작용은 정의(情意)이다. 그러므로 군자는 마음이 고요할 때(未發) 반드시 자기 마음 그 자체, 즉 마음의 본연의 성(性)을 잃지 않도록 존양(存養)하고 자신의 본체를 보전하는 일에 노력하며, 일단 (마음이 움직여) 정의(情意)가 발하면 반드시 나와 내 마음의 정의의 취향을 성찰하여 그것을 바르게 하도록 노력할 것이다. 그러나 이 (본연의 성(性)으로서의) 마음의 이(理)는 원래 크고 넓어 파악할 수 없고, 혼연(渾然)하여 구별할 수도 없으므로, 경(敬)의 일부분에 집중하지 않으면 그 성(性)을 보존하고 마음의 본체를 세울 수 없다. 또 이 마음이 움직일 때, 그것은 미미하여 작은 차이를 살피기도 어렵고 위태로워 참호를 건너기조차도 어려운 것이므로, 경(敬)을 하지 않으면 선악의 기(幾)를 바르게 하고 마음의 용(用)을 온전히 할 수 없다. 그러므로 군자의 학문은 마음이 움직이지 않을 때엔 반드시 경(敬)을 중심으로 존양공부를 더하고, 이 마음이 이미 움직였을 때에는 반드시 경을 중심으로 성찰공부를 더해야 한다. 경(敬)은 곧 학문의 처음과 끝이고, 마음의 체용(體用)을 관통하는 까닭이다. 이 《천명도설》의 가장 중요한 의의는 바로 여기에 있다. 이것이 제10절에서 말하는 바이다.

5. 맺음 글

처음에 언급했듯이 퇴계는 제자인 고봉과 무려 8년에 걸쳐 사단칠정에 대해 논쟁했다. 요컨대 그것은 퇴계의 인간관 또는 인간론에 관한 문제였다. 그렇다면 종전같이 단순히 사칠논변(四七論辨)만을 다루어 퇴계·고봉의 양론을 비교 검토하는 것만으로는, 퇴계의 인간관이나 인간론을 전체적으로 밝힐 수도 없으며, 또 그 속에서 사칠론의 위치를 정립할 수도 없다. 본 장에서 주로 다룬 《천명도설》 및 〈천명도〉와 〈천명도설후서〉는 퇴계·고봉 양자의 논쟁 이전에 퇴계가 어떤 인간관을 가지고 있었는지를 밝히기 위한 것이다.

논술한 바로도 알 수 있듯이 《천명도설》에 나타난 그의 인간관, 특히 천인상응(天人相應)의 논리는 주자를 포함하는 송학 혹은 중국사상을 수용하여 새로 구상한 극히 특징적인 것이었다. 인간존재의 논리와 바른 행위의 밑바탕인 당위의 논리가 어떻게 관련되는가, 또 세계관과 인간관과는 어떤 논리로써 정연하게 관련지을 수 있는가, 거기에 일관된 논리는 무엇인가, 이러한 문제는 현대에 이르기까지 윤리학의 가장 중요한 과제이기도 하다. 《천명도설》에서 천인상응의 논리는 우선 '천즉리(天卽理)'라 하여 하늘에 사덕(四德)·사리(四理)로서의 원형이정(元亨利貞)의 작용을 인정하고, 여기에 이기(二氣, 음양)오행의 유행을 관련시킴으로써 개개의 물(物) 생성이 이기론상에서 합리적으로 설명되기에 이르렀으며, 결과적으로는 천명이란 개념이 글자 뜻 그대로 '하늘의 명령'이란 의식은 전면에서 논리적으로 소멸되었다고 해석되었다. 이것을 주자의 《중용》 주(註)에 있는 "천(天)이 음양오행으로써 만물을 화생하는데, 기(氣)로써 형(形)을 이루고 이(理) 또한 이에 재여(載與)되니, 그것은 마치 명령함과 같다"는 의미와 비교할 때, 《천명도설》이 논하는 바가 보다 논리정연함을 지니고 있었다.

또 《천명도설》에서 하늘의 사덕과 사리 및 이기오행(二氣五行)의 구조적·유기적 관련의 논리구성은, 세계의 존재와 인(人)·물(物)의 생성의 근원을 극히 합리적으로 설명하는 것이었다. 원형이정에 관한 주자나 정이천의 설명은 말뜻을 중심으로 하고 있어, 세계·존재·인물생성 등에 대한 체계적인 논리구성에 이르지 못했고, 특히 주자는 구체적으로 곡물의 싹에서부터 성숙에 이르는 과정을 예로 드는 데 그친 감이 있다. 그러나 퇴계는 이런 논리구성으로 인간의 이기심성론(理氣心性論)을 전개하고 사람과 물(物), 사람과 금수, 초목의 합리적 구별도 언급하고 있다. 즉 마음이 이기(理氣)의 집이고 머무는 곳이며 몸의 주재자라고 한 점은 송학(주자학)과 같으나, 마음에서의 이(理)의 측면에 대해서는 사덕·사리를 갖추고 오상(五常)·사단(四端)을 형성하여 이를 본연의 성(性)으로 했다. 기(氣)의 측면에 대해서는 이(理)만으로는 허령(虛靈)하지만 마음의 기(氣)에 의해 사람에게 기질이 형성되고, 거기서 생기는 칠정은 사악으로 흐르기 쉬우며, 다시 마음의 이발(已發)로서의 의(意)는 정을 둘러싸고 선악으로 갈라지지만, 의(意)의 선(善)은 (사람에겐) 고유한 것, 악은 본래 없는 것으로 규정하고 있다. 더구나 이 단계에서 "성정의 이름은 하나라 해도 성정의 쓰임은 다르지 않을 수 없다"(제6절)고 한 것은 극히 중요하다. 이 한 문장으로 퇴계는 성정을 이원적(二元的)으로 설명했다고 해석할 수 있다. 즉 심리적 측면으로 본다면, 그것은 본연의 성(순선무악)이고 미발(未發)의 전(前)이며 오상·사단의 연원이다. 또 기(氣)적 측면으로 본다면 기질의 성(性)이고, 칠정 또는 의(意)의 선기악기(善幾惡幾)의 연원이다. 그러면 이(理)적 측면을 본연의 성(性) 또는 미발(未發)의 전(前)이라고 하는 것은 옳다고 하더라도 사단은 정(情)으로서 발한 것이 아닌가. 그렇다면 거기에는 기(氣)가 없는가 하는 의문이 생긴다. 또 기(氣)적 측면은 기질의 성(性)이라 하고, 칠정(七情)이 발하여 선악이 생긴다고 할 때, 거기에 이(理)가 내재하느냐 않느냐 하는 의문이 생긴다. 이것을 같은 차원에서 논한다면 분명히 논리적으로 모순된다. 그러나 퇴계가 "所謂五常者, 純善而無惡, 故其所發之四端, 亦無有不善……"이라 한 때와 "所謂氣質者, 非本然之性, 故其所發之七情, 易流於邪惡"(《천명도설》〈제6절 논인심지구(論人心之具)〉)이라 할 때와는 차원을 달리하여 논한 것이라고 해석하면, 이 양론이 성립된다. 그것은 이미 논술한 바와 같이 퇴계가 제10절에서 "故君子於此心之靜也, 必存養以保其體, 於情意之發也, 必省察以正其用"이라 말한 점으로도 이해될 것이다. '현재 살아서 작용하며 사람에게 감득될 수 있는 것은 기질의 성(性)이라는 개별적인 인간의 마음의 움직임뿐이다.' 주자도 말했듯이 본연의 성(性)은 기질의 성(性)을 도야하여 거기에 돌아가야 할 자각, 수양의 원점이다. 그것은 같은 차원에서 형이하적으로 논할 수 없는 성격의 것이다. 그러므로《천명도설》에서는 타고난 기질의 미악(美惡)보다도 학문수양에 의해 하우(下愚)의 마음이라도 천리 아래서는 스스로를 다함으로써, 천리의 밝음을 지득하고 천리를 다 행할 수 있다고 하고, 오직 경(敬)으로써 존양성찰의 공부를 하는 것이 긴요하다고 했던 것이다.

　그런데 상술한 여러 점으로도 알 수 있듯이,《천명도설》에서 이기론(理氣論)·성정론(性情論)을 통해 현저히 드러나는 것은 사람의 마음이 원형이정으로서의 사덕·사리를 갖춘다고 함으로써(제1절 및 제6·7·8절 참조) 형이상학적 이(理) 또는 성(性)이 동적(動的)인 작용을 가진 것으로 해석한 점이다. 즉 제1절에서는 처음에 원형이정을 하늘의 사덕(四德)이라 하고 그것이 각각 '시(始)의 이(理)', '통(通)의 이', '수(遂)의 이', '성(成)의 이'를 갖는다 했으며, 음양이기오행(陰陽二氣五行)이 유행할 때 이 넷은 항상 그 가운데 존재하여 명물(命物)의 근원(개개의 물(物)이 개개의 물(物)로서 생성하고 존재하여 기원)이 된다고 했다. 이런 이(理)는 이미 용(用)의 이(理)로 해석된다. 즉 원형이정은 하늘의 사덕이라 했는데, 그것은 다름 아닌 이 현상세계의 생성·변화·소멸이라는 운동의 이치였다. 개개의 물(物)이 개개의 물(物)로서 형(形)을 이루는 것은 음양오행의 기(氣)에 의하지만, 기의 유행이 이같이 행해지고 있음은 위에서도 말했듯이 거기에 원형이정의 이(理)가 깃들어 있기 때문이었다. 따라서 사물의 생성·변화·소멸은 음양오행의 유행(작용)이지만, 기(氣)의 그런 작용은 거기에 용(用)의 이(理), 즉 작용을 가진 원형이정의 理(시물의 이, 통물의 이, 수물의 이, 성물의 이)가 상즉(相卽, 두 가지 사물이 그 본체에서는 서로 하나인 관계에 있는 일)적으로 내재하고 있다는 뜻이다. 기의 작용과 이의 작용이 상즉함으로써 개개의 물(物)이 생성되는 것이다. 더구나 이 이기오행의 유행에 원형이정의 이(理)가 상즉·내재함으로써 그 이(理)가 개개의 물(物)의 성(性)을 이루므로, 이 성(性) 또한 동적(動的) 성격을 갖는다고 해석해야 한다. 제1절에서도 말했듯 이(理)는 원래 태극이며 태극 중엔 본래 물(物)도 사(事)도 없다. 따라서 처음부터 사덕(四德)이라 이름 할 것은 거기에 없다. 그러나 음양오행이 유행한 흔적을 보면 반드시 그 처음이 있고, 처음이 있으면 통(通)이 있으며, 따라서 수(遂)도 성(成)도 있어, 시(始)—통(通)—수(遂)—성(成)이라는 사덕의 이름도 나올 수 있다. 따라서 기(氣)의 용(用, 유행)과 이(理) 또는 성(成)의 용(用)은 상즉하는 것이다. 이러한 사고방식, 즉 원래 형이상학적인 이 또는 성에 작용함으로써 가장 단적으로 표명된 것이 신(新)〈천명도〉에서의 '사단(四端)은 이(理)의 발(發), 칠정(七情)은 기(氣)의 발(發)'이었다고 할 것이다. 그러나 이렇게 되고 보면 다시 문제가 생긴다. 즉, 기(氣)에 유행이 있는 것을 당연하다고 보고 이(理)에 용적(用的) 성격을 부여함으로써, 한편에서는 기(氣)의 용(用)과 이(理)의 용(用)이 상즉한다고 해석되고, 다른 한편으로는 기(氣)의 용(用) 또는 용(用)의 이(理)만이 기(氣)와는 관계없이 작용된다고 해석되는 것이다. 이것이 앞서 본 '사단은 이(理)의 발(發)'이라는 표현이었다. 퇴계가 나중에 고봉에 대해 "사단이 발하는 것은 순리이므로 불선이 없다"고 고쳐 써서 보냈다고 해도 문제는 남는다. 이것을 형이상·형이하의 차원을 달리하는 논리로서 이해할 수도 있을 것이다.

퇴계가 《천명도설》을 통해 이(理) 또는 사람의 성(性)에 작용이 있음을 명백하게 밝힌 것은 극히 중요한 특징이다. 주염계의 《천명도설》에 "無極而太極, 太極動而生陽……"이라 했어도, 상술한 《천명도설》의 동적 성격·내용과는 다르고, 또 주자의 이(理)의 성격에 대해서도 이(理)에 작용이 있다고 한 데 대해, 야스다 지로(安田二郎) 씨 같이 '의미적 성격'밖에 부여하지 않는 설[12]도 있어, 이것 역시 《천명도설》이 말하는 바처럼 시비·당부가 나뉘어져 명확히 이해되지 않는다고 할 수 있다. 이러한 여러 부분은 마침내 고봉과의 논쟁에서 중심이 되고 있음을 지적하고 싶다. 철학적인 세계관이나 인간관을 하나의 도표에 집약적으로 표현한다는 것은 상수역(象數易)이 그러하듯 극히 난해하며, 거기서 논리를 파악한다는 것도 쉽지 않다. [13] 이것은 〈천명구도(天命舊圖)〉와 〈신도(新圖)〉에 모두 해당된다. 반면에 퇴계의(퇴계의 손에 의한 것이라 함이 옳을 것이다)《천명도설》 10절의 내용은 논리가 정연하고 필요 없는 말은 생략했으며, 천인심성의 요결을 잘 파악한 것으로, 주자(周子)·자사(子思)의 설에 기초한 것이면서도 오히려 독창성을 발휘하고 있다. 그것이 또한 고봉과의 논쟁을 낳게 되는 것이다.

---

12) 졸저,《주희와 왕양명—물(物)과 심(心)과 이(理)의 비교사상론—》107면 이하 및 야스다 지로(安田二郎),《중국근세사상연구》참조.
13) 〈천명도설후서〉에 기술되어 있는 한 손님의 문난(問難, 풀기 어려운 문제를 논의)에 대한 퇴계의 반론은 중국사상의 수용·이해와 그 전개에 관한 중요한 문제를 포함하고 있으므로, 〈천명도〉 신·구의 고찰과 함께 따로 글을 달리하여 논하고자 한다.

제6장 퇴계사상 체계적 구성
《성학십도》를 중심으로

서(序)

　동양 사상을 기록한 자료들을 보면 알 수 있듯이, 서양 근대 특히 독일 철학과 같이 체계적으로 기술된 것은 거의 없다고 해도 좋을 것이다. 일반적으로 동양 사상가 중에는 자신의 사색을 그 과정부터·결론에 이르기까지 체계적으로 기술한 사람이 별로 없고, 오히려 사색의 결과만을 기술하는 경향이 강하다. 그렇다고 해서 '동양에는 철학이 없다'는 견해(예컨대 알프레드 폴케)는 잘못이다. 얼른 보기에는 체계적이지 못하고 뒤섞여 어지럽게 기술된 사상의 기록이라 하더라도, 그 전체를 통관해 보면 지극히 정연한 사상적 체계를 가진 것이 많이 발견된다. 유학사상의 경우, 중국 송대에 전개된 이른바 송학 같은 것은 매우 깊은 철학적 사색을 기초로 체계 있게 기술되어 있다.

　퇴계란 학자는 처음부터 신유학(新儒學)을 체계적으로 구성하여 전개시킨 보기 드문 사상가이다. 본 장에서는 그의 최만년의 필생의 대작인 《성학십도(聖學十圖)》 및 그 서장에 해당하는 〈진성학십도차자(進聖學十圖箚子)〉를 중심으로, 퇴계 철학사상의 체계성에 대해 기술하려고 한다. 그는 송학(신유학)을 중심으로 중국의 유학을 수용했는데, 그것을 재료로 쓰면서도 놀랍도록 자기 사상을 이들 자료에 가탁(假託)하거나 그 사상을 정리·배열하면서 기술하고 있다. 그런 의미에서 《성학십도》는 동아시아 사상사에서 보기 드문 체계적 사상 자료로서의 위치를 차지하고 있다.

1. 《성학십도》 상소의 배경 및 문제의 소재(所在)

　위에서 말했듯이 본 장에서 고찰의 대상으로 삼을 중심자료는 《성학십도》와 이것을 올리면서 쓴 〈진성학십도차자〉(이하 〈차자(箚子)〉)이다. 구성상으로 〈차자(箚子)〉는 서문에 해당하며, 상당히 긴 그 글 가운데 극히 중요한 퇴계의 사상이 깃들어 있다. 따라서 우선 이 〈차자〉부터 고찰하겠지만, 그 전에《성학십도》를 당시의 국왕에게 바치게 된 역사적 배경, 당시의 중앙 정부에서 퇴계의 활동상황 등을 그의 〈연보〉를 중심으로 밝히고, 그로 인하여 본도(本圖) 상소의 목적 내지 의도를 살펴보고자 한다.

《성학십도》는 퇴계의 최만년인 68세 때(1568) 선조(宣祖)에게 올린 글이다. 선조는 조선의 14대 왕으로 전년 6월에 명종이 죽자 즉시 즉위한 새로운 왕이었다. 명종과 마찬가지로 선조도 퇴계의 학문과 인품을 높이 평가하여, 즉위 후인 10월에 그를 용양위대호군겸동지경연춘추관사(龍驤衛大護軍兼同知經筵春秋館事)로 임명하고, 도산(陶山)에 가 있던 퇴계를 불렀다. 그러나 퇴계는 질병으로 애써 사양했으므로, 이듬해 선조는 용양위대호군이란 군직은 존현(尊賢)의 길이 아니라면서 그 사임을 받아들이고, 그 대신 숭정대부(崇政大夫)로 높여 의정부 우찬성(議政府右贊成)을 제수했다. 일체의 관직을 사퇴하고 고향에서 양생학문의 길을 택하려던 퇴계는 다시 승직 임명을 받았으나 이것도 고사하고 상경하지 않았다. 이에 왕은 판중추부사(判中樞府事)에 임명하고 상경을 재촉했다. 퇴계가 사양했으나 허락되지 않아 병든 몸을 이끌고 상경한 것이 1568년 7월, 68세 때의 일이었다. 다음 달 8월에 퇴계는 홍문관대제학, 예문관대제학, 지경연춘추관, 성균관사에 임명되었다. 모두 중앙 정부의 칙임관으로 왕을 직접 보필하는 요직이었는데, 특히 경연관의 직무는 새로운 왕에게 직접 경전을 강의하고, 고금의 역사, 고사(故事)의 성패와 득실을 논하며 당시의 정치에 대해 논평할 책임을 져야 하는 자리였다.

《성학십도》를 올리기까지 퇴계는 병든 몸을 무릅쓰고 몇 차례나 경연에 참석하여 왕에게 위정 등에 대해 상언했다. 그 가장 중요한 것은 8월에 상소한 〈무진육조소〉로, 그 내용에 대해서는 이미 논한 바 있다.[1] 6개 항목으로 이루어진 장문의 제왕학에 관한 이 논문은 퇴계 정치사상의 핵심을 이룬다. 연보[2]에 의하면, 이 이후에도 그는 11월까지 9회에 걸쳐 입시(入侍)하여 강

---

1) 졸론 〈이퇴계의 정치사상(제1부)〉, 〈퇴계학과 그 계승발전〉(국제학술회의보고논문, 1981년).

2)《증보퇴계전서》4,《퇴도선생언행록》, 권7, 연보 하 142면 이하.

의하고 있다.

①기유(己酉)에 입시하여 저녁에 강의하기를, 군적(軍籍)의 정리를 시절에 맞게 할 것, 궁중·외정(外廷)의 일에 이동(異同)이 없이 편사(偏私)하므로 내외법을 달리해서는 안 된다는 것 등을 상언하고, 따로 주자가 효종에게 바친 봉사(封事) 중의 한 문장을 기록하여 올렸다.

②임자(壬子)에 입시하여 저녁에 정자(程子)의 사물잠(四物箴)을 시강하고 나서 아뢰었다. "사물잠은 안자(顔子)가 인(仁)을 묻는 장(章)에 있사온데, 공자 문하의 많은 제자에게 인을 훈계한 말이 매우 많으나 오직 안자만이 이를 알아들을 수 있었으므로 주자는 이것을 성문(聖門)에서 전수하는 심법(心法)의 중요한 말이라 했사옵니다." 이어서 퇴계가 차자(箚子)를 지어 이를 읽으니, 상감이 말하기를, "이것은 진실로 격언이니 마땅히 좌우에 두고 날마다 경계해야 할 것"이라고 했다.

③을묘(乙卯)에 입시하여 아침에 강의했는데, 《논어》 집주를 강의하던 중에 《역》을 배우면 길흉소장(吉凶消長)의 이치와 진퇴존망(進退存亡)의 도를 밝힐 수 있다는 부분에 이르렀다. 퇴계는 다시 그 뜻을 추술(推術)하여 다음과 같이 아뢰었다. "64괘에는 역리(易理)가 모두 갖추어져 있사온데, 우선 건괘(乾卦)로 말하면 초효(初爻)는 '잠룡(潛龍)이니 쓰지 말라', 구이(九二)는 '견룡(見龍)은 밭에 있다', 구삼(九三)은 '하괘(下卦)의 위에 있으므로 용(龍)으로서 취상(取象)하지 말고 단지 경계하라'고만 했으며, 구사(九四)는 '혹은 뛰어 못에 있다', 구오(九五)는 '비룡(飛龍)이 하늘에 있다', 상구(上九)는 지위가 이미 극진하므로 귀하면서도 지위가 없고, 높으면서도 백성이 없어 '항룡(亢龍)은 후회가 있는' 형상이라 했습니다. 상감께서 만일 숭고한 것으로 자처하여 현인을 대단하지 않게 여기시고, 자기만이 성스런 체하거나 자기만의 지혜로 세상을 다스리려 하며, 아랫사람에게 아랫사람 대접하는 도리가 없으시면 이 상(象)처럼 궁해지는 재앙이 있사오니, 반드시 겸허한 태도로 묻기를 좋아하고 동덕상제(同德相濟)하시면 곧 항룡의 화를 면하게 될 것이옵니다."

④경신(庚申)에 입시하여 낮에 강의했다. 전날 아뢴 바, '항룡은 후회가 있다'는 의미에 아직 미진한 것이 있으므로 따로 적어 놓은 책을 만들어서 강의가 끝난 뒤 이를 상감에게 바치고 읽었다. 상감은 "경계의 말에 대해서

는 내가 날마다 참고하겠다"고 말했다. 당시에 신사전이란 사람이 있었다. 그는 공주의 아들로 그의 아버지에게 불효했다. 대간은 이를 죄줄 것을 청했다. 퇴계도 아뢰었다. "근일 대간에서 논란하는 바는 집안일에 간섭하고 사사로운 일에 관계되므로 허락해서는 아니 되는 일이오나, 한 가지 일이 이와 같고 두 가지 일이 이와 같아 쌓이고 쌓여 그치지 아니하여 사사(私事)가 이겨 공사(公事)가 멸하기에 이르면, 이로 말미암아 난망(亂亡)의 징조가 생기옵니다. 강상(綱常)은 우주를 유지하는 기둥이요, 백성을 존경하고 편안케 하는 초석이옵니다. 대간이 이를 쟁론하여 허락받지 못하면, 기둥과 초석이 무너질 것이옵니다."

⑤정묘(丁卯)에 입시하여 저녁에 강의할 때 상감께서 물었다. "요즘 조정에서 조광조를 추증하려는 논의가 있는데, 그의 인물·학문·행동은 어떠했는고?" 이에 퇴계가 아뢰어 말했다. "조광조는 타고난 기품이 뛰어나 일찍이 성리학에 뜻을 두고, 집에서는 효우하고, 중묘(中廟, 중종)의 다스림을 갈구하여 정녕 삼대의 치(治)를 일으키려 했사옵니다. 또 그는 다시없는 기회를 얻었다 하여 김정·김식·기준·한충 등과 협력하고 마음을 함께 하여, 크게 개혁해서 조목과 법률을 세우고 《소학》으로 사람을 가르치는 법으로 삼았으며, 또한 《여씨향약》을 시행시켜 사방을 교화하려 했사옵니다. 이것이 오래 시행되어 폐기되지 않았더라면 치도를 행하는 데 어려움이 없었을 것이옵니다. 다만 당시 젊은 관료가 성과를 올리기에 급급하여 그 폐해도 없지 않았사옵니다. 옛 신하 중에 배척받아 실직한 자는 원한을 품고 갖은 계교로써 기회를 노리다가 망극한 비방을 자행했사옵니다. 그때 사류는 유배되고 혹은 죽어서 그 여파가 만연하여 오늘에까지 이르고 있사옵니다. 사림들 가운데 학문에 뜻이 있는 자는 이를 미워하여 '을묘의 무리'라 부르고 있사옵니다. 사람들의 마음이 화를 두려워하고 사풍이 크게 흐려져, 이름난 선비가 나오지 않음은 오직 이 때문이옵니다." 상감께서 다시 물었다. "요즘 홍문관에서는 남곤(南袞)의 관직을 삭탈하라는 논의가 있는데, 이것은 또 어떠한고?" 퇴계가 아뢰어 말했다. "기묘사화는 바로 남곤·심정의 간계로 마침내 중묘에 누를 끼친 것으로, 그 죄는 하늘에 통한다 해도 좋사옵니다. 상감께서 선조의 대신을 추삭(追削)하는 것을 언짢아하시는 듯하오나, 그 뜻은 심히 충직하고 인정이 두터우며 양순하지만 중론이 아뢰는 바는 착한 일을 상

주고 악한 일을 벌주라는 것이오니, 조광조의 품계를 높이고 남곤의 죄를 다스리시면 시비가 분명해질 것이옵니다." 이에 상감께서 명하여 대신들에게 의논하게 하고, 홍문관·양사·정원으로 하여금 각각 남곤의 죄상을 진술하게 하여 마침내 그의 관직을 삭탈했다.

⑥ 10월 기묘(己卯)에는 입시하여 낮에 강의했고, 또 ⑦ 무자(戊子)에 입시해서는 저녁에 강의하면서 아뢰어 말했다. "근일에 일식(日蝕)이 있고 또 동뢰(冬雷)의 변이 있었사옵니다. 선왕께서 재앙을 만나 두려움을 아시고 와신상담하여 덕을 쌓으심은, 다만 법규에 따라 형식을 갖춘 것이 아니라 하늘을 감동시키기 위함이었사옵니다. 《시경》에 '공경하고 공경하라. 하늘은 매우 광명한 것이니라. 높고 높은 곳에 있다고 하지 말라. 하늘은 위 아래로 일월(日月)을 주관하고 사시(四時)를 밝게 살핀다. 날로 감시함이 여기 있느니라'[3]는 경천(敬天)의 길을 말한 것이옵니다. 하늘은 곧 이(理)이옵니다. 하늘의 이(理)가 유행하여 언제나 그렇지 아니함이 없사옵니다. 인욕(人欲)이 조금이라도 사이에 끼면 하늘을 공경하는 것이 못 되옵니다. 《중용》에서는 또 이렇게 말하고 있사옵니다. '신(神)이 이르심은 헤아릴 수 없겠거늘, 하물며 싫어할 수가 있겠는가.' 맹자는 '그 마음을 보존하고 그 성(性)을 기르는 것이 곧 하늘을 섬기는 것'이라고 했사옵니다. 하늘을 섬기는 길은 오직 심성을 존양하는 데 있을 뿐이옵니다. 송의 장횡거(長橫渠)가 쓴 《서명(西銘)》의 설도 그 이치는 매우 분명하옵니다. 어버이 섬기는 도리로써 하늘 섬기는 도리를 밝혔사온데, 그 극진한 데까지 미루어 가는 것은 성인(聖人)이 되어야 할 수 있는 일이오나, 하학(下學)의 공부도 이를 겸하옵니다. 이것을 안 연후에야 경천의 길을 밖에서 가식하지 않고 진실한 공부를 할 수 있을 것이옵니다."

---

3) 이 인용은 《시경》권19, 〈閔予小子之什, 周頌, 敬文章〉에 있는 것이다. 연보에는 '명불역재(命不易哉)'의 부분이 빠져 있다. 대략의 내용은 다음과 같다. "하늘을 공경하라. 하늘은 심히 광명하다. (악을 제거하고 선을 같이하는) 하늘의 명은 쉽지 않다. 하늘은 높고 높이 위에 있다(나와는 거리가 멀다)고 하지 말라. 하늘은 그 일을 위아래로 하고, 일월을 운전하며, 사계절을 굽어보고, 나날이(사람의 선악을) 살펴보아 가까이 있다." 빠진 부분은 "命不易哉"라 되어 있어 분명히 천명(天命)의 불역(不易)을 노래한 것. 그러나 이 부분이 빠지고, 더구나 인용한 뒤 곧 "蓋天卽理也, 天理流行, 無時不然"이라 했다. 《천명도설》제1절 처음의 표현과 같은데, 여기서도 '천명'이 사라졌다고 보아야 할 것인가.

퇴계는 다시 아뢰어 다음과 같이 말했다. "동중서(董仲舒)는, '임금이 마음을 바르게 하고, 조정과 백관(百官)·만민(萬民)을 바르게 하여 사방에 미치게 하면, 멀고 가까운 데가 다 정심(正心)에 전일하게 되지 않음이 없으며, 간사한 것이 그 사이에 끼지 못한다. 그러면 음양이 조화되고 풍우가 때를 맞추며, 모든 복되고 상서로움이 이르지 않는 것이 없다'고 했습니다. 위로 임금으로부터 아래로 조정의 백관·만민에 이르기까지 마음을 바르게 한다면 무슨 간사함이 끼어들겠사옵니까. 그러므로 임금에게는 정심(正心)보다 앞서는 것이 없사옵니다. 그 가운데에는 허다한 공부의 조항이 있으므로, 만일 다만 한두 가지 사소한 일만을 고쳐 재앙을 없애려 하신다면, 이는 일의 진실을 얻지 못하실 것이옵니다."

⑧경자(庚子)에 입시하여 저녁에 강의하면서 다음과 같이 아뢰었다. "화평한 기운이 상서로움을 이루므로 감동하는 바가 있으면 이따금 상서로운 기운이 이에 응하옵니다. 그러나 귀중한 것은 덕을 쌓는 데 있지 상서로움에 있는 것은 아니옵니다. 만약 임금에게 그 덕이 없으면, 어떻게 상서로움을 귀중히 할 수 있겠사옵니까."

⑨무신(戊申)에 입시하여 저녁에 강의했다. 이날 《소학》의 강의를 끝내고 퇴계는 다음과 같이 아뢰었다. "《소학》과 《대학》은 성학(聖學)의 처음이자 끝이옵니다. 마땅히 온고지신(溫故知新)하셔야 하옵니다. 이제 《소학》의 강의는 끝났으나 역시 언제나 유념하셔야 할 것이옵니다. 옛말에 이르기를, 학문에서의 공부는 전진하지 아니함을 염려하지 말고 퇴보하지 않음을 염려하라고 했사옵니다. 퇴보란 물러서서 하지 않음을 말하는 것이 아니옵고, 옛날에 배운 것을 항상 염두에 두고 잊지 않는 것을 말함이옵니다. 온고(溫故)의 공이 깊으면 지신(知新)의 공 또한 이에서 나오는 바이옵니다."

이상에서 번거로움을 무릅쓰고 모두 9회에 걸친 입시강의(入侍講義)에 대해 기술했는데, 퇴계의 입시 강의 및 임금께 올린 말씀의 내용은 주로 고전 및 옛 성현의 말에 대해 해설·부연하는 동시에, 한 나라 최고 책임자가 마땅히 알아야 할 제왕학(帝王學)이다. 그러므로 구체적인 사무를 논한 상언은 비교적 적다. 시무론(時務論)에서 중요한 상언은 조광조의 추증을 옳게 여겨 이를 실현하고, 당시 '기묘사화'의 책임자였던 남곤의 죄를 추궁하게 한 것이다. 퇴계는 사화가 빈번히 일어나는 가운데 자신도 말려들기까지 했으

나, 일의 이치에 있어서 시비곡직을 밝히는 데 주저하지 않았다. 또 학문상
으로는 무자(戊子)에 입시하여 저녁에 강의했을 때(제7회) "天卽理也, 天理
流行, 無時不然, 人欲少間, 則非所以敬天也"라 하여, 분명히 '천즉리'의 사
상을 밝히고, 《천명도설》 제1장 글머리의 "問, 天命之義, 可得聞歟, 曰, 天
卽理也,……"가 퇴계 사상의 표명임을 뒷받침하고 있다는 것, 또 11월 무신
(戊申)에 입시하여 저녁에 강의했을 때 "小學大學, 爲聖學之始終……"이라
하여, 앞으로 검토할 《성학십도》에서 《소학》과 《대학》이 성학에서 차지하는
위치를 미리 예언한 것 등은 특히 주목할 만한 점이다.

이와 같이 퇴계는 최만년에 이르러, 더구나 병든 몸임에도 필생의 정열을
다해 그의 생애에서 정치론으로 가장 중요한 〈무진육조소(戊辰六條疏)〉를
상소하고, 다시 9회에 걸쳐 경연에 입시하여 왕에게 학문을 강의하고 중요
한 일들을 논한 상언을 했던 것이다. 또한 이해 11월 계축(癸丑)에는 홍문
관에 들어가 《서명(西銘)》을 교정한 기록이 있다. 이것은 경연에서 《서명》을
강의하려 했을 때 신하가 그것을 왕 앞에서 낭독할 것을 청했으나, 퇴계는
이미 몸이 쇠약하고 기력이 없으며 음성이 약해 왕의 계발에 미치지 못한다
는 이유로 사퇴했더니, 신하가 다시 관주(홍문관)와 회동하여 《서명》을 교
정한 뒤 시강할 것을 요청했으므로, 그 명을 받고 홍문관에 가서 《서명고증
(西銘考證)》을 작성하여 참정에 대비하게 했다는 사실에 기초한다. 그리하
여 이해 12월에 이르러 《성학십도》를 〈차자(箚子)〉와 함께 상소했던 것이
다.

그러면 어째서 이런 것을 상소하기에 이르렀을까. 앞서도 말했듯이 퇴계
는 이미 그해 9월부터 실로 9회에 걸쳐 직접 왕 앞에서 시무를 논하고 제왕
학을 논해 왔다. 또한 8월에는 〈무진육조소〉를 올려 위정의 근본철학을 말
하고, 다시 현재의 조정 내부의 인사방침과 왕의 신변 사항까지 언급했다.
그런데도 이 《성학십도》를 상소한 것은, 위의 〈무진육조소〉가 주로 정치의
근본과 정치를 하는 최고 책임자로서의 제왕학을 말한 것인 데, 전자는 주로
성학 즉 유학에서 가장 중요한 부분이 되는 '학문의 근본'을 말한 것이기 때
문이다. 위정자에게는 정치 철학과 정치 능력이 요구되는 동시에, 그 기초가
되는 학문·학식 및 인격적 자기형성이 요구되기 때문이다. 더구나 당시의
선조는 아직 젊었으므로, 위정자로서 이 양면의 자질의 향상과 체득을 요구

한 것이다.

또 〈무진육조소〉 이후 9회에 걸친 강술의 총정리적 의미도 있고, 성학 및 심법의 중요사항을 앞으로도 제왕학으로 공부하라는 요청의 뜻도 있었을 것이다. 또한 퇴계는 〈차자〉에서 다음과 같이 말하고 있다. "신(臣)은 학술이 거칠고 성기며 말주변이 서투르옵니다. 더구나 잇단 질병으로 입시도 드물게 하다가 겨울철 이후로는 완전히 폐지하기에 이르렀사옵니다. 신의 죄는 만사(萬死)에 해당하오니, 근심되고 송구한 마음 이를 데 없사옵니다. 가만히 엎드려 생각해보건대 당초에 글을 올리고 학문을 논한 말들이 이미 천의(天意, 왕의 뜻)를 감발(感發)하기에 족하지 못하고, 그 뒤에도 여러 번 아뢴 말이 또 임금에게 전혀 도움이 되지 못했사오니, 미천한 신은 나아갈 바를 알지 못하겠사오며……." 여기서 '當初上章論學之言'과 '後登對屢進之說'이 무엇을 가리키는지 명확하지 않으나, 추측하건대 전자가 〈무진육조소〉, 후자가 그 후 9회에 걸친 경연 강의가 아닌가 한다. 어쨌든 이 양자의 상언으로도 천의를 감발하게 하지 못하고 전혀 도움을 주지 못했으므로, 퇴계는 더 이상 무엇을 해야 할지 모르겠다고 말했던 것이다. 병으로 겨울철 이후 강의한 바가 드물었다고 했으나 9회에 걸친 직언(直言)은 결코 적은 것이 아니었다. 위의 인용에서 강조된 것은 오히려 거듭된 상소·상언에도 불구하고 전혀 그 효과가 없다는 뜻이 강하다. 퇴계가 본 당시의 국가체제는 결코 안정된 것이 아니었다. 그것은 앞서 말한 경연관으로서의 왕에 대한 직언·강의에서도 분명히 나타나 있다.

《성학십도》를 상소한 이듬해, 즉 퇴계가 69세 되던 해 3월, 그는 여러 번 관직에서 물러나겠다는 상소를 올려 겨우 허락을 받고 고향에 돌아가게 되었다. 이때 왕에게 올린 마지막 말에도 왕에 대한 경계와 당시의 형세를 염려하는 지극히 성실한 마음이 단적으로 표명되어 있다. 그것은 다음과 같다.

"밝은 임금이 뛰어난 자질과 어짐을 가졌으면 다스림을 염려할 것이 없사오나, 밝은 임금에게 뛰어난 자질만 있으면 혼자의 힘으로 세상을 주무르며 여러 신하들의 마음을 가벼이 여기게 되옵니다. 세상을 다스림에 우려할 만한 것이 없으면, 반드시 사람에게 교만한 마음이 생기옵니다. 이것은 두려운 일이옵니다. 지금은 세상이 태평한 것 같으나, 남북에 모두 분쟁의 실마리가 있고 백성은 살기에 쪼들리며, 나라의 창고는 텅 비었으므로 나라가 나라답

지 못하게 되려 하고, 갑자기 사변이라도 생기면 토붕와해(土崩瓦解)의 형
세가 없지 않으니 걱정할 일이 없다고 할 수 없사옵니다. 이제 임금이 성질
고명(聖質高明)하여 경연에 잘 임하여 글의 뜻에 통달했다면 그 때문에 군
신의 재주와 지혜가 꼭 필요하진 않사옵니다. 그러므로 논의하고 일을 처리
함에 있어 임금 혼자의 지혜로 세상을 주무르는 조짐이 없지 않아, 학식 있
는 자는 이를 미리 우려하고 있사옵니다. 신(臣)이 전일에 상언한 건괘의
'비룡(飛龍)이 하늘에 있다'의 위에는 '항룡(亢龍)은 후회가 있다'는 말이 있
었사옵니다. 비룡이 하늘에 있음은 임금이 극히 존귀한 자리이고, 그 위에
또 하나의 자리가 있으면 그것은 지나치게 높은 것이므로, 마음과 덕을 신하
들과 같이하지 않으면, 어진 신하가 하급 지위에서 보필하지 못해 이른바 항
룡은 후회가 있다는 것이 되옵니다. 원래 용은 구름을 타고 그 변화를 신령
스럽게 하며, 만물에 혜택을 입히는 것이옵니다. 임금이 신하와 동심동덕
(同心同德)하지 아니하면, 용이 구름을 만나지 못한 것과 같아 그 변화를 신
령스럽게 하여 만물에 혜택을 주지 못하옵니다. 이것이 임금의 덕의 큰 병이
옵니다. 태평함이 그 극에 달하면 반드시 난리가 생길 징조가 나타나옵니다.
지금이 바로 그러하옵니다. 만일 일에 그릇된 것이 있으면, 마치 배를 끌고
물을 거슬러 올라가다가 도중에서 손을 놓았을 때 흐름에 따라 떠내려가 배
가 풍파에 뒤집히는 것과 같사옵니다. 그러므로 학문하는 수고를 그만두지
않으면 사사로운 마음을 이길 수 있으며, 이런 병통도 스스로 해소될 것이옵
니다. 예부터 내려오면서 성현의 천언만어(千言萬語)는 사람의 마음을 보존
하는 것이나 역시 그 요점을 아는 것을 귀히 여기는 것이옵니다."[4] 요컨대
임금이 지나치게 총명하면 오히려 독단으로 흘러 여러 신하의 협조와 보필
을 얻지 못하니, 나라를 다스림에 어지러워지는 경우를 잊어서는 안 되며,
현재의 체제는 결코 안정된 것이 아니므로 언제 와해될지 모르는 위기를 내
포하고 있어, 임금은 항상 신하와 동심동덕하기를 힘쓰고, 학문의 공을 쌓으
며 옛 성현의 말을 깊이 음미하여 존심(存心)에 노력해야 함을 말한 것이
다.

　이상과 같이 인용한 데 이어 퇴계는 "신이 전일에 올린 《성학십도》는 신의

---

4) 《퇴계전서》 4, 《언행록》 권7, 연보 하 147면.

사사로운 의견이 아니라 모두 선현의 손에서 나온 것으로, 그 사이에 한두 가지 그림만 신이 보충했을 뿐이옵니다. 공부하는 방법은 전일에 올린 〈차자(箚子)〉에서 말했듯이 '思'자와 '學'자를 위주로 하옵니다. 여기에 생각을 이루면 얻는 것이 더욱 깊어져 사업에 발휘되는 것을 알게 되니, 이것은 소신의 충정과 간언을 드리는 성의이옵니다"라 하여, 《성학십도》의 상정이 임금의 학문 장려, 존심양성을 위한 것임을 분명히 하고 있다.

왕에 대한 이상과 같은 상언은, 다시 퇴계의 다음 단계의 말에서 구체화된다. 특히 무오(戊午)·갑자(甲子)·기묘(己卯) 등 사화로 현인군자가 모두 대죄를 받고, 그 후 사악함과 올바름이 서로 뒤섞여 간인(奸人)들이 뜻을 얻어 사사로운 원한으로 보복함에 이르러, 예로부터 지금까지 사상초유의 불상사가 된 일을 지적하면서, 임금이 이러한 과거의 일을 생각하여 장래의 대계(大戒)로 삼아 항상 간쟁하는 대신을 측근에 두어 빠진 부분을 바로잡고, 간인·소인을 가까이하지 않도록 왕에게 경고하고 있다. 5)

이상으로 《성학십도》 상소의 배경을 이루는 사정이 밝혀졌다. 제왕학은 임금의 단순한 교양이 아니라, 그 시대의 정세를 통찰하고 위정의 이익과 손해를 항상 반성하며 정치철학을 확립하여 따르고 현실정치를 적절히 행하는 기초가 되는 것이었다. 옛 성현의 천 마디 만 마디가 존심양성의 자료가 되는 동시에, 구체적으로는 임금의 정치철학 및 위정능력의 확립에 기여하는 것으로 간주되었으므로, 퇴계는 이러한 상소를 했던 것이다.

그런데 이 《성학십도》는 퇴계의 독창적인 사상 그 자체를 논술한 것이 아니라, 주자학을 포함하는 중국 송대 이후의 신유학에 속한 자료를 중심으로 구성한 것이다. 이 가운데에는 《대학》, 《소학》이 채용되어 있는데, 전자는 물론 고전의 하나이고, 후자도 고전의 일부를 주자 등이 선택하여 편집한 것이다. 종래의 퇴계 연구에 《성학십도》가 정면으로 전체적인 고찰의 대상이 된 일이 없었다. 그러면 어째서 이것을 연구의 대상으로 삼았는지, 문제의 소재를 밝히고 이에 따라 고찰을 진행하도록 한다.

첫째, 퇴계는 무수하다고 해도 좋을 만큼 많았던 송학 또는 신유학에 관한 자료(및 고전) 중에서, 어째서 다른 자료를 선택하지 않고 이 10편을 채용

---

5) 동상서 4, 연보 하 148면.

했는가.

둘째, 어째서 이 10편을 이와 같은 순서로 배열했는가.

셋째, 각 편의 사상 내용은 어떤 것인가. 또 10편의 자료는 사상적으로 어떤 관련성을 갖고 있는가.

넷째, 각 편에 곁들인 그의 보충 설명 또는 해설은 무엇을 말하고 있는가.

다섯째, 《성학십도》는 퇴계의 사상과 어떤 관계를 갖고 있고 어떤 위치를 차지하고 있으며, 또 어떤 특질을 갖고 있는가.

여섯째, 총체적으로 보아 《성학십도》를 중심으로 구성되는 퇴계 사상은 동아시아 사상의 역사적 전개과정에서 어떤 의의·위치를 갖는가.

이처럼 중요하고도 광범위한 과제를 이 《성학십도》와 관련시켜 설정할 수 있고, 이상과 같은 과제나 문제를 해명함으로써 무엇보다도 《성학십도》에 내포된 퇴계 사상의 밑바탕에 있는 체계성을 발견하여 재구성할 수 있다. 왜냐하면 퇴계가 이러한 10편의 자료를 선택하여 이처럼 배열하고, 각 편에 그 자신의 견해를 보충 설명했을 뿐만 아니라 나아가서 각 도설 서로 간의 사상적 관련을 분명히 말하고 있음은 이미 그 자신의 내부에 그의 사상체계가 성립되었기 때문이다. 또 그것을 구체적으로 표현하기 위해 《성학십도》의 저술이란 형식과 방법을 택했다고 볼 수 있다.

더구나 이것은 당시의 왕에게 상소한 것이다. 자신의 주장을 일반인이나 자기 제자에게 피력할 수는 있었으나, 그것을 한 나라의 최고 지위에 있는 군주에게 보이고 신하인 자신의 학설을 배우고 실천할 것을 권한다면 당연히 지탄을 받는다. 그러므로 어디까지나 옛 성현의 말을 채용하고, 거기에 자신의 주장 또는 사상을 가탁하거나 보충해 덧붙여 올리는 방법을 취한 것이다.

> 惟有昔之賢人君子, 明聖學而得心法, 有圖有說, 以示人入道之門積德之基者, 見行於世, 昭如日星, 玆敢欲乞以是進陳於左右, 以代古昔帝王工誦器銘之遺意, 庶幾借重於旣往, 而有益於將來, 於是謹就其中, 揀取其尤著者, 得七焉, 其心統性情, 則因程圖, 附以臣作二小圖, 其三者, 圖雖臣作, 而其文其旨, 條目規畫, 一述於前賢, 而非臣創造, 合之爲聖學十圖, 每圖下輒亦僭附謬說……. [6]

사실 퇴계는 《성학십도》의 서문에 해당하는 〈진성학십도차자〉에서, 여기 게재한 10편의 도설(圖說)은 모두 선현의 언설에 의한 것임을 거듭 밝혔다. 이것은 그가 자신의 주장으로 선조(宣祖)에게 제왕학을 배우고 실천케 하기보다는, 오히려 선현의 언설을 빌려 자신의 주장을 표현하는 편이 보다 강력히 그의 학문과 실천을 강조할 수 있다고 생각했기 때문이라는 것을 뒷받침한다. 다음에서 우리가 의도하는 퇴계 사상의 체계적 구성에 대해 구체적으로 논술하기로 한다.

2. 학문의 목적과 방법

앞에서도 말했듯이 《성학십도》는 선조(宣祖)에게 바친 제왕학이다. 그러나 퇴계도 〈제5도(圖)〉의 보충 설명에서 "대저 당우(唐虞, 요순)의 가르침은 오품(五品)에 있고, 삼대의 학문은 모두 인륜을 밝히는 것이다. 그러므로 규(規)의 궁리역행은 모두 오륜을 기본으로 한다. 또 제왕의 학문이 그 규구금방(規矩禁防, 법도와 감시)의 조목은 비록 보통의 학문과 다 같을 수는 없더라도, 이륜(彝倫)에 기본을 두고 궁리역행 함으로써, 심법의 가장 중요한 곳을 구하는 데는 일찍이 같지 아니함이 없다"고 했듯이, 궁리역행하여 성학 심법의 중요 부분을 구하는 점에서는 제왕의 학문도 성학(유학) 일반과 다름이 없다. 따라서 오늘날 우리가 《성학십도》 및 그 전문(前文)인 〈차자〉를 보는 입장은 특별한 경우를 제외하고 성학=유학, 따라서 학문 일반의 자세와 그 중요한 내용을 기술한 것이라 해도 지장이 없을 것이다.

위의 인용에도 있듯이 당우삼대(唐虞三代)의 교학은 부자·군신·부부·장유·붕우의 다섯 가지 기본적 인간관계에서의 이법, 즉 인륜을 밝히기 위한 것이었고, 그 후 공자를 시조로 하는 유학이 형성되고 체계화되었어도, 그 목적과 내용의 대강의 줄거리는 변함없이 이른바 수기치인(修己治人)이 으뜸이었다. 이것이 가장 단적으로 기술된 《대학》의 도는 명덕(明德)을 밝히고 백성의 오랜 폐단을 고치며 지선(至善)한 곳에 머무는 것이다. 그러기위해서는 격물치지(格物致知), 성의(誠意)·정심(正心)·수신(修身)·제가(齊家)·치국(治國)·평천하(平天下)를 순서대로 실천하고 실현함이 요구된다.

---

6) 동상서 1, 권7, 〈차(箚)〉 196면

퇴계에게도 이것은 당연한 것이었다. 그는 다시 〈진성학십도차자〉(이하 〈차자〉)에서 《성학십도》를 왕에게 진언하기에 이른 의도와 함께 그 독자적인 유학=학문의 목적·방법론을 기술하고 있다. 다음에는 이 〈차자(箚子)〉를 중심으로 《성학십도》를 왕에게 바친 의의와 그것을 통해 피력한 제왕학으로서의 임금의 자세 및 학문의 목적·방법을 고찰해 보기로 한다. 앞의 단계에서는 주로 《성학십도》를 작성하게 된 목적 또는 동기에 대하여 기술하고 있는데, 요약하면 다음과 같다.

① 도(진리)에는 형상이 없고, 하늘도 말하거나 전할 수 있는 말이 없사옵니다. 하도(河圖)·낙서(洛書)가 나와서 성인이 이것을 근거로 괘효(卦爻)를 만들었으니(작역(作易)에 의해) 이때부터 비로소 도가 천하에 밝혀지게 되었사옵니다. 그러나 도는 너무나 크고 넓고, 옛 사람의 교훈은 천만이요, 가르침은 번거롭고 많으므로 사람들은 그 착수·입문할 바를 모르옵니다.

② 성학에는 큰 단서가 있고, 마음의 수양법에는 지극히 요긴한 곳이 있사옵니다. 이것을 드러내어 도(圖)를 만들고 사설을 덧붙여, 학문하는 자에게 도(道)로 들어가는 문과 덕을 쌓는 기틀을 보여 준 것은, 후세현인이 부득이하여 행했던 당연지사였사옵니다.

③ 더구나 마음은 자신의 주인이요, 만기(萬機)가 말미암아 나오고, 백 가지 책임이 모이는 곳이옵니다. 뭇 욕심과 여러 간사함도 여기에서 일어나옵니다. 한번 태만히 하여 방종에 흐르면 이를 능히 제어할 수 없사옵니다. 그러므로 옛 성제(聖帝)·명왕(明王)은 이를 두려워하여 스스로 삼가서, 여러 관직과 제도를 마련하여 학문의 전통을 전하고, 자신의 위정·교화를 보좌케 한 것이옵니다. 그들의 덕은 날로 새로워지고, 업(業)은 날로 펴져 그릇됨이 없었사옵니다.

④ 후세의 임금은 천명을 받아 천위(天位)를 계승하여 그 책임이 지극히 중요하고 큼에도 스스로 닦고 경계하는 엄격함이 없이, 오만하게도 스스로 거룩하다 마음대로 방자하여 마침내는 나라를 어지럽게 하고 멸망에 빠뜨렸사옵니다. 그러므로 이처럼 군주가 과오를 범하지 않기 위해 장구령(張九齡)·송영(宋璟)·이덕유(李德裕)·진덕수(眞德秀) 등의 명신(名臣)이 나와, 그 군주를 사랑하고 나라를 염려하는 충정으로 성학의

추요(樞要)를 도(圖)나 설명으로 나타낸 것이옵니다.

⑤신(퇴계)은 병이 들어 고향에서 초목처럼 썩기만을 기다리고 있었사오나, 뜻밖에도 헛되이 이름이 잘못 알려져서 소명을 받고 경연에 참석하게 되었사옵니다. 사퇴하고 피할 길이 없어, 성학을 타일러서 이끌고 임금의 덕을 보양하여 요순의 융성을 이루고자 애썼으나 감당할 수가 없었사옵니다. 신은 학술이 거칠고 성기며 말이 서투를 뿐만 아니라, 병질로 인해 입시(入侍)도 드물었는데, 겨울부터는 그것도 못하게 되었사옵니다. 때때로 글을 올려 학문을 논했으나 임금의 뜻을 감발하는 데 이르지 못하고, 또 그 뒤에 임금을 뵙고 누차 올린 말씀도 조금도 도움이 되지 못했으니, 신은 송구스러움을 금치 못했사옵니다. 다만 옛 현인·군자가 성학을 밝히고 심법을 얻도록 하기 위해 도(圖)·설(說)로써 도(道)로 들어가는 문, 덕을 쌓는 기틀을 나타낸 것이 있으므로, 이것을 먼저 얻어 이전의 성현들을 본받아 장래에 유익하도록 하려고 했사옵니다.

이상이 《성학십도》 작성의 동기 또는 목적이다. 퇴계는 이상의 목적과 가장 합치되는 칠도(七圖)를 채용하고, 여기에 〈제6 심통성정도(第六 心統性情圖)〉의 중(中)·하도(下圖) 및 다른 삼도(三圖)는 선현의 설에 따라 스스로 지었다. 그리고 선조(宣祖)에게 올리기에 이르러서는 다시 여러 경연관들에게 보여 개정·보수하고, 이를 복제해서 병풍을 만들어 깨끗한 자리에 두고, 따로 작은 것을 만들어 책상 위에 놓아 이것을 보고 반성하고 경계할 것을 요청하고 있다.

그런데 《성학십도》의 서문에 해당하는 이 〈차자(箚子)〉는 《성학십도》를 작성한 후에 쓴 것으로서, 퇴계는 〈차자〉의 뒷부분에서 10개의 도설에서 다하지 못한 말을 보충하여 기록했다. 비록 보충한 것이지만, 이 뒷부분은 《성학십도》를 통해서 행하여야 할 학문의 태도에 대해 극히 중요한 사항이 기록되어 있다. 즉 퇴계는 《맹자》의 "마음의 관(官, 주된 작용)은 곧 사(思)이니, 생각하면 이를 얻고 생각하지 못하면 얻지 못한다"와 《홍범(洪範)》의 "사(思)는 예(睿, 밝음)를 말한다. 밝으면 성(聖)을 이룬다"는 말을 인용하여, 심(心)과 이(理)에 대해 다음과 같이 말했다. "원래 마음은 방촌(方寸,

사방 한 치의 넓이)에 있고, 더구나 지허지령(至虛至靈, 전혀 내용이 없으면서도 뛰어난 작용을 가지고 있는 것)하며, 이(理)는 도서(圖書)에 나타나 있으니 지현지실(至顯至實)하옵니다. 지허지령한 마음으로 지현지실한 이(理)를 구하면 생각하여 이를 얻고 밝아서, 성(聖)을 이루는 데 있어 반드시 그 조짐을 볼 수 있사옵니다. 마음의 신령한 작용이 자신의 몸을 주재하지 않으면 일이 눈앞에 있어도 생각하지 못하고, 이(理)가 밝고 실(實)하게 되어 비추지 않으면 눈앞에 이를 접해도 볼 수 없사옵니다. 그러므로 도(圖)가 있음으로써 생각을 다하는(생각을 깊이 하고 확실히 파악하는) 것을 소홀히 할 수 없게 되는 것이옵니다." 이상으로도 명백하듯이 퇴계는 먼저 인간의 '사(思)'를 중시한다. 여기서 말하는 '사(思)'는 생각을 깊이 하는 예려(叡慮, 왕의 걱정)라고 파악하는 동시에, 마음의 가장 주된 지허(至虛)하고 지극히 신령스러운 활동으로써만 나타나는 실리(實理)를 구할 수 있다고 했다. 따라서 퇴계는 게재된 도설(圖說)을 눈앞에 놓고 지극한 마음으로 생각을 깊이 하면 도설의 분명한 실리를 파악할 수 있으므로, 마음의 허령한 작용과 이(理)의 현현, 즉 주체내재적인 마음의 지허지령한 작용과 객관존재적인 도서(圖書)에 나타나 있는 지현지실한 이(理)는 '사(思)', 즉 생각을 깊이 하는 지순한 예려에 의해 통일되는 것으로 이해하고 있었다고 해석할 수 있다.

또한 퇴계는 공자의 "배우고도 생각지 않으면 어두워지고, 생각만 하고 배우지 않으면 위태로워진다"는 말을 인용하여, 이것은 일을 배우고 그것을 진실로 실천하는 것을 말한 것이라고 했다. 그에 따르면 성학(聖學)은 무엇보다도 먼저 이것을 마음에서 구하지 않으면 혼미하여 얻을 수 없으니, 반드시 생각함으로 인하여 그 미묘함에 통할 수 있으며, 또 일을 배우지 않으면 위태롭고 불안하므로 반드시 이를 배워 실천하지 않으면 안 되고, '사(思)'와 '학(學)'은 서로 계발하며 또한 서로에게 이로운 것이라 했다.

그는 '사(思)'의 중요함과 동시에 '학(學)'의 실천이 수레의 두 바퀴와 같은 역할을 한다고 강조했다. 따라서 임금은 깊이 이 도리를 깨닫고 모름지기 먼저 뜻을 세워 "순(舜)은 어떤 사람인가? 나는 어떤 사람인가? 하려고 함이 있는 자는 이와 같이 해야 한다"는 것을 자각하고, 분연히 힘을 내어 사(思)와 학(學)의 공부에 쏟아야만 한다. 그리고 여기에 필요한 것은 '경(敬)

을 갖는 것'으로, 이 '지경(持敬)'이야말로 사(思)와 학(學)을 겸하고 동정(動靜)을 꿰뚫으며 안과 밖을 합하여 현미(顯微, 미소한 사물을 드러내어 밝힘)를 하나로 하는 길이다. '지경'이란 반드시 이 마음을 재장정일(齋莊靜一), 즉 삼가고 정비하여 조용하게 한 부분에 집중시켜, 마음을 그러한 상태로 잘 지켜나가는 것이다. 이 이(理)를 학(學)·문(問)·사(思)·변(辨)의 실제에서 구명하고 구체적으로 적용함으로써, 보이지 않고 들리지 않는 곳에서 스스로 경계하고 두려워하며 더욱 엄숙하고 더욱 공경해야 한다. 또한 은밀한 곳과 혼자 있는 곳에서 스스로 성찰하기를 더욱 정밀해야 한다고 했다. 결국 성학은 이를 마음에서 찾아야 한다. 성학에서는 마음의 가장 뛰어난 작용 '사(思)'와 구체적으로 학습하여 실천하는 '학(學)'의 양자에 노력해야 한다. 이 '사(思)'와 '학(學)'을 비롯하여 성학을 배우고 성인이 되기 위한 행동도, 나의 안과 밖도, 환한 것과 은밀한 것을 가릴 것 없이 그 모든 사(事)·물(物)에 통하는 것이 마음에 경(敬)을 갖는 일이라고 했다. 이것이 퇴계가 강조하는 점이었다.

그리고 이 〈차자〉의 마지막에는 《성학십도》를 통해 배우고 실천하는 자의 마음가짐을 강력하고도 상세하게 말하고 있다. "퇴계가 〈제4 백록동규도(第四 白鹿洞規圖)〉의 보충 설명에서 말하듯이, 제왕의 학문과 뭇사람들의 학문이 다 같지 않지만, 궁리역행하여 그 심법의 중요한 점을 몸소 체험하는 데 있어서는 둘 사이에 아무런 차이도 없다. 따라서 다음의 그가 말하는 바는, 제왕만을 위한 것이 아니라, 학문을 하는 자 일반의 구체적 실천방법을 말한 것이다.

그는 먼저 십도(十圖) 중에서 일도(一圖)에 대해 생각할 때는 마땅히 이 일도에만 마음을 두어 다른 도(圖)가 있다는 것을 모르는 것 같이 하고, 어느 한 가지 일을 익힐 때는 그 일에만 정진하여 다른 일이 있다는 것을 모르는 듯이 하라고 말한 뒤, 다음과 같이 기술하고 있다. "일도(一圖)·일사(一事)에 전념하여 아침저녁으로 항시, 그리고 오늘내일로 계속 하옵소서. 또 새벽에 정신이 맑을 때 사색하여 그 뜻을 완전히 음미하고, 평상시 사람을 응대할 때 몸소 체험하여 이것을 배양하옵소서. 처음에는 여러 가지 제약이나 모순되는 걱정을 면할 길이 없고, 또 때로는 고통스러워 마음이 쾌활하지 못할 경우도 있을 것이옵니다. 그러나 이 일은 옛 사람도 말했듯이 장차 크게 전진 향상할 징조요, 좋은 결과를 얻는 단서이므로 자신을 갖고 더욱 애쓰며 참된 것을 쌓고 오래 힘써 나가면, 자연히 심(心)과 이(理)가 서로 적시고 융합하여 통할 것이고, 배우는 것과 일이 서로 익어서 원만하게 이루어질 것이옵니다. 처음에는 일도·일사에 전심하고 있어도 마침내 모든 것이 하나로 합치게 되옵니다. 이야말로 맹자가 말한 '깊이 나아가 스스로 깨닫는 경지'이며, 또 자기 재주를 다하여 부지런히 노력하면 안자(顔子)가 말한 '인(仁)을 어기지 않는' 것에 이르옵니다. 나라를 다스리는 과업과 증자가 말한 소위 충서일관(忠恕一貫)하여 도를 전하는 책임도 그 안에 있사옵니다. 자기 몸과 자기 마음을 외경하는 일이 일상생활에서 떠나지 않는다면, 마음의 중화(中和)를 얻을 수 있고 천지도 각각 그 알맞은 자리를 얻어 만물이 생육하옵니다. 덕행이 이륜(彝倫, 사람의 상도(常道))에서 벗어나지 않으면 천인합일의 묘(妙)도 여기서 얻을 수 있을 것이옵니다. 도(圖)나 설(說)은 불과 10폭의 종이에 기록한 것에 지나지 않으나, 이것을 생각하고 익혀 평소에 한가로이 처하는 곳에서 공부하고 실천하면, 도(道)를 엉기게 하여 성인이 되는 요결과 근본을 바르게 하고, 나라를 다스리는 원리가 여기에 다 구비되어 있사옵니다."

이상이 《성학십도》에 드러난 퇴계의 학문과 실천의 구체적 방법이며 마음가짐이다. 여기서 명백해진 것은(다음 항에서도 거듭 논술되겠지만), 첫째 퇴계에게 모든 뜻에서 위학의 밑바탕에는 '지경(持敬)'이 깊이 뿌리박혀 있다는 점이다. 둘째, 사람의 마음은 '사(思)'에 의해 지허지령(至虛至靈)한 작용을 발휘하는 동시에, 도서(圖書)에 깃들어 있는 지현지실(至顯至實)한 이(理)도 '생각함'을 통해 깨달을 수 있고, 또한 '지경'을 마음에 두고 적진(積眞)이 많고 용력(用力)이 오래 갈 때, 심(心)과 이(理)는 자연히 서로 배어 융합 관통한다는 것 역시 매우 중요한 발언이다. 왜냐하면 이 〈차자〉의 문맥으로 미루어, 퇴계에게 마음 내지 마음의 작용으로서의 '사(思)'는 인간의 주관내재적인 것이고, 이(理)는 '도서에 나타난 지현지실'한 것으로, 결국 그것은 객관외재적인 것으로 생각되었기 때문이다. 즉 심(心)과 이(理)는 분명히 내(內)와 외(外)로 나뉘어져 있었던 것이다. 그 내외·주객으로 나뉘어 있던 심(心)과 이(理)가 마음을 '지경(持敬)'의 상태에 두어 재장정일(齋莊靜一)하고, 일도(一圖)·일사(一事)에 오로지 집중하기를 아침저녁

연일 계속하며 일상생활에서도 실천해 나가면, 그것을 오래도록 거듭 노력함으로써(마음과 이(理)로서의) 내외·주객이 서로 융합하고 통하여 하나로 통일된다는 것이다.

시험 삼아 이 퇴계의 설과 주자의 《대학》 제5장 보전(補傳)에서 말하는 바를 비교해 보자. 그 전문(全文)은 다음과 같다.

> 右傳之五章, 蓋釋格物致知之義, 而今亡矣, 間嘗竊取程子之意, 以補之,
> 曰, 所謂致知在格物者, 言欲致吾之知, 在卽物而窮其理也, 蓋人心之靈,
> 莫不有知, 而天下之物, 莫不有理, 惟於理有未窮, 故其知有不盡也, 是以
> 大學始敎, 必使學者卽凡天下之物, 莫不因其已知之理而益窮之, 以求至於
> 其極, 至於用力之久, 而一旦豁然貫通焉, 則衆物之表裏精粗無不到, 而吾
> 心之全體大用無不明矣, 此謂物格, 此謂知之至也.

주자의 논리에서 요점을 들면 ①'치지재격물(致知在格物)'이란 나의 지식을 다하려는(극진히 하려는) 것은 물(物)에 즉하여 그 이(理)를 궁구하는데 있다. ②왜냐하면, 사람 마음의 뛰어난(靈) 작용에는 반드시 '안다'는 작용이 있고, 천하의 물(物)에는 반드시 이(理)가 있기 때문이다. ③다만 이(理)를 아직 충분히 궁구하지 못했기 때문에 지식도 다하지 못한 것이다. ④그러므로 《대학》의 첫째 가르침은 반드시 학자로 하여금 천하의 모든 물(物)에 대해 이미 알고 있는 이(理)에 따라, 점점 더 이를 연구하여 그 극에 달하도록 하는 데 있다. ⑤이러한 노력을 오래 계속하여 어느 날 아침에 활연히 관통하면 나의 지식은 모든 물(物)의 겉과 속에도 정밀함과 투박함에도 퍼져 통하여, 그로 인해 내 마음의 전체와 큰 작용이 밝혀진다. 이것이 '격물(格物)'이고, '지지(知至)'인 것이다. 이상과 같은 논리의 줄거리가 된다.

여기서 위의 논리를 다시 고찰해 보면, 주자는 ①과 ②를 근거로 사람의 마음에는 본래 '안다'는 뛰어난 작용이 있고 (마음 밖의) 물(物)에는 이(理)가 있으므로, 자기 마음의 안다는 작용(지식)을 추극(推極)하는 것은 결국 우리의 밖에 있는 물(物)의 이(理)를 깊이 연구하는 것이 된다고 했다. 따라서 ③과 ④에서 볼 때 지식이 아직 충분히 다 이루어지지 못했다는 것은,

물(物)의 이(理)를 충분히 연구하지 못한 것이므로, 자신의 지식을 완전히 깊이 연구하기 위해서는 기지(旣知)의 이(理), 즉 이미 파악된 이(理)로서의 지(知)로 물(物)의 이(理)를 연구해, 마침내 그것을 모두 깊이 연구할 필요가 있다. 그러면 ⑤는 무엇을 의미하는가. ④의 노력이 오래 계속되면 그 결과로 한 번 활연히 열려 관통됨으로써 물(物)의 이(理)가 모두 깊이 연구된다. ①의 '즉물궁리(卽物窮理)'란 내 마음을 신령스러운 지(知)의 작용이 밖으로 물(物)로 향해 나가는 것을 의미한다. 그렇게 되면 ⑤의 '一旦豁然貫通焉, 則衆物之表裏精粗無不到'란 밖으로 물(物)로 향하던 궁리의 영위가 활연관통(豁然貫通, 밝게 깨달아 꿰뚫어 통함)에 의해 모든 물(物)의 겉과 속, 정밀함과 투박함에 널리 퍼진다. 따라서 중물(衆物)의 이(理)가 궁구된다는 것이다. 더구나 ①에 의해 중물의 이(理)가 궁구된다는 것은 우리의 지식이 추극(推極)된다는 것이다. 여기서 주자의 논리를 단적으로 요약하면, 내 마음이 궁리를 향해 밖으로 퍼져 나가는 것은 곧 내 안의 마음의 지(知)가 충실해져 간다는 것을 의미한다. 밖으로 퍼져 나감으로써 안을 충실하게 한다는 논리가 여기에 성립하는 것이다. 그러므로 주자는 "吾心之全體大用無不明矣"라 하여, 궁리의 영위가 모든 물(物)에 퍼져 중물(衆物)의 이(理)를 깊이 연구한다면, 우리 마음의 전체와 큰 작용도 밝아진다고 했던 것이다. 밖으로 향하는 것은 안으로 향하는 것, 안을 밝히는 것은 밖을 밝히는 것, 밖을 궁구하는 것은 안을 궁구하는 것이라는 논리가 여기서 명확해진다. 주자는 보전(補傳) 말미에서 이것을 "此謂物格, 此謂知之至也"라 하여 끝맺고 있다. 한편 그는 장구(章句) 제1장의 주에서 '격물이란 물리의 극처(極處)에 이르지 않음이 없는 것'이고, '지지(知至)'란 내 마음이 아는 바를 다하지 아니함이 없는 것'이라 했는데, 이것을 단적으로 말하면 '격물'이란 물(物)의 이(理)에 이른다는 의미이고, '지지(知至)'란 마음의 지가 다한다는 의미로 해석된다. 즉 바깥의 물(物)의 이(理)를 궁구하는 것이 속의 마음의 지(知)를 극진히 하는 것이라는 논리의 줄거리이므로, 보전(補傳)이 말하는 바는 제1장의 주와는 다른 것이 없다. 다만 《대학》의 경문에는 '物格而后知至'라 하여, 시간적 또는 논리적인 전후가 '물격(物格)'과 '지지(知至)'에 게재해 있는 듯이 해석되기도 하지만, 주자의 보전에는 '후(后)'란 뜻으로 해석되는 어구가 나오지 않으므로, 주자의 말에 따르는 한 그것은 따지지 않아도 좋을 것이다. 다만 주자에 따라 경문(經文)을 보다 엄밀하게 해석한다면, '치지(致知)'는 지(知)에 이른다. 즉 지(知)를 여기까지 오게 한다, 거기까지 가게 한다는 뜻이고, '재격물(在格物)'은 그러기 위해서는 물(物)에 이른다, 따라붙는다는 의미가 된다. 또 '물격(物格)'에 대해 주(註)에서는 "物理之極虛無不到也"라 하고, 보전(補傳)에서는 "衆物之表裏精粗無不到也"라 한 것으로 미루어 여기에서의 '도(到)'는 글자 의미상 '목적한 장소나 시간에 다다른다', '구석구석까지 다다른다'는 의미가 있으므로, 물(物)의 이(理)에 다다른다, 중물(衆物)의 표리정조(表裏精粗, 겉과 속·정밀함과 투박함)에 다다른다는 뉘앙스가 강하다. 이에 대하여 '지지(知至)'는 지(知)가 (자기에게) 찾아온다는 어의(語義)상의 뉘앙스가 있다.

○ 치지(致知)—격물(格物)은, 지(知)를 이쪽으로(내 마음 안으로) 찾아 오게 하기 위해서는 (내 마음 밖의) 물(物)에 다다라야 한다.

○ 격물(格物)—지지(知至)는, (밖의) 물(物)의 이(理)에 다다른다는 것은 지(知)가 이쪽에 (마음 안으로) 찾아오는 것이다.

우리는 주자의 격물치지론을 해명하기 위해 상당히 먼 길을 돌아왔거니와, 위와 같이 해석되는 주자의 논리와 퇴계의 〈차자〉에서 말하는 바를 비교해 본다면, 어떤 차이와 특색이 나타날 것인가.

주자는 "개인심지령(蓋人心之靈), 막불유지(莫不有知), 이천하지물(而天下之物), 막불유리(莫不有理)"라 하여, 사람의 마음의 뛰어난 작용에는 안다는 것이 있고, 모든 물(物)에는 이(理)가 있다고 했다. 이에 퇴계는 "夫心具於方寸而至虛至靈(부심구어방촌이지허지령), 理著於圖書而至顯至實(이저어도서이지현지실)"이라 하여, 마음은 방촌에 있고 그 작용은 지허지령(완전히 공허하고 매우 뛰어난 작용을 하는 것)하며, 이(理)는 도(圖)·서(書)에 나타난 지현지실(매우 밝아 실(實) 그 자체)이라고 한다. 주자가 '천하의 물(物)'에 이(理)가 있다고 한 데 대해 퇴계는 도서(圖書)에 이(理)가 있다고 했으나, 주자도 별도로 '독서궁리(讀書窮理)'를 제창하고 있으므로 양자가 다르지 않다. 또 인심의 영험한 작용을 인정하여 전자는 '지(知)'가 있다고 하고 후자는 '사(思)'가 있다고 했다. 심(心)과 이(理)가 내외·주객으로 구별되는 것도 양자가 마찬가지이다.

다만, 이(理)를 구하고 이(理)를 궁리한다는 공부·실천의 단계에 이르면,

양자가 논하는 바에는 현저한 정조(精粗)의 차이가 나타난다. 즉 주자는 "惟於理有未窮, 故其知有不盡也, 是以大學始教, 必使學者即凡天下之物, 莫不因其已知之理而益窮之以求至於其極"이라 하여, 이(理)를 충분히 궁구하지 않으면 지(知)도 극진히 할 수가 없다. 그러므로 《대학》의 시교(始教, 가르침의 시작)에서는 학자로 하여금 천하의 모든 물(物)에 대해 기유(旣有)의 지(知)(로서 얻어진 理)로써 점점 더 이를 궁구하여 그 극에 이르게 한다고 했다. 궁리치지(窮理致知)의 줄거리를 기록하는 데 불과 47자밖에 안 된다.

그러나 여기 퇴계의 말은 실로 406자, 주자의 약 9배나 되는 장문으로 자세히 언급하고 있다. 이 부분은 이미 해설·논술했으나, 다시금 번역하여 실음으로써 주자·퇴계 양론을 비교·검토하는 자료로 삼고자 한다.

"지허지령(至虛至靈)한 마음으로 지현지실(至顯至實)의 이(理)를 구하시면, 마땅히 얻지 못할 것이 없사옵니다. 즉 사(思)하면 얻고 예(睿)하면 성인이 되는 것이 어찌 오늘에 징험됨이 족하지 않겠사옵니까. 그러나 마음이 신령스러워도 만일 그 주재하는 바가 없으면 일을 앞에 당하여도 사(思)하지 않고, 이(理)가 실로 나타더라도 만일에 조관(照觀)하지 못하시면 항상 눈으로 접해도 보이지 않사옵니다. 또 이 도(圖)로 인해 사(思)함을 소홀히 해서는 아니되옵니다. 또 듣건대, 공자는 '배우고도 생각지 않으면 어두워지고, 생각만 하고 배우지 아니하면 위태로워진다'고 했사옵니다. 배운다는 것은 그 일을 익혀 참되게 실천하는 것을 말함이옵니다. 무릇 성문(聖門)의 학(學)은 이를 마음에서 구하지 않으면 어두워져서 얻지 못하는 까닭에, 반드시 마음으로 생각하여 그 오묘함에 통달하는 것이옵니다. 그 일을 익히지 못하시면 위태롭고 불안하므로, 반드시 일을 배워 그것을 실천하셔야 하옵니다. 생각하고(思) 배우는 것(學)은 각기 서로 일어나 서로 이익이 되는 것이옵니다.

엎드려 원하옵건대, 성명(聖明)께서는 깊이 이 이치를 밝히시고 모름지기 먼저 뜻을 세우시어, '순(舜)은 어떤 사람이고 나는 어떤 사람이냐, 하려고 함이 있는 자는 또한 이렇게 해야 한다'고, 분연히 힘을 내고 생각하며 배우는 이 두 가지에 공을 들여야 하옵니다. 그리고 경(敬)을 지킨다는 것은 또 사(思)와 학(學)을 겸하고 동(動)과 정(靜)을 일관하여 내(內)와 외(外)를 합쳐 현미(顯微)를 하나로 하는 길이옵니다. 이것을 하는 방법은, 반드시 그 마음을 재장정일(齋莊靜一)한 가운데 두고, 이 이(理)를 학문사변(學問思辨)할 즈음에 궁리하며, 보이지 않고 들리지 않는 곳에서 경계하고 두려워함을 더욱 엄히 하시어 삼갈 것이요, 은미유독(隱微幽獨, 겉으로 드러나지 않고 쓸쓸하고 적막하여 홀로 외로움)한 곳에서 성찰하기를 더욱 정밀하게 하셔야 하옵니다. 어느 한 그림(圖)을 생각할 때는 마땅히 그 그림에만 몰두하여 다른 그림이 있음을 알지 못하는 것처럼 하옵소서. 어느 한 일을 배울 때에는 마땅히 그 일에만 전력투구하여 다른 일이 있음을 알지 못하는 것처럼 하옵소서. 아침저녁으로 변함없이 매일 계속하시고, 혹 새벽에 정신이 맑을 때 실마리를 찾아내어 깊이 음미하시고, 혹 평상시에 사람을 응대할 때 체험을 기르시옵소서. 처음에는 혹 부자연스럽고 모순되는 불편을 면치 못하고, 또 때로는 괴롭기 그지없어 쾌활하지 못한 걱정이 있을 것이옵니다. 그러나 이것은 곧 옛 사람이 말한, 소위 크게 진전할 징조요, 또 좋은 소식의 단서이옵니다. 그러니 절실하게 이로 인해 나아가 결코 스스로 막지 마옵소서.”[7]

이상과 같이 장황함에도 불구하고 이렇게 인용·제시했는데, 이것을 다시 앞서 본 주자 보전(補傳)에서 논한 것과 비교한다면, 퇴계가 한 말이 얼마나 친절하고 상세한지 일목요연하게 알 수 있을 것이다. 주자가 거의 언급하지 않았던(다른 곳에서도 이처럼 상세히 말한 것이 없다) 궁리(窮理)와 치지론(致知論)이, 퇴계에 이르러서는 보다 명확하고 강력하게 인간주체(학자)의 입장 또는 마음의 자세에 근원하면서 진리를 드러냈다. 그렇게 심혈을 기울인 점은 보전에서의 주자와 비교할 때, 다음과 같은 사항에서 확인할 수 있다. ①이(理)를 구하는 것은 마음의 지허지령한 작용에 의해서만 가능하므로, 먼저 무엇보다도 마음이 허령해야 한다. ②마음의 허령한 작용이 마음을 주재하고 있다면 일에 임하여 ‘생각함’이 있으며, 이(理)가 (도서(圖書)에) 두루 드러나 이를 볼 수(파악할 수) 있다. 그러므로 ‘사(思)’가 외적인 ‘이(理)’를 내적인 마음으로 깨닫게 하는 구체적인 작용이다. ③그러나 성학은 ‘사(思)’만이 아니라, ‘사(思)’에 의해 일의 미세한 것에 통하는 동시에 ‘학(學)’에 의해 일을 실천해야 한다. ④‘사(思)’와 ‘학(學)’이 충분한 효과를 거두기 위해서는 ‘지경(持敬)’이 아니면 안 된다. ‘지경’으로 자신의 마

---

7) 동연보 하 147면

음을 재장정일(齋莊靜一)케 하는 것은 모든 동정(動靜)·내외(內外)·현미(顯微)를 관철하는 유일한 공부이다. 구체적으로 말하면 학문사변(學問思辨)할 때 보이기 시작하고 들리기 시작하기 이전 상태에서 엄하게 자신을 경계하고, 은미유독(隱微幽獨, 겉으로 드러나지 않고 쓸쓸하고 적막하여 홀로 외로움)한 곳에서 정밀하게 자신을 성찰하는 일이다. ⑤그러기 위해서는 오히려 하나의 그림, 한 가지 일에 전일 집중하여, 이를 아침저녁으로 매일같이 계속하면서 사색과 실천에 적용하며 키워야 한다. 거기에 부자연스럽고 모순되며 고통스럽고 불쾌한 걱정이 따르더라도, 그것은 큰 진보의 징조이므로 스스로 이를 막아서는 안 된다.

이상이 〈차자(箚字)〉에서 말하는 위학(爲學)의 방법 또는 공부의 요점이다. 위에서 거듭 말했듯이 퇴계의 위학방법은 《대학》의 격물치지론에 해당하고, 따라서 주자는 그 제5장 보전(補傳)에서 가장 단적으로 자필의 것으로 나타내고 있다. 그런 점에서 주자와 퇴계의 양론을 비교하면, 설명한 바와 같이 후자는 극히 상세하면서도 공적으로 자필의 것으로서 위학의 방법을 밝힌 것이라 할 수 있다. 여기서 감히 '공적', '자필의 것'이라고 한 것은, 주자도 정이천의 지경론(持敬論)을 계승하여 구체적이고도 상세하게 경(敬)에 대해 언급하고 있으나, 이것들은 모두 《주자어류》에서 제자가 "나는 이렇게 들었다"는 형식으로 기록되어 남아 있을 뿐이기 때문이다. 그 기록은 《주자어류》 권12, 학6, 〈지수편(持守篇)〉에도 많이 남아 있는 '경(敬)'이나 '정좌(靜坐)' 등에 관해 논한 것에서 볼 수 있다. 여기서 그것을 자세히 재구성하여 게재할 여유는 없으나, 위학 때의 마음가짐으로 '경(敬)'이나 '정좌(靜坐)'론은 아주 다면적이다. 다만 그것이 주자의 학문론이자 위학·수양론으로서의 위치가 체계적으로 정립되지 않았을 뿐이다. 격물치지론에서 주자의 보전은 극히 대담하게 고전에 대한 보충 설명을 삽입했으므로, 당시 제자들로부터도 엄한 문난(問難)을 받고 있었고(《대학혹문(大學或問)》 참조), 후세의 학자들로부터도 여러 가지 비판을 받았다. 그럼에도 불구하고 주자가 감히 그것을 행했으므로, 이 보전은 그의 학문과 사상의 핵심을 논한 것이라 할 수 있다. 이것이 고전의 문맥 속에 삽입되었기 때문에 간결하지 않을 수 없는 제약은 있었으나, 이른바 사물의 이치를 연구하는 궁리(窮理)에 있어서 인간주체인 마음의 자세는, 보전의 "이지(已知)의 이(理)로써 더욱 이를 궁구하여 그 지극함에 이른다"는 줄거리만으로는 끝나지 않을 것이다. 퇴계의 사상과 비교했을 때 이 점에서 차이가 있다고 할 수 있다. 퇴계 역시 이 《성학십도》는 가장 만년에 쓴 필생의 저작이고, 더구나 당시의 임금에게 올린 공적(公的)인 것이었기 때문이다.

그러면 다음으로 내적인 마음의 지(知)(주자) 또는 사(思)(퇴계)와, 외적인 이(理)는 어떻게 통일되어 있는 것일까. 퇴계는 〈차자〉의 말미에서 다음과 같이 말한다.

"마땅히 스스로 믿고 더욱 힘써야 하옵니다. 참된 것을 많이 쌓고 오래 힘써 나가시면, 자연히 마음과 이(理)가 서로 배어 부지불식간에 융회관통(融會貫通, 자세히 이해하여 하나로 꿰뚫음)하게 되며, 익히는 것과 일이 서로 익어 점점 탄태안리(坦泰安履)함을 보실 것이옵니다. 처음에는 각각 그 하나를 추구하지만, 마침내는 일치될 것이옵니다. 이것은 실로 맹자(孟子)가 말한, 깊이 이르러 스스로 깨닫는 경지가 되면 그만둘래야 그만 둘 수 없는 징험이 되는 것이옵니다. 따라서 부지런히 힘쓰시어 재능을 다하시면, 안자(顔子)처럼 마음이 인을 어기지 아니하여 나라 다스리는 업도 그 안에 있게 되오며, 증자(曾子)의 말처럼 충서일관(忠恕一貫)하여 도를 전하는 책임이 그 몸에 있게 되오니, 외경함이 일용(日用)을 떠나지 마시고 중화육위(中和育位)의 공을 이루시며, 덕행이륜(德行彝倫)을 벗어나지 않으시면 천인합일의 묘를 여기서 얻으실 것이옵니다. 이 도(圖)와 설(說)은 불과 10폭의 종이에 서술했사오나, 만일 이것을 생각하고 익히시어 평소 조용히 계실 때 공부하신다면, 도를 응집해서 성(聖)을 이루는 요체와 근본에 발단하여 치(治)로 나아가는 근원이 모두 여기 갖추어져 있사옵니다."

이에 비해 주자의 제5장 보전의 말미에는 다음과 같이 기록되어 있다.

"용력(用力, 마음과 힘을 씀)하기를 오래도록 함에 이르러 일단 활연관통(豁然貫通)하면 중물(衆物)의 표리정조(表裏精粗)에 이르지 않음이 없고, 또 자기 마음의 전체대용(全體大用)이 밝혀지지 않음이 없다(이것을 격물(格物)이라 하고, 지지(知至)라 한다)."

이것이 양자가 서로 관련되는 부분이다. 물론 위에서 퇴계가 말한 바는 《대학(大學)》의 격물치지론의 주석은 아니지만, 분명히 그 내용은 소위 격물치지론의 핵심을 언급하고 있다고 여겨지므로, 감히 여기서도 주자의 그

것과 비교해 본 것이다. 우선 느끼게 되는 것은 퇴계의 "마땅히 스스로 믿어 ……탄태안리(坦泰安履)하리라"는 앞머리의 일절은 그 표현은 비록 다르지만, 주자의 "용력(用力)을 오래…… 전체대용(全體大用)이 밝혀지지 않음이 없다"와 내용적으로 그 중심이 거의 같은 취지라는 점이다. 즉 마음의 지허지령한 작용이 '사(思)'로서 기능하고, 그 실천으로서 '학(學)' 또는 '습(習)'과 병행한 노력이 계속됨에 따라 자연히 내적인 마음과 외적인 이(理)가 상함(相涵, 서로 섞임)하여 융회관통(融會貫通)한다는 퇴계의 논리와, '이지(已知)의 이(理)'에 의해 사물의 극처(極處)까지 이르는 노력을 계속하여 일단 활연히 관통하면 모든 사물의 이(理)를 깨달아 알 수 있다는 주자의 논리와는, 역시 인간의 주체적이고 계속적인 노력으로 안(마음)과 밖(이(理))의 통일이 이루어진다는 점에서 양자가 같다고 할 수 있다. 다만 주자는 계속적인 노력으로 '중물(衆物)의 표리정조(表裏精粗)'로서의 모든 사물의 이(理)에 다다르는, 즉 그것을 파악할 수 있다는 것은 곧 내 마음의 전체 또는 대용(大用)이 밝혀지는 것이라고 하여, 이(理)와 마음의 명(明)과의 통일만을 논리적 줄거리로 내세우고 있다. 반면에 퇴계는 심(心)과 이(理)(안과 밖)가 자연히 상함(相涵)하여 융회관통(融會貫通)할 뿐만 아니라, 또한 '습(習)'이라는 주체의 실천과 그 대상인 '사(事)'가 서로 통달함으로써 안정된 행위가 가능하게 된다고 말하고 있다. 즉 경(敬)을 지니고 오로지 공부 노력으로, 학습하는 주체의 영위와 학습되는 대상으로서의 사(事)가 서로 숙성하고 서로 관통한다. 즉 학습한 것이 자신의 것이 된다는 것이다. 주자가 앞서 말한 바도 실천적인 논리의 테두리를 나타내고는 있으나, 퇴계의 이것은 그보다 더욱 구체적인 실천의 논리를 말한 것으로서 극히 특징적인 것이라 할 수 있다.

또한 퇴계는 "처음에는 각각 그 하나를 오로지하더라도, 지금은 능히 하나로 화한다"고 했다. 일도(一圖)·일사(一事)에 온 마음을 집중하면 이윽고 그 모든 것이 그 하나에 들어맞고 적합하다는 것이다. 여기에는 '한 가지 일은 만 가지 일에 통하고, 한 가지 이치는 만 가지 이치에 통한다'는 논리가 깃들어 있음이 분명하다. 주자가 일사일물(一事一物)의 이(理)를 궁구하여 마침내 만사만리(萬事萬理)에 통달한다는 총화적인 논리를 제시하고 있는데, 퇴계는 일심일사(一心一事)의 철저한 탐구의 중요성을 강조한다. 이것은 그가 "이는 실로 맹자가 논한, 깊이 나아가 스스로 깨닫는 경지에 이르면 그만둘래야 그만둘 수 없는 징험이 된다"고 언급한 것으로도 알 수 있다. 이것은 일심일사(一心一事)에 철저하여 깊이 나아간다는 진의를 말한 것으로, 주자의 논과는 극히 대조적이라 할 수 있다.

이어서 퇴계는 내 재능을 다하여 부지런히 힘쓰면 안회(顔回)처럼 인(仁)을 어기지 않게 되어 덕으로 나라를 다스리는 것도 가능하며, 또 증자가 말한 충서일관(忠恕一貫)한 도(道)를 짊어질 수 있는 몸이 될 수도 있다고 부연했다. 즉 일반적인 논리로 일사일심(一事一心)에 투철하려는 것이 만사만리(萬事萬理)에 통한다는 논리는, 구체적 실천에서는 개체로서의 자기 재능을 있는 힘껏 다함으로써 안회나 증자와 같은 인덕과 도를 전할 책임도 체득하게 된다는 가능성을 강조하는 데까지 발전되어 있다. 그뿐만 아니라, 외경하는 마음이 일용만반(日用萬般)의 일에 유지됨으로써 《중용》의 "중화(中和)를 이루어 천지가 자리하고 만물이 길러진다"에서 인용된 '중화육위(中和育位)의 공(功)'이 실현되며, 그 덕행은 인간의 상도(常道)를 벗어나지 않고 따라서 '천인합일의 묘'도 얻게 된다고 했다. 즉, '지경(持敬)' 또는 '외경(畏敬)'의 마음이 충분히 작용하면, 그 마음은 바로 천지화육(天地化育)의 작용 그 자체가 되고, 따라서 천지의 마음과 나의 마음은 하나가 되어 천인합일의 묘경이 열린다는 것이다.

이상의 대조 비교론을 통틀어 볼 때 주자와 퇴계의 주장 가운데 가장 크게 다른 점은, 주자가 일물일사(一物一事)마다 이(理)를 궁구하고 밝힘으로써 만사만물(萬事萬物)의 이(理)를 구명한다면, 퇴계는 일도일사(一圖一事)에 전념할 때는 타도(他圖)·타사(他事)의 있음을 모르는 것 같이 하라고 하여, 어디까지나 하나에 철저하라고 강조한다. 즉, '일(一)에서 다(多)로의 노력과 하나에 철저하려는 노력'의 차이이며, 밖에서 밖으로 궁리를 전개함으로써 내적인 마음을 충실케 하는 방향과, 한 가지 일에 철저히 하며 하나의 주체로서의 자기에게 어디까지나 주체내재적으로 철저함을 다함으로써 자기를 확립해 나가는 방향과의 차이이기도 하다. 이것은 다음 항에서도 언급하겠지만, 어느 쪽인가 하면 이(理)의 주체내재화에 의해 개체를 확립하려는 주자의 입장과, 경(敬)을 중심으로 하고 경을 주체내재화함으로써 실천적·도덕적 주체의 확립을 강조하려는 퇴계의 철학적 입장의 차이라 볼 수도 있다.

경(敬)을 중심으로 한 그의 실천철학은 이렇게 준비되어 간 것이다.

3.《성학십도》의 구성과 사상적 관련성

지금까지 말한 것은 〈차자〉를 중심으로 한 퇴계의 학문론 또는 위학(爲學)의 목적·방법에 관한 것이고, 주자의《대학》제5장 보전에 있는 격물치지론(格物致知論)과의 비교 대조였다. 본 항에서는 드디어《성학십도》의 구체적 고찰에 들어가기로 한다. 최초의 관심은 이미 제1항 문제의 소재에서도 말했듯이, 어째서 퇴계는 이러한 10개의 자료를 선택했고, 어떤 사상에서 이를 배열·구성했는가 하는 점인데, 그를 위해서 십도(十圖)의 사상상(思想上)의 상호 관련을 퇴계의 입장에서 밝히려고 한다.

《성학십도》는 다음과 같이 구성·배열되어 있다. 원도(原圖)와 원문(原文)을 아울러 싣기로 한다.

○ 제1태극도(第一太極圖)

주염계의 그림 및 도설(圖說), 주자의 해설, 퇴계의 보충 설명. 그림은 퇴계가 주자의 〈태극도설해(太極圖說解)〉 중에서 요약하여 인용한 것이라 생각된다.

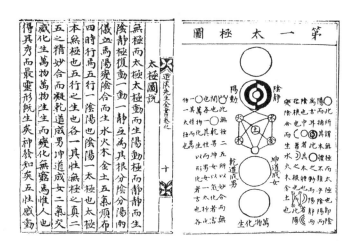

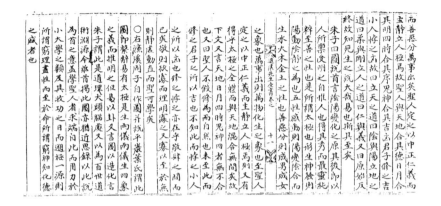

○ 제2서명도(第二西銘圖)

장횡거(張橫渠)의 《서명(西銘)》, 정임은(程林隱)의 그림, 주자와 양구산
(楊龜山)의 해설, 퇴계의 보충 설명으로 구성된다.

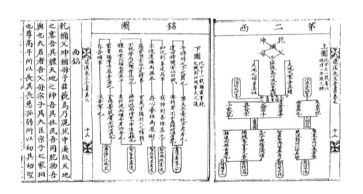

○ 제3소학도(第三小學圖)

소학제사(小學題辭), 퇴계의 그림(《소학》의 목차만을 취하여 구성함), 주자《대학혹문(大學或問)》의 일부, 퇴계의 보충 설명으로 구성된다.

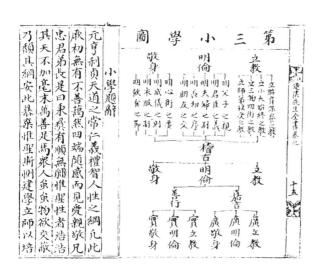

○ 제4대학도(第四大學圖)

《대학》 제1장 주자의 '경(敬)'에 관한 설, 퇴계의 보충 설명으로 구성된다.

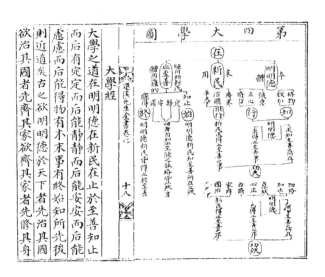

大學經

大學之道在明明德在新民在止於至善知止
而后有定定而后能靜靜而后能安安而后能
慮慮而后能得物有本末事有終始知所先後
則近道矣古之欲明明德於天下者先治其國
欲治其國者先齊其家欲齊其家者先修其身

○제5백록동규도(第五白鹿洞規圖)

주자의 후서(後敍), 퇴계의 그림(문장은 주자의 것) 및 보충 설명으로 구
성된다.

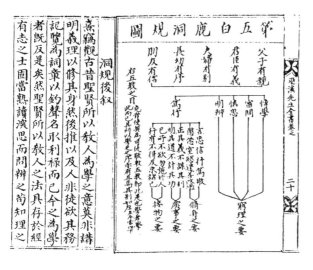

第五白鹿洞規圖

父子有親
君臣有義
夫婦有別
長幼有序
朋友有信

博學
審問
慎思
明辨
篤行

窮理之要
修身之要
處事之要
接物之要

洞規後叙

熹竊觀古昔聖賢所以教人為學之意莫非講明義理以修其身然後推以及人非徒欲其務記覽為詞章以釣聲名取利祿而已今之為學者既反是矣然聖賢所以教人之法具存於經有志之士固當熟讀深思而問辨之苟知理之

○右規朱子所作以揭示白鹿洞書院學者

洞在南康軍北匡廬山之南唐李渤隱於此養白鹿以自隨因名其洞南唐建書院官號為國庠學徒常數百人宋太宗頒書籍官洞主以寵勸之中間無廢朱子知南康軍請于朝遷建聚徒設規倡明道學書院之教遂盛于天下臣今謹按規文本旦作此圖以便觀省盖唐虞三代之教皆所以明人倫故規以窮理力行皆本於五倫且帝王之學其規矩禁防之具雖與凡學者有不能盡同者然本之彛倫而窮理力行以求夫心法切要之處則未嘗不同也故并獻是圖以備朝夕御覽之箴

○以上五圖本於天道而功在明人倫懋德

退溪先生全書卷之　二十一

○ 제6심통성정도(第六心統性情圖)

정임은의 그림 및 설명, 상도(上圖)는 정임은이 지은 것, 중(中)·하도(下圖)는 퇴계가 지음. 퇴계의 긴 보충 설명이 있다.

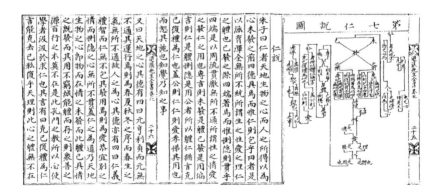

○제7인설도(第七仁說圖)

주자의 인설(仁說), 퇴계의 그림(문장은 주자의 것) 및 보충 설명으로 구성된다.

而此心之用無不行也又曰居處恭執事敬與
人忠則心亦所以存此心也又曰事視聽言見悌
反物恐則亦所以行此心也此心何尝也在天
地則块然生物之心在人則溫然愛人利物之
心包四德而貫四端者也或曰若子之言程子
所謂愛情仁性也不可以愛名也吾以為
程子之所謂以愛之發而名仁者也盖有取屬者程子之言
以愛之理而名仁者也蓋情性者則其分
離絶而不相管哉吾夫學者誦程子之言
而求其意達至於利然離愛而言仁故特論
此以發明程氏之徒有以萬物與我為一為仁之
謂哉曰程氏之徒有知覺釋仁之名者非仁之
體者亦有以心有知覺謂仁之名者非仁之
誤哉曰程子之說所以非有以萬物與我為一者可以見仁之
所謂我為一者可以見仁之實也謂心有知覺者可以
己乎智矣而非仁之所以得名之實也觀孔子
答子貢博施濟眾之問與程子所謂覺非仁之
訓則可見矣朱子安得以此而論仁哉
○右仁說朱子所述并自作圖蓋明仁道無
餘蘊大學傳心體仁之妙盡於此今欲求
古昔帝王傳心體仁之妙盡於此盡意云

○ 제8심학도(第八心學圖)

정임은의 도설 및 그림, 퇴계의 보충 설명으로 구성된다.

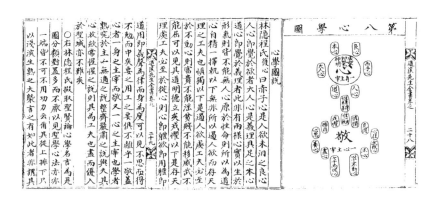

心學圖說
林隱程氏復心曰赤子心是人欲未汩之良心
人心即覺於欲者大人心是義理具足之本心
道心即覺於此理者此非有兩樣心實欲於於
形氣則皆不能無人心原於性命則不能無道
心之工夫也惟一擇机以下無非所以遏人欲而存道
理之工夫也必至於慎獨以下是過人欲處工夫必至
於不動心則道明德立矣誠意以下是存天
理處工夫必至從心則心即體即用體即
道用即體此程復心圖為度可以見其不思不得
不勉中度要之用功又一要一欲皆學者
心收欲常惺惺之訣而大其
於聖域亦不難矣
○右林隱程氏擬取聖賢輪心學名言為則
圖分類對置多而不煩以見聖學心法亦不
一端皆可不用而凡為聖學者不于上排下只
以浸漸生熟之大槩言之有如此者非謂其
妄作耶

工程節次如致知誠意正心修身之有先後
也戒愼恐懼示以大槩叙之求放心是用工初
頭事不當在於心在之後臣竊以為求放心
漫言之則固為第一下手著脚處就其浅而
秘言之瞬息之頃一念少差亦是放得時候
不能無適於三月之後非不能無適於顏子
放則是顏子善失使能知之纔如此而便失
復絪作亦為求放心之類也故程圖之叙如此
此程氏子子見新安陳居不仕行義甚備
向頭窩經濟有所得著四書章圖三卷元仁
宗朝以薦召至將用之子見不願出於鄉
郡博士致仕而歿其為人如此意無所見而
妄作耶

제6장 퇴계사상 체계적 구성 517

○ 제9경재잠도(第九敬齋箴圖)

주자의 〈경재잠(敬齋箴)〉 및 해설, 왕백(王柏)의 그림, 오임천(吳臨川)과 진서산(眞西山)의 해설, 퇴계의 보충 설명으로 구성된다.

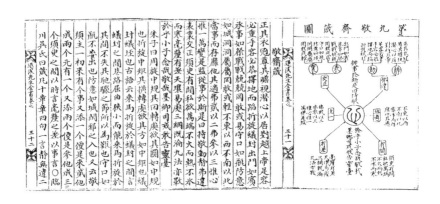

○ 제10숙흥야매잠도(第十夙興夜寐箴圖)

진무경(陳茂卿)의 〈숙흥야매잠(夙興夜寐箴)〉과 〈제9도(圖)〉와 대조하여 만든 퇴계의 그림 및 보충 설명으로 구성된다.

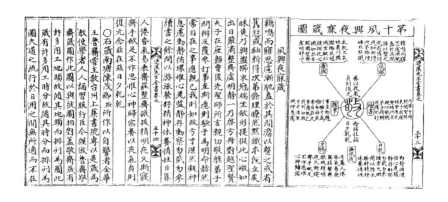

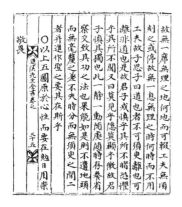

이상이 《성학십도》 전체의 구성인데, 이미 고찰의 대상으로 삼아왔듯이 이 십도(十圖) 앞에는 〈진성학십도차자〉가 붙어 있으며, 전체적으로 볼 때 이것은 서문의 역할을 한다고 할 수 있다. 다음에 퇴계가 각 그림의 말미에 곁들인 보충 설명 등을 참고로, 십도가 어떤 사상적 관련을 갖고 배열되었으며 구성되어 있는가를 밝히려 한다.

① 우선 퇴계는 "십도는 모두 경(敬)으로써 주를 삼는다"(제4도(圖) 보충 설명), 또 "경(敬)은 (도리와 실천 등) 위에서 아래로 이르기까지 일관하여 노력 공부하여 효과를 거두기 위해 쓰되, 일에 따라 잃음이 있어서는 안 된다"(同上)고 했다. 이것은 이미 말했듯이 〈차자〉에서 "경(敬)을 가진다는 것은, 생각과 학문(思學)을 겸하고 움직임과 고요함(動靜)을 꿰뚫으며 안과 밖(內外)을 합하고 드러난 것과 숨어 있는 것(顯微)을 하나로 하는 도(道)이다……"라고 확언한 것을, 십도(十圖)

전체의 사상(실천론을 포함하여)을 관철하는 것으로서 거듭 밝힌 것이다. 다음 항에서 고찰하듯이, 각 그림의 보충 설명에는 '경(敬)을 주로 한다'는 것이 직접·간접으로 기술되어 있다.

②퇴계는 《소학》(제3도)과 《대학》(제4도)을 매우 중시하여, "대개 소학과 대학은 서로 상대하여 이루어진 것으로, 이른바 하나이면서 둘이고 둘이면서 하나……"(제3도 보충 설명)라는 관계에 있다고 했다. 따라서 또 《대학》, 《소학》의 두 설은 "통(通)하여 보아야 할 것이다"(제4도 보충 설명), 또한 "상하의 여덟 그림 모두 이 두 그림을 통해 보아야 할 것"이라고 했다.

③〈제1태극·제2서명도〉는 "(학문의) 단서를 구하여 이를 확충하고 하늘(자연 또는 세계 전체)을 파악·체득하여 그 도리를 규명하는 근본이고, 또한 소학·대학의 표준 내지 본원이다"(제4도 보충 설명)라고 했다.

④〈제5백록동규도〉에서 〈제6심통성정도〉, 〈제7인설도〉, 〈제8심학도〉, 〈제9경재잠도〉, 〈제10숙흥야매잠도〉에 이르기까지의 여섯 그림은 "선(善)을 밝히고 몸을 성실히 하며 덕을 높이고 학업을 넓혀 노력정진(의 대상으로) 하는 것이며, 소학·대학의 (교설이 있는 것으로서의) 논과 밭이고 그것(소학·대학의 교설)을 항상 일삼아 실천으로 공부 효과를 올리는 사항이다"(同上)라고 했다.

⑤〈제1태극도〉로부터 〈제2서명도〉, 〈제3소학도〉, 〈제4대학도〉, 〈제5백록동규도〉까지는 "천도(천지자연의 도리)에 근원하고 있으며, 그 구체적인 노력공부에 의한 효과는 인륜을 밝히고 덕행에 힘쓰는 데에 있다"(제5도 보충 설명)

⑥〈제6심통성정도〉에서 〈제10숙흥야매잠도〉에 이르는 다섯 그림은 "마음의 본성에 근원하고 있으며, 그 구체적 요건은 일상생활에서(성학의) 실천을 노력하고 경외심을 높이는 데 있다"(제10도 보충 설명)고 했다.

이상 각 그림에 덧붙여진 퇴계의 보충 설명을 보면 십도(十圖)는 서로 어떤 관련을 갖고 구성·배열되어 있는지, 각 그림은 전체 중에서 어떤 위치를 차지하고 어떤 의의를 가지고 있는지 그 개요를 파악할 수 있을 것이다. 이것을 다시 알기 쉽게 부연해 보면 다음과 같이 이해할 수 있다.

《성학십도》의 가장 중심이 되는 것은 《소학》과 《대학》이다. 이 두 책은 사람이 유년에서 성년에 이르는 동안, 무엇을 어떤 목적으로 어떻게 배우고 또 실천하고 노력할 것인가. 그 결과·성과로서 인간은 우선 개인으로서 어떤 인간으로 자기형성을 할 것인가, 또 한 가족과 국가사회의 성원으로서, 나아가 세계 인류의 일원(이라고 부연 해석하여 둔다)으로서 무엇을 할 것인지를 밝힌 것이다. 더구나 이것은 성학 즉 고대 이래의 전통적 유학의 근본적인 가르침을 모아서 요약한 것이다. 따라서 위학은 본래적으로 볼 때 이 두 책을 충분히 공부하고 사색하여 실천에 옮김으로써 충분하지만, 다시 두 책의 내용을 이론적·실천적으로 상세히 밝히기 위해 신유학의 각종 재료를 선택하여, 계통적·관련적으로 배열시켜 하나의 체계를 구성한 것이라 할 수 있다. 그러므로 퇴계는 《소학》과 《대학》을 가리켜, 하나이면서 둘이고 둘이면서 하나인 관계라고 했고, 또한 그 밖의 여덟 그림 전체도 이 두 그림을 통해 이해하고 실천하라고 했던 것이다.

이제 퇴계의 보충 설명에 따라 십도(十圖)를 계통적·체계적으로 살펴보면, 〈제1태극도〉·〈제2서명도〉는 "이는 단(端, 진실)을 구하여 확충하고, 천(天)을 체(體)하여 도(道)를 다하는 극치의 곳, 소학과 대학의 표준이며 본원이다"라고 했듯이, 세계 또는 존재의 궁극적 이법(理法)을 밝히고 《소학》과 《대학》의 근본적인 근거로 삼기 위해 설정한 것이다. 즉 현대의 철학이나 윤리학으로 본다면, 학문의 대전제 또는 근거로서의 세계관 및 인생관 또는 인간관에 대해 사색하고 이것을 자각하려 했던 것이다. 다시 말하면, 세계존재와 인간존재와의 논리적 관계를 명백히 하고, 세계 속에서 인간은 무엇인가 묻고 사색하기 위해 이 두 그림을 설정한 것이다. 철학적 사색과 실천의 토대로 만든 것이 〈제1도·제2도〉였다.

성학의 토대가 이루어지면, 다음으로는 이 토대 위에서 《소학》과 《대학》에 수록된 내용을 더욱 구체적으로 실천하고 자기형성을 하기 위한 상세한 논리 및 인간분석이 제시되어, 그것을 통한 위학의 방법, 장소(時處位)가 밝혀진다. 그것이 〈제3도·제4도〉(소학·대학)에 이은 〈제5도〉에서 〈제10도〉까지이다. 퇴계에 의하면 이 여섯 그림은 위의 ④에서 말한 바와 같이 "선(善)을 밝히고 몸을 성실히 하며, 덕을 높이고 학업을 넓혀 힘쓸 곳이며, 소학·대학의 터(田地)이고 공적(事功)"이었다. 이것은 본질적으로 인간존재의 개별적 주체에 관한 문제이다. 선(善)의 일반적·보편적인 모델은 세계존재와 인간존재와의 존재론적 관계에서 밝혀질 수 있지만(《성학십도》에서는 제1도·제2도를 중심으로), 그러한 선은 이른바 선의 형식이므로 구체적으로는 어디에도 존재하지 않는다. 존재하는 구체적인 선은 어디까지나 개인으로서의 인간주체와 관련하여 개별적으로 존재한다. 개별적인 선이 개별적인 인간주체에 관련하여 존재하고 실현된다면, 그것은 개별적 인간의 본질에 의거하지 않을 수 없다. 즉 법률이나 사회의 규율에 따라 선이 존재하고 법률이나 규율에 따라 행해지는 행위가 선이라면 몰라도, 개별적인 선이 개별적 인간주체에 관련하여 존재하고 실현된다는 것은, 결국 한 개인을 주재(主宰)하는 것에 눈을 돌리지 않을 수 없다. 인간을(善으로 향해) 움직이는 본원이 무엇인가? 물음으로써, 선이 아닌 좀 더 본질적으로 선을 선으로 만드는 무엇인가가 밝혀질 것이다. 전통적인 유학(성학)에서 그것은 인간의 심(心)과 성(性)·정(情)을 묻는 것이었다.

　다시 말하면, 인간주체에서 심·성·정을 묻고 구명하는 것이 최종적으로 선(善)의 근원을 밝히는 것이고, 선의 이법, 더 나아가 인류의 이법(여기서는 〈제7인설도〉를 중심으로 제시된다)의 해명과 통하는 동시에 그 실현에 즈음하여 요구되는 것은 성신(誠身)·숭덕(崇德)·광업(廣業)·용력(用力) 따위이다. 나중에 상세히 검토·해명하겠지만, 〈제6도〉에서 〈제10도〉까지는 퇴계가 바로 위와 같은 논리적 배경 아래 배열·구성한 것이다. 그리고 이러한 내용을 담고 있는 것이 〈제5도〉에서 〈제10도〉까지의 여섯 개의 그림이므로, 퇴계는 이것을 '소학·대학의 터전(田地)·공적(事功)'이라 하여, 《소학》과 《대학》 두 책에서 제시된 교설(인간의 자기형성과 이를 통해 어떻게 가정·국가·천하를 다스리는 데 도움을 줄 인재가 될 것인가를 말한 과제)을 실제로 살리고 키워 실천할 터전으로 제시한 것이다.

　퇴계는 또한 《성학십도》 전체를 둘로 나누어, 전반의 다섯 그림에서는 이미 말한 ⑤와 같이 "이상의 다섯 그림은 천도에 기초하고, 공(功)은 인류을 밝히고 덕업에 노력하는 데 있다"(제5도 보충 설명)고 했다. 여기서 극히 주목해야 할 것은 전반의 다섯 그림이 '천도에 기초'했다고 분명히 말한 점이다. 이미 ③의 〈제1도·제2도〉는 성학에서의 철학적 사색과 실천의 토대를 이룩한 것이라고 해석되었다. 다시 말해 이 두 그림은 다음 항에서 자세히 논하겠지만, 무엇보다도 먼저 세계 또는 존재의 이법과 인류의 이법과의 논리적인 관련성·체계성을 기본적으로 밝힌 것이었다. 세계 즉 천지자연의 운행(運行)·소장(消長, 쇠함과 성함)의 이법이 추구되었을 때, 원래 인간도 그 안에 존재하므로 그 세계 또는 천지자연의 운행·소장 밖에 있을 수가 없다. 천지자연의 존재양식은 바로 인간존재의 존재양식이라는 유추적인 사고방식이 동양적 사유의 밑바탕에 일관되어 있기 때문이다. 따라서 '천도에 기초한다'는 것은 천지자연의 운행·소장의 이법=도리에 기초하여 인류를 거기에 유추하여 견주면서 거기에 나타나는 이법을 명확하게 파악하고, 그것에 대한 각득(覺得, 깨달아 앎)을 통해 인간들에게 그 각득된 이법을 체현하고 증명하는데 덕을 쌓고 업을 이루는 근거가 존재하는 것이다. 즉 인간이 옳은 '행위를 행할 수 있는 이론적 근거·테두리·당위'를 '천도'에 기초하여 제시한 것이다. 이것이 〈제1도〉에서 〈제5도〉까지이다.

이에 대해 옳은 행위를 하는 인간주체가 문제다. 퇴계에 의하면, 그것은 〈제6도〉에서 〈제10도〉까지의 다섯 그림에 제시되어 있다고 했다. 그는 〈제10도〉의 보충 설명에서 "이상의 다섯 그림은 심성에 기초하여, 요컨대 일용(日用)을 힘쓰고 경외(敬畏)를 높이는 데 있다"고 했다. 올바르게 행위하는 인간주체의 중심은 인간의 마음의 작용이다. 원래 인간이 태어나면서부터 갖고 있는 본성은 무엇인가, 그 구체적 작용으로서의 마음이나 정(情)이나 의(意)는 본성과 어떤 관련을 갖고 작용하는가, 우리의 마음을 어떻게 키우고 기르면 성학이 목표로 하는 인간상에 가까워질 수 있는가, 이러한 과제는 결국 인간의 심성을 분명히 깨달아 알고 거기에 근원하여 일상의 행주좌와(行住坐臥, 가고 머물고 앉고 눕는다) 속에서 노력·수양해 나가는 데 달려 있다. 퇴계는 그러한 때는 마음의 상태가 문제이기 때문에 마음의 '경외'를 중시했다. 즉 일상생활에서 인사(人事)에 임할 때 내 마음이 항상 경외하는 상태에 있어야 하는데, 그것을 높이고 강화시킬 것을 강조하기 위해 후반의 다섯 그림을 제시한 것이다.

이상으로 《성학십도》의 전체 및 각 그림의 사상적 관련성을 밝혀보았다. 다음 항부터는 '경(敬)'을 핵심으로 전개시킨 십도(十圖)의 사상내용을 구체적으로 고찰하여, 본 항에서 말한 퇴계의 논리를 더 계통적·체계적으로 밝히려 한다.

4. 세계존재와 인간존재

본 항에서는 위와 같은 과제 아래서 〈제1도〉에서 〈제5도〉까지의 내용을 상세히 검토하고, 그 사상적 관련성과 요점을 명백히 하여, 이로써 전 항의 ③④⑤에 게재된 퇴계의 구상과 사상적 의도를 이론적으로 뒷받침해 보기로 한다.

제1태극도(第一太極圖)

퇴계는 본 그림의 보충 설명에서 대체로 다음과 같이 말하고 있다. "이것은 주자가 도(圖) 및 설(說)을 스스로 만든 것이다. 평암(平巖)의 섭씨(葉氏)는[8] '이 그림은 《역(易)》 계사전(繫辭傳)에서의 역(易)에 태극(太極)이 있으니 이것이 양의(兩儀, 음양)를 낳고 양의가 사상(四象)을 낳는다는 뜻을 미루어 밝힌 것이다. 다만 역(易)은 괘부(卦父)를 갖고 말했으며, 도(圖)는 조화(造化)를 갖고 말했다'고 했다. 주자는 '이것은 도리의 큰 두뇌가 되고, 백세 도술(百世 道術)의 연원이다'라고 했다. 지금 이것을 첫머리에 실어 그림을 게재한 것은 《근사록》에서도 《태극도설》을 첫머리에 게시한 것과 같은 의도이다. 무릇 성인되기를 배우는 자는 그 학문의 단서를 이 그림에서 구하되, 그 노력 실천은 《소학》과 《대학》의 가르침에 두는 것이 타당

---

8) '평암 섭씨'란 《송원학안(宋元學案)》 권65, 〈목종학안(木鐘學案)〉에 보이는 비감섭평암채(秘監葉平巖采)를 말함. 섭채의 자(字)는 중규(仲圭) (또는 다른 자를 평암이라 한다고 함). 아버지는 문수섭서산선생미도(文修葉西山先生味道) (다른 자는 지도(知道)). 온주인(溫州人)으로 주문공(朱文公)에게 사사했다. 따라서 섭중규는 《송원학안》에도 〈서산가학(西山家學)〉이라 게재되어 있다. 소무인(邵武人)이라 했으나, 이는 아버지인 문수가 주자를 따라 무이(武夷)에 가서 마침내 건녕(建寧)에 머물며 중규가 순우진사(淳祐進士)에 급제하여 소무위(邵武尉)가 됨으로써 잘못 소무인이라 불린 듯하다. 섭중규는 처음 채절재(蔡節齋)를 따라 역학(易學)을 배우고 마침내 진북계(陳北溪)에게 배웠다. 진북계는 그가 즐겨 수준이 높음을 뛰어넘어 순서취실(循序就實)의 공부가 적었기 때문에, 자주 그를 꺾어 통폄(痛砭)했다. 이윽고 그는 반성하여 착실하게 되었으므로 진북계도 이를 크게 기뻐했다고 한다. 이 〈학안〉 부록에는 진북계가 탁정서(卓廷瑞)에게 대답하여 말했다는 것이 전하고 있다. "葉仲圭資質甚穎敏, 可與適道, 而貪多欲速, 馳騖飛揚, 誠如長者之喻, 由其所師者節齋之學, 又別自立一家, 不純用文公節度, 如易解雖訓詁詳于本義, 而理義歸要, 未能脫王韓老莊之見……" 날카롭고 민첩한 사람이었으나, 인물됨이 침착하지 못하고 욕심이 많아 바람직한 평을 받지 못했던 것 같다. 분명히 역(易)을 배웠으나, 위의 인용으로도 알 수 있듯이 훈고(訓詁)에 상세했지만 왕한노장의 영향에서 벗어나지 못하고 있었다. 어째서 퇴계가 이러한 학자의 역설(易說)을 인용했는지는 확실치 않다.

하며, 마침내 그 효과를 거두기에 이르면 다시 하나의 근원으로 거슬러 올라가도록 한다.

이것이 이른바 '이(理)를 궁구하고 성(性)을 다하여 명(命)에 이른다'는 것이고, '신(神)을 궁구하고 화(化)를 안다'는 것에 의하여 덕을 성하게 하는 것과 통한다." 이상이 보충 설명의 간략한 내용이다. 퇴계는 섭중규(葉仲圭)나 주자의 말을 인용하면서《태극도설》은 '조화(造化)'이고, '도리의 큰 두뇌가 되는 곳, 백세도술의 연원'임을 승인한다. '조화'란 모든 존재의 생성·변화의 근원이며, 따라서 주자가 말하는 이른바 최고의 도리, 백세에 걸쳐 학술의 근본이다. 이 보충 설명에서 중요한 것은《태극도설》은 성인이 되기 위한 위학의 단서이고, 확고한 세계관을 갖고 성학을 배우는 것이 필요한 동시에, 그것을 토대로《소학》과《대학》을 배워 수기치인(修己治人)의 성과를 거두었다면, 다시 이 존재의 근원에 사색을 집중하여 만화(萬化)의 근원으로 다시 돌아가기를 요청하고 있는 점이다. 기초에서 시작하여 현실구체의 위학실천에 몰입하다 보면 어느 틈엔가 근원 즉, 유학의 근본을 망각하게 될 것이라는 우려를 가지고, 항상 만화의 근원에 거슬러 올라갈 것을 요청함으로써 전통유학의 정통을 유지하려는 의도가 엿보인다. 불교나 노장사상도 각각 깊은 철학상의 이치 위에서 이룩된 학문이다. 일용구체의 행동이나 학문적 영위도 이를 정통 밖의 사상, 유가의 입장에서 본다면 이단이라고도 할 수 있는 사상에 접함으로써, 혹시 그 정통성에 구름이 끼어 혼란을 일으킬까 염려한 발언이라고도 생각된다. 따라서 이 경우《근사록》의 글머리에《태극도설》이 실려 있다는 사실은, 본질적인 문제라기보다도 하나의 참고로 언급한 것에 불과한데, 주자 등도 또한《근사록》편집에 하나의 독특한 견식을 가지고 있었기 때문이다.

"순희(淳熙) 을미(효종, 1175) 여름, 동래(東萊)의 여백공(呂伯恭)이 동양(東陽)에서 오면서 나의 한천정사(寒泉精舍)를 지나갔다. 머무르기 10일, 서로 주자(周子)·정자(程子)·장자(張子)의 책을 읽고 그 광대하여 끝없음을 느끼며 초학자(初學者)가 들어갈 바를 모를까 염려했다. 이에 서로 그 대체(大體)에 관해서 일용(日用)에 절실한 것을 뽑아 이 책을 편찬했다. 모두 622조, 14권으로 나누었다. 무릇 학자가 단(端)을 구하고 용력(用力)하여 자신을 처(處)하고 남을 다스리는 이유와 이단을 구별하고 성현을 보는 이유의 대략은 대개 그 경개(梗槪)를 나타냈다. ……"9)

주자는 《후서(後序)》에서,10) 학자의 '구단용력처기치인(求端用力處己治人)'과 '변이단관성현(辨異端觀聖賢)'을 위하여 작성한 까닭을 밝혔다.

"《근사록(近思錄)》이 이미 이루어졌다. 어떤 사람이 첫 권의 음양변화 성명의 설은 대저 시학자(始學者)의 일이 아니라고 의심한다. 조겸(祖謙)이 가만히 일찍이 차집(次緝)의 뜻을 함께 참여하여 들었다. 후출만진(後出晩進)하여 의리의 본원에서 아직 갑자기 이야기할 바가 아니더라도, 진실로 멍하여 그 경개를 알지 못하면 어찌 저지할 바가 있으리요. 이것을 편단(篇端)에 삽입하는 것은 특히 이로써 그 명분과 의리를 알고 향망(嚮望)하는 바 있게 할 뿐이다. 나머지 권을 싣는 바에 이르러서는 강학의 방법, 일용궁행(日用躬行)의 실(實), 모두 과급(科級)이 있다. ……"

또 후서 편집에 협력한 학우 여동래(呂東萊, 여조겸)는, 처음부터 난해한 《태극도설》 등을 실은 것은 초학자가 배울 바는 아니라고 한 의문에 대해, 의리의 본원에 관해 그 큰 줄거리를 파악케 했고, 학자가 우선 명의(名義)를 알고 학문의 향하는 바를 나타내려 했으며, 따라서 다른 권(卷)은 위학·실천의 구체적 방법으로 스스로의 구분단계가 있음을 분명히 말하고 있다.

이것을 보아도 알 수 있듯이, 《근사록》 또한 이단(異端)을 구별하고 유학 본래의 의리의 출처인 본원을 미리 학자들에게 파악시키려 했던 것이다. 그러나 퇴계에게 《성학십도》의 〈제1태극도〉를 실음으로써 학자로 하여금 단지 유학적 의리의 본원을 알게 하고 단서를 구하도록 하기 위한 것만이 아니라, 퇴계 자신의 철학체계의 근저를 나타내는 것이다.

그러면 이 《태극도설》의 사상적 본질은 무엇일까. 다음에는 이것을 해명해 보기로 하자. 《태극도설》에서는 우선 '무극(無極)이면서 태극(太極)이다'라고 했다. 요컨대 주염계는 '무극', '태극'이라는 말로, 모든 사물존재의 근원 또는 그 생성·변화의 원인과 이유로 삼았다. 이른바 존재의 존재이다. 따라서 그가 감히 '무극이면서 태극'이라고 한 것은 다만 '무극', '태극'의 두 언

---

9) 주자유서 《근사록》 12면.
10) 동상서.

어를 완전히 동일한 개념으로 여기고 수사적으로 나열했다고는 생각되지 않는다. 왜냐하면 다음에 "태극이 동(動)하여 양(陽)을 낳는다"고 했기 때문이다. 만일 '태극'이 만물존재의 근원이라면, 역(易)적 논리에 의하면 그것은 분명히 형이상학적인 개념이다. 형이상학적인 것은 이념이고 사유물(思惟物)이다. 또 운동 또는 운동하는 것은 일반적으로 형이하의 구체적 사물이어야 한다. 형이상학적인 것과 형이하학적인 것은 논리적으로 단절되어 있다.

그렇다면 "태극이 동하여 양을 낳는다"고 할 때 '태극'은 완전히 형이상적 개념이 아니라, 형이상과 형이하를 잇는 개념이라고 할 수 있다. 이것을 전제로 '무극이면서 태극'을 해석한다면 다음과 같이 말하지 않을 수 없다. 즉 당(唐) 공영달(孔穎達)의 《주역정의(周易正義)》에서 "태극은 천지가 나누어지기 전, 원기가 혼잡 되어 하나가 됨을 이른다. 이른바 태초(太初)·태일(太一)이다"라 했듯이, '태극'은 완전히 형이상학적인 무(無)가 아니라, 이것저것으로 개별화되기 이전의 물일반(物一般), 모든 개물존재(個物存在)=물(物)의 전체를 의미하는 말로 생각된다. 그것은 '물(物)이 있다'에 대한 일반적·전체적 표현이므로 '유(有)'이다. '유'는 '무'에 상즉(相卽)하고 '무'에 의해 지탱된다. 더구나 이 모든 개개의 물의 존재의 전체로서의 '유'는 물론 '개개의 물의 존재가 아니라, 개개의 물의 거기에 생기는', '거기에 존재하는' 뜻에서, 개개의 물(物)의 존재의 근원=근본이다.

'무극이면서 태극'에 연관시켜 해석한다면 '유(有)'는 개물존재의 전체이고 물일반(物一般)이며, 따라서 '태극'이 된다. 이 '태극'으로서의 물일반 또는 '유'에 상즉하며 또 그것이 음양동정(陰陽動靜)의 변화에 의하여 분화되고 개별화될 때의 이법이 '무극'이다. '무극'과 '태극'은 둘이면서 하나요, 하나이면서 둘인 논리적 관계에 있으며, 사물이 거기에서 존재하고 거기로부터 분화하며, 생성되어 나가는 근원이고 음양변화의 근본원인이다. 다름 아닌 '조화(造化)'가 그것이다. 따라서 개별생성의 논리적 과정(시간적 경과가 아니라)으로 본다면, 우선 '무'로서의 '무극'과 거기에 상즉하는 물일반 또는 '유'로서의 '태극'이 있다. 양자는 앞서도 말했듯이 둘이면서 하나이고, 하나이면서 둘이다.

그런데 종래에도 '태극'에 대해 형이상과 형이하를 연결하는 개념, 완전히 형이상학적 개념만이 아닌 것, 개개의 물(物)로서 개별화되기 이전의 물일반(物一般), 물건(物件)이 있다고 하는 일반적·전체적 표현, '유(有)', 개개의 물(物)의 존재의 근원=근본 등으로 해석해 왔다. 또는 《주역정의》의 '천지가 나뉘기 전의 원기가 혼합되어 하나인 것'이라는 표현에 유추하여 이해해 왔다. 이들 여러 표현을 통해서 말할 수 있는 것은, 적어도 '태극'이 이것저것이라고 일컬어지는 개개의 물(物)을 가리키는 것이 아니라는 점이다. 그렇다고 순수하게 형이상학적인 '무(無)'라고도 할 수 없다. 그렇다면 '태극'이란 어떤 논리적 성격을 가진 개념인가. 단적으로 말한다면, 이상과 같은 여러 가지 표현을 빌려 '태극'을 이해한 것을 종합하여, "태극이란 물(物)이 아직 개별화되기 이전의 혼연한 것, 모든 개개의 물(物)의 존재의 전체, 물일반이며, 따라서 논리적인 일기(一氣)이다"라고 하지 않을 수 없다. 이 논리적인 일기(一氣)가 '태극'이라고 한다면, '태극'은 그 논리적인 일기가 갖는 모든 물(物)의 존재의 근원, 존재의 순수한 근본원인의 형용·수사라 해석된다. 이미 말했듯이 양자는 그 논리적 관계에 있어서는 둘이면서 하나이고, 하나이면서 둘이다. 그러나 '태극'은 물(物)의 근본이라는 뜻에서 물(物)과 가까우나, '무극'은 순수하게 형이상학적인 성격을 표현하고 있다고 할 수도 있다.

이리하여 '무극(無極)', '태극(太極)'은 세계 또는 존재의 순수한 이법으로서의 성격과 거기에서 개개의 물(物)이 생성하고, 그것에 의해 개개의 물(物)이 운동·변화하는 능동인(能動因)으로서의 성격을 합친 것이라고 해석된다. 즉 '태극'이 능동인적 성격을 가진 논리적 일기(一氣)임에 대하여, '무극'은 그것의 개물적(個物的)인 유적(有的) 성격을 부정하고 이적(理的) 성격을 나타내는 동시에, 능동인적 성격을 가진 '태극'이 있는 장소적 의미를 표현한 것이라고 할 수 있다. '태극'은 단순한 공무(空無)가 아니라 작용을 가진 것이고, 모든 사물의 작용에 근본적인 작용이며, 따라서 모든 물(物)의 근원적인 능동인(能動因)이다. 그것은 물(物)로서의 힘을 가진 것처럼 보이므로 이를 논리적인 일기(一氣)라 한 것이다.

알고 있듯이 주자는 이기이원론(理氣二元論)적 입장에서 그 사상 또는 세계관을 확립했다. 그에게 이(理)는 '소이연지고(所以然之故)'이며, '소당연지칙(所當然之則)'이었다. 이(理)의 성격에 이런 양면성이 그 존재론적 의의와 실천적·도덕론적 의의에 의해 부여되었더라도, 이(理)는 어디까지나 형이상학적이고 기(氣)는 개개의 물(物)의 생성·변화의 구성요소로서 어디까지나 형이하학적인 것이므로, 양자는 형이상하로 절단되고 이원화되어 있었다. 11) 그런데 《태극도설》, 특히 '무극이면서 태극'에 대해서는 주자도 그 해석에 미묘한 흔들림을 보이고 있었다. "무극이면서 태극, 태극이 동하여 양을 낳는다……"의 이해는, 주자가 이기를 구별하는 이원론적 입장에서 볼 때 어떻게 될 것인가. 그의 〈태극도설해〉 등에서 살펴보기로 한다. 12) 〈도설해〉에서는 '무극이태극(無極而太極)'을 "상천(上天)의 재(載)는 무성무취(無聲無臭)하여, 실로 조화(造化)의 추뉴(樞紐, 중심줄), 품휘(品彙, 물품의 종류)의 밑바탕이다. 그러므로 무극이면서 태극이라 한다. 태극 밖에 다시 무극이 있을 수 없다"고 설명한다. 《어류(語類)》(권94, 주자지서·태극도)에서 '상천(上天)'은 창창한 것, "이(理)는 재(載)자(字)의 위에 있다"고 했으므로 '무성무취의 이(理)'는 '상천(上天)의 재(載)'를 뜻한다. 이러한 이(理)는 조화의 추뉴, 품휘의 밑바탕이므로, 천지자연의 생성·변화 및 모든 개개의 물(物)의 존재의 추뉴·근저 즉 근원이다. 이것은 극히 당연한 주자적(朱子的)인 해석이다. 주자적이라는 것은 이상과 같은 것을 근본적인 이(理)로서의 '무극이면서 태극'이라고 말하는 것이며, 따라서 태극 외에 따로 무극이 없는 것이다.

문제는 다음의 "태극에 동정(動靜)이 있는 것은 천명의 유행이다"라는 점이다. 이것은 《태극도설》의 "태극동이생양(太極動而生陽)……"에 대한 해설이다. 여기서 주자는 태극에 동정이 있는 것은 천명의 유행, 즉 천명이 넓게 골고루 퍼지기 때문이라고 했다. '천명의 유행'을 알기 쉽게 말한다면, 자연계=세계에 만물의 화생이 널리 퍼져 행해지는 것이다. 그것은 말할 나위도 없이 '어떤 무언가'의 동정(動靜)에 의한 만물의 화생을 의미한다. 주자(朱子)적으로 말하면, 그 '어떤 무엇'은 당연히 '기의 동정(動靜)'을 의미하지 않으면 안 된다. 그러나 주자의 표현은 "태극에 동정이 있음은 태극지유동

---

11) 졸저 《주희와 왕양명》 108면 이하 참조.

12) 여기서는 《주염계집》 1, (총서집성본, 상무인서관발행) 〈주자태극도설해〉 외에 이 책의 편자인 청 왕조의 학자 장백행이 모은 주자의 《태극도설》에 관한 기타의 말, 그리고 《주자어류(朱子語類)》권94, 〈주자지서(周子之書)·태극도〉에 게재된 것을 검토한다.

정(太極之有動靜)"이라 되어 있다. 우리말로 하면 '태극에 동정이 있는 것은'이라는 표현이 솔직한 표현일 것이다. 기(氣)의 동정이 아니라 태극의 동정이라고 되어 있다. 위에서 말했듯이 무성무취(無聲無臭), 조화의 추뉴, 품휘의 근저이며 따라서 이(理)로서의 '무극'과 '태극'은 별개의 것이 아니었다. 그렇다면 '무극'은 잠시 놓아두고라도, 주자의 '태극'(따라서 '무극'에도 관련된다)에는 동정(動靜)이 있다는 것이 된다. 기(氣)의 동정인지, 또는 태극의 동정인지 적어도 여기서는 불분명하다. 문맥상으로 보면 '태극에 동정이 있음은'이므로, '태극'의 동정이라고 해석하지 않을 수 없다. 동정은 주자(朱子)적으로 볼 때 물(物)의 동정이다. 유(有)의 동정, 유의 작용이다. 유는 형이상학적인 이(理)인가. 그렇지 않다. 그렇다면 이(理)에 동정이 있다는 것은 주자의 본심일까. 주자의 이(理)는 그토록 명확하게 동정의 작용을 부여받고 있지 않다. 한편으로는 '정결공활(淨潔空濶)한 세계'이며 다른 한편으로는 '물(物)을 낳는 근본' '존재의 원인'이라고 해석된다. 더구나 그것은 어디까지나 이(理)의 성격이다. "이(理)가 있으므로 곧 기(氣)가 있고, (그 기가) 유행하여 만물을 발육한다……"고 하듯이 기의 유행이 만물화생(萬物化生)이었다. [13]

이렇게 볼 때 《태극도설》에서 말하는 "태극이 동(動)하여 양을 낳는다……"를 주자가 "태극에 동정(動靜) 있음은 이는 천명의 유행이다"라고 해석한 것은 매우 불분명하다. 즉, 이 해설은 주자의 본래적인 논리로 보아도 철저하지 못하며, 《태극도설》의 한 문장의 해석으로 보더라도 역시 석연치 않다.

그러나 한편으로 주자는 '대극(大極)은 다만 한 개의 실리(實理)'《어류》 권94)라 말했다. 이 '실리(實理)'라는 말은 의미심장하다.

"성인이 이를 태극이라 할 때는 저 천지만물의 근본을 가리키는 것이다. 주자가 또한 여기 의거하여 무극이라 한 것은 그 무성무취(無聲無臭)한 묘(妙)를 가리킨다. 물(物)의 이(理)라는 면에서 보면 이를 유(有)라 할 수도 없다. 또 물(物)의 면에서 보면 이를 무(無)라 할 수도 없다. 무극(無極)이면서 태극(太極)인 것은 바로 형상이 없고 도리만 있다는

---

13) 전게(前揭) 졸저 109면 이하 참조.

것을 의미한다. 이것을 무극이라 한 것은 방위와 형상이 없는 까닭이다. 무물(無物)의 앞에 있다고 해서 아직 일찍이 유물(有物)의 뒤에 서지 않음은 없다. 음양 밖에 있더라도 음양 속에서 행해지지 않음이 없다. 전체를 꿰뚫는다 해도 그것이 존재하지 않는 것은 아니다. 따라서 처음부터 소리와 냄새, 형상이라는 것이 없다. 무극이라 하지 않으면, 태극은 일물(一物)과 같아 만화(萬化)의 근원일 수 없다. 태극이라 하지 않는다면, 무극은 공적(空寂, 만물은 실체가 없음)에 떨어져 만물의 근본이 될 수 없다.”[14]

이것을 보면 주자는, '태극'은 만물·만화의 근원이며 개개의 물(物)이 아니라 했다. 따라서 이것을 무성무취라 형용한 표현이 '무극'이다. '무극이면서 태극'은 형상이 없고 공적(空寂)하지도 않으며, 또 물(物)이 아직 있기 전에도 있고 물(物)이 있은 뒤(물이 있고 나서)에도 있다. 그러한 의미에서의 '도리'라고 말했다. 개개의 물(物)도 아니고 공무(空無, 모든 사물에는 본성이 없음)도 아니므로, 이러한 '도리'를 그는 '실리(實理)'라 했던 것이다.

그러면 이 설명이 주염계의 “태극이 동하여 양을 낳는다……”를 합리적으로 해석한 것일까. 역시 그렇지 않다. 다만 여기서 '무극이면서 태극'은 개개의 물(物)도 아니고 만물의 실체와 본성이 없지도 않으며, '실리로서의 도리'라는 지적은 남겨두고 유의할 필요가 있다. 또 음양의 밖(음양이 아니라는 것)에 있고 음양 속에서 행해진다. 즉 음양은 아니지만 음양에서 떠날 수 없다는 지적에도 주의할 필요가 있다. 이 두 가지 요주의점을 종합하면, 주자는 '무극', '태극'으로서의 도리를 실리라 함으로써, 이것을 모든 존재(만물)의 근원이라는 의미와 모든 사물의 운동·변화(만화)의 근본원인이라는 의미의 이면성(二面性)으로 성격 짓고 의미를 부여했음을 알 수 있다.

그리고 여기에 매우 중요한 기록이 있다. 즉 《어류(語類)》에 다음과 같은 문답이 남아 있다.

○묻기를, '무극(無極)이면서 태극(太極)'의 극은 극지(極至)·무여(無餘)를 말하고, 무극은 이 무(無)의 지극함이며, 지무(至無) 속에 지유(至

14) 전게 《주염계집》 1, 4면.

有)가 존재한다. 그러므로 '무극이면서 태극'이라 한 것인가?

○ (주자가) 말하기를, 단 하나의 태극은 원래 물사(物事)가 전혀 없으므로 '무극이면서 태극'이라고 한 것이다. 그대가 무극에 대해 이와 같이 말하는 것은 좋다. 다만 태극에 대해서는 아직 제대로 설명되지 않았다.

○ (질문자가) 말하기를, 유(有)라는 글자는 곧 태(太)라는 글자가 있는 곳이다.

○ (주자가) 말하기를, 유(有)라는 글자를 태(太)라는 자로 새기〔訓〕는 것은 좋지 않다. 태극은 오직 이 한 개의 이(理)일 뿐이다.

○ (질문자가) 말하기를, 지무(至無)의 가운데 곧 만물의 지유(至有)가 있다.

○ (주자가) 말하기를, 그것은 또한 옳을 것이다. [15]

여기서 주자는 질문자인 하손(賀孫)이 '태극'에 대해 "지무지중내만물지지유야(至無之中乃萬物之至有也)"라 대답한 데 대하여, "역득(亦得)"이라며 이것을 시인하고 있다(이 이야기는 이미 질문자의 첫 발언에도 "지무지중내지유존언(至無之中乃至有存焉)"이라 하고 있다. 주자는 이에 대해 '무극'의 이해는 그것으로 좋으나, 아직 '태극'에 대해 잘 설명한 것이 못 된다고 했다. 그러나 오늘날 우리가 첫 부분의 글을 읽으면, 질문자는 '무극'에 대해 '무의 지극함'이라고 하고 그 지무(至無) 중에 지유가 있으므로, '무극이면서 태극'이라 했다고 해석해도 좋으냐고 물은 것으로 여겨지므로, 주자는 두 번에 걸쳐 '태극'의 의미를 물은 것이 된다). 이 질문자의 발언은 극히 중요하다. "'태극'이란 지무(지극)중에 만물의 지유가 존재하는 것이다. 또는 지무(至無) 중의 지유(至有)이다……" 라고 말하는데, 이것은 주옥과 같은 명언이라 할 수 있다.

'무극'은 지무(至無), '태극'은 지무(至無) 중의 지유(至有)라고 해석함으로써, 주자와 같이 도리·실리로서의 '무극'과 '태극' 또는 존재의 근원 및 만화(萬化)의 근본원인으로 해석하는 두 성격으로서의 '무극'과 '태극'보다도, 한층 더 주염계가 의미한 바에 근접할 수 있다. 그리고 지무(至無) 중의 만

---

15) 《주자어류》 권94, 〈주자지서·태극도〉.

물의 지유(至有)라는 해석이야말로, 태극은 논리적인 일기(一氣)이고 물일반(物一般)이라는 등등의 이해에 가장 타당한 것이 아닐까. 이로써 비로소 "태극이 동하여 양을 낳는다" 이하가 논리정연하게 이해된다. 만물의 지유(至有) 또는 논리적인 일기(一氣)이기 때문에 '태극'은 물의 근원, 운동의 원인으로서 능동인적 성격도 명확히 갖게 된다. 순수하게 형이상학적인 것, 순수하게 형상적인 것으로부터는 도저히 '태극이 동(動)한다'는 발상과 논리전개가 불가능하다. 주자의 이(理) 또는 '태극'에 능동인적(能動因的) 성격을 인정하는 것은 이미 밝혀졌거니와, 주자의 그것을 《태극도설》의 "무극이면서 태극, 태극이 동하여 양을 낳는다……"로 해석하기에는 아직 불분명·불투명한 측면이 있다고 해도 좋을 것이다.

이리하여 퇴계가 굳이 《태극도설》을 택한 것은, 단순히 《근사록》의 첫머리에도 그것이 실려 있다거나, 이미 주염계가 그림으로 나타냈기 때문이라는 이유에서만은 아닐 것이다. 《태극도설》의 '태극' 나아가서 이(理)의 적극적인 능동인적 성격은, 퇴계의 성·심·정론(性心情論)과 중대한 관계가 있다. 그가 《태극도설》을 택하고 주자(朱子)나 정자(程子) 등의 '이기론(理氣論)'을 처음에 싣지 않은 것은, 그의 사상이 그렇게 하도록 했다고 생각되기 때문이다.

그런데 이상과 같은 의미 또는 성격을 지닌 '태극'이 운동과 정지를 교대로 반복·순환함으로써 음양의 이기가 생겨 천지의 음양이 성립하며 또한 오행[水火木金土]이 생긴다. 음양과 오행의 변화·교체로 만물이 생성하고 사시(四時)도 행해진다. 이기나 오행, 사시나 만물도 원래 '태극'의 운동으로 생긴다. 《태극도설》은 처음에 '무극이면서 태극'이라 하여 형이상학적 성격을 가진 사물의 존재·운동의 근원으로부터 논하기 시작한 것이므로, 이기·오행에 의해 생성된 개개의 물(物)의 형이하학적 존재에 착안하면, 이번에는 역사고(逆思考)가 작용한다. 그러면, 눈에 보이고 손에 잡히는 구체적인 개개의 물(物)이 존재한다. 그것은 무엇으로 생성되는 것인가, 오행의 질과 음양이기(陰陽二氣)의 작용에 의한 오행이나 이기(二氣)가 그와 같이 존재하고, 만물의 구성요소 또는 생성변화의 직접 담당자로서 작용하는 것은 물의 근원 및 물의 운동의 근원으로서의 '태극'이 있기 때문이며, 그 '태극'은 만물·만화의 근원이므로 원래 '무극'에 상대하고 있다는 역으로서의 소원적

(溯源的) 논리가 성립된다. 그것이 이 《도설》에서 말하는 바인, "오행은 한 음양이고 음양은 한 태극이다. 태극은 원래 무극이다"인 것이다. 그러나 이런 소원적 사고는 시간에 따라 잇달아 일어나는 발생과정을 말하는 것이 아니라, 어디까지나 논리적 과정이므로 모든 개개의 물(物)이 현재 있다는 것과, 모든 개개의 물(物)이 생성·변화하고 있다는 것 속에 '무극'과 '태극'은 내재적으로 있음을 뜻하지 않으면 안 된다. 모든 개개의 물(物)의 존재 및 그 운동에는 그것의 근본원리가 있다. 그것이 '각각 그 성(性)을 하나로 한다'는 의미에 통하는 것이다.

인간은 이기(二氣)·오행(五行)의 가장 뛰어난 작용으로 태어났기 때문에, 인간을 낳게 한 능동인(能動因)으로서의 '무극'과 '태극' 혹은 근본원리는, 인간에게 가장 많이 구비되어 있다. 이러한 인간의 본성은, 인간이 인간으로서 존재하고 기능하는 근원이다. 근원이 주어지면 이기·오행의 기질에 의해 형태가 생기고, 그것이 뛰어나게 작용할 때 신(神)과 지(知)도 발하며, 또 갖가지로 감응발동(感應發動)하여 선행·악행 등 모든 일들을 낳는다. 개개의 물(物)로서의 형태를 갖춘 구체적 인간은 각각 다양하게 개성적으로 변화하고 행동하므로, 성인(聖人)은 세계 또는 존재의 근본원리로서의 '무극'과 '태극'에 따라(즉 인간의 본성에 따라) 중정인의(中正仁義, 치우치지 않음·바름·어짊·의로움)를 정하고, 본래·본원의 지극히 고요한 본성에 중심을 둔 인도(人道)를 세워, 그것을 인간이 지킬 근본 이법으로 삼았던 것이다.

퇴계가 인용한 주자의 해설에 의하면, 이 이법을 가장 잘 깨닫고 체득하는가 못하는가의 여부는, 사람의 마음이 '예절바른(敬)'가 '제멋대로(肆)'인가에 달려 있다. 사람의 마음에서 경(敬)은 인욕을 적게 가져야 보존된다. 그인욕을 적게 하여 마침내 무욕에 이르러 인간의 본성을 자각할 수 있으며, 따라서 움직이지 않고 고요할 때는 마음이 본성대로 비어있고, 움직일 때는 마음의 본성에 따라 겉으로 드러나는 행위를 할 수 있다. 그리하여 성인의 학문을 배우고 실천하는 데 적합하게 된다. 즉 '무극'과 '태극'은 음양오행의 운동·변화 이전의 지정(至靜)이므로, 마음을 삼가고 무욕하여 지극히 고요한 상태에 이른다면, 세계 또는 존재의 이(理)로서 인간이 본받아야 할 근본 이법도 체득할 수 있다.

이상은 〈제1도〉에 나타난 세계관이자 존재론이며, 또 인간존재의 근본이법의 근거이다. 그것은 논리적 과정이지 결코 시간의 흐름에 따른 과정이 아니더라도, 〈제1도〉에서는 '무극'과 '태극'이 존재 또는 생성의 원리로 파악되고, 그것이 운동·변화하여 이기·오행을 낳고 만물을 화생한다고 설명했다. 인간이 본받아야 할 근본 이법도 제시되었다. 여기서 중요한 것은 퇴계가 〈제1태극도〉를 제시함으로써, 세계존재의 이법과 인간존재의 이법이 본래 상즉(相卽)한다는 것을 명확히 한 점이다. 즉 세계를 보고 만물·만화의 근원을 살필 때, 인간 역시 세계 또는 만물·만화 속에 있는 존재이고, 따라서 세계의 존재방식(이법)은 동시에 인간의 존재방식이 아니면 안 된다고 자각되었던 것이다. 《태극도설》에서 "고로 성인은 천지와 그 덕을 합하고, 일월과 그 밝음을 합하며, 사시(四時)와 그 순서를 합하고, 귀신과 그 길흉을 합한다"고 했다. 이는 성인이 이미 "무극이면서 태극, 태극이 동하여 양을 낳는다……"에서 '만물화생'(태극도 중)에 이르는 세계생성의 이(理)를 깨닫고, 이에 근거하여 중정인의(中正仁義)를 정하고 정을 주로 하는 '인극(人極, 인도)'를 세웠기에, 천지와 그 생물·육성의 덕을 합하고 일월과 그 밝음을 합하는 등의 구체적 규범을 나타낸 것이다. 여기서 성인이란 개별적 인간의 이상이며, 인간의 모든 것을 대표하는 뛰어난 인격임과 함께 '성인 운운'하고 표현함으로써 이상에서 말한 사고의 본보기~논리의 객관적 권위화를 도모했던 것이다. 세계 존재의 이법이 곧 인간 존재의 이법이라고 자각했으므로, 이에 이어 《도설》은 "군자는 이것을 닦아서 길하고, 소인은 이것을 거슬러서 흉하다"며, 인간에게 있어서 자각체득의 차이를 말했다. 그러나 이 존재의 원리, 변화·생성의 근본원인으로서의 '무극'과 '태극' 및 개개의 물(인간을 포함한)과의 관계는 더욱 명확해져야 한다. 그것이 〈제2도〉에서 이루어지고 있다.

제2서명도(第二西銘圖)

〈제1도〉에 제시되었듯이 천지자연의 생성·변화는 기본적으로 음양이기의 운동에 의한다. 그것을 상징적으로 나타낸다면, 양(陽)의 작용 또는 양적인 것의 총체적 상징을 '건(乾)'이라 하고, 음(陰)의 작용 또는 음적인 것의 총체적 상징을 '곤(坤)'이라 한다. '건'은 하늘을, '곤'은 땅을 뜻하고 상징한다. 모든 사물은 하늘과 땅 사이에서 생성되므로 '건'과 '곤'은 부모에 비유되기도 한다. 거꾸로 말하면, 모든 사물은 '건'과 '곤', 따라서 아버지와 어머니에 의해 태어난다. 이 생성의 이(理)는 모든 사물에 일반적이고 보편적이다. 나라는 이 미미한 존재도 천지 사이에 혼연히 만물과 함께 있으므로, 천지에 가득 찬 기(氣)를 받아 나의 몸이 구성되고, 천지의 기의 통솔자가 나의 성(性)이 된다. 즉 하나의 생성원리에서 모든 것이 나온다. 반대로 모든 것은 하나의 생성원리로 합쳐진다. 이로써 낳는 자와, 태어나는 자의 관계가 성립한다. 낳는 자가 하나이므로, 이것을 인간의 세계에서 본다면 모든 사람이 나의 동포이다. 모든 물(物)은 나와 함께 있다. 그러나 모든 사람에게는 낳는 자로서의 아버지와 어머니가 있고, 태어난 자에게는 형제가 생긴다. 이에 태어나는 자에게 순서 또는 질서가 생긴다. 최초로 인간세계에 태어난 자는 하늘(땅)의 아들이며, 따라서 그가 최고의 군주가 된다. 군주가 있으면 신하가 생기고 연장자와 연소자의 차이도 생긴다. 만인은 동포이니 노년자, 질병이 있는 자, 고독한 자도 내 형제에 이어지는 동포이다. 그런데 태어나는 자에게는 모두 낳는 자로서의 아버지와 어머니가 있으므로 각기 다르다. 생성의 이(理)로 본다면 모든 사람은 거기서 태어난 자로서 동포이고, 하나의 낳는 자로 통일되어 거기로 합쳐진다. 반면에, 각각의 인간에게는 낳는 자로서의 어버이가 있고 또 어버이가 같더라도 거기에 태어난 형제는 갈라진다. 따라서 이 논리는 전적으로 무차별·평등주의만도 아니고 전적으로 개별주의만도 아니다. 인간 존재의 평등성과 개별성이 항상 모든 개개인의 존재에 관련되고 내재되어 있다.

이상이 《서명(西銘)》의 앞 단락, 〈제2서명도〉에서 말하면 상도(上圖)에 해당하는 부분의 논리적 줄거리이다. 퇴계는 상도에 "이일분수(理一分殊, 모든 사물의 개별적인 이(理)는 보편적인 하나의 이(理)와 동일함)의 변(辨)을 밝힌다"라고 주를 달았다. 이 부분이 어째서 '이일분수'를 설명하고 있는 것일까. 퇴계는 《서명》 본문 뒤에 주자와 양구산 및 요로(饒魯, 자는 백여, 호는 쌍봉) 등의 해설을 실어 그것을 밝히고 있다. 주자와 양구산의 해설은 《장자전서(張子全書)》 권1에 수록된 주자의 《서명》 주해(註解) 말미에 보이는 총론적 서술의 일부이다.

"논(論)에 말하기를 천지 간에 이(理)는 하나뿐이다. 그리하여 건도(乾道)는 남자를 이루고, 곤도(坤道)는 여자를 이룬다. 이기(二氣)가 교감하여 만물을 화생할 때 그 크고 작음의 나뉨, 친하고 먼 것의 차이가 천만 가지에 이르니, 다 같을 수 없다. 성현 되는 자가 나오지 않으면 누가 그 다름을 합하여 그 같음으로 돌이킬 것인가. 《서명》이 말하고자 하는 뜻은 이와 같다." 이것이 총론 부분의 첫머리 한 부분을 이룬다. 천지 간에 이(理)는 하나뿐이고, 만물은 이기(二氣)가 교감하여 화생하므로, 모든 것이 개별적이고 하나도 같은 것은 없다. 성현이 나오지 않으면 누가 이 만사만물의 다른 차이를 합하여 같은 데로 돌아가게 할 수 있을 것인가. 이것이 《서명》을 지은 장횡거의 의도라고 한다. 그리고 다음 절이 퇴계가 인용하는 부분이다.

"정자(程子)가 말하기를, 이것은 이일분수(理一分殊)을 밝힌 것이다. 이는 한마디로 전체를 정의 내린 것이라 할 수 있다. 대저 건(乾)으로써 아버지를 삼고 곤(坤)으로써 어머니를 삼는 것은 살아서 생명을 누리는 모든 물(物)이 그렇지 않은 것이 없다. 이른바 '모든 이치는 하나(理一)'이다. 그리고 사람과 물(物)의 생명, 혈맥(血脈)을 가진 무리가 각각 그 어버이를 어버이로 하고 각각 그 자식을 자식으로 할 때, 어찌 그 나뉨이 다르지 아니할 수 있을 것인가. 하나로 통일되었으면서도 만 가지로 다르니, 비록 천하가 한 집안이요, 중국이 한 사람과 같다 하더라도 겸애하는 폐단에 흐르지 아니하고, 만 가지로 달라도 하나로 관통했을 때 친소(親疎)의 정을 달리하며, 귀천(貴賤)의 등급 차이를 달리한다 하더라도 자신만을 위하는 사사로움에 얽매이지 않는 것이니, 이것이 《서명》의 대강의 뜻이다.

어버이를 어버이로 하는 두터운 정을 미루어 무아(無我)의 공(公)을 크게 하고, 어버이를 섬기는 정성으로 하늘을 섬기는 도(道)를 밝힌 것을 보니, 대저 어디를 가도 이른바 분(分)이 서 있고 이(理)가 하나임을 유추함이 아닌 것이 없다."

이 일절과 《성학십도》에 인용되어 있는 부분의 차이점은, 〈제2도〉에서는 글머리가 "朱子曰, 西銘程子以爲……"로 되어 있는 데, 여기서는 "程子以爲……"로 시작되어 있고, 다음의 '明理一而分殊'에 이어 '可謂一言以蔽之矣'가 있는데, 퇴계의 인용에서는 누락되어 있다. 물론 문장의 뜻에는 변함이 없다.

주자의 말 중에서 앞 단락은 글머리의 1절에서 말한 《서명》 작성의 의도를 부연하여 《서명》은 정자(程子, 정이천)가 말했듯이 '이일분수(理一分殊)'를 밝힌 것으로, 그 한 마디로 모든 것이 족하다고 했다. 구체적으로 말하면, 《서명》은 '일통이만수(一統而萬殊)'를 말하므로, 비록 만인이 동포이고 천하가 한 집안이며 중국이 한 사람이라 해도, 묵자와 같은 겸애의 폐단에 빠지지 않는다. 또 '만수이일관(萬殊而一貫)'을 말하므로, 장유에 순서를 부여하고 친소(親疎)의 정에 다름이 있으며 귀천에 차등이 있어도, 양주(楊朱)와 같이 자기만을 생각하여 행동하는 사사로움에 구속되는 일이 없다는 사상을 말한 것이라 했다. 요컨대 인간존재의 평등·연대·공동적 성격과 개별성을 밝힌 그 사상적 근거가 '이일분수(理一分殊)'이므로, 그 어느 쪽에도 기울어지지 않고 양자를 겸한 것을 인간의 존재양식으로 본 것이다. 동포론(同胞論)만으로 본다면 무차별 평등주의 또는 전체주의가 되고, 인륜의 장유(長幼)·친소·귀천에만 구애된다면 전적으로 개인주의·이기주의에 빠지기 때문이다.

이상은 주자의 설(說) 앞 단계로 《서명》의 간략한 줄거리를 밝힌 것이다. 후단은 나의 어버이를 어버이로서 섬기는 정성을 넓혀 나가는 것은, 태어난 자로서의 자기 존재가 낳는 자를 낳는 자로서 그 존재를 인정하는 것이며, 따라서 가장 가까운 타인의 존재를 인정하는 것은, 단순히 자기를 자기로서 자사(自私)·자리(自利)에 빠지는 폐단에서 벗어나 자기가 공적(사회적) 존재가 되도록 무아의 자각을 확대시켜 나가는 것이다. 또 어버이를 어버이로서 외친(畏親)의 정을 가지고 섬기는 성의(誠意)는 바로 사물을 낳는 자로서의 하늘을 외경하고 이를 섬기는 길이므로, 부모를 섬기는 정성으로써 하늘을 섬기는 길을 스스로 깨닫고 얻는 것과 앞서 말한 무아의 공(公)을 확충하는 것은, 바로 개(個)를 개(個)로서 나누는 논리를 확립하는 동시에 사람을 포함한 만물의 존재 또는 생성의 이(理)가 하나임을 펼친 것 외에 아무것도 아니다. 〈제2도〉에 의하면, 주자의 해설 후단은 하도(下圖)의 내용에 해당되는 것이다. 《서명》 후반에 사례를 들어 "사친(事親)의 정성을 다하여 사천(事天)의 도를 밝힌" 부분이다.

그런데 퇴계는 주자의 총론(《서명》 주해의 말미에 수록한 것)에서 양구산의 말을 인용하고 있으므로 이것에 주목해 보기로 한다.

구산의 양씨가 말했다. "서명은 이일분수(理一分殊)이다. 그 이(理)가 하나임을 아는 것이 인(仁)을 하는 이유이다. 분(分)이 다름을 아는 것은 의

(義)를 행하는 이유이다. 또 이는 맹자가, 어버이를 어버이로 대한 뒤에 백성들에게 인(仁)하고, 백성들에게 인(仁)한 후에 물(物)을 사랑한다고 한 말과 같다. 나눔이 같지 않은 까닭에 베푸는 바에 차등이 없지 않을 수 없다."

이(理)가 하나임을 앎은 인(仁)을 하는 이유이며, 분(分)이 다름을 앎은 의(義)를 행하는 이유라고 양구산이 말한 부분이 중요하다(그 뒤에 첨부된 요쌍봉(饒雙峯)의 해설은 이미 말한 내용의 중복이다). 왜냐하면 퇴계는 이 〈제2도〉의 보충 설명에서 《서명》의 대의(大義)가 '천지만물일체의 인(仁)'임을 밝히고 있기 때문이다. 그는 다음과 같이 말하고 있다.

"……대저 성학은 인(仁)을 구하는 데 있다. 모름지기 이 뜻을 깊이 체득해야 한다. 바야흐로 천지만물과 더불어 일체가 됨을 알고 진실로 그렇게 처한다면 인을 실현하는 공(功)이 비로소 친절유미(親切有味)할 것이며, 분탕(奔蕩)하여 교섭함이 없는 걱정을 면할 것이고, 또 물(物)을 보고 자기로 아는 병폐도 없어져 심덕이 온전할 것이다. 그러므로 정자는 말하기를, 《서명》의 뜻이 극히 완비되니 곧 인(仁)의 체(體)이다. 또 이것이 가득 차서 극진할 때 성인이 된다."

이미 〈제1도(第一圖)〉에서 세계존재의 이법과 인륜의 이법은 서로 하나인 관계에 있으며, 전자에 의해 '중정인의(中正仁義)'를 정하고 '인극(人極)'을 세웠던 것이다. 그리고 이 '인극'(따라서 '태극')에 순응하고 그것을 자각하고 체득하는 데, 군자 된 자의 수덕(修德)을 볼 수 있으며 선함과 길함이 실현된다고 했다. 그러나 이것은 아직 세계의 존재양식에 따른 인간의 존재양식의 대강을 역적(易的) 논리에 따라 제시한 것뿐이었다. 그렇다면 그 세계 생성의 일관된 이법과 인간존재의 양태는 어떤 관계가 있는가. 이것을 밝힌 것이 〈제2서명도(第二西銘圖)〉였다. 그 내용은 이미 본 바와 같거니와, 양구산이나 퇴계는 어찌하여 《서명》이 '인(仁)'을 말하고 '의(義)'를 말하고 '천지만물일체의 인'을 말했다는 것일까.

양구산은 "그 이(理)가 하나임을 아는 것이 인(仁)을 하는 이유이고, 그 분(分)이 다름을 아는 것은 의(義)를 행하는 이유이다"라고 했다. 주자도 말했듯이 '인(仁)'은 '사랑의 이(理)'라는 논리적 성격도 갖고 있다. 자신을 사랑함을 넘어 타자의 존재를 인정하고 똑같이 사랑하는 이법적 근거는, 적어도 이 《서명》에서 볼 때는 건(乾)＝천(天)＝부(父)와 곤(坤)＝지(地)＝모(母)의 생성원리에 있었다. 인간을 포함하여 모든 존재는 다같이 '천지가 물(物)을 낳는 마음(작용)'에 의하여 존재하는 것이었다. 인간은 모두 개별적 존재이지만 천지생성의 이법 또는 천지생물의 마음에 의해 생긴 것이므로, 《서명》에서도 '백성은 우리 동포'라 했던 것이다. 동포이므로 거기에 사랑이 존재하며, 존재하는 것이 가능하게 된다. 《논어》에 번지(樊遲)가 인(仁)을 물었을 때, 공자는 즉석에서 '사람을 사랑하는 것'이라 대답했다고 한다(안연(顏淵) 제12). 애인(愛人, 다른 사람을 사랑하는 것)은 인(仁)의 구체적인 실천이다. 양구산은 이러한 논리적 배경 또는 근거에 기초하여 '그 이(理)가 하나임을 아는 것이 인(仁)을 하는 이유이다'라고 말했던 것이다. 사람은 여러 가지로 서로 달라 개별적으로 존재하지만, 그 존재(생성)의 근거가 하나임을 자각하는 것이 인(仁)을 하는 원동력이 된다는 것이다. 한편 양구산이 "그 분(分)이 다름을 아는 것이 의(義)를 행하는 이유이다"라고 한 것은, 인간이 하나인 이(理, 생성원리)에 근원하여 서로 다르고 개별화되므로 '정(正)'의 실현은 이것과 저것, 나와 타인 사이에서 이루어져야 한다. 나만의 '정(正)'으로는 타자의 '정(正)'이 되지 않는다. 나에게도 타자에게도 타당한 '정(正)'이야말로 '의(義)'라는 뜻이다. 인간존재의 다름과 개별성이 자각된다면, 당연히 거기에 의한 '의(義)'의 실현이 헤아려진다.

그런데 퇴계가 "성학은 인(仁)을 구하는 데에 있다"고 하고, 또 "천지만물과 일체가 됨을 알고 진실로 그렇게 처한다면 인(仁)을 실현하는 공(功)이 비로소 친절유미(親切有味)한 것이다"라고 한 까닭은 무엇인가. 성학(聖學)이 인을 구하는 것은 공자 교학(敎學)에서 가장 중요한 부분이므로 다시 말할 나위가 없다. 그렇다면 '천지만물과 일체'는 어떻게 해서 가능한가. 그 주어는 말할 필요도 없이 '나'이고 '우리'이며 인간 그 자체이다. 그 '나'가 천지만물과 일체임은 이미 밝혀진 바와 같이 《서명》에서, 건(乾)＝천(天)의 작용과 곤(坤)＝지(地)의 작용에 의해 음양이 교감하여 만물이 화생한다는 것이다. '나'는 천지 사이에서 태어나 존재하므로, 천지를 가득 채우고 있는 음양이기에 의해 나의 몸이 구성되고, 천지·건곤의 작용(음양의 작용)으로 하여금 그렇게 하도록 하는 근원(이른바 '태극')을 나의 성(性)으로 하고 있다고 설명했다. 따라서 원래 나의 존재는, 모든 존재가 천지·건곤의 작용으로 생성되고 또 그 생성의 이법에 의해 일관되며 그 이법을 내포하고 있는 것과 같다. 나의 움직임은 천지·만물의 작용이며, 나의 존재는 천지·만물의 존재와 한 가지이다. 세계 속의 존재로서의 나의 존재는 세계의 존재와 떨어져서 존재하지 않고, 세계 생성의 이법 밖에 있는 것도 아니다. 내가 존재하는 방식은 이 세계 속에 있는 모든 존재자의 존재방식과 다르지 않다. 이와 같은 인식·자각이 '나는 천지만물과 일체'라고 말하게 한 것이다. 천지만물 속에 있으면서 천지만물 생성의 이법과 나의 존재의 이법(성)이 같은, 하나인 것이 천지만물과 일체감을 갖게 하는 근거이며, 그러한 자각이 있고서 비로소 단순한 자애(自愛)를 초월하여 타자와 더불어 존재하고 타자와 귀추(歸趨)를 같이하는 애인(愛人)의 태도, 즉 인(仁)이 구체적·실천적으로 확립되는 것이다. 퇴계는 〈제2도〉 보충 설명에서 인(仁)의 실천은 단순히 사람을 사랑한다는 정서적 마음의 작용이 아니라, 확고한 세계존재에 대한 이법의 체득, 따라서 나와 천지만물이 일체임을 자각하는 데 기초함을 강조하고 천명했던 것이다. 이 '천지만물일체의 인(仁)'이 자각·체득되고 구체적으로 증명되면, 퇴계도 '분탕(奔蕩)하여 교섭됨이 없는 걱정', '물(物)을 보고 자기로 아는 병폐'를 함께 면할 수 있다고 한 것이다. 전자는 말할 나위도 없이 아무 관계도 없는 무차별 겸애의 폐단이고, 후자는 모든 것을 자신의 자애(自愛)·자리(自利)의 대상으로만 보는 자신을 위해 행동하는 폐단으로, 양자는 모두 참된 인애(仁愛)도 아니고 개개의 물(物)을 살리는 이유도 아니다.

이렇게 하여 이미 밝혔듯이 퇴계에 의하면 〈제1도·제2도〉는 성학의 가장 중요한 단서로, 이것을 구하여 확충함으로써 자연(온 세계 또는 모든 존재)의 생성과 변화의 상황을 알고, 거기에 기초하여 그 생성과 변화를 이루고 있는 이법(理法)을 밝히는 것이었다. 상세하게 말하면, 〈제1도〉는 세계 또는 존재의 근원을 묻고 그 운동에 의해 음양의 이기와 오행이 생기며, 그것이 변화·교체하여 만물을 화생시키는 동시에, 이러한 세계 생성의 이(理)와 존재의 이법에 견주어 성인은 중정인의(中正仁義)를 정하고 인극(人極)을 세움으로써 인간존재의 이법을 확정한 것이었다. 〈제2도〉는 오히려 세계의 생성, 즉 만물(萬物)이나 만화(萬化)의 이법세계로부터 인간 그 자체의 세계로 눈을 돌려, 다른 모든 존재하는 사물과 마찬가지로 인간은 각기 다르고 개별적으로 존재하고 있으나, 그 생성 또는 존재는 다같이 세계생성(존재)의 원리에 기초하고 있음을 말한 것이었다. 거기에 인간 존재의 평등성 또는 연대성과 개별성이 자각되어 인(仁)의 논리적 근거를 얻게 되었던 것이다. 그런데 이상과 같은 〈제1도·제2도〉의 논리적 탐구는 도대체 무엇 때문에 행해진 것일까. 그 밑바탕 내지 대전제가 명확해져야 한다. 이것을 나타낸 것이 〈제3소학도(第三小學圖)〉와 〈제4대학도(第四大學圖)〉였다. 다음에 이를 고찰하기로 한다.

제3소학도(第三小學圖)

〈제2서명도〉는 건(乾)과 곤(坤)을 부모로 하고 거기서 인간의 생성 또는 존재의 원점을 찾았다. 그러므로 인간은 모두 그 원점을 하나로 나의 동포라는 평등성의 자각이 이루어졌다. 한편 건곤(乾坤)은 천지(天地)에 비유되므로 고하(高下), 귀천(貴賤), 존비(尊卑), 선후(先後)라는 질서성·순서성도 자각되고, 연장자와 연소자의 구별, 군주와 신하, 어버이와 자식 등의 구별이 생겼다. 그러나 〈제2도〉에서는 아직 사람의 세계 전반에 대한 평등성과 개별성(차이성)을 밝힌 것에 지나지 않으므로, 누차 되풀이하여 말했듯이 그것은 '이(理)가 하나'인데 '분(分)이 다름'을 말한 데 지나지 않았다. 〈소학도〉는 여기에 기초하여 다시 교육의 방침·내용을 확립하고, 부자·군신·부부·장유·붕우 등 인륜(인간의 구체적 관계)을 밝히며, 심신을 삼가고 지켜그 인륜을 현실적으로 확인해 나가는 실천·계고(稽古, 옛일을 살피어 공부함)를 논하는 데 주안점을 두었다.

그런데 퇴계가 작성한 〈제3소학도〉의 구조는, 주자가 편찬한 《소학》의 제1권부터 제6권까지의 표제를 뽑아 배열하여 조립한 것이다. 즉 내편인 1권 '입교(立敎)', 2권 '명륜(明倫)', 3권 '경신(敬身)'의 세 가지 대항목을 위에 배열하고, 각 권의 내용을 이루는 수 개의 소항목을 그 밑에 배열했으며, 외편인 5권 '가언(嘉言)', 6권 '선행(善行)'의 2대 항목 및 각 항의 내용으로서의 소항목을 배열하여 제일 밑에 놓았고, 중간에는 4권 '계고(稽古)' 및 그 내용인 소항목(주교(主敎), 명륜(明倫), 경신(敬身))을 배열하여 상하를 연결했다. 이상과 같이 〈소학도〉를 구성한 뒤, 주자가 지은 〈소학제사(小學題辭)〉[16]를 앞머리에 게재했다. 이제 그 간단한 줄거리를 여기에서 밝히고자 한다.

먼저 '원형이정(元亨利貞)은 천도(天道)의 상(常)이요, 인의예지(仁義禮智)는 인성(人性)의 강(綱)'이라 했다. 원(元)은 생물(生物)의 시(始), 형(亨)은 생물의 통(通), 이(利)는 생물의 수(遂), 정(貞)은 생물의 성(成)이다. 물(物)이 생겨 성장하여 완성할 때까지, '시(시작)', '통(지장 없이 통함)', '수(생장이 진행됨)', '성(완성함)'의 이 네 가지는 하늘의 작용을 상징적으로 표현한 것이라 했다. 하늘의 작용은 하늘의 도이고 저절로 그렇게 작용하는 하늘의 이법이며, 따라서 만고불역(萬古不易, 아주 오랜 세월 동안 바뀌지 아니함)의 것이므로 '천도의 상(常)'이라 했다. 또 인(仁)은 사랑의 이(理), 의(義)는 제재(制裁)의 이, 예(禮)는 경절(敬節)의 이, 지(智)는 시비분별의 이이고, 하늘의 작용으로서의 이법이 인간의 본성으로 내재함으로써 자각되는 대강(大綱, 기본적이고 중심이 되는 일의 내용)이다. 인간도 천지의 생성과 그 이(理)를 같이 하고 있다는 것은 이미 〈제1도·제2도〉에서 분명히 말한 바와 같다. 〈제3소학도〉는 하늘의 작용, 천도, 하늘의 이법의 구체적 상징으로서의 원형이정이 인간의 본성에 내재하는 인의예지로서 유추적으로 (분석학적으로) 조정되었다. 즉 사람에게 인의예지의 대강은 인간 본성의 본유(本有)의 작용이요 이법(理法)이다.

그러므로 "무릇 사람의 본성은 그 시초에는 불선(不善)이 없고, 왕성한 사단(四端)이 느낌에 따라 나타난다"고 했다. 인간은 본성적으로 인의예지를 그 작용으로 하기에 그 본성이 그대로 발동되면 불선이 없을 것이고, 사단의 정은 외물(外物)에 감(感)하고 본성(本性)에 응(應)하여 구체적으로 발현되는 것이다. 또한 이것을 현실의 인륜으로 본다면 이렇다. "어버이를 사랑하고, 형을 공경하며, 임금에 충성하고, 어른을 공경함을 일러 이(彝)를 잡는다(秉彝)고 한다. 순(順, 따르다)하는 것이요, 억지로 하는 것이 아니다." 여기서 이(彝)란 '상(常)'의 뜻이다. 부모를 사랑하고 형을 공경하며 임금에게 충성하고 어른을 공경하는 것은 인간 본성의 변함없는 것을 지킴으로써 실현되는 선행이고, 인성(人性)의 자연스러운 발로이다. 그것은 인성을 그대로 순탄하게 따름으로써 나타나며, 밖으로부터의 강제에 의한 것

---

16) 이 〈소학제사〉는 《주자문집》 권76에 수록되어 있다.

이 아니다. 성(性)의 본연인 자연스러운 행위의 발현을 말한다.

그런데 성인은 인간이 그리는 완성된 이상적 인격이므로 본연의 성(性)을 그대로 실현할 수 있는 사람이고, 따라서 그 성은 넓고 큰 하늘과 같아서 광대하여 모든 의미에서 완전한 이(理) 그 자체라 할 수 있다. 모든 언동이 성(性) 그 자체이므로 전혀 결여됨이 없이 만선자족(萬善自足)하다. 그리하여 앞 절에 이어 "이 성(聖)은 성(性, 그대로)인 자, 넓고 큰 하늘이다. 터럭 하나 가함이 없이 만선(萬善)이 족하다"고 했다. 구체적으로 인간의 완성형태, 즉 이상상(理想像)으로 정립된 성인(聖人)은 이와 같이 천리(天理) 그 자체로서의 성(性)을 다하여 깨닫고 있으므로, 인륜의 모든 행위도 사단의 정 그 자체, 인의예지의 덕행 그 자체로 발동된다. 이에 반하여 중인(衆人)은 "蚩蚩, 物欲交蔽, 乃頹其綱, 安此暴棄"라 했듯이 무지하고 스스로 깨닫는 것이 없으므로 물욕이 서로 덮어 본연의 성(性)을 어둡게 하고, 인의예지를 타락시키며 자포자기에 빠지고 만다. 이에 성인은 자포자기하는 그러한 중인들을 가엽게 여겨 학문을 세우고 스승을 세워 그 근본을 계발하여 기르고, 이에 기초하여 덕업을 확충함으로써 그 지조(支條)를 달성시키려 했다. 지조란 덕업을 적용하는 구체적인 터전이고 직무이다. 이것을 "오직 성(聖)만이 이를 측은히 여겨 학문을 세우고 스승을 세워 이로써 그 근본을 기르고 그 지(支)를 달한다"고 한 것이다.

그리고 이 〈소학제사(小學題辭)〉는 건학(建學)의 첫째로 설정한 《소학》의 내용 방법을 말하고, 이것과 《대학》의 다름을 밝히며, 이어서 후세교학이 반드시 명확히 실시되고 있지는 못했음을 한탄하고, 끝으로 《소학》 편찬의 취지를 다음과 같이 말했다.

"우선 《소학》에서 교학의 방법·내용은 쇄소응대(灑掃應對, 청소에서부터 사람을 대하는 방법에 이르기까지)로부터, 안에서는 어버이에게 효도하고, 밖에서는 공경으로 사람을 대하여 예의에 어긋나지 않게 하며, 행함에 여력이 있으면 시를 외고 독서하며, 읊어서 음악의 소리를 배우고 춤을 추어 음악의 모습을 배우며, 또한 일상생활에 여러 가지 사려와 언동을 지나치지 않게 함을 기하는 것이다. 현대식으로 말하면 《소학》은 유소년이 일상생활에서 배워야 할 인륜의 기본적 행동양식과 교양·지식의 기초를 배양하는 데 목적이 있다고 하겠다. 이에 대하여 '이(理)를 궁구하고 몸을 닦는' 것은 학문의 큰 것, 즉《대학》의 교학(教學) 내용에 속하는 것으로, 이미《대학》은 주자가 사서(四書)의 하나로 지칭하여 성학(유학)의 입문서, 학문의 단서를 여는 책으로 정립시켰으므로, 여기서 '궁리수신(窮理修身)'이라 하면 당연히 격물치지(格物致知)·성의(誠意)·정심(正心)·수신(修身)·제가(齊家)·치국(治國)·평천하(平天下)를 뜻하게 된다. 이와 같이 대학은 그 가르치는 바가 이미 하늘의 명령으로 인간에게 부여된 성(性)에 기초하여 내외를 합일하고, 안으로는 그 덕을 높이며, 밖으로는 그 공부실천(工夫實踐)을 완수하여, 이로써 다시 본연의 성(性)으로 돌아갈 것을 기약한다. 고금을 통해 부족함도 여분도 없는 것이 대학의 도(道)다. 그러나 선대는 이미 멀고 성인은 죽었으며 육경도 손실되고 가르침도 느슨해졌다. 그리하여 유소년을 가르치고 인도하는 길이 바르지 못하고 청년·대인의 학문도 폐지되었으며, 향리에는 선한 풍속이 없고 세상에 뛰어난 인재도 없이 이욕만 어지럽게 서로 이끌어 이단의 학설만이 서로 싸우고 있다. 다행히 인심이병(人心彝秉)의 도는 완전히 없어지지 아니하고 오늘에 이르기까지 보존되어 있다. 이에 일찍이 듣고 배운 것을 보아 책 하나를 펴내어, 이로써 후학을 깨우치려 했다. 초학자(소학)는 이 책을 경건하게 받아들여라, 이것은 늙은 나의 망언이 아니라, 성인(聖人)의 교훈이다."

이것이 〈소학제사〉에서 서술한 대략의 내용이다. 퇴계는 다시《대학혹문(大學或問)》을 인용·보충하여 대개 다음과 같이 말하고 있다.

학문의 대소는 원래 같지 않으나, 도리를 닦고 실천하는 점에서는 같다. 유소년 때《소학》을 학습하지 않으면 방심(放心)을 거두어들이고 덕성을 길러서《대학》의 기본을 닦을 수 없다. 또《소학》을 배우기만 하고 자라서《대학》으로 나아가지 않으면, 의리를 밝혀 스스로 깨달아 이를 구체적인 현실에서 살릴 수 없고,《소학》에서 학습한 바를 성공시킬 수도 없다.《소학》에서는 쇄소응대진퇴(灑掃應對進退)와 예악사어서수(禮樂射御書數)의 익힘을 다하고, 성장하여《대학》에서는 명덕(明德)을 밝히고 백성을 새롭게 하는 것을 배우며, 이로써 지극한 선(善)의 경지에 이르러 머무르는 것을 배운다. 그러나 이러한 순서를 따르지 않고, 성장한 뒤에 학문을 하는 경우에는 어떻게 할 것인가. 원래 '경(敬)'이라는 글자는 성학의 시작과 끝을 이루는 것으로, 《소학》에서도 이것에 의하지 않으면 근본을 기르는 일이나 쇄소응대진퇴의 예절 및 육예(六藝)의 가르침도 삼가 수신할 수 없고, 또 《대학》에서도 이것에 의하지 않으면 총명을 개발하고 덕을 쌓으며 업을 닦아 명덕·신민(新民)의 공을 달성할 수 없다. 그러나 불행히도 시기를 놓친 자는, 오로지 이 '경(敬)'에 노력하여 《대학》을 배우면서 《소학》을 보충하면 저절로 학문의 목적을 달성할 수 있다.

퇴계는 이상과 같이 《대학혹문》에서, 주자가 《소학》과 《대학》을 통론하고 양자의 단계적 관계를 밝힌 점에 주목하고, 보충 설명을 통해 "소학·대학은 서로 의지하여 이루어졌다. 말하자면 하나이면서 둘이고, 둘이면서 하나이다"라 하여 양자의 밀접한 관계를 다시 강조하고 있다. 이와 동시에 퇴계는 《소학》과 《대학》의 단계적 또는 《대학》만의 학습의 성부(成否)·가부(可否)에 대해 언급할 때, '경(敬)'이 성학의 시종(始終)이라는 점에 주목했음이 분명하다. 곧 상세히 논술되듯이, 그의 사상의 모든 체계가 '경(敬)'에 의해 관철되는 요인이다.

제4대학도(第四大學圖)

유소년기에 기본적 행동양식의 훈련을 쌓고, 기예의 수련과 숙련을 통해 심신을 형성해 나가는 일을 완성하면 그 다음에는 《대학》이 있다. 그런데 이상의 〈제3소학도〉에서 주의해야 할 일은, 이른바 일상생활에서의 기본적 행동양식은 단순히 쇄소응대진퇴나 예악사어서수의 술과적(術科的) 교학에 끝나지 않는다는 점이다. 《소학》의 내용을 자세히 살펴보면 여러 고전에 있는 갖가지 설이 모아져 있고, 그것은 사람이 태아일 때의 교육에서 시작하여, 남자의 경우 6년, 7년, 8년, 9년, 10년, 13년으로 나아가고, 다시 20, 30, 40, 50에 이르러 70에 벼슬에서 물러날 때까지 그 주된 처신법을 가르친다. 여자에게도 연령의 발달에 따른 처신의 방법과, 모든 면에서의 기본적 행동양식의 처신법을 높은 교양(고전에 보이는 가르침)에 기초하여 체득하도록 되어 있다. 주자는 분명히 《소학》에서는 사(事)를 가르치고 《대학》에서는 사(事)의 이유를 가르친다고 했는데, 그것은 단순히 기술적 사항에 그치지 않고 고전의 깊은 교양에 뒷받침되는 것임을 명심해 둘 필요가 있다. 그러므로 주자는 앞서 말했듯이 《소학》과 《대학》이 그 내용은 서로 다르지만 도(道)는 하나라 했고, 따라서 양자 전체를 통하여 내다보고 있었던 것이다.

이상과 같은 것을 전제로 〈제4대학도〉를 보면, 원래 이 그림은 고려말·조선초의 이름난 유학자 권근(양촌)이 만든 것이다. 그리고 퇴계가 게재한 〈대학경(大學經)〉은 주자장구(朱子章句)의 제1장에 해당한다. 알고 있듯이 《대학》제1장은 그 목적을 말한 것으로, 수신·제가·치국·평천하할 것을 들고, 그 근본에는 자기 안에 구비된 명덕을 밝히고 백성의 낡은 폐단을 고치며, 최고선(最高善)에 도달하여 머무름을 최종목표로 설정하고 있다. 또한 이들 목표를 달성하기 위해 그 출발점에서 자기 마음을 바르게 하고 뜻을 정성되게 하며 물(物)에 이르러 지(知)를 추극(推極)할 것을 요구했다.

따라서 《소학》과 《대학》을 통해 학문의 목적·방법을 보면, 《소학》이 오로지 일상생활에서 기본적인 행동양식이나 기예의 수련을 통하여 심신을 육성하려는 것이라면, 15세가 지난 대인(大人)의 학문으로서 《대학》은, 유학 본래의 목적인 자신을 닦고 남을 다스리는(수기치인) 학문 및 실천의 요건 전체를 말한 것이다. 더 말할 나위 없이 그 근본은 스스로를 닦는 일이다. 《대학》에서 그것은 마음을 바르게 하고 뜻을 정성되게 하며 물(物)에 이르러 지(知)를 추극(推極)하는 것이었다. 즉 '수기(修己)'에 대해서는 수신(修身)→정심(正心)→성의(誠意)→치지(致知)→격물(格物) 등으로 핵심에 접근하고, 반대로 이번에는 그 결과로서의 물격(物格)→지치(知致)→의성(意誠)→심정(心正)→신수(身修)라는 논리적 실천의 과정을 나타낸 것이 《대학》이었다. 수신의 문제는 결국 마음의 문제이고, 마음의 작용으로서 의(意)의 문제이다. 또한 의(意)를 정성되게 하기 위해서는 지(知)를 추극(推極, 끝까지 다한다)하는 것이 필요하고, 그것은 개개의 물(物)에 이르러(格) 그 지(知)를 궁구하는 것이 된다.

그런데 퇴계는 《성학십도(聖學十圖)》의 〈제4대학도〉에서, 〈대학경(大學經)〉에 이어 주자의 《대학혹문(大學或問)》에서 특히 '경(敬)'에 관한 설을 게재하고 있다. 〈제3도〉인 《소학》에 대한 글에서는 이미 말했듯이 권3에서 '경신(敬身)'이 언급되었는데, 그 내용은 '명심술지요(明心術之要)', '명위의지칙(明威儀之則)', '명의복지제(明衣服之制)', '명음식지절(明飲食之節)'로 나누어 설명되었다. 이것은 문자 그대로 구체적인 경신(敬身)의 방법으로, 심술(心術)·위의(威儀)·의복(衣服)·음식(飲食) 등의 사항을 말한 것이다.

다만 처음의 '명심술지요'는 심신에 걸쳐 '경(敬)'의 필요성을 말한 고전의 문언(文言)을 모은 것인데, 다음에 실어 보기로 한다.

공자가 말하기를 군자는 경(敬)하지 않음이 없다. 몸을 경(敬)하게 하는 것을 큰 것으로 삼는다. 몸은 어버이의 가지(枝)이다. 어찌 경(敬)하지 않으랴. 그 몸을 경(敬)하지 못하는 것은 곧 어버이를 상하게 하는 것이다. 이것은 근본을 상하게 함이다. 근본을 상하게 하면 가지도 썩는다. 성인의 모범〔聖模〕을 우러르고 현인의 규범〔賢範〕을 따라, 이 책을 지어 이로써 어리석은 선비를 가르친다.

○단서(丹書)에 이르기를, 경(敬)이 게으름에 이기면 길하고, 게으름이 경에 이기면 멸한다. 의(義)가 욕(欲)에 이기면 순조롭고, 욕이 의에 이기면 흉하다(단서는 책 이름, 태공망이 무왕에게 고한 것).

○곡례(曲禮)에 말하기를, 경(敬)함을 게을리 말라. 삼가 생각하는 것과 같이 하고 말을 안정(安定)하게 하라. 백성을 편안케 하라. 교만은 키우지 말라. 욕(欲)을 방종하게 하지 말라. 뜻을 채우지 말라. 즐거움을 극진하게 하지 말라. 현자는 친하게 되어도 이를 공경하고, 두려워하더라도 이를 사랑한다. 사랑해도 그 악을 알고, 미워해도 그 선을 알며, 쌓고도 잘 흩뜨린다. 편안함에 안주해도 잘 옮긴다. 재(財)에 임하여 구차히 얻으려 말라. 어려움에 임하여 구차히 면하려 말라. 싸움에서는 이기려 말라. 나눔에서는 많은 것을 구하지 말라. 의아한 일에 묻지 말라. 곧게 하되 고집하지 말라.

○공자가 말하되, 예(禮) 아니면 보지 말고, 예 아니면 듣지도 말고, 예 아니면 말하지 말고, 예 아니면 움직이지도 말라(《논어》 안연(顔淵) 제12)

○문 밖에 나가면 귀한 손님을 대하듯 하고, 백성을 부림에 큰 제사를 모시듯 하라. 내가 하고자 하지 않는 것을 남에게 시키지 말라(동상서).

○집에 있을 때 공손하고, 일을 경(敬)으로써 하며, 남에게 충실함은 비록 오랑캐 땅에 가더라도 버려서는 안 된다(동상서 자로(子路) 제13).

○말에 충성과 신의가 있고〔忠信〕 행함이 착실하고 공손〔篤敬〕하면, 비록 야만의 나라에서도 행할 수 있다. 말이 충신하지 못하고 행동이 독경하지 못하면 비록 시골 마을에서라도 행할 수 없다(동상서 위령공(衛靈

公) 제15).

○군자에게는 아홉 가지 생각이 있다. 볼 때 명(明)을 생각하고, 들을 때
총(聰)을 생각하며, 표정에 온(溫)을 생각하고, 용모에 공(恭)을 생각
하며, 말에 충(忠)을 생각하고, 일에 경(敬)을 생각하며, 의심이 날 때
문(問)을 생각하고, 분격할 때 난(難)을 생각하며, 얻을 때 의(義)를
생각한다(동상서 계씨(季氏) 제16).

○증자가 말하기를, 군자가 소중히 여겨야 할 도(道)가 셋 있으니, 몸가
짐에 사납고 거만함을 멀리하고, 안색을 바로 하여 믿음에 가까워야 하
며, 말소리를 가다듬어 야비함을 멀리해야 한다(동상서 태백(泰伯) 제
8).

○곡례에 말하기를, 예(禮)는 절도를 넘지 않고 침해하지 않으며, 업신여
기지 않고 마음대로 행동하지 않는다. 몸을 닦고 말을 실천함을 선행이
라 한다.

○악기(樂記)에 말하기를, 군자는 간사한 소리와 음란한 색〔姦聲亂色〕을
총명에 머무르게 하지 않고, 음란한 음악과 사특한 예〔淫樂慝禮〕를 심
술(心術)에 접하지 않으며, 태만하고 간사하여 치우친〔惰慢邪辟〕 기
(氣)를 몸에 지니지 않고, 이목구비와 마음에 아는 것과 온 신체〔心知
百體〕가 모두 순하고 바르며〔順正〕 이로써 의(義)를 행한다.

○공자가 말하기를, 군자는 먹음에 배부름을 구하지 않고, 거처함에 편안
함을 구하지 않으며, 일은 민첩하게 하되 말은 삼가고 도(道) 있는 사
람에게 나아가 바르게 한다. 이와 같으면 학문을 좋아한다고 할 수 있
을 것이다(《논어》학이(學而) 제1).

○관경중(管敬仲)이 말하기를, (하늘의) 권위를 두려워하기를 질병처럼
하는 것은 백성 중의 상(上)이고, (남의) 회유에 따르기를 물 흐르듯
하는 것은 백성 중의 하(下)이며, (남의) 회유를 따를 때 (하늘의) 권
위를 생각함은 백성 중의 중(中)이다(《국어(國語)》진어(晉語)).

이상이《경신(敬身)》제1장에 해당하는 '명심술요(明心術要)'에 인용된 고
전의 전문(全文)이다.《소학》에 실린 '경(敬)'은 심신 모두에 관련되지만,
이상과 같이 극히 구체적인 일로 설명되고 있다. 그리고 여기서의 '경(敬)'
은, 다른 '예(禮)' '충(忠)' '의(義)' '신(信)' '학(學)' 등의 여러 개념(덕

목)과 관련되고 결부되어 설명되고 있다.

원래 퇴계는 《소학》을 탐독하고 도식화함에 있어서 상도(上圖) 부분에 이 책의 3권의 표제 항목인 '입교(立教)', '명륜(明倫)', '경신(敬身)'을 세 개의 요목으로 세운 것이므로, '경신(敬身)'의 내용이 어떤 것인지 알고 있었을 것이다. 여기서의 '경신(敬身)'은 아직 하나의 사항으로 취급된 데 지나지 않았다. 그러나 이미 기술한 바와 같이 퇴계는 〈제3도〉의 〈소학제사〉 뒤에 주자의 《대학혹문》을 인용하여 《소학》과 《대학》을 모두 보고 생각할 것과, 성학의 처음과 끝은 '경(敬)'이란 한 글자로 다한다는 주자의 말을 제시했다. 〈소학도〉와 〈제사〉만의 제시라면 아직 '경(敬)'이 중요한 개념으로 떠오르지 않는다. 〈제4대학도〉에 이어지는 중요한 개념으로서의 '경(敬)'의 위치를 정립할 필요가 있었던 것이다.

〈제3소학도〉의 그림과 〈제사〉만으로는 '경(敬)' 개념의 위치가 명확하지 않고, 〈제4대학도〉도 그림과 〈대학경(大學經)〉만으로는 '경(敬)'이 명료하게 떠오르지 않을 뿐만 아니라, 거의 무관한 것처럼 보인다. 이는 본 항에서 전술한 바로도 알 수 있을 것이다. 이에 퇴계는 〈대학경〉 뒤에 다시 주자의 《대학혹문》, 특히 '경(敬)'에 관해 논한 것을 게재한 것이다. 지금부터 그것을 검토하기로 한다.

즉, "왜 그토록 경(敬)에 역점을 두었느냐"에 대한 주자의 응답이 그것이다. 주자는 '경(敬)'에 관한 의의로서 정이천의 '주일무적(主一無適)'과 '정제엄숙(整齊嚴肅)'을 들고, 이어서 그 문인인 사상채(謝上蔡)[17]의 '항상 성성(惺惺)한 법'을 들며, 다시 정이천의 문인인 윤화정(尹和靖)[18]의 "그 마음을 수렴하여 어떤 일물(一物)도 넣지 않는다"를 들고 있다. 정이천의 '주일무적(主一無適)'은 마음을 한 가지 일(一事)에 주되게 하여 다른 일(多

---

17) 사양좌(謝良佐), 자는 현도(顯道), 상채선생(上蔡先生)이라 칭함. 《송원학안》 권24, 〈상채학안〉 및 《송사(宋史)》 권428에 보임. 여기서 인용한 말은 주자집(朱子輯) 《상채선생어록》 권중에 보임.

18) 윤돈(尹焞), 자는 언명(彦明), 화정처사(和靖處士)라 사호(賜號) 됨. 《송원학안》 권27, 〈화정학안〉, 《송사》 권428에 보임. 정이천의 제자. 《송원학안》에서 황백가는 윤화정에 관한 주자의 평을 다음과 같이 싣고 있다. "朱子云, 和靖直是十分鈍底, 被他只就一箇敬字做工夫, 終做得成, 又云和靖不觀他書, 只是持守得好, 他語錄中說持守涵養處, 分外親切, 可知學不在多, 只在功專志一." 화정이 '경(敬)'의 공부에 전심하여 학문을 이룬 취지가 단적으로 나타나 있는 평이다.

事)에 관심이 기울어지지 않게 함을 말하는데, 이것으로 사려가 어수선한 걱정을 없애는 것이었다. 그것은 다시 말하면 우리 마음을 '정제엄숙(整齊嚴肅)', 즉 마음을 잘 정돈하여 엄숙하게 보존하여 소홀히 하지 않는 것으로, '경(敬)'한 마음의 상태를 단적으로 표현한 것이었다. 또 사상채의 '성성(惺惺)'이란 원래 정(靜, 고요함)·징(澄, 맑음)·오(悟, 깨달음)의 뜻이므로, 내 마음이 고요하게 맑고 명민한 상태를 나타낸 말이다. 이에 대해서 윤화정은 마음이 한 점에 모여 다른 어떤 것도 개입시키지 않는 상태를 말한다. 그들은 모두 정이천의 문인으로, 사상채는 그 제자 중의 제1인자이고, 윤화정은 '경(敬)'이란 한 글자에 공부 노력을 집중시켜 학문을 이룬 사람이다. 이것으로써 이천학파(伊川學派)가 생각하던 '경(敬)' 개념의 요점을 알 수 있을 것이다.

주자는 이들의 말을 이어서 단적으로 "경(敬)은 일심(一心)의 주재(主宰)로서 만사(萬事)의 본원(本願)"이라고 했다. 마음을 주재하고 제어하는 '경'에 의해 마음이 움직인다면, 그러한 상태에서의 마음은 만사의 근원이 된다는 것이다. 주재·제어함으로써 마음이 '경(敬)' 그 자체가 되므로, 그러한 '경', 따라서 '경(敬)' 즉심(卽心)으로서의 마음은 만사의 근원이 된다. 이것은 중대한 제언(提言)이다. 여기에 대해서는 〈제6심통성정도(第六心統性圖)〉에서 다시 고찰하기로 한다. 그런데 주자는 또 "학자의 공부는 오직 거경궁리(居敬窮理)의 두 가지에 있고, 이는 서로 발한다. 잘 궁리하면 거경의 공부가 나날이 진보되고, 잘 거경하면 궁리의 공부가 나날이 깊어진다"[19]고 했다. 여기서 말하는 거경(居敬)은 단순한 위학(爲學)의 공부에 그치지 않고 궁리(窮理)라는 위학의 기본목적과 밀접하게 관계되며, 이사호발(二事互發)의 관계로서의 위치가 정립됨으로써 성학의 목적으로 삼았다.

지금 여기에서 '경(敬)은 일심(一心)의 주재로서 만사(萬事)의 본원'이라고 함으로써, 주자의 '경' 개념이 궁리와 함께 위학의 근본에 연결됨이 밝혀졌다. 그러므로 주자는 '경'을 갖는 것에 노력을 집중해야 함을 알면《소학》도 이에 따라 배워야 함을 알게 되고, 또《소학》이 그렇다면《대학》또한 필연적으로 '경'을 근본에 두어야 함을 알게 된다. 따라서 '경'은《소학》과《대

---

19)《주자어류》권9,〈지수(持守)〉.

학》의 처음과 끝을 이루는 동시에 이것으로 일관되어 있음을 의심할 여지가 없게 된다. '경'으로써 마음을 주재하고 제어하는 것이 확립되면, 그것에 의해 "물(物)에 나아가 지(知)를 이루고 이로써 사물의 이(理)를 다하는" 것이 가능하며, 이것의 '덕성을 높임은 문학(問學)에 의한다'는 것이다. 또 '경'을 가짐으로써 '의(意)를 성(誠)하게 하고 마음을 바로하며, 이로써 그 몸을 닦는 것'이 '먼저 큰 것을 세우면 작은 것을 빼앗을 수 없게 되는' 이유이며, 또한 '경'으로써 '집을 편안하게 하고, 나라를 다스리고, 천하를 평정'하는 것이 '자기 몸을 닦아 백성을 평안하게 하고, 공손함을 독실히 하여 천하가 태평하게 되는' 이유이다.

이상과 같이 주자는 '경(敬)'을 마음에 확립시키는 것이 《소학》과 《대학》의 위학을 일관하여 요청되는 근본인 동시에, 그 확립에 의해 격물치지·성의·정심·수신·제가·치국·평천하가 가능하다고 말하고, 여기에서 비로소 '경'이 성학의 처음과 끝임을 고전(古典) 중에 정립시켜 밝히고 있다. 그리고 퇴계가 인용한 《대학혹문》의 말미는 "대개 애당초 하루라도 경(敬)에서 떠나지 않았음이니, 그렇다면 경이라는 한 글자가 어찌 성학의 처음과 끝이 되는 요긴한 것이 아니겠는가"하고 끝맺고 있다.

송학에서 '경(敬)'의 중시는 정이천(程伊川) 또는 이천학파에 의하여 유래되고 주자에 의해 유학의 시종을 이루었으나, 그것은 아직 주자의 사상체계 전체에 구조적으로 자리매김한 것은 아니었다. 그러나 퇴계학의 입장에서 본다면 퇴계가 주자의 《대학혹문》(또는 다른 저서를 포함하여)에 있는 극히 다량의 《대학》에 관한 말 중에서 감히 '경(敬)'에 대한 기술을 가려내어 〈제4대학도〉의 〈대학경〉 뒤에 보충해 넣었다는 것은 극히 중요한 의의를 지니고 있으며, 나중에 종합적으로 기술하겠지만, 이것은 퇴계 사상의 모든 체계와 모든 구조에 관련되는 것이다.

그런데 퇴계는 위에 서술한 바와 같이 주자의 《대학혹문》에서 '경(敬)'설을 인용한 뒤, 자신의 보충 설명을 곁들여 다음과 같이 말하고 있다. 즉 《대학》은 공자의 유저(遺著)로서 국초에 권근이 이 그림을 그렸고, 《소학》과 《대학》을 통론하는 데 대해서는 〈제3소학도〉 아래 수록했으나, 단순히 두 설을 꿰뚫어 볼 뿐만 아니라 위아래의 여덟 그림도 모두 이 두 그림을 통하여 보아야 할 것이며, 위의 〈제1도·제2도〉 두 그림은 단(端)을 구하여 확충하고 천(天)을 체(體)하여 도를 다하는 극치로서 《소학》과 《대학》의 표준·본원이고, 밑의 여섯 그림은 선을 밝히고 몸을 성실히 하여 덕을 높이고 업을 넓히는 데 힘을 쓸 곳으로서 또한 《소학》과 《대학》의 터전·업적이라는 것 등을 말했다. 〈소학도〉와 〈대학도〉와 다른 여덟 그림과의 관계, 특히 위의 두 그림과 밑의 여섯 그림과의 관계에 대해서는 이미 제2장에서 논한 바와 같다. 끝으로 퇴계는 '경(敬)'에 언급하여, "경은 위에도 투철하고 아래에도 투철할 것이며, 공부를 그 한곳에 집중시켜 마땅히 효과를 거두고 모든 일에 대해 그것을 잃으면 안 된다"며, 이 《성학십도》는 "모두 경(敬)으로써 주를 삼는다"고 확인하고 있다. 퇴계의 사상 중에는 '경'이 가장 뚜렷하고도 강하게 의식되어 있으며, 〈제3도·제4도〉를 '경'에 의해 통관적(通貫的)으로 기초를 다짐과 동시에, 여기서 비로소 〈차자(箚子)〉에서 서술한 것을 《성학십도》 전체에 위치를 정립하고 구조화하려 했다.

제5백록동규도(第五白鹿洞規圖)

〈제5도〉는 주자의 〈백록동규(白鹿洞規)〉, 정확히 말하면 〈백록동서원게시(白鹿洞書院揭示)〉를 도식화하여 싣고, 그 다음에 주자의 발문을 〈동규후서(洞規後序)〉라 하여 덧붙인 뒤, 다시 퇴계의 보충 설명을 곁들인 것이다. 〈백록동서원게시〉 및 〈후서〉는 《주자문집》(권 74)에 수록되어 있다. 그 본문은 다음과 같다.

父子有親, 君臣有義, 夫婦有別, 長幼有序, 朋友有信,
　右五教之目, 堯舜使契爲司徒敬敷五教, 卽此是也, 學者學此而已, 而其所以學之序, 亦有五焉, 其別如左, 博學之, 審問之, 愼思之, 明辨之, 篤行之.
　右爲學之序, 學問思辨四者, 所以窮理也, 若夫篤行之事, 則自修身以至于處事接物, 亦各有要, 其別如左, 言忠信行篤敬, 懲忿窒欲, 遷善改過,
　右修身之要,
正其義不謀其利, 明其道不計其功,
　右處事之要,
己所不欲勿施於人, 行有不得反求諸己,
　右接物之要,

이것으로 알 수 있듯이 처음에 오륜의 도(道)를 열거하면서, 학자는 유교 교학의 근본 목적인 이 오교(五教)를 배워야 하며, 그것을 배우는 순서로 박학(博學)·심문(審問)·신사(愼思)·명변(明辯)·독행(篤行)의 다섯 가지를 들고 있다. 학문사변(學問思辨)의 네 가지는 궁리(窮理)의 학문이고, 독행은 내 몸을 닦는 일부터 바깥일에 적절히 처하고 물(物)에 접하는 데 이르기까지의 실천으로, 여기에는 다시 다섯 가지의 요점이 있다. 내 몸을 닦는 요목(要目, 중요한 항목)은, 말은 충신(忠信)하게 하고 행동은 독경(篤敬)하게 하며, 분노를 누르고 욕망을 누르며 선행에 마음을 기울이고 잘못을 고칠 것 등이다. 사회에 나가 일을 처리하는 요목은 의리를 바르게 하고 이익을 도모하지 않으며, 도를 밝혀 공(功)만을 도모하지 않는 것이다. 인(물)을 응접하는 요목은 자기가 원하지 않는 것을 남한테 베풀지 않고, 행함에 이르지 못하는 바가 있어도 남을 공격하지 않으며 자신을 반성할 것 등이 그 중요한 뜻이다.

이것을 보아도 알 수 있듯이 〈백록동서원게시〉는 극히 간결하면서도 요체를 얻은 것이며, 또 극히 구체적이고 실천적인 것으로, 서원에서 배우는 자는 누구나 곧 실행할 수 있도록 쓰인 것이다. 그러면 퇴계는 왜 이런 것을 〈제3소학도〉, 〈제4대학도〉 뒤에 놓은 것일까. 그것을 나타낸 것이 주자의 〈동규후서(洞規後序)〉라 생각된다. 즉 주자는 거기서 다음과 같이 말했다. 옛 성인이 사람에게 학문을 가르치는 참뜻은, 의리를 밝게 자각하여 몸을 닦아 그것을 남에게 미치게 하는 것이었다. 함부로 많은 책을 읽어 기억하거나 시나 문장을 만들어 명성과 이득을 얻으려는 것이 학문의 목적이 아니었다. 그러나 오늘날 학문을 하는 자는 이미 그와 달리 반대로 되어 있다. 무릇 성현이 사람에게 학문을 가르치는 내용·방법은 이미 '경전' 속에 있으며, 이것을 잘 읽고 깊이 사색하면 당연의 도리와 필연의 책무를 스스로 알게 된다. 학문의 태도나 방법에 관한 규준과 금지사항은 남이 설정한 후에 지키는 것은 아니다.

예로부터 전통적 유학의 내용과 방법은 이미 밝혀졌으며, 그 중심은 다섯 가지 인륜의 도를 분명히 깨달아 얻는 일이었다. 이에 퇴계는 〈백록동서원게시(白鹿洞書院揭示)〉 작성의 경위를 보충 설명에서 말한 뒤 "대저 요순의 가르침은 오품(五品)에 있고, 삼대(三代)의 학문은 모두 인륜을 밝히는 이유이다. 고로 규(規에서 나타내는 바)의 궁리역행은 모두 오륜을 근본으로 한다"고 분명히 말했던 것이다. 그는 다시 제왕의 학문 규준이나 금지사항은 일반 학자의 그것과 다 같지는 않으나, 학문이 인륜의 상도를 깨닫는 데 기초를 두고 궁리역행(窮理力行)하여 그 심법(마음의 존재양식)의 가장 절요(切要)한 곳을 구한다는 점에서는 전혀 다름이 없다고 했다.

성학(聖學)은 박식하거나 시문을 잘 지어 명성을 얻고 이익을 구하는 것이 목적이 아니라, 오륜(五倫)·오상(五常)을 분명히 깨닫는 동시에 이를 구체적 인륜 속에서 확립해 나가는 것을 목표로 삼는다. 그것은 이미 '경전'에 있으며, 유학을 배울 때의 규준이나 금지사항도 이(理)의 당연함을 안다면, 필연적으로 그 책무를 몸으로 느끼고 체득해야 한다. 이는 남이 설정하는 것이 아니라고 한 것은, 여기서 유학의 목적과 범위를 한정한 것이다. 적어도 퇴계가 〈제1도〉에서 〈제4도〉까지 제시하고 〈제5도〉에 이르러 이상과 같이 거추장스럽지 않고 간단명료하며 알기 쉽게 〈게시(揭示)〉를 보여 준 것은, 유학의 목적범위를 한정하기 위해서였다고 해석하지 않을 수 없다. 왜냐하면 위의 〈게시〉가 너무나 간명하고도 가까운 일을 말하는 데 그쳐, 송학에서와 같은 철학적 세계관이나 형이상학에 대해 말하지 않은 데는 많은 의문점의 여지가 있을 수 있기 때문이다. 퇴계가 살던 당시에도 박송당(朴松堂)이라는 사람이 《백록동규집해》라는 책을 간행하여 거기에 이른바 '도체론(道體論)'이나 '정치론'을 보충했는데, 이것을 보고 문인인 황중거(黃仲擧)가 스승(퇴계)에게 그것에 대해 물었던 것 같다. 이에 대해 퇴계가 〈답황중거준량논백록동규집해(答黃仲擧俊良論白鹿洞規集解)〉[20]라는 서한을 그 문인에게 보낸 기록이 《자성록》에 전하고 있다. "옛 성현이 사람을 가르쳐 학문을 행하게 하는 데, 사람들이 도를 알아 짧은 시간에 모든 것을 다 설명하여 전수하려 하지 않았겠는가. 그러나 능히 하지 못한 것은 도(道)의 전달을 억누르거나 사람을 가까운 곳에 두고자 해서 그런 것이 아니다. 세(勢)가 불

20) 《증보퇴계전서》 3, 《자성록》 권1, 〈답황중거준량논백록동규집해〉 일송당박공유집해근시간행, 174면 이하. 또 아베 요시오(阿部吉雄) 씨도 《일본주자학과 조선》 제2편 〈제1장 闇齋의 주자학 성립과정과 이퇴계〉에서 〈퇴계의 백록동서원게시의 심해〉라는 항목을 설정하고 〈백록동규〉에 관한 퇴계의 서간을 인용하고 있다. 그는 오로지 이 규(規)에 대한 퇴계의 이해 방법에 관해서 말하고 있으나, 《성학십도》 전체를 구상한 퇴계의 사상, 그리고 가장 만년의 사상으로 볼 때, 이 〈답황중거〉 서간에 보이는 퇴계의 유학관에 그치는 것은 아니다.

가했기 때문이다. 삼천 명의 무리가 날마다 공자의 문하에서 머물렀으나, 강의한 바는 오직 효제충신시서집례(孝悌忠信詩書執禮)뿐이었다. 또 인(仁)을 논함에 있어서도 인을 행하는 일에만 그쳤을 따름이다. 오랜 시간이 지난 뒤에야 각자의 자질에 따라 성취하여 각기 얻는 바가 있었다. 그런데 일관(一貫)의 묘(妙)는 오직 증자(曾子)와 자공(子貢)만이 얻을 수 있었다. 그러므로 여기에 이른 뒤에야 말하노니, 부득이해서 그런 것이다."

성현이 학문을 가르칠 때, 사람들이 도(道)를 곧 깨달아 순식간에 모든 것을 전하기를 바라지 않았던 것은 아니다. 그것이 불가능했던 것은, 도를 전하는 일을 억제하고 사람을 가까운 곳에 구획(區劃, 경계를 갈라 정함)하려고 했기 때문이 아니라, 세(勢) 즉 자연의 이치에 그것이 불가능했기 때문이다. 공자 문하의 많은 제자들도 효제충신시서집례(孝悌忠信詩書執禮)만 배웠고, 인(仁)에 대해서도 논리보다는 인의 방법뿐이었다. 그러므로 일관된 묘(妙)로서의 성학 전체와 큰 쓰임은 증자나 자공 정도가 듣고 깨달았을 따름이다. 오래 때를 기다리면, 사람이 각각 그 재능에 따라 성취하고 얻는 바가 있게 된다는 것이다.

"선왕이 사람 가르치는 법을 지금 볼 수 있는 것은 《소학》과 《대학》이다. 《소학》의 가르침은 본시 인사(人事)의 섬세하고 미묘한 곡절을 다하는 이유이다. 《대학》에서는 그 규모의 크기에 극함이 있다 해도, 지(知)를 말한다면 사물에 임하여 궁격(窮格)하는 것을 말하고, 행(行)을 말한다면 성의·정심·수신한 뒤에 이를 가정과 국가에 미루어 천하에 달하는 것이다. 그 가르침의 차례가 있고 학문의 본질에 힘쓰임이 이와 같다. 그 치(治)를 논함에 있어서도 오히려 마음을 보존하여 치를 발현하는 근본에 지나지 않을 뿐이다. 아직 제도문장(制度文章)에 있어 부자(夫子)가 안연(顏淵)에게 고함과 같음에 못 이른 것은 어찌된 까닭인가. 사대(四代)를 손익(損益)하여 백왕(百王)의 대법(大法)을 만든 것은 오직 안자(顏子)만이 이를 얻어 들었을 뿐이다. 《대학》에 이르러 곧 천하를 위해 통법(通法)을 세웠다. 성인이 어찌 천하의 영재를 속여 학문을 시작하는 처음부터 등급을 뛰어넘어 말할 수 있겠는가. 또한 주자의 학문은 전체의 큰 쓰임이 모두 구비되어 있다. 학자를 위해 규준을 세우되, 특히 오륜으로 근본을 삼고 이에 연결함에 위학(爲學)의 서(序)로써 하며, 이를 끝냄에 독행(篤行)의 일로써 하여 도체(道體)의 전체에 미치지 않은 것은 이 또한 공자 문하의 유의(遺意), 선왕의 교법(教法)인 것이다. 박학(博學) 이하는 치지(致知)이고, 독행 이하는 역행(力行)이다. 이 두 가지로 천하의 선비를 기다린다면, 이(理)에 정밀함과 거침이 없고 소(疏, 소통)에서 정밀함을 얻으며, 언어가 상하에 통하여 하학이상달(下學而上達, 낮은 것을 배워 어려운 것을 깨달음)한다. 강에서 여러 사람이 물을 마심에 각각 그 양을 채우듯이, 높게는 성현도 되고 낮게는 선사(善士)도 된다. 모두 이와 같이 얻을 수 있을 것이다. 이른바 일관(一貫)의 뜻이나 나라를 다스리는 도와 같은 것은 대개 기다려서 발하며, 빠뜨려서 다 설명하지 않는 것이 아니다. 오늘날 이것을 살피지 않고 보완하려는 것은, 그것 역시 생각하지 않는 까닭이다."

이것을 보면 《소학》과 《대학》 두 책에는 각각 목적과 내용이 있고 또 교육의 순서가 있으며, 공허하지 않은 실질적인 학문임을 말하고 있다. 또 나라를 다스리는 데 위정자가 존심(存心)하여 다스림을 발현할 근본만을 논하고, 제도문장(制度文章)에서 안자(顔子)에게 고한 것처럼 내용이 깊고 넓지 않았던 것은, 안자가 아니면 받아들일 수 없었기 때문이다. 《대학》은 천하의 통법을 세우고 있으나, 천하의 영재에게 처음부터 억지로 정도 이상의 것을 요구하지 않았다. 하물며 주자의 학문은 전체의 간략한 줄거리가 구비되어 있으나, 〈백록동규〉를 만들었을 때는 오륜을 근본으로 여기에 위학의 차례를 부여하고 성실하게 끝맺고 있어 도체(道體)의 전체에 언급하지 않았다. 이것은 공자 교학의 유의(遺意)이고 옛 선왕(先王)의 교법(教法)이며, 또 학문사변(學問思辨)은 치지(致知), 독행 이하는 역행으로서, 이 두 가지를 실천하면 이(理)의 정밀함과 거침에도 말의 위아래에도 통하게 되어 성현 또는 선사가 될 수 있다. 나라를 다스리는 도는 이와 같은 위학·실천에 충족하여 저절로 밖으로 나오는 것을 기다리면 되는 것이지, 빠뜨린 것은 아니라고 했다.

요컨대 〈백록동규〉가 간명하고 알기 쉬운 것은 공자 문하의 유의, 선왕의 교법으로, 이것을 독실하게 배우고 실천하면 치인(治人)의 도(道)와 수기(修己)의 도(道)가 달성되고, 성현이나 선량한 선비도 될 수 있다는 것이 퇴계의 견해이다. 심원하고 광대한 세계관이나 형이상학적 사색을 채택하지 않더라도 속에 구비된 것이라면 가능하다고 분명히 말했다.

그렇다면 퇴계는 이 서한에서도 말했듯이 《소학》과 《대학》의 두 책과 〈백록동규〉 정도를 가지고 '성학의 추요(樞要)'로 삼았더라면 좋았을 것이 아닌가. 그러나 〈제1태극도〉에서 시작된 이 《성학십도》는 이상과 같은 서한에서 말한 바를 훨씬 넘어, 신유학이 수립한 세계관이나 유학의 형이상학적 기초에 관한 도설을 제시·배열하고 있다. 따지고 보면 논리적 모순을 범했다고 할 수 있을 것이다. 첫째 〈제5백록동규도〉는 성학의 목적과 내용(이미 《소학》과 《대학》의 두 책에 제시된 내용과 겹침)을 다시 간단명료하게 게재함으로써, 앞서 말했듯이 학문의 목적이나 범위를 한정하려 했을 것이다. 둘째, 앞서 게재했던 서한문이 언제 쓰인 것인지는 분명치 않으나, 아마도 퇴계가 만년에 쓴 것이 아닐까 하는 것이다. 따라서 《성학십도》 작성의 만년기에 퇴계는 반드시 위의 서한문 내용과 같은 것에 대해서 그것을 부정했던 것만은 아니더라도 구애받고 있지는 않았던 것이 아닐까 하는 점이다. 셋째, 그 증거로 퇴계는 〈차자〉의 서두에서 "도는 넓고 커서 어디서부터 착수하여 들어가며, 옛 교훈이 천만 가지인데 어디서부터 따라 들어갈 것인가. 성학에는 대단(大端)이 있고 심법에는 지요(至要)가 있다. 이것을 실어 그림을 만들고, 이것을 지목하여 설을 이루어, 이로써 도(道)로 들어가는 문과 덕을 쌓는 기틀을 나타내려 한다"고 말하고 있다. '성학의 대단', '심법의 지요'라는 말이 뜻하는 바가 바로 유학의 철학적 세계관과 형이상학적 사색 및 인성론을 내포한 것으로, 〈제1도〉에서 〈제4도〉까지 (혹은, 〈제10도〉에 이르기까지) 그러한 것이 배워지기를 기대하여 실은 것이다.

퇴계가 〈제5도〉 보충 설명의 말미에서 새삼스럽게 "이상의 다섯 그림은 천리에 기본을 둔 것인데, 공(功)은 인륜을 밝히고 덕업에 힘쓰는 데 있다"고 한 것은 이상과 같은 사정을 뒷받침한 것이라 할 수 있다.

5. 인간의 심(心)과 성(性)

요컨대 〈제1도〉에서 〈제5도〉까지는 《소학》과 《대학》에 의해 학문의 목적·내용을 밝히고, 그것이 세계 또는 존재의 이법에 기초하며, 또한 그 이법은 인간존재의 이법에 상즉적(相卽的)으로 서로 비교됨으로써 인간세계의 질서나 기본적 인륜(인간관계)을 도출하고, 다시 성학으로서의 학문 및 실천의 범위를 한정적으로 제시한 것이라 이해된다. 이에 대해서 〈제6도〉부터 〈제

10도)까지는 주로 학문 또는 실천의 주체인 인간의 내면적인 마음과 성(性)에 대해 밝히는 동시에, 과거 이미 성학의 처음과 끝을 꿰뚫는 것으로 중시되어 온 '경(敬)'을 실천하는 터전 및 때를 나타낸 것이라 할 수 있다.

제6심통성정도(第六心統性情圖)

〈제6도〉는 퇴계에 의해 개정된 중(中)·하(下)의 두 그림과 정임은(程林隱)의 상도(上圖)로 이루어지고, 여기에 〈심통성정도설(心統性情圖說)〉을 덧붙인 것이다. 이 〈도설〉에서는 먼저 정임은의 설을 인용하고 있다. "사람은 (이기)오행의 뛰어난 작용을 받아 태어났는데, 그 오행의 빼어남에 기초하여 오성(五性)이 갖추어지고, 그것이 움직이면 칠정(七情)이 생긴다. 성정을 통합하는 것이 마음이며, 마음이 고요하여 움직이지 않는 것은 성(性)이고 마음의 체(體)이다. 마음이 (외물에) 감(感)하여 움직이면 정(情)이 되는데, 이것이 마음의 용(用)이다." 이에 이어 장횡거의 설을 인용했다. "마음은 성정을 지배한다"는 말은 타당하다. "마음이 성(性)을 다스리므로 인의예지를 성(性)으로 하고, 또 인의의 마음이라고도 한다. 마음은 정(情)을 거느리므로 측은(惻隱)·수오(羞惡)·사양(辭讓)·시비(是非)를 정으로 하고, 또 측은·수오·사양·시비의 마음이라고도 한다. 마음이 성(性)을 다스리지 않으면, (마음을) 미발지중(未發之中)에 이를 수 없고 성(性)이 뚫어지기 쉬우며, 또 마음이 정을 거느리지 못하면 (마음을) 중절지화(中節之和)에 이를 수 없고 정도 깨지기 쉽다. 학자는 먼저 이 사실을 알고 반드시 마음을 바르게 하여 그 성(性)을 기르고, 그 정을 단속해 나가면 학문의 길을 얻을 수 있다."

이상이 〈도설〉에서 인용한 정(程)·장(張) 두 사람의 '심통성정(心統性情)'에 관한 글의 대략적인 내용이다. 정임은은 체용론(體用論)에서 이를 말했고, 장횡거는 인의예지와 사단 및 미발지중·중절지화로 이것을 표현했다. 그러나 모두 깊은 논리성이 없는 형식적 논의이다. 그러나 다음에 첨부된 퇴계의 긴 보충 설명은 매우 중요한 그의 심성정(心性情)·이기론(理氣論)과 관련된다. 그러므로 앞서도 말한 바와 같이 퇴계가 그린 중(中)·하도(下圖)에 주목하기로 한다.

먼저 중도(中圖)에 대해 그는 다음과 같이 말했다. "중도는 기품(氣稟),

즉 사람이 기를 받아 형체를 이루어 출생했을 경우, 특히 '본연의 성(性)'에 대해서만 논한 것이다. 따라서 아직 기품이 섞이지 않은 상태에 대해 설명한다. 그 '본연의 성'은 자사의 경우에는 '천명(天命)의 성', 맹자의 경우에는 '성선(性善)의 성', 정이천의 경우에는 '즉리(卽理)의 성', 장횡거의 경우에는 '천지(天地)의 성'이다. 이러한 '성(性)'이 발동하여 정(情)이 되어도, 그것은 모두 선한 정을 가리킨다. 자사가 말한 '중절(中節)의 정', 맹자가 말한 '사단(四端)의 정', 정자가 말한 '어찌 불선으로 이를 이름하겠는가' 하는 정, 주자가 말한 '성에서 유출하여 원래 불선(不善)이 없는' 정(情)이다."

다음 하도(下圖)에 대해서 퇴계는 다음과 같이 설명했다. "하도는 이(理)와 기(氣)를 합한 성(性)을 말한다. 공자가 말한 '상근(相近)의 성', 정자(程子)가 말한 '성(性)은 곧 기(氣), 기는 곧 성'의 성, 장자(張子)가 말한 '기질(氣質)의 성', 주자가 말한 '기 안에 있으나 기는 스스로 기요, 성은 스스로 성이다. 서로 섞이지 않는다'는 성이다."

그러면 먼저 중도(中圖)에서 뜻하는 바를 생각해 보면, 이미 〈제1도〉에 제시한 것과 같이, 모든 존재하는 사물은 그 생성과 변화의 원리를 '무극(無極)' 또는 '태극(太極)'으로서 갖추고 있었다. 인간도 하나의 존재로 기를 받아 태어날 때, 당연히 그 원리를 내재적으로 갖고 있다. 그것이 인간에게 선의 원리로서의 본성이고, 순수하고 지극한 선인 것이다. 따라서 이 본성이 그대로 발동하여 정이 되더라도, 이 정에는 불선(不善)이 없이 '사단의 성'이 된다. 만일 퇴계가 말한 대로, 기품에 섞임이 없는 본연의 성만을 가려 논한다면 이와 같이 말할 수 있고, 이것이 중도에서 의미하는 바이다. 논리적 차원에서 말한다면 본래 인간은 기품에 의해 형성되었음에도 불구하고, 이를 제거하여 순수한 '본연의 성'만을 가려 논한 것이다.

이에 대해서 하도(下圖)의 경우에는 이(理)와 기(氣)를 포함한 '기질(氣質)의 성(性)'에 대한 것으로, 한 사람은 존재원리로서의 이(理)와 심신의 구성요소로서의 기(氣)로 되어 있으므로, 이 이(理)와 기(氣)를 합한 현실적이고 구체적인 차원에서의 성(性)을 문제로 한다. 이에 퇴계는 앞서 말한 바와 같이 여러 대가(大家)의 이런 차원에서의 성(性)에 관한 것을 인용한 뒤 자신의 학설을 전개했다. 즉 이기(理氣)를 포함한 '기질의 성'이 발동하여 정(情)이 되면, 이와 기가 서로 효능을 발생하는 경우와 서로 피해를 발생하는 경우가 생긴다. 이른바 '사단의 정'은 이(理)가 발동하여 기(氣)가 이에 따르므로 순선무악(純善無惡)이다. 이(理)가 아직 충분히 발동하지 못했을 때 기(氣)가 덮어 버리면 이 정은 불선에 이른다. 칠정(七情)도 기(氣)가 발동하여 이(理)가 여기에 따르면 불선이 없다. 만일 기가 발동하여 제멋대로 흐르고 이를 멸하는 일이 생기면 그 정은 악이 된다. 이기를 포함한 '기질의 성'이라는 차원에서 그 발동을 말하면 이와 같다. 이것이 현실적·구체적인 기품에 의해 형성되는 인간의 모습이므로, 퇴계는 "정자(程子)의 성(性)만 논하고 기(氣)를 논하지 않으면 갖추어지지 않고, 기만 논하고 성을 논하지 않으면 밝혀지지 않는다"를 인용하고, 이 양자(성과 기)를 따로 한다는 것은 옳지 않다고 했다. 그렇다면 맹자나 자사가 이(理)만을(따라서 본연의 성만을) 가리킨 것이 잘못이냐 하면 그렇지 않다. 기를 아울러서 기질의 성을 말할 경우, 사람의 성이 원래 선하다는 것을 보려 하지 않기 때문임에 불과하다. 퇴계는 중도가 바로 이런 의도에서 제시한 것이라고 했다. 즉 중도는 기품이 섞이지 않은 순수한 본연의 성이라는, 현실과 논리적 차원을 달리한 경우의 성을 말한다. 그는 구체적이고 현실적인 인간의 '기질의 성'과 차원을 달리하여 논한 것이라고 했다.

그런데 이(理)와 기(氣)를 겸하고 정(情)과 성(性)을 통합하는 것은 인간의 마음이다. 퇴계는 다음과 같이 말했다. "성이 발동하여 정이 된다. 이것은 바로 가장 미묘한 마음의 작용이다. 그것은 마음의 모든 변화에서 가장 중요한 부분이 되며 선악이 갈리는 곳이다. 그러므로 학자는 지경(持敬)에 마음을 모으고, 이(理)와 욕(欲)의 구분을 명백히 하며 여기서 가장 삼가야 한다. 마음이 발동하기 전에 나의 본심을 잃지 않고 내 본성을 지키고 키우며, 마음이 발동하면 그것이 움직인 뒤를 충분히 반성하고 밝혀야 한다. 이러한 노력과 공들임을 오래 하여 폐하지 않으면, 정일집중(精一集中)의 성학도 본체(본연의 성)를 지켜 모든 변화에 대응하는 심법(마음의 상태)도 외구(外求, 밖에서 구함)를 기다리지 않고 얻을 수 있다." 결국 퇴계는 이기(理氣)·심정(心情)을 논하는 데서 인간의 마음을 가장 중시하여, 경(敬)으로써 마음을 삼가고 단속하며 정비해 나갈 것을 강조했다.〈제6심통성정도(第六心統性情圖)〉를 게시한 까닭도 여기 있다고 할 것이다.

그런데 앞서 〈제6도〉에서, 퇴계가 중도와 하도를 별도로 실은 것은 매우 중요한 의미가 있고, 두 그림은 결국 차원을 달리하여 이기(理氣)∼성정(性情)을 논한 것이라 말한 바 있다. 이것은 기대승과의 〈사칠논변(四七論辨)〉의 내용과도 관계가 있고, 또한 그 전 《천명도설》의 성정론(性情論)과도 깊은 관계가 있다. 이와 아울러 《천명도설》을 중심으로 한 퇴계의 인간관을 논한 제6절의 "성정(性情)의 이름은 하나이지만, 성정의 쓰임은 다르지 않을 수 없다"와 관련하여, 다음과 같이 고찰했으므로 여기서 인용해 두려고 한다.

이 글에서 퇴계는 성정을 이원적(二元的)으로 설명하고 있다고 해석된다. 즉 위에서 말했듯이 마음의 이(理)적 측면에서 본다면 그것은 본연의 성(순선무악)이고 미발(未發)의 전(前)이며, 오상·사단의 연원이다. 또 기(氣)적 측면으로 본다면 기질의 성(性)이고 칠정 내지 의(意)의 선기악기(善幾惡幾)의 연원이다. 그렇다면 이적 측면이 본연의 성 또는 미발의 전이라는 것을 옳다고 하더라도 사단은 정(情)의 발(發)이 아니라는 것인가. 그렇다면 거기에는 기(氣)가 없는가 하는 의문이 생긴다. 또 기적 측면을 기질의 성이라 하여 이발(已發)이라 하고, 칠정이 발하여 선악이 함께 생긴다고 할 때, 거기에 이(理)가 내재하느냐 않느냐의 의문이 생긴다. 이것을 같은 차원에서 논한다면 분명히 논리적으로 모순된다. 그러나 퇴계가 "所謂五常者, 純善而無惡, 故其所發之四端, 亦無有不善, …"이라 했을 때와 "所謂氣質者, 非本然之性, 故其所發之七情, 易流於邪惡, ……"(《천명도설》제6절 논인심지구(論人心之具))라고 했을 때와는 차원을 달리하여 논하는 것이라고 해석하면, 이 두 이야기는 성립된다. 그것은 이미 서술했듯이 퇴계가 제10절에서 "故君子於此心之靜也, 必存養以保其體, 於情意之發也, 必省察以正其用"이라 한 점으로 이해될 것이다. 현재 살아서 활동하고 사람이 깨달아 알 수 있는 것은, 기질의 성이라는 개별적인 인간의 마음의 움직임뿐이다. 주자도 말했듯이 본연(本然)의 성은 기질(氣質)의 성을 도야하여 그곳으로 돌아가야 할 자각과 수양의 원점이다. 그것은 같은 차원에서 형이하적으로 나열하여 논할 수 없는 성격의 것이다. 그러므로 《천명도설》에서는 타고난 기질의 아름다움이나 추함보다도 학문·수양에 의해 어리석고 못난 마음이라도 천리(天理) 밑에서 스스로 진력함으로써 천리의 밝음을 깨닫고 천리를 행함을 다할 수 있다고 하여, 오로지 경(敬)으로써 존양성찰(存養省察)하는 공부가 절실

하다고 말했던 것이다. [21)

장황함에도 불구하고 감히 인용한 것은, 여기서 이해한 퇴계의 이론·심성 정론은 위에서 말한 〈제5도〉에서 이해한 것과 거의 같기 때문이다. 퇴계는 십 수 년 전에 이러한 사상을 갖고 있었으며, 그것이 또 기대승과의 논란을 가져왔는데, 그럼에도 불구하고 《성학십도》를 작성한 68세에 이르러서도 아무 변화가 없었다. 오히려 《성학십도》의 〈제6도〉에서는 그 사상을 중도(中圖)와 하도(下圖)로 구별하여 게재함으로써 더욱 분명하게 나타냈다고 할 수 있다. 전술했듯이 퇴계는 정자(程子)의 말을 인용하여 성(性)과 기(氣)를 아울러 논해야 한다면서, 맹자나 자사의 '천명(天命)의 성(性)'과 '성선(性善)의 성(性)'처럼 '오직 이(理)만을 가리켜 말하는 바의 것'도 갖추어져 있지 않다고 한 것은, 이(理)와 기(氣)를 합쳐 말할 때는 사람은 흔히 "성(性)의 본래 선한 것을 보지 않기 때문이다"라고 분명히 밝히고 있다. 퇴계의 심술(心術)은 어디까지나 '본연의 성'의 발로를 철두철미하게 중시·존중하려 했다는 것을 다시 한 번 느끼게 한다. 여기서 퇴계의 인간관과 인간의 자기형성에 있어서의 최종적 이상을 볼 수 있는 것이다.

제7인설도(第七仁說圖)

성(性)과 정(情)을 통합하여 자신의 몸을 주재하는 마음을 '경(敬)'으로써 키우고 지켜, '본연의 성'이 드러나기를 기대하여 논한 것이 〈제6도〉인데, 〈제7도〉는 다시 한 번 주자의 〈인설(仁說)〉을 싣고 다시금 천지의 마음과 사람의 마음과의 상관관계에 대해 말한 것이다. 〈인설(仁說)〉은 두 절로 나뉘어 실려 있다. 앞부분의 요지는 다음과 같다. "먼저 인(仁)은 천지가 물(物)을 낳는 작용으로, 사람은 이 작용을 알아 마음으로 삼는다. 따라서 사람의 마음의 원래의 작용은 인(仁)이고, 인은 천지가 물(物)을 낳아 키우는 작용에 비교되므로, 여기서도 〈제1태극도〉나 〈제2서명도〉와 마찬가지로 천지자연의 이법으로서의 작용과 인간의 본래적인 존재방식 및 마음의 작용이 관계된다. 구체적으로 말하면 세계 존재의 근원으로서의 '무극'과 '태극'이

21) 졸론 〈이퇴계의 인간관〉 제1부 21면, 《츠쿠바대학 철학·사상논집》 제8호.

규정되고, 그 '태극'의 운동으로 이기(二氣)·오행(五行)이 생기며, 모든 사물은 만변·만화한다고 생각되었다. 또한 그러한 자연적 세계의 움직임이나 존재의 구체적 근원으로서의 건곤(乾坤) 또는 천지(天地)가 규정되고, 그 가운데서 사물이 만변·만화하며, 인간도 천지 사이에 있는 것으로 그 자연적 세계의 이법이나 질서 밖에 있는 것이 아니므로, 그 자연적 질서 또는 이법에 따라 인륜적 질서가 형성되고, 인간 존재의 개별성과 공동적인 연대성의 기초가 이루어진 것이었다. 여기서 인간의 마음의 작용을 '천지생물(天地生物)의 작용'이라 한 것은, 위와 같은 논리적 전제 또는 세계관·인간관, 즉 천인상응(天人相應)의 논리에 뒷받침된 것임을 이해해야 한다. 즉 인(仁)은 인간세계의 일로만 생각할 수 없으므로, 천지자연이 물(物)을 생육하는 마음(작용)과 비교함으로써, 이른바 '사랑'과 같은 추상적인 인간의 마음의 작용에 극히 중요하고도 구체적인 내용과 방향이 주어지는 것이기 때문이다."

또한 주자의 〈인설〉은 다음과 같이 전개된다. "사람의 마음이 발동하기 전(미발의 전)에는 인의예지의 사덕이 본성적으로 구비되어 있는데, 이때 인(仁)은 그 사덕을 통합한다. 주자는 이러한 인을 '생(生)의 성(性)', '애(愛)의 이(理)'라 하여 '인(仁)의 체(體)'로 삼았다. 이미 마음이 발동하면(이발) '사단'의 정이 나타난다. 측은은 사단에 범통(汎通)하는 마음의 작용으로, 이것을 '성(性)의 정(情)', '애(愛)의 발(發)', '인(仁)의 용(用)'이라 했다. 체용론(體用論)으로 말하면 '미발(未發)'은 '체(體)', '이발(已發)'은 '용(用)'인데, 이것만을 놓고 볼 때 인(仁)이 체(體), 측은(惻隱)은 용(用)이 된다. 공과 사를 대조시키면, 공(公)은 인(仁)을 체(體)하고, '이를 이기며 예(禮)로 돌아가는 것을 인(仁)이라 한다'는 것이 공(公)의 입장이다. 공(公)은 사리사욕의 입장이나 구속을 초월하여 인륜으로 돌아가는 것을 뜻하기 때문이다. 따라서 공(公)이 되면 인(仁)의 입장에 서는 것이고, 그 인은 사람을 사랑한다는(愛人) 태도를 나타내는 것이다. 효(孝)와 제(悌)는 구체적인 용(用), 서(恕)는 그 시(施), 지각(知覺)은 지(知)가 된다."

제2절, 즉 〈인설〉의 뒷부분을 보면 다음과 같다. "'천지(생물)의 마음'에는 '원(元)·형(亨)·이(利)·정(貞)'의 사덕(四德)이 있고, 범통적으로 말하면 '원'이 사덕을 거느린다. 이 사덕이 구체적으로 작용하면 춘하추동의 차례가 생긴다. '춘생(春生)의 기'는 천지의 물(物)을 생육시키는 작용에 따른

기의 운동이므로, 봄뿐만 아니라 사계절 전체에 통한다. 그러므로 사람의 마음에도 사덕이 있고, 인의예지의 인(仁)은 전체를 포섭하며, 발용(發用)하면 애공의별(愛恭宜別, 사단의 다른 표현)의 정이 되고 측은지심이 전체의 발용을 관통하고 있다."

원래 인(仁)의 도(道)는 '천지생물(天地生物)의 마음'이었다. 천지가 물(物)을 생육하는 작용이므로 인의 존재는 항상 '물(物)에 즉(卽)'하여 있다. 마음의 발동으로서 정이 미발인 때는 인의 예가 마음에 구비되어 있으며, 정이 이미 발하면 그 작용은 무궁하다. '천지생물의 마음'으로서의 인을 잘 체득하고 유지하면, 중선(衆善)의 근원과 백행(百行)의 근본이 거기에 있으므로, 공자의 교학은 오로지 인을 구하는 데 있다. "자신을 이기고 예(禮)로 돌아감을 인(仁)이라 한다"고 말한 것은 자신의 사사로움을 극복하고 천리의 본연함에 돌아가는 것이다. 그러함으로써 마음의 본체를 잘 얻을 수 있고 따라서 인의 마음도 잘 작용한다. '거처에 공(恭)하고 일을 경(敬)하며 남에게 충(忠)하는 것'은 마음을 보존하는 것이다. '부모에게 효(孝)하고 형에게 제(悌)하며 물(物)에 이르러 서(恕)함'은 이 마음이 잘 작용하는 것이다. '이 마음'이란 천지에서는 편안한 생물의 마음이고, 사람에게는 온화한 애인이물(愛人利物)의 마음이며, 사덕을 감싸고 사단을 꿰뚫는 것이다.

정(情)과 성(性)은 나뉜 경계가 같지는 아니하나, 각각 속하는 바(성에는 인의예지, 정에는 사단칠정)가 있어서, 맥락이 거기에 통하면 양자를 단절시켜 관계없는 것이라고 할 수 없다. 다만 정자(程子, 여기서는 정명도를 가리킴)의 말만 취하여 그 진의를 다 밝히지 않고, 명백히 사랑을 떠난 인(仁)만 말하는 것은 병폐이다(정자는 사랑은 정(情), 인(仁)은 성(性)이라 하여 사랑을 인이라 이름붙일 수 없다고 했다. 그는 '사랑의 발(發)'을 인(仁)이라 했던 것이다. 주자는 '사랑의 이(理)'로써 인이라 이름 붙인다고 하여, 이에 앞서 말한 것을 지칭한다).

정자(정명도)의 제자 중에는 '만물과 나를 하나로 한다'는 것으로 인(仁)의 체(體)를 삼고, 마음에 지각이 있는 것을 인의 이름으로 해석하는 자가 있으나, 물아(物我)를 하나로 하는 것은 인(仁)의 사랑하지 않을 수 없음을 말한 것으로, 참으로 인의 체(體)를 이루는 근거는 되지 않는다. 마음에 지각이 있다는 것은 인이 지를 포함하는 것으로 해석할 수는 있으나, 진실로

인(仁)의 이름을 얻는 까닭은 아니다.

이상이 주자가 말한 〈인설〉의 요지이다. 퇴계는 보충 설명에서 "이것은 인도(仁道)를 밝혀 다하지 못함이 없으며, 《대학》의 전(傳)에 '임금이 되어서는 인(仁)에 머무른다'고 했듯이 지금 옛 제왕의 전심(傳心)·체인(體認)의 묘리(妙理)를 구하려면, 여기에 그 뜻을 다해야 한다"고 아주 간단하게 말하고 있다. 이 주자의 〈인설〉에서 중요한 점은, 인(仁)이 체(體)와 용(用)으로 갈라지고, 사랑의 이(理)와 사랑의 발(용)로 나뉘며, 이(理)가 모든 사물에 통하는 일반적인 것이고 사물의 작용에서 근원적 원리임과 마찬가지로 인(仁)은 모든 덕·선·행위의 근본으로 관통되는 것이다. 더욱 중요한 것은 〈제7도〉에서 인(仁)을 가리켜 천지가 물(物)을 낳는 작용이라 함으로써, 사람의 마음의 본래적 작용(사람을 사랑하고 물(物)을 살리는)에 비교하여 여기에서도 천인상응(天人相應)의 논리를 제시한 점이다. 인(仁)이란 사람을 사랑하는 것만으로는 부족하다. 그것을 '천지생물의 마음'이라고 함으로써, 인간의 인(仁)도 '사람을 생육한다'는 마음의 작용에 그 논리적 근거와 구체적인 존재방식이 제시되었다. 아마도 퇴계가 〈제7인설도〉를 게시함에 주자의 〈인설〉을 인용한 것은, 인에 대해 위에서 말한 요점을 이해하고 실천할 것을 기대했기 때문이다. 대개 '천지생물의 마음'이란, 작용을 가진 천지자연의 원리를 말한 것이기 때문이다. 인이 체(體)와 용(用)으로 갈라지고 사랑의 이(理)와 사랑의 발(發)로 나뉜다 해도, 그 원리에 능동인적 성격이 내재적이면서도 확실하게 부여되어 있음을 기억해야 할 것이다.

제8심학도(第八心學圖)

사람의 마음은 언제나 순수하게 선한 방향으로만 작용하는 것이 아니라, 욕심에 의해서도 움직이기 쉽다. 사람이 기(氣)를 받아 태어나면 반드시 인심(人心)이 구비된다. 인심은 욕심에 움직일 때도 있으나, 본성에 따라 작용할 때는 도심(道心)이 된다. 처음부터 인심과 도심이 나뉘어 있는 것은 아니다. 따라서 사람은 '경(敬)'으로써 욕망을 억제하고 천리를 마음에 보존하는 노력과 공부를 해야 한다. 이것이 〈제8심학도〉가 말하는 바이다.

이 〈심학도〉는 정임은의 그림과 〈심학도설〉에서 나타나는 것으로, 〈도설〉은 옛 성현의 심학(心學)을 논한 여러 설을 정임은이 종합한 것이다. 〈심학도설)의 요지는 다음과 같다.

"갓난아이의 마음은 아직 인욕(人欲)에 물들기 전의 양심이다. 인심(人心)은 욕(欲)에 민감하지만, 대인의 마음은 그 본심에 의리가 구비되어 있다. 도심은 의리에 밝은데, 이 도심과 인심의 두 마음이 사람에게 따로 있는 것은 아니다. 사람이 모양과 형질을 갖고 태어날 때는 모두 이 인심이 있다. 인심이 성명에 기초하여 작용할 때는 도심(道心)이 된다. '정일택집(精一擇執)' 이하는 인욕을 막고 천리를 보존하기 위한 공부, '신독(愼獨)' 이하는 인욕을 막기 위한 공부이다. 인욕을 막아 마음을 (욕(欲)으로) 움직이지 않으면 '부귀도 (마음을) 음란하게 할 수 없고', '빈천도 (마음을) 옮기게 할 수 없으며', '무력으로도 (마음을) 굽히게 할 수 없어' 도가 밝게 깨달아지고 덕이 확립되기에 이른다. '계구(戒懼)' 이하는 천리를 보존하기 위한 공부이다. '종심(從心)'(《논어》의 마음이 하고자 하는 바를 따르면 법도를 넘지 않는다는 뜻)에 이르면 그 마음은 체(體)이고 욕(欲)은 용(用)이다. 체는 곧 도(道)이고, 용은 곧 의(義)이다. 음성은 법률이 되고 몸은 법도가 됨으로써 비로소 '생각지 않아도 얻고', '힘쓰지 않아도 (절도에) 맞는' 공(功)을 볼 수 있다.

요컨대 이것은 이상과 같이 인욕을 막고 도심에 이르는 노력과 공부의 요건이 마음을 '경(敬)'하게 하여 거기서 떠나지 않는 데 있다. 마음은 일신(一身)의 주재(主宰)이고, '경(敬)'은 일심(一心)의 주재이기 때문이다. 성학을 배우는 자가 주일무적(主一無適)과 정제엄숙(整齊嚴肅)의 설(說) 및 기심수렴(其心收斂)과 상성성(常惺惺, 마음을 수렴하고 항상 깨닫고 깨닫는)의 설을 깊이 궁구하면, 그 공부와 노력이 다하여 성역(聖域)에 들어감이 어렵지 않다."

퇴계는 《심학도설(心學圖說)》의 보충 설명에서 다음과 같이 말했다. "정임은이 심학을 논한 옛 성현의 명언을 가려 분류하고 마주 놓되, 그 많음에 싫증을 내지 않은 것은, 성학의 심법(마음의 수양법)에는 다양한 바가 있어 한 단락으로 집약할 수 없으며, 따라서 공부와 노력도 다양하게 해야 함을 의도한 것이다. 위에서 밑으로 배열한 것은 천(淺)에서 심(深), 생(生)에서 숙(熟)으로의 대체적인 안배이며, 그 공정절차 즉 노력과 공부의 단계나 순서가 치지(致知)—성의(誠意)—정심(正心)—수신(修身)과 같이 앞뒤의 순서를 뜻하는 것이 아니다. 즉 이들은 항상 동시에 같은 장소에서 실천되고 노력하고 공부해야 한다."

그러나 천심생숙(淺深生熟)의 대개를 말한 것이라고는 하나, '방심(放心)을 구하는 것'은 공부의 첫 단계로 '심재(心在)'의 다음에 둘 것이 아니라는 의심도 생길 것이다. 이에 대한 퇴계의 견해는 다음과 같다. '방심을 구하는 것'이란 얕게 말하면 원래 제일 먼저 착수해야 할 것이지만, 깊게 말하면, 순식간에 조금만 어긋나도 이미 그것은 '방(放)'이 된다. 안회도 석 달이 지나면 (인을) 어기지 않음이 없었다(《논어》〈옹야(雍也) 제6〉에서, "공자가 말하기를, 안회는 그 마음에 석 달을 두고 인(仁)을 어기지 않으나, 그 나머지는 고작 하루 아니면 한 달 동안 인에 있을 뿐이다"를 인용한 것. 원래 석 달의 뜻은 수량적인 3개월이 아니라, 오랫동안이 바른 풀이다). 인을 어기지 않음이 없다면, 그것은 이미 '방(放)'이다. 다만 안자는 다른 사람과 달리 조금이라도 어긋나고 잃어버림이 있으면 이것을 얼른 반성하고 스스로 알 수 있었다. 반성하고 스스로 알면 '방심'이 일어나지 않는다. 이것도 '구방심(求放心, 잃어버린 마음을 찾음)을 구하는 것'의 한 종류이다. 따라서 '구방심(求放心)을 구하는 것'이 '심재(心在)' 뒤에 있어서 순서가 거꾸로 된 듯이 생각되지만, 깊이 생각하고 깊이 추구해 나가면 '구방심을 구하는 것'도 결코 첫 단계인 노력과 공부만으로 그치지 않는다. 안회와 같은 사람도 스스로 알고 반성하여 방심(放心)을 구했으므로, 단순히 차례의 모순을 지적할 수는 없다는 것이 퇴계의 견해이다. 그러므로 정임은이 〈심학도〉에 언급한 순서는 이미 퇴계가 "그 공정절차는 치지—성의—정심—수신과 같은 선후관계가 아니다"라고 했듯이, 명확한 단계·순서·선후를 의미하는 것이 아니다. 그것은 '마디'와 '표준'이었다. 보충 설명의 끝부분에서 퇴계는 "……그 사람됨이 이와 같으니, 어찌 소견이 없이 망령되게 이것을 지었겠는가"라고 하여, 정임은이 이익과 출세를 원하지 않아 은거하여 출사하지 않고, 그 의로운 행동이 구비되었으며, 백수궁경(白首窮經)하여 크게 얻는 바가 있었던 사람이라고 칭송하면서 〈심학도〉를 평가하고 있다.

〈제6심통성정도〉와 〈제7인설도〉에서 인간의 주체에서 심(心)과 성정(性情)의 문제를 깊이 궁구하고, 인(仁)에 이르러서는 '천지생물의 마음'으로써 인(仁)의 근거를 삼은 데 이어, 〈제8심학도〉에서는 다시 '경(敬)'이 인심의 주재임을 강조하고, 사람의 마음 둘 바를 정하며 노력하고 공부하는 절차를 명시하려 했던 것이다.

제9경재잠도(第九敬齋箴圖)

〈제9도〉는 주자(朱子)가 장경부(張敬夫)의 〈주일잠(主一箴)〉을 읽고, 그가 남긴 뜻을 취하여 〈경재잠〉을 만들어 서재의 벽에 걸고 자신을 경계하려 했다. 왕노재(王魯齋)가 그림을 그린 〈경재잠〉의 내용은 다음과 같다.

"의관을 바르게 하며, 그 보는 눈매를 존엄하게 하라. 마음을 조용히 가져 상제(上帝)를 대하듯 거(居)하라. 발은 반드시 무겁게 놓을 것이며, 손은 반드시 공손하게 가질 것이다. 땅을 밟을 때는 반드시 가려 밟되 조심스럽게 나아가라. 문을 나설 때는 큰 손님을 뵙는 것같이 하며, 일을 할 때는 제사를 지내는 것같이 하되 조심히 행하여 안이하게 처리하지 말라. 입 다물기를 항아리와 같이 하고, 잡념을 방비하기를 성과 같이 하라. 성실히 하여 혹시라도 가볍게 하지 말라. 서쪽으로 간다 하고 동쪽으로 가지 말며, 북쪽으로 간다 하고 남쪽으로 가지 말라. 일을 할 때는 오직 거기에만 마음을 두고 다른 데로 쫓지 않게 하라. 마음을 한 가지 일에 집중하여 다른 일과 섞지 말라. 마음을 하나로 하여 만변(萬變)을 살펴볼 것이다. 이렇게 노력하는 것을 가리켜 '지경(持敬)'이라 한다. 동(動)과 정(靜)에 '경(敬)'이 아님이 없고, 마음의 안팎도 서로 바르게 지켜야 한다. 마음을 잠시라도 늦추면 틈이 생겨 여러 가지 사욕이 생긴다. 마음이 애타서 분노하고 전전긍긍할 것이다. 추호라도 어긋남이 있으면 천지의 자리가 바뀐다. 삼강(三綱, 군신·부자·부부의 세 질서)이 문란해지고 구법(九法, 洪範九疇(홍범구주))도 깨진다. 아아, 아이들아, 이것을 염두에 두고 지경(持敬)하라. 먹을 갈아 글을 써서 경계를 삼아 감히 심령에게 고한다."

이상이 〈경재잠〉의 간략한 줄거리이다. 퇴계는 이 뒤에 주자의 주해를 추가하고 다시 자신의 보충 설명에서 오징(吳澄, 자는 유청. 초려선생이라 부르며 후에 임천군공에 추봉됨)의 말을 싣고 있다. 즉 이 〈잠(箴)〉은 10장, 각 장은 4구로 되어 있다. 1장은 정(靜)하여 어김이 없는 것을 말하고, 2장은 동(動)하여 어김이 없는 것을 말하고, 3장은 겉의 바름을 말하고, 4장은 안의 바름을 말하고, 5장은 마음이 바르고 일에 통달함을 말하고, 6장은 일의 하나만을 주로 하되 마음에 근본을 두어야 함을 말하고, 7장은 앞의 6장을 종합해서 말하고, 8장은 마음이 무적(無適)을 하지 못하는 병폐를 말하고, 9장은 일을 오로지 하나로 하지 못하는 병폐를 말하고, 10장은 한 편을 총괄하여 끝맺음을 말하는 것이라고 했다. 이것도 하나의 이해하는 방법일 것이다. "경(敬)의 뜻은 이제 더 이상 설명할 것이 없으니, 성학(聖學)에 뜻이 있는 자는 마땅히 이를 몇 번이고 반복해야 한다." 퇴계는 진서산(眞西山)의 말을 인용하고, 마지막 보충 설명에서 주자가 "이것은 경(敬)의 조목으로 여러 경우의 설을 말한 것이다"라고 한 것에, 다음과 같이 결론지었다. "'여러 경우의 설'은 노력과 공부를 행할 경우의 좋은 근거가 된다. 금화(金華)의 왕노재(王魯齋)가 이 여러 경우를 배열하여 그림으로 만들었는데, 명백하고 가지런하여 제자리에 놓여 있다. 이것을 일상생활에서 보고 듣고 하는 사이에서 몸소 깊이 음미하고 경계하고 살펴서 얻음이 있으면, '경(敬)'이 성학의 처음과 끝이 된다는 것을 믿지 않을 수 없다."

더 말할 나위 없이 이것은 '경(敬)'의 구체적인 실천 세목과 그것을 적용한 허다한 경우를 제시한 것이다. 일상생활의 움직임, 안과 밖 등 각각의 경우에 마음을 두어야 할 바를 소상히 말한 것이다. 철저한 '경(敬)' 실천의 장려를 여기에서 볼 수 있다.

제10숙흥야매잠도(第十夙興夜寐箴圖)

〈제1도〉는 남당(南塘) 진무경(陳茂卿)이 이 잠(箴)을 만들어 스스로 경계로 삼은 것이다. 왕노재는 대주(臺州)의 상채서원(上蔡書院)에 있을 때 오로지 이 잠으로 가르치고, 학생 한 사람 한 사람에게 통습복행(通習復行)하게 했다고 한다. 퇴계는 왕노재가 작성한 〈제9도〉를 본떠 스스로 이 그림을 그리고, 〈제9도〉와 대비시켜 여기에 실었다. 〈숙흥야매잠〉의 내용은 대략 다음과 같다.

"닭이 울어서 잠이 깨면 차츰 여러 가지 생각이 일어난다. 어찌 이때에 고요히 마음을 정돈하지 않으리오. 혹은 과거의 허물을 반성하고 혹은 새로 얻을 것을 생각해 낸다. 일의 절차와 수리(修理)를 밝게 마음속으로 인식하라. 근본이 서면 새벽에 일찍 일어나 세수하고 빗질하며 의관을 단정히 하고 앉아 용모를 가다듬어라. 이 마음을 이끌어 집약하면 해와 같이 마음이 밝아진다. 내 몸을 엄숙히 가다듬고 내 마음을 비워 밝게 하여 조용히 집중시켜라. 그리하여 책을 펴서 성현과 마주하면, 공자가 거기 있고 안자와 증자도 그 앞뒤에 있다. 성현이 말하는 바를 삼가 경건히 듣고, 제자들이 묻는 것을 거듭 듣고 바로잡아라. 일이 일어나 바르게 응하면 하는 일에 효험이 나타날 것이다. 하늘의 명령은 분명하고 당연한 이치도 거기에 있다. 일에 응하여 이미 끝나면 나는 곧 처음[故]과 같아질 것이니, 마음을 가라앉혀 정신을 모으고 잡념을 버려라. 고요함과 움직임은 순환하되 내 마음은 이것을 보고 있다. 고요하게 하여 마음을 보존하고, 움직여서 이를 똑똑히 살피며, 마음을 두셋으로 나누지 말고 어지럽히지 말라. 글을 읽다가 여가가 있으면 쉬면서 정신을 가다듬고 정성(情性)을 휴양하라. 날이 어두워 사람이 권태로워지면 어두운 기운이 승하여 기분도 혼탁해지기 쉽다. 몸과 마음을 가다듬어 정기의 마음을 떨치게 하라. 밤이 되어 잠자리에 들면 손발을 가지런히 모으고 생각하지 말고 심신을 쉬게 하라. 밤의 기운으로써 기르고 정(貞)하면 심신(의 리듬) 또한 원래대로 돌아갈 것이다. 이것을 생각하고 마음에 두어 밤낮으로 꾸준히 계속하라."

간단한 줄거리이다. 이에 대해서 퇴계는 〈숙흥야매잠〉의 보충 설명에서 다음과 같이 말했다.

"〈경재잠〉에는 노력하고 공부해야 할 경우를 많이 들어 놓았다. 그러므로 그 경우에 따라 배열하여 이것을 그린 것이다. 이 잠(箴)에는 '경(敬)'에 대해 노력하고 공부할 허다한 때가 있으므로, 그 때에 따라 배열하여 그림을 만들었다. 즉 〈제9도〉는 '경(敬)'에 대한 실천의 장소, 〈제10도〉는 '경(敬)'에 대한 실천의 때가 제시된 것이다. 원래 천도의 당연한 이치는 일상생활의 모든 때와 장소에 두루 작용하고 있으므로, 이(理)가 없는 곳이 없고 '경(敬)'을 실천하지 않아도 좋을 장소도 없다. 또 이(理)가 없을 때가 없으므로 '경(敬)'을 실천하지 않아도 될 때도 없다. '경'은 모든 때와 장소에서 실천해야 한다. 자사가 이르기를, '도(道)는 잠시도 사람에게서 떠나 존재하지 않는다. 사람에게서 떠나 있으면 도가 아니다. 그러므로 군자는 보이지 않는 곳에서 자신을 경계하고 삼가며, 들리지 않는 곳에서 두려워하고 조심한다. 은밀한 곳보다 더 잘 드러나는 것이 없고, 미세한 것보다 더 잘 나타나는 것이 없다. 그러므로 군자는 홀로 있을 때를 삼간다'고 했다."

퇴계는 모든 일동일정(一動一靜), 때와 장소에 따라 심성을 보양하고 언동을 성찰하여 각각 효과를 높이는 방법이라 했고, 또한 '경(敬)'의 실천과 공부에 어떤 장소도 남기지 않고 어떤 때도 잃음이 없이 항상 이 두 가지를 병행할 때, 바로 성인의 영역에 이르는 요건이라 했다.

끝으로 퇴계는 〈제6도〉부터 〈제7도〉까지 총괄하여 "이 다섯 그림은 사람의 마음과 본성에 근본을 두고 말한 것인데, 그 구체적 요건은 일상생활에서 노력과 공부에 힘쓰고 경외하는 마음을 높이는 데 있다"고 말했다. 거기에 일관되게 흐르는 것은 인간의 마음의 작용과 본성을 밝히고, 그것을 본래대로 작용시키기 위해서는 '경(敬)'을 지니는 일이 가장 중요하며, '경'에 의해서만 성학의 처음과 끝을 완수할 수 있다는 것이다.

맺음 글

처음에 말했듯이, 《성학십도》는 퇴계 속에 있는 철학체계의 구성적 표현이다. 당시의 군주에게 제왕으로서의 학문이나 구체적인 수양과 실천을 자신의 말로 촉구한다는 것은, 신하로서는 삼가야 하는 일이었다. 따라서 그는 예부터의 성현과 그 밖의 사람들의 말씀을 빌려, 자신이 68년 동안에 걸쳐 축적하고 쌓아올린 유학의 사상체계를 이론과 실천의 양면에서 이 십도(十圖) 및 〈차자(箚子)〉에서 표현했다. 특히 그가 각 그림 끝에 덧붙인 보충설명은 십도의 사상 내용의 체계적 구성을 이론적으로 밝힌 것이다.

지금까지 처음의 〈진성학십도차자〉에서 《성학십도》까지 전체를 고찰·검토했는데, 이를 돌이켜 볼 때 그것은 실로 장대한 유학의 사상체계를 개진한 것이라고 하지 않을 수 없다. 위에서 서술한 것을 요약하면서, 퇴계가 쌓아올린 사상체계를 더듬어 보면 대략 다음과 같을 것이다.

①우선 퇴계는 〈차자〉에서 독자적인 견해에 따라 유학의 목적과 방법을 밝혔다. 그가 〈차자〉의 글머리에 "성학에 대단(大端)이 있고, 심법(心法)에 절요(切要)가 있다"고 한 것은 지극히 중요한 발언이었다. 그의 모든 사상을 적어도 《성학십도》 전체에서 볼 때, 성학의 '대단'이란 유학 사상에서의 도체론(道體論), 즉 철학적 세계관이나 존재론에 버금가는 형이상학을 가리키며, 심법의 '절요'란 인간이 마음을 두어야 할 바나 수양법, 즉 실천론 또는 위학론(爲學論)을 가리키는 것이다. 이 이론과 실천에 모두 통하는 것은

결국 사람의 마음이다. 마음은 일신(一身)의 주재(主宰)이며, 인간의 의식이나 행동의 모든 계기는 마음에서 나온다는 것이다. 따라서 인간의 언동에 대한 모든 책임은 마음에 있다고 했다. 그 마음의 가장 뛰어난 작용은 '생각하는' 것이고, 성학은 이 '생각하는' 것과 '배우는' 것의 호발(互發)·호익(互益)이었다. 사(思)와 학(學), 학문과 실천은 상호보완적인 것으로 보았고, 마음의 뛰어난 작용으로서의 사와 학이 그 본래성을 발휘하기 위해 '지경(持敬)'이 요청되었다. 퇴계는 '지경(持敬)' 또는 '경(敬)'이 사(思)와 학(學)을 겸하고 동정(動靜)을 꿰뚫으며, 안과 밖을 합하고 현미(顯微)를 하나로 하는 길이라고 분명히 밝혔다. 여기서 다음에 전개되는 퇴계 철학의 기반이 확실해지는 것이다. 전통적 유학에서 말하는 '수기치인(修己治人)'도 퇴계에 의하면 '지경' 또는 '경'으로 일관되는 셈이다. 그것은 그가 유학=성학을 그 사색이나 실천·수양의 밑바탕에서 사와 학에 집약적으로 기초를 다지고, 사람의 마음의 존재방식에 환언하고 있었기 때문이다.

②그런데 〈제1태극도〉에서 퇴계가 천명하려 한 것은 무엇일까. 여기서 먼저 말해야 할 것은, 송학의 도체론은 말할 나위도 없이 '이학(理學)'이고, 정이천이나 이를 계승한 주자의 '이학'이 대표적이라 생각되었다는 점이다. 그럼에도 불구하고 퇴계는 주자의 이기설을 택하지 않고, 주염계(周濂溪)의 《태극도설》을 택했던 것이다. 주염계의 《태극도설》에서는 '무극'과 '태극'의 해석이 가장 문제된다. 주자는 '태극은 단지 하나의 실리(實理)'라 하여 '태극'을 이(理)로 보았으나, 주자가 말한 이(理)의 논리적 성격을 그대로 '태극'의 개념으로 삼기에는 약간, 혹은 기본적으로 거리가 있었다. 본론에서 상세히 말했듯이, 주자의 이(理)로써 "태극이 동(動)하여 양(陽)을 낳는다"는 주염계의 주장을 이해하기에는 아무래도 곤란한 문제가 수반되었다. 주자연구에서 그 이(理)의 성격에 언급하여, 이것은 야스다 지로(安田二郎)가 말하듯 결코 '의미적 성격'으로 끝나는 것이 아니라 작용을 갖는 것으로 이해했다. 그런데 주자가 말한 이(理)의 논리적 성격으로는 "태극이 동하여 양을 낳는다"를 이론적 정합성(整合性)을 가지고 설명할 수 없었다.

왜냐하면 《태극도설》에서 '태극'이란 개념은 단순하게 또는 순수하게 형이상학적인 것이 아니고, '물일반(物一般)', '논리적인 일기(一氣)'라 정의하지 않을 수 없는 물질적인 냄새마저 풍기는 개념이었기 때문이다. 또한 주자의 제자가 '태극'은 '지무(至無) 중의 지유(至有)'라 했는데, 그 '지유(至有)'와 같은 것으로 해석하지 않을 수 없었다. 즉 주염계가 말하는 '태극'의 개념은 '천지미분 전(天地未分前)의 원기가 혼합되어 하나와 같은 것'에 가까운 개념이었다. 그 정도로 '태극'에는 역동적이고 능동적인 성격이 부여되어 있었던 것이다.

퇴계가 주자의 이기설(理氣說)에서 '이(理)'의 개념 또는 이에 기초한 세계관이나 존재론을 택하지 않고 《태극도설》을 택한 것은, 그 뒤에 차차 판명되듯이 퇴계의 '이(理)' 또는 '태극' 개념이 극히 능동적인 성격이 강하며, 이것이 그의 인간에 대한 '성(性)'론이나 '이발(理發)'론과 중대한 관련을 갖기 때문이다. 즉 〈제6심통성정도〉의 중도(中圖)에 제시된 논리는, 이(理)로서의 성(性)이 적극적으로 발동한 상태를 묘사하고 있기 때문이다. 이미 말했듯이 이것도 기대승과의 논변에서 그 논쟁의 대상이 되었는데, 퇴계는 분명히 이발설(理發說)에 입각하여 이(理) 또는 성(性)의 능동인적 성격을 머릿속에 그리고 있었던 것이다.

다음으로 〈제1태극도〉의 사상체계 전체의 위치에 대해 언급하면, 〈제1도(第一圖)〉에 의해 세계존재의 이법과 인간존재의 이법이 상즉적으로 비교되어 제시되고, '무극'과 '태극'에 해당하는 '인도(人道)'가 세워졌으며, 중정인의(中正仁義)의 길도 정해졌다. 즉 〈제1태극도〉에 의해 세계와 인간이 결합·연결되고, 세계 속의 인간이기 때문에 세계의 생성 또는 존재의 이법은 곧 인간의 생성 또는 존재의 이법이라고 보았다. 여기에 퇴계가 〈제1태극도〉를 게시한 근거가 있다고 할 것이다.

③다음으로 〈제2서명도〉를 실은 이유는 무엇인가. 천지자연(세계)은 음양이기(陰陽二氣)의 상징적 작용으로서 건곤(乾坤, 천지)에 의해 생성·변화되고 있다. 생성·변화는 그 원리와 근원을 하나로 하면서 건곤을 그 상징적 작용으로 하여 만사(萬事)·만화(萬化)한다. 인간 또한 생성의 근원을 하나로 하면서 다종다양하다. 여기에 '이일분수(理一分殊)'의 사상이 도입되어 인간세계에 적용되었다. 근원인 생성의 이(理)에 따른다면, 인간은 모두 거기에서 태어나고 거기에 존재하는 것으로 다 같이 동포로 보는 것이었다. 그러나 낳는 자와 태어나는 자의 관계를 보면, 거기에는 당연히 선후의 질서가 생기고 개별화가 초래된다. 여기에 인간 존재의 평등성·연대성·개별성이 서

로 기다려 논리적으로 기초가 된다. 인간 존재의 이 양면적인 성격이 밝혀졌을 때, 여기에 '인(仁)'이 구체적인 인간 상호관계를 잇는 실천적 이념으로 등장했다. 그러나 여기서는 아직 '인(仁)'이 그 이론 또는 이념적 측면에서만 인식되고 있을 뿐이었다.

요컨대 〈제1태극도(第一太極圖)〉에서 제시된 세계존재의 이법과 그에 상즉하는 인간 존재의 이법이 적극적으로 인간 세계에 도입되어, 본래는 이기론에서의 '이일분수'설이 직접적으로 제시된 것이다.

④위의 두 그림이 '성학의 단(端)'이며 세계 존재와 인간 존재의 전체를 논한 것인 데, 〈제3소학도〉 및 〈제4대학도〉는 대인(大人)의 학문으로서의 《대학》과 대인이 되기 이전의 소인의 학문으로서의 《소학》으로 규정되었다. 쇄소(灑掃)·진퇴(進退) 절차를 나타내고 이를 체득하는 구체적인 세목과 방법을 제시한 것이다. 중요한 것은, 이러한 유소년의 교학이 《대학》과 둘이면서 하나이고 하나이면서 둘의 관계에 있다고 하여 양자를 같이 보라고 할 뿐만 아니라, 《성학십도》 전체 중에서 다른 여덟 그림과 연관시켜 보라고 한 점이고, 《소학》을 배우지 못한 자가 곧 《대학》의 가르침을 받을 가능성은 '경(敬)'의 체득 여하에 있다고 한 점이다. 여기에서 비로소 주자가 말한 "경(敬)의 한 글자는 성학의 시종을 이루는 이유"라는 설이 제시된다.

그런데 《소학》과 《대학》을 통한 학문의 목적·방법을 보면, 《소학》이 오로지 일상생활에서 기본적인 행동양식의 훈련, 기예의 숙련을 통하여 유소년의 심신을 육성하는데, 《대학》은 원래 목표로 삼고 있는 수기치인을 위한 학문 및 실천의 전체 내용을 제시하고 있다. 그 근본은 더 말할 나위도 없이 수기(修己)이며, 《대학》에서는 이를 '마음을 바르게 하고 뜻을 성실히 가지며 물(物)에 격(格)하여 지(知)를 이루는 것'이라 했다. 이것으로 유학의 구체적 목표가 달성되었는데도, 퇴계는 〈제4대학도〉에서 《대학》의 수장(首章)을 이용한 다음, 주자의 '경(敬)'설을 덧붙였다. '경(敬)'은 일심(一心)의 주재·만사(萬事)의 근본이므로, 모든 노력과 수양의 중심은 '지경(持敬)'이고, 《소학》은 '지경(持敬)'을 위한 시작이며, 《대학》은 '지경(持敬)'의 끝이자 완성이라는 논지였다. 퇴계는 이것에 더욱 부연하여, '경(敬)'은 철두철미하게 노력하고 공부하여 효과를 거두기 위해서 필요한 것으로 이것을 잃으면 안 된다고 확고하게 말했다. 이것으로도 알 수 있듯이, 퇴계는 《소학》과 《대학》

을 일관하는 것은 '경(敬)'이라는 점을 명확히 제시하려 했던 것이다. 그의 '경(敬)' 중시는 점점 더 명료해진다.

⑤〈제5백록동규도(第五白鹿洞規圖)〉를 제시한 의도는, 본론에서 말한 바와 같이 성학이 박식을 구하고 시문을 잘 하며 이득을 얻고 출세를 하기 위함이 아니라, 오륜오상을 명확히 깨달아 알고 구체적으로 실천하기 위해서였다. 이상과 같은 성학의 목적과 〈백록동규〉의 내용은, 이미 〈제1도〉에서 〈제4도〉까지에도 제시되었다. 그러므로 여기서 이해할 수 있는 것은 결국 학문의 범위를 새삼스럽게 한정하여 성학을 따르는 자가 그 학문을 행함으로써 이른바 규구금방(規矩禁防, 법도와 감시)을 타인에 의해서가 아니라, 자기 자신 스스로 마련해야 함을 논한 것이다.

⑥〈제6심통성정도〉의 위치 정립은 이하 10도(圖)까지 포함하여 드디어 성학을 배우는 것, 넓게 말해서 인간주체의 내부적 존재양식을 구체적으로 묻는 일과 연관된다. 〈제6도(第六圖)〉에서 퇴계가 제시하고 싶었던 것은 앞에서도 말했듯이 중도(中圖)와 하도(下圖)의 차이점을 명확히 파악해야 한다는 점에 있었다. 즉 생성 또는 존재원리로서의 이(理)는 인간에게 성(性)이므로, 이 본연의 성이 그대로 발동하면 사단은 물론 칠정도 불선이 아니다. 이것이 중도(中圖)가 뜻하는 바이다. 이에 대하여 하도(下圖)는 이른바 이기(理氣)를 포함한 구체적인 '기질(氣質)의 성(性)'의 발동이다. 여기에 이기가 얽혀 '이(理)가 발(發)하고 기(氣)가 여기에 따를 때'는 정에 불선이 없이 이른바 순선무악(純善無惡)인 사단의 정이 되지만, 이(理)가 발동하여 불충분한 때 기(氣)에 덮이면 이 정은 불선(不善)으로 흐른다. 그런데 칠정이라도 기가 발동하여 이(理)가 여기에 타면 불선이 없다. 퇴계는 이와 같이 인간의 성(性)을 논할 때는 본래 '기질의 성'이어야 하지만, 그 대전제로서 중도는 본연인 순수한 성(性)의 발동을 이상(理想)으로 제시한다고 말했다. 그러므로 여기서도 성(性)이 발동하여 정(情)이 되고 거기에 선악의 갈림=기(幾)가 있으므로, 학자는 '경(敬)을 지님'이 가장 중요한 것이라고 했다. 퇴계는 '태극' 또는 '이(理)'의 동(動)적·능동인(能動因)적 성격을 크게 의식했기에, 중요성을 강조하고 거기에 이르기 위한 노력과 공부도 '경(敬)'에 두었던 것이다.

⑦〈제7인설도(第七仁說圖)〉의 위치 정립은 '인(仁)'으로 '천지생물(天地

生物)의 마음'으로 삼는 설을 제시함으로써, 인을 자연적 세계의 이법 또는 그 작용에 비유하여 '애(愛)의 이(理)', '애(愛)의 발(發)'이라는 인(仁)의 모습에 구체적인 논리적 내용, 즉 '천지생물의 마음'에 비유된 '사람을 생육하는 마음'을 게재한 것이다. 세계 또는 자연의 이법과 인의 이법과는 상즉적으로 비유되어, 여기에서도 천인합일의 사상이 나타난다. 〈제1도·제2도〉의 논리가 그 기초가 되어 있다는 것이다.

⑧〈제8심학도(第八心學圖)〉에서는 사람의 마음이 본성에 따라 작용할 때는 도심(道心)이 되지만, 그렇다고 해서 인욕에 움직이기 쉬운 현실적·구체적인 인심과 따로 도심이 있을 수는 없기 때문에, 이 인심을 도심으로 하기 위한 노력·공부·수양은 '경(敬)'을 떠나서는 있을 수 없다는 점을 강조했다.

⑨〈제9경재잠도〉와 〈제10숙흥야매잠도〉에 대해서는 새삼스럽게 말할 나위도 없이 '경(敬)'의 실천단계에서 구체적인 세목을 제시하는데, 〈제9도〉는 '경(敬)'의 실천장소를, 〈제10도〉는 때를 밝힌 것이다.

이상으로도 알 수 있듯이, 또 여러 번 되풀이 말했듯이 퇴계의 사상은 '경(敬)'으로 일관되고 '경(敬)'을 핵으로 구조화·체계화된 것이었다. '경(敬)'은 정이천에 의해 특히 중시되고, 주자(朱子)에 이르러 위학의 공부 또는 방법과 수단을 벗어나 이른바 성학의 시종(始終)으로까지 일컬어졌다. 그러나 주자도 '경(敬)' 중심의 사상체계는 구축하지 못했고 평면적으로 '경(敬)'의 중요성을 말했을 뿐이었다. 주자가 세상을 떠난 지 삼백 수십 년을 지나, 다른 문화·다른 민족에게 그것이 수용되었을 때, 유학은 '경' 중심의 철학으로 재구성되었다. 더구나 문자 그대로 체계적 사상으로서 그랬고, 퇴계사상의 역사적 특징을 잘 찾아볼 수 있었다.

어째서 퇴계는 그토록 '경(敬)'을 중시한 것일까. 퇴계에게 송학(宋學)으로서의 신유학(新儒學)이 수용되었을 때, 《천명도설》에서 보듯이 그에게는 천명 관념이 거의 자각되어 있지 않았다. 그것은 〈진성학십도차자〉 및 《성학십도》 전체를 보더라도 그의 말에 천명(天命)이 한 번도 나오지 않은 것을 보아도 입증된다. 《성학십도》는 가장 늦은 시기에 완성된 필생의 대작이며 그의 사상의 집대성이기도 하다. 그럼에도 불구하고 그것은 전혀 그림자도 비치지 않았다. 이것을 주자와 비교한다면, 주자는 《중용》 글머리의 '천명지위성(天命之謂性)'에 주하여, "천명은 음양오행으로써 만물을 화생하고, 기(氣)로써 형(形)을 이루며, 이(理) 또한 여기에 부여된다. 명령과 같다"고 했다. 또 《주자어류》에 천명(天命)의 두 가지 뜻과 성격에 대해 제자와 상당히 상세한 논의를 나눈 기록이 있어서, 그가 천명관념에 큰 관심을 가졌다는 사실을 뒷받침하고 있다.

그러면 퇴계에게 천명관념이 소멸되었다는 것은 어떤 뜻을 지니고 있는가. 인간의 본성이 하늘의 명령에 따라 작용한다는 의식이 없어졌을 때, 위의 당위성은 어디서 찾을 것인가. 그것은 바로 나의 마음 안에서 찾을 수밖에 없다. 그러므로 마음의 존재방식이 극히 중요하게 된다. 인간의 착한 행위나 학문도 모두 사람의 마음에서 출발한다. 마음은 일신을 주재한다고 했고, 이 마음을 주재하는 것이 바로 '경(敬)'이었다. 내 마음 이외에는 자신을 인격적으로 완성시켜 나갈 원동력이 없다. 천명의식이 없다면, 내 자신의 마음이 내 마음을 바르게 인도하는 길밖에는 방법이 없다. 여기에 '경(敬)'이 그의 사상체계의 핵심인 근본 이유가 있다.

퇴계는 《천명도설》 제1절 글머리에서 '천명(天命)이란 무엇이냐'는 물음에, "천즉리(天卽理)"라고 단도직입적으로 대답했다. '천(天)의 이(理)'라거나 '이즉성(理卽性)'이라는 말은 주자도 했다. 그러나 '천즉리(天卽理)'는 퇴계가 처음으로 한 말이었다. '천즉리'라 했을 때, 이미 하늘의 명령이란 관념은 적어도 전면에 등장할 가능성은 없어졌다. "하늘의 명령에 따라 부여된 것이 이(理)이다." 이 논리에는 분명히 '명(命)'의 관념이 섞여 있다. '천즉리'에는 그것이 없다. 그것은 '천리(天理)'나 '천(天)의 리(理)'와도 다르다. 이것들에는 '명(命)'의 관념이 끼어들 여지가 있다. 퇴계의 논리에 의하면, '천즉리(天卽理)'는 또 '천즉성(天卽性)'이 된다. 성(性)은 사람에게 본래부터 있는 것이고, '주체자인 나'의 근원적 존재 이유 또는 원리이다. 이리하여 여기에 '천즉아(天卽我)'라는 명제도 생길 수 있다. 천명관념을 배재하고 '경(敬)'을 주로 하여, 이것을 핵심으로 삼은 철학은 다시 그 주체적 성격을 이처럼 명확히 내세울 수 있는 것이다. 여기에 대해서는 따로 논하고자 한다.

제7장 동아시아의 '경(敬)'철학의 성립과 전개(요결)

서(序)

유학(儒學)은 원래 '정치·교육의 학문' 또는 '자기를 닦고 남을 다스리는 학문'으로 일컬었으나, 다른 한편으로는 '심학(心學)'으로도 불렸다. 인간의 마음의 수양을 특히 중요시했기 때문이다. 마음의 수양이란 인간의 자기 형성, 즉 개인의 인격적·도덕적 주체의 확립을 뜻한다. 개인은 그것에 의해 자기 가족을 다스리고, 국가 사회를 통치·지도하며 세계의 평화 실현을 요청받는다. 그 출발점과 핵심이 되는 것은 마음의 수양을 통하여 달성되어야 하는 도덕적·인격적 주체의 확립이므로, 유학을 '심학[1]'이라고도 불렀던 것이다.

중국 송대에 일어난 신유학(新儒學)은 세계존재의 원리를 '이(理)'로써 파악하고 인간의 존재적·도덕적 원리를 '성(性)'으로 파악하여, 이 '성(性)'과 '이(理)'를 중심으로 하는 심원한 형이상학과 도덕철학을 수립했다. 그리고

---

[1] 유학(儒學)이 '심학(心學)'이라고 일컬어지는 이유는 《상서(尙書)》 대우모(大禹謨)의 '人心惟危, 道心惟微, 惟精惟一, 允執厥中'에 의한다. 유학의 가장 중요한 도덕원리 '인(仁)'이 이미 공자에 의해 '충서(忠恕)'로써 그 구체적 실천 방법 또는 실천 원리로 제시되고, 다시 '己所不欲, 勿施於人'이라는 마음의 존재양식으로 귀결되어 설명될 때, 성학(聖學, 유학)의 요지는 '심학'이라는 것으로 명확하게 성격이 규정되어 있음을 나타내는 것이라고 할 수 있다.

그러나 도덕원리로서의 '인(仁)'은 주자도 말했듯이 '마음의 덕'인 동시에 '애(愛)의 이(理)'로도 파악되고 있었다. 이 양면의 체득은 단순히 개인윤리의 확립으로 끝나지 않고 '수기(修己)'에서 '치인(治人)'으로 확충되어 나가는 논리를 내포하고 있음을 부인할 수 없다.

《논어》이래 그것을 가장 구체적으로 언급하고 있는 것이 《대학》의 격물, 치지, 성의, 정심, 수신, 제가, 치국, 평천하이다. 개인의 수덕에서 가정, 국가, 천하로 인륜의 확충이 구상되고, 그에 의하여 각 단계에서 덕의 확충과 실천이 요청되었던 것이다. 유학은 추상적·관념적 사변을 논하는 것이 목적이 아니라, 언제나 일용구체(日用具體)의 인사(人事)에 어떻게 대처할 것인가를 중요한 과제로 삼았다.

인간의 자기 형성, 즉 인격적·도덕적 주체의 확립을 목표로 하는 학문의 방법으로 '경(敬)'의 개념을 도입했다. 특히 정이천과 주자는 '경'을 중시하는 사상을 확립했다. 그러나 정이천에게 아직 '경'은 학문의 방법이었으며, 진리를 파악하고 도덕적 주체를 확립하기 위한 입문으로 이해되었다. 또 주자는 자기 마음을 '경'의 상태에 두는 것과 진리를 구명하고 파악하는 것은 서로가 상호발전적 관계에 있고, 이 양자(거경과 궁리)는 둘이면서 하나이고 하나이면서 둘의 관계에 있어, 모두 유학의 목적 그 자체라고 생각했다. 그런데 조선 전기의 퇴계에 이르러, 이 '경'의 개념은 그의 세계관·인간관을 포함하는 철학체계의 핵심이 되어, '경(敬) 철학'으로 성립되었다. 그것은 에도시대 초기에 일본에 수용되었는데, 그로 인하여 신유학은 우선 '경' 사상을 중심으로 먼저 정착되고, 그 이후 개성적으로 전개되었다. 종래의 신유학은 주자에 의해 집대성되었다고 알려졌으나, 동아시아에서 신유학의 지역적 전개(중국·한반도·일본)를 개관할 때, 퇴계가 '경(敬)'철학을 확립하여 신유학을 더욱 개성적인 실천철학으로, 체계적으로 재집대성한 사상가임은 분명하다. 그의 위치를 정립하고, 다음의 논술에서 이를 논증하고자 한다.

1. 정이천과 주자의 '경(敬)'사상

송대 신유학의 선구자로 주염계·장횡거·정명도·정이천 등의 사상가가 있었다. 그들은 모두 세계나 존재에 대해 특색 있는 형이상학적 사상과 도덕론·정치론을 제창했다. 그러나 그들은 모두 전통적인 유학에서 '자신을 닦고 남을 다스리는 학문', '심학(心學)'이라는 기본적인 성격을 계승하고 있었다. 그들은 심원한 형이상학적 사상이나 도덕이론을 제시했지만, 여전히 이러한 학문의 중심에, 이것을 배우고 사색하고 실천하는 주체로서의 인간의 자기 형성이나 도덕적·인격적 완성이라는 과제를 설정했다. 다시 말해서 그 과제는 인간의 마음의 존재양식과 관계된다.[2] 인간의 본성이란 무엇인가, 그것

---

2) 《근사록(近思錄)》은 주자가 편찬주임을 맡고 여동래(여조겸)가 이에 참여한 것으로, 북송 사현(四賢), 즉 주염계·장횡거·정명도·정이천의 사상에서 정수를 수집하고, 이것을 분류하여 편집·정리함으로써 신유학(新儒學)을 하나의 체계적인 학문으로 성립시킨 것이다.
　　주자의 〈후서(後序)〉를 보면 "순희(淳熙) 을미(乙未) 여름, 동래의 여백공이 동양(東陽)에서 와서 나의 한천정사를 지나다가 머무르기 수십일 동안 서로 주자(周子)·정자(程子)·장자(張子)의 책을 읽고 그 광대하기 그지없음을 감탄하는 한편, 무릇 초학자가 들어갈 바를 알지 못할까

을 어떻게 자각하고 자득하여 실천적으로 현실화할 것인가. 그러기 위해서는 외계의 사상과 사물에 대응하여 다양하게 작용하는 인간의 마음을 어떻게 억제할 것인가. 이러한 과제는 송대 신유학을 연구하는 사상가에게 공통된 것이었다.

송학(宋學)이 아무리 '도리(道理)의 학문', '성리(性理)의 학문'으로 그 형이상학적 사유의 심화를 가져왔다 하더라도, 그것이 유학인 한 일상적 실천에서 점차 깊은 진리에 도달하는 것과 자기 본심을 잘 지키고 키우며 자기 언동의 반성·고찰이 중시된 것은 당연한 일이었다. 그 중에서도 학문의 목적·방법을 명시하여 유학의 범위를 한정시키며, 불교와 노장사상을 이단(異端)이라 배척하는 '위학론'과, 학문을 배우는 태도 및 자기 수양을 권하는 '존양론'은, 유학이 단순한 사변철학이 아니므로 특히 중시되었다. 다시 말하면 학문을 통한 자기 수양이 실천적 주체를 재촉하며, 실천적 주체의 확립이 '자신을 닦고서 남을 다스리는 학문'의 중추를 이룬다고 생각했기 때문이다.

그 가운데에 심어진 것이 '경(敬)'과 '성(誠)'의 개념이었다. 북송의 유가들도 남송의 주자와 마찬가지로 학문을 하는 주체로서의 마음의 존재양식으

염려했다. 이에 서로 그 대체에 관계되고 일용(日用)에 절실한 것을 가려 이 책을 펴냈다. 모두 622조, 14권으로 나누었다. 무릇 학자가 단(端)을 구하고 힘을 쓰며, 자신을 처(處)하고 남을 다스리는 까닭과, 이단을 구별하고 성현을 보는 이유의 대략은 대개 그 경개(梗概)를 나타냈다······"고 하여, 선현(先賢)의 글은 광대하고 해박하기 그지없어, 초학 입문하려는 무리는 손을 댈 바를 모르기 때문에 우선 '일용(日用)에 절실할 것'을 모아 책을 엮었다고 말했다. 이 일용에 절실한 선대의 유학자의 가르침을 모아 입문서를 만든 것이 중요한 점으로, 주자 역시 유학은 단순한 교양·지식의 학문이 아니라, 일용의 실천을 통해 수기치인의 길을 체득해 나가야 함을 명확히 제시했던 것이다.

이 《근사록》 권4, 〈존양류(存養類)〉 모두 70조의 글머리에는 주염계의 말을 싣고 유학을 배우는 자의 근본태도를 밝히고 있다. 그것은 다음과 같다. "혹자가 묻기를, 성(聖)은 배울 수 있는 것인가. 염계선생이 대답하기를, 그렇다. 요(要)가 있는가. 말하기를, 있다. 청하여 물으니 대답하기를, 하나를 요로 한다. 하나란 무욕(無欲)인데, 무욕하면 정(靜)하여 허(虛)하고, 동(動)하여 직(直)한 것이다. 정하여 허하면 밝다. 밝으면 통한다. 동하여 직하면 공(公)하다. 공하면 박(薄)하다. 명통공박(明通公薄)은 (성(聖)에) 가까운 것이다." 이것은 주염계의 《통서(通書)》에서 채록한 것으로, 성인(聖人)은 배워서 이룰 수 있고, 그러기 위해서는 순일(純一)하여 추호도 사욕이 섞이면 안 되며, 무욕을 위학의 근본적인 마음 상태로 함을 규정하고 있다. '심학(心學)'의 중요한 점을 주염계 나름대로 서술한 것이다.

로 이들 개념을 썼고, 그 실천을 요청했다. 정명도·정이천 형제는 '경(敬)'을 중시했는데, 특히 정이천은 주자에게 크게 영향을 끼쳤다. 정이천은 학자가 걱정해야 할 것은 '마음이 어지러워 안정할 수 없는 상태'가 되는 것으로, 이것은 '천하의 공병(公病)이다', 학자는 무엇보다도 먼저 '마음을 세우는 일이 중요하다'고 했다.[3] '마음을 세운다'는 것은 학자가 학문에 대한 명확한 자각을 갖는 것이다. 유학(儒學)을 '심학(心學)'이라 한 이유도 여기서 찾을 수 있다. 정이천은 "진리를 파악하는 데 마음을 경건히 가지는 것보다 더한 것이 없다"며 덧붙였다. "자기 지식이 충분히 달성되어 있으면서도 아직 마음이 경의 상태에 있지 않은 일은 있을 수 없다. 지금 사람들은 자기 마음을 스스로 자각하여 결정하지 못하며 자기 마음을 제어할 수 없다. 이것은 (외적인) 일이 (내적인) 마음을 어지럽게 하는 것이 아니라, 오히려 자기 마음이 일을 어지럽게 하는 것이다."[4] 자기 마음을 스스로 제어하는 것이 지식을 달성하고 마음을 경건히 하는 근거라는 뜻이다.

　사람의 마음은 외적인 만물에 대응하여 여러 모로 변화하고, 사려도 저절로 생기며, 외물(外物)에 영향을 받아 마음을 안정되게 유지할 수 없다. 만일 이것을 면하려면, 마음에 주인 되는 것이 없으면 안 된다. 그것만 있으면, 우리 마음을 우리가 주체적·자각적으로 지키고 보존할 수 있다. 그 주인 되는 것이 바로 '경(敬)'이다. 마음에 주인 되는 것, 곧 주(主)가 있으면 마음이 빈틈이 있어 사악함이 들어올 여지가 없게 된다. 마음에 주(主)가 없으면 마음이 가득 차게 된다. 가득 찬다는 것은 외물이 마음에 침입하여 마음을 뺏는 것이다. 사람은 자기 마음을 두 가지로 적용시켜서는 안 된다. 자기 마음을 한 가지 일에 집중시켜, 움직일 때는 다른 일이 마음에 침입하지 못한다. 마음에 주(主)＝주(主)되는 것이 있기 때문이다. '경(敬)'으로써 우

---

3) 《이정유서(二程遺書)》 권15, 《근사록》 권4 소수(所收).
　學者患心慮紛亂不能寧靜, 此則天下公病, 學者只要立箇心, 此上頭儘有商量

4) 동상서(同上書). 이천 선생이 말했다. "도(道)에 들어가기 위해서는 경(敬)만한 것이 없다. 아직 능히 지(知)를 이루고서도 경(敬)에 있지 않은 자는 없다. 요즘 사람들은 마음을 주인으로 하여 정하지 않고, 마음을 보기를 도적과 같이 하여 억제할 수 없는 것이라고 했다. 이는 일(事)이 마음(心)을 누(累)가 되게 하는 것이 아니라, 마음이 일을 누가 되게 한다. 마땅히 알아야 할 것이다. 천하일물(天下一物)도 이 마음을 적게 얻어 가진 자 없으므로 (아무도) 미워할 수 없음을."

리 마음의 주(主)를 삼는다면, 마음에 어지러움이 생기지 않는다. 이른바 '경(敬)'이란 한 가지(一事)를 주(主)로 하는 것으로, 한 가지란 마음이 이 곳저곳으로 움직여 다니지 않는 것을 뜻한다.[5] 이것이 정이천이 말한 요점으로, 그는 이것을 '주일무적(主一無適)'이라 했다.

앞서도 말했듯이, 주자는 정이천의 학설을 가장 존중했으며, 마음에 '경(敬)'을 가지는 공부는 정이천이 상세히 말했다고 했다. 그러면서 정이천의 다음 세 가지 설을 인용하고 있다.

○사람의 마음이 잘 가다듬어지고 잘 죄어져 있으면 마음은 곧 하나이다. 하나가 되면 스스로 치우치거나 잘못됨이 없다.

○마음을 기르기 위해서는 '경(敬)'을 사용하고, 학문을 진전시키기 위해서는 지식을 달성하는 일이 중요하다.

○진리의 파악은 '경(敬)'에 의한 방법뿐이다. 지식을 충분히 달성했을 때 마음이 '경(敬)'한 상태에 있지 않은 사람은 없다.[6]

그리고 나서 주자는 "유학(儒學)에는 특별한 요점이 없다. 철두철미하게

---

5) 동상서. 인심은 만물에 교감하지 않을 수 없다. 이 인심으로 하여금 사려(思慮)하지 않도록 하기란 어렵다. 만일 이를 면하려면 다만 마음에 주(主)가 있어야 할 것이다. 무엇을 주(主)로 삼을 것인가. 경(敬)이 있을 뿐이다. 주가 있으면 허(虛)하다. 허란 사악함이 침입할 수 없음을 말한다. 주가 없으면 실(實)하다. 실이란 물(物)이 와서 이를 빼앗음을 말한다. 무릇 사람의 마음은 둘로 쓰지 말 것이다. 한 가지 일에 쓸 때 곧 다른 일이 다시 들어오지 못하게 됨은 일의 주(主)가 있기 때문이다. 일의 주가 있게 되면 염려가 없다. 만일 경(敬)을 주로 한다면 어찌 이 염려가 있으랴. 이른바 경(敬)이란 하나를 주(主)로 하는 것이다. 소위 하나란 한 군데 집중하여 다른 데로 가지 않음을 말하는 것이니, 함영(涵泳, 숙독하여 깊이 생각함)하여 주일(主一, 마음을 한 곳에 모음) 하기를 바라는 뜻이다. 하나가 되지 않으면 두셋이 된다. 감히 속이지 않고 감히 오만하지 않아, 후미진 곳에서도 부끄러움을 느끼지 않게 됨에 이르기까지 모두 이는 경(敬)의 일이다.

6) 《주자문집(朱子文集)》 권41, 〈답정윤 부(答程允夫) (제6서)〉.
○夫持敬用功處, 伊川言之詳矣, 只云但莊整齊肅, 則心使一, 一則自無非僻之干, 又云, 但動容貌, 整思慮, 則自然生敬, 只此便是下手用功處, 不待先有所見而後能也, 須是如此, 方能窮理而有所見, 惟其有所見, 則可欲之幾, 瞭然在目, 自然樂於從事, 欲罷不能, 而其敬日躋矣.
○伊川又言, 涵養須用敬, 進學則在致知.
○又言, 入道莫如敬, 未有致知而不在敬者.

오로지 '경(敬)'이라는 글자가 있을 뿐이다"[7]라고 말했다. 이것은 실로 확신에 찬 말이다. 주자는 정이천의 학설을 더욱 발전시켜 다음과 같이 말했다. "학자의 공부는 마음을 어떻게 하여 '경'의 상태에 머물도록 할 것인가, 어떻게 하여 이(理)를 궁구하여 밝힐 것인가 하는 두 가지에 있다. 더군다나 이 두 가지 일은 서로 관련되어 있다. 이(理)를 잘 궁구하여 밝히면, 마음을 '경(敬)'의 상태에 머물게 하는 공부가 나날이 진보하고, (마음이) '경(敬)'의 상태에 머물면, 이(理)를 궁구하여 밝히는 공부도 나날이 정밀해진다."[8]

정이천에게 마음을 기르는 것이 경(敬)이고, 학문을 진전시키는 것이 지식의 달성이라고 하듯 두 일이 나뉘어 따로 세워져 있었다. 그러나 주자에게 '마음을 경(敬)에 두는 것'과 '이(理)를 궁구하여 밝히는 것'은 둘이면서 하나이고, 하나이면서 둘이라는 밀접하고도 떨어질 수 없는 관계로 인식되어 있었다. 또 정이천에게 경(敬)은 마음을 양육하는 공부, 지식의 달성은 학문을 진전시키는 공부로서, 이 경우의 공부란 양자의 방법을 의미한다. 그러나 주자에게 '학자의 공부'는 단순히 '학문의 방법'이라는 뜻만을 의미하지는 않는다. 주자에게 '마음을 경(敬)에 머물게 하는 것'과 '이(理)를 궁구하여 밝히는 것'은 학문의 공부나 방법을 의미하는 것이 아니라 학문 그 자체, 즉 학문의 목적 그 자체로 해석되기 때문이다.

왜냐하면, 주자에게 있어서 '이(理)를 궁구하여 밝히는 것'은 학문의 목적 그 자체이지 단순한 학문의 수단과 방법은 아니며, '궁리' 또한 단순한 지적 실천 활동이 아니다. 주자의 '이(理)'는 세계와 인간을 관철하는 이법(理法)이었다. 현대적으로 말한다면, 그것은 세계 또는 존재의 이법인 동시에 인간 존재의 도덕론적 이법, 즉 인류의 이법을 의미한다. 따라서 이러한 의미에서의 '궁리(窮理)'는 곧 성인이 되기 위해 영위하는 것이다. 주자에게 '궁리'는 지적인 이법의 획득만을 뜻하는 것이 아니라, 그 각득(覺得) 또는 체득(體得)을 의미하고 있었다. 이것은 《대학》 제5장에 있는 주자의 보충 설명을 보

---

7) 동상서. 是知聖門之學, 別無要妙, 徹頭徹尾, 只箇易箇敬字而已.
8) 《주자어류(朱子語類)》권9, 지수(持守).
　　學者工夫, 唯在居敬窮理二事, 此二事互相發, 能窮理則居敬工夫日益進, 能居敬則窮理工夫日益密, 譬如人之兩足, 左足行則右足止, 右足行則左足止, 又如一物懸空中, 右抑則左昂, 左抑則右昂, 其實只是一事.

면 명확해진다.

'궁리'에 실천적 단계가 있지만, 그것은 수단·방법을 의미하는 것이 아니다. '궁리'는 유학(儒學)의 목적이지 수단·방법이 아니다. 이러한 의미를 지닌 '궁리'가 '경(敬)'에 거(居)하는 것'과 둘이면서 하나이고 하나이면서 둘이 되는, 밀접하여 떨어질 수 없는 관계에 있다고 주자는 말했다. 따라서 주자에게 '경(敬)' 또는 '경에 거(居)한다'는 것이 '궁리'를 위한 수단·방법으로 사용된 것이 아니라, '궁리'가 그러했듯이 학문의 목적 그 자체로 인식되었던 것이다. 여기서 정이천의 '경(敬)' 개념과는 다른 발전을 찾아볼 수 있다. 정녕 '경(敬)에 거(居)하는 것'과 '이(理)를 궁구(窮究)하는 것'은 불가분리적인 하나의 일이 아니면 안 되었다.

2. 퇴계의 '경(敬)'철학의 성립

정이천에게는 마음을 기르는 것과 학문을 진행하는 것이 '경(敬)'과 '지식(知識)'으로 대응하여 분리되었고, '경(敬)'은 마음을 기르는 방법적 의미에 그쳤다. 주자에 이르러서는 '경(敬)에 거(居)하는 것'과 '이(理)를 궁구하는 것'이 서로 연관성을 가지고 진전되어 불가분의 관계로 여겨지며, 학문의 목적 그 자체로 높여졌다. 그렇다면 시대가 지나고 지역을 넘어, 송학에서의 '경' 사상이 한반도에 들어왔을 때, 그것은 어떻게 수용·이해되어 어떠한 개성을 갖고 재구성되었을까. 여기서는 송학 특히 주자학을 가장 정통적으로 수용·이해했고 다시 이를 발전시킨 퇴계의 사상체계에서 '경(敬)'이 어떤 위치를 차지하는지 고찰하기로 한다. 알고 있는 바와 같이 퇴계는 청년기에 《심경(心經)》을 읽고 매우 감명 받아 평생 이를 존경했다. 이것이 그의 사상 형성에 크게 영향을 미쳤음은 부정할 수 없을 것이다. 이에 대해서는 이미 연구되어 있으므로, 여기서는 퇴계의 철학체계와 '경' 사상이 어떠한 관계에 있는가를 중심으로 고찰해 보려고 한다.

퇴계가 가장 만년에 이르러 집필한 큰 저작은 《성학십도》와 그 전문(前文)에 해당하는 〈진성학십도차자(進聖學十圖箚子)〉이다. 이것을 종합적·분석적으로 고찰할 때, 놀랍게도 거기에는 장대한 퇴계의 세계관 또는 존재론·인간론·도덕론·학문론 따위가 하나의 체계를 이루면서 부각되고 있음을 알 수 있다. 이에 대해서는 제6장에서 자세히 논한 바 있다.

우선 전문에는 《성학십도》를 지은 동기와 학문(유학으로서의 성학)의 목적·방법 등이 장문(長文)으로 기술되어 있다. 앞에서 말한 바와 같이, 퇴계역시 성학(聖學)은 '심학(心學)'임을 전제로 하고 다음과 같이 말했다. 즉성학에서 가장 중요한 것은 사람의 마음으로, 마음은 일신의 주재이며, 인간의 의식이나 행동은 모두 그 단서가 마음에서 나온다. 따라서 인간의 언동에대한 모든 책임은 마음에 있다. 학문의 근본은 이 마음을 어떻게 올바로 작용하게 하느냐에 있다. 마음의 작용 가운데 주된 작용인 '생각한다'는 것은마음의 뛰어난 작용이 충분히 발휘되어 사물의 이(理)를 궁구할 수 있게 되면, 성인이 될 조짐은 거기서 찾을 수 있다. 《논어》에 "배우되 생각지 않으면 어두워지고, 생각만 하고 배우지 않으면 위험하다"고 했거니와, 반드시'생각하는' 것에 의해 사물의 미세함에 통할 수 있는 것이다.

또 일을 배워 익히지 않으면, 몸에도 마음에도 정착할 수 없어 위태롭고불안하다. 그러므로 '생각하는' 것과 '배우는'(실천을 의미한다) 것은 서로촉발하고 서로 유익하게 해야 한다. '생각하는' 것과 '배우는' 것은 결국 마음의 작용으로 귀결된다. 성학에서는 마음이 어떠한 상태에 놓여 있는지가가장 중요하다. 퇴계는 그러한 마음에 대해 '경(敬)을 가지는' 상태라고 했다. '지경(持敬)'이야말로 학문과 생각을 겸하고 동정(動靜)을 꿰뚫으며, 안과 밖을 합하고 현미(顯微)를 하나로 하는 근본이라고 했다. '지경(持敬)'이란 나의 마음을 삼가고 가다듬어 조용히 한 점·한 가지 일에 집중시키는 것이다. 마음이 발동하면 생각도 감정도 의지도 나타나며, 따라서 행위도 나타난다. 그러므로 '경(敬)'으로써 마음을 제어하는 것은, 인간으로서의 유기적인 작용의 일체를 제어하는 것이 된다. 말할 것도 없이 '경'은 마음의 어느일정한 상태를 의미하므로, '경'으로써 마음을 제어하는 것, 즉 '지경(持敬)'이란 극단적으로 말하면 마음이 마음을 제어하는 것이다. 이 이치를 분명히자각하여 학(學)·문(問)·사(思)·변(辨)할 때 구체적으로 살려서 적용해야하는 것이다. 그리하여 보이지 않고, 들리지 않아도 자기를 경계하고 두려워해야 한다. 자기를 경계하고 두려워하는 일에 보다 엄격하면, 자기를 반성하고 구명하는 것도 더욱더 정밀해진다.

이리하여 '경(敬)'은 인간의 몸과 마음의 모든 활동 전체를 꿰뚫게 되며, 더욱이 자기의 인격형성의 근원이 되어야 한다고 이해되었다. 그리고 신유학이 강조하는 '궁리'에 대해 말한다면, 사람의 마음이 '경(敬)'한 상태에 있을 때 마음은 가장 순수하고 영묘한 작용을 하므로, 외물(外物)의 이(理)와 마음과는 (물(物)에 물이 스며들듯이) 서로 통하여 이(理)의 파악이 가능하게 된다. 마찬가지로 '경(敬)'을 가져 마음을 집중시키는 노력에 의해, 배우고 익히는 것(실천)과 그 대상으로서의 일이 서로 친숙해져 마침내 배우고 익히는 일이 자신의 것으로 된다. 이상이 전문(前文)에 실린 퇴계의 심학(心學)의 간략한 줄거리이다. 이론(생각)과 실천(학문), 마음(안)과 이(理)(밖)의 통일은 '경(敬)'에 의해 이루어진다는 이 설은, 송대의 유가들이 미처 언급하지 못했던 것이다.

다음으로 《성학십도》의 사상체계에서 '경(敬)'은 어떠한 위치를 차지하고 있는 것일까. 퇴계는 "이 십도(十圖)는 모두 경(敬)을 가지고 주(主)로 삼는다"(제4도의 보충 설명)고 했다. 이것을 구체적으로 고찰해 보자. 그에 의하면 〈제1도〉와 〈제2도〉는 성학의 단서를 구하고, 이를 확충하여 세계 또는 존재의 근거를 파악하고 그 이법을 밝히는 가장 중요한 부분이다. 〈제1도〉는 세계 또는 존재의 근원에 대한 물음의 해답으로, 그 (근원의) 운동에 의해 음양이기와 오행이 생기며 다시 그것이 변화하고 교체되어 만물을 생성한다는 논리적 과정을 서술한 것이다. 그리하여 〈제2도〉에서는 오히려 인간 세계로 눈을 돌려 인간은 각각 개별적으로 존재하고 있으나, 그 생성은 모두 세계생성의 원리에 근원하고 있다고 말했다. 이것으로 인간존재의 평등성과 개별성이 밝혀지고, '인(仁)'의 논리적 근거가 주어졌다.

그런데 십도의 전체를 꿰뚫는 것이 '경(敬)'이라 한다면, 〈제1도〉와 '경(敬)'은 어떤 관련이 있을 것인가. 이에 대해서 퇴계는 〈제1도〉는 '정(靜)'을 말하고 '경(敬)'은 말하지 않았지만, 주자의 주(註)에서 '경(敬)'을 말했으므로 이것으로 보충했다고 〈제4도〉의 보충 설명에서 말하고 있다. 주자의 주(註)의 요점은 다음과 같다. 성인(이상적인 인격의 개념)은 세계 또는 존재의 이법을 밝히고, 그에 준하여 인류의 이법을 확립하며, 중정인의(中正仁義)를 정하여 사람이 지켜야 할 규범으로 삼았다. 성인은 덕이 완전한 사람이므로 노력·수양함이 없이 중정인의의 덕을 이미 몸에 지니고 있다. 그러나 군자는 수양·노력하여 이 덕을 체득하는 데, 반대로 소인은 이 덕을 체득하지 못한다. 사람이 마음에 '경(敬)'을 갖는다면 세계존재의 이법이나 인륜의 이법, 또한 그것으로 정해진 덕(중정인의)까지도 몸에 체득할 수 있다. 그러나 마음이 욕망으로 흐르면 이것을 얻지 못한다.

세계 또는 존재의 이법(理法)은 단순한 관념적 사변의 산물이 아니다. 그 탐구는 인간이 거기서 도출되는 인륜의 이법이나 중정인의의 덕 또는 규범을 지키고 체득하는 데 목적이 있다. 그러므로 인간은 '지경(持敬)'으로 이것을 스스로 얻어야 한다. 이것이 〈제1태극도〉를 제일 먼저 게재한 이유였다.

그리고 또 한 가지 중요한 것이 있다. 그것은 주자의 주(註) 말미에, "사람이 '경(敬)'에 의해 욕심을 적게 하여 마침내 무욕(無欲)에 이르면, 마음이 정(靜)하고 순수(虛)해져서 마음이 움직여도 곧게 된다"고 한 점이다. 이것으로 본다면, '경(敬)'에 의해 무욕에 이름은 마음이 경 그 자체가 되는 것이고, '경(敬)' 그 자체로서의 마음은 순수하고 허정(虛靜)한 것으로 생각된다. 그렇다면 심(心)＝무욕(無欲)＝경(敬)＝허정(虛靜)이라는 논리적 관계가 성립된다. 이 경우의 '경'은 마음의 상태인데, 환언하면 '경'의 본체이기도 하다. 이 본체로서의 마음의 '경'이 발동하면, 그 (마음의) 작용인 사려(思慮)나 정의(情意) 등은 곧게 된다. 직(直)이란 자연이며, 도리에 알맞은 것이다. 이것은 분명히 '경(敬)'이 용(用)으로서 작용하는 것을 의미한다. 이리하여 '경(敬)'에는 본체와 작용이 있고, 그 본체에서 마음은 허정(虛靜)이고, 그 작용에서 사려·정의 등은 바로 자연이며 도리에 맞다고 해석된다. 퇴계는 주자의 주석을 인용하면서, '경(敬)'이 세계·존재의 이법 및 인륜의 이법의 성립을 인간주체에 가능하게 하는 근거임을 나타냈던 것이다.

또 〈제2도〉에서 퇴계는 "이 '이일분수(理一分殊)'의 설을 깊이 자각하면 천지만물과 일체가 될 수 있고, 따라서 성학의 목적인 인(仁)의 실천도 절실해져 효과가 나타날 뿐더러, 무차별 평등주의나 개인주의에도 빠지지 않는다"고 했다. 인간은 모두 동포이면서 또한 모두 개별적이라는 〈제2도〉의 논리는 실로 애(愛)의 이(理)로서의 인(仁)이다. 인간의 마음에 사랑하는 것과 사랑하는 것의 이(理)가 자각되고 체득될 때, 인(仁)은 인간주체의 도덕행위로 성립될 수 있다. 여기서도 퇴계는 '지경(持敬)'을 그 자각과 체득의 근거로 삼았다. 《성학십도》는 모두 경(敬)을 가지고 주(主)로 삼는다'는 대전제는 여기서도 관철되어야 하기 때문이다. '경(敬)'에 의하여 애(愛)의 이(理)로서의 인(仁)을 각득(覺得)하여 마음이 애(愛)의 이(理) 그 자체가 된다는 것은 바로 마음이 '경(敬)'의 본체가 된다는 것을 의미한다. 또 그 본체의 발동은 사람의 마음이 사랑한다고 하는 작용을 나타내므로, 그것은 '경(敬)'의 작용이다. 여기서도 우리는 '경(敬)'에 본체와 작용의 양면적 성격이 있음을 분명히 밝히지 않을 수 없다.

퇴계는 제자인 이굉중(李宏仲, 이덕홍)의 물음에 대답하여, '경(敬)'의 본체와 용(用)의 관계에 대해 다음과 같이 말했다. "마음이 고요하고 엄숙한 상태에 있으면 경(敬)의 체(體)이고, 마음이 움직여도 여전히 바르게 간추려져 있으면 경(敬)의 용(用)이다", "경(敬)의 체(體)와 용(用)을 마음의 상태에서 본다고 하면 가하다. 그러나 경의 체·용이 곧 마음의 체·용이라 하면 불가하다"(《퇴계전서》 2, 권36 234면). '경(敬)'의 체와 용은 어디까지나 마음의 상태에서 볼 것이지, 마음의 체·용 그 자체는 아니라는 퇴계의 말에 특히 주목할 필요가 있다. 마음의 본체는 어떤 의미에도 '성(性)~본연의 성'이 아니면 안 되었던 것이다.

다음의 〈제3도(第三圖)〉와 〈제4도(第四圖)〉는 《소학》과 《대학》의 두 책으로써 만든 것이다. 《소학》은 오직 일상생활에서 기본적인 행동양식의 훈련 및 예(禮)·악(樂)·사(射)·어(御)·서(書)·수(數)의 수련을 통한 어린 소년의 심신육성을 목적으로 하고 있다. 《대학》은 알고 있는 바와 같이 본래의 목적인 '수기치인'을 위한 학문 및 실천의 요건을 체계적으로 기술한 것이나, 그 출발점 또는 근본은 말할 것도 없이 '자기를 닦는' 것이다. 《대학》에서는 이를 더욱 구체적으로 말하여, 마음을 바르게 하고 뜻을 성실하게 가지며, 사물에 격(格)하여 지식을 달성하는 것이라고 서술하고 있다. 퇴계는 〈제4대학도(第四大學圖)〉에서 주자의 '경(敬)'설을 인용하여 게재했다. "'경(敬)'은 일심의 주재요 만사의 근원이므로 모든 노력과 수양의 중심은 '경(敬)'을 가지는 것이어야 한다. 《소학》은 '경(敬)'을 가지는 것에서 시작되어야 하며, 《대학》은 '지경(持敬)'의 끝 또는 완성이 아니면 안 된다. '경(敬)'은 다름 아닌 성학의 처음과 끝이다." 이것이 주자 '경(敬)'설의 요점이다. 퇴계는 여기에 덧붙여, "경은 위에서 아래에 이르기까지 (철저하게) 모든 일에 대하여 공부하고 효과를 거두기 위해 진정으로 필요한 것으로, 이것을 잃으면 안 된다"고 말했다. '위에서 아래에 이르기까지'의 위는 《성학십도》에서 보면 〈제1도〉·〈제2도〉로, 인간을 포함한 세계 존재의 이법을 발견하여 그에 따라 인류의 이법을 창조함을 뜻하며, 아래는 아주 가까운 일상생활의 기본적 행동양식에서부터 선을 밝히고 몸을 성실히 하며 덕을 높이고 여러 가지 일을 하는 것을 뜻한다.

〈제6도〉부터 〈제10도〉까지의 다섯 그림은 "마음의 본성에 기초한 것으로, 그 구체적인 요건은 일상생활에서 실천에 힘쓰고 경외하는 마음을 높이는 데 있다"고 퇴계는 단적으로 서술하고 있다. 이로써 이해할 수 있듯이, 후반의 다섯 그림은 주로 학문 또는 실천의 주체인 인간의 내면적인 마음과 본성에 대해 밝히는 동시에, '경(敬)'을 실천하는 장소와 때를 제시한 것이다.

즉 〈제6도〉는 이(理)와 기(氣)를 논리적으로 인식하고, 본성과 정을 통일하는 것은 인간의 마음이니, 따라서 일신(一身)을 주재하는 마음을 '경(敬)'에 의해 기르고 지켜야 함을 말하고 있다. 마음이 발동하기 전이면 내 본성을 지켜 키우고, 마음이 발동하면 그 움직인 뒤를 충분히 반성하여 밝힌다. 이것이 성학(聖學)의 근본이며 '경(敬)'을 가지는 기본적인 태도이다. 퇴계는 이와 같이 마음을 가장 중시하여, '경(敬)'에 의해 마음을 삼가고 단속하며 간추려서 지켜 나갈 것을 강조했다.

〈제7도〉에서 퇴계는 주자의 인설(仁說)을 채용했다. "인(仁)이란 '천지(자연)가 물(物)을 낳는 마음'이다. 천지(자연)가 만물을 생육하는 마음(작용)은, 그대로 실(實)은 사람의 마음이 본래 가지고 있는, 사람을 사랑하고 물(物)을 살리는 마음이어야 한다"고 함으로써, 천인상응(天人相應)의 논리가 명확히 제시되었다. "사람은 자기의 사욕을 극복하고 자연의 이(理)에 복귀하며 마음에 '경(敬)'을 가짐으로써 인의 실현이 가능하다." 인(仁)을 애(愛)의 이(理, 인의 체)와 애(愛)의 발(發, 이의 용)로 나뉘어 논해도 그 밑바탕에는 '지경(持敬)'이 깔려 있는 것이다.

〈제8도〉는 문자 그대로 '심학(心學)'을 설명한 것이다. 사람의 마음에 욕망이 있는 것은 당연하지만, 그 욕망을 누르고 도심(道心)으로 인도하는 노력과 공부의 요건은, 마음을 '경(敬)'에 머물게 하고 거기에서 떠나지 않는 데 있다. 대개 '마음'은 일신(一身)의 주재(主宰)이고, '경(敬)'은 일심(一

心)의 주재라는 논리가 밑바탕에 깔려 있기 때문이다. 〈제9도〉는 '경(敬)'의 구체적인 실천세목과 그것을 적용할 곳을 보여 준다. 그러나 '경'의 실천은 다시 그 노력과 공부할 때가 필요하여, 〈제10도〉에서는 마침내 일찍 일어나 밤에 잠들 때까지 노력하고 공부할 '경(敬)'의 실천세목이 제시되어 있다.

3. 맺음 글에 대신하여

이미 다른 장에서 고찰했듯이 《성학십도》와 그 〈전문(前文)〉은 퇴계의 장대한 철학체계를 서술한 것이었다. 그런데 이 사상체계의 내용은 바꾸어 말하면, 이 장에서 기술한 바와 같이 '경(敬)'의 사상으로 일관되고, '경'을 핵으로 하여 구조화되고 체계화된 것이었다. '경'은 정이천에 의해 특히 중요시되었다. 주자에 이르러서는 학문의 공부 또는 방법과 수단의 영역을 벗어나 '경(敬)에 거(居)하는 것'과 '이(理)를 궁구하는 것'은 하나이면서 둘이고, 둘이면서 하나라고 했듯이, 서로가 밀접한 관계를 갖고 진전되어야 한다고 강조되었다. 이리하여 '경(敬)'은 '이(理)를 궁구하는 것'과 함께 유학의 목적으로서 위치를 차지하고, 성학의 처음과 끝이라고까지 일컬었다.

그러나 주자도 '경(敬)' 중심의 사상체계 구축까지는 이르지 못하고, 평면적으로 '경'의 중요성과 의의를 말했을 따름이었다. '경에 거(居)하는 것'과 '이(理)를 궁구하는 것'은 주자에게 충분한 논리적인 정합성을 가진 통일된 사상구조로는 되어 있지 않았다. 그러던 것이 주자가 죽고 나서 3백여 년이 지나, 다른 문화, 다른 민족에게 그 학문이 수용되었을 때, 신유학은 '경' 중심의 체계적 철학으로 재구성되었다. 세계 또는 존재의 이법 및 인류의 이법을 묻는 형이상학적 사색으로부터 인간의 인격적·도덕적 자기형성과 이에 관련된 정치 행동 및 일상의 구체적 실천에 이르기까지, 퇴계의 사상에는 일관되게 '경(敬)'이 그 중심에 자리 잡고 있었다.

퇴계도 '이(理)를 궁구한다'는 형이상학적 사색을 경시한 것은 아니었다. 그에게 이것은 '경(敬)에 거(居)하는 것' 속에 정연하게 포함되어 '심학(心學)'으로서의 유학체계로 재구성되었던 것이다. 퇴계에게 '경(敬)'은 사변(이론)과 실천(자기형성으로부터 남을 다스리는 정치활동에 이르기까지)의 양면에 걸친 참된 원동력이었다. 이러한 '경(敬)'철학이 퇴계에게 성립된 근본 원인은 다음과 같은 사정에 의한 것이라 여겨진다. 즉 다른 장에서 지적

했듯이 그의 내면에는 이미 유학의 전통적인 '천명관념(天命觀念)'이 거의 남아 있지 않았다. 따라서 인간의 도덕적·인격적 자기 형성은 어떤 의미에도 '하늘의 명'이라는 강한 의식 또는 명확한 자각에 의하는 것이 아니라, 지상에 던져진 인간의, 자기 자신의 실존적 깨달음에 바탕을 둔 주체성의 확립 이외에는 없었기 때문이다.

'경(敬)'에 의한 인간의 실존적 주체성의 확립을 강조한 퇴계의 사상은 이윽고 율곡에 이르러, 경(敬)에 의해 성(誠)에 이르는 사상으로 전개되었다(제8장 참조). 또 퇴계의 학문과 인물을 존경하고 숭배하며, 그의 학문을 받아들여 에도 초기에 신유학(新儒學)을 정착시킨 일본의 유학자들(특히 후지와라 세이카(藤原惺窩), 하야시 라잔(林羅山), 야마자키 안사이(山崎闇齋), 사토 나오카타(佐藤直方), 오쓰카 다이야(大塚退野) 등)은 거의 한결같이 '경(敬)'을 중심으로 하는 사상을 확립했다. '경' 중심의 유학사상은 이윽고 '성(誠)'을 중심의 사상으로 전개되거니와, 일본근세유학사상의 전개는 퇴계 철학의 영향을 무시하고는 이야기할 수 없다.

제8장 퇴계와 율곡
《성학집요》의 고찰을 통하여

서(序)

퇴계와 율곡은 조선 전기 유학계(儒學界)의 쌍벽이고, 현대에 이르기까지 한국유학사를 장식하는 석학들로 일컬어지고 있다. 그런데 종래 한국에서는 그것이 지배적인 것은 아니지만, 이 두 사상가의 어느 한 사람을 칭송하여 다른 사람을 평가하지 않는 풍조가 있었다. 이것은 특히 그 본관·족보와 관련되어 때로는 심각한 학파적 대립까지 불러일으켰다고 들었다. 또한 두 사람은 퇴계가 30여 년 선배이지만 동시대 사람이고, 당시에 이미 정치와 관련된 학파적 대립도 있었으므로, 그 영향이 오늘에 이르기까지 면면히 이어져 왔다고도 한다. 그러나 학문은, 냉정하고 객관적인 사색과 반성에 입각하여 구축되고 영위되어야 하며, 더구나 사상의 역사적 전개를 추적하는 사상사 연구에서는, 사상적 사실과 사상가의 언동은 문자 그대로 객관성을 가지고 기술해야 한다. 적어도 그 태도·자세에서 냉정함과 객관성을 기하는 것이 연구의 일반적 태도임은 말할 것도 없다. 이러한 태도·자세를 바탕으로 고찰·파악된 것이, 결과적으로 한 연구자의 일정한 평가로 표출되는 것은 부득이한 일이며 역사연구의 한 특성이기도 하다. 역사의 객관적 서술이란 원래 있을 수 없다. 다만 '빙의된 자기를 역사 속에서 보는' 것은, 학문연구로서는 경계해야 함이 사상사연구에 임하는 기본적 태도이다.

더구나 한 지역에서 유학사상 전개의 여러 모습 속에서 자리매김되고, 또한 동시대의 두 사람이 서로 교섭이 있었던 사상가에 대해 한쪽만을 미리 선입견을 가지고 평가하여 다른 쪽을 돌보지 않는다면, 이미 학문 연구라고는 할 수 없다. 이런 의미에서 퇴계와 율곡 두 사상가의 비교론적 연구는 한국사상사 연구에서 매우 중요한 학문적 의의를 갖는다.[1] 본 장에서는 퇴계와 율곡의 두 사상을 비교·연구한 것은 아니나, 율곡의 가장 중요한 필생의 저작인 《성학집요》를 고찰하고, 퇴계 사상과의 관련에 대해 비교론적으로 서술해 보고자 한다.

1. 율곡의 생애와 《성학집요(聖學輯要)》

율곡은 중종(中宗) 31년(1536)에 강원도 강릉의 북평촌에서 탄생했다. '연보'[2]에 의해 그의 성장 과정과 생애의 활동·업적의 간략한 내용을 보면 다음과 같다.

그는 13세 때 소과(小科)인 진사에 합격했다. 사람들은 그에게서 이미 자긍(自矜)의 기색을 보고 큰 그릇임을 인정했다고 한다. 그의 학문은 이 무렵부터 본격적으로 이루어지기 시작했다. 19세 때 1년 연상인 우계(牛溪) 성혼(成渾)을 알게 되어 사사하려 했으나 사양했으므로, 그 후 도의로써 서로 교제하기를 맹세하고, 성현이 이룬 사업을 계승하여 끝까지 변함없기를 기약했다고 한다. 23세에는 과거의 한 종목인 별시에 합격했는데, 이 때 제출한 〈천도책(天道策)〉이란 논문은 젊은 율곡의 뛰어난 재능을 널리 알리기에 충분한 명논문이었다. 시험관인 정사룡·양응정 등은 그의 책(策)을 읽고, "우리는 며칠이나 생각한 끝에 비로소 이 제목을 구상했으나, 이 아무개(율곡)는 단시간 안에 이에 대답했다. 이러한 사람이야말로 참으로 천재이다"라고 감탄했다고 한다. 오늘날 우리가 보더라도 23세의 청년이 쓴 것으로는 실로 격조가 높은 문장이고, 많은 예를 들어 설명하고 있으며, 거기에 담긴 사상적 내용도 확실한 바가 있는 작품이다.

'연보'에 의하면 그는 이 해 봄 도산으로 퇴계를 찾아뵈었다. 멀리 강릉에서 영남의 퇴계 마을에 온 율곡은 오율시(五律詩)를 올렸다. "가슴의 회포는 밝은 달과 같이 환하고, 담소는 성난 물결도 그치게 하네. 제가 찾아온 것은 도를 듣기 위함이지 한가롭게 반나절을 놀기 위함이 아닙니다." 퇴계는

---

1) 주자와 왕양명의 사상에 대해 여러 시점을 설정하여 양자의 비교연구를 시도했다. 비교사상은 단순히 동서사상의 비교연구에 한정시킬 것이 아니라, 오히려 근접한 지역이나 동일지역의 사상에 대해서도 그 역사적(시간적·공간적) 전개의 여러 모습을 여실히 파악하고, 나아가서 개개의 사상에 대한 특성과 다른 사상의 특성과 관련시켜 이해하는 데 필요한 중요한 방법론이다.
2) 《율곡전서(栗谷全書)》 2, 연보 상~하, 280~340면. 이하 《율전(栗全)》이라 약칭함.

이에 답하여 칠언시(七言詩)를 읊었다. "병으로 갇혀서 봄을 못 보던 나도, 그대가 오니 심신(心神)이 시원히 뚫렸소. 비로소 알았네, 이름 있고 실(實)이 없는 선비가 없음을. 지금까지 경신(敬身)을 게을리했음을 부끄러워하네. 귀한 곡식은 해로운 풀을 용납하지 않고, 밝게 닦은 거울은 티끌을 물리치는 법. 과정(過情)의 시어(詩語)는 깎아 버리고, 공부하고 노력하여 각자 스스로 친하세"(이 시는 《율곡전서》 2의 연보에 의한다. 《퇴계전서》 2, 546면에 보이는 시와 약간 다름). 이 두 사상가의 응수를 보면, 율곡은 청년의 혈기로 "나는 도(道)를 구하러 온 것이지 선생의 시간을 훔치러 온 것이 아니다"라는 뜻으로 노래한 반면에, 당시 이미 58세였던 석학 퇴계는 "나는 오래 병석에 누워 있었기에 봄이 오는 것조차 보지 못했다. 그대가 찾아주니 병든 마음도 시원해졌다. 듣던 대로 그대는 뛰어난 선비니 헛된 명성이 아니었다. 귀한 곡식은 해로운 풀이 아무리 익어 아름답다하더라도 용납해선 안 되고, 닦은 거울을 티끌이 더럽히면 안 된다. 심정을 과격히 나타내는 시어(詩語)도 깎아 버려야 한다. 나날이 노력하고 공부에 뜻을 기울이면, 학문과도 자연히 친해지게 될 것이다"라고 하여 약간 경계하는 듯한 뜻을 곁들여 읊고 있다. 온화한 얼굴의 나이 지긋한 대선비와 신진기예의 의기가 당당한 청년학자의 만남을 통한 신선한 공기를 느끼게 하는 시이다. 율곡은 도산에 이틀 동안 머물다가 떠났다. 훗날에 이 대선비에게 보낸 질문의 서간[3]에서도 볼 수 있듯이, 두 사람 사이에서는 기탄없는 학문상의 질의응답으로 날이 새고 졌을 것이다. 청년학자가 떠난 뒤, 퇴계는 제자인 조사경에게 보낸 서간에서 "아무개(율곡)가 찾아왔다. 그 인품은 밝고 상냥하며, 책을 즐겨 읽어 우리 유학에 크게 의욕을 가진 인물이었다. 후생가외(後生可畏)라 했거니와, 옛 성인은 진실로 나를 속이지 않는다"[4]고 말했다.

이윽고 율곡은 29세 때인 8월에 '명경과'에 급제하여 고급 관료로서의 생활을 시작했다. 즉, 그는 급제한 뒤 곧 호조좌랑에 임명되어 30세 때 봄에는 예조좌랑으로 옮겨지고, 이해 11월에는 사간원정언, 31세 되던 해 겨울에는 이조좌랑이 되고, 그 뒤 대사간, 대사헌, 홍문관대제학, 호조판서, 이조판

---

3) 《율전》 1, 권9, 서1, 176면 이하, 〈상퇴계선생별지(上退溪先生別紙)〉라 하여 1558년부터 시작되는 4편의 편지가 남아 있다.
4) 《율전》 2, 연보 282면.

서, 병조판서 등 칙임관인 중앙정부의 요직을 역임했다. 또 지방관으로서도 청주목사(36세), 황해도관찰사(39세) 등을 역임했다. 율곡은 관직에 임명된 이래 거의 그 생애를 관료로 보낸 학자였다.

그는 연산군의 폭정에 의해 초래된 국가체제의 이완, 국력의 피폐, 국내질서의 문란, 국방의 약체화 등 숱한 문제를 안고 있던 시기에 성장하여, 그 생애를 유교의 정치철학을 근간으로 하는 덕치국가(德治國家)의 실현에 몸을 바쳤다. 따라서 그가 남긴 저작을 보면 중요한 것은 대부분 정치사상에 관한 것이다. 그는 이 가운데서 유학 본래의 목적인 수기치인의 학문을, 때로는 제왕학(帝王學)으로서, 또 때로는 이기(理氣)·심성론(心性論)과 관련시켜 발전시켰다.

그의 저작 중에서 특히 주목해야 할 것은 34세 때 자신의 정치철학을 정리한 《동호문답(東湖問答)》11조, 19세경부터 교우를 시작한 우계 성혼과의 서간 왕복에 의한 사단칠정론·이기론 중심의 논변이 있다. '연보'에 의하면 율곡이 37세 때 부응교(副應敎)에 임명되었으나, 병으로 사퇴하고 고향으로 돌아간 일을 기록한 다음 조항에 "우계선생과 이기(理氣)·사단칠정(四端七情)·인심·도심을 논하다"라고 한 것으로 미루어, 논변은 이 무렵에 시작된 것으로 보인다. 그러나 33세 5월에 이미 '지선(至善)·중(中)·안자격치성정(顔子格致誠正) 등의 설'에 대해 우계와 논하고 있었다. 또한 39세 때는 우부승지(右副承旨)로 승진하여 재이(災異)에 대한 응지(應旨)로서 《만언봉사(萬言封事)》를 올려, "위정의 허물은 재이에 응하는 실(實)이 없고, 군책(郡策)에 백성을 구제할 실(實)이 없으며, 인심에 선을 향하는 실(實)도 없사옵니다"라 하여, 엄히 제왕이 가질 태도와 시무책(時務策)을 논했다. 40세 때는 송나라 진서산의 《대학연의(大學衍義)》를 본떠서 사서오경을 주로 하고 송대유가(주자를 중심)를 비롯한 선현의 여러 학설을 인용하여 집대성한 《성학집요》라는 대저(大著)를 선조에게 바쳤다. 그 〈진차(進箚)〉에서 율곡은 다음과 같이 말했다. "이 가을에 비로소 책을 엮어, 이름하여 성학집요라 했습니다. 대체로 제왕위학의 본말, 다스림의 선후, 명덕의 실효, 신민의 실적은 대개 그 요약된 줄거리만 실었사옵니다. 작은 것으로 미루어 큰 것을 알고, 이것으로써 저것을 밝히면, 천하의 도(道)가 실로 여기서 벗어나지 않을 것이옵니다. 이는 신(臣)의 글이 아니라, 성현의 글이옵니다……." 이것으로 그 내용을 짐작할 수 있을 것이다. 또 48세 때는 《시무육조(時務六條)》를 올려, '현능(賢能, 현명하고 재간이 있는 사람)을 임용할 것', '군민을 양성할 것', '재용(財用, 쓸 수 있는 재물)을 충족케 할 것', '국경방비를 굳게 할 것', '전마(戰馬)를 정비할 것', '교화를 밝게 할 것' 등을 논하고 있다. 율곡은 49세가 되던 해 1월 16일 서울의 대사동(大寺洞) 우거(寓居)에서 병사했다. 그 이틀 전에 서익(徐益)이 북로순무(北路巡撫)의 명을 받고 떠나게 되자, 율곡은 그에게 방략(方略)을 주기 위해 서익을 불렀다. 자제들은 병상에 있는 율곡이 크게 염려되었으나, 그는 "이것은 국가의 대사이니 이 기회를 놓칠 수 없다"며 가족의 도움을 받아 일어나, 구술하는 바를 아우인 우(瑀)에게 대필시켜 6조의 방략으로 정리케 했다. 이것이 율곡의 마지막 글이 되었다. 또 그가 지방관으로 부임한 청주목사 때는 《서원향약》을, 그 뒤에 다시 《해주향약》, 《사회계약속》, 《해주일향약속》을 지어, 중국 송대에도 어느 정도 실시되었던 '향약(鄕約)'이나 '사창(社倉)'을 그 지방의 구체적인 상황에 맞추어서 취사·증손하면서 실시에 옮겼다. 주자도 '향약'이나 '사창'의 실시에는 대단한 열의를 가지고 있었거니와, 요컨대 이것은 향민의 사회복지 향상, 상호부조, 상호향선을 권한 것으로, 민생의 안정에 기여하는 바가 컸다. 율곡은 지방관으로서 향민의 미풍양속을 내실 있게 하기 위해, 이들 '약속'을 실시함에 자주 향민과 잘 상의하고, 그들의 의견을 두루 청취하여 작성했다고 기록되어 있다.

지금까지 율곡의 생애를 통한 중요한 활동과 저작의 개요를 말했는데, 이 중에서도 가장 학문적으로 귀중한 것은 40세 때 집필한 《성학집요》이다. 《율곡전서》 권19부터 권26에 걸쳐 8권으로 집대성된 이 대작을 모두 훑어보면, 문자 그대로 그의 박람강기(博覽强記, 여러 가지 책을 많이 읽고 기억을 잘함)를 엿볼 수 있거니와, 동시에 그 자신이 처음에 〈진차〉를 말한 뒤 〈서(序)〉에서 "신(臣)의 정력이 여기서 다했습니다"라고 표현했듯이 이것은 그가 혼을 다해 이룩한 필생의 대사업이며, 여기에 그의 학문과 사상이 거의 집약되었다고 할 수 있다. 그러므로 본 항에서는 율곡 사상의 특질을 밝히고, 그 사상체계를 구성하기 위하여 이 《성학집요》 중심으로 고찰해 보려고 한다. 종래의 율곡 연구를 보면, 이 일부분을 단편적으로 인용한 논저를 읽을 수는 있으나, 《성학집요》를 율곡 사상 해명의 중심자료 또는 대상으로 삼아 전체적으로 다룬 것은 아직 없다. 또한 《성학집요》는 율곡 자신이 송나라 진서산의 《대학연의》에 언급하고 있으므로[5] 이를 통관했을 터이나, 이는 율곡이 직접 도산서원으로 대선배를 찾아가 숙박하면서 가르침을 받고 질의한 뒤, 다시 서간으로 여러 가지 학문상의 문제에 대하여 가르침을 받은 퇴계의 《성학십도》에 비교된다. 왜냐하면 위의 왕복 서간에서 《성학십도》의 〈인설도(仁說圖)〉는 〈심학도〉 앞에 두는 것이 타당하지 않느냐는 의견에 퇴계가 '그 설이 매우 좋다'며 바꾸었고, 또 율곡이 '십도설(十圖說)' 중의 〈서명〉 및 〈심학도〉 등에 대해 질의했으며, 그가 "성학십도는 명의정절(名義精切, 명분과 의리가 정밀하고 적절함)하니, 후학은 거기에 이의를 달 것이 없다"고 하여 높이 평가하고 있다는 점들[6]로 미루어 보아도, 율곡이 《성학십도》를 자세히 읽고 생각하여 연구하는 대상으로 존중했음을 알 수 있다. 또한 《성학십도》에 필적하는 것을 지어 왕에게 바침으로써, 크게 국정을 떨치고 수기치인의 극치인 제왕학의 수신을 기대했다고 보아도 좋다. 즉 율곡은 중앙정부의 홍문관부제학이란 높은 지위에 있으면서 그 시대 폐단의 여러 양상을 걱정하여, 어떤 방법을 강구하지 않는한 이대로는 국가 체계가 쇠퇴의 길로 빠지고 말 것이라는 생각에 사로잡혔다. 이 때 가장 직접적인 발상의 동기가 된 것이 《성학십도》와 같은 것을 상정해야 한다고 여기게 된 것은 아닐까. 진서산의 《대학연의》는 그 표현형식을 생각할 때 떠오른 것이라 생각된다. 이제 〈서〉의 글머리를 보면 다음과 같다. "신(臣)이 생각하옵건대 도(道)는 묘하여 형태가 없으므로, 글로써 도를 나타내었사옵니다. 사서육경(四書六經)은 이미 밝고 또한 갖추어져 있사옵니다. 글로써 도를 구하면 이(理)가 나타나지 않음이 없사옵니다. 다만 책이 방대하여 요령을 얻기 어려움을 근심하옵니다. 선현은 대학(大學)을 널리 알려 이로써 규모를 세웠사옵니다. 성현의 천모만훈(千謨萬訓, 천 가지 계책과 만 가지 가르침)이 모두 이에서 벗어남이 없사옵니다. 이것은 그 영요(領要, 요령)의 법인데 서산 진씨는 이 책을 추광(推廣)하여 연의(衍義)를 만들었사옵니다. 널리 경전을 인용하고 겸하여 역사서적을 참조했사옵니다. 위학(爲學)의 근본, 위치(爲治)의 순서가 찬연히 조목을 이루고 중점을 임금의 몸에 돌렸사옵니다. 참으로 제

---

5) 《율전》 1, 420면의 〈서(序)〉 참조.
6) 《율전》 1, 180면.

왕입도의 지남(指南)이라 할 만하옵니다. 다만 책의 권수가 너무 많고 문장이 산만하여, 기사서(紀事書)와 비슷하므로 실학의 체(體)에 맞지 않사옵니다……." 사서오경이 성현의 천모만훈을 수록했으니 위학의 근본이요 위치의 순서이며, 제왕입도의 지남(指南)임은《대학연의》를 빌리지 않아도 처음부터 분명한 사실이다. 선현의 언사를 권위 있는 것이라 하여 인용한다면, 유가(儒家)로서는 사서오경에 의존하지 않을 수가 없기 때문이다. 《대학연의》는 율곡이 평가했듯이, 책의 권수가 너무 많고 인용한 문장이 산만하여, 그대로라면 단순히 긁어모은 기록문에 지나지 않아 도저히 실학의 체재를 이루지 못했다. 그런 만큼 그의 뇌리에 "성학십도는 명의정절(名義精切)하여 후학자가 그것을 논란할 여지가 없다"는 생각이 들어 있었던 것이다. '십도'의 간단하면서도 요령 있고 또한 정연한 성학의 일대체계가 그의 머리에 깊이 새겨져 있었음에 틀림없다. 〈서〉의 다음에 〈범례〉를 들고 다시 〈목록도〉를 제시하여 그 모든 체계를 파악시키려는 의도도, 한편으로는《성학십도》의 체계성에 착안하고, 다른 한편으로는 표현상의 정리를《대학연의》의 비판 위에 서서 행하였다고 볼 수 있다.

이와 같은 예비적 고찰을 전제로, 《성학집요》 전체를 나름의 방법으로 재구성하고 율곡 사상의 특질을 파악하는 동시에, 퇴계 사상과의 비교·고찰을 가하면서 한국문화 형성의 근본적 원리도 언급하고자 한다.

2.《성학집요》제진(製進)의 동기 및 목적

율곡이 이 책을 편찬하여 선조(宣祖)에게 바치게 된 직·간접적 동기는 무엇이었을까, 또 그는 이 책을 편찬하며 무엇을 생각하고 있었을까. 즉 제왕의 도(道)는 무엇이고, 제왕의 학문은 무엇인가. 제왕학의 실천자이어야 할 당시의 선조에게 무엇을 어떻게(일반적으로, 또는 총괄적으로) 기대하고 있었는가 따위의 문제를 해명하기 위해《성학집요》의 첫머리에 실려 있는 〈진차〉 및 〈서〉를 중심으로 검토해 보려고 한다. 그것을 요약하면 대개 다음과 같다. 우선 제진(製進, 임금의 명을 받아 글을 지어 올림)의 직·간접적 동기로 생각되는 것에 대해, 그는 〈진차〉 앞 단락에서 대략 다음과 같이 말하고 있다.

① 저는 누의(螻蟻, 땅강아지와 개미처럼 힘이 미약함)와 같은 미천한 신

하로, 천지의 크나큰 작용과 깊은 은혜를 받고 있어 지성을 다해 만에 하나라도 이에 보답해야 하지만, 타고난 기질과 성품이 잡박하고 공부 노력도 얕으며, 재능은 성기고 어설퍼 실용에 맞지 않고, 학문은 황폐하여 실효를 거둘 수가 없사옵니다. 안으로는 임금 곁에 시종하면서도 왕도를 찬환(贊煥)함이 없고, 밖으로는 지방관에 임명되어 덕화를 선포하지 못했사옵니다. 아무리 헤아려 보아도 사직하고 고향으로 돌아가는 수밖에 없사옵니다. 다만 제가 임금을 사랑하는 일념이 왕도를 지키는 일에 뿌리박고 있는 이상, 여러 일이 뜻대로 되지 않아 일진일퇴를 계속하면서도 비천한 몸으로 군주께 의중을 털어놓아 약간의 도움이 되기를 원하오며, 그 후에 정안(靜安)의 길에 들어갈까 하옵니다.

② 생각건대 제왕의 도(道)는 마음의 미묘한 작용을 토대로 깊이 자리잡고 있지만, 그것은 또 분명히 문자로도 표시되고 있사옵니다. 옛 성현이 남긴 말씀과 책은 막대하지만, 거기에는 모두 도(道)가 제시되어 있사옵니다. 따라서 앞으로는 그 말씀에 의하여 도리를 명확히 살피고, 그것을 구체적인 사행(事行)에 실천하며, 자기를 닦고 이룩하고 물사(物事)를 성취시킬 따름이옵니다.

③ 후세에 도학이 밝혀지지 않고 도가 실천되지 않음은 독서가 넓지 않음을 근심할 것이 아니라, 찰리(察理, 이치를 살핌)가 정절하지 않음을 근심하셔야 하옵니다. 지식과 견문이 좁은 것이 아니라, 천리(踐履, 실천과 이행)가 독실하지 않기 때문이옵니다. 찰리(察理)가 정절하지 않음은 그 요령을 얻지 못하기 때문이옵고, 천리(踐履)가 독실하지 못함은 그 정성을 다하는 요령을 얻지 못했기 때문이옵니다. 그 요령을 얻어야 비로소 그 의미를 깨닫고, 그 의미를 깨달아야 비로소 정성을 다할 수 있사옵니다.

④ 신(율곡)이 이것을 말한 지는 이미 오래 되었사옵니다. 그러므로 이전부터 책을 하나 편찬하여 그 구체적인 요령을 만들어, 위로는 상감께 바치고 아래로는 후세에 가르침을 주려 생각하고 있었사옵니다. 그러나 송구스럽게도 그 뜻만 있을 뿐 아직 성취하지를 못했사옵니다.

⑤ 그런데 계유년(1573, 선조 7년, 38세)에 특별히 부름을 받았사오나 감히 사양하여 명을 받들지 못하고(연보에 의하면 이 해 7월 홍문관직제

학에 제수되어 이미 있는 직책도 겸하게 되자, 병 때문에 사직을 청했으나 허락받지 못하고 세 번 상소하여 겨우 허락받아 8월에 율곡으로 돌아갔다 한다), 직책을 받들고도 국가에 공이 없고 학문을 해칠 뿐이었사옵니다. 스스로 성은에 보답할 자격이 없어, 처음에 집서(輯書)할 계획을 세워 경전과 사적을 찾았으나 일을 중단하고 병으로 고향에 돌아갔사옵니다. 향리에서도 자그마한 정성이 남아 홀로 그 일을 계속했으나 탈고에 이르지 못하고, 이윽고 해서(海西)의 명(命)[7]을 받아 부임했사옵니다. 부첩(簿牒, 관아의 장부와 문서)의 일이 어려워 편집의 일이 진척되지 않은 데다 다시 병이 생겨 중지하기를 수개월, 이번 가을 초(을해년, 1575, 선조 9년 9월, 40세)에 비로소 편집을 끝내고 이름을 《성학집요》라 했사옵니다.

이상이 〈진차〉 앞머리에 기술된 《성학집요》 제작의 직접적 동기 및 그 경위이다. 40세 전후의 고급관료로서 율곡의 여러 활동은 오로지 시대의 폐단을 공박하고 〈향약〉의 실시 등 시무책을 논했으며, 제왕으로서 선조의 위정에 관한 허물과 시정을 기대하는 직언으로 일관되었다. 더구나 병으로 몇 번이나 사직을 상소했으나 허락되지 않았고, 허락되어 귀향했다가도 곧 불리어 다시 돌아오는 상태였다. 율곡 자신은 시대의 폐단이 너무나 심각하여 도저히 회복되어 번성할 기미가 보이지 않아, 고향에서 은둔의 길을 택하고 싶은 심경이었던 것 같다. 그렇다면 더욱 자신의 마음속에 깊이 기대하는 바를 기술한 뒤 정안(靜安)의 길에 나아가려고, 병을 무릅쓰고 용기를 내어 마침내 《성학집요》를 제작했다고 할 수 있을 것이다. "무릇 제왕위학(帝王爲學)의 본말, 위치(爲治)의 선후, 명덕(明德)의 실효, 신민(新民)의 실적 등 모두 그 요점을 대략 서술했사옵니다. 미(微)를 미루어 대(大)를 알고 이것으로써 저것을 밝힌다면, 천하의 도(道)가 여기서 벗어나지 않을 것이옵니다. 이것은 신(臣)의 글이 아니라 곧 성현의 글이옵니다. 신의 식견이 낮고 천하여 비록 순서를 엮음에 잘못이 있더라도, 여기 집요된 말은 곧 일구일약(一句一藥)이 자신에게 절실한 교훈이 아닌 것이 없사옵니다."[8] 즉

---

7) 율곡은 39세 되던 해 10월 황해도 관찰사로 임명되어 도(道) 전체의 폐단을 개혁하도록 상소했는데, '해서(海西)의 명(命)'이란 그때의 어명을 말한다. 《율전》 2, 연보 상, 299면 참조.

제왕학의 긴요하고 중요한 것은 모두 수록되었으므로 이것의 깊은 뜻을 찾으면 천하에 행할 도는 여기서 벗어나지 않는다며, 더구나 이것은 율곡 자신의 저서가 아니라, 성현의(말을 모은) 글이라 분명히 밝히고 있다. 이것은 퇴계가 《성학십도》를 제진하면서 쓴 〈차자〉에 보이는 자세·방법과 마찬가지이다.

율곡에 의하면, 위에서 말한 '제왕의 학'이란 '기질을 변화하는' 것보다 앞서는 것이 없고, '제왕의 치(治)'란 '정성을 다하여 현(賢)을 용(用)하는' 것보다 앞서는 것이 없다. '변화기질'의 공부는 질병을 잘 알고 약을 주는 것이며, '추성용현(推誠用賢)'의 실효는 (군신) 상하의 틈을 없애는 것이라 했다. 당시의 선조(宣祖)에 대해서는 다음과 같이 말했다. "그 질병에 대해 말하면 영기(英氣, 뛰어난 기상과 재기)를 크게 나타내나, 교훈을 받아들이는 마음은 넓지 않아 분노를 말하기 쉬우며, 그것을 밀어붙이려는 사심을 이기지 못하신다. 이 병이 제거되지 않으면 도에 들어가지 못하신다. 따라서 얼굴빛을 좋게 하여 공손한 말만 하는 자가 많이 받아들여지며, 직언하고 마주 대하여 꾸짖는 자는 배척된다. 이것은 현명한 임금이 자신을 겸허하게 하여 남의 교훈을 들어 도에 따르는 이유가 아니다. 궁중의 시녀에 대해 왕은 엄격하시고 조금도 계련(係戀, 사랑에 끌려 잊지 못함)의 마음이 없는 듯하나, 편협 되게 배척하고 언성을 거칠게 하여 옹호하는 태도를 보이신다. 이것은 도량이 좁고 아직 편애함을 극복하지 못한 이유이다." 그리고 율곡은 상언했다. "왕이 된 자는 먼저 큰 뜻을 세워, 반드시 성현을 표준으로 삼아 삼대(三代)의 다스림을 이상(理想)으로 하여 오로지 서적을 정독하고, 물(物)에 의하여 이(理)를 궁구하며, 마음에 거슬리는 말이 있으면 반드시 이를 도(道)에 비추어 구하고, 그 뜻을 후퇴시키는 말이 있으면 이를 도가 아닌 것으로 여겨 도리에 맞는 직언을 즐겨 들으며, 선을 받아들이는 도량을 넓혀 깊이 의리에 돌아갈 바를 살피고, 스스로 굴복하는 것을 부끄럽게 여기지 말며, 개인의 감정을 극복하고, 일상의 일을 정확히 행하여 하나의 일도

---

8) 《율전》 1, 418면.
　　凡帝王爲學之本末, 爲治之先後, 明德之實效, 新民之實迹, 皆粗著其梗槪, 推微識大, 因此明彼,
　　則天下之道, 實不出此, 此非臣書, 乃聖賢之書也, 雖臣識見卑陋, 撰次失序, 而所輯之言, 則一句一
　　藥, 無非切己之訓也.

실수가 없게 하며, 독거하여 순수하고 독실하게 스스로의 마음을 지켜 일념이라도 벗어나지 말며, 도를 닦음을 게을리하지 말고, 병격(病格)을 없애서 실질(實質)을 완성하여 이로써 제왕의 학문을 성취하시라.”

그리고 다시 율곡은 선조에 대하여 “신료를 공경하여 그들을 벗처럼 믿고 국사를 맡길 것이며, 뜻을 같이하는 성군과 어진 신하가 수어지교를 이루어 서로 도와, 위아래에 간격이 없는 실효를 거두게 하시라”고 상언한 다음, “만일 왕이 자기 기질을 변화시킬 공부도 하지 않고 성(誠)을 이루어 현명한 자를 등용하는 실(實)을 거두지 않는다면, 제진한 이 《성학집요》도 오직 공언(空言)으로 돌아갈 것이옵니다”라고 하면서 〈진차〉를 끝맺었다. 이상이 간략한 줄거리이다. 이것을 요약하면 요컨대 제왕의 학문이란 ‘기질을 변화’시키는 일과 ‘성(誠)을 미루어 현(賢)을 등용’하는 두 가지로 귀결된다고 율곡은 설명했던 것이다. 이 두 가지는 바꾸어 말하면 유학의 목적인 ‘수기’를 제왕 스스로 실천하고, 또 제왕으로서 ‘치인’의 밑바탕을 이루는 ‘추성용현’의 실효가 있도록 노력해야 함을 상언한 것이다.

이상의 〈진차〉에 이어 율곡은 〈서〉에서 《성학집요》의 내용 그 자체를 언급하고 있다. “도는 미묘한 것으로 형체가 없기 때문에 문장으로써 표현할 도리밖에 없사온데, 이것은 사서·육경에 다 갖추어져 있사옵니다. 글로써 이(理)를 구하면 도리(道理)는 반드시 나타나옵니다. 다만, 그 책은 방대하여 요령을 얻기 어려우므로, 성현은 《대학》을 지어 수기치인의 도의 규모를 세웠사옵니다. 성현의 허다한 교훈은 모두 이 《대학》에 수록되어 있사옵니다. 이것은 요령을 얻는 구체적인 방법이옵니다. 진서산은 이 책을 바탕으로 《대학연의》를 지었사옵니다. 경전을 널리 인용하고 다른 역사책도 참고하여, 위학의 근본과 위치의 순서가 찬연하게 조리있으며, 임금의 몸에 가장 무거운 책임을 돌렸사옵니다. 이것은 진정 제왕입도의 지남(指南, 이끌어 가르침)이옵니다. 다만 그 권질이 너무 많고 문사에 조리가 없으므로, 기사서(紀事書, 사실의 경과를 쓴 책)와 같아서 실학의 체계를 이루지 못했사옵니다.” 이것 역시 율곡이 《성학집요》를 편찬한 구체적이고 직접적인 동기라고 할 수 있다. 〈진차〉의 검토에서 밝혀졌듯이, ‘제왕의 학’에 있어서 ‘변화기질’과 ‘추성용현’의 실효가 없는 것은 그 ‘요령’을 얻지 못했기 때문이라고, 그는 이미 지적했다. 그런 의미에서 진서산의 《대학연의》 역시 요령을 얻지 못한 것이고, 따라서 '실학의 체(體)'를 이루지 못했다고 비판한 것이다.

그러면 율곡에게 요령을 얻은 실학(實學)이란 어떤 것일까. 그에 의하면 학문은 넓게 하여야 하지만, 학자가 배우는 방향이 정립되지 않으면 마음도 견고해지지 않으므로, 따라서 구체적인 사행(事行)을 먼저 해서는 안 된다. 단순히 넓게 배우는 것만으로는 심려(心慮)가 한 곳에 모이지 않고, 쓸 것과 버릴 것을 찾는 일도 정밀하고 적절하지 못하여 반드시 지루해서 오히려 참을 잃게 된다. 그러므로 우선 학문의 중요한 길을 찾아서 밝혀 그 문정(門庭, 배우는 기반)을 정확히 열고, 그런 뒤에 널리 배우면 발전하는 바가 있다. 더구나 임금은 그 한 몸에 만기(萬機)가 모이고 일을 다스릴 때가 많고 독서의 기회가 적다. 만일 위정(爲政)의 강유(綱維)를 잡거나 그 종지(宗旨)를 정하지 않은 채 다만 널리 배우기만 한다면, 실천은 없이 암기만 하는 습관과 시문을 화려하게 꾸미는 솜씨에만 구애되어 음란하게 되며, 궁리(窮理)·정심(正心)·수기(修己)·치인(治人)의 도를 참으로 얻을 수 없다고 그는 말했다. 그것은 또한 《대학》이 덕(德)으로 들어가는 문(門)인데, 진서산의 《대학연의》는 간단하고 긴요한 요점이 결여되어 실학의 요령을 얻지 못한 것과 관계가 있다. 그러므로 《성학집요》에서는 《대학》이 지적하는 조리에 따라 순서를 세우고 성현의 말을 정선하여 이를 채웠으며, 절목을 자세하고 명확하게 했으며, 말은 간략히 하고 도리는 빠뜨림이 없이 들었으므로, 여기에야말로 요령의 법이 있다고 했다. 《성학집요》 제진에는 그 내용의 편성도 이상과 같은 율곡의 의도가 동기와 관련되어 깃들어 있었던 것이다. [9]

3. 《성학집요》의 구성

율곡은 《성학집요》의 구성에 2년 동안 여러모로 고안·연구했다고 기술했는데, 그 실제는 어떻게 되어 있는가. 본 항에서는 〈서(序)〉에서 말한 그의 설명에, 실제로 《성학집요》에 기술되어 있는 것을 더하여 그 구성을 검토해 보기로 한다. 물론 그가 만든 〈목록도(目錄圖)〉도 포함하여 알아본다.

그 전체는 5편으로 이루어졌고 각 편은 장(章)으로 나뉘었으며, 각 장은 다시 작은 절목으로 분류되었다. 각각의 편·절목에는 장·단문의 "신(臣)이

---

9) 《율전》 1, 420~421면.

생각하건대……"라는 율곡의 보충 설명이 첨가되어 있다. 이 '보충 설명'은 율곡의 사상을 단적으로 밝힌 것으로, 극히 중요한 가치와 의미를 지닌다. 또 각각의 편·장·절목의 내용은 사서오경과 송대 유가의 여러 학설·여러 주(註, 주자의 것이 가장 많다)를 주로 채록·편성했다. 본문을 대조하면서 다섯 편의 구성을 보면 대략 다음과 같다. [10)]

통설제1(統說第一)

'통설'이란 수기(修己)와 치인(治人)을 합쳐 기술한 것으로서, 《대학》의 이른바 '명명덕(明明德)', '신민(新民)', '지어지선(止於至善)'이다(序). 보충 설명에 의하면 이것은 단 1장으로, 성현의 말씀에서 체용(體用)에 대해 말한 것을 모두 열거했다고 한다. 실제의 내용은 《중용》과 《대학》의 머리말을 기록하고 주자의 해석을 싣고 있다. 글머리와 끝에 율곡의 보충 설명이 있다.

수기제2상(修己第二上)

'수기'란 《대학》에서 말하는 '명명덕(明明德)'이다(序). 전체는 13장으로 되어 있고, 1편을 상중하로 나누었다.

- '총론수기장제1(摠論修己章第一)'은 처음과 끝에 보충 설명이 있다.
- '입지장제2(立志章第二)'는 '泛言立志' '立志之目' '立志之効' '立志之反'으로 되어 있고, 끝에 긴 보충 설명이 있다.
- '수렴장제3(收斂章第三)'은 '收斂其容止' '收斂其言語' '收斂其心' '居敬爲窮理之本'으로 되어 있고, 처음과 끝에 보충 설명이 있다.
- '궁리장제4(窮理章第四)'는 '窮理用功之方' '通言讀書之法' '讀小學法' '讀四書法' '讀六經法' '讀史之法' '通言天地人物之理' '人貴於萬物' '論本然之性' '論氣質之性' '通論心性情' '辨王霸之略' '辨異端之害'로 되어 있고, 군데군데 긴 보충 설명을 곁들였다. 가장 주목할 만한 장(章)의 하나이다.

---

10) 《성학집요》의 전체적 구성을 단적으로 알기 위해 율곡은 다음의 〈목록도(目錄圖)〉를 작성하여 실었다.

수기제2중(修己第二中)

- '성실장제5(誠實章第五)'는 말미에 보충 설명이 있다.
- '교기질장제6(矯氣質章第六)'은 '氣質不同而矯之各有法' '矯氣質之法在克己' '矯氣質之功在勉强'으로 되어 있고, 처음과 끝에 보충 설명이 있다.
- '양기장제7(養氣章第七)'은 '專言養志氣' '兼言養血氣'로 되어 있고, 처음과 끝에 보충 설명이 있다.
- '정심장제8(正心章第八)'은 '涵養' '省察' '通論涵養省察' '言存誠反復以盡正心之義, 亦兼涵養省察而言'으로 되어 있고, 처음과 끝에 긴 보충 설명이 있다.
- '검신장제9(撿身章第九)'는 '敬身謹禮之功' '威儀容止之則' '戒飭無怠之意'로 되어 있고, 처음과 끝에 보충 설명이 있다.

수기제2하(修己第二下)

- '회덕량제10(恢德量第十)'은 '恢進德之量' '恢容衆之量' '恢公平之量'으로 되어 있고, 처음과 끝에 보충 설명이 있다.
- '보덕장제11(輔德章第十一)'은 '親正士' '從諫' '改過'로 되어 있고, 처음과 끝에 보충 설명이 있다.
- '돈독장제12(敦篤章第十二)'는 '正言敦篤之功' '反言怠惰之病'으로 되어 있고, 처음과 끝에 보충 설명이 있다.
- '수기공효장제13(修己功效章第十三)'은 '由知而達於行之效' '由行而達於知之效' '由裏達表之效' '合知行表裏, 而言由淺至深極於聖神' '承上聖神之說, 而極論聖人之道'로 되어 있고, 끝에 긴 보충 설명이 있다.

정가제3(正家第三)

- '총론정가장제1(摠論正家章第一)'은 처음과 끝에 짧은 보충 설명이 있다.
- '효경장제2(孝敬章第二)'는 '摠論事親之道' '生事之道' '死葬之道' '祭之之道' '以孝守身' '以孝推於天下'로 되어 있고, 곳곳에 보충 설명이 있으며, 끝에도 긴 보충 설명이 있다.
- '형내장제3(刑內章第三)'은 '善可爲法' '惡可爲戒'로 되어 있고, 여러 곳에 보충 설명이 있다.

- '교자장제4(敎子章第四)'는 '胎敎' '立敎之序' '敎世子之道'로 되어 있고, 끝에 보충 설명이 있다.
- '친친장제5(親親章第五)'는 처음과 끝에 보충 설명이 있다.
- '근엄장제6(謹嚴章第六)'은 '謹嚴於內外之別' '謹嚴於接菹之公' '謹嚴於嫡妾之分' '謹嚴於國本之定' '謹嚴於敎戚屬' '謹嚴於待宦寺'로 되어 있고, 각각 보충 설명이 있다.
- '절검장제7(節儉章第七)'은 끝에 보충 설명이 있다.
- '정가공효장제8(正家功効章第八)'은 처음과 끝에 보충 설명이 있다.

위정제4상(爲政第四上)

'위정(爲政)'이란 《대학》의 '신민(新民)'이다. '정가(正家)'란 '제가(齊家)'를 말하며, '위정'이란 '치국평천하(治國平天下)'를 말한다(序).

- '총론위정장제1(摠論爲政章第一)'은 '爲政之根本' '爲政之規模' '言爲政之節目, 而推本爲說'로 되어 있고, 각각 보충 설명이 있다.
- '용현장제2(用賢章第二)'는 '觀人之術' '辨君子之行' '辨小人之奸' '通論君子小人' '用捨之宜' '求賢之道' '任用之道' 禮敬親信之道' '遠小人之道'로 되어 있고, 각각 길고 짧은 보충 설명이 있다. 끝의 보충 설명은 길지만 중요한 것이다.

위정제4하(爲政第四下)

- '취선장제3(取善章第三)'은 끝에 긴 보충 설명이 있다.
- '식시무장제4(識時務章第四)'는 '泛言時勢之當識' '創業之道' '守成之道' '更張之道'로 되어 있고, 끝에 긴 보충 설명이 있다.
- '법선왕장제5(法先王章第五)'는 끝에 긴 보충 설명이 있다.
- '근천계장제6(謹天戒章第六)'은 '福善禍淫之理' '遇災修省之道' '預防患難之意'로 되어 있고, 처음과 끝에 보충 설명이 있다.
- '입기강장제7(立紀綱章第七)'은 '泛言紀綱之當立' '無私心是立紀綱之本' '公賞罰是立紀綱之法'으로 되어 있고, 처음과 끝에 보충 설명이 있다.
- '안민장제8(安民章第八)'은 '君民相須之道' '愛民之道' '畏民之道' '契矩

之道' '薄稅之道' '輕徭役之道' '愼刑罰之道' '辨別義利' '節用生財' '制民恒產' '修明軍政'으로 되어 있고, 각각 보충 설명이 있으며, 끝에도 긴 보충 설명이 있다.

- '명교장제9(明敎章第九)'는 '興敎之本' '立敎之目' '興學校以正士習' '分淑慝以糾風俗' '正祀典以絶神姦'으로 되어 있고, 각각 보충 설명이 있으며, 끝에 긴 보충 설명이 있다.
- '위정공효장제10(爲政功效章第十)'은 '仁被天下之效' '德合天心之效' '澤流後世之效'로 되어 있다. 끝에 긴 보충 설명이 있다.

성현도통제5(聖賢道統第五)

'성현도통'이란《대학》의 실제 자취이다(序). 단 1장이지만 '道統自伏羲至於周公, 以聖人德, 居君師之位, 修己治人, 各極其至' '道統至於孔子而集大成, 爲萬世之師, 由孔子以下, 道成於己, 不能行於一時' '道統之傳, 止於孟子而中絶' '道統之傳, 自周子繼絶, 至朱子而大著'로 되어 있고, 각각 보충 설명이 있으며, 끝에 긴 보충 설명이 있다.

이상의 내용이 〈진차(進箚)〉, 〈서(序)〉, 〈목록도〉를 포함하여《성학집요》로 편찬되었고, 전 8권으로 나뉘어 수록되었다. 전체의 계통은 율곡도 말했듯이《대학》의 '명명덕', '신민', '지어지선'을 '통설'로 먼저 실었으나, 율곡은 이 중에《중용》도 그 머리말을 포함시켜 구성했다.

제1편은 '통설'이므로 유학의 여러 학설의 체용어(體用語)를 총괄한 것이고, 제2편에서 제4편까지는 거의《대학》의 내용에 따라 구성되었다.

제2편은 '수기(修己)'로서, 《대학》의 '명명덕(明明德)'을 말한 것이다. 제1장은 총론, 제2장 입지(立志)와 제3장 수렴(收斂)은 학문의 방법인데, 개인의 경우를 말하면 뜻(志) 둘 바를 정하고 마음 놓을 곳을 구함으로써《대학》의 기본을 확립했다. 제4장 궁리(窮理)는《대학》의 '격물치지(格物致知)'를 말한 것이고, 제5장 성실(誠實), 제6장 교기질(矯氣質), 제7장 양기(養氣), 제8장 정심(正心)은《대학》의 '성의정심(誠意正心)'을 말한 것이다. 제9장 검신(撿身)은《대학》의 수신(修身)을 말한 것이고, 제10장 회덕량(恢德量), 제11장 보덕(輔德), 제12장 돈독(敦篤)은 '성의정심'을 다시 부연하여 설명

한 것이다. 제13장은 학문의 공부와 효과를 논하고 '수기'가 지선(至善)에 머물러야 함을 말한 것이다. 제3편의 '정가(正家)'와 제4편의 '위정(爲政)'은 《대학》의 '신민'에 해당하는 부분으로, '정가'는 '제가(齊家)'를 말하고, '위정'은 '치국평천하(治國平天下)'를 말한다.

제3편 정가는 8장으로 나뉘며 제1장은 총론이다. 제2장 효경(孝敬), 제3장 형내(刑內), 제4장 교자(敎子)이다. 제5장 친친(親親)은 부모에게 효도하고 아내와 자식에게 모범을 보이며, 형제에게 우애하는 도리를 말한 것이다. 제6장은 근엄(謹嚴)을 말하고, 제7장 절검(節儉)은 위의 장에서 미진한 것을 덧붙여 설명한 것이다. 제8장은 학문의 공부와 효과를 말하고 '제가'가 지선에 머물러야 함을 말한 것이다.

제4편 위정은 10장으로 나누어졌는데, 제1장은 총론이다. 제2장 내현(內賢), 제3장 취선(取善)은 《대학》의 '인인(仁人)'의 능히 남을 사랑하고 능히 남을 미워하는 뜻을 말한 것이다. 제4장 식시무(識時務), 제5장 법선왕(法先王), 제6장 근천계(謹天戒)는 《대학》이 인용한 "은나라를 잘 본받아야 한다. 준명(峻命)은 쉽지 않다"는 뜻이다. 제7장 입기강(立紀綱)은 《대학》의 "나라를 다스리는 자는 삼가지 않으면 안 되고, 한 쪽으로 치우침이 있으면 천하의 부끄러움이 된다"는 뜻이다. 제8장 안민(安民), 제9장 명교(明敎)는 《대학》의 "군자에게 계구(契矩)의 도가 있어야 백성들이 효(孝)와 제(悌)에 감동하여 분발하고, 임금이 어려운 백성을 돌보면 백성들이 임금을 등지지 않는다"는 것을 뜻한다. 제10장 위정공효(爲政功效)는 이 편을 끝내며, 정치를 행함에 있어서 공을 들인 보람이나 업적·효과를 논하고 '치국평천하'가 지선에 머물러야 함을 말한 것이다.

제5편 성현도통(聖賢道統)은 《대학》의 가르침에 대한 실제 행적이다. 앞의 다섯 편을 모두 합하여 《성학집요》라 이름 붙인 것이다.

이상과 같이 약간 중복되는 곳도 있으나, 본 항의 앞부분에서는 《성학집요》 전체의 상세한 구성을 밝히고, 뒷부분에서는 《성학집요》가 모두 《대학》의 논리적 구조 또는 서술적 계통을 바탕으로 구성되었음을 밝혔다. 그러나 이미 밝힌 부분이나 앞으로 다음 항목에서 밝힐 부분에서도 분명하듯이 《성학집요》는 일단 《대학》의 내용에 따른 것이다. 편집과 정리의 표본으로 《대학》을 이용했을 뿐, 《성학집요》 전체는 사서오경에서 송대 유가의 여러 학설과 주에 이르기까지 율곡의 독자적인 견해와 학문에 기초하여 채록한 것이다. 또한 곳곳에 "신이 생각하건대⋯⋯"로 시작하는 그의 보충 설명이 실려있다. 따라서 《대학》을 기본으로 하면서도 그것을 훨씬 초월하여 상세하게 장(章)과 항목을 설정하여 편집했고, 그의 보충 설명이 아주 많이 실렸음을 생각한다면, 《성학집요》는 퇴계의 《성학십도》가 그렇듯이 율곡의 개성적인 사상체계의 표출이다. 이에 다음 항에서는 그 사상 내용에 대해 기술하고자 한다.

4. 《성학집요》의 사상내용과 퇴계사상과의 관련

앞에서 서술한 바와 같이 본 항에서는 《성학집요》에 실은 율곡의 보충 설명을 중심으로, 그의 사상 및 퇴계사상과의 관련에 대해 고찰하고자 한다.

이미 제2항에서 말했듯이 율곡에 의하면, 제왕의 학문이란 '변화기질'이며 제왕의 다스림은 '추성용현'이다. 결국 그는 이 두 가지를 '수기'와 '치인'의 기본적이고 구체적인 목적 및 내용이라고 생각했기 때문이다. 《성학집요》에서는 이 두 가지 중요한 항목을 다시 덧붙여 자세히 논한 것이라 할 수 있다. 이것을 전제로 《성학집요》의 순서에 따라 그의 사상을 고찰해 보기로 한다. 여기서 그의 사상이란 "신이 생각건대⋯⋯"로 시작되는 그의 보충 설명이 중심이 된다는 것을 미리 말해 둔다.

우선 서두의 '통설제일'에서 주목할 것은, 율곡이 《중용》과 《대학》을 합쳐 이것을 성학의 '수기치인의 학문'이라고 한 점이다. 그에 의하면 성현의 학문은 수기치인이므로, 《중용》과 《대학》의 머리글은 서로 안팎을 이루며 수기치인의 도를 널리 다하고 있다. 즉 하늘에 의해 부여된 성(性)은 인간에게 명덕(明德)이 본래 구비되어 있는 곳이며, 그 성에 따라 자각되고 창조되는 도는 명덕을 갖춘 인간이 밟고 실천해야 할 바이다. 그 도를 각자 스스로 체득해 나가는 곳에 교육이 있고, 그 교화를 널리 백성에게 베풀어 낡은 폐단을 제거하고 날마다 새롭게 하는 것이 신민이라는 것이다. 즉 도의 체득으로 실현된 교육의 내용은 신민을 위해 본받아야 할 법도이다. 내 마음을 삼가 경계하여 지키는 것은 마음의 본성을 발동하기 전의 상태에 있게 하는 것으로, 이것이 올바른 마음이다. 자기 자신의 독거를 삼가는 것은 마음이 움직여 여러 가지로 변화하는 것을 스스로 반성하여 밝히고, 동시에 마음의 발동을 제어하는 것이므로, (마음의 작용에 의한) 뜻을 참되게 하게 하는 것이다. 희로애락의 감정이 일어나지 않을 때는 그 본성을 잘 지키며, 일어난 뒤에는 한쪽에 치우치지 않는 중용으로 마음을 잘 다스리면, 천지도 그 올바른 자리를 얻어 변치 않고 만물도 저절로 자란다. 그것은 바로 명덕이 밝혀지고 백성이 새로워지며 지선에 머무르는 것으로, 한마디로 말하면 명덕이 천하에 밝혀지는 것이다.

이와 같이 학(學)·용(庸)은 그 논리적 내용이 서로 안팎의 관계에 있다고 율곡은 말했다. 다만 미치는 정도에 따라 많고 적음이 있고 그 공(功)의 효과에 넓고 좁음이 있으므로, 중용의 효과가 일가(一家)에 머무르면 한 집안의 천지는 자리를 잡아서 만물이 생육하고, 명덕도 일가에 밝혀진다. 일가의 천지란 한 집안에 관련된 천지라는 뜻이고, 일가의 만물이란 한 집안에 관련된 만물이란 의미이다. 마찬가지로 일국(一國)이 중용을 이루면 한 나라에 관계되는 천지는 편안히 안정되고, 명덕도 일국에 밝혀진다. 천하에 중용을 이루는 경우에도, 천하에 관계된 천지가 자리를 잡고 만물도 생육하며 명덕역시 천하에 밝혀질 것이라고 했다.

학·용을 안팎의 관계로써 통일적으로 이해하려는 사상은 지극히 특징적인 것으로, 아마 율곡이 생각해 낸 새로운 의견일 것이다. 그 논리는 체계적이며, 유가적 세계관이나 인간관 또는 도덕론은 원래 그 원류가 하나이므로, 오히려 이처럼 통일적으로 파악하는 것은 후학(後學)의 책무이기도 하다. [11]

율곡에게 '수기(修己)'는 어떻게 파악되었을까. 사실 《성학집요》에서 그가 가장 열의를 쏟고 가장 자세하게 자신의 학설 전개에 노력을 기울인 것이 이부분이다. 이미 말했듯이 13장으로 나누고 상·중·하 3부로 정리하여 전개시

---

11) 《율전》 1, 426면. 이 보충 설명은 《대학》과 《중용》을 통론한 것으로 극히 특징적인 설명이다.
　　臣按, 聖賢之學, 不過修己治人而已, 今輯中庸大學首章之說, 實相表裏, 而修己治人之道, 無不該盡, 蓋天命之性, 明德之所具也, 率性之道, 明德之所行也, 修道之教, 新民之法度也, 戒懼者, 靜存而正心之屬也, 愼獨者, 動察而誠意之屬也, 致中和而位育者, 明德新民, 止於至善, 而明明德於天下之謂也, 但所有衆寡, 而功效有廣狹, 致中和之功, 止於一家, 則一家之天地位, 萬物育, 而明德明於一家, (一家豈別有天地萬物乎, 只是父子夫婦兄弟, 各正其分, 慈孝友恭唱隨, 各盡其情, 是萬物育氣象) 止於一國, 則一國之天地位萬物育, 而明德明於一國, 及於天下, 則天下之天地位萬物育, 而明德明於天下矣, 三代之後, 一家之位育者, 世或間出, 而一國天下之位育者, 寂寥無聞……
……

킨 내용은, 양적으로도 가장 많고 질적으로도 뛰어나다고 할 수 있다. 율곡에게 제왕의 학문은 '변화기질'이 최우선이었다. 바꾸어 말하면 '수기'의 문제이다. 그는 다시 '수기'의 공부는 구체적으로 거경(居敬)·궁리(窮理)·역행(力行)의 세 가지라고 확언했다.

그러나 율곡은 '수기'를 위한 학문을 위해서는 '입지(立志)'가 급선무라고 말했다. 지(志)는 기(氣)의 스승(師, 인도자·통솔자)이라고 하여 《맹자》를 인용하는데, 그 지가 하나로 통일되면 기 또한 여기에 이끌려 움직인다. 기란 심신의 구성요소이므로, 기가 이끌린다는 것은 곧 자기 몸과 마음이 지에 의해 이끌리고 통제되어 활동하는 것을 뜻한다. 학자가 평생토록 독서해도 아무 일도 성취하지 못하는 것은 요컨대 이 지가 서지 못했기 때문이다.

입지가 되지 못하는 원인은 세 가지가 있다. 첫째는 불신(不信), 둘째는 부지(不智), 셋째는 불용(不勇)이다. 불신은 성현이 개시하여 후학에게 준 학문을 믿지 않고, 실천하여 효과를 거두려 하지 않는 것이다. 부지란 사람이 태어날 때 그 기품은 천차만별이라도 애써 갈고 닦으면 반드시 성공하는데, 한 걸음이라도 노력하여 나아가려 하지 않고, 나아가면 성현도 될 수 있다는 것을 모르는 것을 말한다. 불용은 성현이 한 말씀은 우리를 속이지 않으며, 기질은 변화시킬 수 있다는 것을 알면서도 정체된 자신을 벗어나 옛 가르침을 따라 나아가지 못하며, 어제 한 일을 오늘 고치지 않고 오늘 좋아한 것을 내일 바꾸지 못하는 것이다. 이런 의미에서 입지는 학문의 출발점에서 주어지는 과제이다.

그러면 '수기'의 구체적 내용인 '거경'은 무엇인가. 그는 말했다. '경(敬)'은 성학의 처음과 끝이다. 그는 주자의 '지경(持敬)은 궁리의 근본', 정이천의 "입도(入道)는 경과 같음이 없다"는 말을 인용하여, 학문을 하는 것의 처음과 끝을 이루는 것은 '경'이고, 이는 궁리에 앞서는 것이며, 수렴(收斂, 마음을 거두어 단속함)으로써 《소학》의 공부로 삼는다 했다. 그는 몸가짐·언어·마음은 수렴해야 함을 들어 '거경'으로써 궁리의 근본을 삼았다. 또 그는 방심하지 말고 지킴은 학문의 근본이라고 했다. 움직여서 도에 거슬리는 것이 없고 생각하여 간사해지지 않는 것은 양심을 기르고 덕성을 높이는 이유이다. 마음이 어둡고 어지러우면 행동도 도에 어긋나 일을 성취할 수 없으므로, 선현은 사람들에게 정좌(靜坐)를 가르쳤던 것이다. 그러나 정좌는 평온할 때의 수양으로 응사접물(應事接物)과 같은 구체적 행동의 경우에는 정좌에 구속되어서는 안 된다. 본래는 어떤 경우든 내 마음을 단속하여 지키면 성학의 근본이 수립될 수 있다. [12]

율곡에게 '궁리'란 무엇인가. 이것은 《성학집요》에서 그의 가장 큰 관심사이며, 그 사상의 기본이 되는 중요한 부분이다. 정이천도 말했듯이 '궁리'는 갈래가 많으므로 율곡도 여기에 대해서는 '窮理用功之法' '讀書之法' '讀小學法' '讀四書法' '讀六經法' '讀史之法' '通言天地人物之理' '人貴於萬物' '本然之性' '氣質之性' '通論心性情' '辨王霸之略' '辨異端之害'로 세분하여 배열하고, 각각에 자신의 학설을 보충하여 덧붙였다.

우선 율곡의 이기론(理氣論)을 살펴보기로 한다. 그는 단적으로 "물(物)에는 반드시 이(理)가 있다"고 했다. 이것은 송대의 유가들도 옳게 여기는 것으로 문제가 되지는 않는다. 그러나 그의 이기론은 다음과 같은 말에서 특징적으로 나타난다. 그것은 주염계의 《태극도설》에 관해서이다. 그는 "동정(動靜)의 기(機)는 그렇게 만드는 것이 없다"고 말했다. 기(機)는 '조짐'의 뜻이다. 이 동정은 말할 나위도 없이 기(氣)이며, 음양이기(陰陽二氣)이다. 기(氣)가 움직이거나 고요하게 되는 때는 계기가 있는데, 그것을 그렇게 만드는 무엇이 있는 것이 아니라는 의미이다. 학우인 우계 성혼에게 보낸 편지에도 "음(陰)의 정(靜), 양(陽)의 동(動), 기(機)는 스스로 그러하다. 이를 그렇도록 시키는 자 있지 아니하다"(《율곡전서》1, 209면, 답성호원(答成浩原))고 했다. 즉 그의 일관된 생각은 음기가 정이 되고 양기가 동하는 데는 그렇게 될 계기(機)가 있지만, 그 계기는 저절로 그렇게 되는 것이지 다른 사람이 그렇게 하는 것이 아니라는 것이다.

---

12) 《율전》1, 431면

臣按, 敬者聖學之始終也, 故朱子曰, 持敬是窮理之本, 未知者非敬無以知, 程子曰, 入道莫如敬, 未有能致知而不在敬者, 此言敬爲學之始也, 朱子曰, 已知者非敬無以守, 程子曰, 敬義立, 而德不孤, 至于聖人, 亦止如此, 此言敬爲學之終也, 今取敬之爲學之始者, 置之窮理之前, 目之以收斂, 以當小學之功……

또한 동상서 434면에는 정좌(靜坐)에 대해 다음과 같이 말하고 있다.

……然所謂靜坐者, 亦指無事時也, 若應事接物, 不可膠於靜坐野, 況人主一身, 萬機叢集, 若待無事靜坐, 然後爲學, 則恐無其時, 但不問動靜, 此心未忘持守不解, 如許魯齋所謂雖在千萬人中常知有己, 則無事而虛寂, 可養其體, 有事而照察, 可正其用, 聖學根本, 於斯立矣……

또 이(理)와 기(氣)에 선후를 말할 수 없으나, 다만 기의 동정에 대해 말한다면 모름지기 이가 밑바탕이 된다고 했다. 그러므로 밑바탕이 되는 이와 동정하는 기가 정립되어 있고, 이기의 어느 쪽을 선 또는 후라고 말할 수 없으나, 이는 기(氣)의 동정의 밑바탕이 된다는 의미이다. 그렇다면 주염계의 "태극이 동(動)하여 양이 되고, 정(靜)하여 음이 된다"는 발언에서, 또 이 말을 근거로 태극이 음양보다 먼저 독립하여 있고, 음양은 무(無)에서부터 유(有)로 된다는 식으로 생각한다면, 음양에 시작이 없을 수 없음을 잘 활용해야 한다고 했다. 음양에는 끝도 시작도 없고, 마치 고리에 실마리가 없는 것처럼 순환하여 다함이 없다는 주자의 견해에 따른다면, "태극이 동(動)하여 양이 되고 정(靜)하여 음이 된다"는 것은 무에서 유(음양동정의 기)가 생기는 것을 의미하므로 불합리하다는 것이다. 율곡이 형이상학적인 이(기의 동정의 밑바탕)와 형이하학적인 기(氣)를 엄격히 분별하고 있는 점에 주목해야 할 것이다.[13]

이기(理氣)의 관계에 대한 그의 주장을 보면 다음과 같다. "이와 기는 하나인가 둘인가"라는 물음에, 그는 "하나이면서 둘이고, 둘이면서 하나이다"라고 했다. 이기는 서로 구별이 없어 틈이 없고 서로 떨어질 수 없으므로 둘이라 할 수 없다. 정자(정명도)가 "기(器)도 또한 도(道), 도 또한 기"라고 했듯이, 이기(理氣)는 떨어질 수 없는 것이지만, 서로 구별이 없는 가운데서도 양자는 서로 섞이지 않으므로 하나라고 할 수도 없다. 이는 형태가 없고 기는 형태가 있다. 그러므로 이는 어디서 어떤 물(物)에도 통하여 존재하지만, 기는 이 물(物), 저 사(事)로 국한되어 존재한다(理通氣局). 이가 통한다는 것은 천지만물이 모두 동일한 이이고, 그것이 개개의 물에 나뉘어 다르게 존재한다는 것이며, 기가 국한한다는 것은 천지만물은 (개개의 물(物)로서) 각각 하나의 기운이라는 것이다.[14]

---

13) 《율전》 1, 446면.
　　　臣按, 動靜之機, 非有以使之也, 理氣亦非有先後之可言也, 第以氣之動靜也, 須是理爲根柢, 故曰, 太極動而生陽, 靜而生陰, 若執此言以爲太極獨立於陰陽之前, 陰陽自無而有, 則非所謂陰陽無始也, 最宜活看而深玩也.

14) 《율전》 1, 456~457면.
　　　……有問於臣者, 曰, 理氣是一物, 是二物, 臣答曰, 考諸前訓, 則一而二, 二而一者也, 理氣渾然無間, 元不相離, 不可指爲二物, 故程子曰, 器亦道, 道亦器, 雖不相離, 而渾然之中, 實不相雜, 不

이(理)는 무위(無爲)이고, 기(氣)는 유위(有爲)이다. 즉 이에는 작용이 없고, 기에는 작용이 있다. 고로 기가 발동하고, 이가 여기에 올라타는 것이다. 무형·무위이면서 유형·유위의 주(主)가 되는 것은 이다. 유형·유위하고 무형·무위의 기(器)가 되는 것은 기(氣)이다. 여기서 '주가 되는 것'은 '어떤 것을 주재하는 것', '어떤 것을 지배·제어하는 것'이라는 뜻이다. 또 '기(器)'는 그릇·용기(容器)의 뜻이며, 도구를 의미한다. 도구는 쓰이는 것, 용기는 담는 물건의 뜻이기도 하다. 그렇다면 '기(器)가 되는 자'는 '무언가에 의해 쓰이는 자', '무엇인가를 담는 것'이란 뜻이 된다. 이것을 이와 기의 관계로 말한다면, 이가 주재자·지배자, 기는 피주재자·피지배자가 된다. 또 존재론적으로 말하면 이는 밑바탕이고 무형이며, 기는 동정(動靜)하는 것이고 기(器)가 되므로, 기(氣)에 깃들어 있는 자가 이(理)이고 이가 있는 곳이 기라는 관계가 성립되지 않을 수 없다. [15]

可指爲一物, 故朱子曰, 理自理, 氣自氣, 不相挾雜, 合二說而玩索, 理氣之妙, 庶乎見之矣, 論其大槪, 則理無形, 而氣有形, 故理通而氣局 (理通者, 天地萬物, 同一理也, 氣局者, 天地萬物各一氣也, 所謂理一分殊者, 理本一矣, 而由氣之不齊, 故隨所寓, 而各爲一理, 此所以分殊也, 非理本不一也).

위에서 괄호 안의 것은 '이통기국(理通氣局)'의 해설인데, 이 가운데 '이일분수(理一分殊)'에 대해, "이(理)는 원래 하나로서 기(氣)의 부제(不齊, 정비되지 않고 갖추어지지 않았으며 같지 않음)에 의하기 때문에 기가 머물러 있는 바에 따라 각각 일리(一理)가 되어 그 기(氣)가 있는 곳에 존재한다. 이것이 이가 다르게 나뉘는 이유인데, 이(理) 그 자체는 하나가 아님이 없다"고 한 것을 주목하기 바란다. 특히 기가 부제하므로 머무는 바에 따라 '각위일리(各爲一理)'는 주의해야 한다. 이것을 '각각 일리가 된다'고 새기느냐 '각각 일리를 이룬다'로 새기느냐에 따라서도, 율곡이 생각한 이(理)의 성격에 약간의 차이가 생긴다. 전자인 경우에는 이(理)보다도 기(氣)가 적극적인 작용을 하는 것이라 해석되어, 이(理)가 약간 소극적이다. 후자는 이(理)가 적극적으로 작용하여 개개의 기가 모이는 데 이(理)로서의 (사물의 존재 주도성을 발휘하는) 적극적 성격을 나타낸다고 해석된다.

15) 동상서, 457면, 같은 책 209면의 '답성호원(答成浩原)'에도 기술되어 있다.
　　無形無爲, 而爲有形有爲之主者, 理也, 有形有爲, 而爲無形無爲之器者, 氣也, 此是窮理氣之大端也. 율곡이 이(理)는 유형유위(有形有爲)의 주(主)라고 할 때 그 '주'에 대한 해석이 문제된다. 본문에서도 말했듯이 여기서의 '주(主)'에는 아무래도 '주재(主宰)'라는 뜻이 있다고 보아야 할 것이다. 위에서 인용한 부분보다 앞에서 율곡은 분명히 '理無爲, 而氣有爲, 故氣發而理乘'이라 했다. 여기서는 이가 무위이고 기는 작용하는 것, 또는 형이하인 것으로서의 유위라고 했다. 그러나 다음에 "고로 기가 발하여 이가 승(乘)한다"라 한 것을 보면, 기는 발동하는 자로 파악되지만 동시에 이는 여기에 올라타는 것으로 되어 있다. '승한다'는 것에 대해서는 이미 인용한 답성호원의 글 중에서도 '理乘者, 何謂也, 陰靜陽動, 機自爾也, 非有使之者也, 陽之動, 則理乘

그런데 《성학집요》 수기 제2 상(上), 궁리장(窮理章) 제4의 보충 설명에

於動, 非理動也, 陰之靜, 則理乘於靜, 非理靜也, 故朱子曰, 太極者本然之妙也, 動靜者所乘之機也, 陰靜陽動, 其機自爾, 而其所以陰靜陽動者理也"라 했으므로, 이에 대해 고찰해 보기로 한다.

우선 "음(陰)의 정(靜), 양(陽)의 동(動)이라는 운동의 기(機)=계기나 원인을 보면, 그것은 스스로 그렇게 되는 것이지, 그렇도록 시키는 것이 따로 있는 것이 아니다(陰靜陽動, 機自爾也, 非有使之者也)"라는 것이 첫째 문제이다. 기 또는 사물이 움직이고 있는 상태는 양(陽)이고 사물 또는 기가 고요한 상태는 음(陰)인데, 사물 또는 기(氣)가 동(動)이나 정(靜)의 상태가 되는 그 계기나 원인은 무엇인가가 그렇게 하는 것이 아니고 스스로 그렇게 된다는 뜻이다. 또한 율곡은 위의 인용문에서 "양이 운동하면, 즉 기 또는 사물이 운동하면(양의 상태) 이(理)는 기 또는 사물의 운동에 승하고, 기 또는 사물이 조용해지면(음의 상태) 이는 기 또는 사물의 정에 승한다. 그러나 전자에서는 이가 움직이는 것이 아니고, 후자에서도 이가 고요해지는 것이 아니다"라고 말했다.

이것을 보면, 율곡은 운동하고 정지하는 것은 기(氣) 또는 물(物)의 작용이고, 그것은 형이하학적인 세계에서의 사물의 운동임을 분명히 밝히고 있다. 따라서 있는 것은 형이하학적인 사물의 운동(또는 물이나 기의 움직임) 뿐이고, 이와 마찬가지로 형이상적인 이가 정지나 운동의 작용을 하는 것이 아니라는 것도 밝혔다. 이가 무위이고 기가 유위라 하므로 그것은 필경 당연한 일일 것이다.

그런데도 위의 인용문에서 "양이 움직이면 그 운동에 이가 올라타고, 음이 고요해지면 그 정에 이가 승한다(陽之動, 則理乘於動, 陰之靜, 則理乘於靜)"이라 할 때의 '승한다'는 의미에는 운동 혹은 작용이라는 느낌이 강하게 풍긴다.

그러므로 율곡은 위의 인용문에 이어 뒷부분에서 다시 "기가 발하여 이가 승한다고 함은 기가 이에 앞서는 것이 아니다. 기는 유위이고 이가 무위라면 그렇게 말할 수밖에 없다"고 했다. 기에는 작용이 있고 이에는 작용이 없으므로, 기가 운동할 때 이는 그 운동에 승한다고 하지 않을 수 없다. 그렇다고 먼저 기(의 운동)가 있고, 이가 이것에 따른다는 것은 아니라는 의미이다. 이와 기는 서로 떨어지지 않고 서로 섞이지도 않으므로, 기가 동정(動靜)할 때에는 이(理)도 이에 승하여 동정한다고 하지 않을 수 없는 것이다.

더구나 위에서 인용한 문장의 말미에서 율곡은 "그 음정양동(陰靜陽動)하는 까닭은 이(理) 때문이다"라고 음양동정(陰陽動靜)의 원인과 이유가 되는 것이 이(理)라 분명히 말하고 있다. 작용하는 것이 있으면 작용하게 하는 것이 있음이 일반적인 논리이다. 작용하게 하는 것은 분명히 형이하적이고 구상적인 운동과 작용이 아니지만, 형이상적이면서 이는 단순히 공무(空無)한 것이 아니고, 작용하는 것을 작용케 하는 근본적이고 직접적인 원인의 성격을 갖는다는 해석이 타당할 것이다.

"무형·무위이면서 유형·유위의 주(主)가 되는 것이다", "기가 발동하고 이가 여기에 승한다", "이는 동에 승한다, 이는 정에 승한다", "음정양동하는 까닭은 이 때문이다" 등등의 율곡의 말을 통틀어 볼 때, 이(理)는 무형·무위라는 성격을 넘어 이의 작용적 성격 또는 이의 능동인적 성격을 거기서 없앨 수는 없을 것이다. 다음에 서술하겠지만 율곡에게 이(理)의 성격은 노장류의 무위자연적 성격과 송학적 또는 주자학적(또는 퇴계적)인 이(理)의 능동인적·존재원인적 성격이 혼재해 있다고 할 수 있다.

는, 율곡의 이기·심정론(心情論)에 관한 극히 중요한 설명이 거의 모두 수록되어 있으므로, 이기론을 심정성론(心情性論)과 겸하여 다시 고찰하기로 한다(《율곡전서》1, 455~456면). 율곡에 의하면, 후인(後人, 퇴계를 말함)은 정(情)과 의(意)를 두 개의 갈래로 보고, '사단(四端)'은 오직 이(理)를 말하고 '칠정(七情)'은 이기를 합쳐서 말하고 있는데, 원래 이정(二情)이 있는 것은 아니다. 후인은 이기를 '호발(互發)'이라 했다. 정의(情意)를 둘로 나누어 이기가 호발한다는 설은 이것을 (부정적으로) 변별하지 않을 수 없다. 마음의 체(體)는 성(性), 마음의 용(用)은 정(情)이니, 성정(性情) 외에 아무것도 아니다. 주자는 "마음의 동(動)은 정(情)이다. 정은 물에 감응하여 처음으로 발하는 것이다. 의(意)는 정(情)과 관련되어 비교되는 것이니, 정이 없으면 의는 관계될 것이 없다"고 말했다. 또 "의는 정이 있음으로써 작용하는 것이다"라고 했다. 그러므로 마음이 적연부동(寂然不動, 고요하여 움직이지 아니함)한 것을 성(性)이라 하고, 마음이 움직여 통하는 것을 정이라 하며, 마음이 움직임으로 끌려나와 작용하는 것을 의라 했다. 이렇게 볼 때 마음과 성에 과연 두 가지 작용이 있다고 할 것인가. 정과 의를 과연 둘로 나눌 수 있을 것인가. 오성(五性) 외에 다른 성이 없고 칠정(七情) 외에 다른 정이 없다. 맹자는 칠정 가운데 그 선정(善情)을 가려내어 이를 사단이라 한 것이지, 칠정 외에 다른 사단이 있다고 한 것은 아니다. 정에 선악이 있다 하더라도 그것이 어째서 성에서 발생한 것이 아니라 하겠는가. 그 악한 것도 원래 악한 것이 아니라, 다만 형기(形氣)에 덮여 과불급이 있는 것일 뿐이다. 정자는 "선악은 모두 천리(天理)다" 했고, 주자는 "천리로 인해 인욕(人慾)이 있다"고 했다. 그렇다면 사단·칠정은 과연 이정(二情)이고, 이기는 과연 호발한다고 할 수 있는가. 그렇지는 않다. 심성을 이용(二用)으로 하고 사단·칠정을 이정(二情)으로 하는 것은, 모두 이기론에 있어서 아직 철저하지 못한 점이 있기 때문이다.

대체로 정의 발동을 보면, 이것을 발하는 것은 기(氣)이고 발하는 바의 것이 이(理)다. 기가 아니면 발동할 수 없고, 이가 아니면 발동하는 바가 없다(非氣則不能發, 非理則無所發). 이와 기는 혼융되어 있어 원래 서로 떨어질 수 없다. 만일 이합(離合)이 있다고 하면 (기의) 동정(動靜)에 단(端, 시작되는 곳)이 있고, 음양에도 시작이 있는 것이다. 이는 태극이고 기는 음양이다. 지금 태극과 음양은 서로 발동한다고 하면 말이 되지 않는다. 태극과 음양은 서로 발동할 수 없다. 이기가 서로 발동한다는 것은 아무래도 말이 되지 않는다.

지금까지 살펴 본 율곡의 설명은, 퇴계의 사단과 칠정을 이분하여 이와 기가 서로 발한다는 설의 비판이 주안점이라 할 수 있다. 그렇다면 율곡은 퇴계의 설을 완전히 비판했다고 할 수 있을까. 예를 들어 《성학십도》의 〈제6심통성정도〉를 예로 들어, 거기에 나타나 있는 퇴계의 설명을 살펴보도록 하자. 알고 있는 바와 같이 이 그림은 상도(上圖)만이 정임은의 그림이고, 중(中)·하도(下圖)는 퇴계의 그림인데, 그는 보충 설명에서 이 두 그림에 대해 충분히 설명하고 있다.

우선 중도에 대해 그는 다음과 같이 말했다. 중도는 기품, 즉 사람이 기를 받아 형체를 이루고 출생했을 경우, 특히 '본연의 성'에 관해서만 논한 것이며, 따라서 아직 기가 섞이지 않은 상태에 대해 설명한 것이다. 그 '본연의 성'이란 자사(子思)의 경우에는 '천명(天命)의 성'이고, 맹자의 경우에는 '성선(性善)의 성'이며, 정이천의 경우에는 '즉리(卽理)의 성', 장횡거의 경우에는 '천지(天地)의 성'이다. 이러한 성이 발동하여 정이 되어도 그것은 모두 선한 정을 가리키는 것이 된다. 자사의 '중절(中節)의 정', 맹자의 '사단(四端)의 정', 정자의 '어찌 불선(不善)으로써 이름 할 수 있겠는가'의 정, 주자의 '성 가운데서 유출하여 원래 불선이 없는' 정이 이것이다.

다음으로 퇴계는 하도에 대해 다음과 같이 설명했다. 하도는 이와 기를 합한 성을 말한다. 공자의 '상근(相近)의 성', 정자의 '성은 곧 기, 기는 곧 성'의 성, 장자(張子)의 '기질의 성', 주자의 '기 중에 있다하나 기는 스스로 기, 성은 스스로 성이어서 서로 섞이지 않는' 성이 이것이다.

여기서 우선 중도가 뜻하는 바를 생각해 보면, 이미 〈제1도〉에 나타난 바와 같이 모든 존재하는 사물은 그 생성과 변화의 원리를 '무극' 또는 '태극'으로 구성되어 있었다. 인간도 하나의 존재로서 기를 받아 태어났을 때, 당연히 그 원리를 내재적으로 가지고 있다. 그것이 인간에게 선의 원리로서의 본성이며, 순수하면서 지선(至善)한 것이다. 따라서 이 본성이 발동하여 정이 되더라도 이 정에는 불선이 없으니, 이른바 '사단의 정'이 된다. 만일 퇴계가 말하듯이 기질에 섞이지 않은 본연의 성만을 끌어내어 논하면 이와 같이 말할 수 있다. 이것이 중도(中圖)가 뜻하는 것이며, 논리적 차원으로서 본래 인간은 기품으로 형성되어 있는데도 불구하고, 그것을 제외하고 순수하게 '본연의 성'만을 추출하여 논한 것이다.

이에 대하여 하도의 경우에는 이(理)와 기(氣)를 포함한 '기질(氣質)의 성(性)'에 대해 말한 것으로 하나의 인간에 대해서 보면, 사람은 존재원리로서의 이와 심신의 구성요소로서의 기로 형성되어 있다. 그러므로 이와 기를 합쳐서 갖는 현실적이고 구체적 차원에서의 성을 문제로 삼는다. 이에 퇴계는 앞서 말한 바와 같이 제가(諸家)의 이 차원(次元)의 성설(性說)을 인용한 뒤에 자기 학설을 전개했다. 즉 이기를 포함한 '기질의 성'이 발동하여 정이 되면, 이와 기가 상수(相須)하는 경우와 양자가 상해(相害)하는 경우가 생긴다. 이른바 '사단의 정'은 이가 발동하여 기가 이에 따르므로 악한 것이 없는 순수함이다. 이가 발동해도 아직 충분치 못할 때 기가 덮어 버리면 이 정은 불선으로 흐른다. 칠정도 기가 발동하여 이가 여기에 타면 불선이 없다. 만일 기가 발동하여 마음대로 흘러 이를 멸하는 것이 있으면, 그 정은 악이 된다. 이기를 포함한 '기질의 성' 차원에서 그 발동을 말하면 이렇게 되는 것이다. 이것이 현실적이고 구체적인 기품에 의해 형성되는 인간의 모습이므로, 퇴계는 정자의 "성을 논하고 기를 논하지 않으면 갖추어지지 않으며, 기를 논하고 성을 논하지 않으면 밝지 못하다"를 인용하면서 이것(성과 기)을 따로 논하는 것이 옳지 않다고 했다.

그렇다면 앞서 말한 맹자와 자사가 다만 이(理)만을 (따라서 본연의 성만을) 가리켜 말한 것이냐 하면 그렇지 않다. 기(氣)를 합쳐 (기질의 성을) 말할 경우에는 자칫하면 사람의 성(性)이 원래 선하다는 것을 보려고 하지 않기 때문이다. 중도를 제시한 의도는 여기에 있다고 퇴계는 말했다. 즉 중도는 기품이 섞이지 않은 순수한 본연의 성이라는, 현실과는 이론적 차원을 달리한 경우의 성을 말한 것이다.

이상과 같은 퇴계의 설명을 보면, 사단과 칠정을 갈라서 말하는 것이 잘못이라는 율곡의 비판은 반드시 옳다고만은 할 수 없다. 그러면 '이기호발(理氣互發)'이라 일컬어진 것에 대해서는 어떤가. 이가 발동한다는 입장은 주자보다도 퇴계에 의해 한층 더 명료하게 주장되었다. 그것은 《성학십도》를 보아도 알 수 있듯이, 퇴계가 주자의 이(理)적 세계관을 택하지 않고 주염계의 《태극도설》을 택한 것으로도 이해가 된다. "무극이면서 태극, 태극이 동(動)하여 양(陽)을 낳는다"는 구절을 둘러싼 주자의 해석은, 자신의 이기이원론적(理氣二元論的) 입장 또는 이기를 형이상하(形而上下)로 나누는 논리로는 아무래도 논리정연하게 설명할 수 없으며, 여러 가지로 뚜렷하지 못한 표현을 남기고 있다(본서 제6장 퇴계사상의 체계적 구성 참조). 그런데도 퇴계는 처음부터 주염계의 세계관, 특히 '태극' 개념에 있어서 이(理)의 능동인적(能動因的) 성격을 채용하고 있었으므로 이동설(理動說)이 세워지는 것은 명백한 일이다. 그리고 이것 없이는 그의 사상에 도덕적 주체로서의 인간의 경(敬)을 중심으로 하는 실천철학은 성립될 수 없다.

그렇더라도 율곡은 퇴계의 이른바 '이기호발설(理氣互發說)'을 정면으로 비판하고 있는데, 이것은 어떠한가. 구체적으로 퇴계의 설명을 보면 '호발'은 아니다. '호발'에 대해서 퇴계는 기대승과의 사칠논변(四七論辯)의 제2서에서 "蓋人之一身, 理與氣合而生, 故二者互有發用, 而其發又相須也, 互發則各有所主可知, 相須則互在其中可知, 互在其中, 故渾淪言之者固有之, 各有所生, 故分別言之, 而無不可……"[16]라고만 말하고 있을 뿐이다. 그리고 이것은 퇴계가 60세 되던 해 11월의 글이다. 《성학십도》는 가장 늦은 시기의 저서로, 여기에 '호발'이란 용어는 보이지 않는다. 호발이란 동시에 서로 발동하는 것을 의미한다. 그런데도 퇴계는 '기질의 성'이 발동하여 정이 될 때이와 기가 상수하는 경우와 두 가지가 상해하는 경우가 있다고 하고, 각각의경우에는 ①'이가 발동하여 기가 이에 따름'으로써, 악한 것이 없는 순수한'사단의 정'이 되고, ②이가 발동해도 불충분하게 되어 기로 덮이면 이 정은불선으로 흐르며, 칠정도 ③기가 발동하여 이가 이에 타면 불선이 없고, ④기의 발동이 마음대로 흘러 이를 멸하게 되면 그 정은 악이 되는 경우가 있다고 했다. 여기서 말할 수 있는 것은, 퇴계의 설명은 이기가 서로 기다리는경우와 서로 해치는 경우가 다시 넷으로 갈라진다는 것을 알 수 있다. 이것은 어디까지나 네 가지 경우, 이기발동(理氣發動)의 상황의 차이를 결과 쪽에서 분석하여, 경우 혹은 상황마다 설명하고 있는 것이다. 따라서 이기가서로 발동하는 것은 아니다.

---

16) 《퇴계전서》 1, 411~424면 참조.

그러면 이동설 또는 이에 능동적인 성격을 부여하는 입장의 퇴계와 율곡의 이와 기는 어떤 것인가. 이미 살펴본대로 율곡의 이에도 주재자·지배자로서의 의미부여가 되어 있었고, 정의 발함이 기이지만 기가 그렇게 발동하는 까닭은 이라고 했다. 까닭은 '이유'이며 '원인'이다. "발동하는 것이 있으면 발동케 하는 것이 있다"는 것이 일반적인 논리이다. 그런데 율곡의 경우에는 '발동케 하는 것'이 없다는 주장은 그의 한편의 설명으로 보면 성립된다. 그러나 다른 한편으로 보면 앞서도 말했듯이 그의 이에는 주재자적·능동인적 성격이 있었다. 이는 '무위'라면서 '유형유위(有形有爲)의 주(主)'이고, '발하는 이유의 것'이라고도 했다. 또한 "……성이 발하여 정이 됨에 과불급이 있으니 인(仁)의 차이이다"라고 했듯이, 역시 이(理)로서의 성은 비록 기와 하나이자 둘이고 둘이면서 하나인 관계에 있더라도 발동하는 것이라고 이해될 수 있을 듯하다. 이(理)·성(性)에 대한 능동적 발동이란 성격 부여는 율곡에게 소실되지 않은 것이다.

'기가 발동하고 이가 여기에 탄다'는 그의 주장을 볼 때, 타고 가는 이(理)는 아무 작용도 하지 않는가. 그렇지 않다. 그 자신이 이는 기의 주가 되는 것, 발하는 이유의 것이라고 했으므로, 이도 작용을 가졌다고 해석해야 한다. 다만 그 작용이 기와 같은 물질적 작용 또는 운동(물론 어떤 경우에 있어서나)은 아니라 하더라도, 작용을 하게 하는 능동적인 성격이 전혀 문장 속의 어구에서 사라진 것은 아니다. 율곡이 이(理)에 대해 '무위'라고 할 때, 그것은 분명히 노자(老子)류의 '무위자연'[17]설을 채용한 것이다. 이에는

---

17) 노자사상에서 '무위'란 '부작위소극(不作爲消極)'을 의미하지만, 동시에 이 '무위'는 '무불위(無不爲)', 즉 '하지 아니함이 없는 것'과 함께 일컬어지고 있다. 노장(老莊)류의 발상은 단순히 아무것도 하지 않는다, 아무 작용도 하지 않는다는 의미로 '무위'가 사용되고 있는 것이 아니라, '무위'이기 때문에 오히려 전체를 다 한다는 의미가 포함되어 있다. 즉 無爲而無不爲—함이 없으면서 하지 않음이 없다'는 것이 노자사상의 근본인 것이다. 그것은 이런 작용, 저런 작용이라고 하는 것처럼 형이하적인 작용은 아니지만, 바로 전체의 작용 또는 작용의 전체를 표현한다고 해석해야 한다. 이(理)의 무위적 성격은 이 그 자체가 형이상이므로 당연히 그렇게 말해야 할 것이지만, 그렇다고 해서 이의 능동인적 성격을 전혀 박탈할 수는 없다. '무위'라는 개념 자체가 이미 위에서 말했듯이 '무불위'의 내용을 포함하고 있기 때문이다.

　율곡이 노자류의 '무위' 개념을 사용하여 이의 성격을 설명했을 때, 앞에서 말한 '무불위'의 개념이 그의 뇌리에 명확히 의식되어 있었는지는 밝힐 수 없다. 하지만 주15 및 그 뒤의 논술 속에서 언급한 것처럼 그 자신의 이(理)에 대한 성격을 나타내는 여러 표현 중에는, 분명히 능동

작용이 없다면서, 한편으로는 유형(有形)·유위(有爲)한 기(器)의 주인이 이(理)라 하고 있다. 또 우계 성혼에게 보낸 서간에는 이(理)를 사람에 비유하고 기(氣)를 말에 비유한 설명이 있는데, 거기에서는 "문을 나설 때 말이나 사람의 뜻에 따라 나가는 것이 있다……"(《율곡전서》1, 209면, 답성호원)라고 되어 있다. 여기서 '사람의 뜻에 따른다'는 의미는 무엇인가. '사람의 뜻'은 분명히 말을 제어하는 사람의 마음의 작용을 의미한다. 말은 구체적으로 눈에 보이는 활동을 하지만, 그 작용을 하게 하는 '작용'은 바로 사람의 뜻이다. 여기서도 이가 기를 제어하고 작용하게 하는 '작용'이 있으므로, 전자와 후자는 분명히 논리적으로 모순된다. 즉 율곡의 이기론에는 노장(老莊)적인 무위론과 송대 신유학의 이기론이 섞여 있다. 이에 대해서는 앞의 주15에서 같은 취지로 상세히 논하고 있다.

그런데 이기론에서 퇴계와 율곡이 서로 다름을 논하는 것과 마찬가지로 중요한 것은, '수기 제2중(修己第二中)'의 '성실장제5(誠實章第五)'에서 '검신장제9(撿身章第九)'에 이르기까지의 '경(敬)'에 대한 율곡의 설명이다. 이미 궁리 앞에 '입지'를 말하고 '거경'을 말한 율곡은, 이 다섯 장에서 다시 '경(敬)'을 논하고 있다. 즉 정심장제8(正心章第八)에서는 주자의 "경은 성문(聖門)의 제일의(第一義), 철두철미 그침이 있어선 안 된다"를 인용하면서, 이 장은 '경'을 주로 논하고 있다. 더욱 중요한 것은 '성실장제5(誠實章第五)'에서 "궁리는 이미 밝혀졌으므로 궁행(躬行)해야 한다. 거기에는 반드시 진심이 있어야 하며, 그런 다음에야 실제의 공부를 할 수 있다. 그러므로 성실은 궁행의 근본이다"라고 하여 '성(誠)'론을 전개하는 점이다. 이것은 《대학》의 '성의(誠意)'에 따라 논한 것이지만, 여기에 중요한 설명이 보이므로 검토하고자 한다. 그는 이렇게 말했다. "성(誠)은 하늘의 실리(實理)요, 마음의 본체이다. 사람이 그 본심으로 돌아가지 못하는 것은 사심의 간사함이 이를 덮기 때문이다. 경을 주로 하여 사심의 간사함을 다 제거하면 마음의 본체는 모두 경 그 자체가 된다. 이것은 공부의 요점이고, 성은 그 공부를 거두는 장소이다. 경으로써 성에 이르는 것이다." 마음의 본체를 하늘의 실리로 바꾸어 놓고 그것을 '성'이라 하고, 그 '성'은 '경'의 노력의 결

인적·작용적 성격이 부여되어 있음을 부정할 수 없을 것이다.

과로 얻어진다는 것을 퇴계와 비교하면, 그는 퇴계의 '경'설을 받아들이고 더욱 이를 발전시켜 '성'을 더한 것으로, 이는 율곡이 처음으로 말한 것이다. [18]

'정심(正心)'에서 율곡은 다시 정좌(靜坐)를 설명한다. "학자는 한시도 잊지 않고 항상 경을 주로 해야 하고[主敬], 일이 있을 때는 정신을 가다듬고 집중하여[主一] 머물러야 할 곳에서 머무르며, 일이 없을 때는 정좌하여, 만일 여러 생각이 떠오르면 반드시 그 생각이 무엇인가를 자각하고 자성하여, 악한 생각이라면 용감하게 떨쳐내라……"[19]는 것이다. 율곡은 그 주경(主敬)·주일(主一)의 귀결되는 곳에 '성'을 두었던 것이다.

제3편인 《정가》에서도 조상을 제사지내는 데 '성경(誠敬)'을 가지고 주로 할 것을 말하고, 세자(世子)를 가르치고 이끄는 데도 경외심의 확립을 첫째로 하라고 말했다.

또 그의 위정론에 대한 구성은 이미 말한 바와 같거니와 그 주요내용은 '현명한 사람을 어떻게 천거할 것인가'였다. 도덕적인 선비란 경을 극진히 하고 예를 다하는 자임을 밝히고, 군주된 자는 성을 미루어 이같은 도덕적 선비에게 위임할 것을 설명했다(《율곡전서》 2, 11면). 또한 '취선장제3(取善章第三)'에서는 임금에게 선(善)을 좋아하는 성의 필요성을 말하고, '식시무장제4(識時務章第四)'에서는 건국·수성의 도를 말할 뿐만 아니라 제도 정비의 도를 밝혀, 낡은 풍습은 씻고 오래된 폐단을 고치며 선왕이 남긴 뜻을 잘 계승하여 일대(一代)의 규모를 새롭게 빛나도록 해야 한다고 논했다.

율곡이 위정에서 가장 자세하게 논한 것은 '안민(安民, 백성이 안심하고 편히 살게 함)'이다. 군신이 서로 협력하여 치국의 실적을 올려야 할 것, 백성을 사랑할 것, 백성을 두려워하고 조심스러워할 것, 계구지도(契矩之道)를 밝힐 것, 세금을 적게 거둘 것, 노동을 가볍게 할 것, 형벌을 신중히 할 것, 도리와 이익을 변별할 것, 물자를 절약하고 재물을 불릴 것, 군정을 정비할 것, 백성이 생업을 갖게 할 것 등에 대해 '안민장제8(安民章第八)'을

---

18) 《율전》 1, 480면.
   ……臣按, 誠者天之實理, 心之本體, 人不能復其本心者, 由有私邪爲之弊也, 以敬爲主, 盡去私邪, 則本體乃全敬, 是用功之要, 誠是收功之地, 由敬而至於誠矣.

19) 위와 같음.

말하고, 궁리와 함께 이를 가장 중시하고 있다. [20]

이상의 《성학집요》를 총괄하면 다음과 같이 말할 수 있다.

첫째, 율곡은 정치가 혹은 고급 관료로서 대부분의 생애를 국정에 바친 인물이다. 그는 지방관으로서의 업적과 함께 어떻게 하면 자신이 모시고 있는 군주를 참된 제왕이 되게 하고, 어떻게 치국의 실효를 거둘 것인지에 최대의 노력과 관심을 기울였다.

둘째, 제왕의 학문을 '변화기질(變化氣質)'과 '추성용현(推誠用賢)'에 집약하여 이를 급한 일로 삼았다.

셋째, '수기'에서 가장 중시한 것은 '거경', '궁리', '역행'의 세 가지이고, '수기' 공부의 근본을 '주경(主敬, 성심을 다해 몰입함)'에 두고 그 귀착점을 '성(誠)'에 두어, 경과 성을 하나로 강조하면서, 퇴계의 '경'설을 충분히 계승하고 다시 여기에 '성'을 더했다.

넷째, '궁리'의 요점은, 이미 '변화기질'을 실학적 제왕학으로 삼은 점으로도 알 수 있듯이, 현실적이고 구체적으로 존재하는 혈육을 가진 기품의 개별적 인간의 자기형성을 우선했다. 그러므로 퇴계와 같이 이상적인 인간상의 근거로서의 성(性)의 순수한 발동에 따른 사단론이나 이(理)의 이념적 성격의 고양에 의한 이발(理發)·기발설(氣發說)을 취하지 않았다. 또한 기의 발동에 의해 말하고 행동하는 인간의 성심정(性心情)의 직시에 의한 인간형성을 주장했다.

다섯째, 퇴계와 율곡 두 사람의 이기론의 차이에 대해서는, 율곡의 이(理)의 성격에 노장(老莊)사상적 느낌이 혼합되어 있어 논리적으로 체계가 덜 잡혀있다고 생각되는 점은 있으나, 그가 이기이원론적 입장과 이(理)의 원인성 혹은 주재자적 성격을 말하는 점에 있어서는 퇴계의 설명과 거의 같다.

대체로 이상과 같은 것이 퇴계 사상과 율곡 사상의 특질과의 관련이다.

---

20) 《율전》 2, 권25, 《성학집요》 〈안민장 제8〉, 41~51면.

결론

대체로 문화형성의 뿌리나 기반은, 그 문화를 담당하는 하나의 민족 또는 지역적 공동체를 구성하는 다양하고도 중층적인 생활체험에 녹아 있는 사물에 대해 어떻게 보고 생각하고 느끼는가 하는 것이다. 그러한 것이 고유한 밑바탕이 되어 다양한 사상·종교·제도·문예 등이 개성적으로 형성된다. 그렇다면 사상은 그 민족이나 지역공동체 고유의 문화형성에 관여하여 많은 역할을 하며, 동시에 민족이나 지역공동체 구성원의 다양한 사고형태와 생활체험을 반영한다고 할 수 있다. 그 반영의 형태는 때로는 일정한 역사적 상황에서 '시대적 사조 또는 사상'으로 나타나는 경우도 있고, 여러 뛰어난 사상가의 사상으로 출현될 때도 있을 것이다.

한국문화형성의 기반은 한민족이 오랜 역사적 생활체험의 과정을 통해 극히 원초적인 성격을 가지고 전승된 것 외에, 불교·유교·도교 등 이미 다른 지역에서 창조되고 형성된 여러 사상을 수용한 결과에 의해 개성화된 것이다. 이들 사상 또는 이와 관련된 한민족의 사유 형태 가운데 극히 장기간 지속된, 한국문화형성의 중요한 기반 중의 하나는 유가사상(儒家思想)이라 할 수 있다. 이 오랜 고대 이래의 중국유학 수용과정에서 특기할 만한 것은, 고려 후기에 수용된 주자학 중심의 송대 신유학이었다.

통일신라 형성의 사상적·문화적 기반인 불교로 민족 고유 문화의 통일·형성·발전이 이루어졌고, 그것이 고려시대에 계승되어 불교가 호국적 성격을 띠게 되었으며, 고려 후기에 선종이 융성하여 불교사상이 한층 발전되었으나, 말기에 주자학이 전래된 뒤부터 불교가 차차 정신계(精神界)에서의 지도력을 잃고 쇠퇴의 길을 걸었음은 통사(通史)가 서술하는 그대로이다. 불교가 쇠퇴하고 신유학(주자학 등)이 성행한 것은 고려왕조가 조선왕조로 교체된 뒤부터인데, 한국의 중·근세에서 지배적 사상은 주자학을 중심으로 하는 송대 이후의 신유학과, 그 개성적 창조와 전개와 관련된 한국 유학이었다.

이런 뜻에서 조선 전기에 개화한 퇴계와 율곡의 사상은 더 말할 나위도 없이 한국 유학의 쌍벽이다. 이들 두 사상가는 30여 년을 전후하여 태어난 대선비들로, 이미 말했듯이 율곡이 도산서원으로 퇴계를 찾아가 가르침을 청하고, 그 이후에도 학문상의 질의와 응답을 교환한 동시대의 인물들이었다.

퇴계사상의 특징은 동아시아에서 처음으로 '경(敬)철학'을 수립한 점이며, 여기에서 가장 개성적이고 독창적인 성격을 찾아볼 수 있다. '경'은 고대 이래로 유학에서 언급하는 바이고, 또 신유학 담당자로서의 송대 사상가(특히 정이천·주자 등)가 논하는 바였다. 그러나 이것은 주자(朱子)에게도 '궁리'와 호진(互進)하는 것, 성학의 시종을 이루는 것으로 중시되었으나, 아직 평면적인 배치에 지나지 않았다. '경'은 퇴계에게 그 철학적 사상체계의 중추와 밑바탕이 되었을 뿐만 아니라, '경' 그 자체에 의해 그의 철학 체계가 구성되기에 이르렀다. 즉 '경'은 퇴계에게 사변철학과 실천철학을 동시에 연결시키는 고리가 되고, 철학체계 전체를 구축하는 요석이 되었으며, 인간의 도덕적 행위의 원동력이 되었던 것이다. 이것은 그의 《성학십도》에 명확히 나타나 있다.

주자학은 송학의 집대성이라지만, 그 내용은 성(性)·리(理)를 중심으로 하는 형이상학적 성격이 짙고 극히 번거롭다. 왕양명이 그의 학문을 배우다가 '격물궁리(格物窮理)'에 이르러 뜰의 대나무를 잘라 며칠 동안 이를 바라보았으나, 끝내 '대나무의 이치'를 파악하지 못하고 도리어 혼란에 빠졌다는 이야기는 웃지 못할 주자학의 한 측면을 이야기하고 있다. 왕양명이 '물(物)에 이르러 물의 이(理)를 궁리하는 것'이 아니라 '내 마음이 그대로 이이다'라는 '심즉리(心卽理)'설을 제창하게 된 경위는, 어떤 의미에서는 필연성이 있었다. 퇴계는 주자적인 이를 부정하지는 않았으나, 물에 이르러 이를 깊이 연구하는 인간주체의 존재양식에 보다 중점을 두고, 그것을 '지경(持敬)'이라 했던 것이다. 주자처럼 '궁리'와 '거경'은 호진하는 것이 아니라 '지경'이야말로 궁리의 실천이며, '지경즉궁리(持敬卽窮理)'라 해석되는 학설을 수립한 것이었다. 이리하여 '궁리'는 '지경'에 집약되어 '경' 중심의 철학이 체계적으로 확립되었고, 그의 정치철학 전체를 관통했다.

퇴계가 사단과 칠정의 차원을 달리하여 두 가지로 설명하고, 이(理)의 순수한 발동(즉 성(性)의 발동)과 기(氣)의 발동을 이면적(二面的)으로 설명한 것은, 각각의 경우를 해석적으로 밝힌 것이다. 그가 이와 같이 주장한 것은 퇴계의 사상체계의 핵심에 이론(사변)과 실천양면의 원동력이 될 수 있는 '경(敬)'이 자리 잡고 있었기 때문이다. 이러한 '경'철학이 퇴계에게 성립된 근본요인은 다음과 같은 이유이다. 그에게 이미 '천명관념(天命觀念)'이 소실되었고, 인간의 도덕적 자기형성은 어떤 의미에서도 천명의 의식 또는 자각에 의한 것이 아니라, 지상에 던져진 인간 스스로의 실존적 자각 및 자득에 기초한 주체성의 확립 외에는 없었기 때문이다. 여기서 퇴계의 심오한 실존적 사색과 체험의 집약으로서의 '경'철학의 성립을 보게 된다(제6장 참조).

이것은 송학의 집대성자인 주자도 이루지 못한 것으로, 이로부터 삼백 수십 년이 지난 뒤 다른 지역 민족을 통해서, 신유학의 재집대성을 퇴계가 이룬 것이다.

그런데 본론의 율곡의 사상은 퇴계와 대조해 볼 때, 한국 유학의 역사적 전개 속에서 어떤 개성을 찾아볼 수 있을 것인가. 첫째는 율곡사상에서도 '경(敬)'이 수기에서 가장 중요시되고, 그에 의해 '경'이 더욱 발전한다. '성(誠)은 하늘의 실리, 마음의 본체'라 하고 "경을 주로 하여 사심의 간사함을 제거하면 마음의 본체는 경 그 자체가 된다. 이것은 공부의 요점이며, 성은 그 공부를 거두는 장소이다. 경에 의해 성에 이른다"고 했다. '경'의 완성이 '성'이라고 함으로써, '경' 사상은 다시 '성' 개념으로 강화되고 강조되기에 이르렀다. 이러한 사상사적 전개는 일본의 에도 초기 이래의 신유학, 특히 퇴계학을 포함하는 주자학의 전개과정에서, '경' 일변도의 사상에 마침내 '성'을 중심으로 하는 유학이 싹트고 발전하는 과정과 비교할 때, 매우 흥미진진한 양상을 대조적으로 볼 수 있다(사가라 도루(相良亨), 《근세의 유교사상》 참조).

퇴계와 율곡 두 인물에 의해, 인간의 자기형성의 목적 및 방도는 거의 완전히 기술되었다. 중국의 신유학이 한반도에 수용됨으로써, 인간의 주체적 철학 또는 실존적 철학이 개성적으로 변용되어 확립되었다고 할 수 있을 것이다. 인간에게 도덕적 주체의 확립은 단순히 수기적·개인적인 입장이나 주체의 내면중시의 입장에 머무는 것이 아니라, 제왕학에서 시작되어 인간의 모든 사회적·정치적·문화적 활동의 원점을 명확히 하고, 그러한 활동을 가능케 하는 철학을 형성했음을 뜻한다.

송대 신유학의 형이상학적·이론적 철학은 한민족의 두 사상가에 의해 한층 더 실학적 성격을 띠고, 실존적 주체철학으로 새롭게 재구축되었다. 퇴계는 보다 순수한 이상적 인간상을 제시하여 '경'에 의해 그 이상을 실현해야 한다고 했고, 율곡은 '변화기질'을 제창하고 구체적 현실에 살아 있는 인간의 기질을 변화시켜 이상에 도달하기 위한 '경과 성'을 설명했다. 비록 두 사람의 접근방법은 다르게 보이지만, 귀착점이 '경과 성'에 의한 실용적·실천적 주체의 확립이란 점에서는 궤도를 같이하고 있다.

그리고 이 두 사람의 거대한 사상이 조선 전기에 잇달아 일어남으로써 유학은 최고조에 달하고, 우리나라 특유의 문화형성의 큰 요인 또는 원동력이 되었다. 두 사상이 마침내 학파를 형성하여 오랫동안 논쟁을 벌였어도, 이는 오히려 역사적 과정의 당연한 경향이다. 만일 이 두 사상을 중심으로 하는 조선 유학이 성립되지 않았더라면, 퇴계·율곡이 살던 시기인 선조 이래 숙종 때까지 577개의 서원이 건립되었다고 일컬어지듯 급격히 발전한 서원의 융성도 불가능했을 것이다. 퇴계의 건의로 백운동서원(白雲洞書院)에 처음으로 사액(賜額)이 걸렸는데, 그 뒤부터 그것이 모범이 되었으며, 율곡의 《학교모범16조(學校模範十六條)》(《율곡전서》 1, 329면)가 거의 모든 서원의 교육방법과 내용의 기초가 되었던 점 등으로도 그것을 입증할 수 있다(민병하, 조선시대의 서원, 《한국문화》 1983년 4월호). 중·근세 한민족의 서민교육의 원점은 서원교육이었다고 해도 좋을 것이다. 퇴계와 율곡 같은 인물이 존경의 대상이 되지 않았더라면, 이같이 유학을 중심으로 한 교육은 크게 보급되지 않았을 것이다. 물론 그 밖에도 뛰어난 유학자가 배출되었으나, 이 두 사상가의 존재는 민중교육을 성행시킨 힘이 되었다.

이러한 사실들이 한국문화형성의 하부구조를 이루고 유학의 갖가지 이해득실 및 성패가 한국의 역사과정에 얽혀 있지만, 그것이 오늘날과 같은 발전의 강력한 원동력이 되었다고 보아도 좋을 것이다. 율곡의 《학교모범16조》 같은 것은 오늘날 학교에서 교과서로 삼는다 하더라도 전혀 손색이 없다. 유학이 역사의 전개과정에서 보수적인 역할도 했으나, 한국 유학은 퇴계와 율곡이라는 두 사상가를 정점으로 하여 한국문화형성의 중요한 원동력을 이루었으며, 오늘날에도 여전히 그 힘을 잃지 않고 있다.

퇴계 경철학에 대하여

퇴계 이황(退溪 李滉 ; 1501~1570)의 경(敬)사상 곧 삼가하고 삼가함을 한평생 몸소 실천한 퇴계의 경철학은 한국 일본 사상사에서 중요한 비중을 차지하고 있다. 경사상은 전국시대를 평정하고 260여 년 평화시대를 구축한 도쿠가와 정권 이데올로기에도 크게 영향을 주었다. 또한 일본 근대국가의 기틀을 마련한 메이지 유신(明治維新)의 원동력이 되었던 야마자키 안사이(山崎闇齋) 학파, 요코이 쇼난(橫井小楠)과 모토다 나가자네(元田永孚) 등은 퇴계를 신처럼 존경했다. 한국에서는 물론, 일본에서도 오랫동안 존경을 받아 온 퇴계의 삶과 학문과 사상을 관통하는 《퇴계 경철학》을 중심으로, 그의 사상 깊이와 학문의 아름다움을 산책한다.

퇴계 경사상

유학은 본디 '정치·교육의 학문' 또는 '자신을 갈고 닦아 남을 다스리는 철학'이었으며, 마음의 수양을 중요시했으므로 심학(心學)이라고도 불렸다.

중국 송나라 때 일어난 주자학(朱子學)은, 세계 존재의 원리를 '이(理)'로 파악하고 인간의 존재 원리·도덕적 원리를 '성(性)'으로 파악하여 이 '이(理)와 성(性)'을 중심으로 하는 심원한 형이상학과 도덕철학을 수립했다. 따라서 자기 형성, 곧 인격적·도덕적 주체의 확립을 목표로 하는 학문의 방법으로 '경(敬 ; 삼가고 조심함)' 개념을 도입했다. 곧 '경'은 학문의 방법이었으며, 진리를 파악하고 도덕적 주체를 확립하기 위해 들어가는 문으로 이해되었다. 또 자기 마음을 '경'의 상태에 두는 '거경(居敬)'과 진리를 밝혀 내고 파악하는 '궁리(窮理)'는 둘이면서 하나이고 하나이면서 둘인 서로 발전적 관계에 있으며, 유학의 목적 그 자체라고 인식하였다.

조선시대 퇴계에 이르러 이 '경'의 개념은 세계관·인간관을 포함하는 철학 체계의 핵심이 되어 경철학으로 성립되었다. 그는 경철학을 확립함으로써 유학을 더욱 개성 있는 실천철학으로 체계 있게 집대성한 사상가였다.

인간의 본성이란 무엇인가, 그것을 어떻게 자각하고 자득(自得)하여 실천적으로 현실화할 것인가. 그러기 위해 외계(外界)의 사상(事象)·사물에 대응하여 다양하게 작용하는 인간의 마음을 어떻게 다스릴 것인가.

일상적 실천으로 시작하여 차츰 깊은 진리에 이르고, 자기의 본심을 잘 지키고 키우며 자신의 언행을 반성·고찰하는 일이 당연히 중요시되었다. 그 중에서도 학문의 목적·방법을 명시하여 유학의 범위를 한정시키고 불교와 노장(老莊) 사상을 이단으로 여겨 물리치는 '위학론(僞學論)'과, 학문하는 태도 및 자기 수양을 권하는 '존양론(存養論)'은 유학이 단순한 사변(思辨) 철학이 아니므로 특히 중요하게 여겨졌다. 다시 말하면 학문을 통한 자기 수양이 실천적 주체를 재촉하고, 실천적 주체 확립이 '자신을 갈고 닦아 남을 다스리는 학문'의 중추를 이룬다고 여긴 것이다. 그 가운데 심은 것이 '경'과 '성(誠)'의 개념이었다.

학문을 하거나 지배계층에 있는 사람이 가장 경계해야 할 것은 '마음이 어지러워 안정할 수 없는 상태'가 되는 일로, 이것은 '천하의 공병(公病)'이라 할 것이다. 무릇 남의 위에 서는 사람은 무엇보다도 먼저 '마음을 올바로 세우는 일이 가장 중요하다.' '마음을 세운다'는 것은 명확한 자각을 갖는 자세이다. 유학을 '심학'이라고 한 까닭도 여기서 찾을 수 있다.

이 진리를 파악하려면 마음을 경건히 가지는 것보다 더 중요한 일은 없다. 자기 지식이 충분히 달성되어 있으면서 아직 마음이 '경'의 상태에 이르지 못한 일은 있을 수 없다. 사람들은 자기 마음을 스스로 깨달아 정하지 못할 뿐만 아니라 자기 마음도 다스리지 못한다. 이것은 '외적인 일'이 '내적인 마음'을 어지럽히는 게 아니라 자기 마음이 오히려 일을 어지럽히기 때문이다. 그러므로 먼저 자기 마음을 스스로 다스리는 일이 목적하는 일을 이루고 마음을 경건히 하는 바탕이 된다.

사람의 마음은 외적인 온갖 것에 대응하여 여러 모로 변화하고 사려(思慮)도 저절로 생긴다. 외적인 것에 크게 영향받으면 마음을 안정되게 유지할 수가 없다. 여기서 벗어나려면 마음에 '주인되는 것'이 있어야만 한다. 우리 마음을 주체적·자각적으로 지키고 보존할 수 있는 '주인되는 것'이 바로 '경'이다. 마음에 '주(主)'가 있으면 우리 마음에 사악함이 비집고 들어올 여지가 없게 된다. 마음에 '주'가 없으면 마음이 '실(實)'한 상태가 된다. '실'이란 '외적인 것'이 마음에 침입하여 '마음을 빼앗는 것'이다.

사람은 자기 마음을 두 가지로 적용시켜서는 안 된다. 자기 마음을 한 가지 일에 집중시켜 움직일 때에는 다른 일이 마음에 끼어들지 못한다. 따라서 '경'으로 우리 마음의 '주'를 삼는다면 마음에 어지러움이 생길 리 없다. 이른바 '경'이란 '하나(一 ; 一事)'를 '주'로 삼는 것으로서 '하나'란 마음이 이곳저곳으로 움직여 다니지 않는 것을 뜻하며, 이 상태를 '주일무적(主一無適)'이라고 한다. 퇴계의 유학에는 특별한 요점이 없다. 철두철미 오로지 '경'이라는 한 글자가 있을 따름이다.

사람의 마음이 잘 가다듬어지고 잘 죄어져 있으면 마음은 곧 하나이다. 하나가 되면 스스로 편벽되거나 잘못됨이 없다.

마음을 수양하기 위해서는 '경'을 일상화하고, 학문을 진전시키기 위해서는 지식을 달성하는 일이 중요하다.

진리를 파악하려면 '경'으로 나아가는 방법뿐이다. 지식을 충분히 달성했을 때 마음이 '경'한 상태에 있지 않은 사람은 없다.

경철학이 일본의 정치와 유학에 미친 영향

역사가들은 17세기 일본에 하나의 새로운 정치질서가 탄생했다고 말한다. 게이초(慶長) 5년(1600) 9월, 세키가하라(關原) 싸움에서 승리하여 도쿠가와 이에야스는 마침내 전란에 빠져 있던 일본 천하를 평정했다. 이 평화를 굳게 다지기 위해 이에야스는 퇴계의 경철학을 차용한 정치적 가르침을 새로운 사회의 이데올로기로 받아들였다.

그즈음 일본에는 중앙권력이라는 것이 존재하지 않았다. 천황의 것으로도 쇼군의 것으로도. 여러 지역의 수호직에 있던 무사들이 '오닌(應仁)의 난(1467~1477)'으로 너나없이 멸망해 갔다. 지방에서는 장원제도의 토지권과 토지경영이 끊임없는 전란 속에 무너졌다. 위에서 내려다보면 국토는 중앙정부 없이 극단적인 분열상태를 보였다.

천하평정과 통일이라는 아득하고도 크나큰 야망의 실현을 향하여 오다 노부나가(織田信長)가 그 첫걸음을 내딛었다. 강력한 힘으로 모든 것을 해결하려 함으로써 그는 일본에 새로운 길을 여는 데 성공했다. 그러나 그는 정복의 꿈을 실현할 시간을 갖지 못했다. 그는 자신이 굳게 믿던 힘에 의해 49살의 나이로 쓰러졌다. 그 뒤를 도요토미 히데요시(豊臣秀吉)가 이어, 노부나가와 똑같은 과정을 내달렸다. 노부나가의 제도적 정책 몇 가지를 보강하고, 미완성된 계획을 실행에 옮겼으며, 무력으로 세우는 정치적 권위의 변형을 마찬가지로 모색했다. 그리고 그는 63살에 숨졌다.

그 뒤 도쿠가와 이에야스가 히데요시의 어린 아들 히데요리(秀賴)로부터 천하를 빼앗기까지 그리 많은 시간이 걸리지 않았다.

이에야스는 노부나가와 히데요시가 천하통일이라는 혁명 과업은 완수했으나, 그 권력을 극대화시키고 후계자를 세워 오래 유지하고 운영하는 일에는 실패한 점에 눈을 돌렸다. 어떤 법도, 관행, 권위도 적나라한 무력이 기승을 부리는 것을 억누를 수는 없었다. 그리하여 어떻게 하면 사람들이 도덕적 지위가 보장되는 모범적인 행동과 예의범절로 살아나갈 수 있을까 애타게 갈구하던 끝에 퇴계의 유학, 곧 경사상을 받아들이기에 이른다.

일본 역사를 통틀어 통일국가로서 평화가 계속되고 질서가 유지된 시대가 세 번 있었다. 고대의 율령국가시대, 에도 시대, 메이지(明治) 시대이다. 그리고 일본이 일대 혁신을 단행한 시기가 두 번 있었다. '다이카 혁신(大化革新 ; 다이카 원년(645))'과 '메이지 유신(明治維新 ; 게이오(慶應) 3년(1867))'이다.

율령국가시대는 유학의 저작기(咀嚼期), 에도 시대는 소화기(消化期), 메이지 시대는 혈육화기(血肉化期)였다고 할 수 있다. 이들 세 시기에 모두 유학이 그 지도적 사상이 되었다. 일본 문화는 예로부터 유교와 불교를 요람으로 하여 자라왔다. 그 유교와 불교는 조선을 통하여 받아들인 한자와 서책에 의하여 전해졌다. 그 한문 서책을 가져다 준 최초의 인물 왕인(王仁)은 백제의 박사로, 285년에 일본으로 초빙되어 《천자문》과 《논어》 10권을 가지고 건너가 오진(應神) 천황의 태자 사부가 되었다.

문자가 없는 곳에 문화는 없다. 일본은 왕인에 의해 문자를 알게 되고, 《논어》를 통해 도덕·교육·정치 등의 여러 지혜를 배웠다. 일본 역사의 윗대로 거슬러 올라갈수록 한반도의 은혜를 크게 입은 사실을 일본 역사가들이 모두 인정하고 있으며, 1972년 다카마쓰총(高松塚) 고분 발견 등에 의해 그 인식이 한층 더 새로워졌다. 그리고 이에야스의 에도 시대에 이르러 새로운 정치질서를 모색하면서 퇴계의 저술들이 결정적인 역할을 하게 되었다.

임진왜란(^{분로쿠(文)}_{(禄)전쟁})은 조선에 크고 많은 피해를 입혔지만 일본의 문화 발전에 큰 도움을 주었다. 그 전쟁을 계기로 일본에서는 인쇄혁명이 일어났고, 도자기 제조법에 획기적 변혁이 일었으며, 동시에 사상혁명도 이루어졌다. 그 전쟁을 계기로 중국의 송(宋)·원(元)·명(明)나라의 유학 관련 서적과 조선의 서책들이 들어 왔기 때문이다. 이들 수많은 서적들에 의해 일본의 사상가들은 자신의 사상을 혁신시켰다.

그 첫번째 인물이 일본 근세 유학의 개조(開祖)로 불리는 후지와라 세이카(藤原惺窩 ; ^{1561~}₁₆₁₉)였다. 그는 본디 승려였는데, 이에야스가 막부를 열 때 승복을 벗고 유학자로 독립했다. 그 계기는 조선 유학자와의 교유와 조선 서적의 탐독에 있었다. 그는 30살 때 조선의 사절단과 사귀었으며, 특히 서장관(書狀官) 허성(許筬)과 마음을 트고 지냈다. 허성의 문장과 시들이 《세이카 문집(惺窩文集)》에 실려 있다. 그리고 정유재란(丁酉再亂 ; ^{제이초}_{전쟁}) 때 포로로 잡혀온 강항(姜沆 ; ^{조선 선조 때 문인. 일본에 억류되었던 4년 동안의}_{견문을 적은 《간양록(看羊錄)》을 남김. 1567~1618})을 스승 겸 벗으로 삼아 독립된 유학자로 세상에 나서게 되었다. 특히 퇴계가 후기를 붙여 간행한 《연평답문(延平答問)》을 높이 평가하고 즐겨 읽었다.

세이카는 문하(門下)의 하야시 라잔이 도쿠가와 이에야스 아래에서 벼슬을 하려고 할 때, 천하의 모든 백성과 세상을 위해 퇴계의 저서들을 열심히 읽고 음미할 것을 적극 권했다. 그는 중세 신(神)·부처 본위의 세계관을 현세의 질서를 주로 하는 세계관으로 바꾸고, 신과 부처의 가호를 믿는 세계관을 인간의 힘을 믿는 세계관으로 바꾸었으며, 교육과 사상을 종교 교단에서 벗어나게 하여 문예부흥의 선구를 이루었다. 그때까지 일본의 유교는 일상적인 윤리 도덕의 가르침이었을 뿐 그것을 받쳐 주는 철학이 없었는데, 세이카에 의해 퇴계의 유학이 우주와 인생을 하나로 꿰뚫으면서 인간의 모습을 생각하는 철학·윤리학으로 일본에 처음 등장하게 된다.

후지와라 세이카의 제자 하야시 라잔은 교토에 살던 떠돌이무사의 아들로 겐닌사(建仁寺)에서 공부하며 중국·조선·일본의 수많은 서책들을 읽었는데,

그때 퇴계의 유학을 접하고 22살 때 세이카의 문하에 들어갔다. 그는 25살 때부터 박식한 젊은 유학자로서 이에야스를 섬겼다. 그리하여 죽을 때까지 50여 년 동안 막부에 종사하며 그때까지의 불교문화를 유교문화로 바꾸는 핵심인물이 되었다. 그는 유학 일존주의를 주창했지만 결코 폭좁은 유학자는 아니었으며, 일본의 역사학·신도학(神道學)·국문학·본초학(本草學) 등 일본 지식문화의 여러 분야에 업적을 남겼다. 라잔은 수많은 조선책을 읽었고 퇴계의 《천명도설(天命圖說)》을 깊이 연구했다.

본디 《천명도설》이 지어진 근본 동기는 '하늘'과 '사람'이 어떤 논리에 의해 관계되어지는가 하는 점에 있었다. 이것을 윤리학적으로 보았을 때, 행위 주체로서의 인간이 잘살기 위하여 '우리는 어떻게 살아야 하는가', '우리는 무엇을 해야 할 것인가'라는 물음이 대두된다. 그 삶의 양식과 당위의 근거를 어디서 찾을 것인가. 중국의 고대인은 그것을 먼저 천명(天命)으로 받아들였다. 그렇다면 소박하게 '하늘의 명' 또는 '하늘이 명한다'고 할 경우 그 하늘이란 무엇인가가 문제된다.

하늘에 절대적·주재적(主宰的) 의지를 부여한 것은 은(殷)·주(周) 이전의 일이었으며, 곡물의 흉작에서부터 전쟁의 승패와 관직의 임면에 이르기까지 절대적 하늘의 의지를 매개체 없이 직접 지상 인간의 행위에 반영시켰다. 절대타자(絶對他者)에 의한 인간주체의 규제였다. 그러나 이윽고 지상에서의 인간의 좋은 행위와 덕행을 하늘이 부여한다고 생각하게 되었을 때, 하늘은 인간에게 선(善) 또는 당위의 근거로 여겨지게 되었다.

하야시 라잔은 퇴계를 받들어 이렇게 기렸다.

　　퇴계 이황은 많은 사람들 위에 우뚝 솟아
　　조선의 유학 명성을 온 세상 사람들이 기린다

에도 시대 유교문화는 후지와라 세이카, 하야시 라잔 두 사람에 의해 그 바탕이 마련되었다고 할 수 있다.

퇴계 《자성록(自省錄)》과 야마자키 안사이
야마자키 안사이(山崎闇齋 ; 1618~1682)는 선승(禪僧)이었는데, 도사(土佐)의 유명한 가로(家老) 노나카 켄잔(野中兼山 ; 1615~1662)의 권유로 환속하여 유학자로 우뚝 서게 되었다. 그는 33살 때 퇴계의 《자성록》을 읽고 크게 깨우쳤으며, 퇴계의 《주자서절요(朱子書節要)》도 숙독하여, 막부를 배경으로 하는 하야시 가문과는 다른 순수유학에 심취하게 되었다. 그는 하야시 가문이 명(明)나라의 《사서대전(四書大全)》, 《오경대전(五經大全)》 등과 명나라 및 조선 관학(官學)을 답습하는 것을 비난했고, 오로지 주자가 경(經)에 주를 단 책들, 《주자문집(朱子文集)》, 《주자어류(朱子語類)》의 정수로 주자의 정신과 사상을 탐구할 것을 주장했으며, 학문과 사상이 곧바로 실천의 원동력이 되는 영혼의 혁명에 정열을 기울이는 살아 있는 철학을 부르짖었다.

그는 철저한 사상가이자 주자학자로서 자신의 학설을 수립하는 데 퇴계의 《자성록》에 감격하여 얻은 바가 참으로 많았다. 그는 세이카나 라잔이 볼 수 없었던 《이퇴계문집》, 《자성록》 등을 읽고 받아들였으며, 또 자신의 저술에서 수없이 퇴계의 말을 인용했다. 안사이에 이르러 퇴계의 인물과 학문의 참된 가치가 비로소 제대로 인식되고 세상에 널리 알려진 것이다.

안사이의 문하가 번성함에 따라 많은 퇴계 숭배자들이 나왔다. 안사이의 뛰어난 제자 사토 나오카타(佐藤直方 ; 1650~1719)와 아사미 게이사이(淺見絅齋 ; 1652~1711)는 특히 퇴계를 숭배했다. 그리고 그 문하인 스구리 교쿠스이(村土玉水), 고가 세이리(古賀精里), 이나바 우사이(稻葉迂齋), 모쿠사이(默齋), 구스모토 단잔(楠本端山)·세키스이(碩水) 등도 모두 퇴계를 존중했고 18세기 막부의 지도자 마쓰다이라 사다노부(松平定信 ; 1758~1829)는 퇴계의 경사상을 신처럼 떠받들었다.

한편 그들과 별도로 구마모토(熊本)에서 오쓰카 다이노(大塚退野) 학파가 일어났다. 다이노는 처음에 나카에 도주(中江藤樹 ; 1608~1648)의 학문을 신봉했지만, 퇴계의 《자성록》과 《주자서절요》를 읽고부터 마치 신이나 부모처럼 퇴계를 존경하며 깨달은 바가 많았다고 말하고 있다. 그 학풍은 안사이 학파와 다르지만, 퇴계를 무척 받들었던 점에서는 같았다. 그런 흐름이 구마모토의 지슈자칸(時習館)에 전해져 막부 말기에는 요코이 쇼난(橫井小楠), 모토다 나가자네(元田永孚, 東野) 등 준걸이 나왔고, 이들을 통해 메이지 시대가 열려 새 교육방침 결정에 퇴계의 경사상이 크게 영향을 미친 일은 주목해야 할 대목이다.

도쿠가와 이에야스의 '사농공상' 철학

"'사'는 나라를 지키고 사람들 위에서 정치를 행하므로 무예와 학문을 모두 소홀히 하면 안 된다. 그러므로 끊임없이 자신을 갈고 닦아야 한다. '농'은 윗사람의 비위를 맞추거나 비틀린 인간세상의 번거로움에 정나미가 떨어진 '사'가 물러나 휴식하는 곳으로, 본디 밭갈이를 천직으로 삼는 자의 상대는 자연……. 비오는 날은 글을 읽고 맑은 날은 논밭을 갈면서 천지의 마음과 대하고 있다. 능력 있는 자나 이익을 좇는 데 급급하지 않는 자는 '농'에 삶의 터를 잡아 뻗어나가게 되리라. 그러므로 '사'의 타락이 심할 때는 쫓아내고 '농'에서 대신할 자를 찾는다. '공'은 스스로 즐기는 솜씨의 경지가 있지만 '농'은 해마다 뜻대로 되지 않는 날씨를 상대로 하므로 그만큼 인간단련에 도움이 된다. 따라서 '공'보다 '농'을 위에 두는 것이다. '상'은 마음껏 돈을 벌어 넉넉한 삶의 여유를 즐길 수 있으나 대상인은 결코 정치에 참여하지 못하도록 해야 한다. 정치권력과 재력의 유착을 막아야 하는 것이다. 물욕이 많은 자는 재물을 늘리고 즐기며 살아가면 된다.

이렇듯 사람은 저마다 원하는 곳에서 원하는 일을 하며 사는 게 좋다. 이점은 저마다의 기호며 재능의 차이가 있으므로 저절로 그렇게 된다. 그러나 기호에 따라 정치가 좌우된다면 그야말로 백성들에게 폐가 된다. 예를 들어 다스리는 자가 매사냥이 취미라 하여 온나라 안에 사냥터를 만들게 한다면 대체 얼마만한 논밭이 없어지겠는가. 이익을 좇는 자는 이익을 뒤좇고, 수공을 즐기고 싶은 자는 즐겨도 좋지만, 즐거움을 주로 하는 자에게는 결코 정치를 맡기면 안된다. 정치를 담당하는 이는 무엇보다 개인의 즐거움을 버려야만 된다. 백성에게 충성하는 일을 으뜸으로 삼아야 한다. 사농공상의 구별로 이 세상의 틀을 바로잡으면서 위일수록 엄하게 책임을 부과시켜, 공연히 으스대게 만들지 않으려는 것이다."

이와 같이 도쿠가와 막부가 250년 동안 이어져 온 바탕은 유학 특히 그 주류인 주자학을 독특하게 계승발전시킨 퇴계의 경사상이다. 한 마디로 표현한다면 '타산적인 동기로 행동하는 일'을 강하게 부정하고 자신을 늘 갈고 닦으며 무슨 일에고 삼가고 조심하는 마음을 지니고 살아가는 일이었다.

일본은 퇴계 사상의 무엇에 공명 (共鳴) 했던가

에도 시대 유학자들은 퇴계 사상의 무엇에 그토록 공감해 따르려 했던 것일까? 야마자키 안사이는《백록동학규집주(白鹿洞學規集註)》라는 책을 저술했는데 그 서문에서 다음과 같이 말하고 있다.

요즈음 퇴계의《자성록》을 읽고 있는데《백록동학규》에 대해 논한 것이 매우 상세하다. 그 주장을 되풀이하여 열심히 읽었더니, 그 학규의 참된 가치를 알 수 있었다. 일본에서는《소학(小學)》과《대학(大學)》이 널리 읽히고 있지만, 그 참된 정신이 밝혀진 것은 아니다. 그것은 시대가 다르고, 중국에서 멀리 떨어져 있기 때문일 것이다. 그러나 퇴계 이황 같은 사람은 조선에서 그 몇백 년 뒤에 태어났는데도 주자의 훌륭한 제자와 다름없으니, 나 또한 분발하지 않으면 안될 것이다.

안사이는 퇴계로 말미암아 학문 및 교육의 목적과 방법을 깊이 깨우칠 수 있었고, 그의 학문 밑바탕에는 퇴계의 학문이 출발점으로 자리 잡고 있다. 그때까지 유학은 널리 책을 읽거나 개념적인 지식을 추구하거나 관념적인 철학적 사색을 하는 일로 이루어졌으며, 심한 경우는 입신출세를 위한 학문으로 이해되었다. 안사이는 이 같은 학문 및 교육의 자세를 철저하게 반성하고, 일상의 가까운 것에서부터 손대어 목적에 어긋남이 없도록 자신의 몸에 익혀 마음 깊은 곳에서부터 다시 단련하는 실천 학문으로 유학을 이해해야 한다고 생각했다. 그 같은 학문관·교육관은 당연한 것처럼 보이지만, 실은 천하의 치란(治亂)과 성쇠(盛衰)에 관련된 중대한 일로, 퇴계학을 읽고 새롭게 자각하여 철저하게 탐구했다는 점에 주목해야 할 것이다. 퇴계는 그런 목표에 철저했던 학자이며, 그래서 존경을 한몸에 받았던 것이다.

주자는 학문의 방법으로 거경(居敬)과 궁리(窮理) 두 기둥을 세웠는데, 그 두 개의 기둥 중에서 경을 보다 근본적인 것으로 생각하는 퇴계의 사상에 안사이는 공감하고 있다.

그는 퇴계의 경학설을 매개로 주자의 '경재잠(敬齋箴)'이라는 문장을 널리 기리어 그것에 주(註)를 달아 출판했는데, 실은 퇴계도 '경재잠'과 앞에서 말한《백록동학규》를 서재에 걸어 두고 늘 음미하였다. 안사이 학파는 독서에 의한 궁리보다 경에 의한 수양을 중시하였고, 경의 수양이 아니면 성현의 경지에 이를 수 없다는 학풍을 열었다. 이는 퇴계에 감격했던 데서 그 원인을 찾을 수 있다.

안사이의 학문은 단순히 지식으로 머릿속에서 인식하는 것이 아니라, 자신의 피와 살로 삼기 위해 몸으로 인식하는, 이른바 체인(體認)·체찰(體察)을 가장 중시하였다. 그리고 형식적·표면적으로 실천하는 것이 아니라 마음의 깊은 곳에서 단련하여 순수하고 잡됨이 없는, 마음 본디의 모습을 되찾는, 이른바 존양(存養)을 무엇보다도 중시하는 수양의 학문이었다.

"하늘의 이치와 사람의 일은 서로 별개의 것이 아니다."

퇴계는 《자성록》에서 '체찰과 존양은 우리 학파의 주된 요지'라고 했다. 이처럼 체찰과 존양을 중시하며, 인간이 본디부터 지니고 있는 사랑하는 마음도 하늘과 땅, 그리고 살아 움직이는 우주정신, 하늘과 땅의 마음에 통하는 점을 주장했다는 것이 무엇보다도 퇴계와 안사이의 공통점이었다.

도쿠가와 끝무렵 서양의 압력이 거세지고 도쿠가와의 세력이 약해짐에 따라 마침내 메이지 유신을 맞이하게 되었는데, 그런 메이지 유신의 사상적 원동력이 된 것은, 퇴계 이황의 경사상을 받드는 야마자키 안사이 학파와 미토 학파(水戶學派)였다. 다시 말해 에도 시대의 퇴계 유학은 도쿠가와 막부 체제의 안정화에 크게 기여하는 한편 동시에 막부 체제를 타도하는 추진력이 되기도 했던 것이다.

요컨대 안사이는 주자학자로서 각별히 어떤 새로운 학설을 주장했던 것은 아니었다. 하지만 그는 식견 높은 사람으로, 학문은 무엇을 위한 것인가, 어느 나라를 위한 것인가 하는 것을 철저하게 생각한 사람이었다. 일찍이 안사이는 철저하게 퇴계의 사상과 철학을 탐구하고, 그 위에서 존왕론을 주장했다. 그렇기 때문에 그의 문하가 차츰 발전하여 일본의 근대를 여는 메이지 유신의 사상적 원동력이 될 수 있었다.

메이지 유신에서 그 시대에 걸쳐 활약한 사람으로 요코이 쇼난, 모토다 나가자네가 있다. 두 사람은 오쓰카 다이노(大塚退野)의 학풍을 잇는 학자들로 다이노의 영향을 받아 퇴계를 존경했다.

오쓰카 다이노는 학문이란 인간이 살아가는 방식을 자각하고, 손과 발이 움직이는 바를 알지 못하는 인생의 커다란 환희를 얻을 수 있어야 한다고 했으며, 거기서부터 출발해 실제로 세상에 도움되는 실학이어야 한다고 주장했다. 그는 퇴계의 《자성록》을 읽고 주자학의 참된 의미를 깨달았다고 말한 사람이다. 모토다 나가자네는 요코이 쇼난을 스승 겸 친구로 삼아 누구보다도 그의 영향을 많이 받은 사람이다. 모토다는 메이지 천황이 20살일 때부터 시강(侍講)이 되어 절대적인 신뢰를 얻었다.

메이지 초기는 서양문명을 받아들이기에 급급한 나머지, 동양의 예로부터의 도덕이며 공자·맹자의 가르침을 물리치는 경향이 강했다. 그와 동시에 한편에서는 편협한 국학자들이 국수주의, 복고주의를 부르짖었다. 그런 양 극단 사이에 서서 그것을 조절하고, 올바른 지침을 제시해 준 사람이 바로 메이지 천황계며, 그 천황을 보좌해 준 사람이 바로 모토다 나가자네였다.

일본 문부성이 처음에는 서양의 교육학제를 모방하여 교육방침도 공리주의, 실용주의, 입신출세주의로 했는데, 천황은 그것을 바로잡지 않으면 일본의 장래가 없다고 생각하여, 메이지 12년 모토다에게 명해 '교학대지(教學大旨)'를 기록하게 했다. '교학대지'는 메이지의 교육방침을 크게 바꾸어 놓는 실마리가 된 것으로, 메이지 23년 '교육칙어(教育勅語)'로 공포되어, 퇴계 이황의 유학정신이 구체적으로 서술되기에 이르렀다.

'교육칙어'의 기초에 누구보다도 힘썼던 사람이 바로 모토다 나가자네였다. 그런 그가 "송나라의 정주학은 조선의 퇴계에게 전해졌으며, 다이노 선생은 그가 편찬한 《주자서절요》를 읽고서 깨달은 바가 있었다. 바로 퇴계의 경사상이다. 나는 다이노의 학문을 이어받아 그것을 지금 폐하께 올리고자 한다"고 말하고 있다. '교육칙어'의 내용은 유교 윤리인 퇴계의 경철학을 근간으로 하여, 어디가 일본 고유의 사상이며 또 어디가 유교 윤리인지 식별하기 어려울 정도였다.

메이지 유신은 세계의 학자들이 '정치적 기적'으로 여기며 놀라워하는데, 이는 퇴계의 경사상이 교육을 통해 보급됨으로써 선각자들의 계몽운동이 성공했으므로 가능했다. 일본은 전국시대에 조선을 침략하여 처참한 고통을 주었으나 조선에서 가져간 퇴계학으로 근대정신을 일깨웠다. 그리고 퇴계의 경철학은 도쿠가와 막부, 메이지 시대를 거쳐 오늘의 일본까지 면면히 흐르는 사상적 이데올로기 형성의 근간이 되었다.

퇴계 사상의 의미

유교는 특정한 신이나 부처에게 빌어서 미래의 행복을 바라는 가르침이 아니므로, 그런 뜻에서 종교는 아니다. 한국의 유교는 생활양식과 결부된 유교이며, 사회적인 교양과도 같은 유교이다. 혈연, 지연, 학연을 중시하고, 또 그런 인연에 의한 단결이 공고하여, 부모님과 선생님에 대한 예의는 정중하며, 조상님들에 대한 제사의 예도 엄숙하다. 공자나 선현들을 제사 지내는 향교도 전국 각지에 고루 분포되어 있어, 그 제사에만 수만 명의 사람들이 모여들기도 한다. 과거 한국의 유학자들 중에서 가장 존경받는 인물이 바로 퇴계와 율곡 두 사람이며, 퇴계는 한국인이 추구하는 이상적인 인간상으로 국민의 존경을 한 몸에 받고 있다.

한국이 자랑하는 가장 위대한 유학자이며 교육자인 퇴계는 400여 년 전부터 일본의 의식 있는 학자들의 대단한 존경을 받았으며, 그의 저술 또한 일본에서 모두 번역 출판되었다. 에도 시대 초기부터 그 저서가 일본에 전해졌고, 공감하는 많은 사람들이 그를 높이 평가했던 것이다. 인간을 탐구하는 깊이에 있어서나 마음의 깨끗함과 고결함을 추구하는 수양법에 있어서, 현대에도 여전히 시사하는 바가 크다. 주자학을 포함하여 신유학을 받아들인 퇴계 사상은 그 자신에게는 개성적인 사상의 피력이었고, 구체적으로는 실로 그 철학적 세계관, 인간존재의 이법(理法)에 대한 천명에서 시작되었다. 위학(僞學)의 목적, 학문의 범위와 구체적 목표, 심성정(心性情)에 관련된 인간관, 때와 곳의 모든 면에 관계된 실천 세목 등에 이르는 방대한 사상 가운데, 특히 경철학을 그 밑바탕에 관철시켜 체계적 구성을 아우르고 있다.

'경'은 중국 송대에 일어난 신유학, 특히 정이천이나 주자 등에 의하여 그 중요성이 크게 강조되어 학문의 방법 원리 또는 실천 원리로서의 위치를 차지하고 있는데, 퇴계는 전통유학이나 신유학을 잘 받아들이면서도 그 위학의 본지를 자각하고 체인(體認)하여, '경'으로 그의 온 사상을 체계적으로 구축한 것이다. 신유학 특히 주자의 사상에서 천명관념은 만물의 이(理)나 인간의 성

(性)은 '하늘에 의하여 부여된 것'이라는 사상적 경향을 알 수 있다. 그러나 퇴계에 이르면 천명관념은 그의 사상적 관심에서 거의 없어져 '천즉리(天卽理)'라는 명제가 명확히 의식된다. 새로운 '천인합일(天人合一)' 사상이 이루어지고, '경'에 기초한 '나'의 실존적 주체성이 확립된다. 인간의 도덕적 실천 또는 선(善)행위의 원동력이나 당위성에 관련된 천명관념이 전면에서 사라질 때, 인간의 도덕적 행위는 지상에서 인간 본성의 내면적 자각과 전체적 구현을 위한 노력과 수양을 기다리는 수밖에 없다. 그 때문에 퇴계의 '경'이 인간의 도덕적 행위뿐만 아니라, 인간관이나 세계관의 근저를 이루며 그의 학문의 중핵에 깔려 있었던 것이다.

성리학의 범주에 머물게 했던 이제까지의 퇴계 연구를 발전·확충시킨 경철학은 퇴계의 삶과 사상이 언제나 일관되었음을 보여 준다. 퇴계는 '수기치인(修己治人)'의 유학의 실천자로서 곤란하게 되어 위험한 상황에 놓이면서도 위정의 허물을 바로잡음을 꺼리지 않았고, 병든 몸에 채찍질하며 덕치국가의 실현을 기하는 정치활동에 몸을 던졌다. 또 복잡한 국제정세에 처했을 때도 오로지 국가 백년의 큰 계획에 거울삼을 수 있는 외교정책을 피력하였고, 법치보다는 국민 교육에 의한 향린(鄕隣)도덕이 떨쳐 일어남을 기대하는 등 정치가의 면모도 함께 밝혔다. 인간 탐구와 인간 수양을 중시한 철학적·실천적 학파에 의해 각별히 받들었던 퇴계의 사상과, 예나 지금이나 다시없는 참된 유학자인 퇴계의 가치를 전면적으로 높이 평가하고 널리 선양해야 할 것이다.

저자 다까하시 스스무

《퇴계 경철학》의 지은이 다까하시 스스무(高橋進)는 1928년 일본 나가노현에서 태어나 츠쿠바(筑波)대학 전신인 동경교육대학 문학부 철학과를 마친 뒤 그곳 대학원에서 윤리학을 전공했고, 칸트와 헤겔 등을 열독하며 서양윤리학의 기초를 다졌다. 이어 중국의 고전들 《공자》, 《주역》, 《노자》, 《장자》, 《주자문집(朱子文集)》, 《주자어류(朱子語類)》, 《전습록(傳習錄)》 등을 깊이 연구하여 논문 《무위자연에서 작위적극(作爲積極)에로—당송간(唐宋間)에 있어서 사상의 전개와 그 역사적 성격》으로 문학박사 학위를 취득했다. 그 뒤 츠쿠바대학의 교수로 취임하여 《노자—사람과 사상》, 《주희(朱熹)와 왕양명(王陽明)—물(物)과 심(心)과 이(理)의 비교사상론》, 《인류의 이법(理法)—

인간과 자연의 고찰》 등 뛰어난 저작들을 세상에 내놓았다. 다까하시 스스무는 츠쿠바대학의 부총장으로 재직하면서 여러 차례 한국에서 개최된 양촌 권근(權近)·퇴계 이황·율곡 이이 등의 철학사상을 주제로 한 국제학술회의에 참여하였다. 그때마다 《양촌집(陽村集)》, 《퇴계전서(退溪全書)》, 《율곡전서(栗谷全書)》 등에 대한 그의 정력적인 원전 섭렵과 사상사적 위치 정립을 탐구하는 날카로운 통찰력과 신선한 윤리 구축 등으로, 한국 학계에 많은 시사(示唆)와 충격을 주었다.

'주자는 공자 이래 제1인자이며, 퇴계는 주자 이후에 제1인자라 평가한다. 인간적으로 주자보다 퇴계를 더 받든다. 퇴계의 학문을 통해 주자학과 유학이에도 시대 초기에 정착했고, 오로지 경(敬)의 길로 유학을 보급시켰으며, 학문은 사람의 도를 배우는 것이라고 도학을 강조했다.' 퇴계의 사상은 일본의 교육도 바꿔 놓았고, 메이지 유신의 원동력(존왕, 대의, 애국, 우국정신을 높임)이 되었으며, 메이지 신정부는 유학으로 국민성을 길러 도덕을 높이는 기반으로 삼았다. 오륜(五倫: 부자유친, 군신유의, 부부유별, 장유유서, 붕우유신)과 오상(五常: 인, 의, 예, 지, 신)을 중시하게 된 일본은, 이와 같은 정신세계를 기초로 무사 근성에서 국민성을 개조하고 유교문화를 익혀 그들 나름의 도덕국가를 건설하여 오늘과 같은 나라로 발전했다. 그 근간에는 언제나 퇴계가 있었다. 다까하시 스스무가 파악한 '일본 주자학의 특질'에서 현대 일본이 인식하고 있는 퇴계를 소개했는데, 이는 무사의 나라인 일본을 근대 유교국가로 만든 철학이 되었다.

이에 아베 요시오(阿部吉雄) 도쿄대 교수는 말한다. 퇴계 경(敬) 사상의 은덕을 오늘날 일본 사람들은 결코 잊어서는 안 될 것이다. 이것을 잊는다면 일본문화가 발딛고 서 있는 그 정신적 기반을 완전히 도외시해 버리는 게 되기 때문이다.

옮긴이 최박광(崔博光)

성균관대학교 졸업. 동 대학 대학원 석사. 日本 東京大學 大學院 比較文學 修士·博士 과
정 수료. 東京大學 초빙교수(강의 담당). 日本國際日本文化硏究센터 전근대 동아시아 문
화 교류와 표상 프로젝트 담당 초빙연구원. 日本 神戶學院大學 초빙교수. 天理大學 초빙
外國人敎授 역임. 현재 성균관대학교 명예교수 中國 山東大學 客座敎授.

World Book 116
西田幾多郎/高橋 進
善の硏究/李退溪と敬の哲學
선의 연구/퇴계 경철학
니시다 기타로/다카하시 스스무/최박광 옮김

1판 1쇄 발행/1993. 8. 8
2판 1쇄 발행/2009. 10. 20
2판 2쇄 발행/2019. 3. 1
발행인 고정일
발행처 동서문화사
창업 1956. 12. 12. 등록 16-3799
서울 중구 다산로 12길 6(신당동 4층)
☎ 546-0331~6 Fax. 545-0331
www.dongsuhbook.com
잘못 만들어진 책은 바꾸어 드립니다.

＊
사업자등록번호 211-87-75330
ISBN 978-89-497-0593-4 04080
ISBN 978-89-497-0382-4 (세트)